Gege

Kosten senken durch Umweltmanagement

Kosten senken durch Umweltmanagement

1000 Erfolgsbeispiele aus 100 Unternehmen

herausgegeben von

Maximilian Gege

Verlag Franz Vahlen München

Herausgeber:
Dr. Maximilian Gege
B.A.U.M. e.V.
Tinsdaler Kirchenweg 211
22559 Hamburg
Tel. 040/81 01 01
Fax. 040/81 01 26
E-mail. BAUMeV@AOL.COM

Die Deutsche Bibliothek – CIP-Einheitsaufnahme

Kosten senken durch Umweltmanagement :
1000 Erfolgsbeispiele aus 100 Unternehmen /
hrsg. von Maximilian Gege. –
München : Vahlen, 1997
ISBN 3-8006-2202-5

ISBN 3 8006 2202 5

Satz: DTP-Vorlagen des Herausgebers
Druck und Bindung: Kösel, Kempten
Umschlag: grafik-design sielwall, Bremen
Gedruckt auf säurefreiem, alterungsbeständigem Papier
(hergestellt aus chlorfrei gebleichtem Zellstoff)

Geleitwort der Bundesministerin für Umwelt, Naturschutz und Reaktorsicherheit

In den vergangenen zwei Jahrzehnten hat sich der Umweltschutz in Deutschland zu einem bedeutenden Wirtschafts- und Standortfaktor entwickelt. Allein im Jahr 1993 wurden in Deutschland über 60 Milliarden DM für den Umweltschutz ausgegeben. Deutschland ist damit einer der größten Umweltschutzmärkte der Welt. Umweltschutz hat zudem auch für den Export erhebliche Bedeutung und eröffnet zusätzlich neue und zukunftsträchtige Beschäftigungsfelder. Damit stellt der Umweltschutz einen wichtigen Faktor für die gesamte Volkswirtschaft dar. Doch nicht nur im Hinblick auf wachsende Absatzmärkte und damit verbundene Beschäftigungseffekte spielt Umweltschutz eine erhebliche Rolle für die wirtschaftliche Entwicklung. So eröffnet ein konsequent durchgeführter Umweltschutz in einem Unternehmen - vor allem durch effizienteren Einsatz natürlicher Ressourcen sowie durch Abfallvermeidung und -verwertung - auch erhebliche Kostensenkungspotentiale, die zugleich einen Wettbewerbsvorteil darstellen.

Daß betrieblicher Umweltschutz nicht automatisch die Kosten in die Höhe treibt, sondern im Gegenteil dazu beitragen kann, Kosten zu senken, ist schon in vielen modernen Unternehmen gesicherter Erfahrungswert. Die meisten Unternehmen werden diejenigen Umweltschutzmaßnahmen, deren ökonomischer Vorteil offensichtlich ist, bereits durchgeführt oder zumindest geplant haben. Es ist jedoch ungleich schwieriger, auch solche Umweltschutzmaßnahmen im Betrieb zu identifizieren, deren kostensenkende Wirkungen nicht ohne weiteres erkennbar sind. Viele Unternehmen haben Probleme bei der Identifizierung umweltschutzinduzierter Kostensenkungspotentiale - vor allem deshalb, weil sich die Umweltschutzkosten im Betrieb in der Regel als Gemeinkosten niederschlagen. Um hier Abhilfe zu schaffen, bedarf es gerade auch im Hinblick auf integrierte Umweltschutzmaßnahmen neuer Hilfen und Instrumente.

Zum einen ist es erforderlich, im Rahmen der Kostenrechnung neue Verfahren und Methoden zu entwickeln, die es ermöglichen, alle im jeweiligen Bereich in Betracht kommenden, ökonomisch vorteilhaften Umweltschutzmaßnahmen systematisch zu erfassen. Hierzu hat das von Bundesumweltministerium und Umweltbundesamt herausgegebene „Handbuch Umweltkostenrechnung“ bereits einen maßgeblichen Beitrag geleistet. Mit diesem Handbuch wurde den Unternehmen ein Instrument in Form eines Praxisleitfadens zur Verfügung gestellt, das die Kostensenkungspotentiale durch betrieblichen Umweltschutz unter Berücksichtigung der gesamten Betriebsabläufe und ihrer Kostenrelevanz aufdeckt.

Zum anderen ist es aber ebenso wichtig, anhand konkreter Beispiele aufzuzeigen, daß ökologische Wirksamkeit und ökonomische Effizienz betrieblichen Umweltschutzes nicht nur theoretisch, sondern auch in der betrieblichen Praxis häufig Hand in Hand gehen. In Deutschland gibt es eine Vielzahl von Erfolgsbeispielen für Kostensenkungen durch Reduzierung des Energie-, Wasser- oder Rohstoffverbrauchs, durch Abfalltrennung und -verwertung oder durch Wiederverwendung von Verpackungen. Das vorliegende neue Buch von B.A.U.M. erfüllt eine wichtige Funktion, indem es eine Vielzahl zum Teil sehr eindrucksvoller Beispiele einer größeren Öffentlichkeit gegenüber darstellt. Aus diesem Grunde kann ich das Buch auch als eine gute Ergänzung zum „Handbuch Umweltkostenrechnung", das bereits einige Praxisbeispiele enthält, zur Lektüre in jedem Unternehmen empfehlen. Die große Anzahl der beschriebenen Beispiele dient dabei als Ideengeber, der sicherlich zu einer breiteren Anwendung einer betrieblichen Umweltkostenrechnung und damit zu mehr betrieblichem Umweltschutz anregt.

Notwendige Voraussetzung für einen betrieblichen Umweltschutz, der auch ökonomischen Anforderungen gerecht wird, ist in der Regel allerdings noch immer eigenverantwortliches und kreatives Handeln der Unternehmen, aber auch der Mitarbeiter. Die Einführung eines Umweltmanagementsystems sollte in diesem Zusammenhang mittlerweile fast als eine Selbstverständlichkeit anzusehen sein. Und da sich das Thema Umweltschutz zudem in besonderer Weise zur Mitarbeitermotivation eignet, kann von der Umsetzung einer umweltorientierten Unternehmensführung auch ein allgemeiner Produktivitätsschub erwartet werden. Die Einführung eines funktionierenden Umweltmanagementsystems hat neben unmittelbaren ökonomischen Vorteilen aber noch weitere positive Effekte:

- ein reduziertes Störfallrisiko, das sich auf Beseitigungs- und Wiederherstellungskosten, Imageverlust, Versicherungsbeiträge usw. auswirken kann
- verbesserte Absatzmöglichkeiten durch Imagegewinn
- mehr Leistung durch stärkere Mitarbeitermotivation
- und - nicht zu vergessen - weniger Konfliktsituationen mit Aufsichts- und Genehmigungsbehörden durch optimierten Informationsfluß und optimierte Kommunikation

Die Realisierung einer umweltorientierten Unternehmensführung, die Umweltschutz systematisch in alle Bereiche des Unternehmens integriert, ist von zentraler Bedeutung für die Entwicklung hin zu einer nachhaltigen, umweltgerechten Wirtschaftsweise. Dieser Entwicklungsprozeß mit der dazugehörigen breiten Anwendung von Umweltmanagementsystemen verleiht dem Umweltschutz als Wirtschaftsfaktor insgesamt eine neue Dimension. Jeder Betrieb, jedes Unternehmen, das durch diese Beispiele zu weiteren Maßnahmen im Umweltschutz veranlaßt wird, stellt einen Beitrag für den gesamten Umweltschutz dar. Wenn dieses Buch insbesondere dazu beiträgt, den klassischen, nachsorgenden Umweltschutz zu einem vorsorgenden und auch in die Entscheidungsprozesse der Unternehmensleitungen integrierten Umweltschutz weiterzuentwickeln, bringt es uns gleichzeitig einen Schritt in Richtung einer nachhaltigen umweltgerechten Entwicklung voran. In diesem Sinne wünsche ich mir, daß die Lektüre dieses Buches zum Nachmachen anregt.

Dr. Angela Merkel

> Wenn Du ein Schiff bauen willst, so trommle nicht die Männer zusammen, um Holz zu beschaffen und Werkzeuge vorzubereiten, sondern lehre die Männer die Sehnsucht nach dem endlosen, weiten Meer.
>
> *Antoine de Saint-Exupéry*

Vorwort des Herausgebers

Schon immer sahen wir bei B.A.U.M. die enormen Chancen einer umweltorientierten Unternehmensführung, die sich letztlich auch in der Aufdeckung konkreter Kostensparpotentiale widerspiegeln. Denn jeder nicht verbrannte Liter Öl, jedes nicht verbrauchte Kilowatt Strom, jeder eingesparte Liter kostbaren Trinkwassers, jedes Kilo reduzierter oder vermiedener Abfall ist ein wichtiger Beitrag für eine „nachhaltige Entwicklung" sowie eine verbesserte Ertragssituation im Unternehmen.

Eine „nachhaltige Entwicklung", so hat es die internationale Staatengemeinschaft 1992 in Rio de Janeiro festgelegt, soll

> die Verbesserung der ökonomischen und sozialen Lebensbedingungen mit der langfristigen Sicherung der natürlichen Lebensgrundlagen in Einklang bringen, um auch künftigen Generationen Entfaltungschancen zu bewahren.

1994 wurde das Prinzip der Nachhaltigkeit in Deutschland im Grundgesetz, Artikel 20a verankert.

Blicken wir ein Dutzend Jahre zurück in die Vergangenheit der betrieblichen Umweltpraxis. Umweltbewußte Unternehmensführung war fast noch ein Fremdwort, nachsorgender und nicht integrierter Umweltschutz die Regel, geschlossene Kreisläufe waren selten zu finden, die Abfallberge türmten sich.

Erfreulicherweise hat in den letzten Jahren ein Bewußtseinswandel stattgefunden. Unter Berücksichtigung der rund 1.000 Beispiele von 100 Unternehmen in diesem Buch und der langjährigen Erfahrung der B.A.U.M.-Mitgliedsunternehmen stellt sich die heutige Situation aus unserer Sicht wie folgt dar.

1. Rund 2 bis 5 % der Gesamtkosten eines Unternehmens lassen sich durch gezieltes Umweltmanagement einsparen, gesamtwirtschaftlich sind dies rund 40 bis 100 Mrd. DM.
2. Umweltkosten werden in den betrieblichen Rechnungssystemen oft nicht oder nur unzureichend erfaßt.
3. Zur Ermittlung der ökologischen Kostensparpotentiale ist eine interdisziplinäre Arbeitsweise erforderlich.

4. Integrierte Produktionstechniken ersetzen zukünftig mehr und mehr Investitionen in „end-of-pipe-Anlagen".
5. Effizientes Umweltmanagement beginnt bereits beim Einkauf der Stoffe.
6. Das „Öko-Audit" führt nach zahlreichen praktischen Erfahrungen zur Offenlegung ökologischer Einsparpotentiale und sollte deshalb verstärkt genutzt werden (gefundene Kostensparpotentiale bis 10 % der Gesamtkosten).
7. Ohne Kooperation zwischen „Fachpromoter" und „Machtpromoter" ist eine erfolgreiche Realisierung nicht möglich.
8. Beträchtliche Einsparpotentiale sind in allen Branchen und Unternehmen verschiedener Größen möglich, aber auch bei öffentlichen Einrichtungen (Schulen, Krankenhäusern, Verwaltungen), Kommunen, Haushalten, Hotelbetrieben u.a..
9. Das Gesamt-Einsparpotential schätzen wir von B.A.U.M. auf rund 150 bis 200 Mrd. DM pro Jahr, mit entsprechenden herausragenden ökologischen und sozialen Wirkungen.

Die Praxis vieler B.A.U.M.-Mitgliedsunternehmen zeigt, daß der Umweltschutz einen hohen Stellenwert einnimmt und daß durch die Einführung von Umweltmanagementsystemen beträchtliche ökologische Verbesserungen in allen Betriebsabläufen, von der

- Produktentwicklung, Design bis zum Produktionsprozeß selbst,
- von der Materialwirtschaft bis zur Forschung und Entwicklung,
- von der Ausbildung der Mitarbeiter bis zur Organisationsstruktur, Rechnungswesen und Marketing,
- vom Fuhrpark bis zur allgemeinen Verwaltung und dem Bereich des Bauens, Instandhaltens

realisiert wurden. Und viele Beispiele in diesem Buch belegen eindrucksvoll, daß neben den wichtigen ökologischen Wirkungen - ganz im Sinne der Agenda 21 und der Nachhaltigkeit - auch interessante Kostenreduzierungen erzielt werden konnten. Geringere Kosten tragen zur Ertragsverbesserung bei und sind somit auch ein Beitrag für eine sozialverträgliche Entwicklung des Unternehmens.

Klar ist: Eine dauerhafte, nachhaltige Entwicklung, ein „sustainable development" ist nur mit der Wirtschaft möglich und erfordert die Beachtung aller 3 Schlüsselgrößen; Ökologie, Ökonomie und soziale Entwicklung.

Mit diesem Buch soll somit ein konkreter Beitrag zur Verbesserung des betrieblichen Umweltmanagements oder auch der umweltbewußten Unternehmensführung geleistet werden. Dabei soll nicht einmal mehr die schwierige ökologische Situation - national oder auch international - beklagt werden. Ich glaube, die Analyse ist klar und eine weitere Aufzählung der Probleme im Dreieck der Ökologie, Ökonomie und Sozialverträglichkeit motiviert die Menschen nicht mehr. Es geht jetzt verstärkt darum, konkrete und erfolgreiche Lösungswege aufzuzeigen, die zur Nachahmung anregen.

Alle aufgeführten Beispiele sind praxisnah und erfolgreich in den Unternehmen umgesetzt worden. Und viele dieser Maßnahmen sind nicht branchenspezifisch sondern können in jedem Unternehmen realisiert werden. Zum Nutzen des Unternehmens und der Umwelt! Das heißt, alle Branchen, ob

> Maschinen-Anlagenbau, Elektrotechnik, Fahrzeugindustrie, Textil, Verpackung, Baustoffe, Chemie, Druck, Getränke, Nahrungsmittel, Krankenhäuser oder Tourismus/ Ferienparks u.a.

und alle Größenordnungen, ob

> kleine, mittelständische Unternehmen oder große internationale Konzerne

können von diesen Beispielen profitieren, denn: „Freiwilligkeit ist die Basis der Freiheit."

Die vielen Beispiele unterstreichen die im Rahmen einer Pressekonferenz zur Vorstellung des vom Bundesumweltministerium und Umweltbundesamt herausgegebenen „Handbuches Umweltkostenrechnung" mit Bundesumweltministerin Dr. Angela Merkel getroffenen B.A.U.M.-Feststellungen, daß ein vorsorgender und ganzheitlicher Umweltschutz Sparpotentiale in Milliardenhöhe ermöglicht.

Die Beispiele zeigen aber auch, daß der Umweltschutz in den vorgestellten Unternehmen einen hohen Stellenwert besitzt. Es wurden Umweltziele und Leitlinien formuliert und eine effiziente Organisation etabliert. Innovationen werden gefördert und die Kreativität der Mitarbeiter unterstützt. Das Ergebnis kann sich sehen lassen und dürfte viele Unternehmen - egal welcher Größenordnung und Branche - zur Nachahmung anregen. Was motiviert mehr als „Erfolg"? Die kritische Analyse der zahlreichen Beiträge zeigt den enormen Fortschritt im „Umweltmanagement" und die Vielseitigkeit der Maßnahmen.

Zum Schluß wage ich, auf der Basis der Erkenntnisse der in diesem Buch vorgestellten praktischen Maßnahmen und Beispiele, den Blick in die Zukunft.

Die Wirtschaft und Gesellschaft im Jahre 2010!

Wir schreiben das Jahr 2010. Die Wirtschafts- und Gesellschaftspolitik war in den letzten Jahren einem dramatischen Strukturwandel ausgesetzt, der sich nur noch mit den sensationellen politischen Umwälzungen im Europa der späten achtziger Jahre vergleichen läßt. Beobachter sprechen bereits jetzt von der dritten industriellen Revolution. Die Erfindung der Dampfmaschine leitete die erste industrielle Revolution ein, die flächendeckende Etablierung der Mikroelektronik und der Computertechnik, verbunden mit einer Automatisierung ganzer Produktionslinien, waren kennzeichnend für die zweite industrielle Revolution. Die dritte Revolution ist die Synergie mit der Natur.

Im Gegensatz zu den Vorgängern hat man es erstmals mit einer Entwicklung zu tun, die zwar ebenso tiefgreifende gesellschaftliche Änderungen hervorruft, aber völlig andere Eigenschaften besitzt: die Wirtschaftsphilosophie favorisiert nicht mehr das ungezügelte Wachstum, sondern handelt nach den Prinzipien des „sustainable development". Der Begriff des „Wirtschaftswachstums", über den bis in die neunziger Jahre noch das Wohl und Wehe einer Wirtschafts- und Gesellschaftsordnung definiert wurde, ist passé. Als Maßeinheit für das Wachsen wirtschaftlicher Leistungsfähigkeit einer Volkswirtschaft wurde vom Ministerium für Umweltwirtschaft, das aus den bisherigen Ministerien für Wirtschaft und Umwelt hervorging, der Begriff „Qualitatives Wachstum" eingeführt. Diese Vokabel definiert die Fähigkeit der Wirtschaft, Güter und Dienstleistungen im bisherigen Umfang zu produzieren, ohne die Umwelt zu belasten und ohne einen nennenswerten Rückgang des Bruttosozialprodukts in Kauf zu nehmen.

Die Steigerungsrate des qualitativen Wachstums lag im letzten Jahrzehnt bei über neun Prozent. Immer mehr Firmen sind in der Lage, ihre Produktion nach dem Vorbild der Natur abzuwickeln, ohne an Qualität zu verlieren. Im Gegenteil: Die aufgegriffenen Anregungen aus der Natur stellen sich in den meisten Fällen als stabiler, durchdachter und intelligenter heraus.

Die Verknappung der Rohstoffe, sowie die „künstliche" Verteuerung der Umweltbelastung durch marktwirtschaftliche Instrumente wie Ökosteuern und handelbaren Verschmutzungszertifikaten, ließen die Rohstoffpreise in den vergangenen Jahren kontinuierlich auf ihr heutiges - aus Sicht der neunziger Jahre unglaublich hohes - Niveau steigen. Viele Entwicklungsländer erreichten durch höhere Rohstoffpreise einen besseren Lebensstandard, so daß finanzielle Hilfeleistungen in Milliardenhöhe nicht mehr erforderlich waren. Heute sagen die Preise die Wahrheit. Externe Effekte konnten so internalisiert werden. Produkte die den Anforderungen der nachhaltigen Entwicklung nicht entsprechen, sind exotische, exorbitant teure Nischenprodukte, die ihre Daseinsberechtigung aufgrund neuer, umweltfreundlicher und damit billigerer Konkurrenzprodukte in Kürze verlieren werden. Nur Unternehmen, die diese Entwicklung rechtzeitig antizipierten und sich auf die im Zeitablauf angestiegenen neuen Kostenstrukturen eingestellt haben, überlebten diese Entwicklung. Es hat sich gezeigt, daß es sich dabei überwiegend um Unternehmen handelt, die frühzeitig damit begonnen haben Kostensenkungspotentiale zu finden und auszunutzen. Schon 1997, kurz von der Jahrtausendwende hatten erstmals 100 Unternehmen diesen Trend in der B.A.U.M.-Publikation mit dem Titel „Kosten senken durch Umweltmanagement" dokumentiert.

Heute produzieren die Unternehmen mit weniger Kosten als noch vor zehn Jahren, weil sie es verstanden haben, die Rezirkulationskreisläufe der Natur zu kopieren. Kosten für Abfallbeseitigung oder Entsorgung schlagen in den Bilanzen kaum noch zu Buche. Auch den Städten und Gemeinden bleiben Kosten in immer größerem Umfang erspart: Die Müllhalden schrumpfen drastisch, Müllverbrennungsanlagen werden überflüssig, weil es kaum noch Rückstände im Haushaltsmüll gibt, die nicht wiederverwendbar sind. Sondermülldeponien werden geschlossen. Es zahlt sich aus, daß immer mehr Betriebe Produkte nicht mehr herstellen, wenn dabei Stoffe anfallen, die derart toxisch sind, daß sie nicht mehr in anderen Bereichen der Wirtschaft wiederverwendet werden können. Das Denken der Führungskräfte hat sich radikal vom klassischen Input-Output wegentwickelt: Als fortschrittlich und erfolgreich gilt, wer mit seinem Output nach dessen Gebrauch direkt einen neuen Input für andere Produktionszweige bewirkt.

Der Begriff der Nachhaltigkeit - eine zukunftsfähige Gesellschaft - hat sich vorbildlich durchgesetzt.

Insgesamt floriert die Wirtschaft wie lange nicht mehr. Nicht jene Pessimisten haben recht behalten, die zu Beginn der neunziger Jahre davon ausgingen, daß Wirtschaft und Natur auf ewig Feinde sind, noch jene, die prophezeiten, daß Wirtschaften nach dem Vorbild der Natur gänzlich unmöglich ist und nur den Lebensstandard zurückwerfen sowie die Gesellschaft untergraben würde. Es wird zunehmend offensichtlich, daß Natur und Wirtschaft Komplementäre sind.

Die aufsehenerregendsten, mit dem Nobelpreis honorierten Erfindungen des Jahres 2010 hatten die Übertragung natürlicher Mechanismen auf hochkomplexe Wirtschaftsprozesse zum Thema: selbstauflösende Verpackungen, Energiegewinnung durch photosynthese-ähnliche Prozesse, Klärung von Abwässern nach natürlichem Vorbild .... Kurz: Erkenntnisse aus der Bionik werden weitestgehend berücksichtigt.

Neben der Bewußtseinsänderung der Führungskräfte in der Wirtschaft und fast aller Teile der Bevölkerung waren die teilweise dramatischen Veränderungen in den Unternehmenskulturen die herausragenden Ereignisse der späten neunziger Jahre. Hier haben sich in zehn Jahren Veränderungen ergeben, deren Radikalität selbst jene überrascht hat, die ähnliche Entwicklungen voraussahen.

Die Entwicklung mancher Großkonzerne mit ihren zum Teil starren und inflexiblen Verwaltungen ist durch den Trend zu kleinen, autarken Einheiten, die sich schneller und intensiver den Erfordernissen des Marktes und der Umwelt anpassen können, abgelöst worden. Einstmals hochangesehene Unternehmen existieren nicht mehr oder sind nur noch mit einer Holdinggesellschaft präsent. Firmen, die noch vor fünfzehn Jahren eine überragende Marktstellung besaßen, aber die Wende zur natürlichen Produktion nicht oder zu spät vollziehen wollten, haben entweder aufgehört zu existieren oder führen in ihrem angestammten Marktsegment nur noch ein Schattendasein. Sie sind durch solche Unternehmen verdrängt, die sich mit kleinen, selbständigen Einheiten innovative Vorreiterpositionen erkämpften und diese konsequent in Mark und Pfennig umgesetzt haben. Auch die dritte industrielle Revolution hat somit ihre Opfer gefordert; wie bei der ersten und zweiten industriellen Revolution meistens solche, die zu lange an alten Strukturen und Denkmodellen festhielten.

Eingeleitet und beschleunigt wurde diese Entwicklung durch den Image-Verlust der betreffenden Unternehmen. Bereits zu Beginn der neunziger Jahre war absehbar, daß das Befolgen von Gesetzen und Verordnungen allein für ein positives Image beim hochgradig sensibilisierten Verbraucher nicht ausreichen würde, um die Marktanteile zu verteidigen. Die neueste Statistik des Ministeriums für Umweltwirtschaft dokumentiert, daß mehr als 90 Prozent der Verbraucher nur noch bei Unternehmen mit einem erstklassigen Umwelt-Image kaufen. Die im Jahre 2010 am Markt befindlichen Firmen sind in diesem Sinne fast durchgängig Garanten für eine kontinuierliche Steigerung der Lebensqualität. Dies manifestiert sich auch in der Werbung: Während früher die Qualität und die vermeintliche Überlegenheit der Funktion des jeweiligen Produktes im Vordergrund standen, bewegt heute Werbeagenturen und Verbraucher eigentlich nur eine Botschaft: wird das Produkt umweltgerecht hergestellt, welches Unternehmen stellt es her, welches Image hat dieses Unternehmen? Diese Konsequenz hat dazu geführt, daß es bestimmte, problematische Produkte, die noch in den neunziger Jahren als unerläßlich und unverzichtbar galten, nicht mehr gibt.

Die negativen Auswirkungen auf die Gesundheit der Menschen, die durch die Produktion von Gütern aller Art und den Straßenverkehr verursacht wurden, sind drastisch zurückgegangen. Die Ausgaben für das Gesundheitswesen und den Umweltschutz haben sich um 2/3 reduziert und die Lebensgewohnheiten der Menschen haben sich geändert. Nicht Nachsorge und Heilung stehen auf dem Ausbildungsplan der Mediziner an erster Stelle, sondern Gesundheitsvorsorge, Fitneß und gesunde Ernährung.

Eine Vision? Ganz sicher! „Aber alles was wir heute tun, entscheidet, wie die Welt morgen aussehen wird.“

Insofern bin ich den mitwirkenden Unternehmen zu ganz besonderem Dank verpflichtet. Hier waren es in der Regel die Umweltschutzbeauftragten, die mit Ihrem Engagement den Grundstein für die erfolgreiche Umsetzung der Maßnahmen gelegt haben und die uns das Material für den Buchinhalt lieferten. Ich freue mich über die erzielten positiven Ergebnisse und die Ernsthaftigkeit der Bemühungen und hoffen auf weitere Erfolge.

Herzlich danken möchten ich auch allen Persönlichkeiten aus Politik, Wirtschaft, Wissenschaft und Verbänden, die dieses Buch mit individuellen Beiträgen sehr bereichert haben. Mein Dank gilt:

Dr. Angela Merkel, Hermann Schaufler, Dr. Thomas Goppel, Peter Strieder, Matthias Platzeck, Christine Wischer, Dr. Fritz Vahrenholt, Margarethe Nimsch, Bärbel Kleedehn, Monika Griefahn, Bärbel Höhn, Klaudia Martini, Prof. Willy Leonhardt, Arnold Vaatz, Heidrun Heidecke, Rainder Steenblock, Dr. Volker Sklenar, Prof. Dr. Andreas Troge, Marion Caspers-Merk, Hubert Weinzierl, Prof. Dr. Wolfgang Engelhardt, Fritz Brickwedde, Hans-Olaf Henkel, Carlhanns Damm, Dr. Hermann Fischer, Dr. Udo Oels, Prof. Werner Pollmann, Heinz Dürr, Dr. Ernst Schadow, Siegfried Stocker, Dr. Franz Ehrnsperger, Dr. Michael Otto, Erivan Haub, Prof. Dr. Heribert Meffert, Prof. Dr. Reinhard Pfriem, Prof. Dr. Udo E. Simonis, Prof. Dr. Volker Stahlmann.

Und last but not least danke ich besonders den B.A.U.M.-Mitarbeitern, die für die Auswahl, Zusammenstellung und Bearbeitung dieser großartigen Beispiele verantwortlich zeichnen. Frau Monika Bergmann (Dipl.-Betriebswirtin) und Herrn Thomas Claßen (Dipl.-Biologe) möchte ich für die redaktionelle Bearbeitung einzelner Beiträge und Herrn Alessandro Grimaldi (Bankkaufmann) für die Erstellung der Graphiken danken. Hauptverantwortlich für die redaktionelle Bearbeitung, die Erstellung der einführenden Kapitel sowie die Endkorrekturen der Unternehmensbeiträge war mit mir gemeinsam Herr Dr. Harald Gilch (Dipl.-Physiker). Ihm, sowie Herrn Peter Krabbe (Dipl.-Volkswirt), der maßgeblich an der Koordination des Projekts beteiligt war, möchte ich ebenfalls ganz besonders herzlich danken.

Was ist zu tun? Alle Akteure, aus Politik, Wirtschaft, Wissenschaft, Kommunen, Verbänden u.a. sind aufgefordert, ihre Beiträge im Sinne von „best practices" zu leisten. Wie es Erich Kästner schon so schön formuliert hat:

„Es gibt nichts Gutes, außer, man tut es."

Ich wünsche allen Lesern spannende Unterhaltung bei der Lektüre dieses Buches. Soll es den Unternehmern und Umweltschutzbeauftragten neue hochinteressante Maßnahmen der „ökologischen Kostenvermeidung" aufzeigen, den politisch Verantwortlichen Ideen für eine erfolgreiche Wirtschafts- und Umweltpolitik, den Wissenschaftlern Hilfestellung bei der Erarbeitung und Bewertung neuer Theorien leisten und den Wirtschafts- und Umweltverbänden neue Wege für gemeinsame Aktionen weisen. Lassen wir uns alle inspirieren und motivieren, um die Vision einer zukunftsfähigen Gesellschaft und einer nachhaltigen Entwicklung zur Realität werden zu lassen!

Dr. Maximilian Gege

Inhaltsverzeichnis

Abkürzungsverzeichnis

A-/B-/C-Müll	Müllkategorien für Krankenhausabfälle
ABC-Bewertung	Bewertungsverfahren, bei dem die Bewertung eines Stoffes/Prozesses in den Kategorien A = „akuter Handlungsbedarf", B = „mittlerer Handlungsbedarf" und C = „kein Handlungsbedarf" erfolgt.
ASU	Arbeitsgemeinschaft selbständiger Unternehmer e.V.
A.U.G.E.	Aktionsgemeinschaft Umwelt, Gesundheit, Ernährung
B.A.U.M.	Bundesdeutscher Arbeitskreis für Umweltbewußtes Management
BImSchG	Gesetz zum Schutz vor schädlichen Umwelteinwirkungen durch Luftverunreinigungen, Geräusche, Erschütterungen und ähnliche Vorgänge (Bundes-Immissionsschutzgesetz)
BMBF	Bundesministerium für Bildung, Wissenschaft, Forschung und Technologie
BMU	Bundesministerium für Umwelt, Naturschutz und Reaktorsicherheit
BS 7750	British Standard 7750 „Specification for environmental Management Systems"
BSB_5	Biologischer Sauerstoffbedarf von Abwasser in fünf Tagen
CH_4	Methan
CKW	Chlor-Kohlenwasserstoffe
CO	Kohlenmonoxid
CO_2	Kohlendioxid
CSB	Chemischer Sauerstoffbedarf von Abwasser
DAU	Deutsche Akkreditierungs- und Zulassungsgesellschaft für Umweltgutachter mbH
DIN	Deutsche Industrie Norm
DSD	Duales System Deutschland („Grüner Punkt")
EG-Öko-Audit-Verordnung	Verordnung (EWG) Nr. 1836/93 des Rates vom 29. Juni 1993 über die freiwillige Beteiligung gewerblicher Unternehmen an einem Gemeinschaftssystem für das Umweltmanagement und die Umweltbetriebsprüfung
EPAG	Environment-Protection AG
EN	Europäische Norm
FCKW	Fluor-Chlor-Kohlenwasserstoff
GuD-Prozeß	Hintereinanderschaltung von Gas- und Dampfturbinen bei Kraft-Wärme-Kopplung
ICC	International Chamber of Commerce (Internationale Handelskammer)
INEM	International Network for Environmental Management
ISO 9000	International Organization for Standardization Norm 9000: Normen zum Qualitätsmanagement und zur Qualitätssicherung (Normenreihe ISO 9000 ff.)

ISO 14001	International Organization for Standardization Norm 14001: Umweltmanagementsysteme - Spezifikationen und Leitlinien zur Anwendung
IVU-Richtlinie	Richtlinie 96/61/EG des Rates vom 24. September 1996 über die integrierte Vermeidung und Verminderung der Umweltverschmutzung
KrW-/AbfG	Gesetz zur Förderung der Kreislaufwirtschaft und Sicherung der umweltverträglichen Beseitigung von Abfällen (Kreislaufwirtschafts- und Abfallgesetz)
$N_{ges.}$	Gesamter Stickstoffanteil = Summe von Ammonium-, Nitrit- und Nitratstickstoff
NH_3	Ammoniak
NO_X	Stickoxide
ÖPNV	Öffentlicher Personennahverkehr
PC	Personalcomputer
PE	Polyethylen
PU	Polyurethan
PVC	Polyvinylchlorid
RAL	Deutsches Institut für Gütesicherung und Kennzeichnung
SKE	Steinkohleeinheiten
SO_2	Schwefeldioxid
TQM	Total Quality Management
UBA	Umweltbundesamt
UNEP	United Nations Environmental Program (Umweltprogramm der Vereinten Nationen)
VbF	Verordnung über brennbare Flüssigkeiten
VfU	Verein für Umweltmanagement in Banken, Sparkassen und Versicherungen
WGK	Wassergefährdungsklasse
WWF	World Wide Fund for Nature
ZVEI	Zentralverband Elektrotechnik- und Elektronikindustrie e.V.

I. Stellungnahmen

Umweltbewußtes Management ist für den Geschäftserfolg und die langfristige Bestandssicherung der Unternehmen von maßgeblicher Bedeutung.

Die einhundert Unternehmen, deren erfolgreich umgesetzte Umweltschutzmaßnahmen Anlaß dieses Buches waren, wissen es. B.A.U.M. erschien es jedoch zusätzlich wichtig, diese Erkenntnis in einen größeren Kontext zu stellen, um die Thematik möglichst aus verschiedenen Blickwinkeln zu kommunizieren. Deshalb hat B.A.U.M. die Umweltminister bzw. Umweltsenatoren der Landesregierungen sowie namhafte Vertreter von Verbänden, der Wirtschaft und der Wissenschaft um ein kurzes Statement zur Bedeutung der ökonomischen Vorteilhaftigkeit ökologischer Maßnahmen des betrieblichen Umweltschutzes gebeten.

Wir möchten uns an dieser Stelle ganz herzlich bei den Autoren für die Beiträge bedanken. Die Aussagen zeigen deutlich, welche herausragende Bedeutung der ökologischen Ausrichtung unternehmerischer Aktivitäten beigemessen wird.

1 Umweltminister bzw. Umweltsenatoren der Landesregierungen, der Präsident des Umweltbundesamtes sowie die Vorsitzende der Enquete-Kommission „Schutz des Menschen und der Umwelt“

1 Baden-Württemberg

Über die Belastungen der Umweltpolitik im Zusammenhang mit der wirtschaftlichen Situation am Standort Deutschland wird allerorten geklagt. Dies ist politisch und strategisch unklug und sachlich falsch. Deutschland steht ökologisch wie ökonomisch im internationalen Vergleich recht gut da.

Anspruchsvoller Umweltschutz ist nicht Bremsklotz, sondern ein Eckpfeiler wirtschaftlicher Prosperität. Beide Bereiche, Ökonomie und Ökologie, bedingen und fördern einander. Dies zeigen Beispiele ökologisch anspruchsvoller Nationen und Erfahrungen ökologisch zielstrebiger Unternehmen. Die positiven Beschäftigungseffekte des Umweltschutzes sind bekannt, die Exportchancen auch. Stillstand ist Rückschritt im Wettbewerb auf dem Markt für Öko-Technik und Umweltdienstleistungen. Unsere Kunden auf dem Weltmarkt schätzen neben der

Termintreue auch unsere hohen deutschen Standards als Garanten für Qualität, Praxiserprobung und Zuverlässigkeit.

Eine zentrale Aufgabe der Umweltpolitik ist es, die Kräfte in Wirtschaft und Gesellschaft zusammenzuführen, um die Verwirklichung einer nachhaltigen, dauerhaft umweltgerechten Entwicklung in Deutschland im wahrsten Sinne des Wortes „vorbildlich“ vorzuleben. Ein Instrument auf diesem Weg wird für uns in Baden-Württemberg der Landesumweltplan sein, der langfristig verläßliche Perspektiven, Ziele, Rahmenbedingungen, Maßnahmen und Instrumente umreißen und die Aufgaben und das Zusammenwirken der Akteure festlegen soll.

Auf dem Weg in eine umweltgerechtere Welt brauchen wir auch künftig Visionen, deren Umsetzung wir verfolgen müssen - in Verantwortung für die Schöpfung und für nachfolgende Generationen.

Hermann Schaufler

Minister für Umwelt und Verkehr, Baden-Württemberg

2 Freistaat Bayern

Das aktuelle, zentrale umweltpolitische Leitbild unserer Zeit heißt: nachhaltige umweltverträgliche Entwicklung.

Der bayerische Weg ist dafür ein gutes Beispiel: In keinem anderen Land in Deutschland hat es während der letzten Jahrzehnte einen vergleichbar dynamischen Strukturwandel gegeben. Heute verfügen wir über moderne, saubere, „sanfte“ Industrien - zugleich ist Bayern aber nach wie vor das deutsche Urlaubsland Nummer eins mit attraktiven, schönen, intakten Landschaften.

In unserer Industriegesellschaft des ausgehenden 20. Jahrhunderts verlieren Rohstoffe und Bodenschätze an Bedeutung zugunsten „weicher Standortfaktoren“ wie Wohnen, Kultur und Unterhaltung, Sport und Freizeit - und hoher Umweltqualität. Wer glaubt, dem Wirtschaftsstandort Deutschland drohe aus der Richtung der Umweltpolitik Gefahr, der stellt seine Fragen falsch. Ökonomie und Ökologie sind voneinander abhängig und lassen sich nicht auseinanderdividieren.

Unser gemeinsames Ziel muß sein, die heutige Gesellschaft vernünftig fortzuentwickeln zur ökologischen Wohlstandsgesellschaft der Zukunft. Dazu aber braucht die Umweltpolitik neue Formen der Partnerschaft zwischen Staat und Wirtschaft: statt Ordnungsrecht mehr Eigenverantwortung; statt Zwang mehr Freiheit und Marktwirtschaft; statt Konfrontation Kooperation und Konsens; nicht weniger, sondern mehr Umweltschutz - und diesen besser, schneller, wirtschaftlicher! Wir müssen darüber hinaus den Schritt tun vom bisherigen nachsorgenden Umweltschutz - von der klassischen Reparatur- und Filtertechnik mit ihren hohen Dauerkosten - hin zum vorsorgenden, integrierten Umweltschutz. Dieser setzt bereits bei der Planung und Entwicklung von Produkten und Produktionsverfahren an; ihm entsprechen kostensparende, umweltentlastende Konzepte und geschlossene oder nahezu schadstofffreie Kreislaufsysteme.

Diese große Aufgabe können wir allerdings nur mit neuen Technologien bewältigen. In dieser Konsequenz müssen wir auch weiterhin zu den technologischen Vorreitern gehören - auf dem Umweltmarkt und auch sonst. Niemand sollte heute sein Geld noch in veraltete, umweltschädliche Konzepte investieren. Moderner Umweltschutz ist ein lohnendes Zukunftsfeld. Er verursacht freilich, wie jede andere Investition auch, zunächst einmal gewisse Kosten und Vorleistungen. Trotzdem sollten wir nicht am Umweltschutz sparen, sondern durch Umweltschutz. Bei richtiger Kalkulation rentiert er sich auch wirtschaftlich - nicht zuletzt als Impulsgeber für den Arbeitsmarkt.

Eine umweltpolitische bzw. technologische Vorschau beispielsweise ins Jahr 2005 kann nur spekulativ sein. Gleichwohl bin ich sicher, daß wir weit sparsamer als heute mit Rohstoffen und Energie umgehen werden. Wir werden wesentlich häufiger ökologisch „saubere“ Produkte benutzen als heute. Wir werden mehr Wertstoffe wiederverwerten. Beim integrierten Umweltschutz, beim ökologischen Design, in der Kreislaufwirtschaft und bei der Nutzung von zahlreichen biologischen Potentialen werden wir deutlich weiter sein als heute. Die Umweltqualität wird sich weiter verbessern.

Der Umweltmarkt ist bereits heute einer unserer wenigen Wachstumsmärkte. Mit einem Anteil von 35 % ist Deutschland derzeit in Europa Spitzenreiter. Wir sollten es auch in 10 Jahren noch sein - nach Möglichkeit auch wieder weltweit. Die Chancen dafür stehen gut. Der deutsche Öko-Arbeitsmarkt weist bereits heute über 1 Mio. Arbeitsplätze auf. Schon im Jahr 2000 sollen es rund 1,2 Mio. sein. Wir in Bayern wollen bis dahin 13 % unserer Energie aus regenerativen Quellen gewinnen, 5 % davon aus Biomasse - ein ehrgeiziges Ziel und zugleich ein Beitrag zum Schutz des Weltklimas! Schon heute liegen wir bei unseren CO_2-Emissionen um gut ein Drittel unter dem Bundesdurchschnitt.

Zuversichtlich hoffe ich, daß bald auch die Diskussion um die Bio-Technologie zu einem vernünftigen Abschluß kommt. In wenigen Jahren schon wird jede zweite wichtige Innovation aus dieser Richtung kommen - mit äußerst positiven Auswirkungen auch auf Beschäftigung und Wertschöpfung. Wir werden diese neue Technologie nach ethisch verantwortbaren Grundsätzen nutzen - für neue Werkstoffe, neue Informationsspeicher, neue Medikamente, neue Treibstoffe, ertragsstärkere und gesündere Nutzpflanzen. Hier sehe ich eine völlig neue Symbiose von Technik und Natur, eine große Chance auch zu mehr Umweltschutz.

Um das Jahr 2005 dürfte sich das weltweite Umweltmarktvolumen der 1-Billion-DM-Grenze nähern. Bis dahin sollten die Industriestaaten den Durchbruch beim Klima- und Immissionsschutz schaffen. Deutschland will dann um ein Viertel weniger CO_2 emittieren als 1987. Wir werden zwei Drittel davon durch Energieeinsparung im weitesten Sinne erreichen können, den Rest durch vermehrte

Nutzung sowohl der Kernkraft als auch erneuerbarer Energiequellen. Ohne Zweifel werden sich die Volkswirtschaften der Welt fortentwickeln und entsprechend mehr Energie und Ressourcen benötigen. Letztlich geht es also um die Herausforderung, daß 6 Mrd. Menschen und mehr im Einklang mit der Natur leben können - ohne das Trinkwasser und die Atmosphäre der Erde zu vergiften und ohne eine Sintflut aus Abfall oder den weltweiten Klima-GAU zu verursachen.

Je weniger Illusionen wir uns über diese Gefahren für die Umwelt machen, desto sicherer werden wir sie bannen können. Wenn wir mit allen Kräften weiter solidarisch zusammenhelfen, haben wir es in der Hand, Mensch und Natur, Ökologie und Ökonomie mittelfristig wieder in Einklang zu bringen.

Dr. Thomas Goppel

Bayerischer Staatsminister für Landesentwicklung und Umweltfragen

3 Berlin

Die Zeiten, in denen der Umweltschutz als kostensteigernde Wachstumsbremse angesehen wurde, sind vorbei. Selbst unter den gegenwärtigen Bedingungen konjunktureller Schwäche und extremer Arbeitsmarktbelastung müssen Umwelt-, Arbeitsmarkt- und Wachstumspolitik nicht als Gegensätze, sondern als sich ergänzende Teilbereiche einer Politik der Nachhaltigkeit angesehen werden. Dies ist ein Fortschritt gegenüber der Diskussion in den achtziger Jahren. Dennoch ist die Situation heute keinesfalls einfacher. Wir stehen vor der Herausforderung, Arbeitsplätze zu schaffen, technologische Innovationen anzuregen, soziale Sicherheit zu wahren und zugleich die natürlichen Ressourcen zu schonen. Hierzu eine überzeugende Strategie zu finden, ist für die Zukunft unserer Gesellschaft von ausschlaggebender Bedeutung.

Optimistisch stimmt die Tatsache, daß sich - wie auch dieses Buch zeigt - immer mehr Unternehmen zu einer ökologischen Wirtschaftsweise entschließen. Führungskräfte, Belegschaften und Gewerkschaften haben erkannt, daß umweltgerechtes Verhalten nicht nur eine moralische Verpflichtung ist, sondern handfeste Vorteile mit sich bringt. Dies gilt um so mehr, als die Inanspruchnahme unserer Umwelt zu Kostenbelastungen führt, die künftig sicher nicht geringer werden. Steigende Kosten für umweltbelastendes Verhalten signalisieren die Notwendigkeit einer Verhaltensänderung und zwingen zu unternehmerischem Handeln. Wer in einer solchen Situation passiv verharrt, mindert auf längere Sicht seine Wettbewerbsfähigkeit und seine Absatzchancen.

Die Möglichkeiten, die Umwelt zu entlasten und gleichzeitig die Kosten zu senken, haben sich vor allem durch technologische Innovationen in den vergangenen Jahren verbessert. Ich denke hier insbesondere an die Entwicklung vorsorgender, integrierter Verfahren, die an die Stelle sogenannter „end-of-pipe-Techniken" treten, wobei der Ressourceneinsatz reduziert, die Kosten für Material, Energie und Wasser vermindert und der Aufwand für nachsorgende Maßnahmen minimiert werden. Derartige win-win-Strategien sind wichtige Faktoren der Nachhaltigkeitsstrategie in den Industrieländern.

Wir können jedoch nicht davon ausgehen, daß sich unsere Probleme - sowohl die ökonomischen als auch die ökologischen - alleine mit technischen Mitteln lösen lassen. Zusätzlich zur Einsicht zahlreicher Produzenten und Verbraucher in die Notwendigkeit eines effektiven Umweltschutzes und zusätzlich zu den uns mittlerweile zur Verfügung stehenden technischen Potentialen müssen wir gesellschaftliche Rahmenbedingungen schaffen, die eine nachhaltige Entwicklung unterstützen.

Die Politik der Bundesländer zielt notwendigerweise auf die Verbesserung der Standortbedingungen. In Berlin haben wir große Anstrengungen unternommen, die Standortbedingungen für umwelttechnische Produktionen und Dienstleistungen zu optimieren. Mit 400 Unternehmen und 13.000 Arbeitsplätzen im Bereich der Umweltwirtschaft zählt Berlin mittlerweile zu den europäischen Zentren für Umwelttechnik. Neben einer Stärkung der Standorte brauchen wir jedoch eine Änderung des Preis- und Kostengefüges in unserer Wirtschaft. Der Einsatz von Arbeitskraft ist zu teuer und die Inanspruchnahme unserer Umwelt nach wie vor zu billig. Den Ressourcenverbrauch zu verteuern und die Lohn-, d.h. die Lohnnebenkosten, zu senken, kann jedoch nicht in den Ländern und Gemeinden bewirkt werden. An diesem Punkt ist die Politik des Bundes und der Europäischen Union gefordert.

Peter Strieder

Senator für Stadtentwicklung, Umweltschutz und Technologie

4 Brandenburg

Umweltschutz steht im Blickpunkt der Öffentlichkeit. An kritischen Publikationen, an Absichtserklärungen und an Situationsanalysen mangelt es nicht. In einer Reihe internationaler Vereinbarungen haben zahlreiche Staaten der Erkenntnis Rechnung getragen, daß die natürlichen Ressourcen begrenzt und das Ökosysteme nicht endlos belastbar sind. Es gibt ein weitreichendes Einvernehmen im Grundsätzlichen, zum Beispiel beim Schutz des Klimas, bei der Erhaltung der Artenvielfalt, bei der Vermeidung der Meeres- oder der Luftverschmutzung. Kaum jemand bestreitet, daß Umweltzerstörung und Ressourcenverbrauch langfristig die Grundlagen menschlicher Existenz gefährden.

Ganz im Gegensatz dazu stehen die vergleichsweise geringen Fortschritte, die Natur- und Umweltschutz vorweisen können. Es gibt nur wenige Bereiche, in denen es gelungen ist, Umweltbelastungen wirklich zu verringern, und diese

Erfolge sind zudem gefährdet. Technische Standards erfüllen nicht mehr ihren Zweck, wenn - wie beim Verkehr - die wachsende Zahl der Fahrzeuge die Wirkung der Abgasreinigung zunichte macht. Umweltschutz gilt nicht wenigen als Investitionshemmnis, und in Zeiten konjunkturellen Abschwungs stehen Anforderungen des Natur- und Umweltschutzes auf dem Prüfstand. Die Internationalisierung der Märkte, die globale Konkurrenz von Unternehmen und Wirtschaftsräumen haben die Ausbeutung natürlicher Ressourcen beschleunigt.

Die Diskrepanz zwischen Analyse und Problembeschreibung auf der einen Seite und bewußt gewordenen und verfolgten Handlungsoptionen auf der anderen ist beängstigend. Der internationale Gegensatz von arm und reich, das Konkurrieren kontinentaler Wirtschaftsräume und innergesellschaftliche Deformationen behindern tragfähige Entscheidungen. Es gibt zu viele widerstreitende Interessen, um im Umwelt- und Ressourcenschutz durchzusetzen, was als richtig erkannt ist. Dabei sitzen Wirtschaft und Umweltschutz in einem Boot, wenn es um die Zukunft unserer Wirtschaftsgrundlagen geht.

Es bedarf wohl noch länger andauernder intensiver Wissensvermittlung und Bewußtseinsprägung, bevor ökologisch ausgerichtete, gesellschaftliche Steuerungsinstrumentarien verfügbar sind. Bis dahin gilt es, bisherige Bemühungen im Umwelt- und Naturschutz fortzusetzen, ökologische Modellansätze zu fördern und Bedingungen dafür zu schaffen, daß es sich für den Unternehmer lohnt, Abfälle zu vermeiden und zu verwerten, Energie einzusparen, Transportwege zu verringern, Schadstoff-Emissionen zu begrenzen und natürliche Ressourcen zu ersetzen. Veränderungen sind möglich, ohne daß wir massive Wohlstandsbeschränkungen hinnehmen müssen. Voraussetzung ist jedoch, daß sich unser Wertbegriff verändert, denn allzu oft verwechseln wir noch materiellen Reichtum mit Lebensqualität.

Veränderungen sind unumgänglich angesichts des Treibhauseffektes, der Zunahme der Weltbevölkerung, der Zerstörung der Ozonschicht, von Wüstenbildungen, von immer wieder auftretenden Umweltkatastrophen, von Megastädten mit all ihren sozialen und ökologischen Problemen, Verkehrsinfarkten und den rapide zunehmenden Gefahren für die Gesundheit.

Zwar gibt es - wie das vorliegende Buch aufzeigt - bereits jetzt Sparpotentiale, die ökologisch motivierte Unternehmer für sich ausschöpfen. Wir brauchen jedoch völlig neue Rahmenbedingungen für wirtschaftliches Handeln, die umfassend energie- und ressourcensparendes Wirtschaften honorieren und so unternehmerische Kreativität für einen ökologischen Reformkurs erschließen. Wir brauchen dafür einen gesellschaftlichen Konsens, der es uns ermöglicht, das Steuer herumzuwerfen.

Ein ökologischer Strukturwandel wird immer mehr zur zentralen Wirtschafts- und Überlebensfrage. Es geht um eine Wirtschaftsweise, die die Gesetze der Biosphäre nicht weiter permanent ignoriert. Notwendig sind Rahmenbedingungen, die den vorsorgenden Umwelt- und Ressourcenschutz in der Vordergrund rücken und die bisher dominierenden, kostenintensiven und volkswirtschaftlich unsinnigen Umweltreparaturen ersetzen.

Hierzu gibt es eine Reihe von Reform-Ansätzen. Die jetzigen Preise sagen nicht die ökologische Wahrheit. Umwelt- und Ressourcenverbrauch müssen verteuert, umweltschonendes Wirtschaften verbilligt werden. Was wir zunächst brauchen, ist eine umfassende, ökologisch ausgerichtete Finanz- und Steuerreform, die ökologisch schädliche Subventionen abbaut, Energie und Rohstoffe teurer, die Arbeit aber billiger macht. So kann wieder mehr Arbeit zu den Menschen gebracht werden. Unternehmerischer Weitblick, der natürliche Ressourcen sparsam verwendet, regenerative Energien einsetzt, Transportwege reduziert und Arbeitsplätze schafft, wird so belohnt. Vielleicht ist auch der Modernisierungsschub, der sich für die Industrienationen Europas daraus ergibt, eine der wenigen brauchbaren Antworten auf die weiter zunehmende Globalisierung des Wirtschaftslebens.

Es bleibt eine Aufgabe von allererstem politischen Rang, in Deutschland für eine solche Reform Mehrheiten zu finden.

Matthias Platzeck

Minister für Umwelt, Naturschutz und
Raumordnung des Landes Brandenburg

5 Freie Hansestadt Bremen

Umweltschutz droht in jüngster Zeit angesichts wirtschaftlicher Probleme und der damit einhergehenden steigenden Massenarbeitslosigkeit in eine Defensivrolle gedrängt zu werden. Ökologie wird oft unwidersprochen als ein Hemmschuh für die wirtschaftliche Entwicklung gebrandmarkt oder als Job-Killer diffamiert. Dies ist eine Haltung, die längst überholt sein sollte. Denn der Wirtschaftsstandort Deutschland verdankt seinen hohen Rang nicht nur der technischen Qualität seiner Produkte und der politischen und sozialen Stabilität seiner Gesellschaft, sondern vor allem auch seiner im internationalen Vergleich hohen Umweltqualität.

Die Chance für europäische und weltweite Entwicklungspotentiale hängt nicht zuletzt auch von der Lebensqualität in den Standorträumen ab. So kann zurecht mit gewissem Stolz auf die bisher erzielten Erfolge im Umwelt- und Naturschutz geblickt werden, auch wenn man bei weitem noch nicht mit allem zufrieden sein kann und darf. Die Lebensverhältnisse haben sich z.B. durch die gesetzlich vorgeschriebenen Maßnahmen zur Luft- und Gewässerreinhaltung erheblich verbessert. Diese Maßnahmen haben zu keiner Verschlechterung der wirtschaftlichen Standortbedingungen geführt. Nachdem man bei der Gewässerreinhaltung und der Luftreinhaltung Erfolge verzeichnen konnte, muß es in den nächsten Jahren verstärkt darum gehen Maßnahmen zum Bodenschutz und Lärmschutzmaßnahmen durchzusetzen. Diese beiden Bereiche genießen bis heute eine vergleichsweise geringe Beachtung, obwohl z.B. Lärmemissionen in unserer dicht besiedelten Landschaft zu erheblichen Belastungen führen. Das von der Bundesregierung eingebrachte Bodenschutzgesetz kann im übrigen auch nur ein erster Schritt sein. Darüber hinaus bleibt der Schutz von Lebensräumen für bedrohte Pflanzen und Tiere eine umweltpolitische Daueraufgabe.

Bei der Durchsetzung von Umweltschutzmaßnahmen müssen in noch stärkerem Umfang produktionsintegrierte Verfahren zum Einsatz kommen, da diese im Gegensatz zu den End-of-the-pipe-Technologien nicht nur die intelligenteren, sondern auch die wirtschaftlich effizienteren Maßnahmen sind.

Daß Maßnahmen des betrieblichen Umweltschutzes keine Kostenexplosion hervorrufen, sondern sich mittel- und langfristig auch betriebswirtschaftlich rechnen, zeigen die in diesem Buch enthaltenen Beispiele. Ich würde mir wünschen, daß diese in noch viel größerem Umfang Schule machen und das damit verbundene ökologische Denken zum allgemeinen Standard wirtschaftlicher Entscheidungen wird. Wenn uns dies in den nächsten Jahren in Deutschland, aber auch in aller Welt gelingt, würde ich noch hoffnungsvoller in die umweltpolitische Zukunft blicken.

Meine Vision für die Welt im Jahr 2005 ist aber vor allem von dem Wunsch geprägt, einen faireren und verantwortungsvolleren Umgang zwischen den Staaten den Nordens und des Südens zu erreichen. Für eine dauerhaft nachhaltige Entwicklung dieser einen Welt ist dieser faire Umgang miteinander unabdingbar. Die Beschlüsse von Rio weisen den Weg.

Christine Wischer

Senatorin für Frauen, Gesundheit, Jugend,
Soziales und Umweltschutz, Bremen

6 Freie und Hansestadt Hamburg

Deutschland im Jahre 2005? Realistische Prognosen können kein wesentlich anderes Bild von unserem Land zeichnen als das jetzige, allenfalls durch ein paar aufhellende oder auch verdüsternde Pinselstriche fortentwickelt. Meine Vision enthält allerdings die Hoffnung auf Veränderungen, die von einer sich neu zusammenfindenden, lokal agierenden Umweltbewegung ausgehen, einem breiten Bündnis, welches sich nicht im Kampf gegen Symbole und Geßlerhüte erschöpft, sondern im Sinne der Charta von Aalborg und der „Agenda 21" zukunftsfähiges Produzieren, Konsumieren und Sichfortbewegen vordenkt und vorlebt.

Zu den Bündnispartnern müssen Industrie und Gewerbe, müssen zumindest diejenigen Unternehmen gehören, in denen betriebswirtschaftliches und innovatives Denken nicht am Werkstor aufhört, sondern die in der Lage und bereit sind, auch die „betrieblichen Stoffkreisläufe" einer Stadt, einer Region und des Ökosystems Erde in ihr Handeln einzubeziehen. Für umweltbewußtes Management gibt es Ansatzpunkte noch und noch, und ich habe den Eindruck - den zahlreiche Beiträge in diesem Buch bestätigen -, daß die Botschaft in etlichen Unternehmen genauso gut verstanden worden ist wie in vielen privaten Haushalten und Teilen der Politik.

Eine gewisse Antinomie - aber auch eine Chance! - liegt ja darin, daß von ertragsorientierten Unternehmen einerseits keine Verzichtsethik erwartet werden kann wie möglicherweise von Individuen, Familien oder Wohngemeinschaften (das sehr willkommene „Öko-Sponsoring" würde ich nicht dieser Rubrik zuordnen); daß aber andererseits das rationalere und kostenbewußtere, eben betriebswirtschaftliche Handeln von Unternehmen im Vergleich zum privaten Sektor im Prinzip das zukunftsfähigere ist, indem zum Beispiel Einsparpotentiale dort, wo sie erkannt werden und ausschöpfbar sind, auch realisiert werden und Kosten senken helfen. Woran es fehlt, sind allerdings ehrliche, die externen Kosten von Klimaaufheizung, Flächenverbrauch und Verkehrsunfällen einbeziehende Preise namentlich für Energie.

Man stelle sich vor - und dies ist Teil 2 meiner Vision -, wir könnten bis zum Jahr 2005 oder 2015 solch ehrliche Preise zum Beispiel via Energiesteuer herbeiführen: Modernisierungsschübe enormen Ausmaßes wären die unvermeidliche Folge, und vielleicht sogar mit positiven Auswirkungen auf den Arbeitsmarkt. Man stelle sich umgekehrt vor - Teil 3 der Vision -, der Sektor „Privathaushalte" würde seinerseits betriebswirtschaftlich(er) denken und diesbezüglich seine Mobilität, sprich: seinen Pkw-Besitz und das Damitherumfahren einer realistischen Kosten-Nutzen-Analyse unterziehen.

Nichts hiervon läßt sich übers Knie brechen, aber die Aufgabe der Politik im Kampf um Zukunftsfähigkeit muß darin bestehen, „gutes" betriebswirtschaftliches Denken und Handeln in *allen* Sektoren via Förderung, Preis-, Gebühren-, Steuer, hier und da auch Ordnungspolitik anzuschieben und „schlechtes" zuerst teurer und schwieriger zu machen und es erst danach administrativ zu erschweren. In Hamburg heißt das: Wohnungswasserzähler einerseits, die Grundwasser-Förderungsgebühr für die Industrie andererseits; massive Förderung alternativer Energie einerseits und Klimaschutzgesetz andererseits sind praktische und schon erfolgreiche Beispiele. Zukunftsfähiges unternehmerisches Denken und Handeln ist als Bündnispartner sehr willkommen.

Dr. Fritz Vahrenholt

Umweltsenator der Freien und Hansestadt Hamburg

7 Hessen

In den letzten Jahren konnten im Umweltschutz viele Erfolge erzielt werden, vor allem durch den Einsatz von technischen Umweltschutzmaßnahmen im Bereich Reinhaltung der Luft und der Gewässer. Hierbei werden in der Regel sogenannte „end-of-pipe"-Technologien verwendet, die im klassischen Fall ausgewählte Schadstoffe zurückhalten bzw. umwandeln. Deutschland nimmt in diesen Bereichen eine Spitzenposition im europäischen und internationalen Vergleich ein.

Dessen ungeachtet sind die anstehenden Umweltprobleme dagegen meist übergreifender, z.T. auch globaler Natur und lassen sich kaum durch nachsorgenden Umweltschutz lösen. Beispiele sind der Treibhauseffekt, der Verlust fruchtbarer Böden, die Verminderung der Biodiversität und die Ausdünnung der stratosphärischen Ozonschicht (Ozonloch). Zur Lösung dieser Probleme sind grundsätzlich neue Ansätze und Strategien gefragt, die vorbeugenden Umweltschutz in den Mittelpunkt stellen.

Wichtige Impulse in diese Richtung hat im Juni 1992 die Rio-Konferenz für Umwelt und Entwicklung der Vereinten Nationen gegeben mit der Agenda 21, dem Aktionsprogramm für das 21. Jahrhundert. Die Agenda 21 richtet sich nicht nur an die industrialisierten Länder, sondern auch an die Entwicklungsländer, die gemeinsam im Rahmen ihrer Möglichkeiten ihre Entwicklung dauerhaft-umweltgerecht gestalten sollen. Erstmalig wurde in der Agenda 21 die Notwendigkeit herausgestellt, ökologische, ökonomische und soziale Anforderungen gemeinsam anzugehen. Ein weiterer wichtiger neuer Aspekt ist das Partizipationsprinzip, das die Eigenverantwortung der Handelnden und die Beteiligung Betroffener am Prozeß der Willensbildung stärken soll.

Die hessische Umweltverwaltung hat die in der Agenda 21 genannten Ziele und Forderungen aufgegriffen und bei der Formulierung ihres Leitbildes berücksichtigt. Oberstes Ziel der hessischen Umweltpolitik ist die Förderung einer dauerhaft-umweltgerechten Entwicklung, wie sie in der Agenda aufgezeigt wird. Als Rahmen gelten dabei für die hessische Umweltpolitik das Vorsorgeprinzip, das Verursacherprinzip, das Kooperationsprinzip, die Vermeidung von Umweltverschmutzung an der Quelle und der medienübergreifende Ansatz.

Umweltschutz soll dabei alle Bereiche des gesellschaftlichen Lebens durchdringen. Die hessische Umweltpolitik will dazu beitragen, die Auswirkungen des Wirtschaftens, des Konsums und des Freizeitverhaltens auf das Maß zu begrenzen, das für den Erhalt der natürlichen Lebensgrundlagen unserer und nachfolgender Generationen erforderlich ist.

Hierzu müssen wir die Eigenverantwortung der Betroffenen - Bürger, Firmen und Kommunen - stärken. Dies setzt jedoch bei den Betroffenen auch das nötige Wissen voraus. Deshalb fördere ich in Hessen besonders eine intensive Öffentlichkeitsarbeit und eine stärkere Berücksichtigung auch der Ansätze der Agenda 21 in der Aus- und Weiterbildung. Nur so lassen sich langfristig Veränderungen im

Lebensstil, die für eine dauerhaft-umweltgerechte Entwicklung notwendig sind, ermöglichen. Ich unterstütze außerdem gezielt die hessischen Kommunen in ihrem Bestreben, mit ihren Bürgern in den Prozeß, der lokalen Agenda 21 einzutreten und so gemeinsam vor Ort ein Konzept für eine zukunftsfähige Entwicklung zu entwerfen.

Um die Eigenverantwortung in der Industrie und in kleinen bis mittelständischen Unternehmen zu stärken, fördert Hessen auch in mehreren Modellprojekten das Öko-Audit als Instrument zur Umsetzung der Agenda 21 in den Betrieben. Ziel ist hierbei vor allem die Stärkung der Produktverantwortung der Hersteller.

Staatlicher Umweltpolitik kommt nach wie vor eine ganz wesentliche Rolle zu. Sie bedient dabei neben ordnungsrechtlichen Maßnahmen verstärkt auch ökonomischer Anreize. Diese Bemühungen um den Erhalt und den Schutz der Umwelt mit staatlichen Mitteln sind weder Gefahr noch Risiko für den Wirtschaftsstandort. Die hessische Umweltpolitik setzt hier ganz besonders auf ökonomische Anreize durch Lenkungsabgaben. Die seit einigen Jahren erhobenen Abgaben zur Vermeidung bzw. Reduzierung von Sonderabfällen und insbesondere die damit finanzierten Förderprogramme für Industrie und Kommunen haben zu spürbaren Erfolgen geführt.

Neuland hat Hessen bei der Sonderabfallabgabe betreten: Die Industrie hat sich verpflichtet, in den nächsten Jahren den Sonderabfall weiter zu reduzieren, im Gegenzug wurde die Erhebung der Abgabe für drei Jahre ausgesetzt. Ein Experiment, bei dem die Industrie beweisen muß, daß sie auch ohne Abgaben ökologisch wirtschaftet. Zunehmend setzt sich gerade auch bei der Industrie die Erkenntnis durch, daß ökonomischer Fortschritt auf Dauer nicht auf Kosten der Ökologie zu haben ist.

Ein moderner Industriestandort ist abhängig von zukunftsweisender Umweltpolitik, die durch die seit Jahren geforderte Ökologisierung des Steuersystems ergänzt werden muß.

Margarethe Nimsch

Hessische Ministerin für Umwelt, Energie,
Jugend, Familie und Gesundheit

8 Mecklenburg-Vorpommern

Nachhaltige Entwicklung kann Kosten senken

Die langfristige Prognose für die menschliche Zivilisation auf der Grundlage der gegenwärtig feststellbaren Entwicklungstrends führt zu einem Zustandsbereich, der die Überlebensfähigkeit der Menschheit in Frage stellt.

Allein ein Szenario, das den gegenwärtigen Pro-Kopf-Ressourcenverbrauch in den Industrieländern auf die gesamte Weltbevölkerung in 50 Jahren hochrechnet, gelangt zu gigantischen Stoffmengen und Stoffströmen, die die Tragekapazität der Biosphäre als Reproduktionsraum weit überfordert. Die Globalisierung der Wirtschaft, die Liberalisierung des Welthandels und die berechtigte Forderung nach Chancengleichheit der Zweiten und Dritten Welt verleiht dem Szenario noch weitere Aktualität.

Auch die Annäherung an die Problematik über die bekannten Diskussionsbereiche, wie z.B. Klimaveränderung, Mobilität, Siedlungsentwicklung, Artenrückgang, Produktion und Konsumverhalten u.a., erbringen aus heutiger Sicht keine andersgearteten Perspektiven und stellt die Weltgemeinschaft vor eine Herausforderung von noch nie gekannten Ausmaßen.

Die Weltkonferenz für Umwelt und Entwicklung 1992 in Rio de Janeiro hat ausgehend von dem Leitbild der umweltgerecht nachhaltigen Entwicklung Aktionsfelder und Strategieelemente formuliert, die der bedrohlichen Prognose entgegenwirken sollen.

Dabei zeigt sich, daß nachhaltige Entwicklungsstrategien durch den ökologischen Ansatz allein nicht zu entwerfen sind, sondern daß in einer Welt von durch den Menschen überformten Ökosystemen auch die Überformungsfaktoren selbst zum Gegenstand der Nachhaltigkeitsstrategie werden. Das bedeutet, daß die zukunftsfähige und die Lebensqualität erhaltende Nutzung der verfügbaren Ressourcen sowohl umweltverträglichen als auch wirtschafts- und sozialverträglichen Strategien folgen muß.

Die Ausdifferenzierung des Nachhaltigkeitspostulats ist daher nicht nur ein Appell an die Umweltpolitik, sondern richtet sich im Grunde an alle Politikbereiche.

In dem Maße, wie die Produktion Ressourcenverbrauch, Herstellung, Dienstleistung, Nachfrage, Konsum und Verwaltung einschließt und das Nachhaltigkeitspostulat letztlich nur über hochproduktive, d.h. auch intelligente und kostensparende Nutzungssysteme und Prozesse umzusetzen ist, müssen wir uns zukünftig konsequenter als bisher auf Innovationen nicht nur in der Technik, sondern auch in den anderen Aktionsbereichen konzentrieren.

Der Entwicklungstrend in der Umwelttechnologie ist hierfür bezeichnend.

Die bisherigen Nachsorgetechniken stellen einen kaum noch zu finanzierenden Kostenfaktor dar. Die sich gegenwärtig vollziehende Wende zu prozeßintegrierten Vorsorgetechniken bedeutet, die Probleme bereits im Ansatz zu lösen und damit zunehmend betriebswirtschaftliche Vorteile zu erreichen.

In der Wirtschaft wird das Instrument der Selbstverpflichtung zunehmend an Bedeutung gewinnen. Grundvoraussetzungen dafür sind eine klare Definition von Umweltqualitätszielen im nationalen Maßstab und belastbare internationale Umweltschutzkonventionen, damit Wettbewerb und ökologisch orientierte Produktion einander ergänzen können.

Die Reaktionen der deutschen Industrie auf das Umweltziel Klimaschutz, die Spitzenstellung Deutschlands beim Öko-Audit in Europa und die zunehmende Diskussion zur Einbeziehung von Ökobilanzen sind dafür gute Beispiele. Dahinter steht nicht nur eine neue Wirtschaftsethik, sondern die Erkenntnis, daß Produkte auch immer Botschaften sind.

Sie können zu Konflikten führen, andererseits aber die Akzeptanz erhöhen und Absatzchancen eröffnen.

Die zusätzliche Forderung nach einer umweltgerechten Finanzreform mit neuen Lenkungs- und Anreizinstrumenten für ökologisch richtiges Handeln ist im Grunde richtig, wird jedoch nur über eine Politik der kleinen Schritte zu erreichen sein.

Die Städte als Ballungszentren werden mehr und mehr zu Zonen kumulierter Probleme. Auf der diesjährigen Weltsiedlungskonferenz HABITAT II wurde die nachhaltige Siedlungsentwicklung als Aufgabe von zentraler Bedeutung für den AGENDA 21-Prozeß erkannt.

Eine ökologische Orientierung in der Siedlungs- und Stadtentwicklungspolitik bündelt in besonderer Weise die umweltbezogenen, sozialen, kulturellen und wirtschaftlichen Zielkonzepte einer nachhaltigen Entwicklung.

Die Leitbilder „Stadt der kurzen Wege“, „Nutzungsmischung und Urbanität“, „kleine Kreisläufe der Ver- und Entsorgung“, „Stabilisierung der Flächeninanspruchnahme“, „Planungskultur und Bürgerbeteiligung“, „Umweltvorsorge als Selbstverpflichtung der Kommune“, „Ökologisches Bauen“ u.a. werden Aktionsfelder sein, die insbesondere dem zentralen Thema „Klimaschutz“ gerecht werden.

Das Leitbild einer „Nachhaltigen Stadt- und Siedlungsentwicklung“ ist aber auch eine Orientierung, die einer Vielzahl von Zivilisationserkrankungen entgegenwirkt. Eine gesunde Lebensumwelt ist angesichts der hohen Kosten im Gesundheitswesen von hoher volkswirtschaftlicher Relevanz.

Das Wort des Jahrhunderts könnte „Nachhaltige Entwicklung“ heißen. Es wird sich als Schlüsselwort für ein zentrales Organisationsprinzip unserer Zivilisation erweisen, wenn es uns gelingt, die richtigen Wege zu erkennen und diese gemeinsam zu beschreiten.

Bärbel Kleedehn

Ministerin für Bau, Landesentwicklung und Umwelt des
Landes Mecklenburg-Vorpommern

9 Niedersachsen

Die Umweltpolitik in Deutschland steht heute vor ihrer dritten großen Herausforderung: Vor 25 Jahren, als der Begriff Umweltschutz noch weithin unbekannt war, dominierte die Aufklärung. Die Berichte des Club of Rome oder „Global

2000" sind die bekanntesten Synonyme für diese erste Phase. Die zweite Phase seit Mitte der achtziger Jahre brachte die Gründung von Umweltministerien, sie setzt auf Ordnungsrecht, Grenzwertpolitik und *End-of-the-pipe*-Technologien. Sie ist im Kern nachsorgend und reaktiv. Aber immerhin: der sprichwörtliche „Himmel über der Ruhr" ist wieder blau und wir haben heute eine hochentwickelte Umweltschutz-Industrie, die eine Million Arbeitsplätze bietet und langezeit weltweit führend war.

Eine moderne Umweltpolitik der dritten Phase darf sich aber nicht länger darauf beschränken, Müll wegzuräumen oder die Verschmutzung von Wasser, Boden und Luft durch Filtertechniken und Katalysatoren zu verringern. Umweltpolitik muß präventiv arbeiten und darauf abzielen, Produkte und Produktionsverfahren zu entwickeln und auch durchzusetzen, in die der Gedanke der Umweltverträglichkeit von Anbeginn integriert ist. Eine solche Politik ist aktiv und vorsorgend.

Bereits vor gut zehn Jahren, im Oktober 1984, umriß Willy Brandt die Schwerpunkte des Konzepts der notwendigen ökologischen Modernisierung. Es soll sich der drei Herausforderungen Arbeitslosigkeit, Umweltbedrohung und technischer Wandel annehmen. Die Lösung hieß damals und heißt heute: Wir müssen Rahmenbedingungen schaffen, in denen umweltpolitisch sinnvolle und technologisch moderne Produktionsverfahren und Produkte entwickelt werden. Notwendig ist eine nachhaltige Wirtschaftsform, eine Industriegesellschaft, die sparsam und effizient mit Rohstoffen und Energie umgeht und die gigantischen Stoffströme verringert. Die ökologische Modernisierung der Industriegesellschaft ist auch ein Gebot der ökonomischen Vernunft. Umweltverträgliche Produkte und Verfahren, Energieeinsparung und neue Formen der Energieerzeugung - das sind Zukunftsmärkte mit enormen Zuwachsraten. Diese Märkte bieten die Chance für Hunderttausende neue und zukunftssichere Arbeitsplätze.

Eine solche ökologisch orientierte und zukunftsgerichtete Politik ruht auf drei Säulen: Die erste Säule ist ein modernes, effizientes Ordnungsrecht. Die zweite Säule ist ein ökologisches Steuersystem. Die dritte Säule ist die gezielte Förderung ökologisch orientierter Forschung und Technologie, verbunden mit dem Abbau von Investitionshemmnissen und der Bereitstellung von Risiko-Kapital.

Meine Zukunftsvision ist ein Deutschland, das die große Herausforderung der ökologischen Modernisierung von Wirtschaft und Gesellschaft angenommen hat und sich konsequent am Leitziel einer nachhaltigen Entwicklung orientiert. Dieses Ziel muß aber nicht nur bei uns, sondern weltweit gelten. Die Industrieländer, besonders Deutschland, müssen dabei eine Vorreiterrolle übernehmen, weil unsere Lebensweise die Überlebenschancen der Menschheit entscheidend bestimmt.

Das heißt: Die 1992 auf der UNCED-Konferenz in Rio eingegangenen Verpflichtungen müssen erfüllt werden. Dafür brauchen wir mit wirksamen Instrumentarien ausgestattete internationale Institutionen. Der amerikanische Vize-Präsident Al Gore hat in seinem Buch „Wege zur Gerechtigkeit" die Orientierung für die notwendige Kurskorrektur benannt: „Es gilt, die Rettung der Umwelt zum zentralen Organisationsprinzip unserer Zivilisation zu machen.“

Monika Griefahn

Umweltministerin Niedersachsen

10 Nordrhein-Westfalen

Die Frage der Innovationsfähigkeit von Unternehmen, Staat und Gesellschaft ist zur Schlüsselfrage für die Zukunft geworden. Dies gilt nicht nur vor dem Hintergrund der veränderten globalen Rahmenbedingungen des Wirtschaftens, der Öffnung von Kapitalmärkten, dem Wettlauf um neue Märkte, Produkte und Dienstleistungen. Wandlungs- und Erneuerungsbereitschaft wird von allen gesellschaftlichen Gruppen gefordert, wenn eine „nach-haltige Entwicklung“ als Leitbild politischen und gesellschaftlichen Handelns dient.

Die Herausforderung für die Unternehmen besteht darin, Zukunftsfähigkeit als strategisches Konzept zu verankern. Dazu gehören auch Managementsysteme, die einer ökologischen Unternehmenspolitik verpflichtet sind.

Gerade in Nordrhein-Westfalen, einem alten Industrieland, das gewaltige Strukturveränderungen erfährt, gilt es, das vorhandene technische Innovationspotential für diese neuen ökologischen Ziele zu nutzen.

Durch technischen Fortschritt muß die produktive Verwertung natürlicher Ressourcen verbessert werden, z.B.

- durch Effizienzsteigerungen, die den Verbrauch natürlicher Ressourcen reduzieren,
- durch die Substitution erschöpflicher Ressourcen durch erneuerbare.

Durch technischen Fortschritt muß die produktionsbedingte Belastung der natürlichen Umwelt im Wege einer Verbesserung der Beseitigungs- und Wiederverwertungstechnologien reduziert werden. Wir müssen hinkommen zu Vermeidungsstrategien. Schließlich gilt es auch, ein ökologisches Produktdesign als unternehmerische Aufgabe zu sehen.

Nordrhein-Westfalen als Energieland Nr. 1 hat dafür die besten Voraussetzungen:

von der Energieproduktion zur Energiedienstleistung;

von der Erzeugung von Mega-Watts zu intelligenten Lösungen für Energieeinsparpotentiale (Nega-Watts) und den Umstieg auf erneuerbare Energiequellen;

von der nachsorgenden Umwelttechnik, den Filtern, den Kläranlagen, zu intelligenten Lösungen im vorsorgenden Umweltschutz, zur Kreislaufwirtschaft.

Die Landesregierung hat ein Zukunftsinvestitionsprogramm „Arbeit und Umwelt“ aufgelegt. Dieses Programm stellt über 5 Jahre bis zum Jahr 2000 Fördermittel in

Höhe von rund 13 Mrd. DM zur Verfügung, die genau diese innovativen Technologien voranbringen sollen.

Ich setze auf ein umweltfreundliches Wirtschaften, das ökologische Belastungen von vornherein vermeidet; denn nur dies wird zukunftsfähige Arbeitsplätze schaffen und gleichzeitig den Erhalt der natürlichen Lebensgrundlagen sichern.

Nur ein Land, das in diesen Bereichen Spitzentechnologie anbietet, wird bei dem vorhandenen hohen Lohnniveau und Ausbildungsstand in Zukunft im internationalen Wettbewerb bestehen können.

Bärbel Höhn

Ministerin für Umwelt, Raumordnung und Landwirtschaft
des Landes Nordrhein-Westfalen

11 Rheinland-Pfalz

Umweltpolitik - Aktueller Stand und Vision

Umweltpolitik ist unverändert aktuell. Auch wenn gelegentlich zu hören ist, es sei um die Umweltpolitik stiller geworden, so hat dies seinen Grund gerade darin, daß ein hoher Stand erreicht ist und große Erfolge eingetreten sind. Dies gilt vornehmlich auf dem Gebiet des technischen Umweltschutzes, insbesondere in der Luft- und Gewässerreinhaltung. Hohe technische und ökologische Standards sind für die Industrie innerhalb unseres Landes inzwischen zur Selbstverständlichkeit und in den Außenhandelsbeziehungen zum Markenzeichen geworden. Im übrigen aber werden umweltpolitische Fragen inzwischen in ganz anderen Zusammenhängen, weit außerhalb der spezifischen Zuständigkeit der Umweltressorts, geführt: Es geht um die Weiterentwicklung des Verkehrs und um die Grundsatzfrage der Mobilität überhaupt, es geht um die sozialen und ökologischen Folgen einer Freizeitgesellschaft, es geht immer bedrängender um eine künftige Energiewirtschaft, es geht um Landwirtschaft und die Bodennutzung generell; es geht mit der Diskussion um die Steuerreform, die eine ökologische Steuerreform einschließt, und den „Schlanken Staat", um die Finanz- und Verwaltungsressourcen des Staates insgesamt, es geht um eine neue Verhältnisbestimmung von Arbeit, sozialer Sicherung und Umweltschutz. Mit der Beschreibung dieses gegenwärtigen Diskussionsstandes sind zugleich auch die Entwicklungslinien einer künftigen Umweltpolitik vorgegeben: Beibehaltung der bisherigen Standards, deren sorgfältige Weiterentwicklung und deren Ausdehnung über die Grenzen Europas hinaus, aber auch Steigerung der Effizienz vorhandener Ressourcen, Vereinfachung und Deregulierung, Kostenentlastung, Herstellung und Bewahrung von Lebensqualität durch Umweltschutz und Arbeit, für die heutigen wie für die künftigen Generationen.

Der Inbegriff einer Politik, die diese Probleme aufgreift und im Sinne der Erhaltung der natürlichen Lebensgrundlagen zum Ausgleich bringt, ist das Leitbild der nachhaltigen umweltgerechten Entwicklung. Dieses Leitbild schließt die Bewahrung der natürlichen Lebensräume, die Nutzung der Ressourcen nach Maßgabe von deren Regenerationsfähigkeit und die Schonung der natürlichen Absorptionsräume wie Wasser, Luft und Boden ebenso ein wie eine wirtschaftliche Entwicklung, die Arbeit, soziale Sicherheit und Lebensräume schafft. Für eine derartige Vision gibt es im Lebensbereich jedes Einzelnen, in Wirtschaft und Industrie, in den Gemeinden, auf der Ebene des Landes und des Bundes jeweils spezifische, konkrete Handlungsmöglichkeiten. Nachhaltigkeit in der Wirtschaft, in der Gemeinde, in der Region ist keine Utopie, sondern konkrete Möglichkeit. Mit einem Politikansatz der Kooperation und des Dialogs, der Effizienz und der Kostenentlastung läßt sich das Potential der Nachhaltigkeit auf den genannten Ebenen erschließen. Hieraus ergibt sich für die nächsten 10 Jahre in Deutschland die Vision einer Lebensumwelt, die vielleicht manchen Verzicht durch ein menschlicheres Maß an Mobilität, Konsum und Bebauung, durch naturnähere Raumnutzung und durch Bewahrung überlieferter Natur- und Kulturlandschaften mehr als kompensiert. Eine Vision für die Welt im Jahre 2005 wird sich in ähnlicher Weise aus dem weltweit anerkannten Prinzip der Nachhaltigkeit ableiten lassen: Das Prinzip wird nach Maßgabe der jeweiligen sozialen, politischen, ökonomischen und ökologischen Strukturen in den einzelnen Ländern und Staaten, im Hinblick auf die vorhandenen Naturräume und die Artenvielfalt, die Weltmeere und die Erdatmosphäre und in Verantwortung für die Menschheit insgesamt umzusetzen sein.

Klaudia Martini

Ministerin für Umwelt und Forsten Rheinland-Pfalz

12 Saarland

Die nachhaltige Entwicklung muß das überragende umweltpolitische Leitziel sein. Da unsere natürlichen Ressourcen nicht unbegrenzt zur Verfügung stehen, verpflichtet uns dies in besonderem Maße zu einem verantwortungsvollen Umgang mit den Naturgütern Boden, Wasser, Luft, Klima sowie Tieren und Pflanzen. Beispiel ökologisches Bauen: die neue saarländische Landesbauordnung macht Vorschriften zum flächensparenden, ressourcenschonenden Bauen. Gleichzeitig wurde eine Zertifizierung für Öko-Häuser („Die grüne Hausnummer“) eingeführt. Ein Umgang, der den Bestand an nicht regenerierbaren Ressourcen sichert, den Flächenverbrauch minimiert und nicht heute schon die Lebensgrundlage der nachfolgenden Generationen aufzehrt, ist von allen gesellschaftlichen Gruppen gefordert. Die Maxime lautet: von den Zinsen leben - nicht vom Kapital. Konkret bedeutet dies, sich am Grundprinzip der Kreislaufwirtschaft zu orientieren und nur so viel Ressourcen zu verbrauchen, wie die Natur wieder bereitzustellen in der Lage ist. Beispiel Wasserversorgung: das ökologische Wasserversorgungskonzept für das Saarland regelt eine Neuverteilung der Wasserrechte nach überwiegend ökologischen Gesichtspunkten.

Zur Umsetzung der Kreislaufwirtschaft bedarf es einer Verringerung der Stoffströme und des Energieumsatzes, einer effizienten Nutzung der Rohstoffe und nicht zuletzt der Schließung der Stoffkreisläufe. Alle Prozesse, bei denen Stoffströme, Energien und Wasser umgesetzt werden, müssen von vornherein so organisiert sein, daß von ihnen möglichst geringe Umweltbelastungen ausgehen. Mit anderen Worten, es geht um die Ökologisierung aller Nutzungsformen, um ein Wirtschaften mit der Natur, eine Naturwirtschaft. Beispiele sind der Öko-Landbau oder die im Saarland flächendeckend eingeführte naturgemäße Waldwirtschaft. Dazu gehört auch eine ökologisch orientierte Energiepolitik, die an der „Brücke in das solare Zeitalter baut", mit einem Verzicht auf Atomenergie und einer Berücksichtigung der regenerativen Energieträger Wind und Sonne. Stand bisher die Reparatur bereits entstandener Umweltschäden im umweltpolitischen Vordergrund, geht es in Zukunft darum, das Übel an der Wurzel anzupacken. Wir müssen lernen, in allen Bereichen konsequent vom Anfang her zu denken. Die Umweltpolitik kann hier Zeichen setzen. Beispiel Abwasser: mit der saarländischen „Aktion Wasserzeichen" wird den Kommunen im Rahmen eines auf 5 Jahre angelegten Förderprogramms über 100 Millionen DM zur Umsetzung des Niederschlagswasserbewirtschaftungskonzeptes des Landes (Flächenentsiegelung, Fremdwasserentflechtung, Dachbegrünung, Regenwassernutzung u.a.) zur Verfügung gestellt.

Zukunftsfähige Umweltpolitik bedeutet, dafür zu sorgen, daß alle Möglichkeiten ausgeschöpft werden, daß Umweltbelastungen - und damit künftige Reparaturbetriebe - gar nicht erst entstehen können bzw. Belastungen dort, wo sie unvermeidlich sind, bereits an der Quelle bekämpft werden. Eine integrierte Ressourcenplanung (least-cost-planning) ist eine betriebliche Managementaufgabe, die sich zudem auch betriebswirtschaftlich auszahlt. Die Verbesserung der Ökobilanz von Betriebsabläufen ergibt sehr oft erhebliche Einsparpotentiale. Das Öko-Audit-System der Europäischen Gemeinschaft war ein wichtiger Meilenstein zu einem selbständigen Öko-Management der Unternehmen. Daß sich aus der Durchführung betrieblicher Öko-Audits kostensenkende Umweltmaßnahmen ergeben können, ist auch im Saarland vielfach belegt.

Die Zeit ist reif für den umweltpolitischen Qualitätssprung von der Reparatur und Nachsorge zur Vorsorge und Zukunftssicherung, kurzum zum ökologischen Umbau der Industriegesellschaft.

Prof. Willy Leonhardt

Minister für Umwelt, Energie und Verkehr des Saarlandes

13 Freistaat Sachsen

„Umweltgerechtes Handeln steht nicht im Widerspruch zur ökonomischen Realität", lautet eine, vor allem von Umweltpolitikern, gern zitierte politische Aussage. Auf lange Sicht trifft diese Äußerung auch bei einem immer größer werdenden Kreis von Unternehmern auf Zustimmung. Kurzfristig jedoch bezweifeln viele, ob die wirtschaftlichen Vorteile der Investitionen in die Umwelt so groß sind, daß sie sich tatsächlich lohnen könnten.

Die Beispiele in diesem Buch zeigen, daß diese Zweifel unberechtigt sind.

Umweltgerechtes Wirtschaften ist keine Illusion mehr, sondern bereits eine wirtschaftliche Notwendigkeit, um im Wettbewerb konkurrenzfähig zu bleiben. Denn einerseits führt der Umweltschutz zu Imagevorteilen und erschließt damit neue Käuferschichten, andererseits ermöglicht er einen effizienteren Ressourceneinsatz und spart dadurch Kosten. Dieses Buch liefert dafür eine Reihe von interessanten und nachahmenswerten Beispielen. Möglichst viele Manager sollten diese als Ansporn für ihr eigenes Unternehmen verstehen und die damit verbundenen Wettbewerbsvorteile nutzen.

Es gilt aber auch festzustellen, daß es im betrieblichen Umweltschutz unter den derzeitigen wirtschaftlichen Rahmenbedingungen Grenzen gibt, die nicht ohne weiteres überschritten werden können. Nach wie vor unterstützen verzerrte Preise, die nicht die tatsächlichen volkswirtschaftlichen Kosten widerspiegeln, umweltschädigendes Verhalten. Um die Unternehmen aus diesem Spannungsfeld von ökologisch Wünschenswertem und ökonomisch Notwendigem herauszuführen, gilt es die ökologischen Elemente in den Rahmenbedingungen unserer Wirtschaftsordnung weiter auszubauen.

Dies wird gelegentlich den Widerstand zahlreicher Interessengruppen hervorrufen. Da kann es hilfreich sein, auf die in der Praxis erprobten und nun nachvollziehbar aufbereiteten Beispiele im vorliegenden Buch hinzuweisen, und damit um Unterstützung für eine breite Umweltorientierung unserer Wirtschaft zu werben.

Arnold Vaatz

Staatsminister für Umwelt und Landesentwicklung

14 Sachsen-Anhalt

Umweltschutz hilft Kosten sparen

In Zeiten knapper Kassen ist die Versuchung groß, zuerst am Umweltschutz zu sparen. Diese Philosophie findet sich gegenwärtig vermehrt in der Diskussion um den Standort Deutschland wieder. Die vorliegende Veröffentlichung liefert hingegen fundierte Beispiele, wie angewandter Umweltschutz in Unternehmen Kosten senken hilft und somit das betriebswirtschaftliche Ergebnis optimiert werden kann, was auch positive arbeitsmarktpolitische Konsequenzen nach sich zieht.

Das Zeitalter der ungehemmten und kostenlosen Nutzung der Umwelt ist an seine natürlichen Grenzen gestoßen. Die Allgemeinheit ist zunehmend weniger bereit, die negativen externen Effekte der Wirtschaft zu tragen. Das sind Kosten, die bei Umweltkatastrophen oder zur Schadensbegrenzung durch Nachsorgetechniken entstehen, steigende Gebühren zur Abfallentsorgung oder die Aufwendungen, um Gesundheitsschäden zu behandeln, die ihre Ursachen in physikalischen oder chemischen Umweltschadfaktoren haben. Eine Internalisierung solcher externer Kosten steht demzufolge zur Debatte.

Ohne eine generelle Verhaltensänderung - global und regional - wird Umweltschutz eine leere Versprechung bleiben und es muß dort ein Umdenken einsetzen, wo bislang aus dem Vollen geschöpft wird - in Deutschland. Die Debatte darüber ist nicht erst seit gestern entfacht, jedoch bedeuten Einstellungen und verbale Bekenntnisse - beispielsweise zur Einschränkung der Ressourcenverschwendung - noch keine Verhaltensänderungen. Erschwerend kommt hinzu, daß bislang auch auf bundespolitischer Ebene widerstrebende Signale ausgesandt werden, die zum einen umweltbewußtes Verhalten induzieren sollen und andererseits ökonomisches Wachstum predigen. Die Industriegesellschaft konzentriert sich weiter auf Prosperität, ohne grundlegend über ökologische Aspekte nachzudenken. Parteien, Wirtschaft, Verbände, Gewerkschaften und andere Interessenvertreter stehen erst am Anfang der Konzeptionierung umfassender Programme, zu denen auch eine ökologische Steuerreform gehört.

Die Wechselwirkungen zwischen wirtschaftlichen, sozialen und ökologischen Erscheinungen verdeutlichen besonders in kritischen Situationen, daß eine nachhaltige und zukunftsverträgliche Entwicklung nur dann möglich ist, wenn Ökonomie, Ökologie und sozialer Ausgleich als Einheit betrachtet werden. Eine Integration des Umweltschutzes in die soziale Marktwirtschaft mit dem Ziel einer ökologisch-sozialen Marktwirtschaft steht auf der Tagesordnung.

Zahlreiche Beispiele in Unternehmen belegen, daß bereits heute erhebliche Möglichkeiten zur Betriebskostenabsenkung mit gleichzeitiger umweltentlastender Wirkung bestehen. Dazu gehören unter anderem Energieeinsparungen durch Wärmeschutz oder Modernisierung von Techniken der Energieumwandlung und -anwendung ebenso, wie die Umweltentlastung durch verstärkte Verwertung von Abfällen oder die Reduzierung von Verkehrsaufwendungen durch verbrauchernahe Produktion und Herstellung einer räumlichen Nähe zwischen Wohn-, Arbeits-, und Freizeitort.

Einen bereits komplexeren Ansatz stellen die Anstrengungen zahlreicher Firmen dar, entsprechend der Öko-Audit-Verordnung eine Standortregistrierung zu erlangen und durch konsequente Nutzung von Einsparpotentialen bei den Verfahrensabläufen und Sofflüssen Kosten zu senken und die Umwelt zu entlasten.

Beim Lesen dieses Buches wünsche ich Ihnen neue Anregungen auf der kreativen Suche nach Wegen, wie Unternehmen nach ökologischen Kriterien wirtschaftlich attraktiv und gewinnorientiert am Markt bestehen können

Heidrun Heidecke

Ministerin für Raumordnung, Landwirtschaft und Umwelt

15 Schleswig-Holstein

Umwelt als betriebliche Chance

Wir in den Industrieländern müssen die Vorbilder für ein Wirtschaften schaffen, das die Tragfähigkeit der Ökosphäre nicht bis zum Zusammenbruch beansprucht, sondern das auch den Menschen in den Entwicklungsländern einen menschenwürdigen Lebensstandard ermöglicht, ohne das die Vitalität und Produktivität der Erde irreversibel gefährdet wird.

Größte Anstrengungen für den Umweltschutz sind also nicht eine Frage des „ob", sondern des „wie". Vor allem in Deutschland hat die Umweltpolitik in der Vergangenheit besonders auf das Ordnungsrecht gesetzt und damit auch beachtliche Erfolge erzielt. Dieses Instrumentarium stößt aber an seine Grenzen. In den nächsten Jahren werden sich zunehmend stärker marktorientierte Instrumente des Umweltschutzes durchsetzen.

Daher sind die Unternehmen selbst gefordert, zukunftsweisend auf die sich bereits abzeichnenden Herausforderungen zuzugehen und den ökologischen Strukturwandel mit umweltfreundlicheren Produkten und Produktionsweisen voranzubringen. Dies ist ökonomische Notwendigkeit wie Chance:

„Umwelt" ist nach wie vor einer der wichtigsten Wachstumsmärkte. Für die Umweltpolitik und für den betrieblichen Umweltschutz ist die Integration von Umwelttechniken in „normale" Produktionsprozesse noch interessanter als der Umwelttechnikmarkt im engeren Sinne. Wie dieses Buch anschaulich verdeutlicht, sind systematische Umweltmanagementansätze und integrierte Umwelttechniken höchst attraktiv. Sie helfen Umweltbelastungen an der Quelle ihres Entstehens zu vermeiden und sie reduzieren die Zahl der „Verlierer" im Wirtschaftsprozeß, indem sie die Chance bieten, Umweltschutzanstrengungen kostenneutral oder sogar kostensparend zu realisieren. Diesen „1000 Beispielen aus 100 Unternehmen" zum Umweltschutz wünsche ich daher, daß sie viele Nachahmungstäter finden.

Rainder Steenblock

Minister für Umwelt, Natur und Forsten
des Landes Schleswig-Holstein

16 Freistaat Thüringen

Die jungen Bundesländer haben auf dem Gebiet des Umweltschutzes in den letzten Jahren eine enorme Entwicklung vollzogen. Die Umweltpolitik im Ostteil Deutschlands ist aufgrund des drastischen Strukturwandels besonders gefordert. Zweifellos orientiert sich auch der Freistaat Thüringen an dem Leitbild einer dauerhaft-umweltgerechten Entwicklung, wie es seit der Umweltkonferenz in Rio de Janeiro verbindlich geworden ist. Doch neben einer tiefgreifenden Auseinandersetzung mit diesem Ziel standen und stehen noch viele Probleme im Bereich der Sanierung und Nachsorge auf der Tagesordnung.

Bis zum heutigen Tag haben sich die Umweltverhältnisse in Thüringen spürbar verbessert. Ob in den Bereichen Gewässerschutz, Abfallwirtschaft oder Luftreinhaltung - die Erfolge sind nicht nur augenscheinlich und meßbar, sie erfüllen uns auch ein wenig mit Stolz. Trotzdem gilt es, den Anschluß im gegenwärtigen umweltpolitischen Umdenk- und Modernisierungsprozeß keinesfalls zu verpassen. Daß dies nicht geschieht, zeigen uns Beispiele wie die Bildung eines Umweltinnovationszentrums durch den Verband der Thüringer Wirtschaft und die Thüringer Industrie- und Handelskammern im Oktober 1996. Diese mit Unterstützung des Ministeriums für Landwirtschaft, Naturschutz und Umwelt gegründete Institution soll Thüringer Unternehmen dabei helfen, Umweltschutz als Unternehmensziel zu etablieren und zu realisieren sowie den Transfer von Umwelttechnologien von und nach Thüringen effizienter zu gestalten. Das Beispiel zeigt auch, daß wir auf dem richtigen Weg sind, die Eigenverantwortung der Wirtschaft im Sinne einer umweltgerechten Entwicklung zu stärken. Überhaupt sollen die Hauptakteure zukünftiger nachhaltiger Entwicklung, und das ist für mich auch ein wesentlicher Kern der Agenda 21, nicht die Politiker, sondern alle gesellschaftlichen Gruppen und Bürger sein.

Die Politik allein kann einer nachhaltig umweltgerechten Entwicklung nicht zum Durchbruch verhelfen, denn sie muß von allen Beteiligten gewollt und nach und nach umgesetzt werden. Aufgabe der Staaten und damit der Regierungen wird es im wesentlichen sein, den Rahmen vorzugeben, innerhalb dessen individuelles Handeln in Übereinstimmung mit dem Leitbild der nachhaltigen Entwicklung erfolgen kann. Nicht die politische Detaillösung mit entsprechender Profilierungsmöglichkeit ist die Herausforderung der Zukunft, sondern die Fähigkeit, im Dialog mit den Beteiligten individuelle Handlungsräume zu eröffnen, die mit dem Leitbild der nachhaltigen Entwicklung übereinstimmen. Dieses neue Selbstverständnis müssen wir Politiker noch weiterentwickeln.

Erste Ansätze einer Rahmenvorgabe sind die Verpackungsverordnung, das Umweltauditgesetz oder die verschiedensten Selbstverpflichtungen. Neben solchen branchenbezogenen Instrumentarien müssen jedoch weitere geschaffen werden. Ich denke dabei beispielsweise an die ökologisch orientierte Weiterentwicklung des Steuer- und Abgabensystems. Auch hier sind Fortschritte unverkennbar, doch wird es eine Aufgabe sein, die Operationalität dieser Instumentarien zu verbessern, um damit eine entsprechende Anwendung auf breiter Basis zu gewährleisten.

Die Politik und mir ihr die gesamte Gesellschaft steht vor großen komplexen Aufgaben, und die Verantwortung diese zu erfüllen, war noch niemals so groß. Der Knackpunkt liegt längst nicht mehr bei der Analyse nationaler und globaler Probleme, sondern es geht um die Umsetzung unserer Erkenntnisse. Der Schutz unserer Umwelt läßt sich dabei nur verwirklichen, wenn wirtschaftliche, soziale und ökologische Aspekte verknüpft werden. Umweltschutz ist also eine gesamtpolitische Aufgabe. Die Erfüllung dieser Aufgabe hängt letztendlich von der Übereinstimmung zwischen unserem Anspruch und unserem Handeln ab.

Dr. Volker Sklenar

Thüringer Minister für Landwirtschaft, Naturschutz und Umwelt

17 Umweltbundesamt

Das betriebliche Umweltmanagement hat sich in den vergangenen Jahren zu einem wichtigen Führungsinstrument entwickelt. Beispielsweise haben sich seit Herbst 1995 in Deutschland über 600 große, mittelständische und auch kleinere Unternehmen am EG-Umweltaudit-System erfolgreich beteiligt. Und oft stellen die Unternehmen dabei erstaunt fest, daß sich der Teilnahmeaufwand nicht nur unter ökologischen Gesichtspunkten, sondern auch aus betriebswirtschaftlicher Sicht auszahlt.

Praxisorientierte Buchveröffentlichungen dieser Art begrüße ich deshalb sehr. Sie zeigen der Wirtschaft, daß Umweltschutz - richtig gehandhabt - maßgeblich zur Kostensenkung beitragen kann.

Damit die Unternehmen die Maßnahmen, die der Kostensenkung und dem Umweltschutz zugleich dienen, systematisch aufspüren und realisieren können, haben das Bundesumweltministerium und das Umweltbundesamt Ende 1996 das Handbuch Umweltkostenrechnung herausgegeben. Indem die bestehende Kostenrechnung um Umweltaspekte ergänzt und weiterentwickelt wird, erhalten die Betriebe ein ideales Instrument zur Steuerung und Kontrolle umweltbezogener Kosten. Von besonderer Bedeutung ist dabei der integrierte Umweltschutz. Weil hier Umweltbelastungen und Entsorgungsprobleme erst gar nicht entstehen, brauchen sie deshalb auch nicht mit kostspieligen Maßnahmen beseitigt werden. Mit anderen Worten: In Produktion und Produkte integrierter Umweltschutz bietet die Möglichkeit, zusätzlich Kosten zu vermeiden und zu Kostensenkungen beizutragen. Volkswirtschaften, die diese Erscheinung systematisch nutzen, werden durch das Ausschöpfen von Kostensenkungspotentialen Wettbewerbsvorspünge erzielen, die letztlich auch zu positiven Beschäftigungseffekten führen.

Prof. Dr. Andreas Troge
Präsident des Umweltbundesamtes

18 Enquete-Kommission „Schutz des Menschen und der Umwelt"

Offensiver Umweltschutz - frisches Blut im Wirtschaftskreislauf

In Zeiten von Globalisierung und raschem technologischen Wandel braucht unsere Wirtschaft innovative Impulse mehr denn je. Produktions- und produktintegrierter Umweltschutz darf dabei nicht länger zum Sündenbock gemacht werden. Eingebunden in eine nachhaltig zukunftsverträgliche Entwicklung, die gleichermaßen sozialen, wirtschaftlichen und ökologischen Aspekten Rechnung trägt, ist er Triebfeder auf dem Weg in eine Wissensgesellschaft, die mit intelligenten Dienstleistungen und Produkten mehr Wohlstand bei weniger Naturverbrauch erreicht. Leider müssen wir uns dabei immer noch mit pauschalen „Schwarz-Weiß-Argumenten" auseinandersetzen, die bis heute echten Fortschritt behindern:

1. Jede Mark für Umweltschutz bringt in Staaten mit niedrigeren Umweltstandards ein Vielfaches der Ergebnisse:

Diese Aussage gilt allenfalls für nachsorgende Filter- und Sanierungsmaßnahmen. Moderner Umweltschutz umfaßt produktionsintegrierte und nutzungsorientierte Maßnahmen, von Material- und Energieeinsparungen über die Verringerung des Einsatzes umweltbelastender Hilfsstoffe bis hin zu bedarfsorientierten Dienstleistungskonzepten und ökologischem Design. Damit bringt jede klug investierte Mark hier wie dort Gewinn.

2. Deutsche Umweltstandards lassen Produkt so teuer werden, daß sie international nicht mehr konkurrenzfähig sind:

Wechselkursschwankungen, hohe Lohnnebenkosten im sozialen und steuerlichen Bereich, geringe globale Lohn- und Transportkosten sind weitaus entscheidender für die Preisgestaltung als Umweltstandards, um nur einige Beispiele zu nennen. Richtig verstandene Umweltstandards, die zu ökologischem Design und nachhaltiger Nutzung beitragen, sind Voraussetzung für die Steigerung der Ressourcenproduktivität und damit für zukunftsfähige Produkte.

3. Umweltschutz kostet Arbeitsplätze:

Seriöse Studien belegen seit Jahren eindrücklich die insgesamt positiven Effekte einer ökologischen Steuerreform auf die Beschäftigungssituation - Es wird Zeit, daß endlich etwas geschieht ....

4. Umweltgesetze sind interventionistisch und behindern durch Überregulierung:

Die heutige Umweltgesetzgebung ist in der Tat dringend reformbedürftig. Weniger jedoch, weil sie die Wertschöpfung aus innovativen, umweltgerechten Dienstleistungen und Produkten behindert, als vielmehr, weil sie Dinosauriertechnologien durch die unsinnigen Gestaltung oder Verzögerung von Verordnungen am Leben erhält.

5. Umweltschutz kostet Geld, das vor allem in Zeiten der Krise nicht verfügbar ist:

Moderner Umweltschutz ist integraler Bestandteil eines ganzheitlichen, bedarfsorientierten Managements und berücksichtigt die gesamte Wertschöpfungskette. So bringt er in vielen Fällen konkrete Gewinne und Einsparmöglichkeiten.

In Zukunft muß mit einem Minimum an Rohstoffen, Energie- und Flächenverbrauch ein Maximum an Wertschöpfung, Qualität und Umweltverträglichkeit erreicht werden. Nur so kann die Krise der Überproduktion beendet werden, die steigenden Aufwand mit sinkenden Gewinnen und steigende Produktion mit sinkenden Beschäftigungszahlen beantwortet.

Marion Caspers-Merk

MdB, Vorsitzende der Enquete-Kommission des Deutschen Bundestages „Schutz des Menschen und der Umwelt“

2 Persönlichkeiten aus Verbänden und Organisationen

1 Bund für Umwelt- und Naturschutz Deutschland (BUND)

Neue Unternehmer braucht das Land, eine neue Unternehmensphilosophie, eine neue Unternehmensführung. Denn all dies ist Voraussetzung für eine neue, umweltfreundliche, zukunftsfähige Wirtschaftsweise mit ressourcensparenden Produktionsprozessen und langlebigen Produkten. Woran erkennt man den neuen „grünen“ Unternehmer? Er - oder sie - akzeptiert zunächst einmal die ökologischen Grenzen. Er - oder sie - weiß, daß eine Wirtschaft, die unseren Planeten lediglich als gigantisches, ausbeutbares Rohstoff- und Abfallager betrachtet, auf Dauer keine Zukunft hat, weil sie zum ökologischen Kollaps führt. Und diese allgemeine Einsicht in die Grenzen des Wachstums führt zu neuen Antworten auf die Frage, wie ein zukunftsfähiges Unternehmen arbeitet und vor allem, welche Produkte es herstellt.

Das alte Freund-Feind-Schema - hier die Umweltschützer, da die Wirtschaftsbosse - bricht glücklicherweise immer mehr auf. Auf beiden Seiten gibt es immer mehr Leute, die erkannt haben, daß die große Aufgabe der Sicherung unserer gemeinsamen Zukunft nur dann erfolgversprechend angegangen werden kann, wenn Umweltschützer und Wirtschaftsvertreter zusammen arbeiten. Aus Sicht des BUND heißt das: Wenn wir an einem zukunftsfähigen Deutschland arbeiten wollen, kann dies nicht gegen oder ohne die Wirtschaft, also die Unternehmen und die wirtschaftlichen Institutionen gehen. Wir möchten deshalb gerade bei den Unternehmen dafür werben, aktiv teilzunehmen an den Veränderungsprozessen und einzutreten in einen konstruktiven Streit über die richtigen Wege zur nötigen Wende in die Zukunft. In der vom BUND gemeinsam mit dem Bischöflichen Hilfswerk Misereor in Auftrag gegebenen Studie „Zukunftsfähiges Deutschland" werden deshalb neue Orientierungen vorgeschlagen für unternehmerisches Handeln. Ein wichtiges Prinzip ist beispielsweise das der Kreislaufwirtschaft - also die Vermeidung von Abfällen durch Wiederverwendung und -verwertung der Stoffe an anderer Stelle im Wirtschaftsprozeß. Daraus folgt auch, daß das Unternehmen eine „lebenslange" Verantwortung für seine Produkte übernimmt. Am Ende der Gebrauchszeit nehmen Handel oder Hersteller das Produkt zurück und bauen um, rüsten nach oder verwerten die Materialien in anderer Form. Das bringt neue Anforderungen an die Produktgestaltung mit sich: Wichtig sind in Zukunft Langlebigkeit, Reparierbarkeit, Wartungsfreundlichkeit.

Das Unternehmen der Zukunft wird sein Geld nicht mehr nur mit dem Verkauf von Produkten verdienen. Es geht zukünftig verstärkt um die Betreuung der Kunden und der langlebigen Produkte. Dienstleistungen werden wichtiger, Dezentralität und Kundennähe.

Statt materieller Rohstoffe müssen wir alle, in der Wirtschaft und anderswo, stärker die immateriellen Ressourcen nutzen: Mit menschlicher Kreativität und Lernfähigkeit werden wir den Einstieg in die zukunftsfähige Wirtschaftsweise schaffen.

Hubert Weinzierl

Vorsitzender des Bund für Umwelt und Naturschutz Deutschland

2 Deutscher Naturschutzring (DNR)

In Kapitel 30 der Agenda 21, verabschiedet von der bedeutungsvollen Konferenz der Vereinten Nationen für Umwelt und Entwicklung 1992 in Rio, wird zu Recht auf die zentrale Rolle der Privatwirtschaft einschließlich transnationaler Unternehmen eingegangen. Die Einführung effizienter Umweltmanagementsysteme in den Betrieben wird als wesentliche Voraussetzung für eine nachhaltige Entwicklung der Wirtschaft betrachtet. Mit der „EG-Verordnung 1836/93 über die freiwillige

Beteiligung gewerblicher Unternehmen an einem Gemeinschaftssystem für das Umweltmanagement und die Umweltbetriebsprüfung“ sind auf europäischer Ebene die Grundlagen hierfür geschaffen worden. Der Deutsche Naturschutzring (DNR) hat sich von Anfang an für dieses neue Instrument zur „Ökologisierung der Wirtschaft“ eingesetzt. In der Person seines Geschäftsführers trug er wesentlich zur Gründung des Instituts für Umweltgutachter und -berater (IdU) bei. Dessen Hauptaufgabe ist die Bereitstellung entsprechender Aus- und Fortbildungsmaterialien für ein hohes Qualitätsniveau bei der Fachkunde der Umweltgutachter und -auditoren.

Es geht aber nicht nur um die möglichst umfassende Etablierung von Umweltmanagementsystemen und die Durchführung von Umweltbetriebsprüfungen. Auf mittlere Sicht ist es ebenso wichtig, den zur Zeit erfreulich hohen Anteil deutscher Firmen am wachsenden Weltmarkt für Umwelttechnik zu behaupten und auszubauen. Während aber bisher hauptsächlich additive, also nachsorgende Umweltschutztechniken eingesetzt wurden, mangelt es an tatsächlich innovativen Lösungen. Der integrierte Umweltschutz, der auf dem Vorsorgeprinzip aufbaut, wird noch kaum realisiert.

Untersuchungen des Interdisziplinären Instituts für Umwelt und Wirtschaft der Universität Wien aus dem Jahre 1993 belegen den weltweiten Mangel an einer derartigen Öko-Expertise für die Betriebe. Interessant ist in diesem Zusammenhang die Ähnlichkeit zum industriell-staatlichen Forschungsbetrieb. Auch hier wird stark über die mangelhafte Innovationsfähigkeit geklagt. Der Wissenschaftsrat hat als wesentliche Ursache die unzureichend interdisziplinäre Ausrichtung der Forschung ausgemacht und mehr Unterstützung für eine ökologisch-soziale Zukunftsforschung verlangt.

Dementsprechend strebt das bereits erwähnte IdU eine stark interdisziplinär ausgerichtete Aus- und Fortbildung von Umweltgutachtern und -beratern an, damit die dringend erforderlichen ökologischen Beratungsleistungen für die Betriebe erbracht werden können.

Prof. Dr. Wolfgang Engelhardt

Präsident des Deutschen Naturschutzrings
Dachverband der deutschen Natur- und Umweltschutzverbände (DNR) e.V.

3 Deutsche Bundesstiftung Umwelt (DBU)

Standortfaktor Umweltmanagement

Umweltmanagement stellt trotz erschwerter ökonomischer Randbedingungen unserer Zeit eine besondere Chance für mittelständische Unternehmen dar, auf internationalisierten Märkten erfolgreich agieren zu können.

Nicht zuletzt die Besonderheiten des „Standortes Deutschland" erfordern neue Märkte - ökologische Qualität ist dabei ein in Zukunft zentraler ökonomischer Erfolgsfaktor mittelständischer Unternehmen. Voraussetzung für die Realisierung „ökologischer Gewinne" ist ein alle Betriebsbereiche umfassendes Umweltmanagement zur Erreichung ökologischer Qualitätsziele.

Integrierter betrieblicher Umweltschutz bedarf der ganzheitlichen Analyse und Steuerung des Betriebsablaufes durch rentabilitätskonforme Umweltmanagementsysteme. Die hohen und steigenden Kosten betrieblicher Umweltbelastungen, etwa in Form sich weiter erhöhender Abfallbeseitigungskosten, sind nur durch effiziente Umweltmanagementsysteme im Hinblick auf die Gesamtrentabilität des Unternehmens zu steuern.

Waren betriebswirtschaftlich/umwelttechnische „Insellösungen" in den Unternehmensbereichen Beschaffung, Produktion und Absatz ein Kennzeichen des additiven Umweltschutzes, bedarf es zur Realisierung des integrierten Umweltschutzes Steueransätze, die die einzelnen Unternehmensbereiche aufeinander abstimmen und somit weitreichende Kostenvermeidungspotentiale nutzen.

Nur eine nachhaltige Vermeidung von Emissionen und Industrieabfällen bedeutet neben konkreten Umweltentlastungseffekten auch die Vermeidung von Kosten. Integrierte Umweltmanagementsysteme stellen aber nicht nur ein wichtiges Steuerungsinstrument der komplexer gewordenen betrieblichen Umweltschutzaufgabe dar, wie sie etwa durch den Einsatz integrierter Umwelttechnik angezeigt ist. Vielmehr sind sie darüber hinaus auch die notwendige Bedingung zur Erkennung und Nutzung von Marktchancen durch umweltentlastende Produkte.

Vor dem Hintergrund des Leitbildes „nachhaltige Entwicklung" ist so verstandenes und vor allem angewandtes Umweltmanagement die konkrete Umsetzung umweltpolitischer Vorgaben und Leitbilder auf der Ebene der Betriebspraxis unter Berücksichtigung der vorgefundenen ökonomischen Realitäten.

Hauptmotor dieser Entwicklung können nur die Unternehmen selbst sein, die aufbauend auf der Kenntnis eines produktivitätssteigernden Umweltschutzes und ggf. entsprechender Fördermaßnahmen diesen im Rahmen ihrer konventionellen Wirtschaftstätigkeit verwirklichen.

Fritz Brickwedde

Generalsekretär der Deutschen Bundesstiftung Umwelt

3 Persönlichkeiten der deutschen Wirtschaft

1 Bundesverband der Deutschen Industrie e.V.

Erfolgreicher Umweltschutz durch Integration in Produktionsprozesse und Management

Umweltschutz wird immer mehr zu einem integralen Bestandteil unternehmerischen Handelns. Dieser Wandel hat mehrere Gründe:

- In den Produktionsprozessen werden die herkömmlichen „End-of-Pipe"-Technologien zunehmend abgelöst durch integrierte Lösungen. Der ökologische Aspekt wird hier von vornherein zu einem Punkt im Lastenheft, etwa bei der Errichtung neuer Anlagen.
- Auch bei der Gestaltung von Produkten durchdringt der Umweltschutz zunehmend alle Phasen der Entwicklung. Nicht zuletzt durch den unternehmerischen Einsatz des Instruments Öko-Bilanzen werden Produkte zunehmend in ihrem ökologischen Profil gestaltet, und zwar mit dem Ziel einer Optimierung der Umweltverträglichkeit „von der Wiege bis zur Bahre".
- Ganz entscheidend ist der Wandel der Rolle, die der Umweltschutz im Management spielt. Dort, wo Umweltmanagementsysteme eingerichtet werden, entwickelt sich der Umweltschutz von einer Aufgabe spezialisierter Fachleute zu einem Element der Stellenbeschreibung der Mitarbeiter unmittelbar im Betrieb.

Große und kleine deutsche Unternehmen haben auf allen Gebieten des Umweltschutzes Spitzenleistungen erbracht. Beachtliche Erfolge auf den internationalen Märkten belegen dies ganz deutlich.

Aber auch die führende Rolle bei der Einrichtung von Umweltmanagementsystemen, insbesondere im Rahmen des EG-Öko-Audit zeigt dies. Dieses Know-how wird immer stärker auch weltweit eingesetzt.

Der Wandel des Umweltschutzes zum „alltäglichen Normalgeschäft" bietet auch Chancen für die Steigerung seiner Wirtschaftlichkeit: Nicht mehr selektiv - im nachhinein - ökologische Schwachstellen auszuschalten, sondern Techniken und betriebliche Abläufe integriert zu gestalten, ist die beste Grundlage für eine Verringerung der Kosten.

Positive Folgen für die öffentliche Diskussion über den Umweltschutz in Unternehmen zeichnen sich bereits ab: Je stärker sich der dargestellte Trend durchsetzt, desto weniger sinnvoll ist eine isolierte Diskussion über die Kosten des Umweltschutzes. Investitionsentscheidungen in Unternehmen fallen nicht wegen eines einzelnen Aspekts im Zieldreieck wirtschaftlicher, ökologischer und sozialer Belange, sondern sind das Ergebnis ihres Zusammenwirkens.

Der BDI und seine Mitgliedsverbände unterstützen diese Entwicklung aktiv. Wichtigstes Element dabei ist ein branchenspezifischer sowie ein branchenübergreifender Erfahrungsaustausch, insbesondere auch im Verhältnis vor- und nachgelagerter Wirtschaftsstufen. Die von B.A.U.M. zusammengestellten Praxisbeispiele sind hierbei eine wichtige Hilfestellung. Mit dem Trend zur Integration des Umweltschutz leisten die Unternehmen einen wichtigen Beitrag zur Erfüllung der ihnen in der Agenda 21 zugewiesenen Verantwortung: Durch technologische Innovation und Managementkompetenz den Wandel voranzutreiben.

Hans-Olaf Henkel

Präsident des Bundesverbandes der Deutschen Industrie

2 AEG Hausgeräte GmbH

Es geht nicht um die schnelle, es geht um die sichere Mark

Umweltschutz ist heute, da ökonomische Probleme unsere Kommunikation dominieren, nicht ins Hintertreffen geraten, Umweltschutz ist vielmehr inzwischen integraler Bestandteil vieler Systeme und Prozesse. Die Zeit der Vorgarten-Ökologie ist allerdings vorbei; viele Unternehmen blicken deutlich über den Tellerrand unseres strukturellen und mentalen Umbruchs hinaus. Im „European Business Council for a Sustainable Energy Future“ haben Unternehmen mittlerweile das Modell für die Zukunft modelliert: environment und economy, ecology und energy sowie die für alle Bereiche geltende Forderung von mehr efficiency sind die neue Zielsetzung dieser Vereinigung von Unternehmen, Organisationen, Einzelpersonen, Wissenschaft und Umweltschutzverbänden, die ihre Kräfte koordinieren und bündeln wollen. Vorbei ist aber auch die Zeit der fundamentalistischen, freudlosen und zukunftshemmenden Umweltschutz-Entmächtigungspolitik.

Umweltpolitik ist auch ökonomisch betrachtet Zukunftspolitik, ist aber auch Sozialpolitik. Beides läßt sich nicht trennen und zwar im Hinblick auf Beschäftigung, Gesundheit und selbst Rentensicherung. Kollabiert ein System, werden alle anderen folgen. Das Loch im Staatshaushalt ist der Beleg dafür, daß wir das Gedeihen unserer Gesellschaft vom wirtschaftlichen Wachstum entkoppeln und andere Qualitäten erarbeiten müssen. Andere Qualitäten bedeutet neue Arbeit, mehr Beschäftigung bringt sozialen Frieden. Und nur im Einklang aller Kräfte und im Frieden können Systemfehler der Vergangenheit im Bezug auf Umweltschutz dann sukzessive korrigiert werden.

Die AEG Hausgeräte GmbH hat im vergangenen Jahrzehnt über den Umweltschutz nicht nur eine neue und innovativere Positionierung erfahren und viele jüngere Kunden neu hinzugewonnen, wir haben dadurch nicht nur mehr, sondern vor allem auch eine höherwertigere Struktur an Produkten verkauft, die Wertschöpfung in unserem schwierigen Markt also verbessert. Allerdings investieren wir hierfür auch überdurchschnittlich in Umweltschutz. Und in logischer Fortführung dieses Gedankens auch in soziale und kulturelle Zusatznutzen für unsere Partner, Mitarbeiter und Kunden. Denn shareholder value kann auf Dauer und in ähnlich hohem Maße nur generiert werden, wenn stakeholder wie diese und auch die Umwelt Berücksichtigung erfahren: Ökologie ist in der Tat nichts anderes als Langzeitökonomie, Aktionäre können Risiken minimieren und Chancen optimieren, wenn die Interessen des Umfeldes nicht unberücksichtigt bleiben. Also nicht nur die schnelle, sondern vor allem eine langfristig sichere und jährlich wieder neu zu verdienende Mark machen.

Carlhanns Damm

Vorstandsvorsitzender der AEG Hausgeräte GmbH

3 AURO-Pflanzenchemie GmbH

AURO Naturfarben: Chemisch-technische Produkte aus nachhaltigem Stoffmanagement

Farben und Anstrichstoffe gehören zu den chemisch-technischen Produkten mit besonders hoher Umweltrelevanz, da ihre Anwendung bestimmungsgemäß überwiegend umweltoffen erfolgt. Bereits bei Gründung der AURO GmbH Anfang der 80er Jahre stand daher ein nachhaltiges Stoffkonzept im Zentrum der Unternehmensleitlinien.

War dieses Konzept damals noch mit der Exotik des Pioniers behaftet, so ist es inzwischen breit akzeptiert, hat eine Vielzahl von Nachahmern gefunden und ist mit zahlreichen Umweltpreisen, erfolgreichen Ökotests und guten technologischen Bewertungen ausgezeichnet worden. Der AURO Umweltbericht 1994 erreichte im neutralen Ranking unter den Unternehmen der chemischen Industrie wie der Farbenbranche den Spitzenplatz. Das Unternehmen ist als bislang einziges unter den Anbietern konsequent ökologischer Anstrichstoffe im Öko-Audit nach EU-Richtlinien zertifiziert.

Kern des Unternehmens-Leitbildes ist die strikte Orientierung am Nachhaltigkeitsziel - und zwar von der primären Rohstoffgewinnung über alle weiteren Stationen des Produktlebenslaufes bis zur problemlosen Rückkehr der Reststoffe in die stofflichen Kreisläufe. Alle Produktlinienelemente werden in einem detaillierten integrierten Umweltmanagementsystem gemäß dem Grundansatz der UN-Agenda 21 auf ihre ökonomischen, vor allem aber auch auf ihre ökologischen und sozialen Folgewirkungen untersucht.

Hinsichtlich der Primärrohstoffe als Ausgangspunkt jeder Produktlinie zeigt eine genaue Analyse des Konzepts „sustainable development", daß bereits mittelfristig die Nutzung der bisher bei chemisch-technischen Produkten weit überwiegenden fossilen Rohstoffbasis (Petrochemie) in unauflösbaren Widerspruch zur Nachhaltigkeitsforderung gerät. Dementsprechend stützt sich das Produktkonzept konsequent ökologischer Farben und Lacke auf Primärrohstoffe aus dem regenerativen Rohstoffbereich (v.a. pflanzliche Rohstoffe).

Neben ihrem regenerativen Charakter besitzen pflanzliche Rohstoffe im Hinblick auf das Nachhaltigkeitsziel noch einen weiteren wesentlichen Vorteil. Die zu ihrer Synthese notwendige Energie stammt praktisch ausschließlich von der Sonne, während petrochemische Rohstoffe erst in energieaufwendigen und abfallträchtigen Syntheseschritten das geeignete stofflich-strukturelle Niveau erreichen. Die pflanzlichen Rohstoffe als „solar materials" stehen daher den Bestrebungen zur nachhaltigen Energiegewinnung durch „solar energy" gleichrangig zur Seite. Sowohl standortbezogen als auch global ergeben sich auf diese Weise erhebliche Einsparungen an Kosten, Emissionen, Sonderabfällen und anderen Umweltfolgewirkungen.

Zusätzlich zu diesen systembedingten Vorteilen pflanzlicher Rohstoffe hat AURO jedoch bereits seit Jahren ein Projekt zur Regionalisierung des Rohstoffbezugs realisiert. So wird im kontrolliert biologischen Vertragsanbau, d.h. ohne Einsatz von synthetischen Spritz- oder Düngemitteln, in größerem Umfang Leinsaat angebaut, die in einer regionalen spezialisierten Ölmühle zu einem der mengenmäßig wichtigsten Rohstoffe für AURO-Produkte (Leinöl) weiterverarbeitet wird. Dieser regionale Öko-Anbau eines Schlüsselrohstoffs schafft konkret Entlastung von Kosten und Emissionen im Bereich Transport und chemischer Pflanzenbehandlung und zeigt auf diese Weise, daß auch bei ökologisch orientierten Produktlinien immer noch Optimierungspotential vorhanden ist.

Auch am gegenüberliegenden Ende der Produktlinie weisen konsequente Naturfarben nachweislich ein besonders zukunftsverträgliches Umweltprofil auf. Ausweislich aufwendiger neutraler Gutachten sind sie leicht und rückstandsfrei kompostierbar; die ursprünglichen Rohstoffe werden bei diesem Prozeß wieder frei und kehren so in den Rohstoffkreislauf zurück. Konkret ist die Kompostierbarkeit ein wesentlicher Kosten- und Umweltvorteil sowohl für den eigenen Betrieb (Vermeidung von kostenintensiver Sondermüllentsorgung) als auch für zahlreiche Branchen, in denen Anstrichstoffe verarbeitet werden (von der Holzfenster-Fabrikation über die Möbelindustrie bis zur Herstellung von ökologisch verträglichen Särgen).

Das Produktkonzept der AURO Naturfarben ist nicht nur ökologisch überzeugend, sondern auch nachhaltig wirtschaftlich erfolgreich, obwohl die bereits weitgehend vollzogene Internalisierung gesellschaftlicher Folgekosten zunächst einen klaren Kalkulationsnachteil darstellt. Die mit den konsequenten Naturfarben gegebenen ökologischen und wohnbiologischen Vorteile und nicht zuletzt die hohe Ergiebigkeit der Produkte überzeugen jedoch stetig wachsende Abnehmer- und Anwenderkreise von den Vorteilen beim Einsatz solcher Produkte.

Die Regierungen der Welt haben sich mit der Agenda 21 ein anspruchsvolles und zukunftsweisendes Instrument zur Bewältigung der globalen ökologischen und sozialen Probleme geschaffen, das hohe Maßstäbe an die Qualität des Umweltmanagements anlegt und für alle Unternehmen verpflichtend sein sollte. Die Enquete-Kommission des Bundestages „Schutz des Menschen und der Umwelt" hat eine wertvolle und fruchtbare Arbeitsgrundlage für die konkrete Umsetzung dieser globalen Ziele im Bereich des „Stoffwechsels" unserer Wirtschaft geschaffen. Das erfolgreiche Modell der konsequenten Naturfarben beweist, daß es einen ökonomisch, ökologisch und sozial tragfähigen Weg von der Vision des nachhaltigen Wirtschaftens in die alltägliche Unternehmenspraxis gibt.

Dr. Hermann Fischer

Geschäftsführender Gesellschafter der AURO-Pflanzenchemie GmbH
Braunschweig

4 Bayer AG

Umweltschutz in Produkte integrieren

Umweltschutz wird von vielen Menschen immer noch als Entsorgungsaufgabe betrachtet. Doch die damit verbundenen Aufgaben und Problemstellungen sind größtenteils gelöst. Das Motto der Zukunft lautet deshalb: „Integrierter Umweltschutz" - mit Zielsetzung „Vorsorge statt Nachsorge". Mit anderen Worten: Wir richten unser Augenmerk nicht nur auf das, was am Ende der Produktionsprozesse an unerwünschten Abfällen herauskommt, sondern vielmehr auf die Produkte und Produktionsverfahren.

Dabei ist es unser vorrangiges Ziel, bereits in der Produktion den Anfall an unerwünschten Nebenprodukten zu minimieren oder - im Idealfall - ganz zu vermeiden. Denn: Was gar nicht erst entsteht, muß auch nicht entsorgt werden. Ein weiteres, nicht minder wichtiges Ziel ist das Recycling: Was nicht vermieden werden kann, sollte nach Möglichkeit wiederverwertet werden. Wie zum Beispiel die bei der Herstellung von chemischen Verbindungen durch den Chlorierungsprozeß anfallende Salzsäure. Sie wurde früher neutralisiert und in Form von Kochsalz in den Naturkreislauf zurückgegeben. Heute wird sie recycliert und das dabei zurückgewonnene Chlor kann wieder in den Produktionsprozeß integriert werden.

Leitbild für die zukünftige Arbeit bei Bayer ist das auf dem Umweltgipfel in Rio 1992 verabschiedete Ziel einer nachhaltigen, zukunftsverträglichen Entwicklung. Nachhaltiges Wirtschaften - besser bekannt unter dem englischen Begriff „Sustainable Development“ - verlangt von der internationalen Völkergemeinschaft, die natürlichen Ressourcen so sparsam und effizient wie möglich zu nutzen, um den folgenden Generationen alle Optionen für ihre eigene Lebensgestaltung zu erhalten.

Deshalb wäre es falsch, Umweltschutz immer noch schwerpunktmäßig als Entsorgungsaufgabe zu betrachten. Nicht zusätzliche Kläranlagen und Deponien, Abluftreinigungs- oder Verbrennungsanlagen sind notwendig, sondern neue Verfahren, die eine Entsorgung weitgehend unnötig machen. Natürlich wird der additive, also nachsorgende Umweltschutz auch in Zukunft in vielen Bereichen weiterhin unentbehrlich sein, doch wo immer es der Stand der Technik ermöglicht, sollten neue Wege beschritten werden. Beispielsweise bei Bayer im Bereich der Kunststoff-Produktion: Durch eine Verfahrensänderung konnte bei der Herstellung einiger Zwischenprodukte der erhebliche Bedarf an Wasser - und damit auch der Anfall von Abwasser - auf Null gefahren werden. Außerdem werden die verwendeten Lösemittel aufgearbeitet und dann wieder in den Produktionskreislauf zurückgeführt. Neben den Verfahren können auch die Produkte in ihren Eigenschaften verändert und damit umweltfreundlicher gemacht werden. Ein Beispiel für Produkt-integrierten Umweltschutz sind moderne Pflanzenschutzmittel, mit denen das Saatgut behandelt wird und die Pflanzen von Beginn an gegen Schädlinge geschützt sind. Auf die früher notwendigen, regelmäßigen Spritzbehandlungen kann weitgehend verzichtet werden.

Ein Weg zum Ziel einer nachhaltigen Entwicklung führt deshalb über die Integration des Umweltschutzgedankens in die Produkte, die Produktionsverfahren und nicht zuletzt in die Denk- und Verhaltensweisen der Menschen. Dazu hat Bayer bereits 1986 erstmalig Leitlinien zu Umweltschutz und Sicherheit publiziert und 1994 überarbeitet, in denen wir uns verpflichten

- zu zukunftsorientierten Konzepten für eine dauerhafte, umweltgerechte Entwicklung;
- zu einem Management-System, das eigenverantwortlich Ziele auf den Gebieten Produktverantwortung, Umweltschutz, Anlagensicherheit, Gefahrenabwehr, Arbeitssicherheit und Gesundheitsschutz setzt, überprüft und fortschreibt;
- zur Information aller Mitarbeiter und der Öffentlichkeit über Ausgangspunkte, Ziele und Ergebnisse und
- zu einem Dialogkonzept, das Meinungen und Wünsche von Mitarbeitern, Kunden und Öffentlichkeit aktiv aufnimmt und in der Fortschreibung der Zielsetzungen des Unternehmens berücksichtigt.

Wir haben außerdem das Augenmerk unserer Forscher geschärft, mögliche Umweltprobleme unserer Produkte schon im Zuge ihrer Entwicklung zu erkennen. Kosten-/Nutzenanalysen sind für uns heute selbstverständliches Werkzeug der Produktforschung. Unsere Experten in vielen Bereichen verfolgen auch den möglichen Lebensweg eines Produktes von der Wiege bis zur Bahre und stellen dabei schon in einem frühen Stadium die Frage: Kann es sinnvoll wiederverwertet oder muß es entsorgt werden?

So können Schwachstellen und Risiken frühzeitig erkannt und abgestellt werden, d.h. Umweltschutz direkt in das Produkt bzw. dessen Produktion „eingebaut" werden. Das beste Produkt ist dabei stets jenes, das mit geringstmöglichem Rohstoff- und Energieeinsatz und minimalem Anfall von Reststoffen in der vom Kunden benötigten Qualität sicher hergestellt und - im Falle von Werkstoffen - nach seinem eigentlichen Verwendungszweck möglichst vollständig wiederverwertet werden kann.

Auch in unseren Produktionsverfahren haben wir mit der Integration des Umweltschutzgedankens große Fortschritte erzielt. Das Ergebnis sind seit Jahren sinkende Emissionen in die Luft, sinkende Abwassermengen und -frachten, sinkende Abfallmengen und nicht zuletzt sinkende Energieverbräuche. Das verstehen wir in der Chemie unter „Responsible Care", also: Verantwortliches Handeln, einer weltweiten Initiative der Branche als einem wichtigen Beitrag zu „Sustainable Development".

Dr. Udo Oels

Mitglied des Vorstands der Bayer AG

5 Daimler-Benz AG

Ökonomie und Ökologie schließen sich nicht aus; sie bedingen sich gegenseitig. Dieses Statement ist integraler Bestandteil der Umweltschutzphilosophie von Daimler-Benz und bringt zum Ausdruck, daß letztlich das Gros der Umweltschutzmaßnahmen, die wir ergreifen, zumindest mittel- bis langfristig auch wirtschaftlich sein muß.

Vor dem Hintergrund der relativ kurzfristigen betriebswirtschaftlichen Betrachtungsweisen ist eine einseitige Fokussierung auf die Belange des Umweltschutzes ökonomisch nicht verkraftbar. Der Gegensatz: das Ignorieren der aus dem Umweltschutz resultierenden Anforderungen mag zwar kurzfristige betriebswirtschaftliche Vorteile versprechen, ist aber keine stabile Basis für eine gesunde wirtschaftliche Entwicklung.

Versäumnisse im Umweltschutz führen, wie bei einigen Unternehmen das Beispiel der Altlastenproblematik deutlich zeigt, mittel- und langfristig auch zu nachhaltigen wirtschaftlichen Einbußen. Ein wesentliches Element zur Verbindung der hierbei zunächst oft als Antipoden auftretenden Anforderungen von Ökonomie und Ökologie ist die Technologie. Nur die Neu- und Weiterentwicklung unserer Technologien bietet die Chance, um bei Wahrung und Steigerung unseres gewohnten Lebensstandards den Anforderungen des „sustainable development" gerecht zu werden.

Vor dem Hintergrund dieser Erkenntnis sind auch die in den Umweltdaten des Daimler-Benz Konzerns dokumentierten Entwicklungen zu sehen. Sicherlich gibt es Beispiele für die Reduktion von Umweltbelastungen, bei denen die Vorgaben des Gesetzgebers (Grenzwerte für Lösemittelemissionen aus der Lackierung, Grenzwerte für die Schwefeldioxidemissionen der Kraftwerke) einen entscheidenden Einfluß haben. Darüber hinaus gibt es jedoch signifikante Verbesserungen im Umweltschutz, bei denen die erzielten Verbesserungen auf einen massiven wirtschaftlichen Hintergrund zurückzuführen sind. So haben wir beispielsweise im Zeitraum von 1993 bis 1995 unser Sonderabfallaufkommen um fast 60 % gesenkt und den Wasserverbrauch in der Produktion um 10 % reduziert.

Daß der Aspekt des „Kostensparens durch Umweltschutz" eine lange Tradition bei Daimler-Benz besitzt, wird z.B. durch die thermische Regenerierung von Altsand aus der Leichtmetallgießerei in Mettingen belegt. Bereits im Jahre 1976 wurde erkannt, daß der für die Herstellung der Gußteile benötigte Sand wirtschaftlich aufbereitet werden kann und eine entsprechende Pilotanlage errichtet. Heute arbeiten moderne Anlagen, die durch die Abwärmenutzung abermals Kosten einsparen. Bei einem Sandverbrauch von 300 Tonnen Sand pro Arbeitstag konnten Kosteneinsparungen von über 50 DM pro Tonne Regenerat im Vergleich zur Neuware realisiert werden.

Ein aktuelles Beispiel für die gelungene Symbiose von Ökonomie und Ökologie durch innovative technische Konzepte ist das in der Forschung entwickelte Verfahren zum Recycling von Leiterplatten. Das Verfahren ist nicht nur wirtschaftlicher als konkurrierende Entwicklungen und liefert eine sortenreinere Trennung der in den Leiterplatten enthaltenen Metall-, Edelmetall- und Kunststofffraktionen, sondern gewährleistet auch, daß trotz der in den Leiterplatten enthaltenen Halogenverbindungen keine Dioxine entstehen können. In Abhängigkeit vom Goldgehalt der Leiterplatten lassen sich pro Tonne aufbereiteten Leiterplattenschrott Gewinne von 75 bis 3.675 DM erzielen.

Ein Grundproblem für innovative, dem Umweltschutz verpflichtete Firmen ist jedoch die Tatsache, daß bislang, trotz gesteigertem Umweltbewußtsein, die Frage der persönlichen (oder betrieblichen) Kosten/Nutzen-Relation bei allen Kaufentscheidungen der entscheidende Faktor ist. Umweltgesichtspunkte spielen im Vergleich hierzu eher eine untergeordnete Rolle. Es ist daher eine Illusion anzunehmen, daß sich die umweltgerechte Produktion in einem Unternehmen bzw. ein weniger umweltbelastendes Produkt als eigenständiger Wert nachhaltig positiv auf die Kaufentscheidung auswirkt. Ein Mehr an Umweltschutz wird als „sozialisierter Nutzen" gerne akzeptiert, aber nur selten auch finanziell honoriert.

Es ist daher zwingend notwendig, den Umweltschutz stärker als bislang in die bestehende marktwirtschaftliche Grundordnung unserer Gesellschaft zu integrieren, indem Anreizsysteme implementiert werden, die einen verbesserten Umweltschutz auch finanziell honorieren. Ein positiver Ansatz in diese Richtung ist beispielsweise die emissionsabhängige Ausgestaltung der Kfz-Steuer.

Prof. Werner Pollmann

Mitglied des Direktoriums
Umweltbevollmächtigter der Daimler-Benz AG

6 Deutsche Bahn AG

Vorsorge vor Nachsorge

Das Technologie-System Eisenbahn ist durch seine Grundprämisse ein sehr umweltfreundliches Verkehrsmittel. Es kann den Transport von Menschen und Gütern besonders energiesparsam leisten und dadurch die Schadstoffbelastung deutlich reduzieren.

Dieser ökologische Wettbewerbsvorteil kann und muß weiterentwickelt werden!

Hierzu müssen konsequent neue Technologien eingesetzt werden, mit denen die Deutsche Bahn ihren systembedingten Vorteil gegenüber der Straße und der Luft nicht nur verteidigt, sondern ausbaut.

Umweltschutz und damit ein funktionierendes Umweltmanagementsystem ist demzufolge bei der Bahn kein Modewort, sondern ihr ausdrücklicher Wille. Die Organisation des Umweltschutzes mit klaren Zuständigkeiten, betriebsinternen Anweisungen und umfassender Mitarbeiterschulung legen die Basis.

Wesentlich ist allerdings - und dies nicht nur, um unsere Ziele im Umweltschutz, nämlich der Energieeinsparung, der Lärmreduzierung, der Abfallvermeidung usw. zu erreichen - ein Umweltmanagementsystem zu etablieren, mit welchem wir jeden Mitarbeiter im Unternehmen erreichen und unsere Umweltvorsorge kontinuierlich verbessern können.

Das ist unser Ziel!

Heinz Dürr

Vorstandsvorsitzender der Deutschen Bahn AG

7 Hoechst AG

Umweltmanagement ist integraler Bestandteil von Sustainable Development

Mit der fortschreitenden Globalisierung gewinnt das Leitbild Sustainable Development an Bedeutung. Neue Wettbewerber und neue Märkte tragen die Herausforderung in die Unternehmen. gleichzeitig wirtschaftlich und im Umweltschutz erfolgreich zu sein. Der Konflikt zwischen Ökologie und Ökonomie muß überwunden werden, wenn es gelingen soll, die Bedürfnisse der heute lebenden Menschen zu befriedigen, ohne zukünftigen Generationen die Optionen zur Befriedigung ihrer Bedürfnisse zu nehmen.

In diesem Zusammenhang wächst die Eigenverantwortung international tätiger Unternehmen. Sie erfordert auch ein Umdenken im Umweltmanagement. So beruhte in der Vergangenheit ein erheblicher Teil des Umweltschutzes auf kostenintensiven nachgeschalteten Reinigungs- und Behandlungsmaßnahmen, die länderspezifisch geregelt und detailliert bürokratisch vorgegeben waren. Die Zukunft gehört Verfahren und Technologien mit integriertem Umweltschutz.

Der Schlüssel zum Erfolg liegt in einem moderneren Umweltmanagement, das prozeß- und produktintegrierte Lösungen zum Schutz der Umwelt entwickelt. Innovative Produkte und Verfahren tragen dazu bei, bei Herstellung und Anwendung Umweltbelastungen von Anfang an zu vermeiden. Der Aufwand für die Behandlung von Emissionen und zur Beseitigung von Abfällen sinkt. Daraus ergeben sich Wertschöpfungs- und Wettbewerbsvorteile.

Im globalen Wettbewerb der Länder werden diejenigen Vorreiter sein, die durch politische Maßnahmen den Erneuerungsprozeß in den Unternehmen fördern - beispielsweise durch den Einsatz flexibler Instrumente wie Selbstverpflichtungen, freiwillige Vereinbarungen oder Zertifizierungen.

An diesen Standorten können wir zur Jahrtausendwende erfolgreiche Unternehmen erwarten, die einen umfassenden Satz von Managementwerkzeugen im operativen Bereich und bei der strategischen Planung einsetzen - etwa Audits, Risikomanagementsysteme und die zugehörigen Informations- und Kommunikationsplattformen. Umwelt-Controlling und Umwelt-Marketing werden einen wesentlichen Beitrag zur vollständigen Integration des produkt- und prozeßorientierten Umweltmanagements in die Geschäftsprozesse leisten. Diese Unternehmen können die notwendigen Weichenstellungen vornehmen. Sie haben die ersten Schritte auf dem langen Weg zur Nachhaltigkeit bereits hinter sich.

Dr. Ernst Schadow

Mitglied des Vorstandes der Hoechst AG

8 Ludwig Stocker Hofpfisterei GmbH

Betrieblicher Umweltschutz hat in der Hofpfisterei eine lange Tradition. Unser „ökologischer Weg“ beginnt mit guter Nachbarschaft. Aus dieser Zielsetzung heraus setzte sich die Hofpfisterei schon sehr frühzeitig mit Lärmschutzmaßnahmen auseinander. Im Jahr 1978 wurde ergänzend die Umweltverantwortung der Betriebsbereiche festgelegt. Seit diesem Zeitraum wurden in der Hofpfisterei unzählige umweltschutzbezogene Maßnahmen, von der Schalldämmung sämtlicher Lieferfahrzeuge, dem Einsatz von schadstoffarmen Fahrzeugen - Gas-LkW - bis zur Wärmerückgewinnung, umgesetzt.

Standen in früheren Jahren überwiegend technische Maßnahmen im Vordergrund, setzen wir heute im Rahmen einer zukunftsfähigen Betriebsorganisation gezielt an den Faktoren Kommunikation, Motivation, Qualifikation und Information an. Die Mitarbeiter müssen den Nutzen des betrieblichen Umweltschutzes verstanden haben. Für das Erreichen der hohen Ansprüche im betrieblichen Umweltschutz ist eine aktive Beteiligung der Mitarbeiter unumgänglich.

Die Frage an die Hofpfisterei „Kosten senken - Gewinne steigern durch offensiven Umweltschutz“ läßt sich nicht mit einer einzelnen DM-Größe bewerten. Unsere weitreichenden Bemühungen im betrieblichen Umweltschutz zeigen sich in der langfristigen Erfolgssicherung der Hofpfisterei. Neben der direkten örtlichen Standortsicherung wollen wir für unsere Mitarbeiter, Kunden, Nachbarn etc. ein attraktiver Partner sein.

Wir richten unser Handeln auf unsere Produkte selbst aus. Unser Bestreben ist darauf ausgerichtet unsere Produkte auf natürliche Weise herzustellen. Seit 1993 verwenden wir ausschließlich Rohstoffe aus der anerkannt ökologischen Landwirtschaft.

Mit unserer Konzeption, den gesamten Rohstoffbezug auf Rohstoffe aus der anerkannt ökologischen Landwirtschaft umzustellen, erzielte die Hofpfisterei neben der langfristigen Erfolgssicherung des Unternehmens eine Vielzahl von ökologischen, volkswirtschaftlich wirksamen Vorteilen.

- Erhebliche Verringerung des Energieverbrauches in der Gesamtproduktkette
- Reduzierung des Ausstoßes klimarelevanter sowie Boden und Gewässer versauernder Emissionen
- Schonung nicht-erneuerbarer Ressourcen wie mineralische Düngemittel, Erdöl und Boden
- Verringerung des Phosphoreintrages in Oberflächengewässer

Der Erfolg des unternehmerisch offensiven, umweltorientierten Konzeptes der Hofpfisterei zeigt sich im Vertrauensgewinn unserer Kunden, Mitarbeiter und Partner. Heute beschäftigt die Hofpfisterei ca. 800 Mitarbeiter, erreicht mit Beteiligungsunternehmen rund 100 Mio. DM Umsatz, ist mit rund 14.000 Tonnen im Jahr der größte Verarbeiter von anerkannt ökologische angebautem Getreide in Deutschland, ist in Bayern bei Bauernbrot Marktführer, vertreibt diese in über 100 eigenen Filialen und rund 1000 Wiederverkaufsstellen wie Lebensmittelhandel.

Siegfried Stocker

Vorsitzender der Geschäftsführung

9 Neumarkter Lammsbräu

Umweltschutz ist zentrale Steuerungsgröße

Verfolgt man die Entwicklung der Neumarkter Lammsbräu in die Anfänge ihrer Umweltaktivitäten zurück, so stellt man sehr schnell fest, daß zentraler Ausgangspunkt die Aufnahme des Umweltschutzes als Unternehmenszielgröße war. Neumarkter Lammsbräu hat neben der Überzeugung, daß ein Wirtschaftsunternehmen Verantwortung gegenüber der Erhaltung seiner Lebensgrundlagen übernehmen muß, Umweltschutz immer als Chance und strategisches Erfolgspotential gesehen. Die Marktentwicklung hat dieses Konzept bestätigt. Neumarkter Lammsbräu ist heute Marktführer bei ökologischen Bieren und hat seine Wettbewerbsposition in einem rückläufigen Biermarkt behaupten können.

Ein Blick in die Entscheidungsetagen zahlreicher Firmen zeigt jedoch, daß Umwelt scheinbar nur dann eine Chance hat, wenn damit kurzfristig konkrete Einsparungen zu erzielen sind. Diese Überlegungen sind aus ökonomischer Sicht zunächst sicherlich richtig. Auch Neumarkter Lammsbräu untersucht die Kostenstruktur in seinem Unternehmen genau, Investitionsvorhaben müssen sich amortisieren und Jahresvergleiche Aufschluß darüber geben, ob sich die Unternehmensaktivitäten auch rechnen.

Die Frage, die jedoch gestellt werden muß, ist die, ob die dynamische Entwicklung der Neumarkter Lammsbräu auch möglich gewesen wäre, wenn Umweltschutz nur als kostensenkende Maßnahme betrachtet worden wäre. Eine Umstellung auf ökologische Rohstoffe mit dem dreifachen Preis gegenüber konventioneller Ware hätte dann sicherlich nicht stattgefunden. Andere Umweltschutzinvestitionen hätten sich zumindest zeitlich verzögert.

Welche Erfolgspotentiale und Chancen Umweltmaßnahmen wirklich eröffnen, wird erst durch eine langfristige Betrachtungsweise deutlich. Neumarkter Lammsbräu hat die Wertschöpfung nachhaltig verbessert, das Unternehmen eindeutig positioniert und sich strategische Wettbewerbsvorteile geschaffen. Der Summe der dafür notwendigen Mehraufwendungen steht ein deutlich höherer Firmenwert gegenüber, dessen genaue Bewertung sicherlich schwierig bleibt.

Erfolgreicher Umweltschutz kann langfristig demnach nur praktiziert werden, wenn er gleichrangig neben den ökonomischen Unternehmenszielgrößen steht und dauerhaft betrieben wird. Erst dann wird Ökologie zu echter Langzeitökonomie, die sich auch in einem Wertewandel und Zusatznutzen für alle gesellschaftlichen Gruppen ausdrücken wird.

Dr. Franz Ehrnsperger

Geschäftsführender Gesellschafter

10 Otto Versand

Jede unternehmerische Entscheidung, die den Faktor Umwelt berücksichtigt, ist als ein Beitrag zur Wahrnehmung der natürlichen Lebensgrundlagen ein Gewinn. Jedes Unternehmen kann aber um so leichter Entlastungserfolge für Umwelt und Natur erzielen, wenn diese auch finanzielles Einsparungspotential freisetzen. Hierfür gibt es zahlreiche Möglichkeiten. Dem Otto Versand ist es im abgelaufenen Geschäftsjahr z.B. durch Verpackungsreduzierungen und -vermeidungen, Papiereinsparungen und Transportverlagerungen gelungen, 5,35 Mio. DM einzusparen. Ein anderes Beispiel zeigt jedoch, daß derartige Bilanzen nur einen Teil der ökonomischen und ökologischen Wirklichkeit darstellen: Bereits seit vielen Jahren verzichtet der Otto Versand durch die Auslistung von Echtpelzbekleidung und Tropenholzartikeln auf Umsatz mit bis dahin hochrentablen Sortimenten. In diesem Fall wird also eine Gewinneinbuße in Kauf genommen.

Die dauerhafte Versöhnung von Ökonomie und Ökologie kann nur dann gelingen, wenn beides gleichermaßen Zielgröße unternehmerischen Handelns wird. Die Entwicklung geeigneter Steuerungsinstrumente für ein dauerhaft umweltgerechtes Wirtschaften ist eine Vision, an deren Realisierung sich alle gesellschaftlichen Kräfte beteiligen müssen.

Im Mittelpunkt dieser Vision steht eine sowohl ökonomisch optimale als auch ökologisch effiziente Steuerung. Voraussetzung hierfür ist die Entwicklung geeigneter Kennzahlen, um die ökologische Wirklichkeit abzubilden, sie zu bewerten und als Maßstab für wirtschaftliches Handeln zu berücksichtigen. Erste positive Erfahrungen in der Anwendung umweltbezogener Kennzahlen zur Steuerung unternehmerischer Prozesse hat der Otto Versand bereits im Bereich Transport und Verkehr gesammelt. Auf Basis aller in einer Bestandsaufnahme ermittelten verkehrsbedingten CO_2-Emissionen wurde ein gesamtstrategisches Ziel abgeleitet: Reduzierung aller verkehrsbedingten CO_2-Emissionen auf Basis 1993 um 45 % bis zum Jahr 2005. Zur Zielerreichung wurden die CO_2-Emissionen zu einer zusätzlichen Kenngröße bei der Auswahl der Transportmittel, der Routenplanung und der möglichen Zusammenfassung von Sendungen gemacht. Bereits im ersten Jahr des Zielkorridors konnte der Otto Versand die Emissionen um 12 % reduzieren; im Folgejahr sanken die Emissionen um weitere 20 %. Das ist ein erfreuliches Beispiel, bei dem wir durch intelligente Lösungen Kosten einsparen konnten und die Umweltbelastung reduziert wurde.

Dieser Erfolg ermutigt uns, auf dem eingeschlagenen Weg fortzufahren. Doch selbst wenn es zukünftig möglich ist, unternehmerische Prozesse ganzheitlich unter Berücksichtigung ökologischer Größen zu steuern, wird der Schutz der Umwelt weiterhin mit Investitionen verbunden bleiben. Diese sind auch dann gerechtfertigte Investitionen in die Zukunft, denn sie sichern den Erhalt von Umwelt und Natur, dienen dem Menschen und damit unseren Kunden, verschaffen Wettbewerbsvorteile und sichern somit langfristig die Zukunftsfähigkeit eines Unternehmens.

Dr. Michael Otto

Vorsitzender des Vorstandes Otto Versand

11 Unternehmensgruppe Tengelmann

Die vielzitierte Auffassung von einem vermeintlichen Konflikt zwischen Ökonomie und Ökologie beruht häufig auf einer vordergründigen Einschätzung der komplexen Zusammenhänge, die einer detaillierten Analyse nicht standhält. Auch unter den gegenwärtigen, der Ökologie nicht immer förderlichen externen Rahmenbedingungen ergeben sich für Unternehmen eine Vielzahl von Chancen, Umweltschutz nicht nur aus der Verantwortung gegenüber Mensch und Natur heraus zu praktizieren, sondern auch die ökonomischen Potentiale umweltrelevanter Maßnahmen zu nutzen.

Nachdem die Implementierung partieller Umweltmanagementsysteme in zahlreichen Wirtschaftsunternehmen erfolgreich abgeschlossen wurde, steht jetzt eine Phase des Ausbaus und der Optimierung bevor. Die in der Theorie bereits vorhandene Akzeptanz gegenüber einer umfassenden Lösung muß auch in der Praxis eine adäquate Umsetzung finden.

Zukünftig wird es deshalb zu den zentralen Aufgaben in diesem Bereich gehören, den Umweltschutz durchgängig in alle Unternehmensbereiche zu integrieren. Auf der Basis von systematischen Chancen- und Schwachstellenanalysen sind zunächst die ökologischen und ökonomischen Potentiale aller umweltrelevanten Unternehmensaktivitäten zu identifizieren. Nur so kann eine solide konzeptionelle Grundlage für eine Umweltstrategie entstehen, die sowohl kurz- als auch langfristig einen möglichst optimalen Beitrag zur Sicherung des Unternehmenserfolgs leistet. Von besonderer Bedeutung beim Aufbau eines integrierten Umweltmanagementsystems sind dabei folgende Aufgaben:

- Festschreiben des Umweltschutzes im betrieblichen Zielsystem

- Organisatorische Einbindung aller Mitarbeiterinnen und Mitarbeiter
- Berücksichtigung von Umweltschutzaspekten bei der strategischen Planung und der operativen Durchführung
- Festlegung von Ablauf- und Kontrollverfahren

Das „Unternehmen der Zukunft" wird sich dadurch auszeichnen, daß es die genannten Forderungen weitgehend umgesetzt hat. Es wird den Umweltschutz in allen Tätigkeitsbereichen berücksichtigen und selbstverständlich ökologische Kriterien bei der Entwicklung neuer Produkte und Dienstleistungen mit einbeziehen. Die Auswirkungen eines konsequenten Umweltmanagements sollen sich auch in signifikanten wirtschaftlichen Erfolgen niedergeschlagen haben. Das „Unternehmen der Zukunft" wird unter der Maxime der Nachhaltigkeit arbeiten und über Prozesse verfügen, die in alle Entscheidungen einbezogen werden.

Erivan Haub

Allein geschäftsführender Gesellschafter
der Unternehmensgruppe Tengelmann

4 Persönlichkeiten der Wissenschaft

1 Prof. Dr. Dr. h.c. Heribert Meffert
Westfälische Wilhelms-Universität Münster

Zukunft des Marketing für umweltgerechte Produkte

Viele Unternehmen haben inzwischen erkannt, daß die Sicherung ihrer Wettbewerbsfähigkeit auch von der Integration des Umweltschutzes in ihre Unternehmenstätigkeit abhängt. Dabei ist die Erfüllung der Legalitätsansprüche häufig nicht mehr ausreichend, um die Legitimität in der Öffentlichkeit abzusichern. Marktbezogene und nicht-marktbezogene Anspruchsgruppen erfordern vielfach ein höheres Engagement im Umweltmanagement von Unternehmen.

Vor diesem Hintergrund wird in Zukunft die Hauptaufgabe von umweltorientierten Unternehmen in der *Verbindung von ökonomischer und ökologischer Effizienz* liegen. Dieses gelingt dann am besten, wenn Kunden bei angebotenen ökologieorientierten Produkten eigene Nutzenvorteile erkennen. Trotz der hohen bekundeten Bereitschaft der Konsumenten, ökologieorientiert zu handeln, bestehen erhebliche Lücken in der Umsetzung. Die Herausforderung für Unternehmen besteht demnach darin, das ungenutzte Potential zu aktivieren.

In jenen Fällen, in denen umweltgerechte Produkte den gleichen oder einen höheren Individualnutzen für den Konsumenten als die klassische Produktvariante und zudem noch Preisvorteile besitzen, kann das klassische ökologieorientierte Marketing Wettbewerbsvorteile absichern. Dieses kann z.B. durch Verbrauchseinsparungen bei Haushaltsgeräten der Fall sein. Auch bei inkaufzunehmenden Nachteilen bei umweltgerechten Produkten (z.B. Preis-, Bequemlichkeitsnachteile) kann durch Differenzierungsmaßnahmen versucht werden, diese Wettbewerbsnachteile abzubauen. Durch unternehmensbezogene Rationalisierungsmaßnahmen können gleichzeitig die Kosten gesenkt werden, um den Preisnachteil abzubauen.

Konflikte bei ökologieorientierten Kaufverhalten treten erst auf, wenn der Umweltvorteil zu Lasten der Nutzenkomponente geht. So kann ein höherer Informations- und Zeitaufwand bei der Suche und Verwendung von ökologieorientierten Produkten die Bereitschaft, ein solches Produkt zu kaufen, erheblich einschränken. Wenn es dem Unternehmen gelingt einen Sozialnutzen für den Konsumenten - im Sinne einer gesellschaftsorientierten Profilierung - zu generieren, kann dieses als Wettbewerbsvorteil herausgestellt werden. Gelingt dieses nicht, stößt ökologieorientiertes Marketing an seine Grenzen. Hier kann der gezielte Einsatz von Marketing *für* Ökologie in Verbindung mit den Instrumenten der Umweltpolitik zu einem Wertewandel bei den Konsumenten beitragen.

Prof. Dr. Dr. h.c. Heribert Meffert

Institut für Marketing, Westfälische Wilhelms-Universität Münster

2 Prof. Dr. Reinhard Pfriem Carl von Ossietzky Universität Oldenburg

Umweltorientierte Unternehmensführung heißt aktiv sein für den ökologischen Strukturwandel

Das Anliegen der ökologischen Unternehmensführung, für das als einer der Pioniere der Bundesdeutsche Arbeitskreis für Umweltbewußtes Management (B.A.U.M.) steht, hat in den vergangenen 10 Jahren nicht nur viel Sympathie gefunden, sondern auch zu vielfältigen Erfolgen geführt. Nach diesem Jahrzehnt ist es an der Zeit, eine Zwischenbilanz zu ziehen und möglichst präzise die Probleme und Aufgaben für die nächste Zukunft zu benennen.

Ich möchte mich hier auf die These konzentrieren, daß ein auf die interne Betriebsökologie konzentriertes Umweltmanagement inzwischen in vielen Fällen ausgereizt ist und es darauf ankommt, ökologische Unternehmensführung mit geschärftem Blick auf die gesellschaftlichen Funktionen der gegebenen bzw. zukünftig möglichen Produkte und den überfälligen ökologischen Strukturwandel zu betreiben. Unter verschärftem internationalem Wettbewerbsdruck, zunehmenden Schwierigkeiten von der Finanzierungs- und Kostenseite her sowie aufgrund der Folgekosten der deutschen Wiedervereinigung droht sonst gerade in Deutschland ein roll back betrieblicher Umweltpolitik.

Im Rahmen einer auf die Lohnhöhe eng geführten Standortdiskussion hat unsere Wirtschaft keine Zukunftschancen. Vielmehr kommt es darauf an, durch verstärkte Kooperation zwischen den Unternehmen (auch über die einzelne Branche hinweg) unternehmensseitig aktiver die Produktpolitik der Zukunft zu bestimmen und sich nicht nur auf Festvorträgen der Frage zu stellen, mit welchen Produkten und insbesondere Dienstleistungen in 10, 20, 30 und 40 Jahren unsere Gesellschaften in sozial und ökologisch befriedigender Weise versorgt werden können. Manche heutige Produktionslinie, so steht zu vermuten, wird dabei zukunftsfähigeren weichen müssen.

Prof. Dr. Reinhard Pfriem

Allgemeine Betriebswirtschaftslehre, Unternehmensführung und betriebliche Umweltpolitik, Fachbereich Wirtschafts- und Sozialwissenschaften
Carl von Ossietzky Universität Oldenburg

3 Prof. Dr. Udo E. Simonis
Wissenschaftszentrum Berlin für Sozialforschung

Ökologie-orientierte Unternehmensführung - Vier Erfordernisse

Grundverständnis

Ökologie-orientierte Unternehmensführung setzt voraus, die Unternehmung als *ökologisches Subsystem* zu verstehen, das nicht nur einen materiell verfaßten, über den Markt monetär bewerteten Wertschöpfungsprozeß darstellt, sondern auch einen materiellen, in der Regel nicht bewerteten Schadschöpfungsprozeß.

Zeitperspektive

Ein ökologisches Grundverständnis erweitert den Zeit- und Raumhorizont einer Unternehmung erheblich. Der ökologische *Produktlebenszyklus* umfaßt neben den betrieblichen Stufen (wie Produktentwicklung, Beschaffung, Produktion, Verkauf) auch die vorgelagerten Stufen (wie Rohstoff- und Energiegewinnung, Vorprodukte und -prozesse) und die nachgelagerten Stufen (wie Distribution, Konsum, Recycling, Entsorgung). Das impliziert, daß die ökologische Verantwortung nicht an den Werktoren endet und daß der Wettbewerb zwischen Unternehmen durch unternehmensübergreifende Kooperation zugunsten der Natur ergänzt - und damit tendenziell ersetzt - wird.

Managementaufgabe

Das Management eines Unternehmens muß von den ökologisch relevanten Zusammenhängen her (um-) strukturiert werden, auf *operativer Ebene* für umwelt- und ressourcenschonende Leistungserstellung sorgen, auf *strategischer Ebene* ökologische Risikopotentiale ab- und Nutzenpotentiale aufbauen, sowie auf *ordnungspolitischer Ebene* die Entwicklung einer öko-sozialen Marktwirtschaft voranbringen statt zu blockieren.

Instrumentarium

Ökologie-orientierte Unternehmensführung bedarf eines *innovativen Instrumentariums*. Dazu gehören der Einsatz der Produktlinienanalyse, der Umweltverträglichkeitsprüfung, von Ökobilanzen, Öko-Audit und umfassenden Öko-Controllingverfahren.

Prof. Dr. Udo E. Simonis

Wissenschaftszentrum Berlin für Sozialforschung

4 Prof. Dr. Volker Stahlmann

Erwartungen an eine umweltverantwortliche Unternehmensführung

Unternehmer haben in der Vergangenheit mehrfach bewiesen, daß Ökonomie und Ökologie vereinbar sind. Durch zahlreiche Wasser-, Energie-, Materialsparaktionen, durch Investitionen integrierter Kreislauftechniken und durch Substitution von Gefahrstoffen konnten Kosten gesenkt, Haftungsrisiken gemindert und die Attraktivität von Produkten gesteigert werden. Trotz mancher Mißerfolge und im nachhinein festgestellter negativer Ökobilanzen überwiegen die positiven Beispiele bei weitem, sind wertvolle Erfahrungen gesammelt und ausgetauscht worden - nicht zuletzt durch die tatkräftige Unterstützung von selbstorganisierten Umweltverbänden der Industrie wie B.A.U.M..

Nach Überwindung des beschwerlichen Anfangs müssen nun die Schritte zur Bewältigung des Umweltproblems weiter ausgreifen. Die ökologischen Schwachstellenanalysen in Unternehmen sind systematisch und umfassend auszubauen mit einer kontinuierlichen Bewertung der Umweltwirkungen, Priorisierung der Maßnahmen und Aufstellung von Umweltprogrammen.

Über ein Öko-Controlling-System sind diese Programme laufend zu aktualisieren und alle Mitarbeiter in ein Umweltlernen einzubeziehen. Die EG-Öko-Audit Verordnung ruft ja inzwischen alle Unternehmen europaweit zu einer freiwilligen Teilnahme am Aufbau eines Umweltmanagementsystems (UMS) auf.

Die Öko-Effizienz eines Umweltmanagementsystems erweist sich aber nicht bereits dadurch, wie intensiv Umweltschwachstellen erfaßt, wie ausführlich Umweltverantwortlichkeiten beschrieben, welche Umweltorganigramme entworfen und wie Umweltrisiken abgesichert werden, sondern welche Entscheidungen tatsächlich zu einer dauerhaften Umweltentlastung führen. Eine nachhaltige Wirtschaftsentwicklung (sustainable development) muß diesbezüglich mit mehr strategischer Neuorientierung und innovativer Risikobereitschaft verbunden sein als bisher: Leistungsprogramme mit absolut weniger Materie- und Energieeinsatz (nicht nur mit einer Senkung produktspezifischer Verbräuche) sollten Gegenstand langfristiger Geschäftsfeld- und Unternehmensplanungen werden, verbunden mit dem konsequenten Aufbau von Kreislauflogistiken und einer möglichst hohen originären Wiederverwertungs- und Wiederverwendungsquote. Umweltrisiken in Verfahren und Produkten sind von vornherein zu vermeiden oder zügig zu eliminieren und nicht nachträglich mit high tech Steuerung und Kontrolle aufwendig abzusichern. Regenerative Ressourcen sind - sofern nicht wieder aus Monokulturen, Raubbauwirtschaft, Massentierhaltung oder Genmanipulation entstehend - substitutiv zu nichtnachwachsenden Rohstoffen wo immer möglich einzusetzen. Das Vertrauen in eine Sonnenenergie- und Kreislaufwirtschaft sollte wachsen, ebenso aber das Vertrauen in „Weniger ist Mehr"-Konzepte, in entschleunigte Marktzyklen, in weniger Aktionismus und Hektik und in ausbalancierte Strukturen des Wirtschaftens zwischen Erwerbs- und Eigenarbeit.

Die Einübung des Respekts vor der Natur, die Wahrnehmung dessen, was natürlicher, nicht menschgemachter Reichtum bedeutet, sollte wesentlicher Bestandteil einer zukunftsfähigen Unternehmenskultur werden. Dazu gehören architektonische, bauliche Maßnahmen ebenso wie die selbstverständliche Einbeziehung ökologischer Fragestellung in die alltäglichen Entscheidungen und Fortbildungsmaßnahmen. Wenn das Unternehmen nicht nur Umweltleitlinien formuliert, sondern sich als Mitgestalter eines ökologischen Umbaus begreift, dann ist Umweltschutz mitnichten nur ein technisches Problem, sondern eine normative Verpflichtung, die Führungskräfte durch eigenes Vorbild, durch Entwicklung von Visionen im Dialog mit verschiedenen Anspruchsgruppen der Gesellschaft und Kooperationen in strategischen Allianzen wahrnehmen sollten. Dazu gehört dann auch, einzutreten für mehr ökologische Wahrheit in den Preisen, wie sie z.B. über eine ökologische Steuerreform angestrebt wird. Die dadurch geförderten ressourcen-effizienten Produkte und Dienstleistungen, risikoarmen Verfahren, ökologisch angepaßten und sozialverträglichen mittleren Technologien sind tragfähige Sachziele für Unternehmen, die national und weltweit friedensstiftend wirken und gleichzeitig den Standort Deutschland dauerhaft stärken können.

Prof. Dr. Volker Stahlmann

II. Umweltschutz, Umweltkosten und Umweltmanagement

1 Umweltschutz als Erfolgsfaktor

Aktiver betrieblicher Umweltschutz wird heutzutage allgemein als wichtiger zukunftsorientierter Erfolgsfaktor für Unternehmen angesehen. Inzwischen hat sich der Gedanke umweltbewußten Managements weit verbreitet und der Ansatz eines ganzheitlichen Umweltmanagementsystems hat in den Unternehmen einen starken Widerhall gefunden. Die Verabschiedung der EG-Öko-Audit-Verordnung (EWG-Verordnung 1836/93, EMAS) im Jahr 1993 und das Inkrafttreten dieser Verordnung in den meisten europäischen Ländern und in Deutschland im Jahr 1995 sowie die seit 1996 geltende Norm DIN ISO 14001 gaben dieser Entwicklung einen zusätzlichen Schub. Trotz aller bisher erzielten Erfolge im Umweltschutz ist es jedoch erforderlich, erneut die Bedeutung des ökologischen Ansatzes für den ökonomischen Erfolg eines Betriebes aufzuzeigen, um damit noch mehr Unternehmer und Manager von den wirtschaftlichen Vorteilen einer umweltorientierten Unternehmensführung zu überzeugen.

Eine wesentliche Voraussetzung, um Umweltschutz mit langfristigem und nachhaltigem wirtschaftlichem Erfolg zu verbinden, ist die Einführung eines umfassenden betrieblichen Umweltschutzkonzeptes. Dazu ist die Abkehr von einer nachträglichen, durch immer strenger werdende gesetzliche Auflagen vorgeschriebenen, Reduzierung des Schadstoffeintrags in die Umwelt (end-of-pipe), hin zu einer eigenverantwortlichen, ökologisch optimierten Wirtschaftsweise notwendig. Dazu schreibt der B.A.U.M.-Vorsitzende Dr. Georg Winter in „Das umweltbewußte Unternehmen“:

> Die entscheidenden Grundsätze, auf denen der langfristige Erfolg eines verantwortungsvoll geführten Unternehmens beruht, sind: Qualität, Kreativität, Humanität, Rentabilität, Kontinuität und Loyalität. Alle sechs Grundsätze können besser erfüllt werden, wenn die Unternehmensführung sich am Umweltgedanken orientiert:
>
> – Qualität und Umweltschutz
>
> Qualitativ hochwertig ist ein Produkt nur dann, wenn es umweltschonend hergestellt wird und ohne Verursachung von Umweltschäden benutzt, nach Möglichkeit wiederverwertet oder entsorgt werden kann.
>
> – Kreativität und Umweltschutz
>
> Die Kreativität der Mitarbeiter wird durch Arbeitsbedingungen gefördert, die auf die biologischen Bedürfnisse des Menschen Rücksicht nehmen, wie z.B. möglichst lärm-

armer Arbeitsplatz, gesundes Raumklima, ergonomische Büromöbel und vitaminreiche Kantinenverpflegung.

– Humanität und Umweltschutz

an humanem Gehalt gewinnt das Betriebsklima dadurch, daß Ziele, Strategien und Maßnahmen des Unternehmens sich nicht nur am ökonomischen Erfolg, sondern auch an der Verantwortung gegenüber allem Leben ausrichten.

– Rentabilität und Umweltschutz

Die Rentabilität kann durch kostensenkende Umweltschutzmaßnahmen, z.B. Rohstoff-, Energie- und Wassersparprogramme, sowie durch Ausschöpfen der Marktchancen für umweltschonende Produkte erhöht werden.

– Kontinuität und Umweltschutz

Für die Kontinuität des Unternehmens wird es immer wichtiger, den Haftungsrisiken aus dem sich laufend verschärfenden Umweltrecht sowie den Marktrisiken aus einer verringerten Nachfrage nach umweltbelastenden Produkten vorzubeugen.

– Loyalität und Umweltschutz

Die Loyalität gegenüber Mitarbeitern und Vorgesetzten wächst in dem Maße, wie es gelingt, aus der Belegschaft eine „eingeschworene" Gemeinschaft mit gleichen Zielen und Idealen zu machen. Die Einführung eines ganzheitlichen Umweltmanagements ist hier ein ideales Feld für den Konsens innerhalb der Belegschaft.

Um die wirtschaftliche Rentabilität von Umweltschutzmaßnahmen wissenschaftlich zu untersuchen, wurde vom Bundesministerium für Umwelt, Naturschutz und Reaktorsicherheit (BMU) und vom Umweltbundesamt (UBA) das Forschungsprojekt „Betriebswirtschaftliche Rentabilität von Umweltschutzmaßnahmen" in Auftrag gegeben. Fazit der dazu stattgefundenen Fachtagung im Februar 1996 in Köln war:

Umweltschutz kostet Geld, aber er rechnet sich!

- Umweltschutz rechnet sich langfristig: „Umweltschutz ist Langzeitökonomie".
- Umweltschutz rechnet sich gesamtwirtschaftlich: Umweltschutz ist in Deutschland inzwischen zu einem bedeutenden Wirtschaftsfaktor geworden. Umweltschutz schafft moderne Produktionsstrukturen und zukunftssichere Arbeitsplätze.
- Umweltschutz rechnet sich auch einzelwirtschaftlich, vor allem durch zusätzliche *Kostensenkungspotentiale*, was heute hier unter Beweis gestellt wird.

Die kürzlich zu diesem Forschungsprojekt vom BMU und UBA herausgegebene Publikation *„Handbuch Umweltkostenrechnung"* bestätigt diese Sätze eindrucksvoll.

Ein von der Deutschen Bundesstiftung Umwelt gefördertes und bei der Kunert AG durchgeführtes Modellprojekt zum „Umweltkosten-Management" kommt zu dem Ergebnis, daß die konsequente Anwendung des Umweltkosten-Managements ein wirkungsvolles Investitionsprogramm für den Umweltschutz und die Verbesserung der Wettbewerbsfähigkeit des Standortes Deutschlands nach sich ziehen würde. Aber wie bei allen Unternehmensbeispielen in diesem Buch zeigte sich schon bei Kunert:

- Umweltschutz wird erst dann wirklich effizient und läßt sich mit Kostensenkungen verbinden, wenn er in das Management-System, in die Entscheidungsprozesse und schließlich in alle betrieblichen Abläufe integriert wird.
- Hohe Umweltstandards, bedingt durch rechtliche Auflagen und freiwilliges Engagement, müssen nicht zwangsläufig zu einem Standortnachteil führen.
- Die an unveränderten betrieblichen Abläufen orientierten end-of-pipe-Technologien im Umweltschutz passen längst nicht mehr in eine Wirtschaft, die sich zunehmend an Lean-Management-Konzepten ausrichtet.

2 Erfassung von Umweltschutzkosten

Um die Kostensenkungspotentiale von Umweltschutzmaßnahmen aufspüren zu können, müssen die Kosten der Umweltauswirkungen eines Unternehmens (im folgenden Umweltkosten) zunächst erfaßt werden. Erst dann kann durch Vergleich der Umweltkosten vor und nach der Durchführung der Maßnahme unter Berücksichtigung der aufgewendeten Investition die Kostenwirkung ermittelt werden.

Die Beantwortung der Fragen, „Was sind Umweltkosten?“ und „Welchen Nutzen bringen die durchgeführten Umweltschutzmaßnahmen“ sind allerdings oft nur schwer zu beantworten. Es sind nämlich nicht nur die direkt zuordenbaren Kosten und Investitionen zu berücksichtigen, sondern oft existieren weitere indirekte Kosten oder es entstehen Folgekosten, die durch eine Umweltschutzmaßnahme vermindert oder erhöht werden. Um die Umweltkosten vollständig zu erfassen, muß deshalb zunächst eine umweltbezogene Kostenrechnung aufgebaut werden. Aber auch ohne eine umfassende Umweltkostenrechnung lassen sich bereits einige wesentliche Faktoren benennen, deren Betrachtung zum Verständnis der Bewertung von umweltschutzbedingten Kosteneinsparungen unerläßlich ist.

Ein wesentliches Problem bei der Beurteilung der Kostenwirkung von Umweltschutzmaßnahmen in der traditionellen Kostenrechnung ist, daß unter Umweltkosten nur direkt erfaßbare Medienkosten wie Entsorgungs-, Wasser- und Energiekosten verstanden werden. Diese können überdies oft nicht direkt den Kostenstellen zugeordnet werden, sondern werden im Unternehmen als Ganzes über die Gemeinkosten abgerechnet. In der Folge werden sich somit einzelne Umweltschutzmaßnahmen immer auf die Gemeinkosten auswirken. Abhängig von den jeweiligen Gemeinkostenzuordnungsschlüsseln und der Zuordnung der notwendigen Investitionen zu den Kostenstellen entsteht auf diese Weise sehr schnell ein verzerrtes Bild von der tatsächlichen, ökonomischen Wirkung der Umweltschutzmaßnahme. Wären die wirklichen Umweltkosten der einzelnen Produktionsstufen bekannt, könnten dagegen wesentlich gezieltere Maßnahmen durchgeführt werden. Die ökonomische Wirkung würde richtig ermittelt und käme direkt den verantwortlichen Kostenstellen zugute. Bevor allerdings diese Umweltkostenrechnung durchgeführt werden kann, müssen die Stoff- und Energieströme im Unternehmens genau ermittelt werden. Dies kann mit Hilfe einer betrieblichen Ökobilanz, die auf eine Prozeßbilanz erweitert wird, oder in einer ökologischen Schwachstellenanalyse erfolgen. Die darin erhobenen Daten bilden die Grundlage zum Aufbau einer umweltbezogene Kostenrechnung.

Zwei weitere wichtige Aspekte bei der Ermittlung von umweltschutzbedingten Kostensenkungen sind die Bewertung von vorbeugender Kostenvermeidung und die Abgrenzung von Kosteneinsparungen durch Umweltschutzmaßnahmen gegenüber anders intendierten Maßnahmen, die im Nebeneffekt auch dem Umweltschutz dienen:

1. Kosten, die gar nicht entstehen, weil ein Unternehmen umweltfreundlich arbeitet, lassen sich nur sehr schwer in die Kostenrechnung integrieren. Hier besteht praktisch nur die Möglichkeit, die Kosten zu ermitteln, die entstanden wären, würde das Unternehmen keinen Umweltschutz betreiben. Dies wird aber auf längere Sicht unmöglich, da ein Unternehmen ständig in der Entwicklung ist und von daher die Frage „Was wäre, wenn?" nach kurzer Zeit ihren Sinn verliert.
2. Werden im Zuge allgemeiner Rationalisierung oder Produktionsumstellung auch Umweltkosten (z.B. Energie oder Entsorgungskosten) verringert, so ist zwar eine Umweltkostensenkung erreicht worden, die Ursache liegt jedoch nicht in einer Umweltschutzmaßnahme. Andererseits werden in den wenigsten Fällen Investitionsentscheidungen nur von einer Seite her begründet werden. Dies gilt umsomehr für den produktionsintegrierten Umweltschutz, bei dem der Erhalt der Umwelt als gleichberechtigtes Ziel neben anderen Unternehmenszielen auftritt. Eine eindeutige Zuordnung der Investitionen und Wirkungen wird hier unmöglich - das Unternehmen könnte aber seinen gesamten wirtschaftlichen Erfolg auf der Habenseite des Umweltschutzes verbuchen.

Da Kostenminimierung ureigenstes Anliegen einer erfolgsorientierten Unternehmensführung ist, kann im betrieblichen Umweltschutz zwar das auslösende Element für Kosteneinsparungen gesehen werden, nicht unbedingt aber das eigentliche Ziel. Daß durch die Verfolgung von Umweltschutzzielen auch Kosteneinsparungen realisiert werden können, weist also auf einen Mangel der bisherigen Unternehmensführung hin, bzw. darauf, daß die implementierte Kosten- und Leistungsrechnung nicht geeignet war, Kosteneinsparpotentiale aufzudecken. Insofern ist es grundsätzlich problematisch, von Kosteneinsparungen durch Umweltschutz zu sprechen. Eine tiefergehende Analyse der Erfassungs- und Zurechnungsproblematik wird den zahlreichen Veröffentlichungen überlassen, die es sich zum Ziel gesetzt haben, Leitfaden und Praxishilfe zu sein. Es sei hier auf die in dieser Reihe erschienenen Bände *„Handbuch Umweltcontrolling"* und *„Handbuch Umweltkostenrechnung"*, die vom Bundesumweltministerium und dem Umweltbundesamt herausgegeben wurden, verwiesen.

Betrieblicher Umweltschutz ist also nicht nur eine Aufgabe, die die Umweltauswirkungen des Unternehmens berührt. Das Unternehmen insgesamt ist davon betroffen. Ein unter ökologischen Gesichtspunkten optimal arbeitendes Unternehmen ist auch unter wirtschaftlichen Aspekten erfolgreich. Ebensowenig kann es sich ein erfolgreiches Unternehmen erlauben, auf die Vorteile aus dem Umweltschutz zu verzichten. Das bedeutet, daß die Trennung zwischen Ökonomie und Ökologie für ein zukunftsorientiertes Unternehmenskonzept aufgehoben ist, da jede Maßnahme im Idealfall positive ökologische, ökonomische und soziale Auswirkungen aufweist. Ein durchdachtes Umweltmanagement führt in aller Regel zu kostengünstigeren Produktionsabläufen und zu einer Modernisierung der Produktionsanlagen. Und eine neue Maschine sollte immer eine höhere Produktivität bei weniger Verbrauch haben, so daß hierdurch auch die Umweltauswirkungen pro Produktionseinheit geringer werden. Damit werden auch Rationalisierung und Modernisierung zu Umweltschutzmaßnahmen.

3 Bedeutung des Umweltmanagements für das Kostensenkungspotential

Die wichtigsten und oft auch ersten Ansatzpunkte für die Kostenreduktion durch Umweltschutz ist die sorgfältige Untersuchung der Prozeßabläufe und Stoffströme im Unternehmen. Oft geschieht dies aufgrund der durch Kunden, Lieferanten oder Eigeninteresse angeregten Beschäftigung mit dem Thema Öko-Audit. Inzwischen sind über 600 deutsche Unternehmensstandorte nach der EG-Öko-Audit-Verordnung validiert und die Zahl der Validierungen nimmt weiter sprunghaft zu. Weitere über 100 deutsche Unternehmen haben sich nach DIN ISO 14001 zertifizieren lassen. Ein Überblick über die Schritte, die vom Aufbau eines Umweltmanagementsystems zur Validierung nach der EG-Öko-Audit-Verordnung führen, ist in Abb. 1 dargestellt und im folgenden kurz beschrieben:

> Aus den Ergebnissen einer ersten Umweltprüfung, in der alle Umweltauswirkungen eines Standortes erfaßt werden, werden die Umweltpolitik und die allgemeinen Umweltleitlinien abgeleitet und in die Unternehmensgrundsätze aufgenommen. Danach werden im Umweltprogramm konkrete Umweltziele und Umweltmaßnahmen zur Verringerung der Umweltauswirkungen ausgearbeitet und umgesetzt. Erforderlich dazu ist der Aufbau einer innerbetriebliche Organisation des Umweltschutzes mit klaren Kompetenzen und Zuständigkeiten. Nach der Umsetzung des Umweltprogramms wird die Wirksamkeit der getroffenen Maßnahmen in der Umweltbetriebsprüfung überprüft. Ein Umwelthandbuch dokumentiert das gesamte Umweltmanagementsystem. Nach Erstellung einer Umwelterklärung für einen Betriebsstandort und nach der erfolgreichen Prüfung dieses Standortes durch einen externen, zugelassenen Umweltgutachter wird das Umweltmanagementsystem an diesem Standort für gültig erklärt. Nun kann bei der zuständigen Industrie- und Handelskammer (bzw. Handwerkskammer) die Eintragung in das Standortregister beantragt werden. Mit der Eintragung erhält das Unternehmen für diesen Standort eine Teilnahmeerklärung und ist dort nach der EG-Öko-Audit-Verordnung validiert. Eine Wiederholung der Validierung des Standorts erfolgt mindestens alle drei Jahre.

Die erste Umweltprüfung, häufig im Rahmen einer „ökologischen Schwachstellenanalyse“ durchgeführt, und die damit verbundene erstmalige systematische

Herangehensweise an den betrieblichen Umweltschutz sind oft auch die ersten Schritte zur Aufdeckung von Kostensenkungspotentialen. Je nach Umfang und Zielrichtung der ersten Umweltprüfung werden von vielen Unternehmen regelrechte Betriebs-Ökobilanzen aufgestellt. Nach einer, oft allerdings subjektiven, ökologischen Bewertung der einzelnen Positionen kann nun versucht werden, den Betriebsablauf ökologisch zu optimieren. Wird aufgrund der ersten Umweltprüfung ein effizientes Umweltmanagementsystem im Unternehmen aufgebaut, führt die intensive Beschäftigung mit den Umweltauswirkungen fast zwangsläufig zum Erkennen weiterer „ökologischer Schwachstellen". Die Behebung dieser „Schwachstellen" erfordert nicht immer eine größere Investition. In vielen Fällen kann zumindest anfangs auf relativ einfache Weise ein wichtiger ökologischer Effekt erzielt werden. Und fast immer ergibt sich daraus auch ein ökonomischer Nutzen für das Unternehmen. Dies bestätigen auch viele der im folgenden dargestellten Praxisbeispiele.

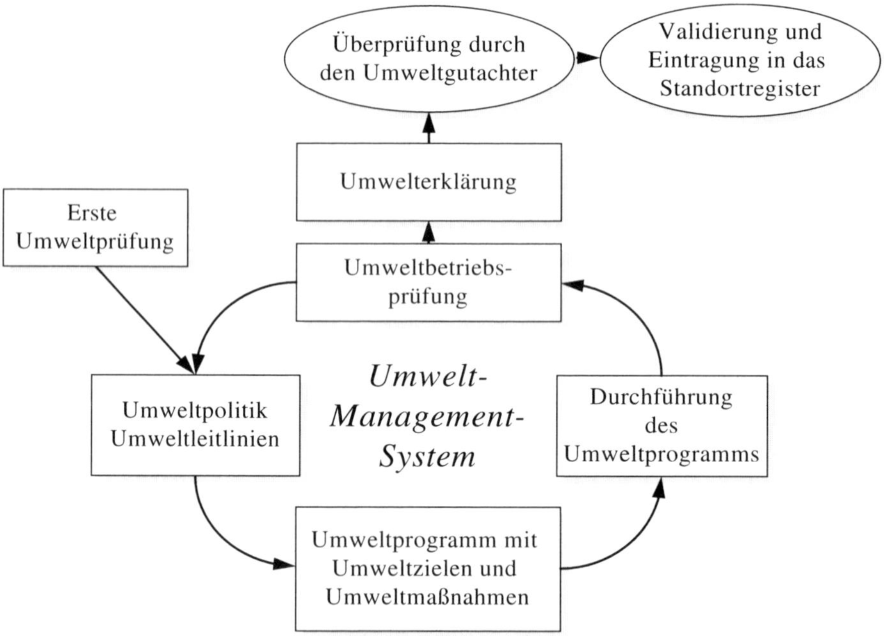

Abb. 1: Übersicht über das Umweltmanagementsystem nach der EG-Öko-Audit-Verordnung

Belegt wird dies auch durch eine im Jahr 1995 von der Industrie-Initiative für Umweltschutz e.V. durchgeführte Umfrage, in der auf die Frage nach den Gründen für die Durchführung des Öko-Audit´s immerhin 77 % der Befragten das „Aufdecken von Einsparpotentialen" angegeben haben (93 %: Verbesserung des betrieblichen Umweltschutzes, 88 %: Dokumentation zur Abwehr von Umwelthaftungsansprüchen, 86 %: Imagegewinn in der Öffentlichkeit, 78 %: Anforderungen von Abnehmern; Mehrfachnennungen waren möglich).

III. Die wichtigsten Ansatzpunkte für kostensenkende Umweltschutzmaßnahmen

1 Die umweltrelevanten Bereiche

Die vorliegende Publikation will, ausgehend von den allgemeinen Betrachtungen im vorhergehenden Kapitel, konkrete und erfolgreiche Umweltschutzmaßnahmen vorstellen, mit denen die aufgeführten 100 Unternehmen eine Kostensenkung erreicht haben. Ausgangspunkt ist die Erfahrung aus dem Modellprojekt Umweltkosten-Management bei der Kunert AG, die zeigt, daß ein Unternehmen in der Regel offensiver und erfolgreicher im Umweltmanagement ist, wenn es auch direkte wirtschaftliche Vorteile erwarten kann.

Nachfolgend werden die verschiedenen Einsparbereiche genauer untersucht. Dabei zeigt sich, daß Kostensenkungspotentiale vor allem in den Bereichen der *Beschaffung von Roh-, Hilfs- und Betriebsstoffen, Wasser und Abwasser, Energie, Entsorgung, Transport und Verkehr* und *Verpackung* vorhanden sind. Durch Anschaffung verbrauchssparender Maschinen lassen sich beispielsweise Energie, Rohstoffe, Hilfs- und Betriebsstoffe einsparen. Angesichts schnell steigender Entsorgungskosten kommt der Verringerung von Abfällen eine immer größere Bedeutung zu. Durch innerbetriebliches Recycling können Abfallstoffe vermieden beziehungsweise reduziert werden, wobei gleichzeitig die Beschaffungskosten bei Roh-, Hilfs- und Betriebsstoffen verringert werden. Zudem können durch den Verkauf wiederverwertbarer Abfallstoffe oftmals zusätzliche Erträge erwirtschaftet werden.

Als Voraussetzung für den ökologischen und ökonomischen Erfolg stellt sich hierbei die Einführung eines „Umweltmanagements aus ganzheitlicher Sicht" dar. Dieses bezieht in einem vernetzten Ansatz alle Glieder der Wertschöpfungskette von der Beschaffung über Forschung und Entwicklung, Produktion, Logistik, Marketing und Vertrieb bis hin zur Nutzung und Entsorgung sowie der Aus- und Fortbildung der Mitarbeiterinnen und Mitarbeiter ein.

Die wichtigsten Bereiche, in denen die Unternehmen durch Umweltschutzmaßnahmen Kosten eingespart haben, sind in den folgenden Abschnitten näher erläutert.

1 Einsparung von Roh-, Hilfs- und Betriebsstoffen

Wird durch Rationalisierung, Einsatz verbesserter Maschinen, regelmäßige Wartung derselben, Optimierung des Produktionsablaufs, Rückführung von Reststoffen in die Produktion oder andere Maßnahmen der Verbrauch an Roh-, Hilfs- und Betriebsstoffen reduziert, so werden die Beschaffungskosten um den Einkaufspreis der eingesparten Stoffe verringert. Gleichzeitig wird ein positiver Effekt für die Umwelt erzielt, da der geringere Verbrauch zur Ressourcenschonung führt und die eingesparten Stoffe auch nicht entsorgt werden müssen. Schließlich entfällt die Bearbeitung der eingesparten Stoffe. Dies reduziert zusätzlich den Verbrauch an Betriebsmitteln.

Der Zusammenhang zwischen den Beschaffungs- und den Entsorgungs- bzw. Reststoffkosten spielt in diesem Zusammenhang eine entscheidende Rolle. Die Reststoffkosten eines durchschnittlichen Industriebetriebs betragen zwischen 5 und 15 % der Gesamtkosten. Dabei werden unter Reststoffkosten die gesamten Kosten verstanden, die durch die letztlich zur Entsorgung bestimmten Reststoffe im Unternehmen entstehen. Als dominierender Kostenfaktor stellten sich nicht die Entsorgungsgebühren, sondern die Einkaufskosten als Roh-, Hilfs- und Betriebsstoffe heraus. Das heißt, alleine durch konsequente Transparentmachung der Stoffströme können enorme Mengen an Material eingespart werden und damit sowohl der Ressourcenverbrauch als auch die Kosten reduziert werden.

Um eine Kategorisierung zur erleichtern, wurden in den nachfolgenden Firmenbeispielen auch organisatorische Maßnahmen, die zur Aufdeckung von Kostensenkungspotentialen geführt haben, zur Rubrik *Einsparung von Roh-, Hilfs- und Betriebsstoffen* hinzugenommen. Dies begründet sich aus der Tatsache, daß der entscheidende Schritt zum produktionsintegrierten Umweltschutz und zur nachhaltigen Entwicklung immer an der ökologischen Optimierung der Produktionsprozesse ansetzt und deshalb zwangsläufig zu einer Einsparung an Ressourcen führt.

2 Reduzierung des Wasser-/Abwasserverbrauchs

Ein reduzierter Wasserverbrauch dient der Schonung der Ressource Trinkwasser und senkt den Abwasserstrom. Sofern die Schadstoffkonzentration des Abwassers dadurch nicht ansteigt, bedeutet dies eine Verringerung der Schadstofffracht der Flüsse, Meere und des Grundwassers. Gleichzeitig sinken die laufenden Kosten eines Unternehmens, die durch Wasser- und Abwassergebühren entstehen.

Mögliche Maßnahmen zur Senkung des Wasserverbrauchs sind der Einsatz von verbrauchssparenden Techniken, eine möglichst genaue Regelung und Steuerung der notwendigen Wasserversorgung, die regelmäßige Überprüfung des Rohrleitungssystems zur Identifizierung und Behebung von Leckagen und der Einbau von Wasserkreisläufen und Nutzungskaskaden, in denen das Wasser oder auch zurückgeführter Dampf mehrfach verwendet werden. Unter Umweltgesichtspunkten abzulehnen sind Maßnahmen, die den Wasserverbrauch nicht reduzieren sondern lediglich kostengünstiger gestalten. Dazu gehört z.B. der Aufbau einer eigenen Wasserversorgung, sofern diese nicht von Maßnahmen zur sparsamen Verwendung des Wassers flankiert wird.

Eine häufig durchführbare Maßnahme zur Senkung der Schadstofffracht im Abwasser ist die betriebsinterne Vorbehandlung des Abwassers. Hierbei kann im Gegensatz zu einer öffentlichen Kläranlage gezielt die unternehmensspezifische Verunreinigung beseitigt werden und dadurch ein wesentlich höherer Wirkungsgrad erreicht werden. Für das Unternehmen ergibt sich dabei eine Reduzierung der Abwasserabgaben oder der Starkverschmutzerzuschläge.

3 Reduzierung des Energieverbrauchs

Hohe Einsparmöglichkeiten bestehen häufig beim Energieverbrauch und den damit verbundenen Kosten. Hierbei ist auch der volkswirtschaftliche und globale Nutzen zu sehen, da mit dem Verbrauch von Energie meistens auch die Emission von CO_2 verbunden ist, das als Hauptverursacher einer Erwärmung der Erdatmosphäre gilt und den sog. Treibhauseffekt bewirkt.

Da in der Regel von den Unternehmen unterschiedliche Energieträger eingesetzt werden, müssen auch mehrere Strategien zur Senkung des Energieverbrauchs eingesetzt werden.

Zu Beleuchtungs- und Klimatisierungszwecken, in der Bürokommunikation und Datenverarbeitung und in der Produktion beim Betrieb von Maschinen wird elektrischer Strom verwendet. Hier können durch den Einbau und die Verwendung von stromsparenden Geräten und Lampen, von elektronischen sog. Stromwächtern, die eine Spitzenlastabsenkung bewirken und durch eine möglichst genaue, bedarfsabhängige Steuerung der Geräte der Stromverbrauch und damit die Stromkosten enorm vermindert werden. Zur Stromerzeugung bietet sich in einigen Regionen die Windkraft an, deren Nutzung sich in der Regel relativ schnell amortisiert.

Für Heizung, Warmwasserversorgung und Prozeßwärme werden normalerweise Öl, Gas oder Kohle eingesetzt. Hier können ebenfalls durch optimierte Regelungen oder durch den Ersatz veralteter Anlagen durch neue Anlagen mit hohem Wirkungsgrad Ressourcen und die dafür aufgewendeten Kosten eingespart werden. Der Einsatz von Sonnenkollektoren zur Warmwassererzeugung wird zunehmend wirtschaftlicher und deshalb für kleinere Wassermengen immer attraktiver. Bei höherem Energiebedarf ist der Einsatz von Kraft-Wärme-Kopplung wegen des hohen Wirkungsgrades empfehlenswert.

4 Reduzierung der Reststoffe und der Entsorgungskosten

Im Bereich Entsorgung sind als durchführbare Aktivitäten an erster Stelle Maßnahmen zur Vermeidung, an zweiter Stelle Maßnahmen zur Verwertung zu nennen, die das Reststoffaufkommen vermindern und die auch vom Gesetzgeber vorgeschrieben sind (§4(1) KrW-/AbfG).

Zur Vermeidung bedarf es in der Regel einer sorgfältigen Durchstrukturierung des gesamten Betriebs und der Implementierung eines konsequenten Abfallwirtschaftskonzepts. In manchen Fällen kann allerdings auch schon durch einfache Maßnahmen die zu entsorgende Abfallmenge deutlich gesenkt werden. Für die Unternehmen verringern sich dadurch nicht nur die direkten Entsorgungskosten. Es werden auch Lager- und Transportkosten sowie Roh-, Hilfs- und Betriebsstoffe eingespart.

Um eine optimale Verwertung und Entsorgung der unvermeidbaren Reststoffe zu gewährleisten, ist eine Abfalltrennung in möglichst reine Fraktionen notwendig. Je nach Art der Reststoffe kann dann häufig eine Entsorgungsart gewählt werden, die erheblich kostengünstiger ist, als wenn die Abfälle unsortiert entsorgt werden. In einigen Fällen läßt sich durch den Verkauf von Reststoffen als Wertstoffe sogar ein Erlös erzielen.

5 Reduzierung der Kosten für Transport und Verkehr

Im Transport- und Verkehrsbereich muß zwischen Personen- und Gütertransport unterschieden werden. Zum Personentransport zählt die Fahrt der Mitarbeiter eines Unternehmens zum Arbeitsplatz und die betriebsbedingte Geschäftsreisetätigkeit. Der Gütertransport betrifft den Transport vom Lieferanten und zum Kunden sowie den Transport innerhalb des Unternehmens. Kosteneinsparungsmöglichkeiten durch aktiven Umweltschutz bestehen in allen genannten Bereichen.

Um den Mitarbeitern die Fahrt zum Arbeitsplatz mit dem Auto zu ermöglichen, müssen vom Unternehmen Parkmöglichkeiten vorgehalten werden. Die damit verbundenen Kosten für Grundstücke, Baumaßnahmen und Pflege können statt dessen zur Förderung des öffentlichen Personennahverkehrs (ÖPNV) eingesetzt werden, indem den Mitarbeitern Zuschüsse zu Monatskarten für den ÖPNV gezahlt werden. Das Unternehmen verzichtet dafür auf die Bereitstellung von Parkraum und nutzt die vorhandenen Grundstücke ertragreich durch Verpachtung, Vermietung oder Bebauung.

Die betriebsbedingte Geschäftsreisetätigkeit kann innerhalb Deutschlands häufiger als vermutet mit der Bahn erfolgen. Großkundenabonnements oder auch die Bahncard reduzieren den Einzelfahrpreis. Die Gesamtkosten für Geschäftsautos sind bei gelegentlichen Fahrten weitaus höher als die Kosten für Bahnfahrt incl. Taxi vom Bahnhof zum Ort eines Treffens. Im Vergleich zum Flugzeug fällt die Preisdifferenz und der Unterschied im Ausstoß von Emissionen noch drastischer aus. Der Zeitvorteil des Fluges wird durch den Weg zum und vom Flughafen und die üblichen Eincheck-Zeiten stark reduziert - die Bahnhöfe befinden sich in der Regel mitten im Stadtzentrum. Völlig unterschätzt wird meistens auch die Chance zum „produktiven Arbeiten“ in der Bahn, wie es im Flugzeug und insbesondere im PKW so nicht möglich ist.

Ein weiteres Hilfsmittel zur Kostenreduzierung ist eine umweltbewußte Standortwahl - sei es für das Unternehmen selbst oder aber für die Wahl des Ortes von Tagungen, Geschäftstreffen etc. - und eine optimierte Terminplanung. Damit kann die Reisetätigkeit insgesamt reduziert werden. Für die Zukunft wird große Hoffnung in die multimediale Vernetzung der Computer (Datenautobahn, Online-Konferenzen etc.) gesetzt, um z.B. durch Videokonferenzen die Reisetätigkeit zu vermindern.

Beim Gütertransport kann eine Verminderung der Transportkosten durch die standortnahe Wahl der Lieferanten oder kundennahe Distributionszentren erreicht werden. Wichtig ist, die Anzahl der Fahrten zu minimieren und dadurch Treibstoffe zu sparen sowie den Verschleiß der Fahrzeuge zu reduzieren. Werden große Warenmengen transportiert, kann die Wahl von umweltfreundlichen Transportmitteln wie Bahn oder Binnenschiff lukrativ werden.

Bei allen Verkehrsmittel sollte mindestens auf einen sparsamen Treibstoffverbrauch und geringen Schadstoffausstoß geachtet werden, denn damit werden auch die Treibstoffkosten und die schadstoffabhängigen Steuern reduziert.

6 Reduzierung des Verpackungsmaterials

Große Einsparmöglichkeiten bietet die umweltgerechte Wahl des Verpackungsmaterials. Transport-, Um- und Verkaufsverpackungen aller Art treiben sowohl die Herstellungs- als auch die Entsorgungskosten in die Höhe.

Wird das Verpackungsmaterial auf das unbedingt Notwendige reduziert, können Rohstoffe eingespart werden und damit die Ausgaben für Roh-, Hilfs- und Betriebsstoffe gesenkt werden. Gewichtsreduzierungen beim Verpackungsmaterial führen zu verminderten Transportkosten. Auch die Entsorgungskosten für gebrauchte Verpackungen werden ein zunehmender Kostenfaktor für die Unternehmen.

Der konsequente Einsatz von Mehrwegsystemen bei Verpackungen vermindert sowohl den Ressourcenverbrauch als auch die anfallende Reststoffmenge. Für den Transport müssen die Logistiksysteme auch für den Rücknahmeweg eingerichtet werden. Hier können durch eine möglichst große Standardisierung die erforderlichen Transportwege und damit die Transportkosten klein gehalten werden.

2 Auswertung der vorgestellten Umweltmaßnahmen

Mit den im nachfolgenden Kapitel vorgestellten Kostensenkungsbeispiele haben die Unternehmen zum größten Teil einen speziellen B.A.U.M.-Erhebungsbogen beantwortet und damit ihre internen Firmendaten veröffentlicht. Teilweise sind die Maßnahmen auch der aufgeführten Literatur entnommen. Die Zusammensetzung und Struktur der Unternehmen wird in Tab. 1 dargestellt und verdeutlicht einige wesentliche Gemeinsamkeiten bei den Unternehmen deutlich:

- Die Unternehmen beschäftigen sich in der Regel intensiv mit Umweltschutz und haben dies dokumentiert.
- Umweltschutz hat in den Unternehmen einen klaren und hohen Stellenwert.
- Der Umweltschutz ist fest in die Organisation eingebunden und es gibt eindeutige Zuständigkeiten und ständige Ansprechpartner.
- Die Umweltleitlinien und Umweltziele sind definiert.
- Mehr als die Hälfte der Unternehmen ist, zumindest an einigen Standorten, nach der EG-Öko-Audit-Verordnung oder ISO 14001 validiert bzw. zertifiziert oder beabsichtigt das in nächster Zukunft.

Gesamtzahl der Unternehmen	100
Umweltleitlinien bzw. Umweltgrundsätze vorgestellt	90
Umweltorganisation vorgestellt	91
Umweltprogramm vorgestellt	77
EG-Öko-Audit, ISO 14001 oder demnächst vorgesehen	56
Ökobilanz bzw. Stoffstrombilanz durchgeführt	35
B.A.U.M.-Mitgliedsunternehmen	57
B.A.U.M.-Erhebungsbogen beantwortet	71
Politische Ziele benannt	42
Großunternehmen (>500 Mitarbeiter)	63
Kleine und Mittlere Unternehmen (<500 Mitarbeiter)	37

Tab. 1: Die vorgestellten Unternehmen

Da alle aufgeführten Unternehmen durch ihre Umweltschutzmaßnahmen Kostensenkungen erreicht oder zumindest Kostensenkungspotentiale aufgedeckt haben, die sie in nächster Zukunft umsetzen wollen, bestätigt sich die These, daß eine konsequente und aktive Umweltschutzpolitik auch wirtschaftlich zum Erfolg führt. Ferner zeigt sich, daß dies unabhängig von der Größe oder Branche des Unternehmens gilt. Wie im vorhergehenden Kapitel diskutiert wurde, darf allerdings der monetäre Wert der Einsparung kein Maß für die Qualität der vorgestellten Maßnahmen sein, zumal sich auch die erforderlichen Investitionen nicht immer endgültig beziffern lassen. Deshalb sind die Zahlen als Anhaltspunkte zu begreifen. Sie sollen motivieren, diese Beispiele nachzuahmen und damit möglicherweise noch bessere Wirkungen in ökologischer und ökonomischer Hinsicht zu erzielen.

Alle in den Abschnitten 1 bis 6 vorgestellten Ansatzpunkte wurden von den aufgeführten Unternehmen realisiert. Bei nahezu allen Firmen ergaben sich Einsparungen bei den Wasser-, Energie- und Entsorgungskosten. Dies läßt darauf schließen, daß schon bei diesen naheliegenden, leicht bezifferbaren Kosten erhebliche Einsparpotentiale vorliegen, die von jedem Unternehmen genutzt werden könnten, um die Belastung der Umwelt insgesamt zu verringern.

Als die am häufigsten durchgeführten Maßnahmen mit dem größten Kostensenkungseffekt haben sich erwiesen:

1. Im Bereich der Roh-, Hilfs- und Betriebsstoffe:

- Die Rückgewinnung von Produktionsresten oder die Rücknahme gebrauchter Produkte und die daraus folgende direkte Verwertung der Altmaterialien in neuen Produkten.
- Die ökologische Optimierung der Produkte und die Umstellung von Produktionsverfahren im Hinblick auf weniger Materialeinsatz, speziell auch umweltgefährlicher Materialien.

2. Im Bereich Wasser/Abwasser:

- Die Einrichtung von Wasserkreisläufen, meist in Verbindung mit Reinigungsstufen, die den mehrmaligen Durchlauf von Prozeßwasser durch den Produktionsprozeß erlaubt.
- Der Ersatz von wasserintensiven Verfahren durch neue Technologien, die nur einen geringen Wassereinsatz erfordern oder ganz auf Wasser verzichten.

3. Im Energiebereich:

- Die Nutzung von Kraft-Wärme-Kopplung bei Unternehmen, die einen hohen Strom- und Prozeßwärmebedarf haben.
- Energiemanagement, d.h. die Erfassung möglichst aller Energieströme und darauf aufbauende Einzellösungen.
- Die Nutzung der Abwärme von Maschinen, Kühlwasser etc. zur Raumheizung oder Vorheizung von Prozessen.
- Die möglichst bedarfsgenaue Steuerung von Maschinen, Heizung, Beleuchtung, Klimaanlagen. Sie vermeidet Leerlaufzeiten und spart Energie.

4. Im Entsorgungsbereich:

- Abfalltrennung, d.h. Entwicklung eines umfassenden Trennkonzepts, am besten mit Farbcodierung, um Wert- und Reststoffe während des gesamten Durchlaufs durch das Unternehmen getrennt zu halten und eine getrennte Entsorgung zu ermöglichen.
- Die Rückführung von sortenrein getrennten Reststoffen in den Produktionsprozeß. Damit entfallen Entsorgungsgebühren und gleichzeitig werden die Beschaffungskosten für Roh-, Hilfs- und Betriebsstoffe verringert.

5. Im Verkehrsbereich:

- Die Optimierung der Transportlogistik zur optimalen Auslastung der Verkehrsmittel und zur Vermeidung von überflüssigen Standzeiten und Leerfahrten.

6. Im Bereich der Verpackungen:

- Der Einsatz von Mehrwegverpackungen aller Art, z.B. Wiederverwendung gebrauchter Kartons und Entwicklung und Benutzung von Kunststoff-Mehrwegbehältern.
- Reduzierung des Verpackungsmaterials durch weniger Verpackung, andere Verpackung und Änderung der Gebindegrößen, sowie Umstellung von kostenintensiven und umweltschädlichen Materialien auf umweltfreundlicheres Material.

Eine exakte Reihenfolge und „Hitliste" ist schwer festzulegen, da die individuellen Voraussetzungen der Unternehmen zu unterschiedlich sind.

3 Vorrangig gewünschte politische Maßnahmen zur Verbesserung des Umweltschutzes

Zur Verwirklichung eines ökologisch und ökonomisch erfolgreichen Umweltschutzes, sind die Unternehmen darauf angewiesen, daß die Politik dafür geeignete Rahmenbedingungen schafft. Um eine Antwort darauf zu geben, wie diese Rahmenbedingungen aussehen könnten und welche politischen Ziele und Maßnahmen die Unternehmen für notwendig halten, um eine Verbesserung des Umweltschutzes zu erreichen, wurde den an dieser Publikation beteiligten Unternehmen bzw. den genannten Ansprechpartnern die Frage gestellt:

> „Wenn Sie Umweltminister/in wären: Was wären für Sie die 3 - 5 wichtigsten Ziele/Maßnahmen?"

Die individuellen Antworten sind jeweils bei den Firmenbeiträgen abgedruckt. Um jedoch einen Überblick zu geben, sollen hier die häufigsten Antworten zusammengefaßt wiedergegeben werden:

- Es sollte eine Ökologische Steuerreform oder einzelne ökologisch motivierte Steuern (z.B. CO_2-Steuer) eingeführt werden. Zumindest sollten steuerliche oder andere finanzielle Anreize zur Förderung von Umweltschutzmaßnahmen in Unternehmen geschaffen werden, damit noch mehr Unternehmen aber auch private Haushalt zum Umweltschutz motiviert werden.
- Die Vielzahl der Gesetze, Verordnungen und Bestimmungen sollte in einem einheitlichen Umweltrecht auf Bundes-, Länder- und Kommunaler Ebene zusammengefaßt werden. Dies betrifft auch eine Harmonisierung der Gesetzgebung auf europäischer und internationaler Ebene. In diesem Zusammenhang wird auch die Aktualisierung und Vereinfachung der Umweltgesetzgebung gefordert, die grundsätzlich zu weniger Bürokratie und Verwaltung bei der Umsetzung der gesetzlichen Umweltschutzbestimmungen führen sollte. Bestehende Gesetze müßten jedoch konsequent angewandt und durchgesetzt werden.

- Für Unternehmen, die aktiv und nachweislich Umweltschutz betreiben oder sich freiwillig am Öko-Audit beteiligen, wird eine Deregulierung gewünscht, die Vereinfachungen bei Genehmigungsverfahren und Erleichterungen bei gesetzlichen Auflagen beinhaltet.

- Es sollte ein nationaler und internationaler Konsens geschaffen werden, um sich zunächst über die wichtigsten Umweltziele zu einigen und dann konkrete Maßnahmen zur Erreichung dieser Ziele zu vereinbaren. Dazu gehört die rasche und zielstrebige Durchführung der Maßnahmen und die verbindliche Festlegung dieser Ziele, damit sich die Unternehmen daran orientieren und halten können.

- Von staatlicher Seite sollten alle Möglichkeiten zur Energieeinsparung gesucht und ausgeschöpft werden sowie die Erforschung und Anwendung alternativer Energien, also Windkraft, Sonnenenergie, Energie aus nachwachsenden Rohstoffen, usw., stärker gefördert werden. Damit einher geht die Forderung nach einer Verminderung der CO_2-Emissionen, die ein vordringliches Ziel der Umweltpolitik sein sollte.

- Bei der Bevölkerung und bei der Wirtschaft sollte ein breiteres Umweltbewußtsein geweckt werden, damit Unternehmen, die sich umweltbewußt verhalten, einen Marktvorteil erzielen und auf diese Weise mehr Unternehmen vom Nutzen einer aktiven Umweltpolitik überzeugt werden. Dazu soll auch die Bedeutung der EG-Öko-Audit-Verordnung besser kommuniziert werden, um so den Verbrauchern Hilfen bei der umweltbewußten Kaufentscheidung zu geben.

- Zur Verbesserung des Umweltschutzes sollte mehr auf marktwirtschaftliche Elemente statt auf Gesetze, Verordnungen und Abgaben gesetzt werden.

IV. Firmenbeispiele

In den folgenden Firmenportraits werden ökologisch und ökonomisch erfolgreiche Umweltschutzmaßnahmen aus rund einhundert Unternehmen vorgestellt. Dazu wird in den Rubriken

- Umweltleitlinien
- Umweltpolitik
- Umweltorganisation
- Ökobilanz

ein Überblick über das Umweltmanagementsystem der Unternehmen gegeben, der verdeutlicht, daß neben einzelnen Maßnahmen ein Gesamtkonzept für den Erfolg des betrieblichen Umweltschutzes notwendig ist. In der Rubrik

- Gewünschte politische Maßnahmen

werden die Antworten auf die, im B.A.U.M.-Erhebungsbogen gestellte, Frage

> „Wenn Sie Umweltminister/in wären: Was wären für Sie die 3 - 5 wichtigsten Ziele/Maßnahmen?"

wiedergegeben. Sie sollen den politisch Verantwortlichen Hinweise geben, welche politischen Umweltziele und -maßnahmen nach Meinung der Unternehmen bzw. der Umweltverantwortlichen als vordringlich angesehen werden und wo Handlungsbedarf besteht.

Um zu demonstrieren, daß in jedem Unternehmen durch aktiven Umweltschutz Kostensenkungspotentiale identifiziert und realisiert werden können, wurden Unternehmen aus verschiedenen Branchen und mit unterschiedlicher Größe ausgewählt. Der Leser sollte sich allerdings darüber im Klaren sein, daß die aufgeführten Maßnahmen eine Auswahl darstellen, die Beispielcharakter hat und andere Unternehmen zu aktivem Umweltschutz animieren soll. Eine vollständige Vorstellung der gesamten Umweltaktivitäten würde bei vielen Unternehmen den von uns gesteckten Rahmen weit übertreffen.

Diese Auswahl betrifft auch die vorgestellten Zahlen zu Kostensenkung und Investitionen. Hier ist zu beachten, daß Umweltschutzmaßnahmen aufgeführt sind, die zumindest in Teilbereichen nachweisbar und/oder kurzfristig zur Kostensenkung beigetragen haben. Bei einer Vielzahl von Umweltaktivitäten sind jedoch die erforderlichen betriebswirtschaftlichen Faktoren schwer ermittelbar, oder ein wirtschaftlicher Erfolg tritt erst mittel- oder langfristig ein, so daß die Darstellung einer betriebswirtschaftlichen Gesamtbilanz in vielen Fällen nicht möglich ist. Die Schwierigkeiten für eine exakte und vollständige Umweltkostenrechnung wurden in den vorangehenden Kapiteln bereits angedeutet und werden in der Literatur ausführlich diskutiert. Wir bitten auch um Verständnis, daß einige Unternehmen mit der Veröffentlichung von Zahlen sehr vorsichtig sind und/oder daß wegen einer schwierigen genauen Erfassung manchmal nur Schätzungen vorliegen. In diesen Fällen wurde lediglich der Hinweis gegeben, daß mit der vorgestellten Maßnahme Kosteneinsparungen verbunden sind. Für detaillierte Informationen bitten wir den interessierten Leser, sich mit den jeweils aufgeführten Ansprechpartnern der Unternehmen in Verbindung zu setzen.

Büroausstattung

Assmann Büromöbel GmbH & Co.

CEKA Büromöbelwerke
C. Krause & Sohn GmbH & Co. KG

Grammer AG / Grammer Bürostühle GmbH

Herlitz AG (Holding)

Louis Leitz International GmbH & Co.

LEUWICO GmbH

NRG Office System GmbH

Sedus Stoll AG

Wilkhahn, Wilkening + Hahne GmbH+Co

1 Assmann Büromöbel GmbH & Co.

ASSMANN® BÜROMÖBEL

Firma:	ASSMANN BÜROMÖBEL GMBH & CO.
Anschrift:	Heinrich-Assmann-Straße 11 49324 Melle
Ansprechpartner:	Herr Dipl.-Ing. Andreas Fipp
Telefon:	(05422) 706 - 0
Telefax:	(05422) 706 - 299
Branche:	Möbelindustrie
Produktpalette:	Schreibtische, Aktenschränke, Schrankwände, Trennwände
Beschäftigtenzahl:	335 Mitarbeiter
Literatur:	B.A.U.M.-Erhebungsbogen Umwelterklärung 1996

Die Assmann Büromöbel GmbH & Co. möchte ein ökonomisch zu verantwortendes, umweltbewußtes Wirtschaften systematisch zur Sicherung des Unternehmenserfolges einsetzen. Das B.A.U.M.-Mitgliedsunternehmen ist seit Februar 1996 nach der EG-Öko-Audit-Verordnung validiert.

1 Umweltleitlinien

Die 10 Gebote von Assmann zum Umweltschutz lauten:

1. ASSMANN will die Vorreiterschaft durch die Einhaltung der umweltrelevanten Rechtsvorschriften und durch den kontinuierlichen Verbesserungsprozeß im Bereich Umweltschutz.
2. ASSMANN will den Umweltschutz als festen Bestandteil des Corporate-Images in Verbindung mit einer glaubhaften Kommunikation nach innen und außen.
3. ASSMANN will Produkte für den Menschen und die Umwelt entwickeln. Umweltschutz spielt neben Qualität, Funktionalität, Sicherheit, Ergonomie und wirtschaftlichen Herstellungskosten eine wichtige Rolle.
4. ASSMANN setzt auf Produktionsprozesse und -verfahren, die der Umwelt möglichst wenig schaden, und will ein gut organisiertes, funktionierendes Unternehmen sein, mit dem sich der Mitarbeiter identifizieren kann.

5. ASSMANN will auf Zulieferer vertrauen können, die ihre Produkte und Produktionsprozesse ebenfalls umweltfreundlich gestalten.
6. ASSMANN will die natürlichen Ressourcen schonen und die Energie in allen Bereichen effizient einsetzen.
7. ASSMANN will Umweltmaßnahmen in alle betrieblichen Abläufe integrieren und mit dem Qualitätsmanagement eng verzahnen.
8. ASSMANN will alle Produkte und Produktionsrückstände umweltgerecht im Sinne einer Kreislaufwirtschaft verwerten und entsorgen.
9. ASSMANN will ökologische Büros in partnerschaftlicher Kooperation mit dem Fachhandel zum Wohle des Endkunden gestalten.
10. ASSMANN setzt ein Umweltmanagementsystem ein, das der internen und externen Überwachung unterliegt, um die Einhaltung der Unternehmensgrundsätze und der umweltrelevanten Rechtsvorschriften dauerhaft zu gewährleisten.

2 Organisation des Umweltschutzes

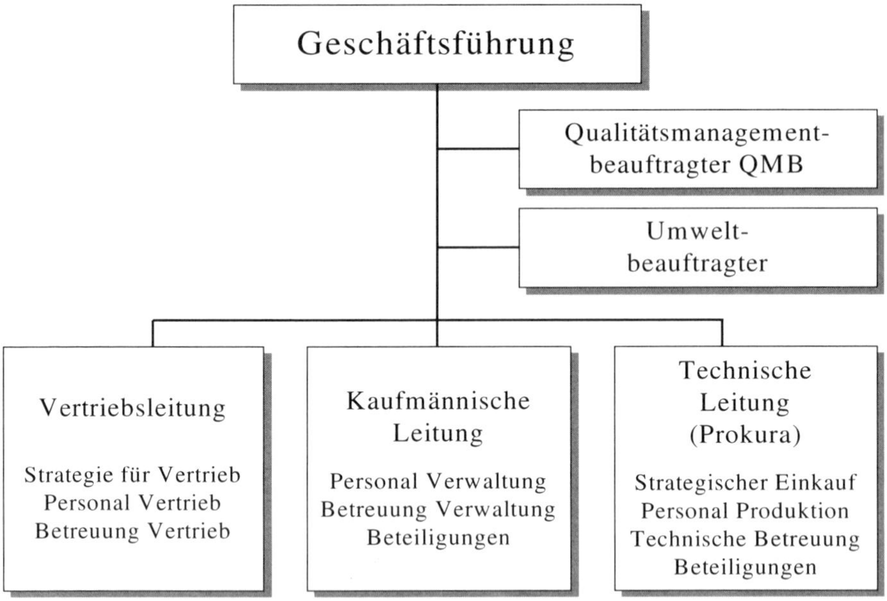

Abb. 2: Die Organisation des Umweltschutzes bei Assmann

Bei Assmann ist der Umweltbeauftragte als Stabsstelle direkt der Geschäftsführung unterstellt (siehe Abb. 2). Er ist gleichzeitig Abfall- und Immissionsschutzbeauftragter und Assistent der technischen Leitung. Zur Diskussion von umweltrelevanten Angelegenheiten dienen mehrere Unterarbeitskreise, die aus Vertretern aller Bereiche zusammengesetzt sind.

3 Umweltprogramm

Im Umweltprogramm von Assmann werden die Umweltziele und die Maßnahmen, die zur Durchführung dieser Ziele nötig sind, dargestellt. Die wichtigsten Umweltaktivitäten sind zur Zeit:

1. Die Entwicklung von ökologischen Produkten: ressourcenschonend, modular erweiterbar, wiederverwertbar ...
2. Die Entwicklung eines Rücknahmesystems für Altmöbel
3. Die weitere Senkung des Abfallaufkommens
4. Die Entwicklung eines ökologischen Steckbriefs für alle Assmann-Produkte
5. Die weitere Optimierung des Energieverbrauchs

4 Kostensenkende Umweltschutzmaßnahmen

Mit Hilfe der hier aufgeführten Umweltmaßnahmen spart Assmann Kosten in Höhe von ca. 33.000 DM pro Jahr.

Reduzierung der Wasser- und Abwasserkosten

Der Einsatz von Perlatoren an den Wasserhähnen, automatisch gesteuerten Wasserspülungen auf den Toiletten und Kreislaufsystemen in den Sprinkleranlagen reduzierte den Wasserverbrauch. Die Einsparungen an Wassergebühren betragen ca. 1.100 DM pro Jahr. Die erforderliche Investitionssumme betrug 1.000 DM.

Reduzierung der Energiekosten

Durch die Installation von automatischen Lichtabschaltungen in der Produktion, intelligenten Steuerungen der Absauganlagen und automatischen Maschinenabschaltungen konnte der Stromverbrauch erheblich reduziert werden (siehe Tab. 2).

Maßnahme:	Investitionssumme	Kostensenkung
Lichtabschaltung:	6.000 DM	8.500 DM pro Jahr
Steuerung der Absauganlagen:	8.000 DM	5.000 DM pro Jahr
automatisierte Abschaltung einzelner Maschinen:	2.000 DM	bisher nicht bekannt

Tab. 2: Maßnahmen zur Senkung des Energieverbrauchs bei Assmann

Reduzierung der Entsorgungskosten

Die monatliche Kontrolle der Ölabscheider und die manuelle Abschöpfung des Öls mit Hilfe eines Ölbindemittels reduzierte die Menge an Sonderabfall um 75 %, da vorher der gesamte Inhalt des Ölabscheiders entleert und entsorgt wurde.

Die Einsparungen bei den Entsorgungskosten betragen ca. 19.000 DM pro Jahr. Die Kosten für die Kontrolle und manuelle Reinigung liegen bei etwa 500 DM pro Jahr, die Investitionssumme betrug 2.000 DM.

2 CEKA-Büromöbelwerke C. Krause & Sohn GmbH & Co. KG

CEKA
Die Büro-Einrichtung

Firma:	CEKA-Büromöbelwerke C. Krause & Sohn GmbH & Co. KG
Anschrift:	Erich-Krause-Straße 1 36304 Alsfeld
Ansprechpartner:	Herr Heinz P. Probst
Telefon:	(06631) 186 - 165
Telefax:	(06631) 72 881
Branche:	Möbelindustrie
Produktpalette:	Bürotische, Büroschränke, Arbeitsplatzsysteme
Beschäftigtenzahl:	360 Mitarbeiter
Literatur:	B.A.U.M.-Erhebungsbogen Umwelterklärung 1995

„Eingesetzte Technik und Materialien dürfen Menschen und Umwelt nicht gefährden. Es ist selbstverständlich, daß CEKA umweltbewußt handelt und mehr tut, als gesetzlich vorgeschrieben. Wir verpflichten uns zu verantwortungsbewußtem Handeln gegenüber unserer Gesellschaft, der Umwelt und unserer Region."

Dieser Unternehmensgrundsatz bestimmt seit 1988 das Denken und Handeln der CEKA Büromöbelwerke C. Krause & Sohn GmbH & Co. KG. Die Umweltpolitik des B.A.U.M.-Mitgliedsunternehmens wurde 1994 mit dem ASU-Umweltpreis ausgezeichnet. Auch 1996/97 wurde dem Unternehmen die Auszeichnung für umweltbewußte Unternehmensführung zuerkannt. Nachdem das Unternehmen sein nach ISO 9001 zertifiziertes Qualitätsmanagement bereits 1993 um den Bereich Umweltschutz erweitert hatte und das Umweltmanagement 1994 vorläufig zertifiziert wurde, konnte im Dezember 1995 die Validierung nach der EG-Öko-Audit-Verordnung erfolgen.

1 Umweltleitlinien

Die CEKA Büromöbelwerke haben 15 Leitlinien zum Umweltschutz aufgestellt:

1. Umweltschutz bedeutet für CEKA, durch vorsorgende Technologien, Abfallvermeidung und konsequente Verfolgung des Prinzips der Kreislaufwirtschaft mögliche Umweltbelastung zu minimieren!
2. Als einer der führenden deutschen Büromöbelhersteller übernehmen wir die Verantwortung für unsere Produkte, vom Design über die Produktion bis zur Anwendung und Entsorgung!
3. Umweltorientierte Unternehmensführung und ökologisch ausgerichtete Produktionsformen brauchen ständige Aufklärung von Mitarbeitern, Öffentlichkeit, Kunden, Lieferanten und Behörden. Das wird durch unsere Öffentlichkeitsarbeit erreicht.
4. Design und Konstruktion richten sich nach dem Menschen und seiner Natur! Die Umweltauswirkungen werden im voraus bei der Entwicklung von neuen Verfahren und Produkten beurteilt.
5. Die Konstruktion eines Büromöbels wird von technischen, organisatorischen, wirtschaftlichen und ökologischen Gesichtspunkten bestimmt!
6. Die Materialien werden unter Berücksichtigung von ökologischen, ökonomischen, gestalterischen und verarbeitungstechnischen Aspekten ausgewählt!
7. Unser Ziel, ab dem Zulieferer, ist das Vermeiden von Umweltbelastungen in jeder Herstellungsphase, auch bei Störungen im betrieblichen Ablauf. Um die Auswirkungen auf die Umwelt gering zu halten, wird eine Zusammenarbeit mit den entsprechenden Behörden gepflegt.
8. Planung von Umweltschutzbelangen hat Priorität vor der eventuellen Nachsorge! Die Umsetzung der Umweltpolitik wird regelmäßig kontrolliert. Abweichungen werden durch Korrekturmaßnahmen ins Umweltmanagementsystem eingebracht.
9. Verpackungsvermeidung und Mehrwegverpackungen haben absoluten Vorrang!
10. Hohe Qualität ist Umweltschutz! Ressourcenschonung (Energie, Rohstoffe, Wasser, Boden etc.) ist integrierter Bestandteil des Umweltmanagementsystems.
11. Alle CEKA Büromöbelsysteme lassen sich ganzheitlich einplanen und fördern durch die Erfüllung ergonomischer Ansprüche die Leistung!
12. Erst wenn die Kunden mit ihrer neuen Umwelt zufrieden sind, ist es CEKA auch!
13. Je höher die Qualität, desto weniger Entsorgungsprobleme sind zu erwarten!
14. Leichte Zerlegbarkeit und die sortenreine wirtschaftliche Verwertung von wertvollen Rohstoffen bestimmen das CEKA Produktkonzept!
15. Wir wollen erreichen, daß die CEKA Büromöbel auch nach dem Gebrauch einer sinnvollen Verwendung zugeführt werden.

2 Organisation des Umweltschutzes

Die Festlegung und Prüfung der Umweltpolitik der CEKA Büromöbelwerke erfolgt auf höchster Managementebene. Verantwortlich für die Aufrechterhaltung und Durchführung ist der Umweltmanagementbeauftragte, der vom Umweltschutzbeauftragten unterstützt wird. Die Durchsetzung der Umweltziele obliegt der gesamten Leitungsebene und ist in einer Verantwortlichkeitsmatrix im Umwelthandbuch festgelegt.

3 Umweltprogramm

Die konkreten Umweltziele, die erforderlichen Maßnahmen, der vorgesehene Endtermin und die Verantwortlichkeiten sind in der Umwelterklärung sowie im Umwelthandbuch der CEKA Büromöbelwerke genau festgelegt. Die wichtigsten Ziele sind:

- vollständiger Ausstieg aus PVC
- weitere Reduzierung der Formaldehydwerte in Spanplatten
- Reduzierung des Stoffverbrauchs durch exaktere Erfassung der Stoffströme umweltrelevanter Materialien
- Untersuchung zur Umweltrelevanz der statistisch repräsentativen Möbelsysteme durch betriebsinterne Ökobilanzen

4 Kostensenkende Umweltschutzmaßnahmen

Die CEKA Büromöbelwerke haben durch die hier dargestellten Umweltmaßnahmen insgesamt ca. 666.000 DM pro Jahr an Kosten eingespart.

Einsparung von Roh-, Hilfs- und Betriebsstoffen

Lösungsmittelhaltige Lackierfarben wurden durch Pulverlacke bzw. durch UV-Licht härtende Lacke ersetzt. Die Abluft wird dadurch nicht mehr belastet. Die nötigen Investitionen haben sich innerhalb von zwei Jahren amortisiert.

Reduzierung der Wasser- und Abwasserkosten

Eine verbesserte Aufbereitung der Prozeßwässer ermöglicht es, den Abwasserstrom aus der Produktion nahezu vollständig stillzulegen. Wurden früher die Abwässer nach drei Tagen gereinigt abgeleitet, so kann das Prozeßwasser jetzt ein halbes Jahr in einem Kreislauf genutzt werden. Durch die Einsparung von 750 m^3 Trinkwasser und die geringe Abwassermenge entstehen geringere Bezugskosten, Abwassergebühren und ein Wegfall des Starkverschmutzerzuschlags, so daß insgesamt eine Kostensenkung von 36.000 DM pro Jahr erreicht wurde. Die nötige Investitionssumme betrug 25.000 DM.

Reduzierung der Energiekosten

Die Raumheizung wurde von einer Erdgasheizung auf die Verbrennung von Holzresten und abgesaugten Holzspänen aus der Produktion umgestellt. Neben der geringeren Abfallmenge, einem günstigen CO_2-Wert aus der Verbrennung von Holz und der Schonung von fossilen Brennstoffen bewirkt die Umstellung eine Ersparnis von 180.000 DM pro Jahr. Es war eine Investition von 1,2 Mio. DM erforderlich.

Reduzierung der Entsorgungskosten

Die Einführung eines eigenen Recyclingkonzepts für Büromöbel führt zu einer Müllvermeidung und damit zu einer Kostensenkung in Höhe von ca. 300.000 DM pro Jahr. Die gebrauchten Büromöbel werden bei der Auslieferung von Neumöbeln zurückgenommen und anschließend in einer Behindertenwerkstatt vor Ort zerlegt, sortenrein getrennt und einer Wiederverwertung zugeführt.

Reduzierung der Kosten für Transport und Verkehr

Die Tourenplanung der 26 eigenen LKW wird mit einem EDV-gestützten Logistiksystem durchgeführt. Dabei sind neben den kürzesten Wegen und einem optimalen Zeitablauf auch geringe Standzeiten im Stau zu berücksichtigen. Durch die Kraftstoffeinsparung und die geringeren Standzeiten spart das Unternehmen ca. 150.000 DM pro Jahr.

5 Gewünschte politische Maßnahmen

Die wichtigsten politischen Maßnahmen und Ziele, die das Unternehmen für die weitere Verbesserung des Umweltschutzes für notwendig hält, sind:

- Ein Umdenken in den Köpfen der Wirtschaft zu erreichen.
- Das Klarmachen der Tatsache, daß Ökonomie und Ökologie keine Gegensätze sind.
- Eine Änderung der Begrifflichkeiten, denn es geht nicht um die Welt, „um uns", („Umwelt"), sondern die gesamte Welt, in der wir leben.
- Die Vereinbarung konkreter, machbarer Umweltziele und deren Durchführung mit marktwirtschaftlichen Mitteln.

3 Grammer AG/Grammer Bürostühle GmbH

Firma:	Grammer AG/Grammer Bürostühle GmbH
Anschrift:	Wernher-von-Braun-Straße 6 92224 Amberg
Ansprechpartner:	Herr H. Stahl
Telefon:	(09621) 880 - 314
Telefax:	(09621) 880 - 215
Branche:	Möbelindustrie
Produktpalette:	Bürostühle, PKW-Innenausstattung, PU-Schaumpolster
Beschäftigtenzahl:	ca. 400 Mitarbeiter
Literatur:	B.A.U.M.-Erhebungsbogen Umwelterklärung 1996 Presseveröffentlichungen

> „Um die globale Umweltbedrohung zu meistern, müssen die Hersteller umdenken. "Der Einklang von Ökonomie und Ökologie ist das Ziel", sagt Martin Grammer, Geschäftsführer der Grammer Bürostühle GmbH. In Zukunft wird Umweltverträglichkeit immer stärker über den ökonomischen Erfolg entscheiden."

Umweltschutz hat für die Grammer AG/Grammer Bürostühle GmbH einen hohen Stellenwert. Die ständige Verbesserung des Umweltschutzes ist das Kernziel der Umweltpolitik des B.A.U.M.-Mitgliedsunternehmens. Im Leitbild ist gleichrangig neben anderen Zielen niedergelegt, daß das Unternehmen ganzheitlich umweltbewußt plant und handelt. Bei allen betrieblichen Entscheidungen berücksichtigt Grammer die möglichen Auswirkungen seiner Unternehmenstätigkeit auf Mensch und Natur im voraus entsprechend nachfolgender Umweltleitlinien. Folgerichtig stehen bei Grammer die Produkte auf dem „ökologischen Prüfstand". Neben der Einführung eines Recyclingkreislaufes gewinnt ein langer Produktlebenszyklus immer mehr an Bedeutung, bei dem Design und Konstruktion des Produktes hohe Qualitätsansprüche erfüllen.

Grammer hat sein Umweltmanagementsystem öffentlich dokumentiert und ist seit Mai 1996 nach der EG-Öko-Audit-Verordnung validiert.

1 Umweltleitlinien

Die Umweltleitlinien von Grammer lauten:

1. Wir stellen unsere Produkte mit minimaler Umweltbelastung her: Wir entwickeln, produzieren und vertreiben Sitze, Bürostühle, Sitzsysteme und Fahrzeug-Innenausstattungen so, daß eine gefahrlose und umweltschonende Fertigung gewährleistet sowie eine sichere Anwendung und Entsorgung unserer Produkte gegeben ist. Bei allen unseren Produktionsprozessen streben wir in Abhängigkeit von den Kundenanforderungen ein Minimum an Energie- und Ressourceneinsatz an. Unser Ziel ist die Vermeidung, mindestens jedoch die ständige Reduzierung von Emissionen und Abfällen in allen Produktionsprozessen. Soweit möglich und sinnvoll führen wir nicht vermeidbare Produktionsabfälle vorrangig einer Weiter- bzw. Wiederverwendung zu, ansonsten werden sie verantwortungsbewußt entsorgt.
2. Wir streben den Einsatz der besten verfügbaren Technik an: Sowohl aus ökonomischer als auch aus ökologischer Sicht sind wir bestrebt, die jeweils beste verfügbare Technik für unsere Produktionsprozesse einzusetzen, soweit eine ausreichende Wirtschaftlichkeit gewährleistet ist.
3. Zur Realisierung eines Stoffkreislaufes streben wir das Produktrecycling an: Unsere Produkte entwickeln und fertigen wir ganzheitlich umweltbewußt mit dem Ziel eines vollständigen Materialrecyclings nach dem Ende ihrer Lebensdauer. Wir streben eine Rücknahme- und Recycling-Garantie für alle Grammer-Produkte an.
4. Wir setzen uns für eine umweltgerechte Beschaffung und Logistik ein: Im Sinne eines integrierten Umweltschutzes beschaffen wir unsere Roh-, Hilfs- und Betriebsstoffe soweit möglich nach ökologischen Kriterien. Durch ständige Verbesserung unserer Beschaffungs- und Auslieferungslogistik sowie Optimierung des innerbetrieblichen Materialflusses reduzieren wir die daraus resultierenden Umweltbelastungen kontinuierlich. Daher entscheiden wir uns auch für die Auswahl möglichst werksnaher Lieferanten.
5. Wir fördern den Umweltstandard unserer Partner und Lieferanten: Diese Umweltpolitik ist weltweiter Maßstab unseres Handelns mit Partnern und Lieferanten. Durch geeignete Maßnahmen wirken wir daraufhin, daß sich unsere Geschäftspartner an unseren Umweltnormen orientieren und ebenfalls regelmäßig öffentliche Umwelterklärungen erstellen.
6. Unsere Mitarbeiter setzen die Umweltpolitik verantwortungsbewußt um: Zur Erreichung unserer Ziele fördern, schulen und motivieren wir unsere Mitarbeiter durch gezielte Aus- und Weiterbildung so, daß sie ihre Tätigkeit verantwortungsbewußt im Sinne unserer Umweltzielsetzungen sowie dieser Umweltpolitik ausüben können.
7. Eine offensive Umweltkommunikation trägt unsere Ziele nach außen und regt zur Nachahmung an: Wir informieren unsere Mitarbeiter und die Öffentlichkeit über den Stand unseres Umweltschutzes in regelmäßigen Abständen. Ziel ist eine offene und ehrliche Umweltkommunikation sowie ein kooperativer Umgang mit Behörden und der Öffentlichkeit.
8. Regelmäßige Umweltbetriebsprüfungen sichern eine kontinuierliche Verbesserung unserer Umweltaktivitäten: Die Ziele und der Erfolg unserer Umweltaktivitäten einschließlich der Einhaltung der relevanten Umweltgesetze werden sowohl

intern, als auch extern regelmäßig überprüft und beurteilt. Unseren Mitarbeiter, den Behörden sowie der Öffentlichkeit stellen wir die entsprechenden Ergebnisse regelmäßig in einer öffentlichen Umwelterklärung (bzw. in geeigneter Form) zur Verfügung.

2 Organisation des Umweltschutzes

Der Umweltschutz ist bei Grammer sowohl in der Geschäftsführung und zentral mit der Position des Umweltschutzbeauftragten, als auch fach- und bereichsbezogen mit den Betriebsbeauftragten und den Umweltbeauftragten für die Geschäftsbereiche verankert. Als steuernde und beratende Organe dienen der Umweltsteuerkreis, der Umweltausschuß sowie spezifisch eingerichtete Projektgruppen, die sich mit aktuellen Aufgaben des Umweltschutzes befassen. Nach Bedarf werden interne und externe Berater hinzugezogen (siehe Abb. 3).

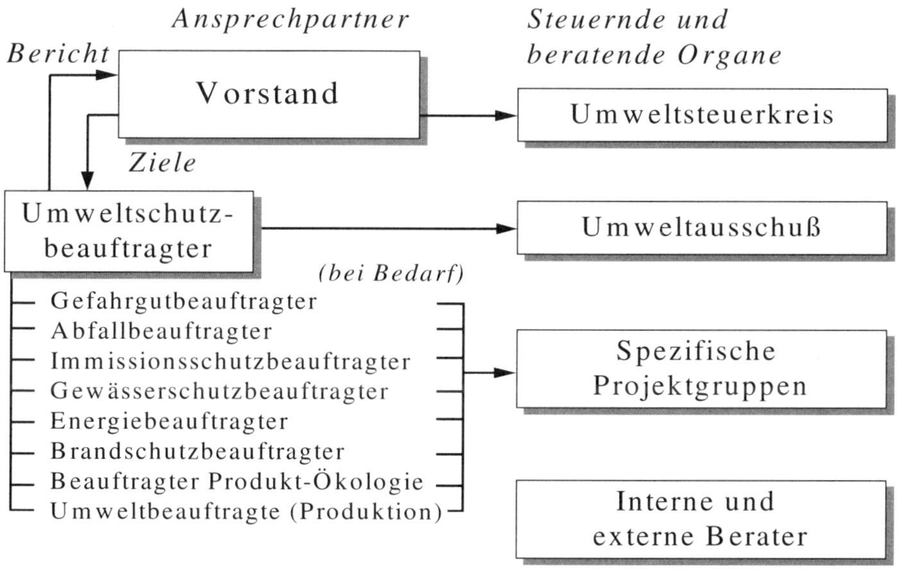

Abb. 3: Die Umweltorganisation von Grammer, Werk Immenstetten

3 Umweltprogramm

Konkrete Umweltziele und die dazu notwendigen Maßnahmen sind in der Umwelterklärung von Grammer veröffentlicht.

4 Ökobilanz

Für die Stuhlkollektion „Natura“ wurde von Grammer in Kooperation mit B.A.U.M. eine Produkt-Ökobilanz erstellt, in der von der Herkunft, den Herstellungsprozessen, dem Gebrauch bis zur Wiederverwertung alle Lebenszyklen nach ökologischen Gesichtspunkten erfaßt und bewertet wurden.

5 Kostensenkende Umweltschutzmaßnahmen

Grammer erzielt mit der Entwicklung konsequent ökologischer Produkte und der Durchführung ökologischer Schwachstellenanalysen im Zuge der Einführung des Umweltmanagementsystems nach der EG-Öko-Audit-Verordnung Kosteneinsparungen u.a. bei der Beschaffung von Roh-, Hilfs- und Betriebsstoffen, beim Stromverbrauch und bei der Entsorgung.

Einsparung von Roh-, Hilfs- und Betriebsstoffen

Für die neue Kollektion „Natura" garantiert Grammer nicht nur die Rücknahme, sondern auch das Recycling. Nach einfacher sortenreiner Zerlegung dieser Sitzmöbel aufgrund von Schraub- und Steckverbindungen werden deren Teile bis zu 90 % wiederverwendet und deren Materialien bis zu 90 % wiederverwertet. Dabei dienen als Ausgangsstoffe nur wenige Materialien: Holz/Zellstoff, Stahl, Aluminium, Polypropylen, FCKW-freier PU-Schaum oder Latex-Kokosfaser und Stoff oder Leder. Die Chassis der Kollektion ist zu 100 % wiederverwertbar. Das Polster besteht aus einem Geflecht aus Kokosfaser und Latexmilch (Gummihaar), das sowohl wiederverwendbar als auch anschließend kompostierbar ist. Das verwendete Leder wird auf natürliche Weise gegerbt und gefärbt und kann deshalb auf dem Kompost entsorgt werden. Alle Holzteile sind nur mit Leinöl lasiert. Als Mechanikabdeckung unter dem Sitz wird ein aus Altpapier gepreßter Zellstoff verwendet. Die Fußkreuze aus 75-prozentigem Alt-Aluminium ergeben wieder neue Fußkreuze, und die Armlehnen aus Buchenholz ergeben wieder neue Armlehnen.

Diese innovative Konstruktion reduziert den Verbrauch an Rohstoffen und verringert die Abfallmenge. Obwohl auch eine Ökobilanz für dieses Produkt erstellt worden ist, lassen sich darauf beruhende Kosteneinsparungen noch nicht beschreiben.

Reduzierung der Energiekosten

Grammer hat mit Hilfe sog. Energiekommissare Einsparpotentiale im Energiebereich aufgespürt, deren Realisierung von 1995 bis 1996 zu einer Senkung des Stromverbrauchs um etwa 9 % und damit zu Einsparungen von ca. 62.000 DM führten. Einzelne Maßnahmen sind:

- Die Abschaltung von Anlagen in den Pausenzeiten
- Der Ersatz eines zentralen Druckluftnetzwerks durch Kleinkompressoren, die Teilabschaltungen ermöglichen
- Das Aufspüren und Beseitigen von Leckagen im Druckluftsystem

- Die Trennung der elektrischen Versorgung der Fertigungsbereiche und damit verbunden die ermöglichte Einzelabschaltung
- Die Überprüfung der Beleuchtungsstärke und das Absenken der Beleuchtung auf das erforderliche Maß
- Der Ersatz kaputter durch moderne, elektronische Vorschaltgeräte
- Die weitgehende Umstellung von druckluftbetriebenen Rührwerke auf Elektroantrieb
- Die erhöhte Sensibilisierung der Mitarbeiter, wo immer möglich überflüssige Strombenutzung zu vermeiden

Reduzierung der Entsorgungskosten

Mit der Neuentwicklung eines Bürostuhlprogramms im Hinblick auf eine optimale Wiederverwendung und -verwertung (siehe oben) reduzierte sich neben dem Rohstoffverbrauch auch die Abfallmenge und die damit verbundenen Entsorgungskosten.

Mit einer genauen Abfallanalyse konnten Kostensenkungspotentiale im Abfallbereich aufgedeckt und realisiert werden. Wichtige Maßnahmen waren die Abfallminimierung in der Produktion sowie die bessere Fraktionierung der unvermeidlichen Abfälle nach Abfallarten. Dadurch wurde eine bessere Nutzung von Recyclingmöglichkeiten u.a. für Holz, PE-Folien, Glas und Papier/Pappe erreicht. Von 1995 bis 1996 konnte auf diese Weise die Menge an Restmüll um ca. 90 Tonnen oder 20 % gesenkt werden. Die Entsorgungskosten reduzierten sich in diesem Zeitraum um ca. 26.000 DM, wovon allerdings etwa 13.000 DM für die neuen Entsorgungswege aufgewendet werden müssen. Trotz einer Umsatzsteigerung um ca. 20 % verbleibt eine Nettoentlastung von ca. 13.000 DM.

4 Herlitz AG (Holding)

Firma:	Herlitz AG (Holding)
Anschrift:	Berliner Straße 27 13507 Berlin
Ansprechpartnerin:	Frau Kirsten Nagel
Telefon:	(030) 43 93 - 0
Telefax:	(030) 43 93 - 32 58
Branche:	Büroausstattung
Produktpalette:	Produktion/Vertrieb von Papier-, Büro- und Schreibwaren (PBS), Herlitz AG PBS-Einzelhandel, McPaper AG Internationaler Papierhandel und Papierproduktion, Herlitz International Trading AG Immobilienprojekte, Herlitz Falkenhöh AG
Beschäftigtenzahl:	5.200 Mitarbeiter (März 1997)
Literatur:	B.A.U.M.-Erhebungsbogen, B.A.U.M. aktuell, Nr. 19, 1996 „Umweltmanagement by Herlitz" Umweltberichte 1995 und 1997

Als führender Hersteller für Papier-, Büro- und Schreibwaren bekennt sich die Herlitz PBS AG zu ihrer Umweltverantwortung. Umweltschutz ist aus diesem Grund fest in der Unternehmensphilosophie verankert - auch um die Basis für ein Handeln zu schaffen, ökologische und ökonomische Anforderungen komplementär zu erkennen. Die Produktverantwortung wird u.a. durch die „Herlitz Green Line" dokumentiert, welche mittlerweile rund 1.000 umweltfreundliche Artikel umfaßt.

Wichtige aktuelle Umweltthemen sind für das B.A.U.M.-Mitgliedsunternehmen:

- Erarbeitung eines aussagekräftigen, ökologischen Kennzahlenmodells
- Vorbereitung zur Validierung nach der EG-Öko-Audit Verordnung
- Erweiterung der Input-Output-Bilanz auf die Tochterunternehmen

Im Jahr 1995 wurde Herlitz mit dem B.A.U.M.-Umweltpreis ausgezeichnet.

1 Umweltleitlinien

Seit 1991 wird der Rahmen für das betriebliche Umweltmanagement von Herlitz durch 10 Umweltleitlinien verbindlich festgelegt:

- Herlitz ist dem Umweltschutz verpflichtet. Wir sind der festen Überzeugung, daß eine langfristige Sicherung der sozialen Marktwirtschaft nur unter Berücksichtigung ökologischer Belange möglich sein kann.
- Durch die Berücksichtigung ökologischer Erfordernisse in der Unternehmenspolitik tragen wir langfristig zur Sicherung unserer Unternehmensexistenz bei und leisten deshalb einen Beitrag zur Sicherung von Arbeitsplätzen, Wohlstand und sozialem Frieden.
- Die Einbeziehung von Umweltschutzaspekten in Unternehmensentscheidungen ist keine kurzfristige Marketingstrategie, sondern entspricht den langfristigen Unternehmenszielen.
- Durch innovative und ökologisch verträgliche Produkt- und Technologieentwicklung reduziert Herlitz einerseits Umweltbelastungen, andererseits ergeben sich dadurch Wettbewerbsvorteile.
- Herlitz will keinen Umweltschutz „um jeden Preis", sondern trifft seine unternehmerischen Entscheidungen unter Berücksichtigung der Wirtschaftlichkeit und Konkurrenzfähigkeit; denn nur ein wirtschaftlich erfolgreiches Unternehmen hat das notwendige Kapital für Investitionen zugunsten des Umweltschutzes.
- Durch integrierten Umweltschutz, der den gesamten Produktlebenszyklus („von der Wiege bis zur Bahre") berücksichtigt, soll bereits bei der Produktentwicklung die Entsorgung von Altprodukten eingeplant werden.
- Herlitz betreibt offensives Umweltmanagement. Das bedeutet, daß wir nicht auf Maßnahmen des Gesetzgebers warten, sondern von uns aus initiativ werden, um Umweltprobleme zu lösen: agieren und nicht re-agieren. Gesetzliche Auflagen werden als Mindeststandards angesehen, die auf jeden Fall einzuhalten sind.
- Bei Fragen des Umweltschutzes wird die Zusammenarbeit mit öffentlicher Hand, Wissenschaft und Umweltschutzorganisationen zur sachkompetenten Darstellung und Lösung ökologischer Probleme angestrebt.
- Jeder Mitarbeiter ist im Rahmen seiner Aufgaben bei Herlitz mitverantwortlich für den Schutz der Umwelt. Die Mitarbeiter werden über ihre Pflichten zum Schutz der Umwelt aufgeklärt. Durch Informationen über umweltrelevante Sachverhalte wird der Wissensstand der Mitarbeiter ständig aktualisiert.
- Herlitz bekennt sich zu einer umweltorientierten Unternehmenspolitik gemäß der Grundsatzerklärung der Internationalen Handelskammer.

2 Organisation des Umweltschutzes

Neben den gesetzlich vorgeschriebenen Umweltschutzbeauftragten erfolgte 1990 die Einrichtung der Stabsstelle „Betriebliches Umweltmanagement", welche direkt dem Vorstand unterstellt wurde. Nach der Neustrukturierung des Unternehmens Mitte des Jahres 1996 in vier eigenständige Unternehmensbereiche und einer Management-Holding, ist die Stabsstelle heute dem Vorstandsbereich Marktstrategien/Umweltschutz der Herlitz AG zugeordnet. Von hier aus werden alle umweltrelevanten Fragestellungen bearbeitet. Der Bereich „Betriebliches Umweltmanagement" hat keine Weisungsbefugnis, sondern eine beratende, koordinierende und initiierende Funktion. Aufgabenschwerpunkt ist dabei die kompetente Beantwortung ökologisch relevanter Fragestellungen. Die Fachkompetenz wird durch regelmäßige Erfahrungsaustauschgruppen, Seminare etc. gefördert.

Im regelmäßig tagenden „Arbeitskreis Umweltschutz", der sich aus Führungskräften unterschiedlicher Unternehmensbereiche zusammengesetzt ist, werden ökologische Fragestellungen und Maßnahmen bis hin zur praktischen Umsetzung erörtert (siehe Abb. 4).

Projektbezogene „Umweltworkshops" dienen der Förderung von Ideen, Denkanstößen etc. und verwandeln sich in konkrete Umweltmaßnahmen.

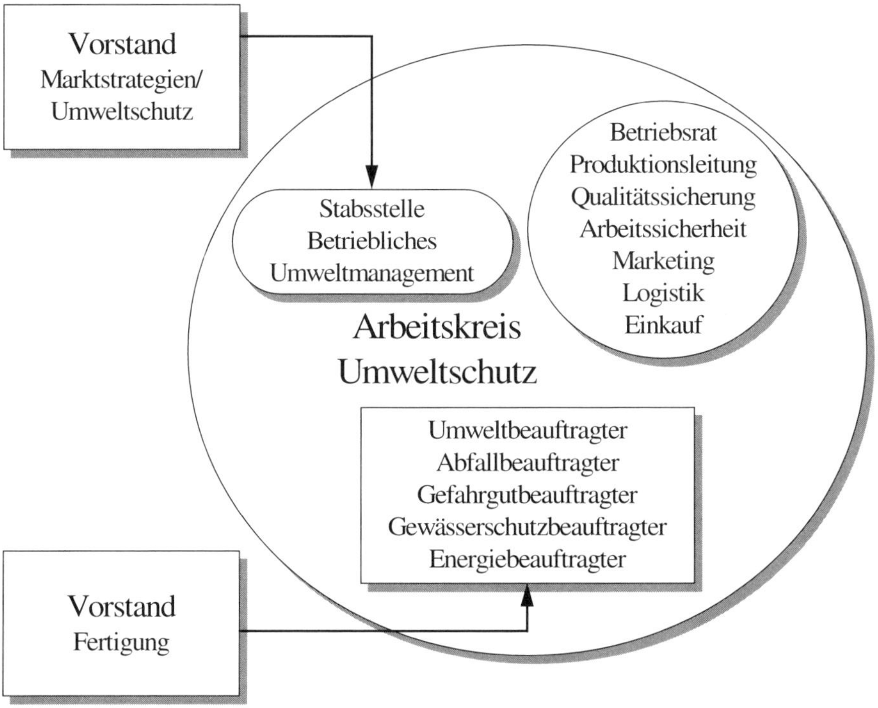

Abb. 4: Der Arbeitskreis Umweltschutz bei Herlitz

3 Umweltprogramm

Das Umweltprogramm beinhaltet die operativen Umweltziele und -maßnahmen. Einige Beispiele hierzu sind:

- Der Zuständigkeitsbereich der Stabsstelle „Betriebliches Umweltmanagement" ist auf die vier - vorab bereits genannten - Geschäftsbereiche erweitert und dem Vorstandsbereich Marktstrategien/Umweltschutz der Herlitz AG zugeordnet.
- Ausstieg aus der Chlorchemie durch Verzicht bzw. Umstellung von PVC auf Substitute und Verzicht auf Frischfaserpapier aus chlorgebleichtem Zellstoff
- Implementierung eines innerbetrieblichen Abfall- und Energiemanagement
- Entwicklung und Installierung eines EDV-gestützten Öko-Controlling-Systems mit dem Ziel einer Validierung nach der EG-Öko-Audit-Verordnung

4 Ökobilanz

Die Herlitz AG hat erstmalig 1995 umfassend über ihre Umweltaktivitäten in Form einer Ökobilanz berichtet. Kernstück hierbei war die Erstellung einer Input-Output-Bilanz, welche die Stoff- und Energieströme innerhalb des Unternehmens transparent gemacht hat. Mitte des Jahres 1997 folgte die zweite Ökobilanz. Diese informierte sowohl weiterführend als auch vergleichend über die Veränderungen im betrieblichen Umweltmanagement.

5 Kostensenkende Umweltschutzmaßnahmen

Durch eine Vielzahl von Umweltschutzmaßnahmen spart Herlitz über 2,8 Mio. DM pro Jahr an Kosten ein.

Einsparung von Roh-, Hilfs- und Betriebsstoffen

Eine Prozeßoptimierung in der Briefumschlagfertigung erspart den Verbrauch von 40.000 kg Leim. Dies entspricht einem Einsparpotential von 43.000 DM pro Jahr.

Die Förderung des Einsatzes von Recyclingpapier, die Herlitz bei der Lohn- und Gehaltsabrechnung vorgenommen hat, führt zu Materialeinsparungen in Höhe von ca. 40.000 DM pro Jahr.

Die Umstellung der Farben im Rotationsdruck von lösemittelhaltigen auf wasserlösliche Farben führt zur Vermeidung von rund 430 Tonnen Lösemittel und entsprechenden Emissionen. Die Kosteneinsparung beläuft sich auf rund 560.000 DM pro Jahr.

Diverse Maßnahmen im Materialbereich, wie z.B. die Aufbereitung und Wiederverwendung von Leimresten, die Optimierung der Behälterauslastung, die Umstellung von Einweg- auf Mehrwegbehälter u.a. führten zu Einsparungen von ca. 55.000 DM pro Jahr. Gleichzeitig wird der Sondermüllanteil, die Transporte u.a. erheblich gesenkt.

Reduzierung der Energiekosten

Die Herlitz PBS AG hat in Zusammenarbeit mit der Technischen Universität Berlin an ihren Standorten in Berlin und Brandenburg Energieanalysen durchgeführt und danach einen Energiesparkatalog entworfen. Darauf aufbauend wurde ein Arbeitsbereich „Energiemanagement und -controlling" gegründet, der für die Umsetzung und Weiterführung des Energiesparkatalogs sowie die Planung und Steuerung der Energiedaten zuständig ist.

Neben vielen kleinen Maßnahmen wurde eine Anlage zur Spannungsabsenkung bei Leuchtstofflampen installiert. Mit der Anlage wird die Netzspannung von 230 auf 185 V gesenkt. Damit verringert sich der jährliche Energiebedarf um 25 bis 27 %. Die Energiekosten für Beleuchtungszwecke sanken um 275.000 DM pro Jahr. Außerdem werden wegen der größeren Intervalle beim Wechsel der Leuchtstoffröhren weitere 100.000 DM pro Jahr eingespart. Die Investition betrug ca. 400.000 DM.

Eine Reduktion der Energiekosten in Höhe von 25.000 DM pro Jahr resultiert aus der Umstellung der Leimsorte in der Briefumschlagfertigung auf trocknungsfreie Dextrinleime, da durch den Wegfall der Trocknung Energieeinsparungen von ca. 125.000 kWh erzielt werden.

Einsparungen an Energie von jährlich 75.000 kWh oder 15.000 DM pro Jahr erreicht Herlitz durch die Optimierung des Einschaltverhaltens der Lüftungsanlagen über Zeitpläne und die Einbindung in den Maximumwächter des Stromversorgungsnetzes.

Reduzierung der Entsorgungskosten

Die Sammlung und Trennung von Produktionsabfällen mit Hilfe verschiedenfarbiger Container in den einzelnen Produktionsbereichen führt zur Einsparung von ca. 50.000 DM pro Jahr an Entsorgungskosten. Die Erlöse aus dem Wertstoffverkauf stiegen im gleichen Zeitraum um ca. 5.000 DM. Die Maßnahme verringerte das Restmüllaufkommen und erhöhte zugleich die Wiederverwertungsmöglichkeiten der Abfallarten.

In der Verwaltung werden Papier- und Restmüll konsequent getrennt, die Verringerung des Restmüllaufkommens und in der Folge der Verkauf von Wertstoffen führt zu Einsparungen von ca. 4.000 DM pro Jahr.

Reduzierung des Verpackungsmaterials

Durch die Mehrfachverwendung von Verpackungen spart das Unternehmen ca. 1,5 Mio. DM pro Jahr. Das Mehrweg-Transportsystem wird sowohl für die An- und Auslieferung von Waren als auch für innerbetriebliche Transporte eingesetzt.

Ökologische Einsparungen liegen in der Reduzierung von Wellpappe in Höhe von ca. 800 Tonnen sowie der Abfallvermeidung durch Mehrfachverwendung.

Durch den Verzicht auf eine Preis- und EAN-Code-Etikettierung und einem entsprechenden Aufdruck direkt auf die Verpackung werden bei maschinenverpackten Glückwunschkarten 45 Mio. Etiketten eingespart. Aus dieser Maßnahme leiten sich höhere Recyclingquoten wegen des Wegfalls von Verbundstoffen im Abfall ab. Die Materialeinsparung beläuft sich auf 164.250 DM pro Jahr.

Eine Materialeinsparung von über 18 % des verwendeten Banderolenpapiers bei Briefumschlägen bringt eine Kostensenkung von ca. 18.500 DM pro Jahr.

5 Louis Leitz International GmbH & Co.

LEITZ

Firma:	Louis Leitz International GmbH & Co.
Anschrift:	Siemensstraße 64 70469 Stuttgart
Ansprechpartner:	Herr Dr. Wolfgang Marx
Telefon:	(0711) 81 03 - 430
Telefax:	(0711) 81 03 - 315
Branche:	Bürobedarf
Produktpalette:	Ordner, Büromaterial
Beschäftigtenzahl:	2.100 Mitarbeiter
Literatur:	B.A.U.M.-Erhebungsbogen

„Der Umweltschutz ist ein integrierter und gleichrangiger Bestandteil in der Unternehmenspolitik der Unternehmensgruppe Louis Leitz. Wir wissen, daß unsere Tätigkeit trotz aller Anstrengungen die Umwelt beeinträchtigt. Aber wir sehen es als unsere Pflicht an, diese Beeinträchtigungen auf ein Mindestmaß zu reduzieren."

Für das B.A.U.M.-Mitgliedsunternehmen Louis Leitz International GmbH & Co. hat deshalb der Umweltschutzgedanke Einzug in die Unternehmensphilosophie gehalten und Umweltschutz wird gleichberechtigt neben den Unternehmenszielen einer sicheren und wirtschaftlichen Produktion und ständig verbesserten Produkten verfolgt.

1 Umweltleitlinien

Die Leitlinien zum Umweltschutz von Leitz lauten wie folgt:

- Die Langlebigkeit der Produkte hat bei Leitz Priorität und prägt die Qualität der Produkte im gesamten Sortiment.
- Die für Leitz-Produkte eingesetzten Materialien sollen soweit möglich aus Recycling-Material bestehen bzw. aus Primärrohstoffen, die recycelbar sind. Um die Wiederverwertung zu erleichtern, werden Verbundstoffe so weit als möglich vermieden. Die bei Leitz verwendeten Roh-, Halb- und Fertigprodukte enthalten keine Schadstoffe. Zwei Drittel des Umsatzes erzielt Leitz mit Produkten aus recycelten Rohstoffen.

- Die im Unternehmen eingesetzten Produktionsverfahren entsprechen dem aktuellen Stand der Technik und gewährleisten einen schonenden Ressourceneinsatz. Um einer Beeinträchtigung der Umwelt vorzubeugen, werden bei der Produktion Sicherheitsmaßnahmen vorgenommen. Gesetze, Vorschriften und Richtlinien stellen in diesem Zusammenhang die Mindestanforderung dar. Es wird daher als Aufgabe angesehen, alle Produktionsschritte und Produkte kontinuierlich auf Umweltverträglichkeit zu überprüfen und ggf. Gegenmaßnahmen zu ergreifen.
- In Kooperation mit den Lieferanten wird permanent an der Optimierung der Produktionsverfahren und der Zusammensetzung der Rohstoffe gearbeitet, um auch dort eine größtmögliche Umweltverträglichkeit zu erreichen. Primärrohstoffe sind durch Recyclingstoffe zu substituieren. Wir nehmen somit Einfluß auf unsere Lieferanten und Auftragnehmer, um auch bei den Vertragspartnern umweltgerechtes Arbeiten zu gewährleisten.
- Das Verpackungsaufkommen ist bei Erhalt der wichtigsten Funktionen einer Verpackung zu minimieren. Die eingesetzten Verpackungen werden über organisierte Entsorgungskreisläufe der Wiederverwertung zugeführt.
- Leitz schult und informiert seine Mitarbeiter, um das Umweltbewußtsein innerhalb und außerhalb des Unternehmens zu entwickeln. Eigeninitiative wird durch entsprechende Maßnahmen gefördert.
- Ein offener Dialog mit Mitarbeitern, Öffentlichkeit und Behörden ist für Leitz selbstverständlich und wird als wichtige unternehmerische Aufgabe gesehen.

2 Organisation des Umweltschutzes

Um den Umweltgedanken bei Leitz durchzusetzen, wurde ein Umweltreferent bestellt, der direkt an die Geschäftsleitung berichtet. Ein Mitglied der Geschäftsleitung ist für die Einführung und Erhaltung der Umweltpolitik auf allen Ebenen des Unternehmens bzw. des Produktlebensweges zuständig. Zu den Ebenen gehören:

- Produktqualität
- Rohstoffe
- Produktionsprozeß
- Verpackung
- Entsorgung

3 Umweltprogramm

Im Umweltprogamm hat Leitz konkrete Umweltziele formuliert und die Mittel und Maßnahmen zu deren Erreichung festgelegt. Dadurch soll eine ständige Verbesserung des Umweltschutzes erzielt werden.

4 Kostensenkende Umweltschutzmaßnahmen

Leitz hat in den letzten Jahren eine Reihe von Projekten umgesetzt, die von gestiegenem Umweltbewußtsein initiiert wurden und dabei auch wirtschaftlich vertretbar und geboten waren. Mit den hier vorgestellten Beispielen ließ sich eine Kostensenkung von ca. 1,94 Mio. DM pro Jahr erreichen.

Einsparung von Roh-, Hilfs- und Betriebsstoffen

Bei der Herstellung von Kunststoffartikeln mit Hilfe des Spritzgußverfahrens entstehen geringe Ausschußmengen, die bisher an die Recycling-Industrie abgegeben wurden. Um den Ausschuß direkt in den Produktionsprozeß zurückzuführen, wurde eine Zerkleinerungsanlage installiert, mit der die Ausschußteile wieder zu Granulat verarbeitet werden können. Das so gewonnene Granulat kann dem Produktionsprozeß ohne eine Beeinträchtigung der Produktqualität zugefügt werden. Durch die Aufbereitung werden jährlich etwa 220.000 kg neues Spritzgußgranulat eingespart. Da die Kosten für die Aufbereitung um 75 % unter dem Neupreis liegen, reduzieren sich die Beschaffungskosten um 418.000 DM pro Jahr. Zusätzlich entfallen die Kosten für die Entsorgung (siehe unten). Die Investition in die Zerkleinerungsanlage hat sich bereits innerhalb eines Jahres amortisiert.

Reduzierung der Wasser- und Abwasserkosten

In der Spritzgießerei des Leitz-Tochterunternehmens Herdegen[1] wurde ein geschlossener Wasserkreislauf eingerichtet, der zusammen mit Wärmetauschern die Grundlage für eine Wärmerückgewinnungsanlage bildet (siehe unten). Das erwärmte Kühlwasser aus den Kunststoffspritzmaschinen wird in ein Sammelbecken geführt und dabei in den Wärmetauschern von 16° C auf die zur Kühlung erforderliche Temperatur von 12° C abgekühlt. Aus dem Sammelbecken kann dann das zur Kühlung erforderliche Kühlwasser abgepumpt werden. Zur Errichtung der gesamten Anlage war eine Investition in Höhe von ca. 2 Mio. DM erforderlich. Der Wasserverbrauch und die Abwassermenge sind durch die Installierung des Kreislaufs um 224.000 m^3 oder 97 % zurückgegangen. Allerdings bewirken die installierten Pumpen und Wärmetauscher einen erhöhten Strombedarf von 850.000 kWh. Die erzielte Kostensenkung liegt dadurch bei etwa 1,37 Mio. DM pro Jahr.

Reduzierung der Energiekosten

Durch die oben vorgestellte Anlage zur Wärmerückgewinnung kann auch die Abwärme aus den Kunststoffspritzanlagen genutzt werden. In insgesamt fünf Wärmetauschern wird dem Wasser die Abwärme entzogen und damit das erwärmte Wasser wieder auf die Kühlwassertemperatur von 12° C gebracht. Die Wärmeenergie wird dann an den Haus-Heizwasserkreislauf abgegeben, mit dem bis zu einer Außentemperatur von minus 3° C die gesamte Fabrik beheizt werden kann. Dadurch wurde eine Senkung des Heizölverbrauchs um 170.000 Liter erreicht. Die Kostensenkung beträgt ca. 60.000 DM pro Jahr.

---

[1] Herdegen Herm. GmbH & Co., Blohmstraße 35, 12307 Berlin, Telefon: (030) 74 08 - 0

Reduzierung der Entsorgungskosten

Mit der oben beschriebenen Wiederaufarbeitung von Kunststoffausschußteilen zur Wiederverwendung in den Kunststoffspritzmaschinen entfiel auch die bis dahin durchgeführte Entsorgung von 220.000 kg Altkunststoff. Die Entsorgungskosten sanken damit um ca. 32.000 DM pro Jahr.

Reduzierung der Kosten für Transport und Verkehr

In einem Aktionsprogramm zur Reduzierung der gefahrenen Transportkilometer konnten die Gebietsspediteure dafür gewonnen werden, kombinierte Eingangs- und Ausgangstransporte zu übernehmen. So werden Rohmaterial und Handelsware angefahren und Verkaufsartikel wieder mitgenommen. Die Anzahl der Leerfahrten hat sich dadurch erheblich reduziert.

Ein anderes Beispiel sind die neu angemieteten Lagerflächen bei Spediteuren. Dort werden schnelldrehende Artikel verteilt. Im Vergleich zur vorherigen zentralen Einlagerung und Verteilung konnte auch hier die Anzahl der Transporte reduziert und der Laderaum deutlich besser genutzt werden. Am Beispiel Berlin werden durch diese Aktion ca. 100.000 LKW-Kilometer oder ca. 30.000 DM pro Jahr an Kraftstoffkosten eingespart.

Reduzierung des Verpackungsmaterials

Seit 1992 wurden aus Umweltgründen gezielt Mehrwegbehälter für den Transport von Halb- und Fertigwaren eingesetzt. Durch diese Maßnahme sowie durch den Wegfall von Verpackungsstufen und durch konstruktive Optimierungen der eingesetzten Verpackungen, konnte der Verpackungsanteil umsatzbereinigt um jährlich ca. 5 % reduziert werden. Z.B. wurde die Transportverpackung für England von Wellpappe (Einweg) auf Holzfaltrahmen (Mehrweg) umgestellt. Allein damit werden jährlich 40.000 kg Verpackungsmaterial oder 34.000 DM pro Jahr eingespart.

6 LEUWICO GmbH

Firma:	LEUWICO GmbH
Anschrift:	Postfach 2344 96412 Coburg
Ansprechpartner:	Herr Christos Lasaridis
Telefon:	(09566) 88 - 175
Telefax:	(09566) 88 - 121
Branche:	Möbelindustrie
Produktpalette:	Büromöbelsysteme, Büroschränke, CAD- und Bildschirmarbeitsplätze, Schranksysteme
Beschäftigtenzahl:	250 Mitarbeiter
Literatur:	B.A.U.M.-Erhebungsbogen Umweltbericht 1996

Die LEUWICO GmbH betrachtet die Frage der Umweltverträglichkeit ihrer Produkte als festen Bestandteil ihrer Entscheidungsprozesse. Für das B.A.U.M.-Mitgliedsunternehmen ist deshalb der Umweltschutz ein grundsätzliches Element der Unternehmenspolitik:

> „Verantwortungsbewußten Umgang mit den natürlichen Ressourcen haben wir zu einem unserer Grundsätze erklärt. Es ist sicher eine der ganz wesentlichen Zukunftsaufgaben, hier kontinuierlich weiter voran zu kommen.“

1 Umweltleitlinien

Die Grundsätze von LEUWICO zum Umweltschutz lauten:

- Wir bemühen uns, immer mehr problemlos abbaubare und wiederverwertbare Grundstoffe einzusetzen und den Arbeits- und Produktionsprozeß selber so umweltverträglich wie möglich zu gestalten.
- In allen Unternehmensbereichen, von der Fertigung bis zur Verwaltung, sorgen wir heute konsequent für Abfallvermeidung und Abfalltrennung.
- Auf allen Ebenen der Entwicklung messen wir dem Kriterium Umweltverträglichkeit allerhöchste Bedeutung bei, egal, ob es um die einzusetzenden Materialien,

um die Zerlegbarkeit nach dem Gebrauch oder um die Minimierung des Verpackungs- und Transportaufwandes geht.

- Eindeutige Zuständigkeiten und die klar definierte Einbindung des Themas in die Organisationsstruktur stellen eine sorgfältige Behandlung aller umweltrelevanten Fragen sicher.

2 Organisation des Umweltschutzes

Grundlage der Umweltorganisation bei LEUWICO ist der Umweltausschuß. In ihm treffen sich Vertreter aller Unternehmensbereiche und der Geschäftsleitung und beraten die umweltrelevanten Aktivitäten des Unternehmens. Der Umweltausschuß sowie die Umweltmaßnahmen werden vom Bereichsleiter der Entwicklungsabteilung koordiniert (siehe Abb. 5).

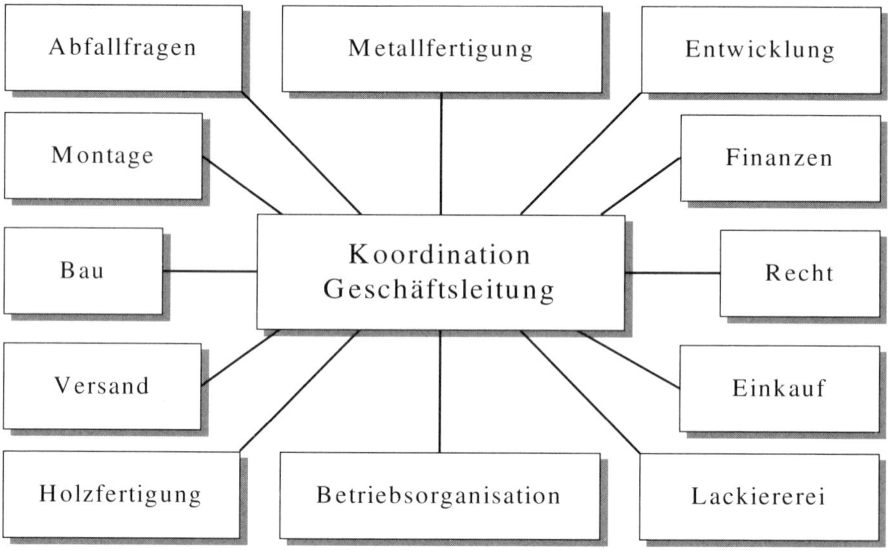

Abb. 5: Die Umweltorganisation bei LEUWICO

3 Umweltprogramm

Neben Maßnahmen zum betrieblichen Umweltschutz, die vor allem den sparsamen Umgang mit Roh-, Hilfs- und Betriebsstoffen zum Ziel haben, wird bei LEUWICO besonderer Wert auf die umweltbewußte Produktgestaltung gelegt. Hierbei sind die Demontage- und Recyclingfähigkeit, geschlossene Stoffkreisläufe sowie der Einsatz von Recyclingwerkstoffen wesentliche Entwicklungsziele.

4 Kostensenkende Umweltschutzmaßnahmen

Die bisher durchgeführten Umweltmaßnahmen erbrachten innerhalb kurzer Zeit einen Kostensenkungseffekt mit Einsparungen von mehr als 30.000 DM pro Jahr.

Einsparung von Roh-, Hilfs- und Betriebsstoffen

Während des Produktionsprozesses werden bei LEUWICO viele Teile naßlackiert. Dabei ist wegen der Vielzahl der Teile bzw. der verschiedenen Lackfarben und Lackarten ein häufiges Umrüsten und Reinigen der Spritzpistolen notwendig. Um die Menge an verbrauchten Lacken, Lösemitteln, Wasser und Reinigungsmittel zu reduzieren, wurde eine Destillationsanlage für Lösemittel sowie eine Abwasseraufbereitungsanlage installiert. Mit Hilfe der Destillationsanlage können die Lösemittel aus den Altlacken und Restflüssigkeiten zurückgewonnen und erneut eingesetzt werden.

Reduzierung der Wasser- und Abwasserkosten

Die Abwasseraufbereitungsanlage in der Lackierei reinigt das Wasser der Berieselungsanlagen in den Spritzkabinen kontinuierlich und erlaubt die Rückführung des Wassers und die erneute Verwendung. Der Wasserverbrauch reduzierte sich um ca. 9.600 Liter pro Jahr auf die Verdunstungsverluste der Anlage. Gleichzeitig entfällt durch die permanente Berieselung die früher nötige, regelmäßige Reinigung der Spritzkabinen. Der eingesparte Arbeitsaufwand beträgt jährlich etwa 770 Arbeitsstunden. Bei durchschnittlichen Arbeitskosten von 40 DM pro Stunde entspricht allein dies einer Kostensenkung von ca. 30.000 DM pro Jahr. Die Investition für die Wasseraufbereitung betrug ca. 85.000 DM.

Reduzierung der Energiekosten

Anfang der 90er Jahre wurde bei LEUWICO die Kesselanlage erneuert. Sie ermöglicht bei einer deutlichen Unterschreitung der geforderten Grenzwerte die Wärmegewinnung aus den in der Produktion anfallenden Holzabfällen und senkt gleichzeitig die Kosten für die Bereitstellung der benötigten Wärmeenergie. Ergänzend wurde eine Wärmerückgewinnungsanlage für die Abluft aus der Schleiferei installiert.

Reduzierung der Entsorgungskosten

Die Destillationsanlage in der Lackiererei ermöglichte neben der Rückgewinnung von Lösemitteln auch eine deutliche Senkung der anfallenden Reststoffe zur Entsorgung um ca. 8.200 Liter pro Jahr.

In der Metallfertigung wurde eine Anlage zur Aufbereitung von öl- und phosphathaltigen Flüssigkeiten in Betrieb genommen. Damit können Kühl- und Schmiermittel sowie Altlacke behandelt werden, die sonst als Sondermüll entsorgt werden müßten. Das entstehende Abwasser kann in die normale Abwasserkanalisation geleitet werden.

LEUWICO hat insgesamt 16 Sammelstellen zur getrennten Sammlung von Abfällen über das Betriebsgelände verteilt. Damit entfällt das Argument, der Weg wäre zu weit, um jede Kleinigkeit in einen extra Behälter zu werfen. Durch die konsequente Abfalltrennung ist auf dem Betriebsgelände ein Wertstoffhof entstanden, der es ermöglicht, die Reststoffe im Sinne der Kreislaufwirtschaft weitgehendst einer Verwertung zuzuführen und eine kostenträchtige Entsorgung zu vermeiden.

Reduzierung des Verpackungsmaterials

Zur Reduzierung des Verpackungsmaterials liefert die LEUWICO ihr Schrankprogramm MURO komplett zerlegt in Einzelteilen, die erst beim Kunden aufgebaut werden. Für den platz- und kostensparenden Transport werden die Schrankteile in Holzkisten verpackt, die von den Vertriebspartnern zu LEUWICO zurückgebracht werden. Dieses Mehrwegverpackungssystem wurde vom Industrieforum Design, Hannover, mit dem Sonderpreis für Ökologie und Design ausgezeichnet.

7 NRG Office System GmbH

NRG
OFFICE SYSTEM GMBH

Firma:	NRG Office System GmbH
Anschrift:	Großer Kolonnenweg 18 30163 Hannover
Ansprechpartner:	Herr Carsten Bolm
Telefon:	(0511) 67 42 - 248
Telefax:	(0511) 67 42 - 264
Branche:	Büromaschinen
Produktpalette:	Kopierer, Drucker, Faxgeräte
Beschäftigtenzahl:	400 Mitarbeiter
Literatur:	B.A.U.M.-Erhebungsbogen

Die NRG Office System GmbH vertreibt Bürokommunikationsgeräte der Marken Nashuatec, Gestetner und RexRotary. Dabei achtet das B.A.U.M.-Mitgliedsunternehmen generell darauf, daß die von ihr vertriebenen Geräte umwelttechnisch stets auf dem neuesten Stand sind. Hierzu gehört insbesondere die Reduktion der Ozon-Konzentration am Büroarbeitsplatz der Kunden, die durch den Einbau von Ozonkatalysatoren dauerhaft auf einem niedrigen Niveau gehalten wird. Bei vielen neueren Geräten wird durch die Anwendung einer neuen Technologie praktisch kein Ozon mehr freigesetzt. Die Ozonkonzentration liegt hier an der Nachweisgrenze.

1 Organisation des Umweltschutzes

Bei der NRG ist der Umweltschutz eine Aufgabe des Produktmanagements und in die allgemeine Organisation integriert.

2 Kostensenkende Umweltschutzmaßnahmen

Mit der hier vorgestellten Umweltschutzmaßnahme erzielt die NRG einen zusätzlichen Erlös in Höhe von über 1,5 Mio. DM pro Jahr.

Einsparung von Roh-, Hilfs- und Betriebsstoffen

Die NRG nimmt gebrauchte Bürokommunikationsgeräte wie Kopierer, Drucker, Faxgeräte zurück. Nach der Wiederaufarbeitung und einem gründlichen Check werden die Gebrauchtgeräte erneut verkauft oder vermietet und somit in den Markt zurückgeführt. Auf diese Weise müssen weniger Neugeräte produziert werden und der mit einer Neuproduktion verbundene Energie- und Ressourcenverbrauch sowie die Entsorgung der noch gebrauchsfähigen Altgeräte entfallen. Außerdem werden die Gebrauchtgeräte auch umwelttechnisch, etwa durch die Nachrüstung von Ozon-Katalysatoren, auf den neuesten Stand gebracht. Damit geht von den Gebrauchtgeräten eine ähnlich niedrige Umweltbelastung aus wie von Neugeräten. Die Durchführung der Wiederaufarbeitung geschieht regional und vermeidet dadurch lange Transportwege und die damit verbundenen Umweltbelastungen.

Durch dieses „Refurbishment" werden keine Kosten eingespart sondern zusätzliche Gewinne erzielt. Außerdem profitieren davon auch die Kunden durch einen günstigeren Seitenpreis. Da die Aufarbeitungskosten je nach Gerätetyp sehr verschieden sind, ist eine pauschale Berechnung des erzielten Gewinns nur sehr schwer durchführbar. Im Durchschnitt liegt der Erlös pro verkauftem oder vermieteten Gebrauchtgerät bei ca. 1.000 DM. Wenn im Monat zwischen 130 und 150 Büromaschinen wiederaufgearbeitet werden, erreicht der durch das Refurbishment erzielte Roherlös eine Höhe von 1,5 bis 1,8 Mio. DM pro Jahr. Die Investitionen sind vergleichsweise gering, da die benötigten Werkzeuge und Maschinen für die Wartung von Neugeräten ohnehin vorhanden sind und deshalb nur Personalkosten anfallen.

Reduzierung der Energiekosten

Die neuesten Geräte von NRG verfügen neben dem normalen Standby-Modus über einen sog. Sleep-Modus, in dem der Energiebedarf noch einmal reduziert wird. Die Anwendbarkeit der verschiedenen Betriebszustände beim Kunden und die damit erreichbare tatsächliche Energieeinsparung wird durch die individuelle zeitliche Einstellbarkeit der Modi verbessert. Werden die Geräte beim Kunden in kurzen Abständen benutzt, benötigt das Zurückschalten der Geräte wegen des dann erforderlichen erneuten Aufheizens mehr Energie, als wenn das Gerät dauernd im Arbeitsmodus bleibt. Der Standby- oder Sleep-Modus sollte sich also erst nach einer längeren Wartezeit einschalten. Werden die Geräte dagegen seltener genutzt, empfiehlt sich schon ein Umschalten des Gerätes nach kurzer Wartezeit.

3 Gewünschte politische Maßnahmen

Die wichtigsten politischen Maßnahmen und Ziele, die das Unternehmen für die weitere Verbesserung des Umweltschutzes für notwendig hält, sind:

- Schaffung steuerlicher Anreize für umweltschützende Maßnahmen in Unternehmen
- Weniger Bürokratie und Verwaltung bei gesetzlichen Umweltschutzbestimmungen
- Mehr Forschungsgelder für alternative Energieerzeugung

8 Sedus Stoll AG

Firma:	Sedus Stoll AG
Anschrift:	Brückenstraße 15 79761 Waldshut-Tiengen
Ansprechpartner:	Herr Dipl.-Ing. (FH) Gerhard Ekert
Telefon:	(07751) 84 - 481
Telefax:	(07751) 84 - 400
Internet:	http://www.sedus.com
Branche:	Möbelindustrie
Produktpalette:	Büromöbel, insbesondere Bürostühle
Beschäftigtenzahl:	670 Mitarbeiter
Literatur:	B.A.U.M.-Erhebungsbogen Umwelterklärung 1995

„Die Überzeugung, daß Ökologie und Ökonomie keine Gegensätze, sondern unverzichtbare Bestandteile eines Ganzen sind, gehört bei Sedus schon seit mehr als 50 Jahren zu den Erkenntnissen, nach denen die Mitarbeiter leben und arbeiten."

Daraus leitet sich auch der zentrale Punkt der Unternehmensphilosophie der Sedus Stoll AG ab, nämlich „zu einer lebenswerten Umwelt beizutragen". Um dies auch öffentlich zu dokumentieren, hat Sedus Stoll ein Umweltmanagementsystem nach der EG-Öko-Audit-Verordnung aufgebaut und ist seit November 1995 am Standort Waldshut/Dogern validiert.

1 Umweltleitlinien

In den Unternehmensgrundsätzen von Sedus Stoll ist der Umweltschutz folgendermaßen verankert:

Durch eine umweltorientierte Unternehmensführung leisten wir einen aktiven Beitrag zu Umweltschutz und Ökologie.

Die Umweltleitlinien lauten:

Das Ziel des Unternehmens besteht darin, für ein Personenkollektiv eine wünschenswerte Lebensumwelt zu gestalten und zu erhalten. Wir wollen alle vorhersehbaren negativen Auswirkungen auf den natürlichen Lebensraum von Pflanzen, Tieren und

Menschen vermeiden. Die Leistungen, die wir innerhalb unserer ökonomisch ausgerichteten Tätigkeiten erbringen, sind bewußt so zu gestalten, daß der ökologische Aspekt immer berücksichtigt wird. Ökologie und Ökonomie sind keine Gegensätze, sondern unverzichtbare Teile eines Ganzen.

1. Gesetze
   Wir verpflichten uns zur Einhaltung aller einschlägigen gesetzlichen Regelungen, wobei wir im internationalen Abgleich mit unseren Tochtergesellschaften die jeweils wirksamsten Maßnahmen zugrunde legen.

2. Ressourcen
   Wir wollen mit den vorhandenen Ressourcen verantwortungsvoll und sparsam umgehen. Wir versuchen, nur solche Werkstoffe einzusetzen, die noch in reichlichem Maße vorhanden sind oder natürlich nachwachsen und bei ihrer Auf- und Umarbeitung möglichst wenig Energie verbrauchen und die Umwelt nicht belasten.

3. Produktkonzeption
   Hohe Qualität und Langlebigkeit der Produkte im Verbund mit einer recyclinggerechten Konstruktion sehen wir als wichtigen Beitrag zu Umweltschutz und Ressourcenschonung.

4. Vorbeugung
   Wir bekennen uns zu einem präventiven Umweltschutz. In diesem Zusammenhang beachten wir alle Aspekte wie:
   - Berücksichtigung aktueller und zu erwartender gesetzlicher Regelungen
   - Umweltverträglichkeit der Stoffe, Einsatzprodukte und Technologien
   - Emissionen jeder Art
   - Abfallvermeidung vor Verwertung und Entsorgung
   - Gefahrenvermeidung bei Störfällen

5. Prozesse
   Wir wollen durch geplante und beherrschende Prozesse zu jedem Zeitpunkt sicherstellen, daß negative Umwelteinwirkungen vermieden werden. Dies erfolgt durch:
   - Planung und Bewertung der Umweltwirkungen von Einzel- und Gesamtprozessen
   - Überwachung aller umweltrelevanten Parameter
   - Effiziente Lenkung bei Abweichungen

6. Partnerschaft
   Wir wollen mit unseren Lieferanten, Kunden und Mitarbeitern alle ökologischen Anforderungen bewerten und bei unserem Handeln angemessen berücksichtigen. Mit unseren Mitmenschen und der Öffentlichkeit pflegen wir den offenen und sachlichen Dialog und bekennen uns umfassend zu unserer ökologischen Verantwortung.

7. Mitarbeiter
   Jeder Mitarbeiter im Unternehmen ist mitverantwortlich für die Erreichung unserer Umweltziele. Wir fördern das Umweltbewußtsein durch Information, Integration und Führung.

8. Verbesserungen
   Wir wollen durch ökologisch orientiertes Handeln und durch laufende Schwachstellenanalysen bei unseren
   - Produkten

- organisatorischen Abläufen
- Haupt- und Hilfsprozessen
- Dienstleistungen für unsere Kunden

kontinuierliche Verbesserungen erzielen.

2 Organisation des Umweltschutzes

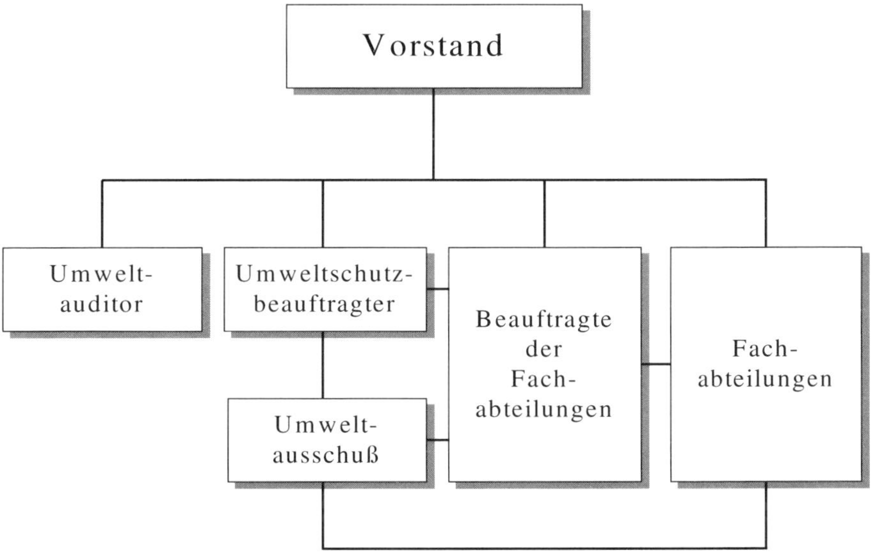

Abb. 6: Die Umweltschutzorganisation von Sedus Stoll

Sedus Stoll hat zwei Umweltschutzbeauftragte, die direkt dem Vorstand Technik unterstellt sind. Sie nehmen neben ihren Aufgaben als Betriebsbeauftragte für Abfall, Gewässerschutz und Gefahrgut auch die Planung, Koordination und Durchführung aller umweltrelevanten Maßnahmen wahr. Unterstützung erhalten die Umweltschutzbeauftragten aus dem Umweltausschuß, der individuell aus kompetenten Vertretern aller Bereiche zusammengesetzt ist. Seine Stammbesetzung besteht aus den Leitern der Fertigungssegmente, den Umweltschutzbeauftragten, dem Qualitätsbeauftragten, dem Leiter des Verkaufs Innendienst, einem Beauftragten des Rechnungswesens und einem Mitarbeiter aus dem Bereich Entwicklung. Zusätzlich nimmt der Qualitätsbeauftragte die Funktion des Umweltauditors wahr und überprüft mindestens einmal jährlich das Umweltmanagementsystem in einer internen Umweltbetriebsprüfung (siehe Abb. 6).

3 Umweltprogramm

Im Umweltprogramm von Sedus Stoll werden die Umweltziele und die zur Erreichung dieser Ziele erforderlichen Maßnahmen zusammen mit den Zuständigkeiten und Terminen für den Abschluß der Maßnahmen aufgeführt. Das Umweltprogramm wird vierteljährlich überprüft, neue Ziele in das Programm aufgenommen und erreichte Ziele gestrichen.

4 Ökobilanz

Um eine vollständige und verständliche Darstellung aller Umweltauswirkungen zu erhalten, hat Sedus Stoll seine Umweltdatenerfassung zu einer Ökobilanz ausgeweitet. In ihr werden in Form einer Energie- und Stoffstrombilanz alle umweltrelevanten Werte angegeben. Das Unternehmen hat damit ein Umweltinformationssystem zur Verfügung, mit dem sehr schnell Verbesserungspotentiale erkannt und umgesetzt werden können. Auf der Inputseite werden neben den Roh-, Hilfs- und Betriebsstoffen vor allem die Faktoren Energie, Wasser und Luft betrachtet. Für die Outputseite sind die Produkte sowie die Faktoren Abfall, Abwasser und Abluft relevant. Daneben werden noch die Faktoren Betriebseinrichtungen sowie Gebäude und Boden in ihrer Bestands- bzw. Nutzungsveränderung bilanziert.

5 Kostensenkende Umweltschutzmaßnahmen

Sedus Stoll hat seit Jahren eine Vielzahl von Umweltschutzmaßnahmen durchgeführt. Die hier dargestellten Umweltmaßnahmen bewirkten zusammen eine Kosteneinsparung von ca. 700.000 DM pro Jahr.

Einsparung von Roh-, Hilfs- und Betriebsstoffen

Durch die Umrüstung der Kühlschmierung beim Sägen und Bohren auf Minimalmengenkühlschmierung mit einem Öl auf pflanzlicher Basis konnten durch eine Investition von 15.500 DM ca. 4.200 DM pro Jahr durch geringeren Wartungsaufwand und geringeren Betriebsstoffeinsatz eingespart werden.

Reduzierung der Wasser- und Abwasserkosten

Der Wasserverbrauch wurde in den letzten 5 Jahren um mehr als 70 % reduziert. Neben einer Menge kleinerer Verbesserungsmaßnahmen, sind vor allem die Optimierung der Spülprozesse sowie die Anschaffung einer neuen Wasseraufbereitungsanlage zu nennen. Einer Investitionssumme von ca. 500.000 DM stehen Einsparungen von 250.000 DM pro Jahr entgegen.

Reduzierung der Energiekosten

Eine deutliche Verminderung der Stromkosten konnte durch die Installation eines Stromspitzenwächters in Verbindung mit einem Dieselaggregat erreicht werden. Mit einem speziellen Rechenprogramm wird die Entwicklung des Stromverbrauches hochgerechnet. Nach einer Prioritätenliste werden bei Erreichen der Bestelleistung bestimmte Verbraucher vorübergehend abgeschaltet und danach ggf. das Dieselaggregat gestartet.

Reduzierung der Entsorgungskosten

An einer Spitzenlos-Schleifmaschine wurden die Papier-Wechselfilter durch einen Metall-Tiefbettfilter mit automatischer Abreinigung ersetzt. Da der Schleifschlamm jetzt sortenrein gesammelt wird, kann er einer Wiederverwertung zugeführt werden. Mit einer Investition von 15.000 DM werden 10.000 DM pro Jahr an Entsorgungskosten gespart.

Ein Entwässerungscontainer in der Leimabsetzgrube führt ebenfalls zu einer besseren Abfalltrennung und spart ca. 6.000 DM pro Jahr ein. Die Investition hierfür betrug 12.400 DM.

Die konsequente Abfalltrennung der Eisenmetalle, bei der das Altmetall in die Fraktionen schaufelbare Stanzabfälle, Blechabfälle (roh, ohne Lackierung) und Eisenschrott (Drehspäne, Blechkanister, lackierte Maschinenteile) getrennt wird, konnte den Erlös beim Verkauf an Altmetallverwerter um 40.000 DM pro Jahr steigern. Der personelle Mehraufwand beträgt 5.000 DM pro Jahr.

Durch Müllvermeidung und Erschließung weiterer Verwertungsmöglichkeiten konnte das Gewerbemüllaufkommen in den letzten Jahren drastisch vermindert werden. Allein von 1994 auf 1995 erfolgte eine Reduzierung um 60 %, woraus eine Kosteneinsparung von ca. 35.000 DM pro Jahr resultiert.

Reduzierung der Kosten für Transport und Verkehr

Die Beschaffung zusätzlicher Gefahrstoffcontainer für die Holzfertigung entlastete nicht nur das Gefahrstofflager, sondern half auch, die Transporte von gefährlichen Gütern zu verringern. Die Investition von 82.000 DM erbringt eine Einsparung von ca. 2.400 DM pro Jahr.

Reduzierung des Verpackungsmaterials

Die Gitterboxen für den Teiletransport werden nicht mehr mit Wellpappe ausgekleidet, die nach Gebrauch entsorgt und ersetzt werden muß. Statt dessen wurden sie mit wiedereinsetzbaren Kunststoff-Auskleidungen versehen. Dadurch konnte der Materialverbrauch und die Entsorgungsmenge reduziert werden. Außerdem ist das Handling der Verpackung einfacher geworden. Die Investition von 8.370 DM erbringt eine Kosteneinsparung von ca. 4.500 DM pro Jahr.

Bei den Produkten wurde die Verpackung der Bürostühle von Karton auf eine Staubschutzhülle aus PE-Folie umgestellt. Neben der Reduzierung der Materialkosten ist hier vor allem der reduzierte Arbeitsaufwand und die damit verbundene Senkung der Lohnkosten von Bedeutung. Die Einsparung beläuft sich auf ca. 340.000 DM pro Jahr.

6 Gewünschte politische Maßnahmen

Die wichtigsten politischen Maßnahmen und Ziele, die das Unternehmen für die weitere Verbesserung des Umweltschutzes für notwendig hält, sind:

- Die Schaffung von steuerlichen Anreizen für umweltorientierte Unternehmen
- Die Förderung von ökologisch sinnvollen Projekten in Fertigung und Produktentwicklung
- Die Vereinfachung des Umweltrechts durch Reduzierung der Gesetzesflut und Einführung von europaweit geltenden Standards
- Die Abschaffung ökologisch unsinniger Subventionen
- Eine ökologische Steuerreform

9 Wilkhahn, Wilkening + Hahne GmbH + Co

Wilkhahn

Firma:	Wilkhahn, Wilkening + Hahne GmbH+Co
Anschrift:	Postfach 2070 31844 Bad Münder
Ansprechpartner:	Herr Konrad Sander
Telefon:	(05042) 999 - 286
Telefax:	(05042) 999 - 497
Branche:	Möbelindustrie
Produktpalette:	Sitzmöbel und Tische für Büros, Möbeldienstleistungen
Beschäftigtenzahl:	620 Mitarbeiter
Literatur:	B.A.U.M.-Erhebungsbogen Ökologische Briefe Nr. 49, 1995 Arbeit und Ökologie Nr. 1, 1996 Wilkhahn Grün, Umweltbericht 1995 Ökobilanz 1993, Kostensenkung durch neue Verpackungslösungen, Vortragsskript zur Fachtagung „Betriebliche Umweltkosten - Erfassung und Reduzierung“ am 9.5.1996 in Bremen

> „Alwin Toffler schreibt, daß im nächsten Jahrtausend nur die Unternehmen überleben werden, die zwei Voraussetzungen haben: ökologische Produkte und die Zustimmung der Menschen.
>
> Damit ist auf eine einfache Formel gebracht, was uns bei Wilkhahn leitet.“

Die Wilkhahn, Wilkening + Hahne GmbH+Co hat ihre Unternehmensphilosophie sowohl hinsichtlich ihrer Produktpalette als auch im Hinblick auf ihre Organisationsstruktur ökologisch ausgerichtet. Als verpflichtende Maxime wird die „Wahrhaftigkeit der Produkte“ betrachtet, unter der die „Forderung nach hoher Dauerhaftigkeit und die Absage an verschwenderischen Überfluß“ verstanden wird. Im Jahr 1989 wurde in einen Grundsatzpapier „"grünes Licht" für eine grundlegende ökologische Transformation des gesamten Unternehmens“ gegeben und festgelegt, „daß im Zweifelsfall "der ökologische Aspekt höheren Stellenwert hat als schneller Gewinn"“.

Das Managementmodell von Wilkhahn wurde 1996 als richtungsweisend für eine ökologisch-soziale Unternehmensstruktur mit dem Umweltpreis der Deutschen Bundesstiftung Umwelt ausgezeichnet.

1 Umweltleitlinien

Das Unternehmensleitbild zum Umweltschutz von Wilkhahn lautet:

> Wilkhahn produzierte schon vor über drei Jahrzehnten Möbel, die ein wesentliches ökologisches Grunderfordernis erfüllten: Hohe Gebrauchsdauer bei sparsamem Materialaufwand.
>
> Zu den Forderungen nach Form, Funktion und Langlebigkeit ist seit Ende der 80er Jahre die Umweltverträglichkeit als dritte Vorgabe für Designer und Konstrukteure gekommen.
>
> Seit dieser Zeit wird die ökologische Neuorientierung des Unternehmens systematisch betrieben. Die Motive sind:
>
> 1. Moralische Grundlage der Unternehmenspolitik
> 2. Verantwortung gegenüber der Gesellschaft
> 3. Langfristige Unternehmenssicherung.

2 Organisation des Umweltschutzes

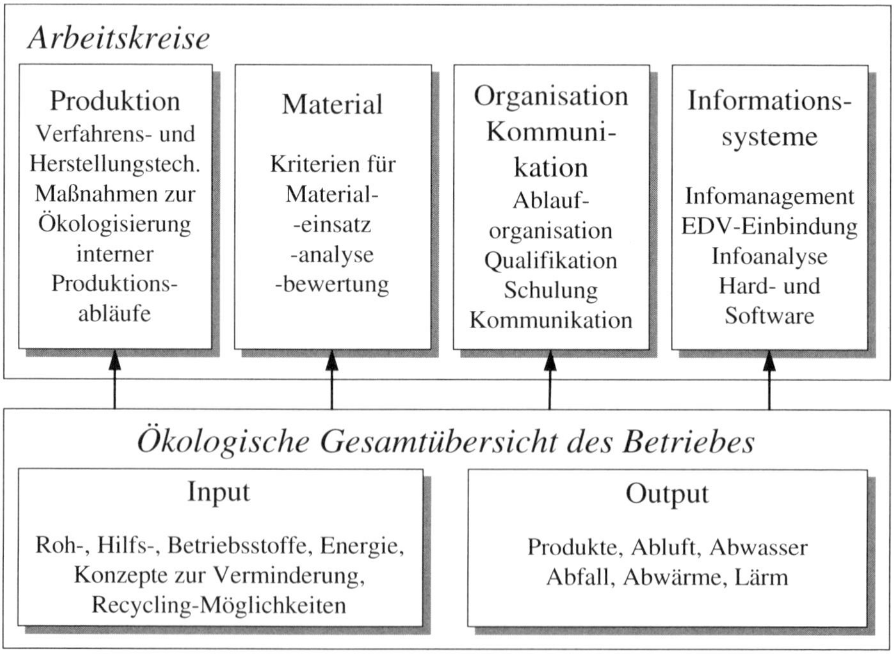

Abb. 7: Projektbezogene Arbeitskreise bei Wilkhahn

Das Umweltmanagement ist bei Wilkhahn auf oberster Ebene in das Produktmanagement eingebunden und besteht aus zwei hauptamtlichen Personen. Dazu gibt es Betriebsbeauftragte für Abfall, Gewässerschutz, Brandschutz und eine Fachkraft für Arbeitssicherheit.

Der Umweltschutz ist aber auch in die Arbeitnehmervertretung integriert. So wurde vom Betriebsrat ein „Betriebsratsausschuß Ökologie" gebildet, der aus einem Betriebsratsmitglied, je zwei Beschäftigten aus der Produktion und dem Umweltmanagement und einem Beschäftigten aus dem Marketing besteht. Neben der Beratung aller innerbetrieblichen Umweltschutzangelegenheiten vergibt dieser auch einen betrieblichen Umweltpreis. Sieben „Öko-Obleute" gewährleisten den ständigen Kontakt zwischen Umweltmanagement und den Beschäftigten in der Produktion.

Umweltschutzmaßnahmen werden projektbezogen bearbeitet, wofür jeweils Arbeitskreise mit kompetenten Mitarbeiterinnen und Mitarbeitern aus den Fachabteilungen und einer Person aus dem Umweltmanagement gebildet werden. Im Rahmen des Projekts Öko-Controlling wurden vier interdisziplinäre Arbeitskreise eingerichtet, die sich mit den unterschiedlichen Aspekten des Ökocontrolling auseinandersetzten (siehe Abb. 7).

3 Umweltprogramm

Das Umweltprogramm von Wilkhahn läßt sich durch eine umfassende Implementierung von Öko-Controlling als „Instrument der strategischen Unternehmensführung" charakterisieren. Wichtige Aspekte sind:

- Gebaute Umwelt: Die Firmenarchitektur - Ökologie, Ökonomie, Ästhetik, Humanität als Vorgaben
- Bestandsaufnahme - Stoff-, Energie- und Prozeßanalyse sowie Materialkatalog und -bewertung
- Interne und externe Kommunikation - Mitarbeiter und Öffentlichkeit
- Design - Ökologische Vorgaben für die Produktentwicklung
- Produktverantwortung - Was nach dem Verkauf geschieht

Jedem dieser Aspekte ist im Umweltbericht „Wilkhahn Grün" ein Kapitel gewidmet, in dem ausführlich auf die Aktivitäten des Unternehmens zu diesen Punkten eingegangen wird.

4 Ökobilanz

Wichtiger Bestandteil des Öko-Controlling war die Erstellung einer Ökobilanz, in der detailliert die Stoff- und Energieflüsse im Unternehmen erfaßt wurden. Dazu gehören der Verbrauch von Energie und Wasser, der Eingang an Materialien, Hilfs- und Betriebsstoffen, Fahrten und Transporte sowie die Emissionen in Form von Abfällen und Abluft. Die Bewertung aller Input- und Outputfaktoren nach ihrer ökologischen Relevanz ist die Grundlage, um ökologische Schwachstellen zu finden und durch geeignete Maßnahmen zu beheben.

5 Kostensenkende Umweltschutzmaßnahmen

Wilkhahn hat durch die hier vorgestellten Umweltschutzmaßnahmen über 100.000 DM pro Jahr an Kosten eingespart. Nicht berücksichtigt sind die erzielten Umsätze und Gewinne, die aus der umweltbewußten Unternehmensphilosophie resultieren.

Einsparung von Roh-, Hilfs- und Betriebsstoffen

Lackreste und Lackschlämme, die bei der Verarbeitung anfallen, werden nach einer Vereinbarung vom Hersteller zurückgenommen und von diesem zu Grundierlack aufbereitet. Dieser wird wieder an Wilkhahn geliefert und zu Grundierung verarbeitet. Die Beschaffungskosten für das recycelte Produkt liegen um mehr als 50 % unter dem Preis für ein Neuprodukt. Gleichzeitig entfallen die Kosten für die Entsorgung der Lackschlämme auf der Sondermülldeponie. Zusammen mit den Preisvorteilen, die sich aus dem Kauf der Lacke in Großgebinden und Mehrwegcontainern ergeben, summieren sich die Einsparungen auf ca. 40.000 DM pro Jahr.

Reduzierung der Wasser- der Abwasserkosten

In der Produktion wird nur noch mit geschlossenen Wasserkreisläufen gearbeitet. Der Restverbrauch an Wasser beträgt dadurch 450 m^3 pro Jahr (zum Vergleich: 4000 m^3 pro Jahr Wasserverbrauch im Sanitärbereich).

Reduzierung der Entsorgungskosten

Mit einem konsequenten Abfallwirtschaftskonzept reduzierte Wilkhahn sein Abfallaufkommen. Der trotz Abfallvermeidung anfallende Restmüll wird in 34 verschiedenen Reststoff-Fraktionen erfaßt. Diese Abfalltrennung führte von 1993 auf 1994 zu einer Reduktion der Gesamtabfälle von 422 auf 287 Tonnen. Die Ersparnis belief sich auf eine Summe von über 20.000 DM. Dazu kommen Erlöse aus dem Verkauf von 45 Tonnen Eisen- und 870 kg Aluminiumschrott, 11 Tonnen PE-Folie und 12 Tonnen Leder- und Stoffresten. Das Sondermüllaufkommen wurde von 50 auf 8 Tonnen, der Siedlungsabfall von 220 auf 107 Tonnen reduziert. Zur Durchführung der Abfalltrennung mußten Sammelcontainer und Abfallbehälter für Privatabfälle angeschafft werden, für die eine Investition von 23.000 DM erforderlich war.

Eine neue Lackieranlage mit einer Investition von 1,6 Mio. DM erbrachte neben der Reduktion des Verbrauchs an Lösemitteln um ca. 80 % eine Verminderung des anfallenden Lackschlamms von 13 auf 6,5 Tonnen.

Wegen der Rücknahme und Aufbereitung der Lackschlämme durch den Hersteller müssen die Lackschlämme nur noch in geringem Umfang als Sondermüll entsorgt werden. Außerdem entfällt wegen der Anlieferung in Mehrwegcontainern die Entsorgung der leeren Lackgebinde.

Reduzierung des Verpackungsmaterials

Um die Transportverpackung für Bürostühle so minimal wie möglich zu gestalten, beschränkt sich Wilkhahn auf die Verpackung mit einer recycelbaren Staubschutzhülle und einem Pappschutz für die Fußkreuze. Der Verpackungsaufwand und die Verpackungskosten reduzierten sich durch diese einfache Maßnahme erheblich.

Für den Transport von Tischplatten, die wegen ihrer empfindlichen Oberfläche beim Transport besonders geschützt werden müssen, wurde von Wilkhahn eine neuartige, umweltverträgliche Mehrwegtransportverpackung entwickelt. Im Gegensatz zu den früher verwendeten Verpackungen aus Karton und Luftpolsterfolie besteht die neue Verpackung aus einer Verpackungshülle aus Jute, Baumwolle und Flachs. Sie hat einen sehr geringen Materialaufwand, besteht ausschließlich aus nachwachsenden Rohstoffen, kann bis zu 60 mal wiederverwendet und am Ende zur Entsorgung einfach kompostiert werden. Im Vergleich zur herkömmlichen Verpackung reduzieren sich die Kosten pro verpackter Tischplatte von 9,30 auf 2,75 DM (bei 60 Umläufen). Die Kostenersparnis summiert sich dadurch auf ca. 41.000 DM pro Jahr, wobei die Ersparnis an Lohnkosten wegen des geringeren Zeitaufwandes beim Verpacken nicht mitgerechnet wurde. Für die Anschaffung der Mehrwegverpackungen mußten etwa 82.500 DM aufgewendet werden.

Bei einer Tischart ist diese Verpackungshülle nicht anwendbar und es mußte für diesen Tisch eine spezielle Mehrweg-Kartonverpackung entwickelt werden. In der Praxis kommen bisher allerdings nur sehr wenige Verpackungen zurück und diese sind zum Teil so beschädigt, daß sie nicht wiederverwendet werden können. Würden auch hier 60 Umläufe erreicht, reduzierten sich die Verpackungskosten um 80 % und der Arbeitsaufwand beim Verpacken um 30 %.

Nach Übereinkunft mit dem Hersteller wurde die Anlieferung von lösemittelarmen Lacken von 25 kg Einweggebinden auf 800 kg Mehrwegcontainer umgestellt. Dies führte zu einem Preisvorteil von 25 % und erspart auch die Entsorgungsgebühren für die leeren Lackgebinde.

6 Gewünschte politische Maßnahmen

Die wichtigsten politischen Maßnahmen und Ziele, die das Unternehmen für die weitere Verbesserung des Umweltschutzes für notwendig hält, sind:

- Nachhaltiges Wirtschaften
- Konsequente Programme zur CO_2-Reduzierung
- Einführung von Öko-Steuern
- Rücknahmeverpflichtung für Hersteller

Chemie, Druck und Papier

AURO-Pflanzenchemie GmbH

Axel Springer Verlag AG

dy-pack Verpackungen Gustav Dyckerhoff GmbH

Hartmann Verpackung GmbH

Henkel KGaA

Hoechst Trevira GmbH & Co KG

Holborn Europa Raffinerie GmbH

Verlagsgesellschaft Madsack GmbH & Co.

Mohndruck Graphische Betriebe GmbH

Novartis AG

Nycomed Arzneimittel GmbH

Papier- und Kartonfabrik Varel GmbH & Co. KG

Peguform-Werke GmbH

Rahning GmbH & Co. KG

Salus-Haus GmbH & Co. KG

Felix Schoeller Holding GmbH & Co. KG

Schoeller Plast Industries GmbH

Schülke & Mayr GmbH

Schwarz Pharma AG

Wella AG

Zipperling Kessler & Co / Ormecon Chemie

10 AURO-Pflanzenchemie GmbH

Firma:	AURO-Pflanzenchemie GmbH
Anschrift:	Werk Braunschweig Alte Frankfurter Straße 211 38122 Braunschweig
Ansprechpartner:	Herr Helmut Nieder
Telefon:	(0531) 28 141 - 0
Telefax:	(0531) 28 141 - 61
E-Mail:	AuroBS@t-online.de
Internet:	http://www.auro.de
Branche:	Chemische Industrie
Produktpalette:	Naturfarben und -lacke
Beschäftigtenzahl:	39 Mitarbeiter
Literatur:	B.A.U.M.-Erhebungsbogen Umweltbericht 1994

Ökologie war bereits ein zentraler Impuls bei der Gründung der AURO-Pflanzenchemie GmbH und verleiht mit vier anderen umweltrelevanten Faktoren dem Unternehmenskonzept eine besondere Ausstrahlung und Bedeutung. Nach Überzeugung von AURO zwingt uns das Gesetz der Massenerhaltung dazu, nicht nur die Endlichkeit der stofflichen Quellen, sondern auch die der stofflichen Senken in die Produktionskonzeption einzubeziehen. Als Folge verzichtet das B.A.U.M.-Mitgliedsunternehmen soweit wie möglich auf den Einsatz nichtregenerativer Rohstoffe. Wegen der Vorreiterrolle als ökologischer Pionierbetrieb wurde 1994 der Geschäftsführer von AURO, Herr Dr. Hermann Fischer, mit dem B.A.U.M.-Umweltpreis ausgezeichnet.

1 Umweltleitlinien

Folgende Motive begründen die Wahl naturnaher, möglichst regenerativer Rohstoffe:

1. Modernes Unternehmertum kann nicht mehr auf den lediglich kurzfristigen Erhalt der eigenen Produktionsgrundlagen setzen, sondern hat für die langfristige Durchführbarkeit und Zumutbarkeit seiner Methoden die Verantwortung zu tragen.

2. Eine Verbesserung der toxikologischen, physiologischen und psychologischen Situation wird angestrebt.
3. Ziel ist es, ausgerechnet auf einem der zentralen Felder der chemischen Industrie konkrete Alternativen sichtbar zu machen und als durchführbar und praktikabel zu demonstrieren.
4. Der Beweis ist anzutreten, daß heute konsequente Ökologie in einem modernen Industrieunternehmen nicht nur in der Theorie oder in einer aus anderen Quellen wirtschaftlich subventionierten Praxis Bestand hat, sondern auch in aller Eigenständigkeit und Unabhängigkeit wirtschaftlich erfolgreich sein kann.

2 Organisation des Umweltschutzes

Die Umweltorganisation ist bei AURO durch eine sehr flache Hierarchie gekennzeichnet - von der Geschäftsführung direkt über die Abteilungsleiter an die Belegschaft und umgekehrt. Dadurch wird eine schnelle und effektive Umsetzung aller Beschlüsse ermöglicht. Zusätzlich hat sich ein „Öko-Kreis" etabliert, der sich aus einem Geschäftsführer, dem Betriebsmeister, einem Mitglied des Betriebsrates, dem Betriebsschlosser und einer Mitarbeiterin aus dem Bereich Vertrieb und EDV zusammensetzt und direkt an die Geschäftsleitung angebunden ist. Zu seinen Aufgaben gehört es, dafür zu sorgen, daß die Umweltleitlinien eingehalten und ständig aktualisiert werden. Weiterhin wird von ihm der gesamte Informationsaustausch im Unternehmen koordiniert (siehe Abb. 8).

3 Umweltprogramm

Die Fragen nach dem gesellschaftlichen und individuellen Sinn eines Produktes sowie nach seinen kurz-, mittel- und langfristigen Auswirkungen auf Anwender, Mitwelt, Gesellschaft und Umwelt sind für AURO die entscheidenden Kriterien bei seinen Produkten. Deshalb wurde eine „Schwarz-Weiß-Checkliste" erstellt, die zur ersten Beurteilung von neuen Produktideen dient. Ausschließungsgründe für Produktideen sind danach:

a) Wegwerfcharakter / kurze Gebrauchsphase
b) Gewaltcharakter (Ausübung direkter und indirekter Gewalt als Gebrauchsziel)
c) petrochemische Grundstoffe
d) energieintensive Herstellung
e) giftige Vorprodukte und Inhaltsstoffe
f) unphysiologische Sinneswirkung
g) schwer abbaubare Inhaltsstoffe

Durch hervorstechende Positivmerkmale kann ein geplantes AURO-Produkt allerdings auch eine besondere Förderung erfahren. Förderungsgründe sind:

a) Regionalisierung / geringer Transportaufwand
b) Erhöhung der Ergiebigkeit
c) Konversion zu ökologisch optimierten Rohstoffen

d) Verbesserung der Haltbarkeit und Reparaturfreundlichkeit
e) Verbesserung wohnbiologischer Faktoren
f) Verbesserung der humanbiologischen Verträglichkeit
g) sinneshygienische Vorteile
h) Schadstoff-Vermeidung im Brandfall
i) Verbesserung der Kompostierbarkeit

Die grundsätzliche Entscheidung für natürliche, bevorzugt nachwachsende Rohstoffe bedeutet nicht, daß nicht trotzdem weitgehende Optimierungen des ökologischen, sozialen, technologischen oder ökonomischen Leistungsprofils möglich sind oder daß die Produkte aus Prinzip keine Gefährdungspotentiale besitzen. Es werden deshalb ständige Analysen und Verbesserungen der Produktlinien vorgenommen, um alle Umweltauswirkungen weiter zu minimieren.

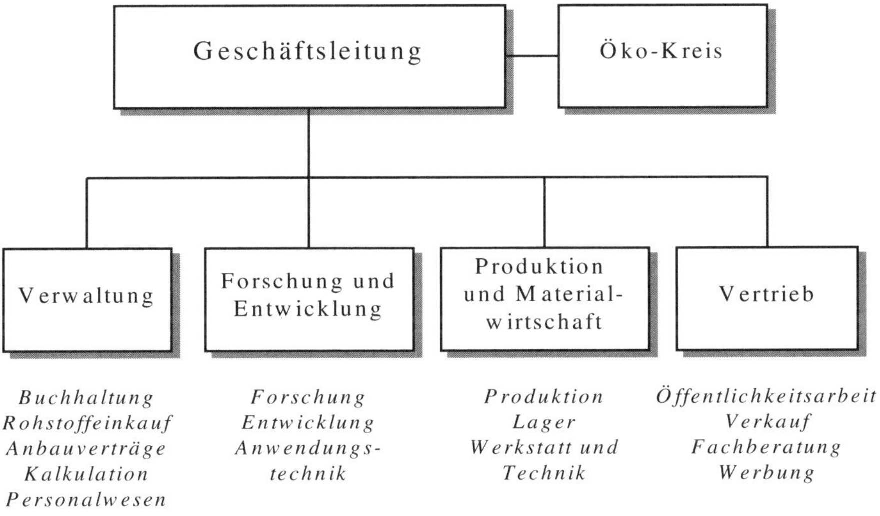

Abb. 8: Die Umweltschutzorganisation bei AURO

4 Kostensenkende Umweltschutzmaßnahmen

AURO hat durch drei Umweltschutzmaßnahmen die Kosten um ca. 16.000 DM pro Jahr verringert. Der weitaus größere Teil der Maßnahmen ist allerdings entweder zur Zeit noch nicht bezifferbar oder läßt sich nicht durch meßbare Einsparungen belegen, da sich diese im Rahmen der ökologischen Produktgestaltung und der Vermeidung von Umweltschäden bewegen.

Einsparung von Roh-, Hilfs- und Betriebsstoffen

Der Bedarf an Leinöl als wichtigem Bindemittel kommt aus regionaler Produktion und zur Hälfte aus kontrolliert-biologischem Anbau, um dadurch ein nachhaltiges Wirtschaften durch Schonung der Ressourcen und den Verzicht auf den Einsatz von Fungiziden, Pestiziden, Herbiziden und Kunstdüngern langfristig zu gewährleisten. Der höhere Rohstoffeinstandspreis müßte mit den geringeren ökologischen und sozialen Folgekosten im Vergleich zur Erzeugung konventioneller Leinöle verrechnet werden. Meßbare Einsparungen können heute noch nicht belegt werden.

Der gesamte Papiereingang und -ausgang wurde erfaßt und bilanziert. Auf Grundlage dieser abteilungsweisen Erfassung konnten die Mengen an Druckerzeugnissen dem tatsächlichen Bedarf angepaßt und Einsparungen bei den Druckkosten in Höhe von ca. 2.000 DM pro Jahr erzielt werden.

Reduzierung der Wasser- und Abwasserkosten

Durch die Installierung von Wasseruhren zur abteilungsbezogenen Bilanzierung des Wasserverbrauchs und den Bau einer Regenwassertankanlage konnte der Trinkwasserverbrauch reduziert werden.

Das Regenwasser wird zur Kühlung der Perlmühlen, einer wichtigen verfahrenstechnischen Anlage zum Feinmahlen und Dispergieren von Pasten und Lacken, genutzt. Durch diese Kreislaufführung konnten der Trinkwasserverbrauch um etwa 20 % und die Wasser- und Abwasserkosten um ca. 14.000 DM pro Jahr verringert werden. Die Investition belief sich auf etwa 38.000 DM. Weitere Einsparpotentiale in anderen Abteilungen werden erwartet.

Zur Erhöhung der Regenwasserinfiltrationsrate werden PKW-Parkflächen von ca. 600 m^2 entsiegelt und mit Rasengittersteinen ausgebaut. Zusätzlich werden neue Gebäude mit einem Gründach versehen. Das Versickern von Regenwasser vor Ort entlastet die städtische Abwasseraufbereitung und verbessert das Mikroklima.

Da die Einsparungen an Regenabwassergebühren mit ca. 700 DM pro Jahr recht gering sind, muß die Entsiegelung bei den hohen Rückbaukosten im Zusammenhang mit sonstigen Baumaßnahmen gesehen werden.

Reduzierung der Energiekosten

Mit der detaillierten Erfassung der aufgewendeten Energien und der Erstellung von Produktbilanzen für Wandfarbe und Naturharzöl-Imprägniergrund sollen Einsparpotentiale erkannt werden, um Primärenergie einzusparen. Zur Zeit sind noch keine Ergebnisse quantifizierbar.

Reduzierung des Verpackungsmaterials

Die Mehrfachnutzung von Gebinden führt zu erheblichen Rohstoffeinsparungen im Metallbereich und bei Kunststoffen. Hierfür wird das bestehende Pfandsystem für Kleber, Wandfarbe u.a. durch Einbeziehung weiterer Gebindearten ausgebaut. Mit Hilfe der ersten Gebindewaschanlage werden die vorhandenen Gebinde gereinigt und der Wiederbefüllung zugeführt. Die Kostenwirkung dieses Systems ist bisher noch nicht erfaßt worden.

11 Axel Springer Verlag AG

Firma:	Axel Springer Verlag AG
Anschrift:	Axel-Springer-Platz 1 20350 Hamburg
Ansprechpartner:	Herr Florian Nehm
Telefon:	(040) 347 - 262 12
Telefax:	(040) 347 - 261 30
E-Mail:	umwelt@asv.de
Branche:	Medien
Produktpalette:	Zeitungen, Zeitschriften, Bücher, Neue Medien
Beschäftigtenzahl:	12.350 Mitarbeiter (1996)
Literatur:	B.A.U.M.-Erhebungsbogen, Ökologische Einblicke, Umweltbericht 1994, (Aktualisierung Sept. 97)

Als Medienhaus sieht sich die Axel Springer Verlag AG in einer besonderen Verantwortung gegenüber dem Umweltschutz, denn sie muß „beobachten, mahnen und auf Mißstände aufmerksam machen“.

> „Wir wollen mit gutem Beispiel vorangehen. In der Berichterstattung für unsere Leser, Zuhörer und Zuschauer ebenso wie bei Maßnahmen für den Umweltschutz. Dazu bedarf es unserer Kreativität und unseres Willens, ökologische Verbesserungen zu erkennen und zu unterstützen.“ (Vorstandsvorsitzener Dr. Jürgen Richter, Umweltbericht 1994)

Seit Dezember 1995 ist der Druckstandort Ahrensburg des Axel Springer Verlages als erste Druckerei Europas nach der EG-Öko-Audit-Verordnung validiert. Seit Ende 1996 sind auch die Standorte Darmstadt und Berlin-Spandau validiert.

1 Umweltleitlinien

Bei der Umsetzung seiner unternehmerischen Ziele orientiert sich der Axel Springer Verlag an den Erfordernissen des Marktes ebenso wie an den Bedürfnissen der

Umwelt. Erreicht werden soll höchste publizistische, technische *und* ökologische Qualität aller produzierten Titel. Folgende Grundsätze stützen dieses Ziel:

- Schärfung des Umweltbewußtseins bei Lesern, Geschäftspartnern und Mitarbeitern.
- Förderung schonender Rohstoffgewinnung durch Einflußnahme bei Lieferanten.
- Einsatz öko-effizienter Technologien und Stoffe in allen Unternehmensbereichen zur Umweltschonung, Sparsamkeit und Wiederverwertbarkeit.
- Vermeidung bzw. Verringerung der Umweltbelastung durch Reduktion von Energie und Wasserbedarf, Emission und Abfall.

2 Organisation des Umweltschutzes

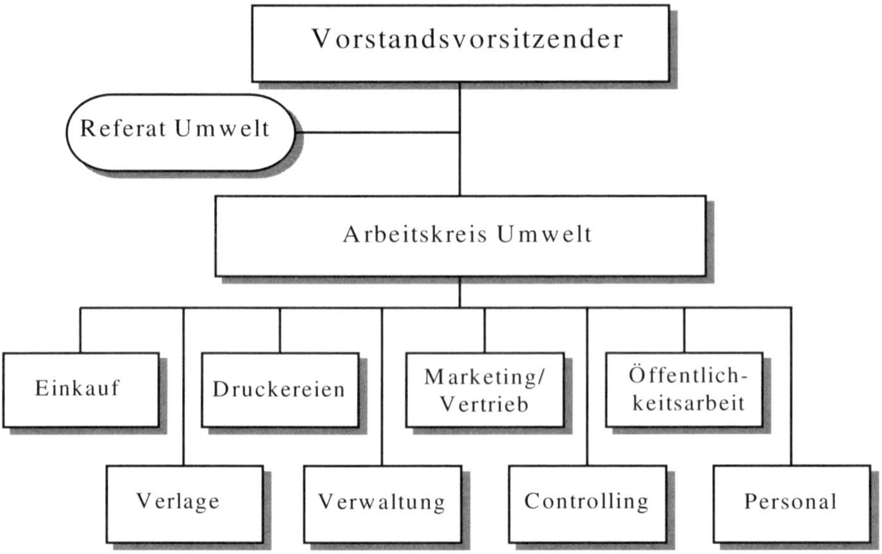

Abb. 9: Die Organisation des Umweltschutzes beim Axel Springer Verlag

Im Arbeitskreis Umwelt, der vom Vorstandsvorsitzenden geleitet wird, diskutieren die Leiter der betroffenen Bereiche über Umweltfragen und beschließen die erforderlichen Lösungen. Die Maßnahmen werden dann von kleinen Arbeitsgruppen in den Fachabteilungen realisiert. Eine Stabsstelle „Referat Umwelt" ist dem Vorstandsvorsitzenden zugeordnet. Sie hat die Aufgabe, das Umweltbewußtsein im Unternehmen zu fördern, Umweltverbesserungen zu untersuchen, den Dialog mit Fachleuten und Umweltorganisationen zu führen und die Umweltmaßnahmen zu koordinieren (siehe Abb. 9).

In den Druck- und Verlagsstandorten bestehen Ausschüsse für Arbeitssicherheit und Umwelt. Neben den Themen Abfall, Immissionsschutz, Brandschutz und Gefahrgut sind sie auch für die Arbeitssicherheit zuständig. In den Redaktionen sind eigene Redakteure mit Umweltthemen befaßt.

3 Umweltprogramm

Im Umweltbericht 1994 hat der Axel Springer Verlag folgende Ziele festgelegt:

- Ausbau eines differenzierten Umweltdatensystems (Umweltcontrolling)
- Zertifizierung weiterer Standorte
- Mehr ökologische Beschaffungskriterien für Druckpapier und Druckfarbe
- Bessere Energieeffizienz
- Verbesserung der Ökoeffizienz im Papier- und Pressetransport

4 Ökobilanz

Eine Stoff-Fluß-Analyse war für den Axel Springer Verlag der erste Schritt bei der Erhebung von Umweltdaten. Inzwischen wird in einer betrieblichen Ökobilanz der In- und Output aller Stoff- und Energieströme erfaßt.

5 Kostensenkende Umweltschutzmaßnahmen

Zahlreiche Maßnahmen mit positiver Wirkung auf die Umwelt haben in den vergangenen Jahren auch Einsparungen von Kosten ermöglicht. Eine Reihe von Initiativen gehen auf Vorschläge engagierter Mitarbeiter zurück.

Einsparung von Roh-, Hilfs- und Betriebsstoffen

Wichtigster Rohstoff für den Axel Springer Verlag ist Papier. Um auch ökologisch zu wirtschaften, hat der Axel Springer Verlag „Waldnutzungsstandards“ entwickelt. Der Verlag achtet auf deren Umsetzung durch seine Papierlieferanten. Die Standards umfassen sechs Anforderungen:

1. Sicherung der Waldmenge und -produktivität
2. Vielfalt der Arten im Wald (Biodiversität)
3. Fortentwicklung ökologischer Bewertungssysteme
4. Förderung der Umweltforschung
5. Rücksicht auf Ureinwohner
6. Verbesserung der Information

Parallel zu diesen Aktivitäten wird die Ressourceneffizienz durch eine Reduktion des Papiergewichts verbessert. Rund 2/3 der eingesetzten Druckpapiere enthalten Altpapier.

Ein weiterer wichtiger Rohstoff sind die Druckfarben. Mengen an Farbrückständen, die früher teuer entsorgt werden mußten, werden jetzt gesammelt und in einer speziellen Anlage der Farbe Schwarz zugemischt. Dabei kann der Anteil an Farbrückständen (Buntfarben) bis zu 5 % betragen, ohne daß sich am Grundton von Schwarz etwas ändert. Die Rückgewinnung von jährlich 13 Tonnen Farbe führt zu einer Einsparung von ca. 65.000 DM pro Jahr am Standort Ahrensburg. Die Investitionssumme in Höhe von 90.000 DM hat sich nach 1,4 Jahren amortisiert.

Ohne Investition und ohne negative Auswirkungen auf das Produkt konnte die Rollenbreite von Papier in der Offsetdruckerei in Ahrensburg um 3 mm reduziert werden. Diese Maßnahme ermöglicht die Einsparung von jährlich ca. 1.400 Tonnen Papier.

Durch die Reduzierung der Druckplattenbreite von 396 auf 384 mm werden am Standort Ahrensburg ohne Qualitätsverlust oder Produktionseinschränkung jährlich 11 Tonnen Aluminium eingespart. Die Investition in Höhe von 35.000 DM amortisierte sich bereits nach wenigen Monaten.

In der Zeitschriftendruckerei Ahrensburg wurden die alten Kältemaschinen durch neue Rotationsverdichter mit dem umweltfreundlichen R 134 a-Kältemittel ersetzt. Dadurch sinkt das Potential zur Förderung des Treibhauseffekts. Die Anlage ist kostenneutral.

Reduzierung der Wasser- und Abwasserkosten

Die Installation einer Abwasserreinigungsanlage am Standort Ahrensburg reduziert die Abwassermenge aus der Hochdruckreinigung um 80 %. Das wurde durch die Weiterentwicklung einer Nanofiltrationsanlage (Querstromfiltration) möglich. Die notwendige Investition amortisierte sich innerhalb von 4 Jahren.

Die Herstellung von Druckzylindern für die Tiefdruckerei in Ahrensburg wurde von Filmverarbeitung auf Direktgravur umgestellt. Dadurch konnte der Wasserbedarf um ca. 35.000 m^3 bzw. 10 % gegenüber dem Vorjahr reduziert werden.

Reduzierung der Energiekosten

Im Druckhaus Spandau (Berlin) wurde ein erdgasbetriebenes Blockheizkraftwerk mit einer elektrischen Leistung von 1 MW installiert. Damit kann der Wärmebedarf gedeckt werden und gleichzeitig der Strombezug vom öffentlichen Energieversorger um 60 % bzw. 7,0 GWh pro Jahr gesenkt werden. Neben den geringeren Emissionen dank des höheren Wirkungsgrads können auch Energiekosten in Höhe von ca. 850.000 DM pro Jahr eingespart werden. Die Investitionssumme betrug 5 Mio. DM und amortisiert sich nach etwa 6 Jahren.

Im Druckhaus Spandau wurden 4 Druckluftkompressoren von je 200 kW steuerungstechnisch so in den Produktionsprozeß eingepaßt, daß Leerläufe energiesparend minimiert werden.

Reduzierung der Entsorgungskosten

Am Standort Ahrensburg werden die Waschmittel zum Reinigen der Druckmaschinen nach Gebrauch mittels Ultrafiltration gereinigt und wiederverwendet. Die hierfür notwendige Investition betrug 405.000 DM. Durch die Reduzierung des

Waschmittelabfalls um 90 % konnten Entsorgungskosten erheblich gesenkt werden. Eine ähnliche Anlage wird im Druckhaus Berlin-Spandau installiert.

In der Zeitschriftendruckerei Ahrensburg wird der anfallende Galvanikschlamm in einer Kammerfilterpresse entwässert. Zusätzlich wird jetzt das Schlammgewicht in einer Trocknungsanlage um 50 % reduziert. Dadurch werden Entsorgungskosten gesenkt. Die Investition hat sich nach 2,4 Jahren amortisiert. Der reduzierte Transportaufwand entlastet ebenfalls die Umwelt.

Reduzierung des Verpackungsmaterials

Für Folienverpackungen wurde am Standort Ahrensburg die Folienbreite von 550 auf 500 mm reduziert. Ohne Investition können jährlich 7 Tonnen PE-Folie eingespart werden.

Für den Transport von Zeitschriften wurde im Axel Springer Verlag ein Verpackungssystem entwickelt, das ohne die früher übliche Schrumpffolie auskommt. Die Zeitschriftenstapel von etwa 30 Exemplaren werden jetzt durch einen Pappboden geschützt und nur noch mit zwei Kunststoffbändern umreift. Auch diese Maßnahme trägt zur Senkung der Kosten bei.

12 dy-pack Verpackungen Gustav Dyckerhoff GmbH

Firma:	dy-pack Verpackungen Gustav Dyckerhoff GmbH
Anschrift:	Im Ruttenberge 1 57482 Wenden-Gerlingen
Ansprechpartner:	Herr Koch
Telefon:	(02762) 920 - 115
Telefax:	(02762) 920 - 118
Branche:	Papierverarbeitung
Produktpalette:	Papiersäcke, Papiertragetaschen
Beschäftigtenzahl:	155 Mitarbeiter
Literatur:	Commerzbank/impulse-Umweltpreis Bewerbung 1994/95

Die dy-pack Verpackungen Gustav Dyckerhoff GmbH will ihre Verantwortung gegenüber der Umwelt zum Ausdruck bringen, indem sie Rohstoffe und Energie sparsam verwendet, Umweltbelastungen durch Einsatz moderner Technologien minimiert und umweltfreundliche Produkte entwickelt.

1 Organisation des Umweltschutzes

Der Umweltschutz bei dy-pack ist genauso wie das Qualitäts- und Gefahrgutmanagement als Stabsstelle direkt der Geschäftsleitung zugeordnet (siehe Abb. 10).

2 Kostensenkende Umweltschutzmaßnahmen

dy-pack erreicht durch den Einsatz einer neuen Technologie im Druckbereich Einsparungen von ca. 190.000 DM pro Jahr. Bei zahlreichen weiteren Maßnahmen ist die Kostenwirkung bisher nicht erfaßt.

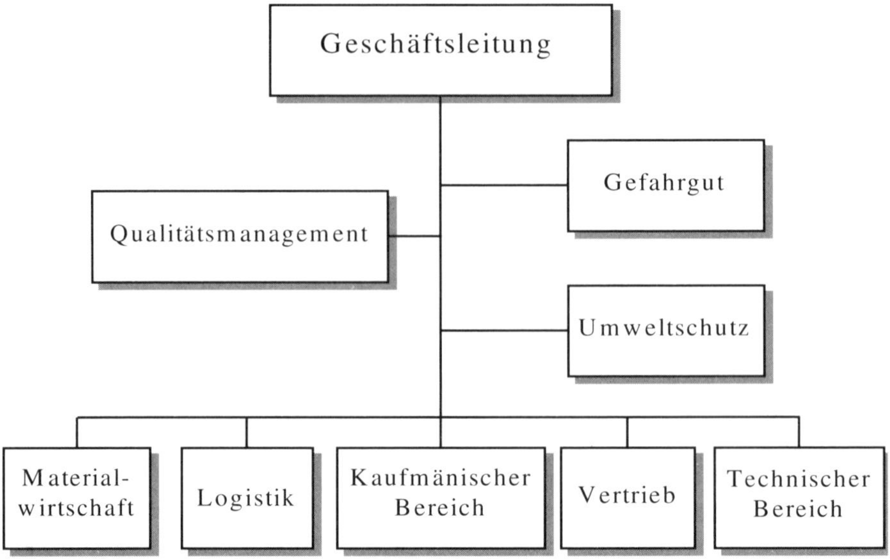

Abb. 10: Die Organisation von dy-pack

Einsparung von Roh-, Hilfs- und Betriebsstoffen

Es werden eine Vielzahl von kleinen und großen Maßnahmen zur Einsparung von Ressourcen durchgeführt, wobei eine genaue Einschätzung in Menge und Wert zur Zeit noch nicht möglich ist.

Reduzierung der Wasser- und Abwasserkosten

Neben der Verringerung der Abwassermenge durch Rückgewinnung von Druckfarben (siehe unten) wird aufgefangenes Regenwasser in Sanitäranlagen eingesetzt. Zahlen zu der eingesparten Wassermenge liegen noch nicht vor.

Reduzierung der Energiekosten

Im gesamten Betriebsbereich werden neueste, energiesparende Technologien eingesetzt wie z.B. in der Heiztechnik und bei der Beleuchtung. Die dadurch eingesparten Kosten sind bisher nicht beziffert.

Reduzierung der Entsorgungskosten

Hergestellte Papiersäcke werden mit wasserlöslichen, bzw. wasserverdünnbaren Farben in einer Rotations-Druckmaschine bedruckt. Bei einem Farbwechsel müssen die Wannen der Druckmaschine gereinigt werden.

Die Installierung einer Ultrafiltrationsanlage macht es möglich, die Farbmoleküle von den Wassermolekülen mittels einer semi-permeablen Membran zu trennen. Neben der Möglichkeit, das Wasser wieder im Kreislauf einzusetzen, fällt vor allen Dingen nur unproblematisches Abwasser an. Die physikalisch-chemische Behandlung des Reinigungswassers mit Flockungsmitteln und die anschließende Entsorgung des Farbschlammes als Sondermüll entfällt. Außerdem kann die zurückgewonnene Farbe nach Zusatz von Additiven wieder eingesetzt werden.

Der Einsatz dieser Technologie im Druckbereich vermeidet besonders überwachungsbedürftigen Lack- und Farbschlamm in einer Menge von 60 Tonnen pro Jahr, wodurch eine Kostenersparnis von ca. 110.000 DM pro Jahr erreicht wird.

Die zusätzlichen Einsparungen an Flockungsmitteln und Filterflies, die Rückgewinnung von Farbe und die Reduzierung der Abwassermenge erhöhen die mittels dieser Verfahrensumstellung erzielte Kostenersparnis um 80.000 DM auf etwa 190.000 DM pro Jahr.

Bei einer Investitionshöhe von ca. 225.000 DM beträgt die Amortisation etwas über ein Jahr.

Reduzierung der Kosten für Transport und Verkehr

Mit der Einrichtung einer Logistikstelle werden die Ladeträger besser ausgenutzt und die Fahrten optimiert. Gleichzeitig sollen die internen Transportwege minimiert werden.

Reduzierung des Verpackungsmaterials

Produktionsbedingte Papierabfälle werden als Verpackungsmaterial eingesetzt. Die sich daraus ergebenden möglichen Kosteneinsparungen sind bisher nicht ermittelt.

13 Hartmann Verpackung GmbH

Firma:	Hartmann Verpackung GmbH
Anschrift:	Postfach 5424 65729 Eschborn
Ansprechpartnerin:	Frau Christa Orth
Telefon:	(06196) 932 - 121
Telefax:	(06196) 932 - 109
Branche:	Verpackungsindustrie
Produktpalette:	Faserform-Verpackungen
Beschäftigtenzahl:	1.000 Mitarbeiter europaweit
Literatur:	B.A.U.M.-Erhebungsbogen Firmenbroschüren: Newsletter 8/1996; Hartmann informiert; Produkte aus Altpapier, Innovation und Zukunft Environmental Accounts 1995

„Umweltverantwortung gehört seit Jahren zum Selbstverständnis der Hartmann Unternehmensphilosophie. Schon lange bevor Recycling im Mittelpunkt stand, stellte Hartmann seine gesamte Produktion auf 100 % Altpapier um. Das Ergebnis: Weltweit erfolgreiche Produkte aus einem natürlichen Material, das in einem funktionierenden Kreislauf wiederverwertet wird. Motiviert durch das steigende Umweltbewußtsein, setzt Hartmann schon heute neue Akzente für eine ökologische sinnvolle Produktion und für umweltgerechte Produkte."

Im Jahr 1992 führte die Hartmann Verpackung GmbH mit Stammsitz in Dänemark[2] für die ganze Unternehmens-Gruppe eine übergreifende Umweltstrategie ein. Dabei wurden die Hauptanstrengungen des B.A.U.M.-Mitgliedsunternehmens auf die Dezentralisierung von Umweltverbesserungen gelegt, um damit sicherzustellen, daß die Motivation und Verantwortlichkeiten für die Umweltmaßnahmen innerhalb jeder Gruppen-Einheit bleiben. Seit Mai 1996 ist das Umweltmanagementsystem des Hartmann-Produktionswerks in Tønder, Dänemark, nach den Normen des British Standard 7750 zertifiziert.

[2] Brødrene Hartmann A/S, Klampenborgvej 203, DK-2800 Lyngby

1 Umweltleitlinien

Die 6 übergreifenden Maßnahmen der Umwelt-Strategie von Hartmann lauten:

1. Umwelt-Politik
   Die individuellen Einheiten der Hartmann-Gruppe sollten eine Umweltpolitik definieren, übereinstimmend mit der übergeordneten Gruppen-Umwelt-Strategie. Es mußte sichergestellt sein, daß jeder Mitarbeiter die Inhalte und Vorgaben kennt.
2. Lebenszyklus-Einschätzung
   Die individuellen Gruppen sollten in ganzheitlicher Weise den vollen Produktionsprozeß - vorher und nachher - nach Umweltgesichtspunkten optimieren.
3. Umwelt-Netzwerk
   Aufbau einer internen Organisation innerhalb jeder Gruppe zur Steuerung der Umweltaktivitäten.
4. Umwelt-Management
   Jede Gruppe sollte ihr eigenes Umweltmanagement-System etablieren, um die Durchführung der entwickelten Ziele innerhalb bestimmter Zeitvorgaben zu kontrollieren und zu gewährleisten.
5. Saubere Technologie
   Optimierung der Produktion hinsichtlich Umwelteinflüsse und Ressourcen-Verbesserung sowie Ersatz von umweltschädlichen Materialien.
6. Kommunikation und internes Training
   Die Gruppen-Einheiten sollten ihre Ziele und Ergebnisse ihren Mitarbeitern und interessierten Externen mitteilen. Darüber hinaus sorgt das Umwelt-Headoffice in ihrer Ökobilanz und im Hartmann-Newsletter für entsprechende Kommunikation. Bei Bedarf kann jede Gruppeneinheit auch interne Mitarbeiter-Trainings durchführen, um ihre Qualifikation den Anforderungen der Umweltaktivitäten anzupassen.

2 Organisation des Umweltschutzes

Bei Hartmann wurde eine zentrale Umweltabteilung, das Umwelt-Headoffice, eingerichtet, die derzeit aus vier vollen Mitarbeitern besteht. Die Vorsitzende der Umweltabteilung ist vor allem strategisch und politisch für die Hartmann-Umweltaktivitäten verantwortlich. In den einzelnen Gruppen-Einheiten sind eigene Umweltverantwortliche für die Durchführung der Umweltmaßnahmen zuständig.

3 Umweltprogramm

Mit der zentralen Umweltstrategie werden die gruppenweiten Umweltaktivitäten von Hartmann vorgegeben. Einzelne Maßnahmen werden an den jeweiligen Standorten geplant und durchgeführt.

4 Ökobilanz

Hartmann hat für seine Faserform-Verpackungen aus Tønder, Dänemark, eine sehr detaillierte Lebenszyklus-Analyse erstellen lassen. Von der Rohstoffgewinnung, den Produktionsprozessen über den Transport zum Kunden und Verbraucher bis zur Entsorgung bzw. Verwertung wurden alle Lebenszyklen der Faserform-Verpackung erfaßt und hinsichtlich ihres Umweltgefährdungspotentials in Bezug auf

- Eutrophierung
- Ozonsmog
- Saurer Regen
- Treibhauseffekt
- Abfall
- Abbau der Ozonschicht

und ihres Ressourcenverbrauchs an

- Wasser
- Erdgas
- Öl
- Kohle
- Holz

bewertet. Die Ergebnisse aus der Produkt-Ökobilanz werden zur Planung und Implementierung weiterer Umweltaktivitäten verwendet, um die Umweltauswirkungen der Faserform-Verpackungen weiter zu verringern.

5 Kostensenkende Umweltschutzmaßnahmen

Mit den hier vorgestellten Umweltschutzmaßnahmen hat Hartmann mehr als 4 Mio. DM pro Jahr eingespart bzw. erwirtschaftet.[3]

Reduzierung der Energiekosten

Im Hartmann-Werk in Tønder, Dänemark, wurde die Energieerzeugung auf ein modernes, erdgasbetriebenes Blockheizkraftwerk (BHKW) umgestellt, in dem Strom für den Betrieb und das öffentliche Netz sowie Wärme für die Produktion und das Fernwärmenetz der Stadt Tønder erzeugt wird. Dabei werden zunächst zwei Gasturbinen mit jeweils 6 MW Leistung zur Stromerzeugung benutzt. In einem Hochtemperatur-Dampfkessel wird Prozeßwärme gewonnen. Ein Niedertemperatur-Dampfkessel gibt seine Wärme an das Fernwärmenetz ab. Ergänzt wurde das System mit einer Wärmerückgewinnungsanlage, die auf dem Dampfinjektionsprinzip basiert. Dadurch kann die Sekundärwärme aus den Trockenöfen und der Turbinen-Ölkühlung zurückgewonnen werden und 14 % der Energie, die sonst als Abwärme verlorenginge, wird ebenfalls genutzt. Darüber hinaus wird

[3] Umrechnungskurs vom Dezember 1996: 100 DKK (Dänische Kronen) = 27,05 DM

restliche Abwärme in das Fernwärmenetz eingespeist, um auch diese Restenergie noch sinnvoll zu verwenden. Die Gesamtinvestition für das Kraft-Wärme-Werk belief sich auf 100 Mio. DKK oder 27 Mio. DM. Davon wurden ca. 75 % für das BHKW verwendet, 15 % kostete die Wärmerückgewinnungsanlage und 10 % mußten in die Transmissionsleitungen an die öffentliche Versorgung investiert werden. Bei einem Umsatz von jährlich 60 Mio. DKK oder 16,2 Mio. DM erwirtschaftet das BHKW einen Überschuß von 15 Mio. DKK oder 4 Mio. DM pro Jahr und amortisiert sich somit in sechs Jahren.

Reduzierung der Entsorgungskosten

In Tønder wird seit 1992 von Hartmann zusammen mit der kommunalen Verwaltung und dem örtlichen Entsorgungsunternehmen BN-Industrirenovation[4] das Projekt „Tønder Kompost" durchgeführt. Darin werden gepreßter Klärschlamm aus der kommunalen Kläranlage, gepreßte Reststoffe aus der Produktion von Faserform-Verpackungen wie De-Inkingfasern, Papierfasern und Kreide sowie Gartenabfälle aus der kommunalen Müllverwertungsstelle zusammengemischt und in großen Meilern angehäuft. Nach der Kompostierung können die Reststoffe dem Kreislauf der Natur als Dünger zugeführt werden. Der Kompost versorgt den Boden mit Calcium und Mineralien und macht aufgrund seiner porösen Konsistenz die Erde leicht und erhöht den Sauerstoffgehalt. Das Projekt „Tønder Kompost" verhindert unnötiges Anhäufen von Abfällen, trägt zu einer Wiederverwertung von Ressourcen bei und hat den zusätzlichen Vorteil, daß Kostensenkungen erzielt werden, da die traditionelle Abfalldeponierung entfällt.

---

[4] BN-Industrirenovation, Murervej 4, DK-6270 Tønder, Telefon: (+45-7472) 49 50

14 Henkel KGaA

Firma:	Henkel KGaA
Anschrift:	Henkelstraße 67 40191 Düsseldorf
Ansprechpartner:	Herr Dr. Nösler, Herr Dr. F. Ötting
Telefon:	(0211) 797 - 29 81 / - 23 12
Telefax:	(0211) 798 - 20 02 / - 44 58
Branche:	Chemische Industrie
Produktpalette:	Chemieprodukte, Oberflächentechnik, Klebstoffe/Chemisch-technische Markenprodukte, Kosmetik/Körperpflege, Wasch-/Reinigungsmittel
Beschäftigtenzahl:	ca. 9.000 Mitarbeiter in Düsseldorf-Holthausen, Deutschland: ca. 15.000, Konzern: ca. 46.000 (Stand 1996)
Literatur:	B.A.U.M.-Erhebungsbogen Umweltberichte 1992 - 1997 Henkel-Broschüre „Öko-Logistik“ Henkel-Broschüren zur Umweltpolitik

> „Henkel ist der festen Überzeugung, und daraus leitet sich der Gedanke der Öko-Leadership ab, daß das Unternehmen langfristig im Wettbewerb nur erfolgreich sein kann, wenn es weiterhin in den Umweltschutz investiert und eine Vorreiterrolle vor allem bei der Vermarktung besonders umweltverträglicher Produkte einnimmt.“

Als eines der ersten Unternehmen, das die „Charter für eine langfristig tragfähige Entwicklung“ der Internationalen Handelskammer unterzeichnet hat, bekennt sich die Henkel KGaA zu deren Grundsätzen und zum internationalen Programm der chemischen Industrie „Responsible Care“ (Verantwortliches Handeln). Mit den Grundsätzen „Umwelt- und Verbraucherschutz in der Henkel-Gruppe“ hat das B.A.U.M.-Mitgliedsunternehmen bereits 1982 erstmals eine unternehmensweit, d.h. weltweit verbindliche Umweltpolitik festgelegt. Einer der zehn Grundsätze des 1994 überarbeiteten und veröffentlichten Unternehmensleitbildes heißt: „Henkel ist das ökologisch führende Chemie-Unternehmen“. Der Vorsitzende der Geschäftsführung der Henkel KGaA, Dr. Hans-Dietrich Winkhaus, wurde 1995 vom WWF und der Zeitschrift „Capital“ auf Vorschlag von B.A.U.M. zum „Ökomanager des Jahres“ gewählt.

An den Standorten Düsseldorf-Holthausen, Herborn-Schönbach und Siegburg ist Henkel nach der EG-Öko-Audit-Verordnung validiert.

1 Umweltleitlinien

Aufgrund des Anspruchs der Öko-Leadership wurde 1995 die Umweltpolitik des Unternehmens in den „Grundsätzen und Zielen zu Umweltschutz und Sicherheit“ fortgeschrieben. Dort heißt es u.a.:

- Henkel bekennt sich als führendes Unternehmen und Spezialist für angewandte Chemie zu seiner gesellschaftlichen Verantwortung. Wir wollen Produkte und Systeme entwickeln und vermarkten, die unseren Kunden in allen Teilen der Welt einen besonderen Nutzen bieten. Neben dieser Leistungs- und Qualitätsführerschaft streben wir auch die ökologische Führerschaft (Öko-Leadership) an.
- Dazu gehört die stete Verbesserung der Sicherheit, des Umwelt- und Gesundheitsschutzes sowie der Arbeitssicherheit
- Wir setzen uns anspruchsvolle Ziele, kontrollieren den Fortschritt durch leistungsfähige Managementsysteme und machen ihn nach innen und außen sichtbar.
- Wir ermutigen unsere Vertragspartner und Lieferanten, gleiche Umweltschutz- und Sicherheitsstandards anzustreben.
- Unsere Unternehmenskultur lebt von der hohen Identifikation aller Mitarbeiter mit ihrer jeweiligen Aufgabe. Wir fördern und entwickeln ihr Verständnis für Umweltschutz und Sicherheit systematisch und in vielfältiger Weise. Wir wissen: Nur mit motivierten und kreativen Mitarbeitern können wir unseren hohen Ansprüchen gerecht werden.

Des weiteren sind die Ziele für die Bereiche Produkte, Produktion und Arbeitsschutz formuliert und die Instrumente beschrieben, die zum Erreichen dieser Ziele eingesetzt werden.

2 Organisation des Umweltschutzes

Der Umweltschutz ist bei Henkel in zwei zentrale Bereiche unterteilt, die dem für Forschung/Technik zuständigen Vorstandsmitglied unterstellt sind: Umweltschutz und Sicherheit sowie Forschung Biologie und Produktsicherheit. Beide Bereiche kooperieren miteinander und sind darüber hinaus mit den operativen Unternehmensbereichen vernetzt. Turnusmäßige Besprechungen dienen dabei dem Informationstransfer und der Koordination. Hier ist beispielsweise der Koordinationskreis Umwelt- und Verbraucherschutz zu nennen, in dem die Leiter der Anwendungstechnik/Produktentwicklung aller Unternehmensbereiche sowie die Leiter der genannten Zentralbereiche für Umweltschutz und Produktsicherheit vertreten sind. In diesem Kreis werden alle Fragen der Produktverantwortung (product stewardship) behandelt.

Zusätzlich hat Henkel den Koordinationskreis „Öko-Leadership" gegründet: Unter der Leitung des für Forschung/Technik zuständigen Vorstandsmitglieds sollen einerseits Aktivitäten initiiert und andererseits durch Koordination möglichst viel Wirkung erzielt werden. Alle Unternehmensbereiche erarbeiten gemeinsame Ziele und Maßnahmen zum Erreichen der Öko-Leadership. In diesen Kreis werden Projektvorschläge eingebracht, aus der Sicht aller Beteiligten bewertet und über ihre Realisierung entschieden. Verabschiedete Projekte koordiniert der Kreis und verfolgt die Fertigstellung. Die Projekte haben dabei nicht nur die Verbesserung der Umweltverträglichkeit von Produkten und Verfahren zum Ziel, sondern werden ergänzt durch umweltrelevante Projekte aus anderen Tätigkeitsfeldern des Unternehmens, zum Beispiel Vertrieb, Einkauf oder Logistik. So wurde beispielsweise eine Einkaufsrichtlinie beschlossen, welche die bevorzugte Zusammenarbeit mit Lieferanten vorsieht, die ein ausgeprägtes Umweltbewußtsein beweisen. Außerdem wurde ein Konzept für den Transport von Wasch-/Reinigungsmitteln auf der Schiene entwickelt.

3 Umweltprogramm

Das Umweltprogramm von Henkel ist im Umweltbericht 1997 dokumentiert. Für die Standorte Düsseldorf-Holthausen, Herborn-Schönbach und Siegburg ist es in der Umwelterklärung gemäß EG-Öko-Audit-Verordnung veröffentlicht.

4 Ökobilanzen

Produkt-Ökobilanzen werden von Henkel bereits seit mehreren Jahren erstellt. Dabei wird der gesamte Lebenszyklus eines Produktes unter Umweltaspekten untersucht. Insbesondere wurden 1995 in einer gemeinsam mit elf führenden europäischen Tensid-Herstellern durchgeführten Studie 22 wichtige Waschmittel-Tenside untersucht[5]. Henkel betrachtet Ökobilanzen als wichtige Wegweiser für Managemententscheidungen. Sie stützen beispielsweise Henkels Strategie, nachwachsende Rohstoffe auf breiter Basis als Ressource zu nutzen.

5 Kostensenkende Umweltschutzmaßnahmen

Henkel hat in der Vergangenheit bedeutende Verbesserungen realisiert, mit denen Vorteile beim Umweltschutz, aber auch aus ökonomischer Sicht erreicht wurden. Wünschenswert wäre in jedem Einzelfall eine betriebswirtschaftliche Gesamtbilanz, welche die durch die realisierte Umweltschutzmaßnahme erzielte Kostensenkung dem dafür erforderlichen finanziellen Aufwand (z.B. Investitionen und Betriebskosten) gegenüberstellt. Diese Daten sind jedoch im einzelnen nicht verfügbar. Im folgenden wird deshalb nur auf die jeweiligen Einsparungen hinge-

[5] Tenside Surf. Det. 32, 2/1995, S. 84

wiesen. Der Aufwand zur Realisierung der Maßnahmen wird dabei nicht berücksichtigt. Für jeden Bereich wird nur ein Beispiel aus der jüngsten Vergangenheit genannt.

Einsparung von Roh-, Hilfs- und Betriebsstoffen

Waschmittel enthalten als Phosphatsubstitut Zeolithe. Damit die Zeolithe während des Waschgangs ihre Wirkung entfalten, müssen sie eine spezielle Kornstruktur besitzen. Bei ihrer Herstellung fallen jedoch auch Zeolithe mit einer unpassenden Kornstruktur an. Rund 1.000 Tonnen dieser Rückstände mußten jährlich mit entsprechenden Kosten von einem Entsorgungsunternehmen zu einer externen Wiederaufbereitungsanlage gebracht werden.

Ein bei Henkel entwickeltes Aufbereitungsverfahren behandelt die ungeeigneten Rückstände so, daß sie, in die passende Kornstruktur gebracht, die Anforderungen an Waschmittel-Zeolithe erfüllen. Der Abfall wird somit in Rohstoff umgewandelt.

Diese Vorgehensweise führt sowohl zu einer Einsparung an Rohstoff für die Waschmittelherstellung als auch zum Wegfall der Entsorgungskosten.

Reduzierung der Wasser- und Abwasserkosten

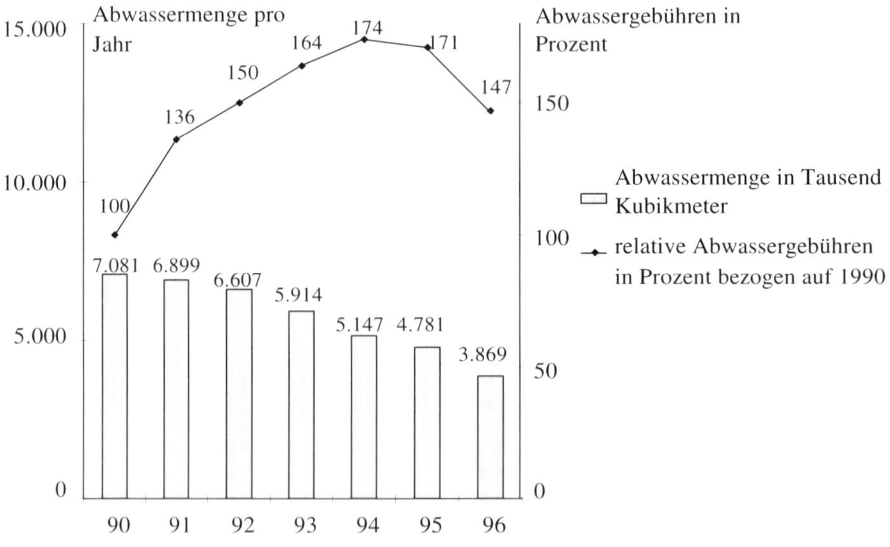

Abb. 11: Abwassermengen und Abwassergebühren bei Henkel in Düsseldorf-Holthausen

Durch vielfältige Maßnahmen hat Henkel im Stammwerk Düsseldorf-Holthausen, dem größten Produktionsstandort weltweit, den Verbrauch an Wasser und damit auch die Menge des jährlich anfallenden Abwassers entschieden vermindert. Auf diese Weise konnten die in den letzten Jahren überproportional gestiegenen

Wasserpreise und Abwassergebühren zum Teil aufgefangen werden, und es kündigt sich jetzt sogar ein Rückgang der Kosten für Wasserbezug und Abwasserentsorgung an. In Abb. 11 sind die jährlichen Abwassermengen des Düsseldorfer Standorts sowie die relativen Gesamtkosten für die Entsorgung des Abwassers angegeben.

Reduzierung der Energiekosten

Henkel verarbeitet im Unternehmensbereich Chemieprodukte sehr große Mengen nativer, nachwachsender Rohstoffe. Bei den einzelnen Veredelungsschritten fallen z.B. bei der Fraktionierung Rückstände an. Eine stoffliche Verwertung ist aus ökologischen und ökonomischen Gründen nicht sinnvoll. Die Rückstände haben jedoch einen hohen Heizwert. Statt sie zu deponieren, werden sie als sog. Sonderbrennstoff im Kraftwerk thermisch verwertet. Da das Henkel-Kraftwerk nach dem Prinzip der Kraft-Wärme-Kopplung arbeitet, wird der Energiegehalt der jährlich mehr als 20.000 Tonnen Sonderbrennstoff besonders gut genutzt.

Durch den Einsatz der Sonderbrennstoffe werden erhebliche Mengen fossiler, nicht erneuerbarer Energieträger ersetzt und damit eingespart. Aufgrund ihrer nativen Herkunft haben die Sonderbrennstoffe bei ihrer thermischen Verwertung eine ausgeglichene CO_2-Bilanz. Neben diesen ökologischen Vorteilen werden durch das thermische Verwertungsverfahren Einsparungen in Millionenhöhe realisiert.

Reduzierung der Entsorgungskosten

Wie oben beschrieben, werden durch das bei Henkel entwickelte Aufbereitungsverfahren für Zeolith-Rückstände neben Rohstoffeinsparungen auch Entsorgungskosten vermieden.

Reduzierung der Kosten für Transport und Verkehr

Für die Distribution seiner Wasch- und Reinigungsmittel hat Henkel zusammen mit Logistik-Partnern und der Deutschen Bahn AG ein neues Konzept entwickelt. Die Produkte werden direkt von der Produktion mit der Bahn zu acht dezentralen Regionallagern in Deutschland gebracht. Von dort übernehmen die Logistik-Partner die weitere Verteilung. Bei dieser Vorgehensweise wird der Frachtraum weitaus besser genutzt als früher. Die Verlagerung von der Straße auf die Schiene und die insgesamt um 40 % höhere Auslastung der Transportkapazität haben zur Folge, daß die verkehrsbedingten Schadstoffemissionen jährlich um 7.000 Tonnen geringer sind und im Fernverkehr 22.000 LKW-Fahrten durch 13.500 Waggons ersetzt werden.

Doch das System bringt nicht nur für die Umwelt Vorteile: Im Sinne einer typischen Win/Win-Situation ergeben sich für Henkel und die Logistik-Partner hohe Einsparungen und für die Deutsche Bahn ein Zugewinn von jährlich rund 200.000 Tonnen Frachtgut.

Reduzierung des Verpackungsmaterials

Für den Geschirrspülmaschinenreiniger SOMAT Supra in Tablettenform hat Henkel ein vollkommen neues Verpackungskonzept auf Faltschachtelbasis entwickelt und realisiert. Gegenüber der bisherigen Lösung, in der die tablettenförmigen Preßlinge lose geschüttet waren, wird durch die sortierte Anordnung der Tabletten eine in Format und Volumen deutlich reduzierte, neuartige Faltschachtel eingesetzt. Dabei übernimmt das Füllgut, die Tablette, die bei der Stapelung der Verpackung auftretenden mechanischen Belastungen (Stapellast). Die Verpackung besitzt keine „selbsttragende" Funktion.

Zu den ökologischen Vorteilen der neuen Verpackung gehören:[6]

- Reduzierung des Packstoffeinsatzes um 67 bis 69 %
- Reduzierung des Packvolumens um 42 %
- Reduzierung des Energieverbrauchs um 44 bis 48 %
- Reduzierung der Luftbelastung um 40 bis 44 %
- Reduzierung des Wasserverbrauchs um 32 bis 36 %

Weitere Vorteile sind:

- eine hohe Stabilität der Verpackung durch die mittragende Funktion der Tabletten
- eine 100 % Palettenauslastung beim Transport
- eine bessere Regalauslastung im Handel
- ein verbessertes Handling beim Verbraucher
- eine reduzierte Beschädigung der Tabletten (Tablettenbruch)

Neben den ökologischen Vorteilen und der verbesserten Marktposition des Henkel-Produkt SOMAT Supra wurden durch die neue Verpackungslösung Kostensenkungen bei der Produktion realisiert, die in erster Linie auf den verminderten Ressourceneinsatz zurückzuführen sind.

6 Gewünschte politische Maßnahmen

Die wichtigsten politischen Maßnahmen und Ziele, die das Unternehmen für die weitere Verbesserung des Umweltschutzes für notwendig hält, sind:

- International abgestimmtes Ordnungsrecht und damit Verhinderung von Wettbewerbsverzerrungen durch nationale Alleingänge.
- Verknüpfung der erfolgreichen Validierung nach der EG-Öko-Audit-Verordnung mit Vergünstigungen wie geringerem Kontrollaufwand, Minderung bürokratischer Auflagen und anderen vertrauensbasierten Erleichterungen.
- Anreize zur Innovation beispielsweise durch die Förderung ökologischer Forschungsvorhaben, insbesondere solcher mit sehr ungewissem Ergebnis, in Form von Steuervergünstigungen.

---

[6] Die Werte wurden mit Hilfe von Produkt-Ökobilanzen im Vergleich zur herkömmlichen Verpackung ermittelt. Die Zahlenwerte sind abhängig von der Gebindegröße.

15 Hoechst Trevira GmbH & Co KG

Hoechst Trevira

Firma:	Hoechst Trevira GmbH & Co KG
Anschrift:	Lyoner Straße 38 60528 Frankfurt am Main
Ansprechpartner:	Herr Dr. Stefan Sieveking
Telefon:	(069) 305 - 64 39
Telefax:	(069) 305 - 163 18
Branche:	Chemische Industrie
Produktpalette:	Chemiefasern, Dimethylterephtalat (DMT), Polyethylenterephtalat (PET)
Beschäftigtenzahl:	ca. 6.000 Mitarbeiter
Literatur:	B.A.U.M.-Erhebungsbogen Umweltbericht 1996, Kunststoffe, Nr. 86, 1996

Für die Hoechst Trevira GmbH & Co KG, einem Tochterunternehmen von Trevira, sind Umwelt-, Arbeitsschutz und Arbeitssicherheit ein fester Bestandteil des unternehmerischen Handelns. Im Vordergrund stehen dabei, neben der Anlagen- und Arbeitssicherheit, der gewissenhafte Umgang mit Rohstoffen, Energie, den Umweltmedien (Wasser, Luft und Erde) und begrenztem Deponieraum sowie die Umweltverträglichkeit der Produkte. Die Einhaltung dieser Unternehmensgrundsätze wird als wichtigste Voraussetzung für eine zukunftsorientierte Unternehmensführung verstanden.

Das Unternehmen bekennt sich zu den 1992 auf dem Erdgipfel von Rio formulierten Beschlüssen eines Sustainable Development („Nachhaltige Entwicklung") ebenso wie zu Responsible Care („Verantwortliches Handeln") - einer internationalen Initiative der Chemischen Industrie.

1 Umweltleitlinien

Hoechst Trevira betrachtet es als gesellschaftliche Verpflichtung,

> kontinuierlich an der Weiterentwicklung unseres Umweltstandards zu arbeiten, um so den Zielen von Responsible Care und Sustainable Development gerecht zu werden.

Um eine dauerhafte Umsetzung beider Zielsetzungen zu gewährleisten, erarbeitete das Unternehmen seine „Leitlinien zu Umweltschutz und Sicherheit“. So sind z.B.:

- Umweltschutz, Sicherheit und Gesundheit die wichtigsten unternehmerischen Ziele
- die Produkte umweltfreundlich gestaltet
- Mitarbeiter aktiv in den betrieblichen Umweltschutz eingebunden

Die Hoechst Trevira-Betriebe sind standortbezogen aufgefordert, sich konsequent einzusetzen für:

- die Reinhaltung der Luft
- die Lärmminderung
- die Verringerung der Abwasserbelastung
- die Reduzierung des Frischwasserverbrauchs
- die Abfallreduzierung
- die Verbesserung der Abfall- und Reststoffverwertung
- die Verbesserung der Anlagensicherheit
- die Verbesserung des Arbeitsschutzes
- die Vorsorge und Überwachung im Gesundheitsschutz
- die Reduzierung des Energieverbrauches

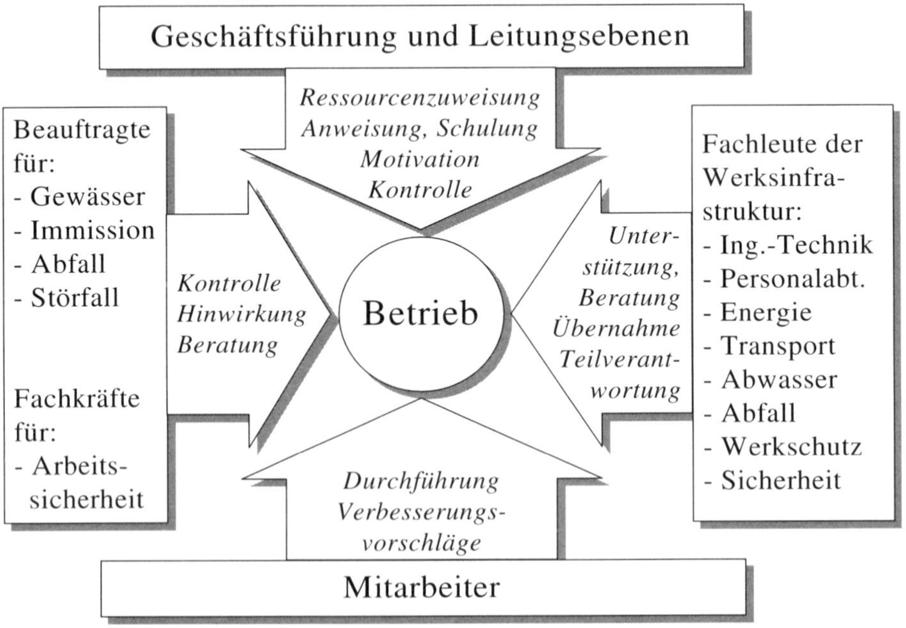

Abb. 12: Die Aufgabenverteilung im Umweltschutz bei Hoechst Trevira

2 Organisation des Umweltschutzes

Für das „Umwelt- und Sicherheitsmanagement" wurden bei Hoechst Trevira Organisationsstrukturen mit Zuständigkeits- und Verhaltensfestlegungen sowie Verfahrens- und Ablaufregelungen entwickelt, durch die sichergestellt wird, daß die Standpunkte zum Umweltschutz praktisch umgesetzt werden (siehe Abb. 12).

3 Umweltprogramm

Der in den Leitlinien festgelegte, eindeutige umweltpolitische Standpunkt des Unternehmens erlaubt es, klare Umweltschutzziele zu formulieren:

Hoechst Trevira hat sich unternehmensweit das Ziel gesetzt,

- ab 1996 verstärkt Erdgas anstelle von Heizöl bei der Energieversorgung einzusetzen,
- bis Ende 1997 den Sondermüll aus den Destillationsrückständen wiederzuverwerten,
- kontinuierlich dort, wo noch nicht geschehen, die Wasserkühlung durch Luftkühlung zu ersetzen oder Wasser verstärkt in Kreislaufsystemen zu führen, um die Wasserentnahme zu verringern,
- sämtliche Standorte nach der EG-Öko-Audit-Verordnung zu validieren,
- Umweltauswirkungen durch Transporte zu reduzieren.

Weiterhin wird die Umweltkommunikation als bedeutende Chance genutzt, umfassendes Vertrauen zu erwerben, denn die selbstauferlegten Umweltschutzprinzipien des Unternehmens müssen „vor Ort" umgesetzt werden. Deshalb werden offen und transparent Dialoge mit der Öffentlichkeit (Anwohner, Umweltschutzgruppen, Journalisten, Behörden usw.) und Mitarbeitern geführt, um deren Interessen berücksichtigen zu können und hierfür gezielt entsprechende Maßnahmen zu ergreifen.

4 Ökobilanz

Die von Hoechst Trevira angebotenen Produkte entstammen einer Produktionskette, deren Basis der Rohstoff Erdöl bildet. Das Unternehmen stellt Dimethylterephtalat (DMT), Polyethylenterephtalat (PET) sowie Fasern, Vliese und Filamente aus PET her. Zur Produktion von PET-Flaschen dient der veredelte PET-Rohstoff Polyclear®. Zum Vergleich der Umweltauswirkungen von PET- und Glasflaschen wurde 1996 im Auftrag der Genossenschaft Deutscher Brunnen (GDB) vom Fraunhofer-Institut eine Produkt-Ökobilanz zu PET-Flaschen erstellt.

Die Input/Output-Analyse aller relevanten Stoff- und Energieströme ergab, daß eine Umstellung von einem 0,7-Liter-Glas-System auf ein 1-Liter-PET-System in allen umweltbezogenen Kenngrößen zu einer signifikanten Reduzierung führt.

Nach drastischer sind die Unterschiede bei 1,5-Liter-PET-Behältern. Das Gewicht dieses PET-Behälters beträgt 106 Gramm. Das ist zehnmal weniger als das

Gewicht einer 1-Liter-Glasflasche. Dadurch wird nicht nur der Kunde beim Einkauf entlastet, sondern auch die Umwelt - etwa beim Transport. Eine um 50 % bessere Raumnutzung und das geringere Leergewicht lassen den Energieaufwand bei LKW-Transporten um 30 % niedriger als bei Glasflaschen ausfallen. Der Beitrag zum Treibhauseffekt wird also erheblich verringert. Nach 25 bis 30 Umläufen kann die PET-Mehrwegflasche entweder durch Schreddern und Einschmelzen des Polyesters, oder durch das Aufspalten von PET in seine molekularen Bestandteile komplett recycelt werden.

5 Kostensenkende Umweltschutzmaßnahmen

Mit der hier vorgestellten Umweltschutzmaßnahme konnte eine Kostensenkung von ca. 300.000 DM pro Jahr erzielt werden.

Einsparung von Roh-, Hilfs- und Betriebsstoffen

DMT dient als Rohstoff für die PET-Herstellung. Bei der DMT-Herstellung muß im Verfahrensabschnitt Oxidation nicht umgesetztes p-Xylol aus dem Oxidationsprodukt entfernt und danach dem Oxidationsprozeß wieder zugeführt werden. Dies geschieht in einer Kolonne (sog. Oxidatstripper) durch Wasserdampfbehandlung des Oxidationsprodukts. Bisher wurde der benötigte Dampf dem Dampfnetz entnommen, jetzt wird er aus dem Reaktionswasser erzeugt, das bei der Veresterung des Oxidationsproduktes mit Methanol anfällt. Aufgrund geringerer hydraulischer Belastungen der Kolonne ergeben sich durch den Stripperdampfersatz Rohstoffersparnisse.

Reduzierung der Wasser- und Abwasserkosten

Das organisch belastete Reaktionswasser aus dem DMT-Prozeß wird in einer thermischen Abwasserreinigungsanlage entsorgt. Die organischen Inhaltstoffe werden durch Befeuerung mit Erdgas oder Heizöl EL verbrannt. Mit der oben beschriebenen Umweltschutzmaßnahme wird die Abwassermenge um ca. 13.000 Tonnen reduziert. Entsprechend wird auch der Primärenergieverbrauch um ca. 580.000 m^3 Erdgas jährlich gesenkt, was gleichzeitig die weitere positive Umweltwirkung einer Verminderung der CO_2-Erzeugung zur Folge hat.

Reduzierung der Energiekosten

Die Kostensenkung der vorgenannten Umweltschutzmaßnahme des Stripperdampfersatzes bei der DMT-Produktion von 300.000 DM pro Jahr ergibt sich hauptsächlich aus der Gaseinsparung, kumuliert mit Dampf- und Kühlwassereinsparung und einer Rohstoffersparnis aufgrund geringerer hydraulischer Belastungen der Kolonne. Die erheblichen Einsparungen des Primärenergieträgers Erdgas liegen in einer Größenordnung von ca. 4 m^3 pro Tonne DMT.

16 Holborn Europa Raffinerie GmbH

Firma:	Holborn Europa Raffinerie GmbH
Anschrift:	Moorburger Straße 16 21079 Hamburg
Ansprechpartnerin:	Frau Ingrid Heine
Telefon:	(040) 76 63 - 263
Telefax:	(040) 76 63 - 907
Branche:	Chemische Industrie
Produktpalette:	Rohölverarbeitung
Beschäftigtenzahl:	263 Mitarbeiter
Literatur:	B.A.U.M.-Erhebungsbogen

Bei der Holborn Europa Raffinerie GmbH wird höchster Wert auf Umweltschutz und Sicherheit gelegt. Um die Abgabe von klimarelevanten Gasen in die Atmosphäre zu senken, hat das B.A.U.M.-Mitgliedsunternehmen in einem vom Bundesumweltministerium geförderten Projekt ein neuartiges Verfahren zur Reduzierung der SO_2-, CO_2- und NO_x-Emmissionen in Betrieb genommen und damit einen Beitrag sowohl zur Luftverbesserung als auch zur Verminderung der Abwasserbelastung geleistet.

1 Organisation des Umweltschutzes

Die Abteilung Umweltschutz/Sicherheit ist bei Holborn für alle Belange des Umweltschutzes zuständig.

2 Kostensenkende Umweltschutzmaßnahmen

Mit der hier vorgestellten Umweltschutzmaßnahme erzielt Holborn eine Kostensenkung in Höhe von ca. 500.000 DM pro Jahr.

Reduzierung der Wasser- und Abwasserkosten

Bei Holborn fallen in der Rohölverarbeitung prozeßbedingt Abwassermengen zwischen 100 und 200 m^3/h an, von denen etwa 40 m^3/h als sogenanntes Sauerwasser direkt aus dem Verarbeitungsprozeß stammen und mit Schwefel- und Ammoniumverbindungen belastet ist. Um dieses Wasser zu reinigen, wurden früher in einer Strippkolonne nur die Schwefelverbindungen aus dem Abwasser entfernt. Im Dezember 1995 wurde die Einleitung in die Schwefelanlage zur Umwandlung des giftigen Schwefelwasserstoffs H_2S in elementaren Schwefel, im Dezember 1996 eine weitere Strippkolonne zur Entfernung der Ammoniumverbindungen aus dem Abwasser in Betrieb genommen (siehe Abb. 13).

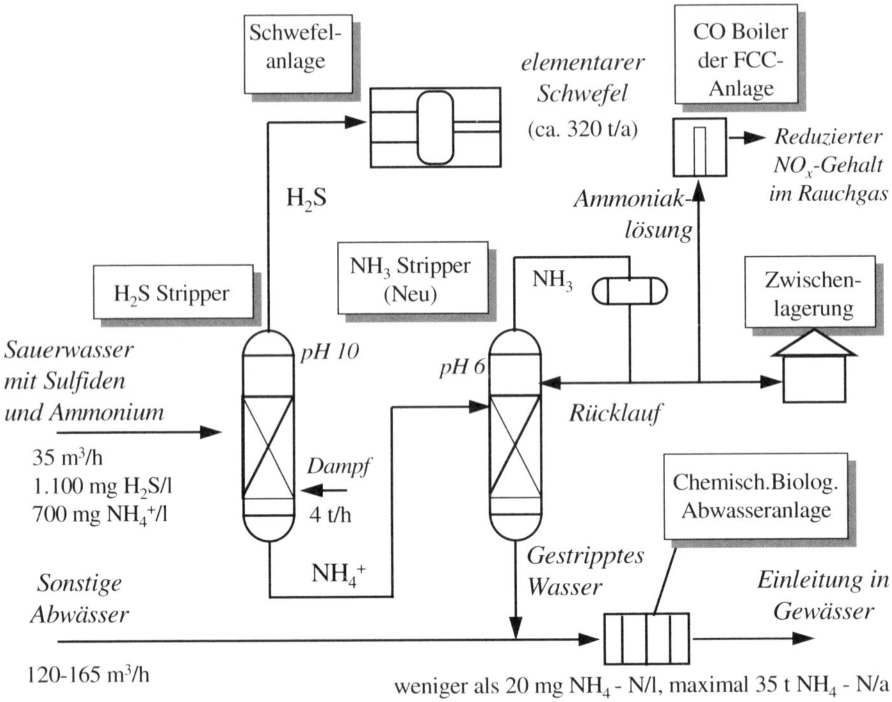

Abb. 13: Schematische Darstellung der Sauerwasserbehandlung bei der Holborn Europa Raffinerie (H_2S: Schwefelwasserstoff, NH_4^+: Ammonium)

Nachdem die Sulfide im H_2S-Stripper aus dem Abwasser entfernt worden sind, wird das giftige H_2S-Gas in einer Schwefelumwandlungsanlage (Claus-Anlage) zu elementarem Schwefel umgewandelt, der als Rohstoff an die chemische Industrie verkauft werden kann. Im Gegensatz zum früheren Verfahren entfällt der Incinerator, in dem früher das H_2S-Gas unter Zugabe von Heizgas zu SO_2 umgewandelt wurde und sowohl SO_2 als auch CO_2 an die Atmosphäre abgegeben wurden.

Der Ablauf aus dem H_2S-Stripper, der früher mit seinem Gehalt an Ammoniumverbindungen von bis zu 250 Tonnen pro Jahr die Gewässer erheblich belastete, wird jetzt durch einen NH_3-Stripper geleitet, in dem das Ammonium entfernt wird. Die Belastung des Abwassers reduzierte sich dadurch auf einen Ammonium-Gehalt von weniger als 35 Tonnen pro Jahr. Die gleichzeitig gewonnene Ammoniaklösung wird zum CO-Boiler, eine Brennkammer-Wärmetauscheranlage der katalytischen Crackanlage, gepumpt und dort in den Rauchgasstrom eingedüst. Beim Eindüsen wird in einer nichtkatalytischen Rauchgasentstickung das Ammoniak zu Stickstoff (N_2) und Wasser umgesetzt und gleichzeitig der Stickoxid-Gehalt (NO_x) der Rauchgase reduziert.

Neben der erheblichen Reduzierung der Abluft- und Abwasserbelastung werden durch die neuartige Kombination bewährter Verfahren auch Abwassergebühren in Höhe von ca. 500.000 DM pro Jahr eingespart.

17 Verlagsgesellschaft Madsack GmbH & Co.

VERLAGSGRUPPE MADSACK

Firma:	Verlagsgesellschaft Madsack GmbH & Co.
Anschrift:	Bemeroder Str. 58 30559 Hannover
Ansprechpartner:	Herr Stefan Krause
Telefon:	(0511) 518 - 10 09
Telefax:	(0511) 518 - 10 17
Branche:	Verlage, Medien
Produktpalette:	Tageszeitungen, zeitungsähnliche Produkte, neue Medien
Beschäftigtenzahl:	1.200 Mitarbeiter am Standort Hannover
Literatur:	B.A.U.M.-Erhebungsbogen Umweltbericht 1995

„Die Hannoversche Allgemeine Zeitung und die Neue Presse sind die Zeitungen aus der EXPO-2000-Stadt Hannover. Die Weltausstellung im Jahr 2000 will zeigen, wie die Belange von Mensch, Natur und Technik harmonisiert werden können. Dieses Leitmotiv in der täglichen Arbeit umzusetzen, ist für die Geschäftsführung der Verlagsgesellschaft Madsack und ihre Mitarbeiter Aufgabe und Zielsetzung."

Die Geschichte der Verlagsgruppe MADSACK reicht zurück bis in das Jahr 1893, als Herr Dr. August Madsack die erste Ausgabe des „Hannoverschen Anzeigers" herausbrachte. Heute ist die Verlagsgesellschaft Madsack GmbH & Co. an verschiedenen Verlagen und privaten Hörfunk- und Fernsehsendern beteiligt. Für die Geschäftsführung von MADSACK ist klar, daß es in der Verantwortung des Unternehmens liegt, den Produktionsprozeß so zu gestalten, daß daraus resultierende Belastungen für die Umwelt so gering wie möglich gehalten werden. Aus diesem Grund gründete MADSACK 1994 zusammen mit anderen Zeitungsverlagen und -druckereien aus Niedersachsen und Bremen den Arbeitskreis Zeitung und Umwelt.

1 Organisation des Umweltschutzes

Zentraler Punkt der Umweltschutzorganisation bei MADSACK ist die beim Geschäftsführer Technik und Umweltschutz angesiedelte Stabsstelle des Umweltschutzbeauftragten. Von hier aus wird in Absprache mit der Geschäftsführung das Umweltmanagement im Unternehmen umgesetzt. Besonderer Wert wird dabei auf die Kommunikation zwischen den Mitarbeitern aller Abteilungen gelegt, denn „niemand kennt Material und Maschinen besser als die Menschen, die damit arbeiten. Deshalb sprechen die Mitarbeiter des Hauses MADSACK den Umweltschutzbeauftragten direkt an. Dieser prüft Vorschläge und sucht bei Kritik nach Lösungen."

2 Ökobilanz

1995 stellte MADSACK als erste Zeitungsdruckerei eine Ökobilanz auf, in der detailliert die Stoffströme des Unternehmens analysiert wurden (siehe Abb. 14).

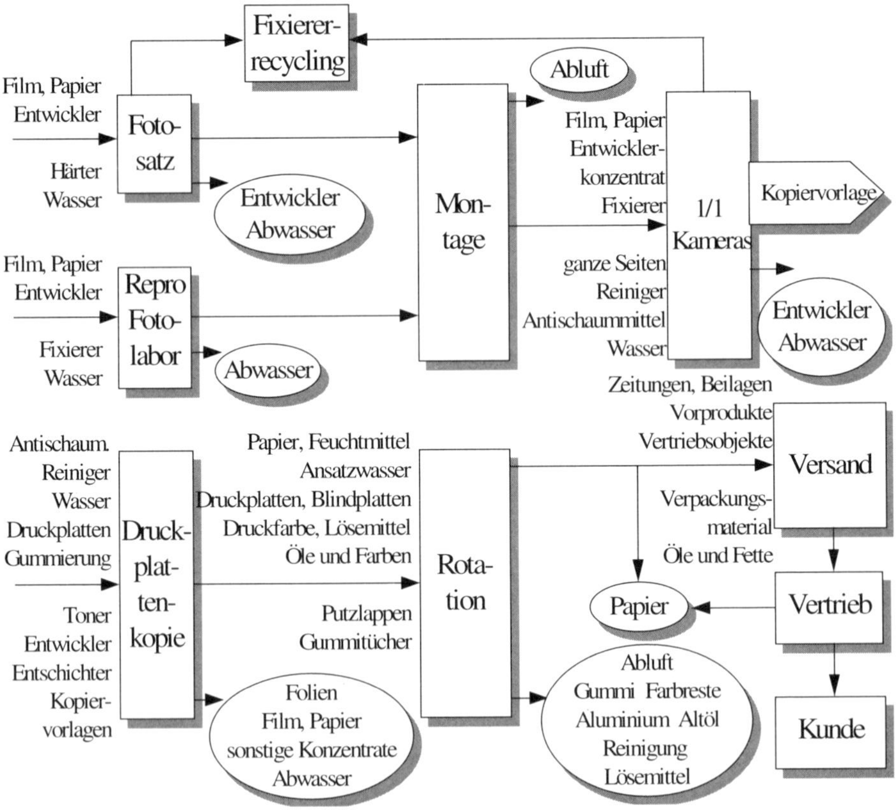

Abb. 14: Stoffbilanz 1994 der Verlagsgruppe MADSACK (Mengenangaben im Umweltbericht)

3 Kostensenkende Umweltschutzmaßnahmen

Durch die Zusammenarbeit und Kreativität der Mitarbeiter und des Umweltschutzbeauftragten wurden bis jetzt zahlreiche Umweltschutzmaßnahmen durchgeführt, die zusammen eine Kosteneinsparung von über 170.000 DM pro Jahr erbrachten.

Einsparung von Roh-, Hilfs- und Betriebsstoffen

Im Papierbereich konnte durch die Umstellung auf Recyclingwaren bei den Büropapieren neben einer Kostenreduktion vor allem auf den vorgelagerten Produktionsstufen eine Umweltentlastung erzielt werden. Außerdem geht von dieser Maßnahme eine Signalwirkung an die Mitarbeiter und Geschäftspartner aus.

Reduzierung der Energiekosten

In den Treppenhäusern und Fluren, die aufgrund des Dreischichtbetriebes durchgehend beleuchtet sein müssen, konnte durch den Austausch der ca. 2.000 konventionellen Glühbirnen gegen Energiesparlampen der Jahresenergieverbrauch um über 500.000 kWh reduziert werden. Die dafür notwendige Investition von 275.000 DM erbrachte eine Einsparung von ca. 50.000 DM pro Jahr und erhebliche Kostensenkungen durch die längere Lebensdauer der Energiesparlampen.

Der Gasverbrauch konnte durch eine Ersatzinvestition in die Heizzentrale um ca. 10 % reduziert werden. Die Einsparungen kamen insbesondere aufgrund des abgestuften modularen Aufbaus der Heizkessel, der Installation von Thermostatventilen und einer bedarfsgerechten Regelung zustande. Die Einsparungen liegen bei ca. 45.000 DM pro Jahr. Die Gesamtinvestition betrug ca. 2 Mio. DM.

Die Kennlinien der Druckluftversorgung konnten durch die Installation von zwei neuen Kompressoren und einer neuen Regelung optimiert werden. Bei einem Investitionsvolumen von 175.000 DM beträgt die Energieeinsparung ca. 10 % bzw. 25.000 DM pro Jahr.

Reduzierung der Entsorgungskosten

Eine Reduktion der zu deponierenden Abfälle gelang durch die Verwertung der jetzt getrennten Abfälle. Verpackungsfolien, Holz und Styropor aus dem Wareneingang werden getrennt erfaßt, teilweise zu Ballen verpreßt und der Verwertung zugeführt. Verpackungsabfälle aus der Kantine und Glasreste werden ebenfalls gesammelt und den entsprechenden Sammelsystemen zugeführt.

Durch das interne Recycling der Fixierbäder aus der Filmentwicklung konnte fast 90 % des gebrauchten Fixierbades regeneriert werden. Entsprechend weniger Frischware muß bezogen und später als Sonderabfall entsorgt werden. Bei einem Investitionsvolumen von 85.000 DM betrug die Amortisationszeit nur zwei Jahre.

Unverdruckte Farbe, die nicht mit Waschmittel und/oder Wasser verunreinigt ist, wird der Schwarzfarbe zugeführt. Dazu wurde eine Mischanlage angeschafft. Auf diese Weise können jährlich ca. 5 Tonnen Farbe wiederverwertet werden. Entsprechend geringer ist die einzukaufende und die als Sonderabfall zu entsorgende Farbmenge. Die Mischanlage kostete ca. 10.000 DM. Die Amortisation erfolgte wegen der Kostensenkungen innerhalb des ersten Jahres.

Reduzierung des Verpackungsmaterials

Der Einsatz dünnerer Verpackungsfolien, die die Zeitungspakete vor Nässe und Schmutz schützen, brachte eine Materialeinsparung von über 50 % pro Jahr.

18 Mohndruck Graphische Betriebe GmbH

MOHNDRUCK
Graphische Betriebe GmbH

Firma:	Mohndruck Graphische Betriebe GmbH
Anschrift:	Carl-Bertelsmann-Straße 161 M 33311 Gütersloh
Ansprechpartner:	Herr Volker Skrzypek
Telefon:	(05241) 80 - 31 21
Telefax:	(05241) 80 - 93 95
Branche:	Druckindustrie
Produktpalette:	Bücher, Zeitschriften, Werbematerial, Kalender, Medien-Dienstleistungen
Beschäftigtenzahl:	2.000 Mitarbeiter
Literatur:	B.A.U.M.-Erhebungsbogen Umwelterklärung 1996, Umweltleitlinien und Ökobilanz 1994/95

„Unser traditionelles Engagement zum Schutz der Umwelt entspricht dem Selbstverständnis der Bertelsmann AG, zu deren Produktlinie Bertelsmann Industrie AG unser Haus gehört.“

„Der Faktor Ökologie ist neben dem Faktor Ökonomie längst in unserem Hause Schwerpunkt und Ziel geworden. Der Ökologie Priorität einzuräumen bedeutet für uns nicht, irgendwelchen Schwärmereien oder aktuellen Marketing-Trends zu folgen. Es heißt auch nicht, den wirtschaftlichen Erfolg zu vernachlässigen oder völlig aus den Augen zu verlieren. Wir haben vielmehr die Erfahrung gemacht, daß auf kurze oder lange Sicht das eine ohne das andere nicht mach- und realisierbar ist: Ökologie und Ökonomie sind untrennbare Zwillinge.“

Die Mohndruck Graphische Betriebe GmbH ließ ihr Umweltmanagementsystem im Jahr 1996 nach der EG-Öko-Audit-Verordnung validieren. Das B.A.U.M.-Mitgliedsunternehmen, das bereits 1992 vom Bundesverband der Deutschen Industrie e.V. für „Umweltorientierte Unternehmensführung“ und „Gelungene Umweltinformation“ mit zwei ersten Preisen und 1993 mit dem B.A.U.M.-Umweltpreis ausgezeichnet worden ist, hat sich damit zu einer weiteren, kontinuierlichen Verbesserung seines betrieblichen Umweltschutzes verpflichtet.

1 Umweltleitlinien

Die umfangreichen Umweltleitlinien von Mohndruck lauten in Auszügen:

1. Wir wollen und werden auch künftig das Verantwortungsbewußtsein aller Mitarbeiter - jeder engagiert an seinem Platz - fördern. Dazu gehört neben dem Bestreben um wirtschaftlichen Erfolg gleichberechtigt der Einsatz für den Schutz der Umwelt. Dabei ist für uns die ständige und umfassende Weiterbildung unserer Mitarbeiter unerläßlich; sie gehört zu den Fundamenten unserer Arbeit. [...] Umweltschutz im Unternehmen kann, und das erfolgreiche Beispiel bei Mohndruck beweist die These, nur durch beteiligte und motivierte Mitarbeiter erfolgreich umgesetzt werden.
2. Die Geschäftsführung von Mohndruck wird sich dafür einsetzen, daß vor der Einführung neuer Produkte und Verfahren auch alle umweltrelevanten Gesichtspunkte zusammengetragen, analysiert und bewertet werden. [...]
3. Was wir innerbetrieblich leben, ist uns auch nach außen Verpflichtung: Wir arbeiten im Dialog mit unseren Kunden und Lieferanten kontinuierlich an der Erweiterung und Realisierung von Problemlösungen, die dem Schutze der Umwelt dienen. [...]
4. Wir kontrollieren ständig unser betriebliches Handeln. Wir bündeln sämtliche Daten in unserer jährlich erscheinenden Mohndruck-Ökobilanz, die von unabhängigen Sachverständigen begleitet und testiert wird. Durch sie werden Schwachstellen ausfindig gemacht und umgehend Maßnahmen zu deren Beseitigung eingeleitet. [...] Es ist stets unser Ziel, gesetzlich vorgeschriebene Grenzwerte nicht bloß knapp zu unterschreiten, sondern entsprechend dem Stand der Technik aktuell realisierbare Bestwerte zu erzielen.
5. Grundsätzlich sind alle Mohndruck-Mitarbeiterinnen und Mitarbeiter angehalten, Umweltbelastungen möglichst vollständig zu vermeiden oder zumindest zu vermindern. [...]
6. Die Mohndruck-Geschäftsführung hat alles daran gesetzt und wird auch in Zukunft weiterhin alles dafür tun, unfallbedingte Emissionen zu vermeiden. [...]
7. Die Geschäftsführung hat in Zusammenarbeit mit Mitarbeitern effiziente Kontrollen eingerichtet, die die Einhaltung der Umweltpolitik und Umweltvorschriften garantieren und die Realisierung aller Maßnahmen absichern. [...]
8. Sollte an einer Stelle des Unternehmens nicht entsprechend dieser Leitlinien gehandelt werden, so ist jeder Mitarbeiter angehalten, dies offenzulegen und gemeinsam mit allen Verantwortlichen - bei Bedarf auch mit der Geschäftsführung - das Problem durch angemessene Korrekturen zu beseitigen.
9. Mohndruck verpflichtet sich, wie dies bereits seit Jahren zur alltäglichen Praxis unseres Hauses gehört, zur Kooperation mit allen Behörden und relevanten gesellschaftlichen Gruppen. [...]
10. Grundsätzlich bedeutet dies für unsere Vorgehensweise: Mohndruck verfolgt auch künftig eine Politik der Offenheit und des Dialogs. [...] Es bleibt dabei, daß beide Werte nach unserem Verständnis zur Grundtugend der von uns postulierten und realisierten Partnerschaft zählen.

2 Organisation des Umweltschutzes

Bei Mohndruck lenkt und koordiniert die Stabsabteilung „Technologie, Umwelt, Energie und Sicherheit“ zentral die Umweltschutzaktivitäten. Ihr Abteilungsleiter ist dem Geschäftsführer direkt unterstellt und als offiziell bestellter Managementvertreter für den betrieblichen Umweltschutz zuständig. Daneben sind ihm die Beauftragten für Sicherheit, Gefahrgut, Umweltschutz, Abfall, Abwasser sowie der Verantwortliche für die Fortschreibung des Umweltmanagementsystems zugeordnet. Die Stabsabteilung berät alle Fachabteilungen in Fragen des Umweltschutzes und achtet auf die Einhaltung der externen Bestimmungen und internen Vorgaben (siehe Abb. 15).

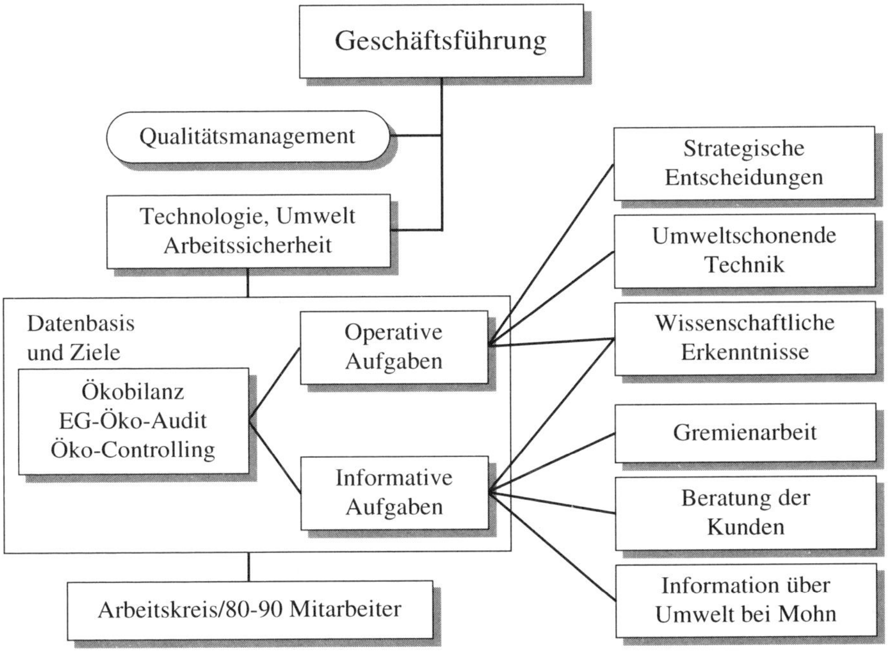

Abb. 15: Die Umweltorganisation von Mohndruck

Um den Umweltschutzgedanken im Betrieb zu verbreiten, existiert zusätzlich der „Arbeitskreis Arbeitssicherheit und Umweltschutz“. In ihm sind neben den Mitgliedern der Stabsstelle Umweltschutz, dem Betriebsrat, dem Werksarzt und einem Vertreter der Werksfeuerwehr rund 80 Mitarbeiterinnen und Mitarbeiter aus allen Fachabteilungen vertreten. Bei den zusätzlichen Mitarbeiterinnen und Mitarbeitern handelt es sich um interessierte Freiwillige; sie sind Multiplikatoren für den Umweltschutz. Bei den vierteljährlichen Arbeitskreissitzungen werden alle Arbeitskreismitglieder über neue Planungen und Aktivitäten informiert, angefallene Probleme ausführlich diskutiert und Lösungen gesucht und erarbeitet.

3 Umweltprogramm

Das Umweltprogramm von Mohndruck umfaßt gegenwärtig sieben Ziele und etwa 30 konkrete Maßnahmen, um diese Ziele zu erreichen. Zu jedem Ziel und zu jeder Maßnahme wird die für die Umsetzung verantwortliche Stelle und der Termin, zu dem die Maßnahme umgesetzt sein soll, genannt. Das Umweltprogramm ist ausführlich in einer internen Dokumentation aufgelistet und kann auch der Umwelterklärung auszugsweise entnommen werden.

4 Ökobilanz

Seit 1991/92 hat Mohndruck jährlich eine ausführliche Ökobilanz erstellt, in der alle Stoff- und Energieströme, die in das Unternehmen hinein- bzw. aus ihm herausgehen, erfaßt sind. Der jährliche Rhythmus ermöglicht eine gute Vergleichbarkeit der Daten und erlaubt eine immer konkretere Beurteilung der Erfolge des Umweltengagements des Unternehmens. Die wichtigsten Ziele der Ökobilanzierung sind:

- Beurteilung der aktuellen ökologischen Situation und Identifizierung ökologischer Schwachstellen im Unternehmen
- Entwicklung von Informationsgrundlagen für ökologisch orientierte Unternehmensstrategien
- Ständige Optimierung der Umweltverträglichkeit von Produkten und unternehmensinternen Prozessen
- Verknüpfung ökologischer und ökonomischer Aspekte

5 Kostensenkende Umweltschutzmaßnahmen

Mohndruck hat eine Vielzahl von Umweltschutzmaßnahmen durchgeführt. Mit den hier vorgestellten Maßnahmen wird eine Kostensenkung in Höhe von mindestens 7 Mio. DM pro Jahr erzielt.

Einsparung von Roh-, Hilfs- und Betriebsstoffen

Im Einkauf von Büromaterialien ist die Umweltverträglichkeit ein wesentliches Entscheidungskriterium. Auch der Einsatz von Gefahrstoffen wurde inzwischen weitgehend vermieden und die bezogenen Lösemittel auf Hochsieder wie auf Lösemittel aus pflanzlicher Basis umgestellt. Die Sammlung von reinen Druckfarbenresten und deren Rückführung zu den Herstellern hilft dort, Rohstoffe und Energie zu sparen.

Reduzierung der Wasser- und Abwasserkosten

Durch eine permanente Überwachung des Wassereinsatzes wurde der Verbrauch von 1994 auf 1995 um 15 % oder 25.000 m^3 gesenkt. Da das Wasser aus betriebseigenen Brunnen bezogen wird, kann zur Kostenermittlung als Vergleich nur der ortsübliche Tarif herangezogen werden. Die Reduzierung belief sich danach für den vorgenannten Zeitraum auf ca. 130.000 DM.

Reduzierung der Energiekosten

Im Jahre 1994 wurde von Mohndruck ein neues Energiezentrum in Betrieb genommen, das seitdem das Unternehmen mit Strom und Wärme- bzw. Kälteenergie versorgt. Die Anlage wird mit dem umweltfreundlichen Energieträger Erdgas gefahren und erzeugt mit Hilfe von Kraft-Wärme-Kälte-Kopplung 21 MW thermische Leistung (kann bis auf 35 MW gesteigert werden), 19,5 MW elektrische Leistung und 13,5 MW Kälteleistung (kann kurzfristig auf 20 MW erhöht werden). Die Anlage ist wärmegeführt, d.h. daß lediglich aus der vorhandenen Wärme Strom erzeugt wird. Der Strombezug aus dem Stadtwerkenetz konnte durch das Energiezentrum auf 10 bis 15 % reduziert werden.

Die Emissionen an CO_2 sanken um 35 %, an Stickoxiden um 70 % und an Schwefeldioxid und Staub um fast 90 % im Vergleich zu herkömmlichen Kohlekraftwerken. Der Energienutzungsgrad stieg gegenüber 30 bis 40 % auf über 80 %.

Während im Winter ein hoher Wärmebedarf und ein geringer Kältebedarf vorliegt, ist im Sommer die Situation umgekehrt. Da im Energiezentrum von Mohndruck die Kälte mittels Adsorbern aus der Wärme gewonnen wird und dadurch der Umweg über Strom vermieden wird, ist der Wirkungsgrad zur Kälteerzeugung besonders hoch. Teilmengen von Wärme bzw. Kälte werden zusätzlich über ein Fernwärmenetz an benachbarte Unternehmen abgegeben. In Zukunft soll dieses Fernwärmenetz weiter ausgebaut werden, um noch mehr Nutzer mit der umweltfreundlichen Energie zu versorgen. Ein weiteres realisierbares Projekt ist die Nutzung von kohlenwasserstoffhaltiger Abluft zur Verbrennung in den Gasturbinen. Dadurch ließe sich Erdgas einsparen und gleichzeitig die Abluft reinigen.

Zur Errichtung des Heizkraftwerks war eine Investition in Höhe von rund 60 Mio. DM erforderlich. Wird eine durchschnittliche elektrische Leistung von 16 MW zugrunde gelegt, ergibt sich eine Stromerzeugung in Höhe von 140 GWh pro Jahr. Bei einem Stromtarif von ca. 5 Pfennig pro kWh errechnet sich daraus eine Kosteneinsparung in Höhe von 7 Mio. DM pro Jahr. Die Anlage amortisiert sich daher alleine aus der Stromeinsparung nach weniger als zehn Jahren. Die Erlöse aus der Fernwärme werden bei dieser Betrachtung mit den laufenden Betriebskosten und den Einkaufspreisen für das Erdgas verrechnet.

Reduzierung der Entsorgungskosten

Von 37.000 Tonnen Abfällen konnten 1995 dank sorgfältiger Abfalltrennung nahezu 100 % einer Wiederverwertung zugeführt werden. Trotz gestiegener Produktion sank die zu entsorgende Abfallmenge auf lediglich 1.020 Tonnen hausmüllähnlicher Gewerbeabfall und nur 176 Tonnen mußten als Sonderabfall entsorgt werden.

Reduzierung des Verpackungsmaterials

Die bei Mohndruck eingesetzten Farben werden ausschließlich in Mehrweg-Containern geliefert, die nach der Entleerung zur erneuten Befüllung an die Lieferanten zurückgegeben werden. Auch in der Kantine kommen ausschließlich Mehrwegverpackungen zum Einsatz, auf Einmalgeschirr oder Plastikbesteck wird ganz verzichtet.

19 Novartis AG

NOVARTIS

Firma:	Novartis AG
Anschrift:	R - 1078.309 CH-4002 Basel
Ansprechpartner:	Herr Martin Tanner
Telefon:	(0041-61) 697 - 53 44
Telefax:	(0041-61) 697 - 52 77
E-Mail:	martin.tanner@group.novartis.com
Internet:	http://www.novartis.com
Branche:	life sciences
Produktpalette:	Pharma, Landwirtschaft, Ernährung
Beschäftigtenzahl:	ca. 98.000 Mitarbeiter weltweit
Literatur:	Novartis: Health, Safety and Environment Report, 1996 Ciba: Konzern-Umweltberichte 1995, 1994, 1993 Sandoz: Sicherheit und Umweltschutz bei Sandoz 1995

„Im Rahmen unserer Verantwortung gegenüber Gesellschaft und Umwelt verpflichten wir uns, bei unserer Geschäftstätigkeit Rücksicht zu nehmen auf die Gesundheit und Sicherheit aller Anspruchsgruppen sowie auf den Schutz der Natur. Wir erwarten von all unseren Mitarbeitern, dass sie im Sinne dieser Leitlinien handeln.“

Mit diesem Vorwort beginnen die Leitlinien für Gesundheit, Sicherheit und Umwelt (GSU) der Novartis AG, die Ende 1996 aus der Fusion der beiden Unternehmen Ciba und Sandoz hervorgegangen ist. Nach der Ausgliederung des Bereichs der Spezialitätenchemie konzentriert sich Novartis jetzt mit seiner Geschäftstätigkeit auf die sog. „life sciences“, d.h. die Bereiche Pharma, Landwirtschaft und Ernährung. Dabei nutzt das Unternehmen die Chance des Neuanfangs, um aus bestehenden Umweltmanagement-Strukturen seiner Vorgänger ein neues Konzept für Gesundheit, Sicherheit und Umwelt zu entwickeln, das innovativ und auf dem neuesten Stand und somit ökologisch und ökonomisch erfolgreich ist.

Um dies auch öffentlich zu dokumentieren, verpflichtete sich Novartis zur Einhaltung der „Charter für eine langfristig tragfähige Entwicklung, Grundsätze des Umweltmanagements“ der Internationalen Handelskammer (ICC) sowie der „Responsible Care“ Grundsätze der Chemischen Industrie. Die Novartis Standorte in Wehr und in Nürnberg sind nach der EG-Öko-Audit-Verordnung validiert.

1 Umweltleitlinien

Die Leitlinien von Novartis für Gesundheit, Sicherheit und Umweltschutz lauten:

Wir integrieren Gesundheit, Sicherheit und Umweltschutz (GSU) in unsere Geschäftstätigkeiten mit dem Ziel, den Wert des Unternehmens zu mehren, Risiken zu kontrollieren und den Ruf von Novartis zu festigen.

- Die Gesundheit und Sicherheit unserer Mitarbeiter, unserer Nachbarn, Kunden und Konsumenten sowie der Schutz der Umwelt sind vorrangige Anliegen, die wir konzernweit konsequent verfolgen.
- Wir berücksichtigen GSU bei allen Geschäftsentscheidungen und Unternehmensaktivitäten. Die Geschäftseinheiten schaffen geeignete Organisationsstrukturen und teilen die nötigen Mittel zu, um diese Leitlinien zu verwirklichen.
- Alle Mitarbeiterinnen und Mitarbeiter sollen die GSU-Richtlinien befolgen und die in ihrem Verantwortungsbereich geltenden Gesetze einhalten.

Wir wollen führend sein auf den Gebieten Gesundheit, Sicherheit und Umweltschutz und diese konsequent und effizient fördern.

- Wir streben nach stetiger Verbesserung unserer GSU-Leistungen. Mittels Audits und Überprüfung der Führungssysteme messen wir den Fortschritt und vergewissern uns, dass unsere GSU-Richtlinien sowie die Gesetze eingehalten werden.
- Wir fördern das Bewusstsein und das Verantwortungsgefühl unserer Mitarbeiter für GSU durch geeignete Information sowie durch entsprechende Aus- und Weiterbildung.
- Wir optimieren den Verbrauch natürlicher Ressourcen und minimieren die Einwirkungen unserer Aktivitäten und Produkte auf die Umwelt. Wir beurteilen die Auswirkungen neuer Produkte, Verfahren und Technologien auf Gesundheit, Sicherheit und Umwelt und vergewissern uns, dass deren Nutzen die verbleibenden Risiken überwiegt.

Wir nehmen die Erwartungen und Sorgen unserer Anspruchsgruppen ernst.

- Wir sorgen für Sicherheit an den Arbeitsplätzen. Wir unterstützen Programme zur Erhaltung und Förderung der Gesundheit unserer Mitarbeiter.
- Wir informieren Kunden und Konsumenten über die Eigenschaften unserer Produkte, ihren richtigen Gebrauch und ihre sichere Entsorgung.
- Wir arbeiten Hand in Hand mit unseren Lieferanten und Vertragspartnern und unterstützen sie in ihren GSU-Bestrebungen, damit sie einen dem unseren vergleichbaren Stand erreichen.
- Wir anerkennen das Interesse unserer Aktionäre, Nachbarn, Behörden sowie der Öffentlichkeit an unserer GSU-Leistung. Wir legen die Informationen offen, die nötig sind, um die Risiken und Auswirkungen unserer Geschäftstätigkeit in Bezug auf Gesundheit, Sicherheit und Umwelt zu verstehen.

2 Organisation des Umweltschutzes

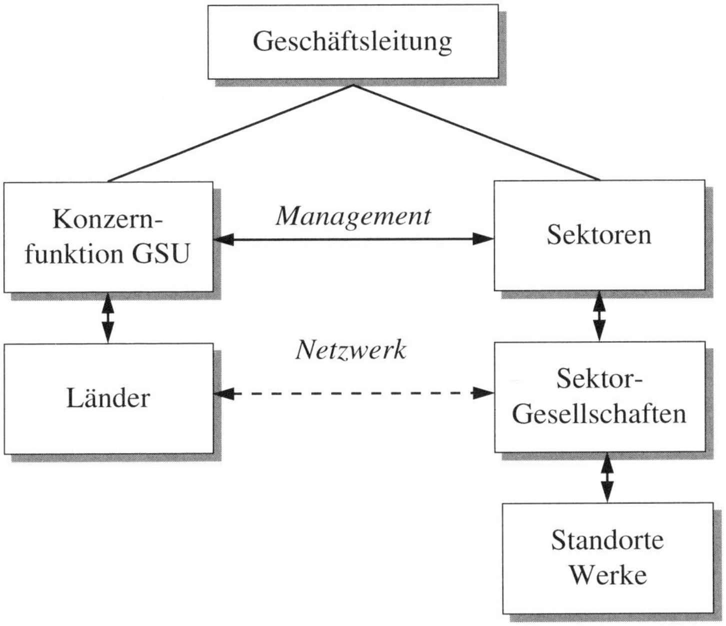

Abb. 16: Die Umweltorganisationsstruktur von Novartis

Die Organisation für Gesundheit, Sicherheit und Umweltschutz ist bei Novartis in fünf Ebenen gegliedert:

- Der Konzern
- Die Sektoren (weltweite Geschäftsbereiche)
- Die Länder
- Die Sektorgesellschaften (regionale Sektorgesellschaften)
- Die Standorte

Diese Struktur berücksichtigt regionale Besonderheiten und schafft gleichzeitig eine Basis für ein konzernweites GSU-Managementnetzwerk, mit dem übergreifende Aufgaben bewältigt werden können (siehe Abb. 16).

- Auf Konzernebene wird durch die Konzernfunktion GSU die Umsetzung der Konzernpolitik mit den GSU-Richtlinien gewährleistet und dabei ständig fortentwickelt. Sie ist gleichzeitig Ansprechpartner und Überwachungsorgane für die Sektoren und sorgen für Information und Kommunikation im Konzern.
- In den Sektoren wird die GSU-Politik eigenverantwortlich umgesetzt. Dazu werden spezifische GSU-Richtlinien erarbeitet und das nötige Know-How zur praktischen Umsetzung der Umweltpolitik zur Verfügung gestellt. Hier werden auch Schulungsprogramme erarbeitet und interne Audits an den Standorten durchgeführt.

- Novartis ist in über 60 Ländern weltweit aktiv und muß sich mit den unterschiedlichsten gesellschaftlichen Rahmenbedingungen auseinandersetzen. Die GSU-Beauftragten auf Landesebene unterstützen die Sektorgesellschaften bei ihrer GSU-Arbeit und beraten den verantwortlichen Landesrepräsentant. Gleichzeitig sind sie im Konzern-GSU-Netzwerk vertreten, wo sie die verschiedenen, regionalen Ansprüche in die konzernweite GSU-Politik einbringen.
- In den Sektorgesellschaften ist GSU in die Linienorganisation integriert. Damit wird gewährleistet, daß die GSU-Aspekte in der praktischen Arbeit stets berücksichtigt und erfolgreich umgesetzt werden.
- An den Standorten ist die lokale Geschäftsführung für die Umsetzung der GSU-Politik verantwortlich. Zur Durchführung der Aufgaben werden lokale GSU-Beauftragte eingesetzt, die das lokale Management bei der Durchführung seiner Aufgaben unterstützen und beraten und die GSU-Schulungsmaßnahmen koordinieren.

Um einen aktiven Dialog zwischen den verschiedenen GSU-Ebenen zu gewährleisten, ist bei Novartis ein GSU-Managementnetzwerk eingerichtet, das aus einem GSU-Lenkungs- und einem GSU-Koordinationsausschuß besteht. Der Lenkungsausschuß ist verantwortlich für die GSU-Politik, -Strategie und -Richtlinien und sorgt für das interne Auditprogramm. Ihm gehören Mitglieder der Führungsebenen der Sektoren und des Gesamtkonzerns an. Die Leitung liegt bei der „Technologie Konzern“. Der Koordinationsausschuß erarbeitet Vorlagen zu den GSU-Richtlinien und koordiniert bereichsübergreifende GSU-Aktivitäten. Er setzt sich aus den Sektor-GSU-Verantwortlichen und Mitgliedern der Konzernfunktion GSU zusammen. Eine jährlich stattfindende, weltweite GSU-Konferenz schafft ein zusätzliches Forum, auf dem GSU-Beauftragte aus allen Ebenen aktuelle Trends diskutieren und ihre Erfahrungen austauschen.

3 Umweltprogramm

Konkrete Umweltziele und Umweltprogramme existieren für die einzelnen Standorte und Sektorgesellschaften. Einige konzernweite Ziele im Rahmen der Politik zu Gesundheit, Sicherheit und Umwelt sind:

- Die Integration und Aktualisierung der bestehenden Dokumente der ehemaligen Unternehmen Ciba und Sandoz in die Standards von Novartis
- Die Erstellung von Richtlinien zum Controlling des GSU-Managements und der GSU-Leistungen sowie die jährliche Erstellung eines Berichts zu den GSU-Bereichsstrategien
- Die regelmäßige Auditierung der Geschäftsbereiche und die damit verbundene Erfassung der Daten, die für Gesundheit, Sicherheit und Umwelt von Bedeutung sind
- Die ständige Fortentwicklung des GSU-Know-Hows und des GSU-Managementsystems, um auch in Zukunft die Herausforderungen für Gesundheit, Sicherheit und Umwelt, die sich aus der Geschäftstätigkeit ergeben, zu lösen
- Die Festlegung von quantitativen GSU-Zielen der Sektoren auf Konzernstufe für 1998.

4 Kostensenkende Umweltschutzmaßnahmen

Da von Novartis bisher noch keine neuen Beispiele für kostensenkende Umweltschutzmaßnahmen vorliegen, werden hier Beispiele der Vorgängerunternehmen Ciba und Sandoz vorgestellt. Alleine mit den hier beschriebenen Umweltschutzmaßnahmen spart Novartis bzw. früher Ciba und Sandoz weltweit über 2,1 Mio. DM pro Jahr ein.[7]

Einsparung von Roh-, Hilfs- und Betriebsstoffen

Am Novartis-Standort Ringaskiddy, Irland, wurde ein neues Werk für Medikamentenwirkstoffe in Betrieb genommen, bei dem alle Produktionsanlagen und Infrastrukturbereiche nach dem neuesten Stand der Umweltschutztechnologie konzipiert wurden. Durch den Ablauf der Produktionsprozesse in geschlossenen Systemen und die Verknüpfung von Anlagen zur Lösungsmittelrückgewinnung, Abluftreinigung, Abwasserreinigung und Abfallverbrennung wird ein minimaler Output an Umwelteinwirkungen und damit auch minimale externe Umweltkosten erzeugt.

Reduzierung der Wasser- und Abwasserkosten

Am Ciba-Standort Lampertheim, Deutschland, wurde ein Produktionsverfahren dahingehend geändert, daß die Ausgangskonzentration eines Rohstoffs erhöht wurde, um dadurch die Abwassermenge zu reduzieren. An der Produktqualität hat sich dadurch nichts geändert. Für die Abwassermenge wird ein Rückgang um 14 % oder 800 Tonnen jährlich und damit auch eine Senkung der Wasser- und Abwassergebühren um 200.000 sFr. oder 244.000 DM pro Jahr erwartet.

Beim Novartis-Konzernunternehmen Hilleshög NK, Schweden, wurde mit verschiedenen Maßnahmen der Wasserverbrauch bei der Reinigung von Zuckerrüben stark reduziert. So konnten mit Hilfe einer neuen Erntemaschine, die die Zuckerrüben bereits auf dem Feld reinigt, der Wasserverbrauch um 70 % gesenkt werden. Durch den Einsatz eines neuen Flockungsmittels, das die Trennung der Erde-Wasser-Suspension bewirkt, kann die abgesetzte Erde auf die Felder gebracht und das Wasser erneut wiederverwendet werden. Diese von der Europäischen Union als „Umwelt-Innovationsprojekt" geförderte Maßnahme bewirkt eine Senkung des Wasserverbrauchs um 90 %.

Reduzierung der Energiekosten

Am Standort St. Gabriel, USA, hat Novartis durch eine Bestandsaufnahme von Lüftung und Kühlwasseranlagen herausgefunden, daß zwei Kühlwasserpumpen und ein Luftkompressor ohne Beeinträchtigung der Funktionsweise abgeschaltet werden können. Die erreichte Energieeinsparung beträgt jährlich $40 \cdot 10^{12}$ J oder 11.000 MWh und führt zu einer Kostensenkung von ca. 460.000 sFr. oder

[7] Umrechnungskurs vom September 1996: 1 sFr. = 1,22 DM

560.000 DM pro Jahr. Die erforderliche Investitionssumme betrug 120.000 sFr. oder 146.000 DM.

Bei einer Wasserentlüftungsanlage am Novartis-Standort in Torre Annunziata, Italien, wurde eine Abwärmenutzung aus der Abluft realisiert, indem das zufließende Wasser durch einen Wärmetauscher zum Vorheizen geleitet wurde. Die dadurch erreichte Einsparung an Primärenergie beträgt 235.000 m^3 Erdgas bzw. 48.000 sFr. oder 59.000 DM pro Jahr. Die Investition betrug 11.000 sFr. oder 13.400 DM.

Am Ciba-Standort in Huningue, Frankreich, wurde für die chemische Produktion ein System zur computergesteuerten Überwachung und internen Verrechnung der Energiekosten installiert. Innerhalb des gesamten Werkes weisen Meßgeräte den Strom-, Dampf- und Wasserverbrauch aus. Auf diese Weise werden die Mitarbeiter zum Energiesparen motiviert und Ursachen für höhere Verbräuche können schneller identifiziert werden. Die Investition in Höhe von 2,5 Mio. sFr. oder 3 Mio. DM amortisiert sich durch die Kostensenkung von ca. 1 Mio. sFr. oder 1,2 Mio. DM pro Jahr bereits nach drei Jahren.

Am Novartis-Standort in Filipstad, Schweden, wurde das Werk für die Herstellung von Knäckebrot unter Energieeinsparungs-Gesichtspunkten modernisiert. Durch die verbesserte Nutzung der Abwärme aus dem Backprozeß sowie durch die Optimierung von Prozessen und den Einsatz moderner Steuerungstechnik konnte der jährliche Energieverbrauch um ca. 5 % reduziert werden.

Reduzierung der Entsorgungskosten

Am Ciba-Standort in Estrada do Colegio, Brasilien, wird Naßschlamm vor der Deponierung in speziellen Trocknungsbecken durch die Sonne getrocknet. Dadurch sinkt die Deponiemenge um die Hälfte oder jährlich 16 Tonnen und die Kosten reduzieren sich um 20.000 sFr. oder 24.000 DM pro Jahr.

Reduzierung des Verpackungsmaterials

Novartis versucht in allen Unternehmensbereichen, den Verbrauch und Anfall an Verpackungen zu reduzieren. Zu den durchgeführten Maßnahmen gehören die Volumenverringerung von Verpackungen, der Ersatz vor Einweggebinden durch Mehrweggebinde, das vollständige Recycling von Kunststoffverpackungen sowie in manchen Fällen der Einsatz von sich selbst zusammen mit dem Produkt auflösenden Verpackungen.

20 Nycomed Arzneimittel GmbH Ismaning bei München

Firma:	Nycomed Arzneimittel GmbH Ismaning bei München
Anschrift:	Fraunhoferstraße 7 85737 Ismaning
Ansprechpartner:	Herr Dr. Thomas Hundesrügge
Telefon:	(089) 962 81 - 326
Telefax:	(089) 962 81 - 489
E-Mail:	thu@nycomed.com
Branche:	Chemisch-Pharmazeutische Industrie
Produktpalette:	Pharmazeutische Produkte
Beschäftigtenzahl:	135 MitarbeiterInnen
Literatur:	Umweltberichte 1995, 1996/97 Umweltdatenblätter, umweltrelevante Artikel

„Die Zahlen weisen nach, daß Umweltschutz ein wichtiger Ansatz zur Sicherung der Wettbewerbsfähigkeit ist. Ökologie und Ökonomie können nachweisbar in Einklang gebracht werden."

Die Nycomed Arzneimittel GmbH ist die deutsche Tochter des weltweit tätigen norwegischen NYCOMED Konzerns. Das Unternehmen ist seit 1945 auf dem deutschen Pharmamarkt mit dem Vertrieb von Präparaten für die therapeutische Behandlung, für die bildgebende Diagnostik (1991) sowie mit Kathetersystemen (1993) vertreten. Die Mitgliedschaft bei B.A.U.M. und die Teilnahme am Umweltpakt Bayern dokumentiert das Unternehmen durch die Verwendung eines eigenen Logos.

„Mit der Aufgabe der Produktion und der Verlagerung des Unternehmensstandortes von München nach Ismaning im Juli 1995 änderten sich auch die Zielsetzung sowie Aufgaben des betrieblichen Umweltmanagements. Gewerblich produzierende Unternehmen richten gewöhnlich ihre Anstrengungen resp. Bemühungen für den Umweltschutz intern aus, also in das Unternehmen hinein. Vereinfacht ausgedrückt heißt das, daß Unternehmen mit sich selbst beschäftigt sind. Dagegen müssen sich Handels- und Dienstleistungsunternehmen ganz allgemein an den Bedürfnissen und Wünschen ihrer Kunden orientieren. Um dieser Forderung zu entsprechen, begann die Nycomed

Arzneimittel GmbH im Juli 1995 ihr bestehendes Umweltmanagement extern, also zum Kunden hin, auszurichten. Die Bemühungen schlugen sich in der Realisierung eines der ersten, wenn nicht sogar das Erste gelebte markt- resp. kundenorientierte Umweltmanagement in Deutschland eines pharmazeutischen Unternehmens nieder.“

1 Umweltleitlinien

Die Nycomed Arzneimittel GmbH ist eingebunden in die Unternehmensphilosophie und das Selbstverständnis des NYCOMED-Konzerns. Im Zuge dieses Selbstverständnisses bekennt sich NYCOMED mit seinen „basic values“ zu seiner Verantwortung gegenüber

- der Gesellschaft
  Wir decken mit unseren pharmazeutischen Produkten grundlegende menschliche Bedürfnisse ab. NYCOMED versteht sich als Teil der Gesellschaft und legt daher großen Wert auf den sozialen, ökologischen und ökonomischen Konsens bei der Produktion und Distribution seiner Wirtschaftsgüter.
- seinen Unternehmen sowie Mitarbeiterinnen und Mitarbeitern
  Wir sichern das Bestehen des Konzerns, der Arbeitsplätze unserer Beschäftigten sowie die Existenzgrundlage unser Mitarbeiterinnen und Mitarbeiter durch gewinnbringendes Wirtschaften. Ständige Qualitätskontrollen und intensive Forschungsarbeit zur Entwicklung und Verbesserung unserer Produkte sind hierzu eine wesentliche Voraussetzung.
- der Umwelt
  Der schonende und verantwortungsvolle Umgang mit den natürlichen Ressourcen ist unabdingbar für den Erfolg unseres Unternehmens und die Verwirklichung unserer langfristig gesetzten Ziele.

Die Nycomed Arzneimittel GmbH setzt mit ihrer Umweltpolitik die Unternehmensphilosophie des NYCOMED-Konzerns um. Die nachstehenden Leitlinien, die im Umweltmanagementhandbuch und in den Umweltberichten weiter präzisiert sind, legen dabei den Handlungsrahmen für die Umwelt fest:

- Unser Ziel ist der partnerschaftliche Umgang mit der Natur.
- Bei uns ist Umweltschutz Aufgabe aller.
- Umweltschutz muß für uns ehrlich und überprüfbar sein.
- Umweltschutz ist für uns mehr als die Einhaltung gesetzlicher Vorschriften und behördlicher Auflagen.
- Umweltschutz ist für uns auch Dienst am Kunden.
- Wir setzen auf einen offenen Dialog.

2 Organisation des Umweltschutzes

Im Januar 1993 wurde bei Nycomed mit der Schaffung der Position eines Funktionsleiters für Sicherheit und Umweltschutz damit begonnen, ein Umweltmanagementsystem zu etablieren. Im Zuge der Neuausrichtung des Unternehmens auf

Marketing und Vertrieb im Juli 1995 wurden auch die umweltrelevanten Aktivitäten und Serviceleistungen an die Bedürfnisse der Kunden angepaßt.

Heute ist die Kundenorientierung das Maß aller Dinge, denn nur wenn das Grundbedürfnis eines Kunden durch einen entsprechenden Umweltservice befriedigt wird, wird sich dieser mit dem Unternehmen identifizieren und letztlich die Produkte kaufen. Das Umweltmanagement ist deshalb bei Nycomed als Konzept des kundenorientierten Managements organisatorisch in das Produktmanagement als „PM-Recycling" eingebunden (siehe Abb. 17).

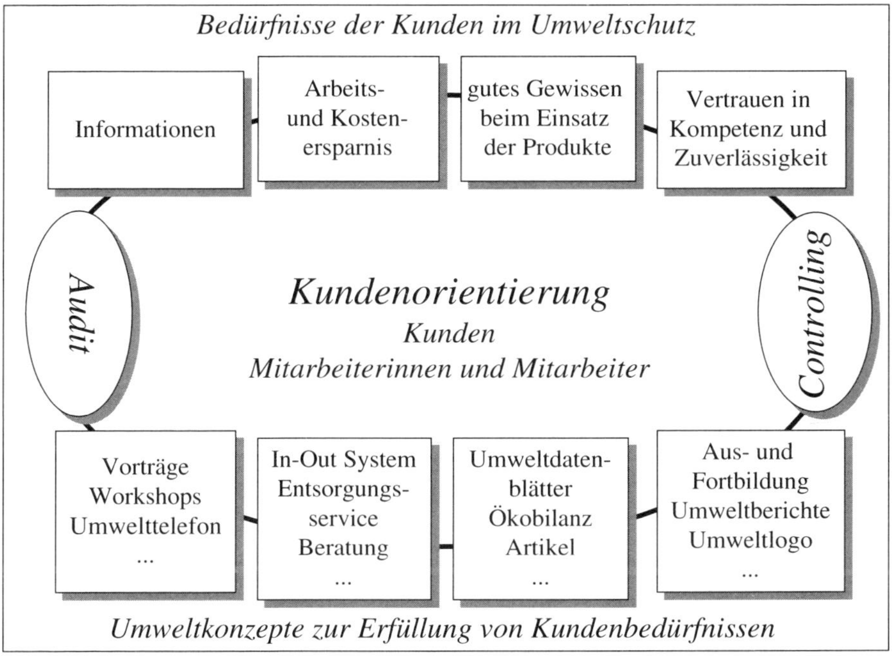

Abb. 17: Das kundenorientierte Umweltmanagement der Nycomed

In den vier oberen Säulen sind ganz allgemein die Grundbedürfnisse von Kunden dargestellt. Jede einzelne dieser Säulen korrespondiert mit einer entsprechenden unteren Säule, die die jeweiligen Umweltkonzepte des Unternehmens widerspiegeln. Zwischen den Bedürfnis- und Konzeptsäulen befindet sich die Bedürfnisebene oder auch die Ebene der Kundenorientierung. Hier finden ständig kommunikative Prozesse zwischen den Kunden und den Mitarbeiterinnen und Mitarbeitern des Innen- und Außendienstes statt.

In regelmäßig wiederkehrende Auditprozessen wird ständig überprüft, ob die Umweltkonzepte auch richtig realisiert oder noch verbessert werden können. In den Controllingprozessen dagegen werden die Umweltkonzepte dahingehend überprüft, ob diese für die Kunden noch von Wichtigkeit sind.

Die Mitarbeiterinnen und Mitarbeiter sind in diesem System das kommunikative Bindeglied zwischen Kunden und Unternehmen. Sie stellen im Marketing-Mix das wichtigste Marketing-Tool dar. Dementsprechend konzentriert sich der Aus- und Fortbildungsbedarf im Umweltbereich auf die Mitarbeiterinnen und Mitarbeiter.

3 Umweltprogramm

Die einzelnen Umweltkonzepte und Umweltserviceleistungen von Nycomed sind ausführlich im Umweltmanagementhandbuch und in den Umweltberichten beschrieben. Einige aktuelle Umweltkonzepte sind:

- Die Dokumentation der Serviceleistungen und Aktivitäten für Kunden und Umwelt im zweiten Umweltbericht 1996/97.
- Die Untersuchung der Umweltverträglichkeit seiner Kontrastmittel hinsichtlich des Gewässerschutzes und deren Dokumentation in Umweltdatenblättern, vergleichbar mit Gefahrstoffdatenblättern.
- Die Veröffentlichung von Fachartikeln zu besonderen umweltrelevanten Fragestellungen.
- Die Einrichtung eines unternehmenseigenen, kostenlosen Liefer- und Entsorgungsservice (Nycomed In-Out System), der die Produktverpackungen für Kontrastmittel eigenverantwortlich sammelt und diese gezielt und nachweislich der stofflichen Wiederverwertung zuführt.
- Gezielte Serviceangebote und individuell gestaltete Beratungen der Kunden zur fachgerechten Entsorgung bestimmter medizinisch-pharmazeutischer Abfälle.
- Die Organisation von Tagungen und Kongressen zum Thema „Umweltmedizin".
- Das Engagement in regionalen Umweltschutzprojekten, wobei die Mitarbeiterinnen und Mitarbeiter in die Aktivitäten mit einbezogen werden. 1997 sollen voraussichtlich auch erstmals Kunden aktiv in einem Umweltprojekt mitarbeiten.

4 Ökobilanz

Nycomed hat die umweltrelevanten Auswirkungen seiner Produktverpackungen für Kontrastmittel sowohl in einer Ökobilanz als auch in einer Lebensweganalyse ermittelt. Die Ergebnisse haben einen maßgeblichen Einfluß auf die zukünftige Strategie für Produktverpackungen des Konzerns.

5 Kostensenkende Umweltschutzmaßnahmen

Nycomed konnte mit den hier vorgestellten Umweltmaßnahmen seine Kosten zwischen 1992 und 1994 um über 200.000 DM pro Jahr senken. Weitere, zum Teil erhebliche, jedoch nicht mehr bezifferbare Einsparungen wurden durch zahlreiche Investitionen in den Umweltschutz in einer Höhe von 2,7 Mio. DM bei den Verbräuchen von Stadtgas, Elektrizität, Dampf, Druck und Kälte erzielt. Die 1993 eingerichtete Position des Funktionsleiters für Sicherheit und Umweltschutz hatte sich bereits im zweiten Jahr nach Aufnahme seiner Tätigkeit amortisiert.

Einsparung von Roh-, Hilfs- und Betriebsstoffen

Die drastische Reduzierung der Lagerbestände an technischen Gasen und Gefahrstoffen führte zu Kosteneinsparungen von ca. 51.000 DM zwischen 1992 und 1994 oder durchschnittlich etwa 17.000 DM pro Jahr.

Reduzierung der Wasser- und Abwasserkosten

Bei der gezielten Überprüfung des Rohrleitungssystems der Frischwasserversorgung konnte ein bis dahin unbemerktes Leck entdeckt werden. Die Beseitigung des Lecks sowie eine Verfahrensoptimierung in der Produktion führte im Zeitraum von 1992 bis 1994 zu einer Einsparung im Frischwasserverbrauch um ca. 152.000 DM (bezogen auf den Verbrauchswert von 1992) oder durchschnittlich etwa 50.000 DM pro Jahr.

Im Rahmen der Optimierung der Verfahrensprozesse konnte der Starkverschmutzerzuschlag beim Abwasser entfallen. Die eingesparten Kosten betrugen im selben Zeitraum ca. 387.000 DM oder durchschnittlich etwa 130.000 DM pro Jahr.

Reduzierung der Entsorgungskosten

Nycomed hat im Rahmen eines Abfallmanagements umfangreiche Vermeidungs-, Minderungs- und Trennkonzepte durchgeführt. Zwischen 1993 und 1996 konnten dadurch die Entsorgungsgebühren um ca. 75.000 DM reduziert werden. Dies entspricht einer durchschnittlichen Kostensenkung von etwa 19.000 DM pro Jahr. Dabei sank das gesamte Abfallvolumen um 49 %, die Kosten jedoch überproportional um 84,5 %. Dies ist darauf zurückzuführen, daß in diesem Zeitraum der Anteil der Abfälle zur Verwertung von 42 auf 71 % stieg und gleichzeitig der Anteil der Abfälle zur Entsorgung von 58 auf 29 % sank.

Reduzierung des Verpackungsmaterials

Mit der Einführung eines bar code-Systems ab 1996 und durch eine Verminderung der Anzahl der unterschiedlichen Verpackungsgrößen konnte die Menge an Verpackungsmaterial um durchschnittlich 10 % pro abgewickeltem Auftrag reduziert werden. Die erzielten, monetären Einsparungen sind bisher noch nicht bezifferbar.

21 Papier- und Kartonfabrik Varel GmbH & Co. KG

PAPIER- u. KARTONFABRIK
VAREL

Firma:	Papier- und Kartonfabrik Varel GmbH & Co. KG
Anschrift:	Dangaster Straße 38 26316 Varel
Ansprechpartner:	Herr Dipl.-Ing. Jürgen Evers
Telefon:	(04451) 138 - 103
Telefax:	(04451) 810 46
Branche:	Papierindustrie
Produktpalette:	Recyclingpapier, Recyclingkarton, Recycling-Vollpappe
Beschäftigtenzahl:	310 Mitarbeiter
Literatur:	B.A.U.M.-Erhebungsbogen

Die Papier- und Kartonfabrik Varel GmbH & Co. KG ist schon aufgrund der Art der Rohstoffe, die für ihre Produktion genutzt werden, im Umweltbereich tätig. So besteht der verwendete Rohstoff des B.A.U.M.-Mitgliedsunternehmens aus 100 % Altpapier (etwa 300.000 Tonnen pro Jahr).

1 Umweltleitlinien

Für die Papier- und Kartonfabrik Varel ist das oberste Ziel des Unternehmens die dauerhafte Sicherung der Existenzgrundlage. Dafür gilt neben weiteren die folgende Voraussetzung:

> Ressourcen- und umweltschonende sowie wirtschaftliche Produktionsweise, weshalb wir seit jeher auf der Basis des Sekundärrohstoffes Altpapier durch stetiges Investieren in umwelt- und ressourcenschonende sowie primärenergiesparende Technologien funktionelle, recycelfähige und unbedenkliche Produkte zu auskömmlichen Preisen herstellen.

2 Organisation des Umweltschutzes

Der Umweltschutz wird direkt von der technischen Geschäftsführung wahrgenommen, der auch der Umweltbeauftragte direkt unterstellt ist.

Alle drei Betriebsleiter der Produktion sind dem Umweltschutz verpflichtet und fühlen sich direkt verantwortlich. Tägliche Gespräche über Produktion und Technik schließen den Umweltschutz vollständig ein.

3 Kostensenkende Umweltschutzmaßnahmen

Durch die hier vorgestellten Maßnahmen konnte die Papier- und Kartonfabrik Varel Kosteneinsparungen von ca. 4,4 Mio. DM pro Jahr erzielen.

Einsparung von Roh-, Hilfs- und Betriebsstoffen

Durch das neue anaerobe Abwasserreinigungsverfahren (siehe unten) konnten Einsparungen bei Nährstoffen und Chemikalien in einer Höhe von ca. 200.000 DM pro Jahr erreicht werden.

Reduzierung der Wasser- und Abwasserkosten

Durch mehrfachen Wiedereinsatz des Kreislaufwassers reichert sich dieses mit organischen Stoffen so an, daß eine Reinigung in Reaktoren unter Sauerstoffabschluß möglich ist. Deshalb wurde eine anaerobe Reinigungsstufe nach dem UASB-Verfahren (Upflow Anaerobic Sludge Blanquet) installiert. Die bisherige aerobe Stufe wurde als zweiter Verfahrensschritt beibehalten, so daß eine optimale Reinigung des Abwassers möglich ist.

Die verbesserte Abwasserqualität senkt den spezifischen Verbrauch von bisher 3,6 auf 2,5 m^3 Wasser pro Tonne Papier. Die Einsparungen wegen des teilweisen Einsatzes von biologisch gereinigtem Abwasser anstelle von Frischwasser betragen jährlich 300.000 m^3 Frischwasser und Abwasser. Die hierbei eingesparten Kosten belaufen sich auf ca. 50.000 DM pro Jahr. Außerdem werden Nährstoffe und Chemikalien eingespart (siehe oben) und Biogas erzeugt, das zur Energiegewinnung genutzt wird (siehe unten). Ferner wird eine Reduzierung des Klärschlammanfalls von ehemals 4 Tonnen/Tag auf unter 500 kg/Tag erreicht. Insgesamt findet eine Halbierung der Einleitungskonzentration der organischen Belastung (CSB, BSB_5) in den Vorfluter statt. Das Investitionsvolumen für die anaerobe Reinigungsstufe betrug 10 Mio. DM.

Reduzierung der Energiekosten

Vor den Leistungskessel der eigenen Energieerzeugungsanlage wurde eine 3,8 MW-Gasturbine mit Zwischenschaltung eines Abgaskühlers (Verfahren Hutter) installiert. Neben erheblicher Einsparung von Primärenergie durch die zusätzliche Erzeugung von ca. 28 Mio. kWh elektrischer Energie nach dem KWK-Verfahren (Kraft-Wärme-Kopplung) und entsprechender Emissionsverringerung, fällt bei diesem Prozeß der Systemwirkungsgrad erst etwa bei Halblast auf unter 93 %. Die gewonnene Abwärme wird wie bisher als Prozeßwärme zur Papiertrocknung genutzt. Außerdem hat dieser GuD-Prozeß (Hintereinanderschaltung von Gas- und Dampfturbinen) wegen der tieferen Verbrennungstemperatur im Gaskessel deutlich geringere NO_x-Emissionen gegenüber dem konventionellen GuD-Prozeß.

Die Eigenerzeugung von 28 Mio. kWh elektrischer Energie pro Jahr bewirkt nur ein Drittel der CO_2-Belastung im Vergleich zum öffentlichen Netz. Es werden 11.200 Tonnen CO_2 pro Jahr weniger im Vergleich zu den Energieversorgungsunternehmen (EVU) erzeugt. Die NO_x-Belastung von der Gasturbine plus Kessel ist identisch niedrig mit den tiefen Werten eines Kessels mit Gasfeuerung. Mit der Anlage konnten Einsparungen im EVU-Stromverbrauch von 2,88 Mio. DM pro Jahr nach Abzug der Instandhaltungs- und Brennstoffkosten von 1,32 Mio. DM erreicht werden. Die Gesamtinvestition in Gasturbine und Kessel von 12 Mio. DM amortisiert sich innerhalb von etwa vier Jahren.

Mit der neuen anaeroben Abwasserreinigungsstufe (siehe oben) wird 1,8 Mio. m^3 Biogas pro Jahr erzeugt und anstelle von Erdgas zur Energieerzeugung genutzt. Die resultierenden Einsparungen betragen 350.000 DM pro Jahr. Die Reduktion des elektrischen Stromeinsatzes um 100 kW spart 100.000 DM pro Jahr.

Reduzierung der Entsorgungskosten

Das Altpapier wird in Wasser suspendiert und einer aufwendigen Naßreinigung unterzogen, um die dem Altpapier anhaftenden oder beigemengten Verunreinigungen, die zu etwa 70 % in den Hausmüll gehören, zu entfernen. Die Sortierung erfolgt mit Zentrifugal- und Zentripetalkräften und außerdem mit Loch- bzw. Schlitzsieben. Jeder Trennprozeß ist mit Verlusten versehen, die minimiert werden müssen. Durch kontinuierlichen Einsatz von verbesserten Sortiermaschinen und Optimierung der Prozeßführung konnte der Reststoffanteil um 3.900 Tonnen pro Jahr (ca. 2.300 Tonnen Trockensubstanz, Rest Wasser) gesenkt werden.

Durch diese Reduzierung der Reststoffe werden Deponie- bzw. Verbrennungskosten in Höhe von 680.000 DM pro Jahr vermieden. Der Investitionsaufwand für die verbesserten Sortiermaschinen, Prozeßführung und Rohrleitungen belief sich auf etwa 2,9 Mio DM innerhalb von 3 Jahren. Durch die Einsparungen amortisieren sich die durchgeführten Maßnahmen innerhalb von 4 Jahren.

Die aus dem Altpapier aussortierten Verunreinigungen werden konsequent in Leichtschmutz (Kunststoff, Gummi, Leder, Holz und naßfestes Papier), Schwerschmutz (Sand, Steine, Glas und Heftklammern) und Metallschrott (Heftsysteme von Ordnern, Dosen, Schrauben, Vergaser u.a.) getrennt.

Beim Leichtschmutz ergeben sich keine Einsparungen, doch kann dieser in Zementwerken verbrannt werden und Braunkohle substituieren (keine zusätzlichen Emissionen bei voller thermischer Nutzung). Hingegen kann der Schwerschmutz ohne Belastung deponiert werden. Der Metallschrott wird recycelt. Der Deponiekostensatz für Schwerschmutz ist geringer, so daß bei jährlich 1.350 Tonnen eine Einsparung von 100.000 DM pro Jahr zu verzeichnen ist. Die Menge des Metallschrotts beläuft sich auf ca. 290 Tonnen pro Jahr, wobei die Einsparungen an Deponiekosten und der Schrotterlös zusammen 63.000 DM pro Jahr betragen. Durch die Abfalltrennung entstehen kaum zusätzliche laufende Kosten.

22 Peguform-Werke GmbH

EIN UNTERNEHMEN DER KLÖCKNER-WERKE AG

Firma:	Peguform-Werke GmbH
Anschrift	Umbertshausener Weg 7 93333 Neustadt-Schwaig
Ansprechpartner:	Herr Richard Kügel
Telefon:	(08402) 77 - 339
Telefax:	(08402) 77 - 244
Branche:	Fahrzeugzulieferer
Produktpalette:	Kunststoffteile
Beschäftigtenzahl:	1.000 Mitarbeiter
Literatur:	B.A.U.M.-Erhebungsbogen Süddeutsche Zeitung vom 18.2.1994, S. 29: „Sammeln, verwerten - und Millionen sparen“ Commerzbank/impulse-Umweltpreis Bewerbung 1994/95 der Energie-Einspar-Technik[8], Vortragsskript zur Tagung „Betriebliche Umweltkosten - Erfassung und Reduzierung“ am 9.5.1996 in Bremen

> „Man kann das ökonomische Gesetz eben doch mit dem ökologischen Prinzip vereinbaren - und dabei sogar noch eine Menge Geld sparen.“

Aus dieser Erkenntnis heraus hat die Peguform-Werke GmbH damit begonnen, aktiven Umweltschutz zu betreiben und vor allem Abfälle nach Möglichkeit zu vermeiden bzw. wo immer möglich wiederzuverwerten. Dieses Ziel gilt auch für das Abfallwirtschaftskonzept des Werkes Oldenburg[9], das seit 1992 interne Umwelt-Audits durchführt und 1996 nach der EG-Öko-Audit-Verordnung validiert wurde.

1 Umweltleitlinien

Die Umweltleitlinien von Peguform lauten:

---

[8] Energie-Einspar-Technik GmbH, Oldenburger Allee 24, 30659 Hannover, Telefon: (0511) 90288-0, Fax: (0511) 90288-44, Ansprechpartner: Herr Hennel

[9] Standort Oldenburg: Peguform-Werke GmbH, Rheinstraße 40, 26135 Oldenburg, Telefon: (0441) 2106-0, Ansprechpartner: Herr Manfred Dobrzinsky

- Wir streben einen umfassenden und aktiven Umweltschutz auf allen Tätigkeitsgebieten an. Unsere Ziele sind dabei der sparsame Einsatz von Ressourcen und ein schonender Umgang mit den natürlichen Lebensgrundlagen.
- Wir erfüllen nicht nur die behördlichen und gesetzlichen Auflagen, sondern ergreifen darüber hinaus aus eigener Initiative und Verantwortung zum Schutz der Umwelt zusätzliche Maßnahmen. Jede Mitarbeiterin und jeder Mitarbeiter unseres Unternehmens hat dabei an unserem Bemühen um optimalen Umweltschutz mitzuwirken.
- Wir arbeiten an einer ständigen Verbesserung der Umweltverträglichkeit von Produkten und Prozessen.
- Unsere Mitarbeiterinnen und Mitarbeiter werden regelmäßig anhand schriftlicher Anweisungen für umweltschonendes Verhalten bei normalem Betriebsablauf und bei Störungen im Betrieb geschult.
- Unsere Führungskräfte sind zu besonderem Einsatz bei der Erfüllung der Erfordernisse umweltgerechter Produktion und der Entwicklung umweltgerechter Produkte und Verfahren verpflichtet.
- Bei der Planung neuer Anlagen und der Entwicklung neuer Produkte und Verfahren werden Umweltschutz- und Sicherheitsgesichtspunkte von Anfang an berücksichtigt.
- Als wichtigen Bestandteil des Umweltschutzes betrachten wir den sachlichen Dialog mit der Öffentlichkeit. Wir betreiben daher einen offenen Erfahrungsaustausch mit Behörden, Verbänden und Wissenschaft.

2 Organisation des Umweltschutzes

Bei Peguform in Neustadt ist die Stelle eines Umweltbeauftragten eingerichtet, der zusammen mit dem Werksleiter, dem Betriebsratsvorsitzenden und zwei Ingenieuren die Umweltmaßnahmen koordiniert. Zusätzlich hilft der Zentrale Umweltschutz der Klöckner-Werke AG, zu der das Unternehmen gehört, bei der Umsetzung der Umweltpolitik (siehe Abb. 18).

Peguform in Oldenburg betrachtet betrieblichen Umweltschutz nicht isoliert, sondern faßt die Bereiche Gesundheit, Umweltschutz und Sicherheit im sogenannten GUSi-Konzept zusammen. Darin werden die Sicherheitsbeauftragten zu „GUSi-Beauftragten“. Es finden regelmäßige GUSi-Treffs statt und ein ständiger GUSi-Ausschuß ist eingerichtet.

3 Umweltprogramm

Das Umweltprogramm umfaßt u.a. Leitlinien für die umweltgerechte Produktgestaltung und ökologisch ausgerichtete Verpackungsrichtlinien.

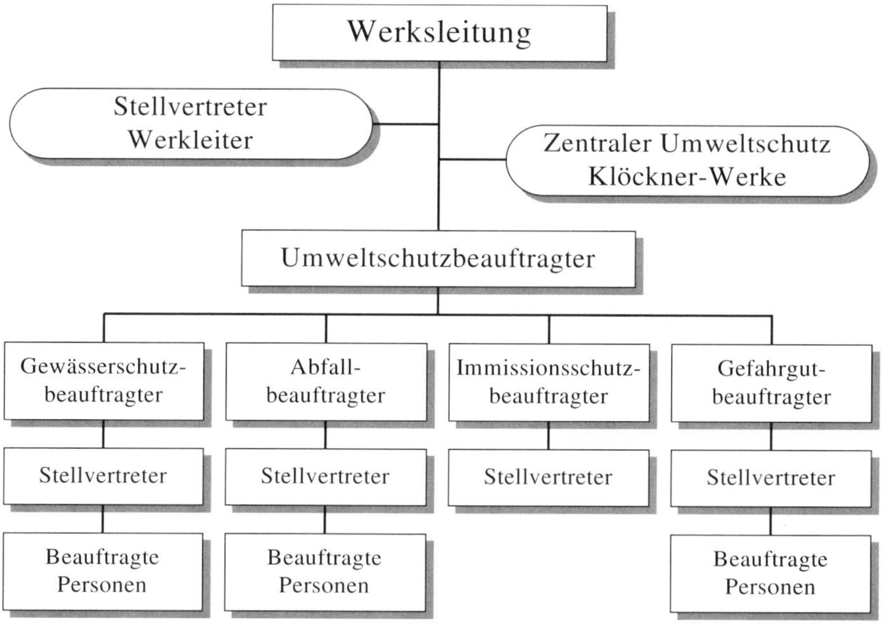

Abb. 18: Die Organisation des Umweltschutz bei Peguform in Neustadt

4 Kostensenkende Umweltschutzmaßnahmen

Mit zahlreichen Umweltschutzmaßnahmen spart Peguform insgesamt über 1 Mio. DM pro Jahr.

Einsparung von Roh-, Hilfs- und Betriebsstoffen

Verunreinigte Blechgebinde werden mit Hilfe einer Eimerwaschanlage gereinigt und wiederverwendet. Als Reinigungsmittel wird ein Lösemittelregenerat verwendet, das ebenfalls regenerierbar und wiederverwendbar ist. Da wegen der Reinigung weniger Neugebinde zugekauft werden müssen, ergibt sich bei 1.500 gereinigten Gebinden pro Monat eine effektive Einsparung von mehr als 100.000 DM pro Jahr. Weitere Effekte sind geringere Sondermüllgebühren und eine Reduzierung der Luftverschmutzung durch Wegfall von Transporten. Die Amortisationszeit für die Reinigungsanlage betrug ca. 6 Monate.

Altlösemittel werden gesondert gesammelt und von einer externen Firma aufbereitet. Das regenerierte Lösungsmittel kann anschließend zum Reinigen der Rohrleitungen wiederverwendet werden. Aus dem verminderten Zukauf von neuen Lösemitteln, die erheblich teuerer als das Regenerat sind, und aus den eingesparten Entsorgungskosten ergibt sich eine Kostensenkung von mehr als 200.000 DM pro Jahr.

Kunststoffausschußteile und -abfälle werden nach den verschiedenen Materialtypen getrennt gesammelt, recycelt und intern oder extern wieder in den Stoffkreislauf zurückgeführt. Dabei wird zunächst ein Produktrecycling durchgeführt und erst danach ein Materialrecycling vorgenommen. Durch die Rückführung von Kunststoffproduktionsabfällen in den internen oder externen Stoffkreislauf werden erhebliche Kosten eingespart, die sich aus verminderten Beschaffungskosten und verschiedenen Entsorgungskosten zusammensetzen. Der Amortisationszeitraum betrug 15 Monate.

In der Lackierung wird das elektrostatische Lackieren (ESTA) angewendet, bei dem die elektrisch aufgeladenen Lackteilchen vom geerdeten Werkstück angezogen werden und dadurch der Lack wesentlich effizienter genutzt werden kann. Um den Lackauftrag weiter zu optimieren wurde eine großserientaugliche Hydrogrundierung entwickelt. Durch die eingesparte Lackmenge von 10 bis 30 % und die Reduzierung des Lackschlammanfalls hat sich die Investition zur Anschaffung der ESTA-Maschinen nach 6 Monaten amortisiert.

Reduzierung der Energiekosten

Die Energie-Einspar-Technik GmbH hat an der Kühlwasseranlage von Peguform in Oldenburg eine patentierte Pumpen- und Ventilatorenregelung zur bedarfsgenauen Steuerung der elektrischen Antriebsmaschinen von Pumpen und Ventilatoren installiert. Die Regelung erfolgt danach nicht mehr in Abhängigkeit von Druck und Temperatur des Kühlwassers, sondern richtet sich nach den gemessenen Kühlwasser-Volumenströmen. Dies senkt zunächst die erforderliche Pumpenleistung und führt durch den geringeren Betriebsüberdruck zu weiteren Energieeinsparungen. Die Ventilatoren der Kühltürme werden temperaturabhängig nach neu festgelegten Kriterien geregelt. Bei der Hydraulikkühlung beträgt die Energieeinsparung ca. 460.000 kWh pro Jahr. Mit einer Investition von 55.000 DM wurde eine Kostenreduzierung von 77.000 DM pro Jahr erreicht. In der Formkühlung werden 180.000 kWh pro Jahr eingespart und die Investition in Höhe von 41.000 DM führt zu einer Kostenreduzierung von 30.000 DM pro Jahr.

Reduzierung der Entsorgungskosten

Die Entwässerung von Lackschlamm reduziert die anfallende Menge an Lackschlamm um ca. 50 % und spart dadurch mehr als 150.000 DM pro Jahr an Entsorgungskosten ein. Zur Entwässerung muß dem viskosen Lackschlamm mit einem Wassergehalt von ca. 60 % zunächst in zwei Stufen weiteres Wasser zugeführt werden, um ihn pumpfähig zu machen. Anschließend wird in einem Dekanter das Wasser bis zu einer Restfeuchte von 20 bis 25 % entzogen. Das zurückgewonnene Wasser wird wieder im Lackierprozeß verwendet.

Die Einrichtung einer Wertstoffbörse und die selbständige Vermarktung von Wertstoffen führte zu einer Einsparung von ca. 200.000 DM pro Jahr und amortisierte sich nach 12 Monaten. Anfallende Wertstoffe werden auf einem Wertstoffplatz gesammelt. Mit einer Ballenpresse lassen sich preßbare Stoffe wie Papier, Kartonagen, PE- und PVC-Folien, etc. zu Ballen pressen und vermarkten. Holzpaletten, Metallschrott und Kunststoffe werden ebenfalls in Eigenregie verkauft, da dann die erzielbaren Preise deutlich höher als mit Einschaltung eines Zwischenhändlers sind.

Auch am Standort Oldenburg konnte das Abfallaufkommen und speziell die Menge der Sonderabfälle durch die Einführung des Abfallwirtschaftskonzepts und der damit verbundenen Abfallvermeidung, bzw. getrennten Sammlung und Wiederverwertung, stark reduziert werden.

Reduzierung der Kosten für Transport und Verkehr

Bedingt durch das neue Kreislaufwirtschafts- und Abfallgesetz können heizwertträchtige Abfälle kostengünstiger energetisch verwertet werden. Da jedoch die hierfür notwendigen Anlagen mehr als 150 km vom Entstehungsort der Abfälle entfernt sind, müssen die Abfälle zur energetischen Verwertung mit einem Rollenverdichter verdichtet werden. Durch die Behandlung der Abfälle mit dem Rollenverdichter werden die Transportkosten drastisch reduziert. Die Amortisationszeit für die Anlage beträgt 9 Monate.

Reduzierung des Verpackungsmaterials

Ein wichtiger Aspekt in den Umweltaktivitäten von Peguform ist die Reduzierung des Verpackungsmaterials. Dazu hat Peguform umfangreiche Verpackungsrichtlinien erlassen. Eine Kostenwirkung ist bisher allerdings noch nicht bezifferbar.

5 Gewünschte politische Maßnahmen

Die wichtigsten politischen Maßnahmen und Ziele, die der Umweltbeauftragte für die weitere Verbesserung des Umweltschutzes für notwendig hält, sind:

- Die Verabschiedung einer vernünftigen Altautoverordnung
- Die drastische Reduzierung der organischen Kohlenwasserstoffe und Stickoxide in der Abluft
- Die Förderung alternativer Energien
- Eine stärkere Kontrolle des Mülltourismus
- Die Abschaffung des Dualen Systems

23 Rahning GmbH & Co. KG

Firma:	Rahning GmbH & Co. KG
Anschrift:	Zimmerstraße 16 32257 Bünde
Ansprechpartner:	Herr Hans Christoph Homann
Telefon:	(05223) 48 07 - 0
Telefax:	(05223) 48 07 - 99
Branche:	Druckereien
Produktpalette:	Druckerzeugnisse, Verpackungen
Beschäftigtenzahl:	ca. 85 Mitarbeiter
Literatur:	B.A.U.M.-Erhebungsbogen Bewerbungsunterlagen für den Commerzbank/impulse-Umweltpreis 1996

1 Umweltleitlinien

Die Umweltleitlinien der Rahning GmbH & Co. KG lauten:

- Rahning will sein Verhältnis zur Umwelt aktiv und konstruktiv gestalten. Dieses gilt bevorzugt an unserem neuen Betriebsstandort in Bünde am Schnellweg.
- Darum bemühen wir uns um eine gute Zusammenarbeit mit kommunalen und staatlichen Institutionen. Des weiteren ist Rahning stets bemüht, ein gutes nachbarschaftliches Verhältnis zu den in der Umgebung angesiedelten Menschen und Firmen zu pflegen.
- Wir möchten, daß unser Verhältnis zur Umwelt und das Bild unseres Unternehmens in der Öffentlichkeit so ist, daß sich alle Mitarbeiter mit dem Betrieb identifizieren können.
- Alle sinnvollen gesetzlichen Bestimmungen des Umweltschutzes sehen wir als eine Mindestanforderung an und sind stets bestrebt, ein höheres Maß für unsere Umwelt anzusetzen.

2 Kostensenkende Umweltschutzmaßnahmen

Rahning hat durch die Umstellung seiner Energieversorgung ca. 200.000 DM pro Jahr eingespart.

Reduzierung der Wasser- und Abwasserkosten

Rahning hat zur Ableitung von Oberflächenwasser Versickerungsteiche angelegt, aus denen Kühlwasser und Wasser zum Ansatz von Harnstofflösungen für die Abgasreinigung der Blockheizkraftwerke (BHKW, siehe unten) entnommen wird. Durch diese Maßnahme konnte seit der Inbetriebnahme im März 1995 bis Ende 1996 der Frischwassereinsatz bereits um 2.780 m^3 reduziert werden. Außerdem muß kein Oberflächenwasser mehr in die öffentliche Kanalisation eingeleitet werden. Ein weiterer Vorteil der Regenwasserverwendung ergibt sich daraus, daß der Kalkgehalt des Regenwassers wesentlich geringer ist als der des Stadtwassers. Dies führte zu einer Verdoppelung der Wartungsintervalle für den im Abgasstrom der BHKW´s befindlichen Wärmetauscher und des Kühlturms und damit zu geringeren Wartungskosten.

Reduzierung der Energiekosten

Zur Reinigung der während des Tiefdruckverfahrens entstehenden lösemittelhaltigen Abluft hat Rahning zwei BHKW´s installiert. In zwei Adsorptionsrädern wird die Abluft zunächst über Aktivkohlefilter geführt, in denen die Lösemitteldämpfe der Abluft entzogen werden. Zur Reinigung der Aktivkohle wird über Desorption ein mit Lösemitteln hoch angereicherter Luftstrom erzeugt, der als Ansaugluft in zwei Diesel-Generatoraggregaten verbrannt wird. Dadurch können ca. 1.630 MWh an Primärenergie durch die Lösemittelenergie gedeckt werden. Die Energie der BHKW´s wird zur Deckung des Strombedarfs (überschüssiger Strom wird ins öffentliche Netz eingespeist), zur Wärmeerzeugung für Gebäude und Maschinen sowie zum Betrieb einer Absorptionskältemaschine genutzt. Die über diesen Weg eingesparten Energiekosten betragen ca. 200.000 DM pro Jahr. Ferner kann auf ein gesondertes System zur Abluftreinigung verzichtet werden. Die Investitionskosten für die Abluftreinigungsanlage betrugen etwa 2 Mio. DM.

3 Gewünschte politische Maßnahmen

Die wichtigsten politischen Maßnahmen und Ziele, die das Unternehmen für die weitere Verbesserung des Umweltschutzes für notwendig hält, sind:

- Die Strafen für Umweltsünder drastisch erhöhen.
- Mehr finanzielle Anreize schaffen, um Umweltschutzmaßnahmen sowohl bei der Industrie als auch bei privaten Haushalten zu fördern.
- Alle bereits bestehenden Förderungsrichtlinien mehr publizieren und die Richtlinien der einzelnen Programme vereinfachen.

24 Salus-Haus GmbH & Co. KG

Firma:	Salus-Haus GmbH & Co. KG
Anschrift:	Bahnhofstraße 24 83052 Bruckmühl
Ansprechpartner:	Herr Thomas Günther (freier Umweltreferent)
Telefon:	(08062) 90 10
Telefax:	(08062) 65 08
Branche:	Pharmazeutische Industrie und Reformwaren
Produktpalette:	Pflanzliche Naturarzneimittel, diätetische Lebensmittel, Kosmetika
Beschäftigtenzahl:	240 Mitarbeiter
Literatur:	B.A.U.M.-Erhebungsbogen Umweltbericht und Umwelterklärung 1996

> „Seit unserer Gründung im Jahre 1916 sind wir, das Salus-Haus, als Naturarzneimittel-Hersteller um das Wohlergehen und die Gesundheit der Menschen bemüht. Den Erhalt und die schonende Nutzung unserer Umwelt sehen wir dafür als wichtigste Voraussetzungen."

Im ganzheitlichen Weltbild der Salus-Haus GmbH & Co. KG müssen Mensch und Umwelt gleichberechtigt sein. Daher hat sich das B.A.U.M.-Mitgliedsunternehmen dazu entschlossen, möglichst viele seiner Rohstoffe nur aus kontrolliert biologischem Landbau zu beziehen. Mit seinem Engagement für die ökologische Landwirtschaft hilft Salus, ein Stück intakter Natur zu erhalten.

Ein weiterer wichtiger Bestandteil des Umweltengagements des Unternehmens ist der Aufbau eines Umweltmanagementsystems, das es mit den dazu gehörigen Instrumenten Öko- und Produktlinien-Bilanzierung ermöglicht, sein Handeln zu dokumentieren und zu messen, um somit gezielt Verbesserungen vornehmen zu können. Salus ist auch dem Umweltpakt Bayern, einer freiwilligen Vereinbarung zwischen der bayerischen Wirtschaft und der Regierung, beigetreten und hat sich dabei verpflichtet, sein Umweltmanagementsystem nach der EG-Öko-Audit-Verordnung zu validieren. Im Dezember 1996 wurde Salus in das Standortregister eingetragen. Um auch die Kunden und Interessenten im Ausland informieren zu können, veröffentlichte Salus seine Umwelterklärung in deutscher und englischer Sprache.

1 Umweltleitlinien

Um seiner ökologischen Mitverantwortung gerecht zu werden, verpflichtet sich Salus, nach folgenden Umweltleitlinien zu handeln:

1. Wir streben danach, einen möglichst hohen und stetig wachsenden Anteil unserer rückstands-kontrollierten Rohstoffe aus biologischem Anbau zu beziehen, um ein Wirtschaften im Einklang mit der Natur auch global zu fördern.
2. Ehrlicher Umweltschutz ist nur durch die Einbeziehung und Motivation aller Mitarbeiter gesichert. Deshalb wollen wir jeden Mitarbeiter so gut unterrichten und informieren, daß er am Umweltschutz aktiv teilhaben kann.
3. Auch im Umweltschutz müssen die Probleme an der Wurzel bekämpft werden. Deshalb prüfen wir die Umweltauswirkungen jedes neuen Produkts, jedes neuen Verfahrens und jeder neuen Tätigkeit im Voraus.
4. Die Wechselwirkungen zwischen uns und unserer Umwelt werden ständig überwacht, dokumentiert und auf Schwachstellen analysiert, damit wir mit allen uns zur Verfügung stehenden Mitteln unsere Betriebsprozesse ökologisch optimieren können.
5. Wir sind bestrebt, auch über die gesetzlichen Bestimmungen hinaus an einer stetigen Verbesserung des betrieblichen Umweltschutzes zu arbeiten. Daher stehen wir Anregungen und Änderungen, die dem Umweltschutz förderlich sind, offen gegenüber.
6. Wir führen ein Umweltprämien-System ein. Eine Jury prämiert aus unserem Umweltfonds, für den 1996/97 DM 10.000 bereitstehen, jährlich die besten Verbesserungsvorschläge, die wir verwirklichen können, entsprechend ihres ökologischen Verbesserungspotentials.
7. Wir fordern auch unsere Kunden auf, sich kritisch mit uns und unseren Produkten auseinanderzusetzen und Verbesserungsvorschläge an uns weiterzuleiten.
8. Konkret arbeiten wir ständig an einer Reduzierung unseres Rohstoffverbrauches insbesondere in den Bereichen Wasser, Energie, Verpackung und Transport.
9. Unser besonderes Augenmerk gilt dem Einsatz von Hilfsstoffen (z.B. Reinigungs- und Desinfektionsmittel, Schmierstoffe), die möglichst wenig umweltbelastend sind, sowie deren umweltgerechte Entsorgung.
10. Wir bevorzugen Lieferanten und Unternehmen, die dem Umweltschutz einen ebenso hohen Stellenwert einräumen wie wir selbst, und beziehen sie in unsere Umweltschutzaktivitäten ein.
11. Durch die Einrichtung eines Störfallmanagements wollen wir unfallbedingte Umweltbelastungen und die Gefährdung von Menschen vermeiden.
12. Wir kontrollieren systematisch die Einhaltung der uns gesetzten Ziele und passen diese dem neuesten Erkenntnisstand an.
13. Wir sind bereit zu einem offenen Dialog mit der Öffentlichkeit über die Umweltbelastungen unseres Betriebs, in den wir auch die Behörden einbeziehen wollen.

2 Organisation des Umweltschutzes

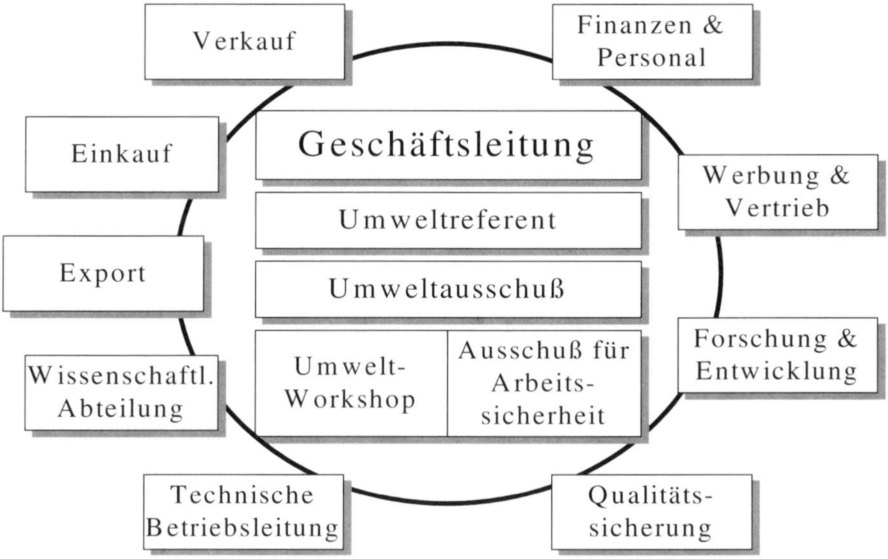

Abb. 19: Die Umweltorganisation von Salus

Die oberste Verantwortung für das Funktionieren des Umweltmanagementsystems bei Salus trägt die Geschäftsleitung, wobei der persönlich haftende Gesellschafter Herr Otto Greither auch die Funktion des Managementvertreters nach der EG-Öko-Audit-Verordnung innehat. Der ihm direkt unterstellte Umweltreferent führt die verschiedenen Abteilungen bei allen umweltrelevanten Entscheidungsprozessen zusammen und sorgt somit dafür, daß die Belange des Umweltschutzes immer berücksichtigt werden. Der direkte Kontakt zur Geschäftsleitung schafft dabei kurze, direkte Kommunikationswege, um Anliegen der Mitarbeiter umgehend weiterzuvermitteln.

Weitere Bestandteile der Umweltorganisation von Salus sind (siehe Abb. 19):

- Der Umweltausschuß: Ihm gehören alle Abteilungsleiter an, und er dient der regelmäßigen Diskussion, wie der Umweltschutz bei den aktuellen Entscheidungen und Projekten am besten berücksichtigt werden kann. Außerdem bearbeitet er die Verbesserungsvorschläge der Mitarbeiter und überwacht die Umsetzung des Umweltprogramms.
- Der Ausschuß für Arbeitssicherheit: In den Bereichen, in denen Überschneidungen zwischen Arbeitssicherheit und Umweltschutz auftreten (z.B. bei der Lagerung gefährlicher Stoffe oder bei der Einführung neuer Gefahrstoffe) werden hier auch die Belange des Umweltschutzes behandelt. Damit wird gewährleistet, daß die Erfahrungen der Mitarbeiter optimal umgesetzt werden.
- Der Umwelt-Workshop: Alle umweltinteressierten Mitarbeiter haben hier viermal im Jahr die Gelegenheit, ihre Ideen und Lösungsvorschläge anzubringen und zu diskutieren.

3 Umweltprogramm

Das ausführliche Umweltprogramm von Salus mit Maßnahmen, Zielen, Zuständigkeiten, Kosten und Termin kann der Umwelterklärung entnommen werden.

4 Ökobilanz

Mit der Aufstellung einer betrieblichen Ökobilanz hat Salus ein Bewertungsinstrument zur Verfügung, mit dem die eingesetzten Stoffe in Bezug auf ihre Menge genau analysiert werden können. Der Vergleich mit den Vorjahren ermöglicht zudem, Entwicklungen aufzuspüren und dementsprechend zu handeln.

Ergänzt wird die betriebliche Ökobilanz durch Produktlinienbilanzen, in denen auf die Produkte bezogen der Energie- und Stoffverbrauch ermittelt wird. Detaillierte Prozeßbeschreibungen legen die Prozesse offen, die am meisten Ressourcen verbrauchen, so daß Optimierungsmaßnahmen gezielt an den ökologischen Schwachstellen durchgeführt werden können.

5 Kostensenkende Umweltschutzmaßnahmen

Mit den hier vorgestellten Umweltmaßnahmen spart Salus fast 500.000 DM pro Jahr an Kosten ein.

Einsparung von Roh-, Hilfs- und Betriebsstoffen

Da es bei vielen Kräutern nicht einfach ist, garantiert biologisch erzeugte Produkte einzukaufen, hat sich Salus entschlossen, sie selbst zu erzeugen. Dazu werden zwei Farmen in Süd-Chile bewirtschaftet, die damit garantieren, daß nur Rohstoffe, die nicht mit Düngemitteln oder Chemikalien behandelt sind, verarbeitet werden. Außerdem werden bedrohte Arten wie z.B. das Tausendgülden-Kraut kultiviert und damit der Bestand geschützt. Da es sich um ein sehr langfristiges Projekt handelt, können über die Kostenwirkungen bisher keine Angaben gemacht werden.

Reduzierung der Wasser- und Abwasserkosten

Die Tonika von Salus müssen in hygienisch einwandfreien Flaschen abgefüllt werden. Dazu wurde jetzt auf Steril-Glas-Flaschen umgestellt, die direkt nach der Produktion in der Glashütte in PE-Folie eingeschweißt werden. Der Einsatz der Steril-Glas-Flaschen ersetzt die bisher notwendige Flaschenreinigung und spart damit jährlich 4000 m^3 Frisch- und Abwasser sowie ca. 500 MWh Energie zum Erwärmen dieses Wassers. Die bisher eingesetzte Flaschenwaschmaschine wurde abgeschafft. Obwohl jetzt eine Erwärmung der Flaschen mit Infrarot-Strahlung nötig ist, spart Salus durch die geringeren Wasser-, Abwasser- und Energiekosten ca. 100.000 DM pro Jahr. Die Investition von 320.000 DM amortisiert sich nach ca. 3¼ Jahren.

Eine spezielle Schaltung im Dampf-Kondensat-Strom ermöglicht über ein 3-Wege-Ventil die Trennung von verunreinigtem und sauberem Kondensat. Das saubere Kondensat kann daher in den Speisewasserbehälter zurückgeleitet werden und geht damit erneut in den Dampfkreislauf ein. Die Einsparungen an Frisch- und Abwasser betragen jährlich 2.000 m^3. Zusätzlich wird weniger Speisewasserzusatzmittel und 185 MWh weniger Energie zur Erwärmung des Speisewassers benötigt. Die Investition von ca. 2.000 DM amortisierte sich wegen der Kostensenkung von 24.000 DM pro Jahr bereits im ersten Monat.

Reduzierung der Energiekosten

Salus erzeugt seinen Strom zu 99,98 % selbst und hat dafür zwei Wasserkraftwerke (78 %-Stromanteil) und zwei Blockheizkraftwerkmodule (BHKW, 22 %-Stromanteil) zur Verfügung. Neben den ökologischen Vorteilen, die sich aus der Nutzung der Wasserkraft bzw. aus dem hohen Wirkungsgrad der Blockheizkraftwerke ergeben, ergeben sich ökonomische Vorteile, da kein Strom bezogen werden muß, sondern im Gegensatz dazu jährlich 1 Mio. kWh in das öffentliche Netz eingespeist werden können.

Um den thermischen Wirkungsgrad der BHKW´s weiter zu verbessern und gleichzeitig die Emissionen an Stickoxiden um 90 %, an Ruß um über 90 % und an CO_2 um 30 % zu verringern, wurden jetzt die alten Diesel-Module gegen moderne gasbetriebene Module ersetzt. Die Investition von 1 Mio. DM amortisiert sich dank der Kosteneinsparungen von 220.000 DM pro Jahr durch den niedrigeren Brennstoffeinsatz innerhalb von ca. 4½ Jahren.

Reduzierung der Entsorgungskosten

Die systematische Erfassung und Trennung der Abfälle in über 20 Fraktionen ermöglicht die optimale Verwertung und Entsorgung. Besonders wichtig für den Erfolg der Maßnahme war dabei die genaue Erfassung der einzelnen Anfallstellen sowie die Bereitstellung geeigneter Behälter und Pressen auch für voluminöse Stoffe (z.B. Folien). Die gesamte Restmüllmenge konnte seit 1994 um über 40 % von 19 auf ca. 11 Tonnen reduziert werden. Gleichzeitig wurden durch die Verwertung von Abfällen weniger Rohstoffe benötigt, so daß insgesamt eine Einsparung von ca. 40.000 DM pro Jahr erzielt wurde. Die nötigen Investitionen betrugen 50.000 DM, die sich wegen der stufenweisen Einführung des Systems auf mehrere Jahre verteilten.

Reduzierung der Kosten für Transport und Verkehr

Der Vertrieb der Salus-Produkte sowie der Produkte der Schwesterfirma Schoenenberger in die Reformhäuser erfolgt über mehrere Auslieferungslager in Deutschland. Außendienstmitarbeiter betreuen die einzelnen Reformhäuser.

Durch die Zusammenlegung der Außendienste von Salus und Schoenenberger konnten kleinere, wohnortnahe Gebiete geschaffen werden. Dadurch wurde die Fahrleistung der Mitarbeiter um über 25 % reduziert. Außerdem steht deutlich mehr Zeit für die Kunden zur Verfügung. Die Gesamteinsparungen im Bereich der Fahrtkosten liegt bei ca. 50.000 DM pro Jahr. Die Investitionskosten fallen nicht ins Gewicht.

Reduzierung des Verpackungsmaterials

Durch den Umbau einer Verpackungsmaschine für Kräuterbonbons nach einem selbstentwickelten Konzept wurde es möglich, auf die Umverpackung von jeweils 5 Beuteln mit PE-Folie zu verzichten, die bisher aufgrund des einfacheren Handlings notwendig war. Jetzt können an der Schlauchbeutelmaschine je 5 Beutel an einem Stück gefahren werden. Die Verbindungen zwischen den Beuteln sind perforiert und lassen sich leicht trennen. Bei einer Investition von 3.500 DM ergeben sich Einsparungen von 5.000 DM pro Jahr. Die Amortisationszeit liegt bei etwas unter einem Jahr.

Die Entwicklung eines neuen Verfahrens ermöglicht es, natürliche Aromen dem Inhalt von Filterbeuteln verschiedener Tees so beizumischen, daß sich die Aromen nicht wieder verflüchtigen und auf die Einsiegelung jedes einzelnen Teebeutels verzichtet werden kann. Die erzielte Einsparung liegt bei etwa 40.000 DM pro Jahr.

6 Gewünschte politische Maßnahmen

Die wichtigsten politischen Maßnahmen und Ziele, die das Unternehmen für die weitere Verbesserung des Umweltschutzes für notwendig hält, sind:

- Eine ökologische Steuerreform als verstärkter Anreiz zum Energiesparen
- Die Vereinfachung der unübersichtlichen Umwelt-Gesetzgebung (ohne Absenkung des hohen Standards)
- Eine verbesserte Anschubförderung insbesondere im Bereich der regenerativen Energien

25 Felix Schoeller Holding GmbH & Co. KG

Firma:	Felix Schoeller Holding GmbH & Co. KG
Anschrift:	Burg Gretesch 49086 Osnabrück
Ansprechpartner:	Herr Dr. Frank Miletzky
Telefon:	(0541) 38 00 - 514
Telefax:	(0541) 38 00 - 425
Branche:	Papierindustrie
Produktpalette:	Foto- und Spezialpapiere, Dekorpapiere, Papiere für digitale Bebilderungsverfahren, technische Spezialpapiere
Beschäftigtenzahl:	ca. 2.300 Mitarbeiter
Literatur:	B.A.U.M.-Erhebungsbogen

Die Erkenntnis, daß jegliche industrielle Tätigkeit von Unternehmen in einer komplexen Verflechtung mit dem ökonomischen, sozialen und ökologischen Umfeld stattfindet, ist für die Firmengruppe Felix Schoeller bereits seit Jahren Anlaß, sich um ein ausgewogenes, marktwirtschaftlich gesteuertes Konzept zur Verringerung der ökologischen Auswirkungen ihrer Tätigkeit zu bemühen und dieses auch umzusetzen. In erster Linie legte der Hersteller für Foto- und Spezialpapiere größten Wert darauf, den Umweltschutzgedanken nicht durch nachträgliche Reinigungsmaßnahmen („end-of-pipe-Technologien") zu verwirklichen, sondern einen integrativen Umweltschutz aufzubauen und weiterzuentwickeln. D.h. der Vermeidung von Umweltbeeinträchtigungen wird im Unternehmen höchste Priorität eingeräumt. Umweltschutz versteht das B.A.U.M.-Mitglied als Managementaufgabe. Vergleichbar mit Qualitätsentwicklung, Kostenbewußtsein, Arbeitssicherheit und Gesundheitsschutz wird der Umweltschutz „... direkt und vorausschauend in die produktionstechnischen und -organisatorischen Abläufe integriert".

1 Umweltleitlinien

Die „Unternehmensleitlinien Umweltschutz" der Firmengruppe Felix Schoeller umfassen alle wirtschaftlichen und sozialen Tätigkeiten des Unternehmens:

- Wir betrachten den Schutz der Umwelt vor schädlichen Auswirkungen unserer eigenen wirtschaftlichen Tätigkeit sowie der unserer Zulieferer und Kunden als wesentlichen Bestandteil unserer Unternehmenspolitik. Nur so ist langfristig die Gewähr für das weitere Wirtschaften und damit die Sicherung des Unternehmens und seiner Arbeitsplätze zu gewährleisten.
- Wir betreiben die Pflege und Neu- bzw. Weiterentwicklung unserer Produkte und Prozesse unter strikter Beachtung des Zusammenhanges von Ökonomie und Ökologie. Dazu wird eine weitgehende produkt- und prozeßorientierte Vermeidung von Umweltbelastungen verfolgt. Unvermeidlich fortexistierende Belastungen werden unter wirtschaftlich vertretbarer Anwendung der besten verfügbaren Technik vermindert oder eliminiert.
- Wir bekennen uns zur Verantwortung für die durch uns erzeugten und vertriebenen Produkte einschließlich der entstehenden Nebenprodukte, Emissionen, Reststoffe und Abfälle. Wir engagieren uns dafür, das Design unserer Produkte in Abstimmung mit den Kunden so zu gestalten, daß spezifisch weniger Chemikalien, Energie und sonstige Hilfsmittel eingesetzt werden müssen. Reststoffe werden, wo immer das technisch möglich und wirtschaftlich sinnvoll ist, in den Wirtschaftskreislauf zurückgeführt.
- Wir bekennen uns zur aktiven Einhaltung aller geforderten gesetzlichen Bestimmungen bezüglich des Umweltschutzes. [...]
- Wir betrachten den Schutz unserer Arbeitnehmer vor gesundheitlichen Risiken oder Gefahren auf Grund von eingesetzten Stoffen oder Zubereitungen als Bestandteil unserer Umweltpolitik und handeln entsprechend den Erfordernissen.
- Wir pflegen eine offene, vertrauensvolle Zusammenarbeit mit den für die jeweiligen Unternehmensstandorte zuständigen Behörden und Verbänden sowie der interessierten Öffentlichkeit. [...]
- Schoeller-Mitarbeiterinnen und -Mitarbeiter sind im Rahmen ihrer Aufgaben für die Einhaltung der Umweltpolitik des Unternehmens und der gesetzlichen Auflagen mitverantwortlich. [...]
- Die deutschen Unternehmen der Firmengruppe Felix Schoeller verpflichten sich, den Kodex des Bundesdeutschen Arbeitskreises für Umweltbewußtes Management (B.A.U.M. e.V.), dessen Mitglied die Felix Schoeller GmbH & Co. KG seit 1990 ist, schrittweise in die Praxis umzusetzen.

2 Organisation des Umweltschutzes

Die Organisation der Umweltschutzaufgaben wurde dem Zentralbereich Umwelt übertragen. Unterstützt durch ein Umwelt-Team und die bestellten Betriebsbeauftragten in jedem Werk ist der Zentralbereich Umwelt für die Einhaltung gesetzlicher Vorgaben sowie für die Umsetzung der Umweltleitlinien zuständig und nimmt Koordinations- und Informationsaufgaben wahr (siehe Abb. 20).

3 Umweltprogramm

Die Firmengruppe Felix Schoeller ist seit den siebziger Jahren mit dem kontinuierlichen Auf- und Ausbau des Umweltschutzes befaßt. Neben der Einrichtung und Weiterentwicklung des betrieblichen Umweltmanagements wurden in allen Bereichen des Unternehmens gesetzte Umweltziele realisiert. Die wichtigsten Umweltaktivitäten betreffen derzeit den Aufbau, die Entwicklung und die Einführung von Umweltmanagement-Systemen an allen Standorten gemäß der EG-Öko-Audit-Verordnung oder der DIN ISO 14001.

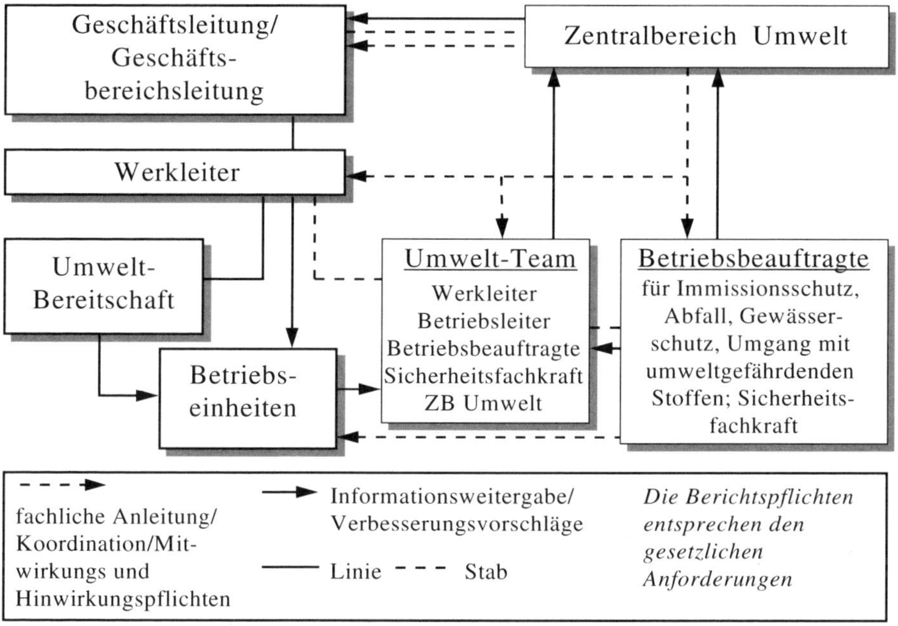

Abb. 20: Die Umweltorganisation von Felix Schoeller

4 Kostensenkende Umweltschutzmaßnahmen

Die deutschen Werke der Felix Schoeller Gruppe konnten aufgrund umfangreicher Investitionen im Umweltbereich in der Größenordnung von ca. 34 Mio. DM in den letzten 5 Jahren sowie einer Vielzahl von Maßnahmen ohne Investitionsnotwendigkeiten zu einer deutlichen Verbesserung der Umweltverträglichkeit gelangen. Aus einer Reihe dieser Maßnahmen sind unmittelbare Kostenvorteile ableitbar.

Einsparung von Roh-, Hilfs- und Betriebsstoffen

In der Papierproduktion konnte eine deutliche Verringerung von Materialverlusten als Ergebnis einer Vielzahl von Einzelmaßnahmen verzeichnet werden. Im Bereich der Abwasserbehandlung führte die Umstellung der eingesetzten Chemikalien (vor allem die Substitution von Flockungsmitteln) zu einer drastischen Reduktion des Chemikalienaufwands. Als Ergebnis dieser Maßnahmen verringerte sich das Abfallaufkommen im Zeitraum 1994 bis 1996 allein am Standort Osnabrück um ca. 3.000 Tonnen.

Reduzierung der Wasser- und Abwasserkosten

Eine deutliche Senkung der Abwasserbelastung des Papiermaschinen-Abwassers wurde durch die Reduktion der Stickstoffwerte ($N_{ges.}$) um ca. 50 % und der CSB-Belastung um ca. 25 % erzielt. Dies gelang durch eine Rezepturumstellung bei der Fotopapierherstellung. Im Bereich der Dekorpapierherstellung erfolgte eine Rohstoffumstellung auf nitratarme Titandioxid-Typen. Aufgrund dieser Umweltschutzmaßnahme konnten die Kosten für den ressourcenverbrauchenden Neubau bzw. Ausbau der Abwasser-Reinigungsanlage eingespart werden. Gleichzeitig wurde die Maschinenverfügbarkeit um ca. 1 % erhöht und eine Verbesserung spezifischer Kennzahlen (Material-, Wassereffizienz etc.) erreicht.

Reduzierung der Energiekosten

Die Zielsetzung einer Reduktion der CO_2-Emissionen durch Substitution von Kondensationsstrom aus herkömmlichen Stein- und Braunkohlekraftwerken und Steigerung der Ausnutzung der eingesetzten Primärenergiemengen durch Kraft-Wärme-Kopplung erreichte Felix Schoeller durch den Neubau einer Gasturbinenanlage mit einer Leistung von 5,5 MW_{el} und KWK-Schaltung (Gasturbine - HD-Kessel - Dampfturbine - Prozesswärmeerzeugung; sog. GuD-Prozess). Durch diese Technologie konnte der Wirkungsgrad des Kraftwerks auf 82 bis 86 % erhöht werden. Die Investition hat unmittelbar zu Kosteneinsparungen bei der Energiebereitstellung geführt und zeigt einen günstigen Pay-back.

Reduzierung der Entsorgungskosten

Durch die Vermeidung einer Deponierung und der damit verbundenen Inanspruchnahme von Deponieraumvolumen konnte ein wichtiges Umweltziel realisiert werden: Ressourcenschonung durch Recycling von Rohstoffen. Felix Schoeller gründete deshalb bereits 1979 ein Recycling-Unternehmen zur Verwertung von PE-Abfällen aus der Veredelung des Fotorohpapiers. Parallel dazu wurden die Produktion und die Vermarktung von Recycling-Sekundärprodukten aufgebaut und betrieben. Die dadurch vermiedenen Deponiekosten betrugen im Zeitraum von 1992 bis 1996 ca. 1,4 Mio. DM. Dies entspricht einer durchschnittlichen Kostensenkung von 230.000 DM pro Jahr. Zusätzliche Erlöse werden aus der Vermarktung der Recyclingprodukte erzielt.

Reduzierung der Kosten für Transport und Verkehr

Weitere Umweltaktivitäten dienten der Verringerung des Papierschlammaufkommens und damit auch der Reduzierung des Transportaufwands und seiner Umweltauswirkungen. Durch Pressenerweiterung und -umbau konnte eine mechanische Reduzierung der Restfeuchte bei der Papierschlammentwässerung erreicht werden. Mit der erzielten Senkung der abfuhrbereiten Papierschlammtonnage wurden am Standort Osnabrück 350.000 DM pro Jahr eingespart. Die Investition von 250.000 DM amortisierte sich in weniger als einem Jahr.

26 Schoeller Plast Industries GmbH

Firma:	Schoeller Plast Industries GmbH
Anschrift:	Zugspitzstraße 15 82049 Pullach
Ansprechpartnerin:	Frau Sibille Kohler
Telefon:	(089) 744 91 - 0
Telefax:	(089) 744 91 - 290
Internet:	http://www.schoeller-packaging.de
Branche:	Kunststoffverarbeitende Industrie
Produktpalette:	Verpackungen
Beschäftigtenzahl:	1.200 Mitarbeiter
Literatur:	B.A.U.M.-Erhebungsbogen Commerzbank/impulse-Umweltpreis-Bewerbung 1996

Die Schoeller Plast Industries GmbH entwickelt, produziert und betreibt umweltschonende und gleichzeitig attraktive Mehrweg-Transportverpackungen zur Unterstützung von Warenströmen. Die umweltbewußte Unternehmensführung wie auch einige Produktentwicklungen wurden mit zahlreichen Anerkennungen und Preisen ausgezeichnet. Die beiden geschäftsführenden Gesellschafter des B.A.U.M.-Mitgliedsunternehmens, die Brüder Christoph und Martin Schoeller, erhielten 1996 den B.A.U.M.-Umweltpreis.

1 Umweltleitlinien

Die Schoeller-Gruppe bemüht sich, dem Grundsatz „Wiederverwenden spart mehr als Wiederverwerten" mehr Geltung zu verschaffen. Dies geschieht mittels Darstellung der ökologischen und trotzdem wirtschaftlichen Vorteile der Mehrweg-Transportverpackungen. Das Unternehmen sieht seine Aufgabe in der Vermeidung umweltbelastender Verpackungsabfälle.

2 Organisation des Umweltschutzes

Umweltmaßnahmen sind bei der Schoeller-Gruppe „Chefsache“ und werden von den beiden geschäftsführenden Gesellschaftern direkt verantwortet.

Weitere Verantwortlichkeiten, Zuständigkeiten und Kompetenzen im Umweltschutz sind im Rahmen der Organisationsanweisungen festgelegt und den Mitarbeitern im Unternehmen bekannt. Mitarbeiter, die für die Umsetzung der Umweltziele tätig sind, werden durch Studium von Fachliteratur und in Seminaren gezielt geschult.

Zusätzlich dienen verschiedene firmenübergreifende Arbeitskreise der Entwicklung umweltfreundlicher Verpackungen, und es werden alle Mitarbeiter über die Umweltpolitik des Unternehmens informiert.

3 Ökobilanz

Vom Fraunhofer Institut, München, und von der EAR-Umweltforschung GmbH, München, wurde eine Ökobilanz erstellt, in der die wesentlichen ökologischen Vorteile des von Schoeller Plast entwickelten Mehrweg-Transportverpackungs-Systems gegenüber vergleichbaren Einwegverpackungen dokumentiert sind.

4 Kostensenkende Umweltschutzmaßnahmen

Die durch eine Wirtschaftlichkeitsstudie ermittelten Kosteneinsparungen bei der Einführung des Mehrweg-Transportverpackungs-Systems belaufen sich auf etwa 33 Mio. DM pro Jahr. Bei den übrigen beschriebenen Umweltmaßnahmen sind noch keine bezifferbaren Einsparungen ermittelt worden.

Einsparung von Roh-, Hilfs- und Betriebsstoffen

Flaschenkästen werden bis zu 100 % recycelt. Ferner werden nur schwermetallfreie und umweltschonende Pigmente verwendet. Entsprechende Zahlen können auf Anfrage zur Verfügung gestellt werden.

In der Produktion hochwertiger Mehrweg-Transportbehälter finden auch unsortierte Kunststoff-Recyclate Verwendung (Getränke-Verbundkartons etc.). Die Kosteneinsparungen sind hier noch nicht bezifferbar.

Reduzierung des Verpackungsmaterials

Entsprechende Wirtschaftlichkeitsanalysen für das von Schoeller Plast entwickelten Mehrweg-Verpackungssystems für Obst und Gemüse IFCO (International Food Container Organisation) konnten Kosteneinsparpotentiale in Höhe von 0,30 DM pro Kiste und Umlauf aufzeigen. Bei etwa 110 Mio. Umläufen im Jahr ergeben sich dann Einsparungen von ca. 33 Mio. DM pro Jahr. Zusätzlich ergeben sich ökologische Einsparpotentiale, die in einer Ökobilanz dokumentiert sind.

Nach der Einrichtung von Standards für Mehrweg-Transportverpackungen mit maximaler maßlicher Flexibilität, dem Aufbau einer europaweiten flächendeckenden Abhollogistik und der Bereitstellung von Behälter-Pools könnten bei Ersatz der Hälfte der Transportverpackungen durch Mehrwegsysteme ca. 1 Mio. Tonnen Wellpappe und 10 Mio. Tonnen an Verkaufsverpackung eingespart werden. Auf Vermietungsbasis ist IFCO erfolgreich europaweit eingeführt worden und wird sukzessive erweitert. Zur Zeit wird IFCO von mehr als 2.500 Abpackern und Erzeugern verwendet.

5 Gewünschte politische Maßnahmen

Die wichtigsten politischen Maßnahmen und Ziele, die das Unternehmen für die weitere Verbesserung des Umweltschutzes für notwendig hält, sind:

- Mehrwegsysteme

  Da Mehrwegsysteme in über 90 % aller Anwendungen umweltschonend sind und auch die Umweltministerin Maßnahmen zur Stabilisierung und Förderung von Mehrwegsystemen wünscht, gibt es drei wichtige Elemente, die den Gesetzgeber betreffen:

  1. Die Abschreibung für geringwertige Wirtschaftsgüter (GWG) auf Mehrweggebinde sollte unbedingt erhalten bleiben. Anders lassen sich die großen Investitionen in Mehrwegbehälter-Pools nicht finanzieren. Es sollte auch explizit möglich sein, Mehrweg-Behälter über Publikum-Fonds, welche Abschreibungen zuweisen, aufgrund von GWG finanzieren zu können. Da kein Versender oder Empfänger dieselben Behälter, die er nutzt, wieder zurückbekommt, muß für einen Pool ein Dritter für die Finanzierung gefunden werden. Auf diese Besonderheit müßte das BMU das Finanzministerium aufmerksam machen.
  2. Die Pfandauszeichnungspflicht im Laden muß deutlich getrennt werden vom Warenwert, weil sonst eine Verzerrung zum Nachteil von Mehrwegprodukten rein durch die Preisoptik entsteht.
  3. Die Mehrwertsteuer auf Pfand sollte entfallen, da Pfand nur ein Durchlaufposten ist und keinen Mehrwert begründet. Pfandbeträge müssen möglichst durch Clearing-Verfahren verrechenbar sein. Hier steht die Mehrwertsteuer als abwicklungstechnisches Hindernis im Wege.

- Allgemein

  In der Diskussion um die europäische Harmonisierung sollte das BMU Wert darauf legen, daß Umweltmaßnahmen Vorrang haben vor Handelshemnisabbau (vgl. Dänemark-Urteil, nach dem Dänemark die Dosen verboten hat). Dieser Bescheid könnte eine viel größere Präzedenzwirkung haben als es in der momentanen Diskussion genutzt wird. Solange Umweltmaßnahmen Vorrang vor Handelshemnisabbau haben, wird nicht nur die Umwelt gefördert, sondern auch regionale Strukturen. Es ist sowohl ein Ziel der Umweltpolitik als auch eine größere Verträglichkeit in einer Europa-Politik, je stärker regionale Strukturen trotz Europa erhalten bleiben.

Deutschland könnte seine Verpackungsverordnung mit größerem Selbstbewußtsein durchsetzen als es in der Diskussion in der Öffentlichkeit momentan den Anschein macht.

- Umweltpolitik generell

  Da eine Reihe von Umweltmaßnahmen mit dem simplen Schritt über die Grenze umgehbar sind, führt sich Umweltpolitik an vielen Stellen selbst ad absurdum. Die Umweltministerin sollte sich dafür stark machen, daß umweltbedingte Zollsysteme eingeführt werden. Dies könnte mit viel größerer Sicherheit wirken als ein Öko-Steuersystem und volle Akzeptanz von der Wirtschaft bekommen. Es müßte vorsehen, daß Staaten, welche Umweltstandards unterschreiten, mit einem gewissen Zoll belegt werden, der sofort wieder entfällt, sobald sie nachweisen können, diese Standards einzuhalten.

27 Schülke & Mayr GmbH

Firma:	Schülke & Mayr GmbH
Anschrift:	Postfach 22840 Norderstedt
Ansprechpartner:	Herr Dr. Bernd Löwer
Telefon:	(040) 521 00 - 531
Telefax:	(040) 521 00 - 577
Branche:	Chemisch-Pharmazeutische Industrie
Produktpalette:	Desinfektionsmittel, Reiniger, Kosmetika, Konservierungsmittel, Spezialadditive
Beschäftigtenzahl:	ca. 500 Mitarbeiter
Literatur:	B.A.U.M.-Erhebungsbogen Umwelterklärung 1996

Die Schülke & Mayr GmbH hat sich dem Gedanken eines integrierten, nachhaltig-strategischen Umweltmanagement angeschlossen. Dies zeigt sich u.a. durch die Mitgliedschaft bei B.A.U.M., dem das Unternehmen seit 1991 angehört. Der konsequent weiterentwickelte Umweltgedanke, der sich zunehmend an den Anforderungen aus der EG-Öko-Audit-Verordnung orientiert, sieht die kontinuierliche Verbesserung des betrieblichen Umweltschutzes vor. Im April 1996 wurde Schülke & Mayr als erstes Unternehmen der Branche in Schleswig-Holstein validiert. Gleichzeitig erfolgte auch eine Zertifizierung nach DIN ISO 9001 sowie die Zertifizierung nach dem Qualitätssicherungssystem für Medizinprodukte DIN EN 46001. Eine Dokumentation des betrieblichen Umweltschutzes findet sich im Umwelthandbuch, das neben der Darstellung des Umweltmanagementsystems die allgemeine Umweltpolitik, das Umweltprogramm, die Aufbau- und Ablauforganisation sowie Verfahrens- und Arbeitsanweisungen beinhaltet. Für sein umweltbewußtes Management wurde Schülke & Mayr bereits mehrfach ausgezeichnet, darunter auch im Jahr 1995 mit den B.A.U.M.- Umweltpreis.

1 Umweltleitlinien

Schülke & Mayr hat sich zum Ziel gesetzt, durch umweltschonendes Verhalten eine stetige Reduzierung negativer Umwelteinwirkungen zu erreichen.

Hierzu wurden einige konkrete Leitsätze formuliert:

- Schülke & Mayr fördert bei allen Mitarbeitern das Verantwortungsbewußtsein für die Umwelt und erwartet ein entsprechendes Handeln.
- Schülke & Mayr optimiert seine Produkte und Verfahren hinsichtlich einer minimalen Umweltbelastung unter gleichzeitiger Ressourcenschonung.
- Das Unternehmen führt einen offenen Dialog über die ökologischen Aspekte der Produkte und Verfahren.
- Für die angebotenen Produkte und Dienstleistungen bietet Schülke & Mayr seinen Kunden Hilfe in Form von Beratung etc. zu ökologischen Fragestellungen an.
- Die ökologischen Anforderungen, denen sich das Unternehmen stellt, werden auch auf Lieferanten und Dienstleister übertragen.

2 Organisation des Umweltschutzes

Grundsätzlich hat jeder Mitarbeiter Verantwortung für die Umsetzung des Umweltschutzes im Unternehmen zu tragen. Die Ablauforganisation beschreibt dabei im bereits erwähnten Umweltschutzhandbuch die Zuständigkeiten. Diese werden zusätzlich in Organigrammen und Stellenbeschreibungen präzisiert.

Jeder Bereich ist durch einen Ansprechpartner in der „Arbeitsgruppe Ökologie“ vertreten. Die Arbeitsgruppe fungiert innerhalb des Unternehmens als Umweltausschuß. Durch die Festlegung von Tutoren für alle Tätigkeitsbereiche werden die Umweltprogramme koordiniert, überwacht, kommuniziert und bei Bedarf modifiziert. Die Regelmäßigkeit der Treffen soll die ständige Weiterentwicklung des betrieblichen Umweltschutzes garantieren.

3 Umweltprogramm

Auf der Basis allgemeiner Ziele, die die Umweltpolitik des Unternehmens festlegen, werden konkrete Zielsetzungen formuliert und die entsprechenden Maßnahmen zur Umsetzung definiert. Anpassungen erfolgen z.B. bei Gesetzesänderungen, aufgrund interner Vorschläge sowie den regelmäßigen Umweltbetriebsprüfungen.

Einige mittelfristige, strategische Umweltziele des Unternehmens sind:

- Reduzierung des relativen (bezogen auf die produzierte Menge) Energieverbrauchs um 9 % u.a. durch den Einsatz von computergestützter Gebäudeleittechnik
- Emissionsverringerung durch die Optimierung der Abluftreinigungsanlage
- Abfallverringerung um 12 % (bezogen auf die relative Abfallmenge) u.a. durch die abteilungsweise Erfassung der Abfall-Teilströme und durch die Erstellung einer Entsorgungsfibel
- Verbesserung der Mitarbeitermotivation, u.a. mittels Durchführung eines „Öko-Preisausschreibens“

4 Ökobilanz

INPUT			OUTPUT		
Rohwaren (t)		7.522	Produkte (t)		14.716
Verpackungsmaterial (t)		1.400	Abwasser (m^3)		29.085
			– aufgereinigtes Produktionsabwasser (m^3)	23.990	
			– Sanitärabwasser (m^3)	5.095	
Heizenergie (GJ)		26.640	gasförmige Emissionen (t)		7,0
– Erdöl (l)	558.085		– NO_x und CO_2 (t)	2,1	
– Erdgas (m^3)	165.145		– SO_2 (t), maximal	1,9	
			– organische Stoffe (t)	3,0	
elektrischer Strom (GJ)		10.480			
Wasser (m^3)		42.386	Abfall (t)		731
– Brunnenwasser (m^3)	32.866		– Hausmüll-Abfall (t)	50	
– Stadtwasser (m^3)	9.520		– Verwertungsabfall (t)	347	
			– Entsorgungsabfall (t)	334	

Tab. 3: Die Energie- und Stoffbilanz 1995 von Schülke & Mayr

Das Unternehmen hat eine Energie- und Stoffbilanz für 1995 erstellt. Dem Input an Rohwaren, Verpackungsmaterial, Heizenergie, Strom und Wasser steht dabei der Output an Produkten, Abwasser, gasförmigen Emissionen und Abfall gegenüber (siehe Tab. 3). Aufgrund der generierten Daten lassen sich die relevanten Verbräuche, bezogen auf die Herstellung und Konfektionierung von einer Tonne Produkt, ermitteln. In den nächsten Jahren ist die Fortschreibung der Energie- und Stoffbilanz geplant. Die kontinuierliche Datenerfassung ermöglicht dann die Gegenüberstellung und den Vergleich einzelner umweltrelevanter Medien im Zeitablauf mehrerer Jahre.

5 Kostensenkende Umweltschutzmaßnahmen

Schülke & Mayr spart durch die hier vorgestellten Umweltschutzmaßnahmen Kosten in Höhe von mehr als 640.000 DM pro Jahr ein.

Einsparung von Roh-, Hilfs- und Betriebsstoffen

Der Wechsel von eingeprellten Flaschen-/Kippdosierern auf aufschraubbare und wiederverwendbare Dosierer führt zu einer jährlichen Materialreduzierung von ca. 4 Tonnen Kunststoffmaterial. Die Höhe der Einsparung liegt bei etwa 150.000 DM pro Jahr und basiert vornehmlich auf geringeren Stückkosten. Unter der Annahme einer fünffachen Wiederverwendung belaufen sich die Gesamteinsparungen sogar auf ca. 390.000 DM pro Jahr.

Reduzierung der Energiekosten

Zur Reduzierung der elektrischen Energie wurde im Lager für brennbare Flüssigkeiten eine Gaswarnanlage installiert, die die Lüftungsanlage nur bei Bedarf aktiviert und steuert. Vor der Installation lief die Lüftungsanlage dagegen kontinuierlich und somit unabhängig vom tatsächlichen Bedarf. Die Einsparungen an Stromkosten betragen 40.000 DM pro Jahr. Bei Anschaffungskosten in Höhe von 90.000 DM amortisiert sich die Investition in etwa 2¼ Jahren.

Reduzierung der Entsorgungskosten

Durch die Beschaffung eines Dünnschichtverdampfers erfolgt die Einengung und Eindampfung von, in den Chargen anfallenden, Spüllösungen. Einsparungen werden durch sinkende Sondermüllmengen aufgrund höherer Heizwerte des Spülwasserkonzentrats und niedrigerer Wassermengen bei der Entsorgung der Spüllösungen erzielt. Die Einsparungen an Sonderabfallgebühren betragen ca. 350.000 DM pro Jahr. Die Entsorgungskosten der aufkonzentrierten Lösungen liegen dabei um 50 % niedriger als die Entsorgungskosten der dünneren Lösungen. Die Investition in gleicher Höhe amortisiert sich somit innerhalb eines Jahres.

Reduzierung der Kosten für Transport und Verkehr

Schülke & Mayr stellte in den letzten Jahren bei der Neuanschaffung von Dienstfahrzeugen für Außendienstmitarbeiter von Benzin- auf Diesel-PKW um. Diese Maßnahme führt zu sinkenden Emissionen aufgrund des niedrigeren Kraftstoffverbrauches. Höhere Steuern und höhere Leasingraten werden durch geringere Verbräuche und Kosten für Dieselkraftstoff überkompensiert. Nach einer Berechnung des Unternehmens bewegen sich die Einsparungen im Bereich von 80.000 DM pro Jahr.

Reduzierung des Verpackungsmaterials

Bei einer Gebindegröße wurde der Kunststoffeinsatz und das Abfallgewicht um etwa 20 % reduziert, ohne daß Stabilitätseinbußen zu verzeichnen waren. Die Kostenersparnis beläuft sich auf ca. 1 Pfennig/Stück. Insgesamt summiert sich dies auf etwa 20.000 DM pro Jahr.

6 Gewünschte politische Maßnahmen

Die wichtigsten politischen Maßnahmen und Ziele, die das Unternehmen für die weitere Verbesserung des Umweltschutzes für notwendig hält, sind:

- Entflechtung der Umweltgesetzgebung
- Einführung der ökologischen Steuerreform nur mit langfristiger Planungssicherheit für Unternehmen und bei gleichzeitiger Harmonisierung der Umweltgesetzgebung auf europäischer und internationaler Ebene zur Vermeidung von Standortnachteilen der deutschen Chemischen Industrie.

28 Schwarz Pharma AG

SCHWARZ
PHARMA

Firma:	Schwarz Pharma AG
Anschrift:	Alfred-Nobel-Straße 10 40789 Monheim
Ansprechpartner:	Herr Dr. Jörg Hamann
Telefon:	(02173) 48 - 17 45
Telefax:	(02173) 48 - 18 83
E-Mail:	hamann@schwarzpharma.com
Branche:	Pharmazeutische Industrie
Produktpalette:	Arzneimittel
Beschäftigtenzahl:	2.700 Mitarbeiter
Literatur:	B.A.U.M.-Erhebungsbogen Commerzbank/impulse-Umweltpreis Bewerbung 1994/95

„Als Mitgliedsunternehmen des Verbandes der chemischen Industrie sind wir verpflichtet, in Europa nach den Leitlinien "Verantwortliches Handeln" (Responsible Care) vorzugehen. Dieses bedeutet eine ständige Verbesserung von Sicherheit, Gesundheit und Umweltschutz, unabhängig von den ordnungsrechtlichen Vorgaben."

Als Unternehmen mit stark internationaler Ausrichtung betrachtet die Schwarz Pharma AG Umweltschutz und Sicherheit global für ihre gesamten Produktionsstätten im In- und Ausland. Umweltschutz beinhaltet für Schwarz Pharma nicht nur Optimierungen am Prozeßende, sondern durch vorausschauende Planung sollen Umweltbelastungen bereits bei der Entstehung vermieden oder reduziert werden. Das Unternehmen wurde 1997 mit dem Commerzbank-/impulse-Umweltpreis ausgezeichnet.

Die Schwarz Pharma Gruppe plant im Jahr 1997 zusammen mit den Chemietochterunternehmen SICOR, Frankreich, und SIFA, Irland, ein weltweit gültiges Umweltmanagementsystem nach DIN ISO 14001 einzuführen. Durch die Koordination der Konzernzentrale wird ein einheitlicher Aufbau innerhalb des Konzerns, einheitliche Umweltstandards und Transparenz garantiert.

1 Organisation des Umweltschutzes

Die Abteilung Umweltschutz und Sicherheit ist für die gesamte Schwarz Pharma Gruppe zuständig und als zentrale Stabsabteilung direkt dem Vorstand unterstellt. Entwicklungen und Veränderungen im technischen und rechtlichen Bereich werden fortlaufend beobachtet und notwendige Änderungen umgesetzt. Umweltschutz- und Sicherheitsmanagement werden als Querschnittsdisziplin verstanden und wirken somit in alle umweltrelevanten Bereiche des Unternehmens hinein.

2 Umweltprogramm

Neben der vorgesehenen Einführung eines Umweltmanagementsystems nach DIN ISO 14001 hat Schwarz Pharma seine Umweltaktivitäten vor allem auf die folgenden Bereiche konzentriert:

- Abfallmanagement
- Gewässerschutz durch Einbau von Abwasserbehandlungsanlagen
- Energieeinsparung
- Luftreinhaltung durch Austausch von Filteranlagen für staubförmige Emissionen
- Rückführung gebrauchter Verkaufsverpackungen durch Teilnahme am „Grünen Punkt“

3 Kostensenkende Umweltschutzmaßnahmen

Allein im Bereich Verpackung spart Schwarz Pharma durch eine innovative Produktionsumstellung ca. 263.000 DM pro Jahr an Beschaffungs-, Entsorgungs- und Verpackungskosten ein.

Reduzierung des Verpackungsmaterials

Als Standard wird in der pharmazeutischen Industrie die PVC-Aluminium-Blister-Verbundverpackung benutzt, mit der Tabletten und Kapseln hygienisch und bruchsicher verpackt werden. Dieses Zweikomponentensystem muß nach Gebrauch üblicherweise auf Deponien gelagert oder in Müllverbrennungsanlagen verbrannt werden, wobei sich das PVC als äußerst problematisch erwiesen hat. Ein Recycling dieses Verbundmaterials ist dagegen sehr aufwendig und wirtschaftlich nicht vertretbar.

Um diese Problematik zu lösen, hat Schwarz Pharma in einem ersten Schritt erheblich investiert und das PVC durch das umweltverträglichere Polypropylen (PP) substituiert. In einer späteren Phase wurde auch die Aluminiumfolie durch PP ersetzt. Seit 1995 ist der Polypropylen-Einstoffblister von Schwarz Pharma als erstem Arzneimittelhersteller erfolgreich am Markt eingeführt.

Durch die Umstellung sind die Probleme in der Abfallentsorgung sowohl der Produktionsabfälle als auch der Blisterabfälle beim Kunden weitgehend entschärft.

Die PP-Blisterabfälle sind im Gegensatz zum PVC-Aluminium-Verbund stofflich und thermisch verwertbar (z.B. über den grünen Punkt) oder lassen sich in Hausmüllverbrennungsanlagen rückstandsfrei zu Kohlendioxid und Wasser verbrennen.

Mit der Materialumstellung einhergehend wurden die Packungen auch optimiert und verkleinert. Allein dadurch wurde der Verbrauch an Verpackungsmaterialien (Folie und Faltschachtel) deutlich reduziert und Abfallkosten und Lizenzgebühren für den „Grünen Punkt" eingespart. Die Gesamteinsparungen, die aus der Materialumstellung und der Verpackungsverkleinerung resultieren, sind in Tab. 4 dargestellt.

Austausch Aluminiumfolie gegen Polypropylen-Folie	43.000 DM
Verringerung der Folienstärke (300 mm auf 250 mm)	110.000 DM
Eingesparte Folie durch die Packungsverkleinerung	50.000 DM
Einsparung an Karton für die Faltschachteln	30.000 DM
Einsparungen „Grüner Punkt" durch niedrigeres Abfallgewicht	30.000 DM
Summe	263.000 DM

Tab. 4: Einsparungen der Schwarz Pharma durch neuartige Verpackung pro Jahr

29 Wella AG

Firma:	Wella AG
Anschrift:	Berliner Allee 65 64274 Darmstadt
Ansprechpartner:	Herr Dr. Dieter Hamann
Telefon:	(06151) 34 - 25 70
Telefax:	(06151) 34 - 26 68
Branche:	Chemische und Pharmazeutische Industrie
Produktpalette:	Haarkosmetik
Beschäftigtenzahl:	16.000 Mitarbeiter
Literatur:	B.A.U.M.-Erhebungsbogen Geschäftsbericht 1995

„Umweltschutz ist integraler Bestandteil unserer Unternehmensphilosophie. Zu den maßgebenden unternehmenspolitischen Grundsätzen gehören das Engagement für eigenverantwortliches, umweltbewußtes Handeln ebenso wie die Umsetzung marktwirtschaftlicher Prinzipien auch im Bereich Ökologie. Umweltschutz ist für Wella als Unternehmen der Haar- und Körperpflege untrennbar verbunden mit der gesundheitlichen Unbedenklichkeit der Produkte, die höchste Priorität hat."

Als international operierendes Unternehmen betrachtet die Wella AG die Umsetzung weltweit einheitlicher ökologischer Grundsätze als wesentlichen Kernpunkt ihrer Bemühungen. Langfristige Zielsetzungen geben international die Orientierung für die Wella-Gruppe und verpflichten zu kurzfristigen Schritten in die vorgegebene Richtung, in Anpassung an die Ausgangssituation und den ökologischen Entwicklungsstand in den verschiedenen Regionen. Um dies öffentlich zu dokumentieren, hat das B.A.U.M.-Mitgliedsunternehmen bereits im Jahr 1992 die „Charter für eine langfristig tragfähige Entwicklung, Grundsätze des Umweltmanagements" der Internationalen Handelskammer (ICC) unterzeichnet, und betrachtet auch die EG-Öko-Audit-Verordnung als eine wertvolle, international akzeptierte Basis zur Verbesserung ihres internen Umweltmanagements.

1 Umweltleitlinien

Die Umweltleitlinien von Wella lauten:

- Wella integriert den Schutz der Umwelt als unverzichtbare Anforderung in alle Aktivitäten des Unternehmens.
- Die Prinzipien des Umweltschutzes kommen einheitlich in der gesamten Wella-Gruppe zur Anwendung.
- Umweltschutz bedeutet für Wella, die Inanspruchnahme der Umwelt schrittweise zu verringern und so niedrig wie möglich zu halten.
- Wella begnügt sich nicht mit der Einhaltung bestehender Vorschriften, sondern nutzt bestehende Möglichkeiten, um aus eigener Verantwortung zusätzliche Fortschritte zu erzielen.
- Innovationen für ökologische Fortschritte haben besonderen Stellenwert und werden nach Möglichkeit mit geeigneter Starthilfe unterstützt.
- Die Schonung knapper Ressourcen umfaßt
  - die besondere Konzentration auf nachwachsende Rohstoffe
  - den sparsamen Einsatz von Energie
  - die Einsparungen im Wasserverbrauch
- Die Belastung von Boden, Wasser und Luft durch die Vorgänge im Unternehmen und durch die Nutzung unserer Produkte wird so gering wie möglich gehalten.
- Das Vermeiden von Abfall hat Priorität gegenüber der Sicherung umweltschonender Entsorgung. Wella unterstützt Initiativen und Systeme zur Rückführung von Stoffen in den Wirtschaftskreislauf.
- Zur Vermeidung von Umweltschäden durch nicht vorhergesehene Ereignisse, insbesondere Unfälle, werden geeignete Vorsorgemaßnahmen getroffen.
- Wella hat sich öffentlich dem Umweltschutz verpflichtet, z.B. mit der Unterzeichnung der Umwelt-Charter der Internationalen Handelskammer und bekennt sich zu einer offenen Informationspolitik gegenüber Mitarbeitern und Außenstehenden.

2 Organisation des Umweltschutzes

Die Zuständigkeit für den Umweltschutz liegt auf Geschäftsleitungsebene beim Vorstandsvorsitzenden, auf Managementebene beim Leiter der zentralen Koordinationsstelle für Umweltschutz. Es wurden Arbeitskreise gebildet, um

a) die Mitarbeiter für das Thema Ökologie zu sensibilisieren,

b) ein Management-System gemäß der EG-Öko-Audit-Verordnung auszuarbeiten.

Darüber hinaus ist die dezentrale Integration des Umweltschutzes in alle Aufgabenbereiche bei allen Mitarbeitern angestrebt. Dazu finden neben konkreten Zielvorgaben Fortbildungsmaßnahmen zum Umweltschutz sowie umweltbezogene Informationen der Mitarbeiter statt.

3 Umweltprogramm

Wella führt zahlreiche Umweltaktivitäten durch, die in internen Umweltprogrammen standortbezogen weiter spezifiziert sind. Zu den wichtigsten zentralen Umweltaktivitäten gehören u.a.:

- Die Ausrichtung der Unternehmensstrukturen nach der EG-Öko-Audit-Verordnung.
- Die regelmäßige Messung und Aufzeichnung von Stoff- und Energieströmen in der Produktion wie Wasserverbrauch, Abwasserfrachten, Energie-, Rohstoff- und Hilfsstoffverbrauch. Daraus leiten sich verbindliche Kriterien ab, um die Stoff- und Energieströme dauerhaft zu minimieren.
- Der Einsatz nachwachsender Rohstoffe als Entwicklungsschwerpunkt unter dem Blickwinkel der Umwelt- und Ressourcenschonung sowie die kontinuierliche Überwachung der Rohstofflieferungen nach festgelegten ökologisch relevanten Informationen, um die gesundheitliche und ökologische Unbedenklichkeit der Produkte garantieren zu können.
- Die konsequente Fortführung des Projektes der ökologischen Optimierung von Verpackungen, um Materialverbrauch und -arten zu reduzieren.
- Die Einbeziehung und Aktivierung aller Mitarbeiter durch interne Maßnahmen wie z. B. eine Öko-Tip-Aktion zum betrieblichen Umweltschutz.

4 Kostensenkende Umweltschutzmaßnahmen

Obwohl Wella Umweltschutzmaßnahmen nicht als Instrument zur Kostensenkung einsetzt, zeigen die bisherigen Erfahrungen, daß in der überwiegenden Zahl der Fälle Verbesserungen im Umweltschutz auch zu finanziellen Einsparungen führen. Wella geht derzeit von einer Größenordnung von etwa 500.000 DM pro Jahr aus.

Einsparung von Roh-, Hilfs- und Betriebsstoffen

Die Schwerpunkte der ökologischen Aktivitäten bei Wella liegen darin, die Produkt-Rezepturen möglichst vollständig abbaubar auszuarbeiten und somit zur Abwasserentlastung bei Herstellung und Verbrauch beizutragen. Dies galt bisher vor allem für den Wasserverbrauch und die Abwassermengen. Der Einsatz von Roh-, Hilfs- und Betriebsstoffen wird in naher Zukunft durch das Wella-eigene Aktionsprogramm erfaßt.

Reduzierung der Wasser- und Abwasserkosten

In der Produktionsstätte für Haarkosmetik in Hünfeld, Hessen, gelang es innerhalb von sechs Jahren, den Wasserbedarf pro Tonne hergestellter Kosmetika um zwei Drittel zu senken. Dies ist vor allem auf geschlossene Kühlkreisläufe in der Emulsionsherstellung zurückzuführen. Hierfür setzt Wella kein Grundwasser mehr ein, sondern führt das Kühlwasser über Rückkühlaggregate im Kreis.

Die Abwassermenge pro Tonne hergestellter Kosmetika konnte von 1991 bis 1995 bei gleichzeitiger Steigerung der gefertigten Stückzahlen um 50 % reduziert werden. Dies ermöglichte eine gezielte Ursachenforschung im Abwassersystem, zahlreiche Investitionen für wassersparende Reinigungsmethoden und eine optimale Produktionsplanung. Ohne die durchgeführten Einsparungsmaßnahmen hätten in diesem Zeitraum fast 1 Mio. DM mehr an Abwassergebühren bezahlt werden müssen. Auf den Durchschnitt des 5-Jahres-Zeitraumes gerechnet entspricht dies einer Kostensenkung von ca. 200.000 DM pro Jahr.

Für den Zeitraum 1997/1998 ist der Bau einer Vorkläranlage zur Abwasseraufbereitung in Kooperation mit der Stadt Hünfeld vorgesehen. Er dient der Vermeidung von Spitzenbelastungen und bedeutet eine generelle Entlastung der kommunalen Kläranlage. Für die vorgesehene Investitionssumme von ca. 3 Mio. DM ist eine Amortisationszeit von etwa 5 Jahren kalkuliert, d.h. es ist mit einer Kostensenkung von ca. 600.000 DM pro Jahr zu rechnen.

Für 1997 und 1998 sind an weiteren Wasser- und Abwasserreduzierungsmaßnahmen innerhalb der Produktion geplant:

- Die Optimierung des Molchsystems, bei der Kunststoffpfropfen per Druckluft oder Wasserdruck die Rohrleitungen reinigen und sich somit aufwendige Spülvorgänge weitgehend reduzieren.
- Der Einbau von automatischen Spüleinrichtungen für Abfüllmaschinen.
- Die Inbetriebnahme eines Gasdetektors anstelle eines Wasserbades, um die Dichtigkeit von Aerosoldosen zu prüfen.
- Der Einbau von reinigungsfähigen Filterkerzen anstelle von Filterbeuteln im Ansatzbereich.
- Der Einbau von weiteren Abwassersammelbehältern zur differenzierten Analyse des Abwassers.
- Die direkte Weiterleitung der hergestellten Kosmetika vom Ansatztopf an die Fertigungslinie. Damit entfällt der bisher übliche und aufwendig mit Wasser zu reinigende Zwischenbehälter.
- Die Reduzierung des CSB-Wertes (chemischer Sauerstoffbedarf).

Für die Gesamtinvestitionssumme von ca. 1,25 Mio. DM ist eine Amortisationszeit von etwa 1½ Jahren kalkuliert.

Reduzierung der Entsorgungskosten

Auch relativ einfach umzusetzende Maßnahmen mit geringem Investitionsvolumen tragen zum Umweltschutz bei und bringen Kosteneinsparungen. Dies zeigen exemplarisch die folgenden Beispiele.

Die Getrenntsammlung von Altpapier an den Wella-Standorten Darmstadt und Weiterstadt ist bereits seit einiger Zeit Standard. Außerdem wurden in jedem Gebäude gelbe Wertstofftonnnen aufgestellt, in denen Kunststoffabfälle gesammelt werden. Die Verringerung der Abfälle zur Restmüllentsorgung erbrachte eine

Einsparung ca. 30.000 DM pro Jahr, da die Recyclingkosten günstiger sind als die Entsorgungsgebühren für Restmüll. Als Investition waren ca. 1.000 zusätzliche Papierkörbe nötig.

Beim Lackieren von Metall- und Kunststoffteilen verschiedener Wella-Produkte und Geräte wurde im Zeitraum von 1991 bis 1995 die anfallende Menge an Lackschlamm von jährlich 21 auf 8 Tonnen reduziert und statt dessen das Koagulat (Reste des Lackschlamms) einem Recycling zugeführt. Dazu wurden materialsparende Applikationsgeräte installiert und der Lackaufbau rationalisiert. An den Geräteteilen vorbeigesprühter Lack wird aufgefangen und der Wiederaufbereitung zugeführt. Da der Lackschlamm nicht mehr verbrannt wird, sondern zu Harzen, Grundierungen und untergeordneten Lacken wiederaufgearbeitet wird, konnten nach Abschluß der Reduzierungsmaßnahmen incl. Wiederaufbereitung fast 40.000 DM pro Jahr eingespart werden.

Reduzierung der Kosten für Transport und Verkehr

Wella unterstützt bewußt die Nutzung von öffentlichen und umweltfreundlichen Verkehrsmitteln. So wird bei Dienstreisen verstärkt die Bahn genutzt. Bei den Mitarbeitern wird die Bildung von Fahrgemeinschaften gefördert und es werden Zuschüsse an die Mitarbeiter zur Fahrt mit öffentlichen Verkehrsmitteln gewährt. Inwieweit sich diese Politik in Kosteneinsparungen auswirkt, ist bisher nicht bekannt.

Reduzierung des Verpackungsmaterials

Im Verpackungsbereich hat Wella mit eigenen Experten ein Szenario über die langfristige Entwicklung erarbeitet und daraus für das gesamte Sortiment ein entsprechendes Aktionsprogramm abgeleitet. In vielen Einzelfällen konnten bereits wesentliche Fortschritte erzielt werden. Beispielhaft sei hier „Crisan" genannt.

Bei Crisan-Shampoo wurde das Verpackungsgewicht der 250 ml-Verpackung um 10 % reduziert. Dies bedeutet eine Verringerung des Kunststoffeinsatzes um jährlich 24.000 kg und eine Einsparung von ca. 120.000 DM pro Jahr durch den geringeren Kunststoffeinsatz und niedrigere DSD-Gebühren. Es waren keine für dieses Ziel spezifisch getätigten Investitionen nötig, der Entwicklungsaufwand betrug ca. 50.000 DM. Ähnliche Maßnahmen wurden auch bei anderen Wella-Marken durchgeführt.

Um die Recyclingfähigkeit zu erhöhen, reduziert Wella die Materialarten bei Kunststoffverpackungen darüber hinaus im wesentlichen auf Polyolefine und Polyester. Bei Umverpackungen werden anstelle von Fertigkartons genaue Zuschnitte eingesetzt und dadurch erhebliche Materialeinsparungen erzielt.

Im Versandbereich werden vier faltbare Standard-Versandkartonagen zur Auslieferung von Friseuraufträgen eingesetzt, die bei der nächsten Lieferung vom Spediteur zurückgenommen und Wella wieder zugestellt werden. Die Rücknahmekartonagen können etwa drei bis vier Mal umlaufen, bevor sie für den Warentransport nicht mehr geeignet sind und dem Recycling zugeführt werden. Die Menge an Kartonagen reduzierte sich um ca. 30 bis 40 %, die Kosteneinsparung beläuft sich auf ca. 187.000 DM pro Jahr. Die Bereitstellungsinvestition für die Rücknahmekartons in der Startphase hat sich nach spätestens 2 Jahren amortisiert.

5 Gewünschte politische Maßnahmen

Die wichtigsten politischen Maßnahmen und Ziele, die das Unternehmen für die weitere Verbesserung des Umweltschutzes für notwendig hält, sind:

- Die Definition und Quantifizierung der wichtigsten Ziele in allen ökologisch relevanten Bereichen.
- Die Schaffung eines nationalen Konsens über diese Ziele.
- Die Schaffung einer international verbindlichen Akzeptanz für diese Ziele.
- Der Aufbau eines Instrumentariums für diese Ziele, das aus wenig Ordnungsrecht und vielen marktwirtschaftlichen Elementen besteht.
- Die Distanzierung von ideologischen Nebenschauplätzen.

30 Zipperling Kessler & Co / Ormecon Chemie

Firma:	Zipperling Kessler & Co / Ormecon Chemie
Anschrift:	Kornkamp 50 22926 Ahrensburg
Ansprechpartner:	Herr Dr. Bernhard Weßling
Telefon:	(04102) 49 00 - 18
Telefax:	(04102) 49 00 - 52
Branche:	Chemische Industrie
Produktpalette:	Organische Metalle
Beschäftigtenzahl:	15 Mitarbeiter (in der Tochtergesellschaft Ormecon Chemie, bis Juli 1996: 250 Mitarbeiter)
Literatur:	B.A.U.M.-Erhebungsbogen Umweltbroschüre „Global denken - lokal handeln", Konzept „Beitrag der Kunststoffe zu einer nachhaltigen Wirtschaft"

Zipperling Kessler & Co / Ormecon Chemie will durch seine Umweltaktivitäten vor Ort Verantwortung übernehmen und auf diese Weise einen Beitrag leisten, Visionen für eine nachhaltige Wirtschaftsweise durch sein praktisches Handeln umzusetzen. Das B.A.U.M.-Mitgliedsunternehmen hat sich entschieden, einen Weg zu gehen, mit dem wertvolle Energie- und Rohstoff-Ressourcen geschont und effizienter genutzt werden. Im Jahr 1995 wurde Zipperling mit dem Commerzbank/impulse-Umweltpreis ausgezeichnet.

Zipperling verfolgt eine umfassende Umweltstrategie in den Bereichen Produktentwicklung und Forschung, Produktionsverfahren, Mitarbeiterschulung, Naturschutz und Mitgestaltung des gesellschaftlichen Dialogs über „nachhaltige Wirtschaft". Dieser Dialog wird durch den Geschäftsführer von Zipperling in verschiedenen Arbeitskreisen realisiert. Das Unternehmen wirkte maßgeblich an der Gründung der Kunststoff-Initiative Schleswig-Holstein mit. Im Jahr 1993 gründete das Unternehmen, vertreten durch den Geschäftsführer, Herrn Dr. Bernhard Weßling, die „Querdenker für Kunststoff und Ökologie", in der ein Konzept für eine umfassende ökologische Strategie der Kunststoff-Industrie vorgestellt wurde.

Nach Auffassung von Zipperling ist die Wirkung bzw. Auswirkung eines Produktes um Größenordnungen bedeutsamer als die von Produktionsverfahren. Deshalb legt Zipperling den Schwerpunkt auf ökologisch vertretbare Produkte, die seit 1982 entwickelt werden und einen Beitrag zu einer ökologisch nachhaltigen Wirtschaft leisten. Es werden Produkte und Verfahren entwickelt, die durch ihren Gebrauch das Ziel von Einsparungen an Energie, Wasser oder anderen Umweltmedien realisieren sollen, z.B. Konzentrate für Wärmedämm-Produkte. Bei allen Projekten und deren Umsetzung berücksichtigt Zipperling verfügbare Ökobilanzen.

Im Juli 1996 wurde das bisherige Kerngeschäft von Zipperling, das mit rund 250 Mitarbeitern betrieben wurde, an die Clariant AG verkauft. Die nachfolgenden Kostensenkungen beziehen sich größtenteils auf Produktionsverfahren vor dem Verkauf des Geschäfts. Seither konzentriert sich das Unternehmen mittels der 100 %-igen Tochtergesellschaft Ormecon Chemie ausschließlich auf die Neuentwicklung „Organische Metalle“. Die Ziele und ökologischen Konsequenzen, die mit der Produktion „Organischer Metalle“ verbunden sind, werden im Abschnitt Umweltprogramm beschrieben.

Der Geschäftsführer ist im Naturschutzbund Deutschland (NABU) aktiv und betreut verantwortlich das größte Naturschutzgebiet Hamburgs. Er organisiert dort u.a. den Kranichschutz.

1 Umweltleitlinien

Die Umweltstrategie von Zipperling ist der ernsthafte Versuch, unter den gegenwärtigen politischen Bedingungen und Marktgegebenheiten ein Umweltkonzept zu erarbeiten und umzusetzen. Das Konzept enthält die folgenden Punkte:

- Nennenswerte Entlastungen der Umwelt bzw. Verminderungen von Umweltgüterverbräuchen
- Unternehmensbezogene Umweltpolitik, die über oberflächliche oder naheliegende Maßnahmen (wie Verpackungsmittelrecycling) hinausgeht
- Einbeziehung aller Produktionsentwicklungsstufen in ökologische Entscheidungen mit dem Ziel der Umweltgütereinsparung
- Erfolgreiche Positionierung im Weltmarkt unter gleichzeitiger Sicherstellung eines ökologisch nachhaltigen Wirtschaftens

2 Organisation des Umweltschutzes

Auf der Geschäftsführerebene werden ökologische Grundfragen behandelt und seit Mitte der achtziger Jahre branchenweit und öffentlichkeitswirksam auf Vorträgen, durch Veröffentlichungen etc. diskutiert.

Der hohe Mitarbeiteranteil von 40 % (vor Juli 1996: 20 %) in der Forschung und Entwicklung hat zum Ziel, schon bei der Auswahl von Produkten und Verfahren innovative und umweltorientierte Lösungen zu bevorzugen.

Durch die Unterstützung der Mitarbeiter, deren Motivation und Bewußtsein verspricht sich das Unternehmen letztlich die Einhaltung der beschlossenen Schritte von Natur und Gesundheit.

3 Umweltprogramm

Das ökologische Programm für die Zukunft ergibt sich aus der ausschließlichen Konzentration der Unternehmensaktivitäten auf die Forschung, Entwicklung und Produktion von „Organischen Metallen".

Hierbei ist Zipperling nach über 15-jähriger Grundlagenforschung weltweit führend. „ORMECON" ist z.B. in der Lage, Korrosion um den Faktor 10 zu vermindern. Allein dadurch ließen sich ganz erhebliche Umweltgüter einsparen, u.a. wenn man bedenkt, daß aufgrund von Korrosion jährlich ca. 4 % des Bruttosozialprodukts verloren gehen (mit entsprechenden Umweltfolgeschäden). Aber auch der nachgewiesenermaßen mögliche Ersatz umweltschädlicher Korrosionsschutzmaßnahmen (Chromatierung, Verzinken u.a.) kann ein Beitrag zu einer nachhaltigen Wirtschaft werden.

4 Kostensenkende Umweltschutzmaßnahmen

Zipperling erreichte vor dem Verkauf seiner Kunststoff-Produktion im Juli 1996 durch umfangreiche Maßnahmen Kosteneinsparungen von etwa 264.000 DM pro Jahr.

Einsparung von Roh-, Hilfs- und Betriebsstoffen

Durch die Wiederaufbereitung von Polymerabfällen konnten im Jahr 1991 ca. 2.000 Tonnen Polymere recycelt und wiederverwendet werden (siehe unten).

Bei der Abluft der Firma, die keine nennenswerten Emissionen enthält, erfolgt eine Geruchseindämmung mit Hilfe eines Biofilters, wobei Humus entsteht. Außerdem wurde eine Versiegelung bisher unbebauter Flächen vermieden, indem Industriebrachen genutzt und interne bauliche Optimierungen durchgeführt werden.

Reduzierung der Wasser- und Abwasserkosten

Es wurden Wasserrückgewinnungsanlagen installiert, so daß ein geschlossener Wasserkreislauf existiert. Mit der Installation der Wasserrückführung, -Sammlung, Filtration und Kühlung ist es möglich, Brauchwasser (Regenwasser) zu nutzen. Diese Installation einer Wasserrückgewinnungs- und Regenwassernutzungsanlage erforderte Investitionen von 250.000 DM. Sie führt zu einer Verringerung des Wasserverbrauches um 350.000 m^3 auf nur noch 30.000 bis

40.000 m^3 pro Jahr. Die Kosteneinsparung beläuft sich auf etwa 52.500 DM pro Jahr.

Durch die Berücksichtigung dieser Anlagen schon bei der Konzeption, wie in einem Zweigwerk geschehen, werden Einsparungen von 112.000 DM pro Jahr erzielt. Die Investition betrug 120.000 DM.

Reduzierung der Energiekosten

Abwärme aus der Eigenstromerzeugung wird im Jahresdurchschnitt zu ca. 70 % genutzt. Neben dem Gebrauch der Abwärme zur Raumheizung und für Duschwasser wird sie zur Dampferzeugung genutzt.

Es sind zwei Module aus Dieselmotoren für die zusätzliche Energieversorgung in Gebrauch (Blockheizkraftwerk). Die Kühlung der Motoren erfolgt mittels Wasser, dessen Wärme über Wärmetauscher in die Warmwasser- und Kesselspeisewasserversorgung eingespeist wird.

Durch die Eigenstromerzeugung von 600 kW und die Abwärmenutzung wird der Verbrauch an Primärenergie um 420 MWh pro Jahr reduziert. Das ergibt Einsparungen von 100.000 DM pro Jahr. Die Investition betrug 750.000 DM.

Reduzierung der Entsorgungskosten

Es erfolgte eine Wiederaufbereitung von definierten Polymerabfällen. Zusätzlich sollen Funktionskonzentrate Rücknahmeprodukte (Gehäuse, Halbzeug, Verpackungen, etc.) nach jeweils geeigneter Aufbereitung für neue Produkte einsetzbar machen. Mit Hilfe dieses Verfahrens wurden 1991 ca. 2.000 Tonnen Polymere recycelt.

5 Gewünschte politische Maßnahmen

Die wichtigsten politischen Maßnahmen und Ziele, die das Unternehmen für die weitere Verbesserung des Umweltschutzes für notwendig hält, sind:

- Die Ausweisung von Naturschutzgebieten in Höhe von 15 % der Landesfläche
- Die Einführung einer ökologischen Steuerreform
- Die Förderung der Forschung und Entwicklung von Produkten, deren Energie- und Umweltgüterverbrauch gering ist

Dienstleistungen

Unternehmensgruppe Damp

Deutsche Telekom AG

Fachhochschule Wedel / Physikalisch-Technische Lehranstalt

Gran Dorado Holding GmbH

Klinikum der Albert-Ludwigs-Universität, Freiburg im Breisgau

Dipl.-Ing. (FH) Joachim Lippold VDI Energie und Ökologie Consultants

REBAG Regenerative Energieversorgungs- und Betriebs-Aktiengesellschaft

Renaissance Hotels International

Stadtwerke Hannover AG

Stadtwerke München

Stadtwerke Saarbrücken AG

Dr. Wiertz - Dipl. Chem. Eggert - Dr. Jörissen GmbH

31 Unternehmensgruppe Damp

DAMP. Frischer Wind an der Ostsee.

Firma:	Ostseebad Damp GmbH & Co. KG
Anschrift:	Seeuferweg 2 24351 Damp
Ansprechpartnerin:	Frau Dipl.-Ing. Petra Janzen
Telefon:	(04352) 808 - 535
Telefax:	(04352) 808 - 585
Internet:	http://www.damp.de
Branche:	Tourismus und Medizin
Produktpalette:	Ferienzentrum, Kliniken, Kuren, Therapiezentrum
Beschäftigtenzahl:	1.950 Mitarbeiter
Literatur:	B.A.U.M.-Erhebungsbogen

„Die Erkenntnis, daß das größte Kapital für unser Unternehmen eine intakte Umwelt ist, war ausschlaggebend für den Einsatz innovativer Techniken zum Schutz der Umwelt. So wurde in unserem Unternehmen der Umweltschutz zur Chefsache erklärt und im Jahr 1989 ein Umweltausschuß ins Leben gerufen."

Die Unternehmensgruppe Damp gliedert sich in einen touristischen und klinischen Bereich. Beide Unternehmensbereiche haben sich dem aktiven Umweltschutz verschrieben. Die Ostseeklinik und die REHA-Klinik in Damp erhielten 1995 das B.A.U.M.-Zertifikat „Umweltgeprüftes Krankenhaus". Im Frühjahr 1997 begann die Ostseeklinik Damp, sich einem Öko-Audit zu unterziehen.

Der touristische Bereich Ostseebad Damp hat sich dem sanften Tourismus zugewandt und bietet dank der Konzentration von Tourismus auf eine relativ kleine Fläche bei geringem Landschaftsverbrauch, einer funktionierenden Infrastruktur und dem bewußten Umgang mit der Natur einen „durchaus beispielhaften Charakter für die richtigen Entwicklung zum "sanften Tourismus""[10]. Das B.A.U.M.-Mitgliedsunternehmen erhielt 1995 die Auszeichnung „Umweltfreundlicher Betrieb" der Schleswig-Holsteinischen Unternehmensverbände. Im Jahr 1997 gehörte es zu den ersten Preisträgern des neuen Bundeswettbewerbs „Umweltfreundliche Fremdenverkehrsorte in Deutschland". Aus der Begründung der Jury:

---

[10] Der Umweltminister von Schleswig-Holstein, Herr Berndt Heydemann, 1989

„Damp hat mit seinen zentralen touristischen Einrichtungen in allen Handlungsbereichen Lösungen für einen umweltfreundlichen Tourismus entwickelt. Neben einem umfassenden Verkehrskonzept werden zahlreiche abfall- und energiereduzierende Maßnahmen durchgeführt, die eine enorme Kostensenkung in Kliniken, Hotels, Ferienwohnungen, Schwimmbad, und Jachthafen zur Folge haben. Der Interessenskonflikt zwischen Ökonomie und Ökologie wird in Damp überwiegend aufgehoben."

1 Umweltleitlinien

Die Leitlinien für das Denken und Handeln zum Umweltschutz im Ostseebad Damp lauten:

Unser Erfolgskonzept ist einzigartig in der Kombination aus Urlaub, Natur, Gesundheit und Medizin.

- Wir sind in Damp zu Hause und fühlen uns mit dem Charakter und der Tradition Schleswig-Holsteins verbunden. Damit Landschaft, Meer und Klima ein Erlebnis bleiben, bewahren wir aktiv die Natur.
- Damp ist abhängig von einer intakten Umwelt. Wir treten für einen engagierten Umweltschutz in unserer Region ein und gehen mit gutem Beispiel voran.
- Nur, wenn wir uns immer wieder neue Ziele setzen und unsere Leistungen ständig überprüfen, sind wir auch in Zukunft erfolgreich.

2 Organisation des Umweltschutzes

Der Umweltschutz ist in Damp mit der Umweltbeauftragten und dem Umweltausschuß institutionalisiert. Die Umweltbeauftragte koordiniert alle Umweltmaßnahmen und ist für ihre Durchführung verantwortlich.

Dem Umweltausschuß gehören an: der Technische Leiter, der Kurdirektor, der Leiter für Public Relations, der Leiter der Abteilung Einkauf, die Umweltbeauftragte und die Hygienefachkraft der Ostseeklinik. Der Umweltausschuß nimmt sich der verbesserungswürdigen Punkte an, diskutiert diese in regelmäßigen Sitzungen und legt sie in turnusmäßigen Sitzungen mit dem Geschäftsleitungskreis zur Abstimmung vor. Der Umweltausschuß hat ein Mängelkataster für den Bereich Umweltschutz erstellt. Dieses wird mit der Geschäftsleitung Schritt für Schritt abgearbeitet.

Der Umweltausschuß gründet Arbeitskreise, z.B. im klinischen Bereich „Reduzierung von Einwegartikeln ohne Qualitätsverlust".

3 Umweltprogramm

Das Umweltprogramm von Damp umfaßt alle Bereiche und dient mit seinen Zielen und Maßnahmen der ständigen Steigerung des Umweltschutzes. Um auch die Gäste in den aktiven Umweltschutz einzubinden, wird in jedem Kalenderjahr der „Damper Umweltpreis" ausgeschrieben. Damit werden die Urlauber angeregt, sich mit Umweltfragen auseinanderzusetzen und zugleich das kreative Potential der Gäste zur Beseitigung weiterer ökologischer Schwachstellen genutzt

Zur Sensibilisierung der Kinder finden regelmäßig Umweltspiele statt. Durch diese und andere Umweltinformationsangebote soll umweltbewußtes Handeln der Gäste am Urlaubsort ausgelöst und gefördert werden. Mit der „Damper Umweltfibel“ und den alljährlich am Tag der Umwelt stattfindenden „Damper Umwelttagen“ werden die Gäste über alle aktuellen Umweltaktivitäten des Unternehmens informiert.

4 Kostensenkende Umweltschutzmaßnahmen

Mit den hier vorgestellten Umweltmaßnahmen spart das Ostseebad Damp mindestens 137.000 DM pro Jahr an Kosten ein.

Einsparung von Roh-, Hilfs- und Betriebsstoffen

Der Verbrauch von Reinigungs- und Desinfektionsmitteln in der Ostseeklinik konnte durch die Reduzierung der Flächendesinfektion von täglich auf einmal wöchentlich in den nicht infektionsrelevanten Bereichen von 36.800 Liter (1990) auf 29.600 Liter (1995) reduziert werden. Gleichzeitig sank der Anteil der Produkte mit WGK 2 („wassergefährdend“) von über 50 % auf unter 10 % zugunsten von Produkten mit WGK 0 („im allg. nicht wassergefährdend“) und WGK 1 („schwach wassergefährdend“).

Im Bürobereich wurde bei der Beschaffung vermehrt auf umweltfreundliche Produkte umgestellt. Außerdem werden alte Formulare, Fehlkopien etc. als Notizzettel weiterverwendet und einseitig beschriebenes Papier gesammelt und als Manuskriptpapier verwendet. Der Papierverbrauch wird auch durch die Anwendung beidseitiger Kopiertechnik reduziert. Einsparungen ergeben sich bei der Beschaffung von Möbeln, da Altmöbel möglichst aufgearbeitet und weitergenutzt werden.

Bei Baumaßnahmen wird sowohl auf umweltgerechte, immissionsarme Verfahren als auch auf umweltfreundliche Materialien geachtet. Z.B. werden alte Anstriche nicht abgebeizt sondern abgefräst, und bei Bodenklebern oder Farben und Lacken werden grundsätzlich lösemittelfreie Produkte verwendet.

Reduzierung der Wasser- und Abwasserkosten

Trotz Erweiterungsbauten nahm der Wasserverbrauch seit 1990 um ca. 15 % ab. Zur Wassereinsparung wurden u.a. folgende Maßnahmen durchgeführt:

- Einbau von Spar-Spülkästen in Toiletten
- Einbau von Wassersparartmaturen wie Einhandhebelmischer und Wassersparperlatoren
- Nutzung von geklärtem Wasser zur Bewässerung von Grünanlagen

- Information der Gäste und Patienten über den sparsamen Umgang mit Wasser
- Ständige Information der Mitarbeiter über die Mitarbeiterzeitung
- Ersatz alter Geschirrspülmaschinen gegen solche mit Laugenrückgewinnung

Die Belastung des Abwassers, das in einem zweistufigen Klärwerk gereinigt wird, verringerte sich insbesondere wegen der genaueren Dosierung und Verringerung des Einsatzes von Reinigungs- und Desinfektionsmitteln und der Verwendung von Stoffen mit geringer Wassergefährdungsklasse (siehe oben).

Im Yachthafen wurde eine Entsorgungsanlage für Bootswaschwasser in Betrieb genommen, bei der das Bootswaschwasser in drei Tanks mit jeweils 7 m^3 gesammelt wird und dann mehrfach für den Hochdruckreiniger verwendet werden kann. Die Entsorgung von belastetem Waschwasser erfolgt in einer Separationsanlage. Eine Anlage zur Fäkalentsorgung für Sportboote wurde mit einem Kostenaufwand von 65.000 DM errichtet. Sie steht den Benutzern kostenlos zur Verfügung.

Reduzierung der Energiekosten

Das Heizwerk in Damp wurde von Heizölbetrieb auf Mischbetrieb umgestellt, um das Erdölgas (Erdöl-Gas-Wasser-Gemisch) aus einem Offshore-Ölfeld vor der Küste zur Energiegewinnung zu nutzen. Von Mai bis September kann deshalb ausschließlich Erdölgas zur Energieerzeugung genutzt werden. Im Jahresmittel wird etwa 75 % der benötigten Wärmemenge mit Erdölgas erzeugt. Moderne stufenlos regelbare Drehzerstäuberbrenner gestatten eine genaue Anpassung der Kesselleistung an den Wärmebedarf zwischen 100 und 3 % der Nennleistung.

Um das bei der Ölförderung in gleichbleibenden Mengen anfallende Erdölgas jahreszeitlich unabhängig zu nutzen, wurde zusätzlich ein Blockheizkraftwerk (BHKW) in Betrieb genommen. Der erzeugte Strom wird ausschließlich im eigenen Stromnetz verwendet. Die Investitionssumme betrug etwa 1,6 Mio. DM. Ein zweites BHKW geht Ende 1997 „ans Netz“. Dieses wird mit Heizöl betrieben.

Trotz ständiger Erweiterungen der Anlagen in Damp konnte der Wärmebedarf in etwa auf dem Stand von 1990 gehalten werden. Zu den wichtigsten Energiesparmaßnahmen gehörten:

- Anschluß der Garten-Appartments an das Damper Nahwärmenetz
  Mit dem Wirkungsgrad des BHKW´s von 95 % wird eine deutliche Verbesserung des Primärenergieeinsatzes gegenüber der früheren Heizung mit Strom von den Energieversorgungsunternehmen erzielt (Wirkungsgrad bei der Stromerzeugung ≈ 45 %).
- Ausstattung der Garten-Appartments mit Zählern für Strom und Wärme
  Im Gegensatz zur vorher üblichen Pauschalabrechnung ergab sich durch die verbrauchsabhängige Abrechnung eine Senkung des Energieverbrauchs von 20 %.
- Umstellung der Hafen- und Molenbefeuerung auf eine Solaranlage
  In einem Akkumulator wird tagsüber die mit Photovoltaik erzeugte elektrische Energie gespeichert. Bei Einbruch der Dunkelheit schaltet sich die Befeuerung

über einen Dämmerungsschalter automatisch ein und entnimmt den Strom dem Akku. Das ursprüngliche Seekabel konnte eingespart werden.

- Anwesenheitsabhängige Beleuchtung in öffentlichen WC-Anlagen, Lagern, Abfallsammelräumen, im Klärwerk u.a. durch Bewegungsmelder
- Weitgehender Einsatz von Energiesparleuchten
- Wärmerückgewinnung aus der Abluft der Wäscherei
- Spülmaschinen der medizinischen Küche mit Laugenaufbereitung und Wärmepumpen
- Energiesparende Dampfgarer und Induktionsherde mit Topferkennung in der medizinischen Küche, der Personalkantine und der Gastronomie
- Zentrale Leittechnik zur energie-optimalen Steuerung von technischer Gebäudeausrüstung wie Lüftungsanlagen und Beleuchtung
- Einzelthermostate mit Feinfühlern an den Heizkörpern der Gebäude
- Verbundkälteanlagen zur optimalen Kälteversorgung der Kühlhäuser
- Reduzierung der Luftwechselraten an den Lüftungsanlagen eines Restaurants ohne Komfortverlust
- Erneuerung der Eindeckung und Dämmung von ca. 1.500 m^2 Dächern
- Dachsanierungen als Gründach (z.B. Congress Centrum)

Reduzierung der Entsorgungskosten

Für das gesamte Unternehmen wurde im Mai 1995 ein neues Entsorgungskonzept mit Erfolg eingeführt. Dabei werden interne Bereiche, in denen Mitarbeiter für die Durchführung verantwortlich sind, und externe Bereiche, in denen die Gäste und Patienten um Unterstützung gebeten werden, unterschieden.

Kernstück des Entsorgungskonzepts ist eine weitgehende Abfall- und Wertstofftrennung. Mit Hilfe von differenzierten Trennsystemen und genauen Sortieranleitungen wird den Mitarbeitern, Gästen und Patienten die Fraktionierung leicht gemacht. Gut gekennzeichnete Wertstoffsammelstellen machen die Entsorgung für die Gäste komfortabel. Eigene Müllwerker sammeln die Abfälle und Wertstoffe in einer zentralen Sammelstelle. Dort werden die getrennten Fraktionen je nach Beschaffenheit weiterbehandelt, gepreßt und soweit wie möglich einer Verwertung zugeführt.

Neben dem Entsorgungskonzept wurde auch durch die konsequente Reduzierung von Einwegartikeln die Restmüllmenge verkleinert. Beispiele für erfolgreiche Müllvermeidung sind:

Gastronomie

- Verpackungsfreies Frühstück mit Ausnahme von Margarine
- Ersatz von Einwegtischwäsche durch textile Tischwäsche
- Einsatz von Pfandgläsern bei Freiluftveranstaltungen
- Ersatz von Styroporverpackungen durch Recyclingpappe im fast-food-Bereich
- Verwendung von bruchsicherem Mehrweggeschirr statt Einweggeschirr im Spaßbadbereich

Klinikbereich

- Ersatz von Portionsverpackungen durch offene Ware

- Ersatz von Einweggeschirr durch Mehrweggeschirr im Thermotablettsystem
- Ersatz der Einwegtextilien durch Mehrwegtextilien
- Keine Plastiküberschuhe auf der Intensivstation
- Ersatz der Plastiktrinkbecher für Patienten durch Gläser
- Verwendung gebrauchter Reinigungsmittelkanister als Kanülenabwurf
- Ersatz von PVC-Handschuhen durch Latexhandschuhe
- Reduzierung der Einwegmülltonnen für C-Müll auf 20 %
- Verwendung von Sonderkartons für Laborabfälle ermöglicht die Entsorgung als B- statt als C-Müll

Innerhalb eines Jahres konnte nach Einführung des neuen Entsorgungskonzepts die Restmüllmenge um ca. 40 % vermindert werden. Die Entsorgungskosten reduzierten sich um etwa 25 % oder ca. 173.000 DM pro Jahr, da die Investitionen in 2 Müllpressen, 1 Papp-Presse, 85 Müllcontainer und 1 Transportfahrzeug Kosten von jährlich 70.000 DM bewirken und auch die Personalkosten für zwei neue Mitarbeiter von jährlich 67.000 DM berücksichtigt werden müssen. Ohne die Einführung des Entsorgungskonzepts wären nach einer Erhöhung der Entsorgungsgebühren um 44,8 % die Entsorgungskosten um mindestens 336.000 DM angestiegen.

Reduzierung der Kosten für Transport und Verkehr

Zur Verbesserung der Verkehrssituation und zur Reduzierung der, mit dem zunehmenden Verkehr steigenden Lärm- und Abgasbelästigung, die sich negativ auf die Umweltqualität, das Ortsbild, die Verkehrssicherheit und letztlich auch auf das Image als Ferienort auswirkt, wurde das Modellprojekt „Verkehrsberuhigtes Damp" umgesetzt. Von den Gesamtkosten in Höhe von 8,7 Mio. DM wurden 50 % wegen des Modellcharakters für die Verkehrsberuhigung in Kurorten vom Land Schleswig-Holstein getragen. Die wichtigsten Elemente des Projekts sind:

- Umbau der Ortseinfahrt in eine schmale Allee, die verkehrsdämpfend wirkt, wie auch der Rückbau der sich anschließenden Straße auf 5 m Breite
- Erweiterung des Tagesgastparkplatzes am Ortseingang auf 2.000 Plätze
  Die Tagesparkplätze sind in Fußgängerentfernung vom Kurzentrum (1,3 km) angelegt und gebührenfrei.
- Einrichtung eines ganztägigen, kostenlosen Shuttle-Busservice vom Tagesgastparkplatz zum Kurzentrum und zurück
- Einbau einer Schrankenanlage an der Einfahrt ins Kurgebiet
- Begrenzte Gratis-Parkdauer im Kurgebiet
- Errichtung neuer Rad- und Fußwege

Obwohl durch die Investition und die Personalkosten für die Fahrer der beiden Pendelbusse keine direkten Geldeinsparungen mit dem Projekt verbunden sind, steigert sich der Erholungswert und damit die Zufriedenheit der Gäste des Ferienzentrums und die Investition trägt langfristig zur Unternehmenssicherung bei.

32 Deutsche Telekom AG

Deutsche Telekom

Firma:	Deutsche Telekom AG
Anschrift:	Friedrich-Ebert-Allee 140 53113 Bonn
Ansprechpartner:	Herr Dr. Ignacio Campino Am Kavalleriesand 3 64295 Darmstadt
Telefon:	(06151) 83 - 33 40
Telefax:	(06151) 83 - 42 46
E-Mail:	Campino@73.dmst02.telekom400.dbp.de
Branche:	Telekommunikation
Produktpalette:	Anlagen, Dienstleistungen
Beschäftigtenzahl:	200.000 Mitarbeiter
Literatur:	B.A.U.M.-Erhebungsbogen Telekommunikation. Chancen für Mensch und Umwelt

„Die in den vergangenen Jahren gewonnenen naturwissenschaftlichen Erkenntnisse liefern deutliche Belege für eine ernsthafte Gefährdung unserer Umwelt. Wirtschaftsunternehmen kommt hier eine besondere Verantwortung zu. Als zukunftsorientiertes Unternehmen stellt sich die Deutsche Telekom AG der Herausforderung eines ganzheitlichen und vorausschauenden Umweltschutzes."

Ein grundsätzliches Bekenntnis der Deutschen Telekom AG zum Umweltschutz erfolgte bereits im Jahre 1992 mit der Bekanntgabe von Unternehmensgrundsätzen, wo es in Grundsatz Nr. 8 heißt:

„Die Telekom übernimmt gesellschaftliche Verantwortung. ... Bei unseren Entscheidungen beachten wir die Auswirkungen auf Mensch und Natur. Wir schützen die Umwelt."

Zur Zeit befindet sich das B.A.U.M.-Mitgliedsunternehmen in der Phase des Aufbaus eines Umweltmanagementsystems nach DIN ISO 14001 in Anlehnung an die EG-Öko-Audit-Verordnung.

1 Umweltleitlinien

Der Umweltschutz ist fester Bestandteil der Unternehmensgrundsätze der Deutschen Telekom. Ziel der Umweltschutzmaßnahmen ist es, die Auswirkungen des unternehmerischen Handelns auf die Umwelt zu minimieren. Die umweltpolitischen Leitlinien lauten:

1. Wir übernehmen gesellschaftliche Verantwortung für den Schutz der Umwelt und handeln danach.
2. Umweltschutz besitzt für uns hohe Priorität. Deshalb übernimmt der Vorstand unmittelbar die Verantwortung für die Festlegung und Umsetzung der umweltpolitischen Leitlinien.
3. Durch ein modernes Umweltmanagementsystem wird sichergestellt, daß unsere Umweltpolitik wirkungsvoll umgesetzt wird.
4. Wir betreiben einen vorausschauenden Umweltschutz. Die gesetzlichen Bestimmungen verstehen wir dabei als Mindestanforderungen, die unser Unternehmen deutlich übertreffen will.
5. Wir arbeiten an der kontinuierlichen Verbesserung des Umweltschutzes in unserem Unternehmen.
6. In unserer Einkaufspolitik berücksichtigen wir die Zielsetzungen des Umweltschutzes. Sie bestimmen auch das Verhalten gegenüber den Vertragspartnern.
7. Für unsere Produkte und Leistungen streben wir nach energiesparenden und ressourcenschonenden Lösungen.
8. Durch aktive Einbeziehung aller Beschäftigten in unsere Maßnahmen zum Schutze der Umwelt fördern wir umweltbewußtes Denken und Handeln.
9. Wir informieren die Öffentlichkeit und ermöglichen so einen konstruktiven Dialog.

2 Organisation des Umweltschutzes

Die Verantwortung für den Umweltschutz bei der Deutschen Telekom trägt der Vorstand in seiner Gesamtheit. Beauftragter des Vorstandes für den Umweltschutz ist der Vorstand „Technik Netze, Einkauf und Umweltschutz“.

Die Entwicklung und Einführung von Umweltschutzmaßnahmen liegt im wesentlichen bei der Zentralstelle für Umweltschutz in Darmstadt. Sie besteht aus den drei Fachgruppen „Umweltmanagementsystem, Abfallwirtschaft“, „Produktbezogener Umweltschutz“ und „Umweltaudit, -Ausbildung, -Berichtswesen“. Neben der Initiierung von Umweltschutzprojekten ist die Aufgabe der Zentralstelle für Umweltschutz die Beratung und Unterstützung des Vorstandes wie auch aller Mitarbeiter der Deutschen Telekom.

Den einzelnen Vorstandsbereichen sind sogenannte Bereichsstellen für Umweltschutz zugeordnet, die die Aufgabe haben, die Verantwortlichen ihres Bereiches in Umweltfragen zu unterstützen.

Der Schwerpunkt der umweltrelevanten Tätigkeiten im operativen Geschäft liegt bei den Niederlassungen der Kunden- und Netzdivisionen „Technik Netze" (TN), „Privatkunden" (PK) und „Geschäftskunden" (GK). Aus diesem Grunde nehmen dafür eingerichtete Regionalstellen für Umweltschutz diese Aufgaben wahr (12 Regionalstellen im Vorstandsbereich TN mit je 3 bis 4 Mitarbeitern und je 6 Regionalstellen für die Vorstandsbereiche PK und GK mit jeweils 3 Mitarbeitern).

3 Umweltprogramm

Mit ihrem Umweltprogramm verpflichtet sich die Deutsche Telekom auf die folgenden sechs Umweltziele, die bis zum Jahr 2000 erreicht werden sollen:

- Reduktion des Energieverbrauchs um 15 %
- Reduktion des Schadstoffausstoßes der Fahrzeugflotte um 20 %
- Verdopplung der Menge von Recyclingmaterial in den eingesetzten und angebotenen Produkten
- Reduktion der Abfallmenge zur Beseitigung um 15 %
- Reduktion des Einsatzes umweltgefährdender Stoffe
- Intensivierung der internen und externen Kommunikation über Umweltaktivitäten

4 Kostensenkende Umweltschutzmaßnahmen

Die Deutsche Telekom führt eine Vielzahl von verschiedenen Umweltschutzmaßnahmen durch, die in erster Linie der Ressourcenschonung dienen.

Einsparung von Roh-, Hilfs- und Betriebsstoffen

Seit über 20 Jahren betreibt die Deutsche Telekom bzw. vorher die Deutsche Bundespost aktives Kabelrecycling. Alle als Altmaterial anfallenden Kabel werden über eine überwiegend eigene Rückführungslogistik bei den Logistikzentren der Deutschen Telekom gesammelt und dann an die Zerlegebetriebe weitergegeben. Die gewonnenen Kupfergranulate und Schnittbleianteile werden von autorisierten Umarbeitungsbetrieben weiterverarbeitet. Der wesentliche Teil des umgearbeiteten Kupfers wird zur Herstellung von neuen Kabeln für die Deutsche Telekom verwendet. Die mit den Kabelherstellern geschlossenen Verträge beinhalten bereits die Möglichkeit der Beistellung von Kupfer. Ein Teil des umgearbeiteten Bleis wird zur Herstellung von Plomben, Stangenlötzinn und Walzblei verwendet. Überschüssige Anteile nicht beizustellender Metalle werden von den Hütten aufgekauft und dort wieder eingesetzt. Kunststoffe werden teilweise zu neuen Gebrauchsgegenständen, wie z.B. Fußbodenplatten und Bakenfüße für Verkehrszeichen, verarbeitet. So werden alle aus der Zerlegung und Umarbeitung anfallenden Abfallstoffe nach der geltenden Abfallgesetzgebung entsorgt.

Die Aufteilung der Kosten und Erlöse über die einzelnen Verfahrensschritte bei der Verwertung der ausgesonderten Kabel im Jahr 1994 ist in Tab. 5 dargestellt.

Zerlegte Kabel: 21.752 Tonnen Gewonnene Mengen	Cu: 7.995 Tonnen = 36.76 % Pb: 3.235 Tonnen = 14,87 % Sn: 1 Tonne = 0,005 %	
Leistung	Kosten/Tonne in DM	Erlöse/Tonne in DM
Transport Logistikzentrum → Zerlegebetrieb	32	-
Sonderkosten (Abtrommeln, Einlängen, Sortieren)	9	-
Zerlegung	545	-
Entsorgung	77	-
Transport Zerlege- → Umarbeitungsbetrieb	42	-
Bemusterungskosten	1	-
Umarbeitung (Cu, Pb, Sn)	232	-
Mittelbare Kosten für Personal, Lager, Ausstattung etc.	149	-
Verkauf(Cu, Pb, Sn)	-	141
Beistellung – Kupfer – Blei	 - -	 1.521 2
Summe:	**1087**	**1664**
	Kostenüberdeckungsgrad: 53 %	

Tab. 5: Verwertungsbilanz ausgesonderter Kabel im Jahr 1994[11]

Einen weiteren Beitrag zur Kreislaufwirtschaft leistet die Deutsche Telekom bereits seit Jahren als Vertreiber von Endgeräten wie z.B. Telefonen und Faxgeräten durch die freiwillige Rücknahme und Verwertung von jährlich etwa 5,7 Mio. Endgeräten. Diese Geräte werden im firmeneigenen Logistikzentrum Bremen zusammengeführt und nach den Kriterien „Instandsetzung", „Verwendung" und „Verwertung/Entsorgung" sortiert. Nach der zentralen Instandsetzung werden im Unternehmen selbst rund 500.000 Endgeräte pro Jahr wiederverwendet. Rund 2,7 Mio. Stück werden exportiert. Die restlichen rund 2,5 Mio. Endgeräte werden dem Recycling zugeführt. Insgesamt fallen jährlich ca. 3.000 Tonnen Telefone zur Verwertung an. Davon sind ca.

- 500 Tonnen Kabel
- 1.000 Tonnen ABS-Kunststoffe
- 680 Tonnen Eisenmetalle
- 160 Tonnen Nichteisenmetalle
- 660 Tonnen Reststoffe.

Von den gewonnenen Materialien werden zur Zeit ca. 80 % als Produkte einer Verwendung (Ersatzteile für Zweitmärkte) bzw. einer stofflichen Verwertung zugeführt.

---

[11] Cu: Kupfer, Pb: Blei, Sn: Zinn. Die Zahlen wurden vom Logistikzentrum Hamburg ermittelt, bei den Mittelbaren Kosten wurden die 1987 ermittelten Kosten mit einem Teuerungsaufschlag von 4 % pro Jahr hochgerechnet, die Berechnung der Verkaufs- und Beistellungserlöse basiert auf den Kursen der Londoner Börse.

Auch dem Einsatz von Recyclaten wird eine große Bedeutung beigemessen. So brachte die Deutsche Telekom im Jahr 1994 die ersten beiden Telefone auf den Markt, deren Gehäuse vollständig aus Recyclat gefertigt wurde.

Reduzierung der Wasser- und Abwasserkosten

Zur Reduktion des Wasserverbrauchs für die Klimatisierung von Vermittlungsstellen wurde von der Deutschen Telekom im Rahmen der Entwicklung digitaler Vermittlungstechnik der Verzicht auf Mindestfeuchtegrenzen für das geforderte Raumklima gegenüber den Herstellern durchgesetzt. Damit kann mit dem Ausbau herkömmlicher Elektro-Mechanischer-Vermittlungstechnik auch die umfassende Versorgung aller Vermittlungsstellen mit vollentsalztem Wasser eingestellt werden. Die Einsparungen betragen im Jahr ca. 20.000 m^3 Wasser. Diese Maßnahme senkt neben dem Wasserverbrauch auch den Ressourcenverbrauch (z.B. je ca. 120.000 Liter Salzsäure und Natronlauge pro Jahr) für die Wasseraufbereitung und ist mit einer erheblichen Betriebskostenersparnis verbunden.

Reduzierung der Energiekosten

Seit der Energiepreiskrise zu Beginn der 70er Jahre wurde bei der Vorgängerorganisation der Deutschen Telekom AG, der Deutschen Bundespost, ein Programm zu Energieeinsparung durchgeführt, das Elemente wie

- Energieverbrauchs- und -kostenstatistik
- Berufung von Energiebeauftragten
- Maßnahmenkatalog zur Durchführung von Energiesparmaßnahmen
- Mitarbeitermotivation durch Information
- Zentrales Controlling und Beratung gegenüber der Außenorganisation

enthielt. Diese Elemente wurden von der Deutschen Telekom aufgegriffen, angepaßt und weiterentwickelt.

Auf zentraler Ebene wurden technische Vorgaben für die Entwicklung von Klimageräten zur Entwärmung neuer digitaler Vermittlungstechnik erarbeitet. Durch Verzicht auf Entfeuchtung und Ausnutzung freier Kühlung führten diese zu einer erheblichen Energieeinsparung. Außerdem wurden Prüfstandsmessungen der Energieverbräuche von Klimageräten unter Normalbedingungen als Vergabekriterium eingeführt und ein entsprechender Prüfmodus erarbeitet.

Die neuen Vergabekriterien regten Entwicklungen bei Herstellerfirmen an, an deren Ende Energieersparnisse bei einzelnen Gerätetypen um bis zu 60 bis 70 % realisiert wurden. Da diese Entwicklungen im Vorfeld der Netzdigitalisierung durchgeführt wurden, konnte ein Anstieg des Energieverbrauchs zur Klimatisierung, wie er wegen der konzentrierten Wärmeentwicklung elektronischer Technologien zu erwarten war, erheblich abgeschwächt werden. Diese Aktivitäten der Deutschen Telekom wurden 1991 mit der Verleihung der „Deutschen Energiesparmedaille“ der Deutschen Energiespar-Arbeitsgemeinschaft, Essen, für die federführenden Mitarbeiter der Deutschen Telekom gewürdigt.

Durch eingehende theoretische Untersuchungen mit Rechnermodellen und der meßtechnischen Überprüfung an typisierten Vermittlungsstellen konnte der Bedarf an raumlufttechnischen Anlagen zur Entwärmung von Vermittlungsstellen auf ein Minimum beschränkt werden. Außerdem wurde im Rahmen der Weiterentwicklung der digitalen Vermittlungstechnik ein Schwerpunkt in geringeren Energieverbräuchen, damit Wärmeverlusten und letztlich Entwärmungs-Energieverbräuchen gesehen.

Reduzierung der Entsorgungskosten

Die Verwertung bzw. Entsorgung von aus Kunststoff hergestellten Telefonhäuschen, -hauben und Kabelverzweigern führte in der Vergangenheit zu erheblichen Schwierigkeiten und verursachte hohe Kosten. In umfangreichen Versuchen, die in Zusammenarbeit mit der Fachhochschule Darmstadt durchgeführt wurden, wurde ein Recyclingkonzept für diese Produkte entwickelt. Die ausgesonderten Produkte werden bei den Zerlegebetrieben demontiert und in verschiedene Fraktionen sortiert. Die anfallenden Wertstoffmengen werden von der Deutschen Telekom an die beauftragten Unternehmen für den Einsatz in neuen Produkten weitergegeben. Die nicht verwertbaren Reststoffe werden entsprechend den gesetzlichen Vorschriften entsorgt. Dieses Verfahren stellt sicher, daß die Mengenströme transparent und jederzeit steuerbar ablaufen. Auf diese Art konnten seit Beginn des Projektes im Januar 1994 über 1.300 Tonnen an Telefonhäuschen, -hauben und Kabelverzweigern zerlegt und zum großen Teil verwertet werden.

Reduzierung der Kosten für Transport und Verkehr

Als größter ziviler europäischer Fuhrparkbetreiber wirken sich auch geringe Einsparungen im Verbrauch der einzelnen Fahrzeuge insgesamt sehr stark aus. Dies veranlaßt die Deutsche Telekom, sich intensiv mit dem Kraftstoffverbrauch und dem Schadstoffausstoß ihrer Fahrzeuge zu beschäftigen. Am Institut für Kraftfahrwesen der Technischen Hochschule Aachen wurden, unter der Beteiligung der Deutschen Telekom, in einem Großversuch die Auswirkungen von Fahrzeugen mit Elektro- und Hybridantrieben[12] untersucht. Des weiteren beschäftigt sich die Deutsche Telekom mit den Auswirkungen von Reifen mit geringerem Rollwiderstand, sparsameren Dieselmotoren mit Katalysator, vermindertem Fahrzeuggewicht durch gezielte Beladung.

Beim Einkauf neuer Fahrzeuge wird das schadstoffärmste Modell einer Fahrzeugklasse bevorzugt. In der am häufigsten verwendeten Fahrzeugklasse liegt der Schadstoffausstoß bei Neufahrzeugen um 20 % unter dem Niveau der Vorgängermodelle. Zusätzlich wurde der Bestand an Fahrzeugen um 10 % auf 57.500 Fahrzeuge reduziert. Die durch diese Maßnahmen erreichten Einsparungen sind noch nicht beziffert.

[12] Elektroantrieb in Verbindung mit einem Dieselmotor

5 Gewünschte politische Maßnahmen

Die wichtigsten Ziele als Umweltminister wären:

Der Schutz der Umwelt ist zu einer der wichtigsten Aufgaben des modernen Staates geworden. Die Erhaltung der natürlichen Lebensgrundlagen sichert letztlich auch die Existenz des darauf angewiesenen Staates. Demzufolge muß der Staat eine vorsorgende Umweltpolitik betreiben.

Die natürlichen Ressourcen galten bisher als unerschöpflich. Dies trifft nicht zu und es ist notwendig, dieser Erkenntnis Rechnung zu tragen. Auch haben Abfallaufkommen und Emissionsausstoß bedenkliche Ausmaße erreicht, die zu nachhaltigen Umweltschäden führen.

Angesichts der zunehmenden Internationalisierung des Marktes müssen in Zukunft vor allem global ausgerichtete Maßnahmen unter Beteiligung vieler Länder mit sehr unterschiedlichen Interessen getroffen werden.

- Energie
  Energieeinsparung ist die uns am nächsten gelegene Energiequelle. Es ist daher notwendig, Energieeinsparpotentiale zu suchen und auch zu nutzen. Daneben muß der Verbrauch an fossilen Energieträgern erheblich gesenkt werden. Die Bedingungen für die Entwicklung alternativer Energiequellen müssen deutlich verbessert werden.
- De-Materialisierung
  Es müssen Bedingungen geschaffen werden für eine De-Materialisierung aller Produkte. Damit ist eine höhere Materialeffizienz gemeint. Die De-Materialisierung ist damit auch eine wichtige Maßnahme zur Verminderung des Energie- und Ressourcenverbrauchs.
- Partnerschaften zwischen Betrieben der gleichen Branchen verschiedener Länder
  Eine gezielte Förderung von Partnerschaften zwischen Betrieben der gleichen Branchen verschiedener Länder soll den Know-how-Transfer im Bereich Umweltschutz von den entwickelten Ländern in die Entwicklungs- und Schwellenländer erleichtern.

33 Fachhochschule Wedel / Physikalisch-Technische Lehranstalt

Firma:	Fachhochschule Wedel Physikalisch-Technische Lehranstalt
Anschrift:	Feldstraße 143 22880 Wedel
Ansprechpartner:	Herr Prof. Dr. Roland Lentz
Telefon:	(04103) 80 48 - 40
Telefax:	(04103) 80 48 - 39
E-Mail:	r.lentz@fh-wedel.de
Branche:	Hochschulen
Produktpalette:	Naturwissenschaftlich-technische Ausbildung
Beschäftigtenzahl:	54 Mitarbeiter ca. 1.200 Studenten und Assistenten
Literatur:	B.A.U.M.-Erhebungsbogen

Die Fachhochschule Wedel / Physikalisch-Technische Lehranstalt betrachten den Umweltschutz als wichtigen Bestandteil ihres Ausbildungsangebots für Studenten und Assistenten. Dabei ist das B.A.U.M.-Mitgliedsunternehmen selbst Gegenstand der praktischen Ausbildung der Studenten, die analog der EG-Öko-Audit-Verordnung ein Umweltmanagementsystem aufbauen und interne Öko-Audits durchführen.

1 Umweltleitlinien

Die Umweltleitlinien lauten:

- Umfassender Umweltschutz, höchste Qualität der Ausbildung und größtmögliche Wirtschaftlichkeit sind gleichrangige Unternehmensziele unserer Bildungseinrichtungen.
- Alle Mitarbeiter sind verantwortlich für das Erreichen der Ziele unserer Institute. Jeder Mitarbeiter und jeder Student soll durch sein persönliches Verhalten Vorbild sein zum Schutz unserer Umwelt.

- Der von uns angestrebte Umweltschutz geht über die Erfüllung von Gesetzen und Verordnungen hinaus. Daher ist es Aufgabe jedes Mitarbeiters, aus eigener Initiative Maßnahmen anzuregen und zu ihrer Umsetzung beizutragen, wo immer dies erforderlich wird.
- Alle Mitarbeiter sollen in ihren Bereichen und Lehrangeboten darauf achten, daß die Studenten die Handlungsalternativen für eine nachhaltige, umweltgerechte Entwicklung kennenlernen und für ihren privaten und beruflichen Werdegang verinnerlichen. In unseren Studiengängen und Lehrangeboten soll der Umweltschutz selbstverständlicher Teil der Ausbildung sein.
- Wir sind bestrebt, die Umweltbelastungen, die aus dem Lehrbetrieb und der Forschung entstehen, kontinuierlich zu verringern. Dazu werden wir die Umweltbelastungen analysieren und kontrollieren.
- Ziele für verantwortliches, umweltgerechtes Handeln sind, wo immer dies möglich ist, meßbar zu gestalten und nachprüfbar zu machen.
- Die Besorgnisse von Mitarbeitern, Studenten und der Öffentlichkeit für die Belange des Umweltschutzes sind ernstzunehmen und bei Weiterentwicklung der Lehr- und Ausbildungspläne zu berücksichtigen.
- Durch die Wahl geeigneter Veranstaltungen und Mittel werden auch einer breiteren Öffentlichkeit Forschungsergebnisse und Informationen zur Gestaltung einer nachhaltigen umweltverträglichen Wirtschaftsweise zugänglich gemacht. In Forschung und Ausbildung werden wir Anregungen aus der Wirtschaft und der Gesellschaft aufgreifen.
- Mitarbeiter, Studenten und Öffentlichkeit sind regelmäßig über die Pläne und Maßnahmen unserer Institute zum Umweltschutz zu informieren.

2 Organisation des Umweltschutzes

Die Ausbildung im Umweltschutz ist im Fachbereich Betrieblicher Umweltschutz der Fachhochschule angesiedelt. Zur Koordination des betrieblichen Umweltschutzes des Gesamtunternehmens ist eine Umweltbeauftragte benannt, die dem Fachbereich Betrieblicher Umweltschutz angegliedert ist, aber direkt die Geschäftsführung berät. Sie leitet den Umweltzirkel, über den auch die Mitarbeiter (Betriebsrat) und die Studenten (ASTA) in die Umweltorganisation des Unternehmens integriert werden (siehe Abb. 21).

3 Umweltprogramm

Zu den wichtigsten Umweltschutzmaßnahmen der Fachhochschule gehören neben der Integration des Umweltschutzes in die Hochschullehre durch

Einführung eines berufsbegleitenden Aufbaustudiengangs „Betrieblicher Umweltschutz" für Naturwissenschaftler und Ingenieure und einem

Angebot von Wahlpflichtblöcken für Naturwissenschaftler und Ingenieure anderer Studienrichtungen:

- Ein Angebot von Weiterbildungskursen im Umweltschutz und Umwelttagungen für externe Teilnehmer

- Die Durchführung von internen Öko-Audits
- Die Erstellung eines Klima-Aktionsprogrammes für die Fachhochschule
- Die Beratung von Industriebetrieben bei der Erstellung von Öko-Bilanzen, im Umweltmanagement und in der Abfallwirtschaft.

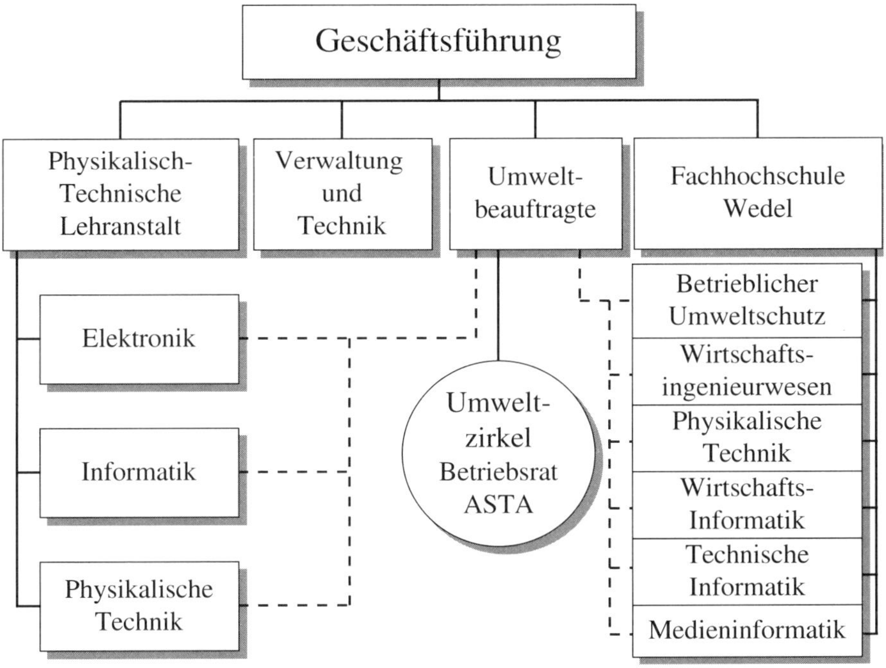

Abb. 21: Die Umweltorganisation der Fachhochschule Wedel / Physikalisch-Technische Lehranstalt

4 Kostensenkende Umweltschutzmaßnahmen

Die hier vorgestellten Umweltmaßnahmen, die im Zuge interner Öko-Audits durchgeführt wurden, führten zu Kostensenkungen von ca. 10.000 DM pro Jahr.

Einsparung von Roh-, Hilfs- und Betriebsstoffen

Im Rahmen eines internen Öko-Audits haben Studenten der Fachhochschule eine Bestandsaufnahme der Tätigkeiten und der Materialverbräuche im Verwaltungsbereich durchgeführt. Ein hohes Potential zur Verbesserung der Umweltverträglichkeit lag im Papierbereich. So wurden Berechnungen durchgeführt, daß mit dem Einsatz von Recyclingpapier bei der Herstellung von Kopien folgende jährlichen Ressourceneinsparungen verbunden sind:

Holzverbrauch:	ca. 7.000 kg
Wasserverbrauch:	ca. 353 m^3
Energieverbrauch:	ca. 19.500 kWh
Wasserverschmutzung:	ca. 330 kg CSB

Die Kostensenkung durch den Einsatz von Recyclingpapier ist relativ gering und beträgt ca. 800 DM pro Jahr.

Reduzierung der Energiekosten

Aus den Ergebnissen eines internen Öko-Audits für die Bereiche Strom, Heizung und Isolierung wurden eine Reihe von Umweltmaßnahmen abgeleitet, die insbesondere eine Verbesserung der Isolierung und der Temperaturregelung der Heizkörper in den Altbauten vorsehen. Mit Kostensenkungen ist erst nach Abschluß der Maßnahmen zu rechnen.

Reduzierung der Entsorgungskosten

Ein internes Öko-Audit von Studenten im Bereich Abfall war Grundlage für die Entwicklung eines Abfallwirtschaftskonzepts. Im Zuge der Umsetzung wurden an verschiedenen Stellen des Unternehmens multifunktionale Entsorgungszentren aufgestellt, die drei Behälter zur getrennten Sammlung von Papier/Pappe, Grüne-Punkt-Abfälle und Restmüll enthalten. In der Folge verringerte sich das Hausmüllaufkommen um etwa 60 %. Die Kosteneinsparungen beliefen sich auf ca. 8.700 DM pro Jahr. Für die Beschaffung der Entsorgungszentren mußten 7.100 DM investiert werden.

5 Gewünschte politische Maßnahmen

Die wichtigsten politischen Maßnahmen und Ziele, die das Unternehmen für die weitere Verbesserung des Umweltschutzes für notwendig hält, sind:

- Die Reduzierung des Energiedurchsatzes und damit die Reduktion des CO_2-Ausstoßes in der Bundesrepublik Deutschland und in der Europäischen Union.
- Die effizientere Gestaltung der Transport- und Verkehrsinfrastruktur.
- Die Verminderung der Umweltbelastung durch die Landwirtschaft in der Bundesrepublik Deutschland und in der Europäischen Union.
- Die Förderung des Exports von „clean production“ Technologien und die Unterstützung der Länder in der 3. Welt beim Aufbau von umweltfreundlichen Technologien und landwirtschaftlichen Anbaumethoden.

34 Gran Dorado Holding GmbH

Firma:	Gran Dorado Holding GmbH
Anschrift:	Am Kurberg 1 56767 Gunderath
Ansprechpartnerin:	Frau Monika Simon
Telefon:	(02657) 930 - 130
Telefax:	(02657) 930 - 190
Branche:	Tourismus
Produktpalette:	Bungalowpark/Ferienpark
Beschäftigtenzahl:	618 Mitarbeiter (Deutschland)
Literatur:	Commerzbank/impulse-Umweltpreis 1996 Umweltleitlinien 1995, Prospekt 1997

Die Gran Dorado Holding GmbH versteht den präventiven „Umweltschutzansatz, Umweltprobleme gar nicht entstehen zu lassen, und die ganzheitliche Betrachtung der Umweltauswirkungen" als „neue Herausforderung unseres Unternehmens". Sie betrachtet sich „daher als ein Vermittler zwischen den Gästen, der Landschaft, der Natur und der ansässigen Bevölkerung". Das Umweltengagement, das das B.A.U.M.-Mitgliedsunternehmen in seinem Freizeitpark „Heilbachsee" gezeigt hat, wurde vom ADAC mit dem Umwelt-Eichhörnchen prämiert. Im Jahr 1996 wurde Gran Dorado mit dem Commerzbank/impulse-Umweltpreis ausgezeichnet.

1 Umweltleitlinien

Gran Dorado hat umfangreiche Umweltleitlinien erlassen. Sie sind in die Themengebiete

1. Unternehmensführung/Management
2. Betrieb bestehender Ferienparks
3. Errichtung neuer Ferienparks
4. Gäste
5. Animation/Freizeit

6. Mitarbeiterinnen und Mitarbeiter
7. Kommunikation und Information
8. Marketing

untergliedert. Hier sollen nur die dem Themengebiet 1, Unternehmensführung/ Management, zugeordneten Umweltleitlinien aufgeführt werden.

- Verantwortungsbewußter Umgang mit unserer Umwelt und der Erhalt einer intakten Natur bedeuten für uns die langfristige Sicherung unserer Wirtschaftsgrundlage.
- Über gesetzliche Vorgaben hinaus wird Umweltschutz für uns daher zur Selbstverpflichtung.
- Eingebunden in unsere Unternehmenspolitik werden wir Umweltschutz eigenverantwortlich und initiativ in allen Unternehmensbereichen vorantreiben.
- Wir achten konsequent darauf, daß der „Beitrag zum Umweltschutz" ein maßgebliches Kriterium bei sämtlichen unternehmenspolitischen Entscheidungen und Maßnahmen bis hin zur Vertragsgestaltung ist.
- Dabei ist für uns die Umweltverträglichkeit ein Schlüsselbegriff für die Bewertung unseres Tuns. Wir sehen in der Umweltverträglichkeit ein herausragendes Entscheidungskriterium und eine wegweisende Richtschnur für unser Handeln.
- Wir werden engagiert an gemeinsamen Umweltschutzmaßnahmen von Wirtschaft, öffentlicher Hand und verantwortungsbewußten Mitbürgern teilnehmen und aktives Umwelt-Sponsoring betreiben.
- Aus der besonderen Stellung unseres Unternehmens zwischen den erholungsuchenden Gästen und der zu erhaltenden Erholungslandschaft werden über die Grenzen unserer Anlage hinaus Maßnahmen des Natur- und Landschaftsschutzes akzeptiert und aktiv mitgestaltet.
- Durch unseren Arbeitskreis Umweltschutz und die Bestellung eines Umweltschutzbeauftragten besitzen wir ein geeignetes Initiativ- und Kontrollorgan mit der nötigen Fachkompetenz, das ökologische Schwachstellen erkennt und in Abstimmung mit der Unternehmensführung adäquate Maßnahmen einleiten wird.
- Außerdem verpflichten wir uns, freiwillig nach den Regeln der europäischen Öko-Audit-Verordnung Nr. 1836/93 zu handeln.

2 Organisation des Umweltschutzes

Der Umweltschutz ist bei Gran Dorado fest in die Organisation eingebunden (siehe Abb. 22). Eine Umweltbeauftragte, die der deutschen Geschäftsführung des niederländischen Unternehmens unterstellt ist, betreut die beiden deutschen Freizeitparks. Dort sind Umweltkoordinatoren für die einzelnen Teilbereiche Animation, Lodging, Retail, Technik Wasser/Abwasser, Schwimmbad, Verwaltung, F & B und Technik Energie/Abfall zuständig.

Besonderer Wert wird auf die Einbeziehung aller Mitarbeiter in den Umweltschutz gelegt. Die Umweltleitlinien sind Bestandteil des Arbeitsvertrages und die

Mitarbeiter bestätigen in einer freiwilligen „Umweltschutz-Erklärung“ ihre Bereitschaft zum aktiven Umweltschutz.

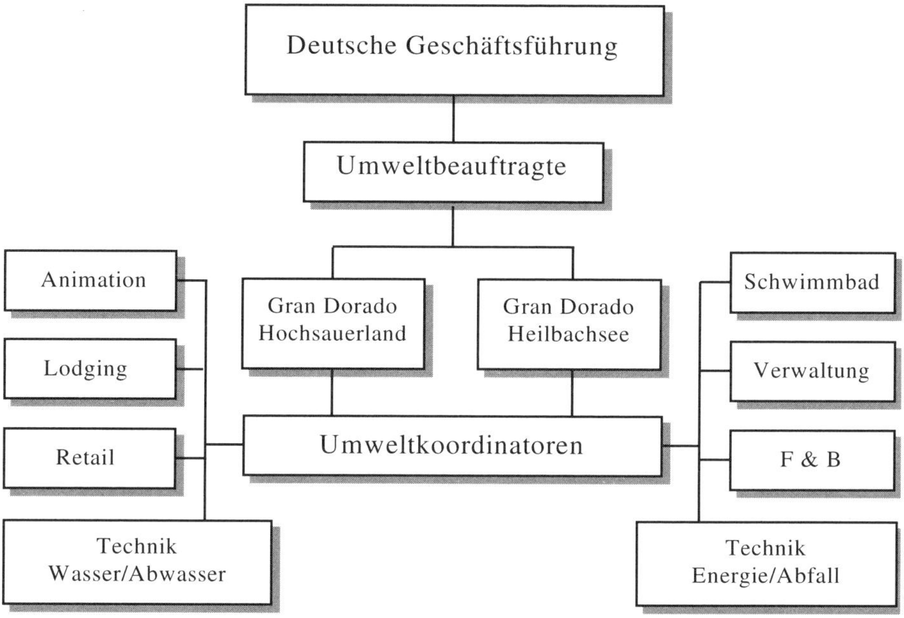

Abb. 22: Die Umweltschutzorganisation bei Gran Dorado

3 Umweltprogramm

Im Bereich Tourismus ist der Gast der wichtigste Faktor zur Realisierung eines ganzheitlichen ökologischen Umrüstungskonzeptes mit spürbaren finanziellen Einsparungen und Entlastungen für die Umwelt. Für die Zielgruppe „Familien mit Kindern“ werden durch den Aufbau einer ökologischen Kinderanimation sowohl die Kinder als auch die Eltern angesprochen. Für die Umsetzung wird das ländliche, regionale Umfeld (Natur, Landschaft, Menschen und Tiere) zur intensiv genutzten Arbeitsmaterie. Die Sensibilisierung der Kinder für das Thema Ökologie führt automatisch zu veränderten Verhaltensweisen bei den Erwachsenen. Die Erfolge sind nicht unmittelbar meßbar, sichern jedoch langfristig den Erfolg des touristischen Konzeptes.

Für den Standort Heilbachsee wurde ein ökologischer Maßnahmenkatalog ausgearbeitet, der kontinuierlich umgesetzt wird.

4 Ökobilanz

Eine ökologische Schwachstellenanalyse im Pilotprojekt „Freizeitpark Heilbachsee“ bildete bei Gran Dorado die Grundlage für die Entwicklung des Umweltmanagementsystems und die Ausarbeitung des Umweltprogramms.

5 Kostensenkende Umweltschutzmaßnahmen

Bei der Umsetzung des ganzheitlichen Umweltmanagementsystems im Freizeitpark „Heilbachsee“ wurde eine Vielzahl von Umweltschutzmaßnahmen durchgeführt. Bis jetzt sind Ressourcen- und Kosteneinsparungen in Höhe von ca. 250.000 DM pro Jahr erfaßt. Neben dieser unmittelbaren Wirkung wird aber auch wirtschaftlicher Nutzen durch die Verbesserung des positiven Image und die Erhöhung des Bekanntheitsgrades als Touristikunternehmen mit hoher Umweltqualität gewonnen.

Reduzierung der Wasser- und Abwasserkosten

Im Wasser- und Abwasserbereich wurden neue Geräte und Armaturen wie z.B. Sensorduschen installiert. Zusammen mit der Ausgabe ausführlicher Informationen zum Wassersparen an die Gäste und der Schulung der Mitarbeiter über die vielfältigen Möglichkeiten zum Wassersparen konnte die Frisch- und Abwassermenge um 13,4 % reduziert werden.

Reduzierung der Energiekosten

Der konsequente Einsatz von Wärmedämmung, der Einbau von Schaltuhren sowie die regelmäßige Wartung und bessere Steuerung des Heizungssystems verminderte den Verbrauch von Gas um 27 %.

Eine Energieoptimierung im Strombereich zusammen mit dem Einsatz von Zeitschaltuhren und Energiesparlampen sowie einer Schulung der Mitarbeiter zu den Möglichkeiten des Energiesparens senkte den Stromverbrauch um 7,2 %.

Reduzierung der Entsorgungskosten

Durch die Einführung eines umfassenden Abfallwirtschaftskonzepts, zu dem neben der Trennung der Abfallfraktionen auch die Umstellung des Einkaufs auf Großgebinde, Mehrwegverpackungen und abfallarme Produkte gehören, konnte die Menge des zu entsorgenden Restmülls um 50 % verringert werden.

Mit Inkrafttreten des Kreislaufwirtschaftsgesetz werden die bisherigen Reststoffe nochmals auf Verwertung hin überprüft. Für alle Fraktionen, die vorher anlehnungspflichtig den Deponien zugeteilt wurden, sind neue und teilweise kostengünstigere Verwertungswege gefunden worden (Elektroschrott, vermischte Kunststoffe, Sperrmüll usw.). Gran Dorado Heilbachsee rechnet für das

Geschäftsjahr 1997 mit einer nochmaligen Reduzierung der Entsorgungskosten um ca. 25 %.

Die anfallenden Speisereste aus den gastronomischen Einrichtungen des Ferienparks werden seit Sommer 1996 täglich von einem von den Behörden genehmigten Schweinemäster aus der Region verwertet. Sowohl aus hygienischen als auch aus finanziellen Gesichtspunkten bedeutet dieses Verfahren eine kostengünstige und ökologisch sinnvolle Umsetzung des Kreislaufwirtschaftsgesetzes.

Reduzierung der Kosten für Transport und Verkehr

Die kontinuierlich Erweiterung der Produktpalette sowohl im Verkauf als auch in der Gastronomie auf Produkte aus dem angrenzenden Raum und die intensive Zusammenarbeit mit externen Unternehmern aus der Region führen nicht nur zur Reduzierung der Kosten, sondern auch zu einer regionsverträglichen Zusammenarbeit mit vielen Vorteilen. Kurze Lieferwege, Bereitstellung kleinerer Lagerkapazitäten und detaillierte Herkunftsbezeichnungen der Produkte sind nur einige angenehme Begleiterscheinungen für kurze Transportwege.

Reduzierung des Verpackungsmaterials

Seit Einführung einer ökologischen Lieferantenbewertung für alle Zulieferfirmen werden die eingereichten Angebote transparenter, auch nach Verpackungskriterien analysiert. Die ökologische Lieferantenbewertung befürwortet den Einsatz von Mehrwegsystemen und weist auf die Rücknahmepflicht von Transportverpackungen hin. Auch wenn die Einsparungen nicht immer sofort meßbar sind, ist eine Bewußtseinsveränderung bei den Lieferanten feststellbar.

Die Direktvermarkter aus der Region bieten mit ihren ökologischen und frischen Produkten eine Ergänzung zu dem herkömmlichen Verkaufs- und Speisenangebot eines Ferienparks. Die Selbstvermarkter liefern frische und verpackungsarme Ware, auf Wunsch mit täglicher Auslieferung.

35 Klinikum der Albert-Ludwigs-Universität Freiburg im Breisgau

KLINIKUM DER ALBERT-LUDWIGS-UNIVERSITÄT FREIBURG

Firma:	Klinikum der Albert-Ludwigs-Universität Freiburg im Breisgau
Anschrift:	Institut für Umweltmedizin und Krankenhaushygiene Hugstetter Straße 55 79106 Freiburg im Breisgau
Ansprechpartner:	Herr Martin Scherrer
Telefon:	(0761) 270 - 54 31
Telefax:	(0761) 270 - 54 40
Branche:	Krankenhäuser
Produktpalette:	Krankenversorgung, Forschung und Lehre
Beschäftigtenzahl:	7.000 Mitarbeiter
Literatur:	Ökologische Briefe Nr. 47, 1995 Ökologische Schwachstellenanalyse für den Verwaltungsbereich des Klinikums durch die B.A.U.M.-Consult GmbH

Das Klinikum der Albert-Ludwigs-Universität in Freiburg im Breisgau setzt seit einigen Jahren neue Standards in der Krankenhaushygiene. Prof. Franz Daschner vom Institut für Umweltmedizin und Krankenhaushygiene wies nach, daß

> „Hygiene in der Chemie keineswegs mit ungezügeltem Einsatz von Chemie gegen mögliche Krankheitserreger einhergehen muß."

Seit zwei Jahren sind die Umweltaktivitäten des Instituts für Umweltmedizin und Krankenhaushygiene, das seit langem B.A.U.M.-Mitglied ist, nicht mehr auf die mit der Hygiene verbundene Abfallproblematik beschränkt. Ein wesentlicher, weiterer Schwerpunkt des Instituts ist der Bereich Umweltlabor, in dem das Vorkommen und Verhalten von Pharmaka in Abwasser und Umwelt untersucht wird. Dazu werden Abbautests durchgeführt und mittels chemischer Spurenanalytik Umweltproben untersucht.

In einer ökologischen Schwachstellenanalyse wurde von der B.A.U.M Consult GmbH der Verwaltungsbereich des Klinikums untersucht. Gemeinsam mit der baden-württembergischen Landesanstalt für Umweltschutz soll nun in einem Pilotprojekt die Übertragbarkeit des Umweltmanagementsystems gemäß der EG-Öko-Audit-Verordnung auf Krankenhäuser überprüft werden.

Prof. Daschner wurde 1993 mit dem B.A.U.M.-Umweltpreis ausgezeichnet.

1 Umweltleitlinien

In den Umweltleitlinien des Klinikums wurde dem Institut für Umweltmedizin und Krankenhaushygiene die Projektierung und Organisation von Umweltschutzmaßnahmen sowie die Federführung beim Aufbau eines Umweltmanagementsystems übertragen. Die Umweltleitlinien sehen darüber hinaus die jährliche Veröffentlichung eines Umweltberichts vor.

2 Organisation des Umweltschutzes

Das Klinikum der Albert-Ludwigs-Universität besteht aus 18 voneinander weitgehend unabhängigen Einzelkliniken und -instituten. Der Betriebsbeauftragte für Abfall, Gewässer- und Immissionsschutz ist für das gesamte Klinikum zuständig und koordiniert die Umweltschutzmaßnahmen in der sogenannten Leitungsgruppe mit Herrn Prof. Daschner, dem Dezernenten für Wirtschaft, Versorgung und Hausverwaltung, dem Dezernenten für Technische Betriebe, der leitenden Pflegekraft, einem Vertreter des Universitätsbauamtes sowie verschiedenen Mitarbeitern des Institutes.

3 Umweltprogramm

Ein schriftlich fixiertes Umweltprogramm für das Universitätsklinikum gibt es derzeit nicht, vielmehr werden von der Leitungsgruppe Themen aufgegriffen, die dann abgearbeitet werden.

4 Kostensenkende Umweltschutzmaßnahmen

Durch die Umsetzung von mehreren Umweltschutzmaßnahmen im Bereich der Desinfektion, sowie im Verwaltungsbereich bei Matrixdruckern und Schreibmaschinen spart das Klinikum der Albert-Ludwigs-Universität in Freiburg ca. 140.000 DM pro Jahr.

Die beschriebenen Maßnahmen sind durch die Aktivitäten einer Vielzahl von Personen und Abteilungen des Klinikums zustandegekommen.

Einsparung von Roh-, Hilfs- und Betriebsstoffen

Durch Verzicht auf nicht unbedingt nötige Desinfektionsmaßnahmen konnte ohne Einbußen in der Hygiene der Verbrauch an Desinfektionsmitteln um 3 Tonnen pro Jahr reduziert werden. Die Ersparnis in den Beschaffungskosten sowie im Arbeits- und Personalaufwand liegt bei 65.000 DM pro Jahr.

Im Anästhesie-Bereich wurden Einwegbeatmungsschläuche und Sondenkostspritzen durch wiederverwendbare Materialien ersetzt. Nach thermischer Desinfektion können diese bis zu 200 mal wiederverwendet werden. Die Einsparungen bei der Beschaffung belaufen sich auf 35.000 DM pro Jahr.

Im Rahmen der Ökologischen Schwachstellenanalyse, die die B.A.U.M. Consult GmbH im Verwaltungsbereich des Klinikums durchgeführt hat, ergaben sich im Bereich der Computerdrucker Einsparmöglichkeiten von ca. 40.000 DM pro Jahr. So können anstelle von Carbonbandkassetten ergiebigere Nylongewebebandkassetten für Matrixdrucker und Schreibmaschinen verwendet werden. Bei 1.000 Schreibmaschinen und einem Verbrauch von 5.000 Farbbändern pro Jahr beträgt die Einsparung im ersten Jahr 13.000 DM, danach wegen des Wegfalls der einmaligen Investitionen für Adapter ca. 33.000 DM pro Jahr. Werden die Nylongewebebandkassetten zusätzlich wiederbefüllt, erhöht sich die Einsparung um weitere 5.000 DM pro Jahr.

Neben diesen konkret monetär bewerteten Maßnahmen wurden weitere nicht monetarisierbare Schritte in Richtung auf die Einsparung von Roh-, Hilfs- und Betriebsstoffen unternommen. So konnte der Xylolverbrauch durch den Einsatz einer Redestillation um ca. 66 % gesenkt werden und die Einführung der Niedrigtemperatur-Plasmasterilisation erbrachte eine erhebliche Reduzierung des Verbrauchs von Ethylenoxid. Das Klinikum ist an die Chemikalien-Börse der Universität angeschlossen. So wird erreicht, daß nicht mehr benötigte Chemikalien anderen Nutzern zur Verfügung gestellt werden und der Anteil der neu einzukaufenden und der zu entsorgenden Chemikalien gesenkt wird.

Reduzierung der Wasser- und Abwasserkosten

Die zentrale Kälteerzeugung hat nicht nur eine Reduzierung der Energiekosten zur Folge. Durch den Wegfall von wassergekühlten Geräten konnten auch der Wasserverbrauch und damit die Wasserkosten gesenkt werden. Weiterhin wurden Zisternen eingerichtet, in denen Regenwasser zur Grünflächenbewässerung gesammelt wird.

Reduzierung der Energiekosten

Im Rahmen des Pilotprojekts zur Durchführung von Öko-Audits in Krankenhäusern, wurde der Energieverbrauch in der Hals-Nasen-Ohren-/Augenklinik systematisch analysiert. Nach Abschluß der durchgeführten Sanierungsmaßnahmen wird eine Senkung des Energieverbrauchs um die Hälfte erwartet. Mit der

Umstellung von einzelnen FCKW-Kühlgeräten für die Kühlung der OP-Räume auf eine zentrale Dampf-Absorptionskälteanlage können erhebliche Strommengen eingespart werden.

Reduzierung der Entsorgungskosten

Durch eine exakte Mülltrennung sowie mit Hilfe von einfachen Desinfektionsmaßnahmen konnte der Anfall von infektiösem Klinikabfall, Müllkategorie C, von 13 Tonnen auf 6 Tonnen pro Jahr reduziert werden. Da die Entsorgung von C-Müll etwa 10 mal teuerer ist als die Entsorgung von hausmüllähnlichem Abfall der Kategorie A, wurden dadurch erhebliche Kosten eingespart.

Die Entgiftung von zyanidhaltigen Abwässern von Blutgasanalysegeräten macht eine Entsorgung als Sonderabfall überflüssig und vermeidet 9 Tonnen zyanidhaltigen Abfall pro Jahr.

36 Dipl.-Ing. (FH) Joachim Lippold VDI Energie und Ökologie Consultants

Firma:	Dipl.-Ing. (FH) Joachim Lippold VDI Energie und Ökologie Consultants
Anschrift:	Am Kirchberg 16 87452 Altusried
Ansprechpartner:	Herr Joachim Lippold
Telefon:	(08373) 87 15
Telefax:	(08373) 89 42
Branche:	Dienstleistungen
Produktpalette:	Energieplanung für die Nahrungsmittelindustrie
Beschäftigtenzahl:	5 Mitarbeiter
Literatur:	B.A.U.M.-Erhebungsbogen, Commerzbank/impulse-Umweltpreis Bewerbung 1996, Dokumentation zum Preis der Deutschen Gaswirtschaft 1996

Das Ingenieurbüro Dipl. Ing. (FH) Joachim Lippold VDI Energie und Ökologie Consultants erhielt 1996 für die Planung und Durchführung eines integrierten Energiekonzepts bei der Molkerei Hainichen-Freiberg[13] eine Auszeichnung vom Preis der Deutschen Gaswirtschaft[14]. Ein ähnliches Energiekonzept geht derzeit bei der Feinkäserei Hochland in Schongau[15] in Betrieb.

1 Kostensenkende Umweltschutzmaßnahmen

Das Ingenieurbüro Lippold hat im Rahmen eines Neubaus die gesamte Energieversorgung der Molkerei Hainichen-Freiberg unter ökologischen und ökonomischen Gesichtspunkten optimiert und danach das Konzept realisiert. Die dadurch erzielte Kostensenkung beträgt ca. 1,12 Mio DM pro Jahr.

[13] Molkerei Hainichen-Freiberg GmbH & Co. KG, Leipziger Str. 48, 09599 Freiberg, Tel.: (03731) 302-0
[14] Herausgeber: ASUE, Arbeitsgemeinschaft für sparsamen und umweltfreundlichen Energieverbrauch e.V., Postfach 10 03 04, 20002 Hamburg, Telefon: (040) 23 45 09
[15] Feinkäserei Hochland GmbH, Bahnhofstraße 4, 86956 Schongau, Telefon: (08861) 91-0

Reduzierung der Energiekosten

Um den Energieverbrauch gering zu halten, wurden bei der neuen Energieversorgung vier getrennte Wärmeverteilungsnetze installiert: Ein Dampfnetz und drei Warmwassernetze mit 90$/70$C, 60$/35$C und 35$/12$C. Zur Strom- und Wärmeerzeugung dient ein mit Erdgas betriebenes Blockheizkraftwerk (BHKW).

Mit einem elektrischen Wirkungsgrad von 39 % wird die Stromversorgung der Molkerei sichergestellt. Dadurch werden etwa 590.000 DM pro Jahr an Stromkosten eingespart. Die Investition für das BHKW betrug 2,8 Mio. DM. Die Abwärme des BHKW wird zum einen für das Dampf- und das Heißwassernetz (90$/70$C) verwendet. Zum anderen wird über einen im Abgasstrom nachgeschalteten Kondensationswärmetauscher Warmwasser erzeugt, das als Energiequelle für ein sog. „Energieschaukelsystem" genutzt wird. Der Kondensationswärmetauscher, für den eine Investition in Höhe von 140.000 DM nötig war, erzeugt jährlich 2.022 MWh Wärmeenergie und spart dadurch Primärenergiekosten in Höhe von 80.900 DM pro Jahr.

Das „Energieschaukelsystem" besteht in erster Linie aus drei Puffertanks mit einem Gesamtspeicherinhalt von 400.000 Liter. Mit Hilfe von Wärmetauschern stellen diese Puffertanks 50 % der Kälte- und 35 % der Wärmeenergie bereit, die in die separaten Rohrnetze eingespeist wird. Kühlwasser wird nicht mehr benötigt. Die Einsparungen durch das „Energieschaukelsystem" sind in Tab. 6 dargestellt. Die Investition für die Tanks und die Rohrnetze betrug ca. 1,3 Mio. DM.

Wärme:	4.308 MWh	oder	172.300 DM	pro Jahr
Kälte:	3.355 MWh	oder	268.400 DM	pro Jahr
Kühlwasser:	5.230 m^3	oder	10.200 DM	pro Jahr
Gesamteinsparung:			450.900 DM	pro Jahr

Tab. 6: Einsparungen durch das Energieschaukelsystem

Reduzierung der Entsorgungskosten

Die Druckluftkompressoren der oben beschriebenen Energieversorgungsanlage mit einer Antriebsleistung von über 200 kW wurden als Trockenläufer installiert. Dadurch entfällt die Ölschmierung und damit auch der Anfall an Altölen zur Entsorgung. Die Ölwechsel am BHKW werden nach Laborkontrolle des Schmieröls und nicht nach Betriebsstunden durchgeführt. Da hierdurch überflüssige Ölwechsel vermieden werden, konnte der Verbrauch an Schmierölen ebenso wie die anfallende Altölmenge um 50 % reduziert werden.

Reduzierung des Verpackungsmaterials

Zur Reduzierung des Verpackungsmaterials wurde die Anlieferung von Schmierölen auf Großgebinde umgestellt. Die Schmieröle für das BHKW werden im Tankwagen geliefert und in einem Vorratstank gelagert. Dadurch entfällt hier das Verpackungsmaterial völlig.

37 REBAG Regenerative Energieversorgungs- und Betriebs-Aktiengesellschaft

REBAG

Die Natur gibt uns die Kraft

Firma:	REBAG Regenerative Energieversorgungs- und Betriebs-Aktiengesellschaft
Anschrift:	Erlenstegenstraße 40 90491 Nürnberg
Ansprechpartner:	Herr Sven Sommer
Telefon:	(0911) 598 98 - 00
Telefax:	(0911) 598 98 - 39
E-Mail:	sommer@rebag.de
Internet:	http://www.rebag.de
Branche:	Dienstleistungen
Produktpalette:	Planung, Bau und Betrieb von regenerativen Energieerzeugungsanlagen
Beschäftigtenzahl:	6 Mitarbeiter
Literatur:	B.A.U.M.-Erhebungsbogen REBAG-Unternehmensprospekt B.A.U.M.-Firmenhandbuch

Blühende Unternehmen und blühende Landschaften - das scheint vielen noch immer ein Widerspruch in sich. Die REBAG Regenerative Energieversorgungs- und Betriebs-Aktiengesellschaft, Nürnberg, ist angetreten, um einmal mehr zu zeigen, daß Ökologie und Ökonomie nicht voneinander zu trennen sind. Das Anfang 1995 gegründete B.A.U.M.-Mitgliedsunternehmen setzt auf innovative, umweltfreundliche und langfristig rentable Projekte in einem der Grundbereiche unseres Wirtschaftssystems: der Energieversorgung.

> „Wir zeigen, daß ökologisches Denken heute nicht ideologische Überzeugung, sondern wirtschaftlich eine gewinnbringende Alternative zu herkömmlichem industriellen Denken ist.
> Mit dem REBAG-Konzept stellen wir es unter Beweis. Und wir werden gemeinsam mit unseren Partnern die ökologischen und ökonomischen Vorteile der Nutzung regenerativer Energien in die Tat umsetzen.
> *Die Natur gibt uns die Kraft* - diese Erkenntnis ist uns Anspruch und Leitlinie zugleich.“

1 Umweltleitlinien

Die REBAG betrachtet die B.A.U.M.-Richtlinien als zukunftsweisend und verpflichtet sich, wie alle B.A.U.M.-Mitgliedsunternehmen, mit der Einhaltung des B.A.U.M.-Ehrenkodex zu einer konsequenten, umweltorientierten Unternehmensführung in allen Bereichen.

2 Organisation des Umweltschutzes

Der Umweltbeauftragte der REBAG ist direkt dem Vorstand unterstellt.

3 Umweltprogramm

Zu den umweltorientierten Unternehmenszielen der REBAG gehören:

- Die Nutzung regenerativer Energiequellen auf verschiedenen Wegen mit dem Vorbild der geschlossenen Kreisläufe in der Natur
- Die schwerpunktmäßige Nutzung von Biomasse als umweltfreundlicher Energielieferant
- Die mittelfristige Integration der elementaren Ressourcen wie Wind, Wasser und Sonne in die dezentrale Energieproduktion
- Die Unterstützung von technischen Innovationen bis zur Marktreife, soweit sie in das REBAG-Konzept integrierbar sind

4 Kostensenkende Umweltschutzmaßnahmen

Mit der Umsetzung des REBAG-Konzepts lassen sich mindestens 1 Mio. DM pro Jahr durch umweltfreundliche und wirtschaftliche Energieerzeugung einsparen.

Reduzierung der Energiekosten

In Lobenstein, Thüringen, wurde von der A.P. Bioenergietechnik GmbH, Hirschau, einer Beteiligungsgesellschaft der REBAG, ein Biomasseheizkraftwerk geplant, das mit einer Gesamtleistung von 2,7 MW_{el} und 13,8 MW_{therm} bis zur Heizperiode 1997/98 das bestehende 18 MW Braunkohle-Heizwerk ersetzen soll.

Die Planung sieht eine Kombination verschiedener technischer Lösungen vor:

- Zwei gekoppelte Biomasseverbrennungsanlagen mit einem Leistungsvolumen von je 6 MW_{therm} und 750 kW_{el}
- Drei Pflanzenöl-Blockheizkraftwerke mit einer Leistung von je 600 kW_{therm} und 400 kW_{el}

Der erzeugte Strom wird für den Eigenbedarf der LED Energie- und Dienstleistungs-GmbH Lobenstein, der Betreiberin der Anlage und Beteiligungsgesellschaft der REBAG, sowie angegliederter Unternehmen genutzt bzw. ins öffentliche Netz eingespeist. Mit der erzeugten Wärme werden eine benachbarte Siedlung, Gewerbe und Industrie über eine sieben Kilometer lange Fernleitungstrasse versorgt. Sie soll mittelfristig weiter ausgebaut werden. Der Wärmeüberschuß in der warmen Jahreszeit wird in Profitcentern wirtschaftlich genutzt.

Durch den Einsatz von 30.000 Tonnen Biomasse (Holz) pro Jahr zur Energiegewinnung werden etwa 8 Mio. Liter Öl (Heizöl EL) ersetzt und damit jährlich etwa 15.680 Tonnen CO_2 eingespart. Ohne Kraft-Wärme-Kopplung müßten für die gleiche Energiemenge (jährlich 11.700 MWh elektrische und 32.300 MWh Wärmeenergie) insgesamt 38.000 Tonnen Brennstoff eingesetzt werden. Die Kraft-Wärme-Kopplung spart also jährlich zusätzlich 8.000 Tonnen Brennstoff (oder 2,2 Mio. Liter Öl) und damit ca. 4.300 Tonnen CO_2 ein.

Zur Umsetzung der Planungen bedarf es eines Investitionsvolumens von ca. 17 Mio. DM, das sich aus privatwirtschaftlichen Geldern und staatlichen Fördermitteln zusammensetzt. Für die Amortisation wird ein Zeitraum von 15 Jahren angesetzt, so daß mit einer Kostensenkung bei der Energieerzeugung von ca. 1 Mio. DM pro Jahr zu rechnen ist.

Weitere Projekte zur umweltfreundlichen und wirtschaftlichen Energieerzeugung, die von der REBAG zusammen mit ihrer Beteiligungsgesellschaft Bioenergietechnik GmbH durchgeführt werden, sind:

- Die Biomasse-Heizanlage der bayerischen Gemeinde Freihung, die mit einer Leistung von 600 kW das Nahwärmenetz der Gemeinde beliefert.
- Das Logistik-Center der Firma Conrad Electronic GmbH in Wernberg.

38 Renaissance Hotels International

RENAISSANCE®
HOTELS INTERNATIONAL

Firma:	Renaissance Hotels International
Anschrift:	Frankfurter Straße 10-14 65760 Eschborn
Ansprechpartnerin:	Frau Lena Kraft
Telefon:	(06196) 496 - 0
Telefax:	(06196) 496 - 197
E-Mail:	lena_kraft@rhi.com
Internet:	http://www.renaissancehotels.com
Branche:	Tourismus
Produktpalette:	Hotels, Ferienanlagen
Beschäftigtenzahl:	35.000 Mitarbeiter weltweit (Konzern)
Literatur:	Presseveröffentlichungen, UmweltWirtschaftsForum, März 1997 BMU (Hrsg.), Das Grüne Buch der Touristik - Umweltschutzaktivitäten der deutschen und internationalen Touristik, 1996

Die Leitstrategie für das Umweltkonzept der Renaissance Hotels International ist die

> „Positionierung des Unternehmens als "der umweltbewußte, umweltfreundliche Hotelkonzern", der in dieser Hinsicht als führend und vorbildlich anerkannt wird und somit auf die gesamte Branche stimulierend einwirkt“.

Zur Renaissance Hotel Gruppe gehören weltweit 151 Hotels und Ferienanlagen, die unter den Namen Renaissance, New World und Ramada firmieren. Das Unternehmen engagiert sich seit langem im Umweltschutz und arbeitet bei der „International Hotels Environment Initiative“ (IHEI) mit.

Das Ramada Hotel Regensburg erhielt 1992 das „Bayerische Umweltwapperl“. Das Umweltengagement des Renaissance Jamaica Grande Resort in Ochos Rios, Jamaica, wurde mit dem „American Express Green Awareness Award“ 1995 gewürdigt. Das Renaissance Prague Hotel in Prag, Tschechien, wurde 1996 mit dem „British Airways Tourism for Tomorrow Award“ für sein Energie- und Abfallmanagement ausgezeichnet.

Mit der Zertifizierung des Renaissance Heidelberg Hotels nach DIN ISO 14001 im März 1997 übernimmt Renaissance Hotels International die Vorreiterrolle beim Aufbau von Umweltmanagementsystemen für die Hotellerie. Das Umweltmanagementsystem erfüllt auch die Auflagen der EG-Öko-Audit-Verordnung und dient als Modell zur Übertragung auf weitere Häuser.

1 Umweltleitlinien

Zu den Grundsätzen der Renaissance Hotels International gehört:

Klare Profilierung des Unternehmens gegenüber dem gesamten Gästepotential und den Mitarbeitern.

Schaffung eines Hotelumfeldes, das dem Lebensstil der umweltsensibilisierten Reisenden entgegenkommt bzw. entspricht.

Die wichtigsten Umweltleitlinien des Renaissance Heidelberg Hotels lauten:

- Die Unternehmensleitung des Renaissance Hotels gibt dem Erhalt der natürlichen Umwelt und der Lebensgrundlagen zukünftiger Generationen oberste Priorität und betrachtet daher den Umweltschutz als wichtigen Bestandteil der Unternehmensführung. Das Hotel unterstützt dabei die Stadt Heidelberg in ihrer Umweltpolitik zur Realisierung eines nachhaltigen Tourismus.
- Wir sind bestrebt, Ökonomie und Ökologie in Einklang miteinander zu bringen. Umwelt- und Ressourcenschutz ist für die Unternehmensführung eine wichtige Managementaufgabe. Die Vorgesetzten haben eine Vorbildfunktion für die Mitarbeiter.
- Umweltschutz wird in unserem Unternehmen von den Mitarbeitern auf allen Ebenen getragen und als wichtiger Bestandteil ihres Tätigkeitsfeldes aufgefaßt. Dabei wird besonderer Wert auf geeignete Maßnahmen zur Integration ausländischer Mitarbeiter gelegt.
- Wir beziehen unsere Gäste, Kunden, Lieferanten, Dienstleister und alle weiteren Partner in unsere Bestrebungen für einen verbesserten Umweltschutz ein. Ein wichtiges Kriterium bei der Kooperation mit Herstellern, Lieferanten und Dienstleistern ist die Berücksichtigung der Umweltstandards.
- Der Umweltschutz ist integraler Bestandteil unserer Öffentlichkeitsarbeit. Transparenz und Verständlichkeit unserer Bemühungen im Umweltschutz werden in Form einer Umwelterklärung dargestellt und schaffen Einblick und Vertrauen in unser Unternehmen.

2 Organisation des Umweltschutzes

Der Umweltschutz ist bei Renaissance Hotels International in drei Handlungsebenen organisiert:

- Unternehmensebene
- Regional- und Hotelebene
- Mitarbeiterebene

In der zentralen Unternehmensebene werden Hinweise bezüglich der Berücksichtigung der Umwelt bei der Auswahl, Entwicklung, Planung, Konstruktion und Renovierung von Hotelprojekten gegeben, sowie ein Maßnahmenkatalog erarbeitet, der Mitarbeiter und Gäste gleichermaßen bei ihren Bemühungen zum Schutz der Umwelt unterstützen soll. In der Regional- und Hotelebene wurden in zahlreichen Renaissance und Ramada Hotels sog. „Grüne Teams“/Umweltkommitees gebildet, in denen sich vom Azubi bis zum Manager alle für den Umweltschutz engagieren.

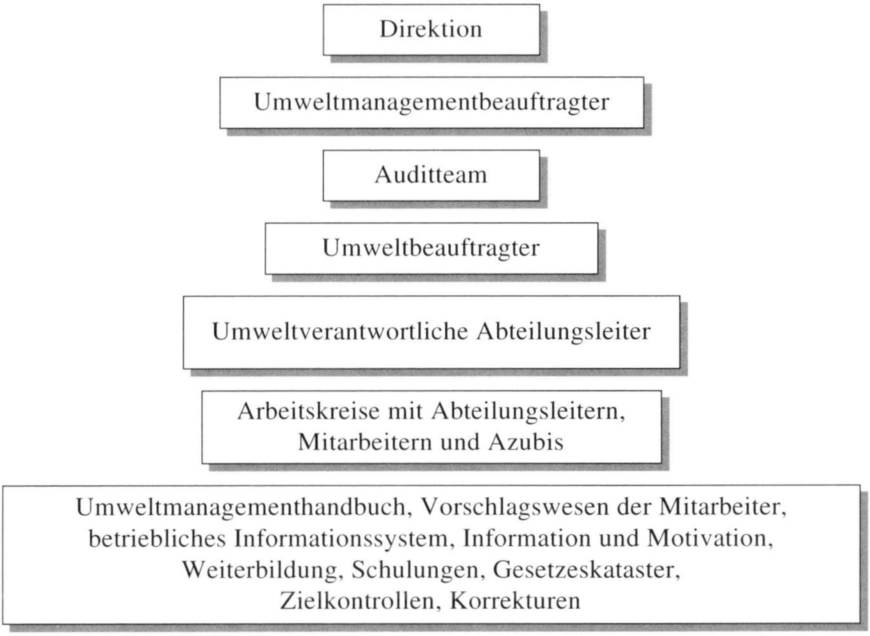

Abb. 23: Das Umweltmanagement im Renaissance Heidelberg Hotel

Im Renaissance Heidelberg Hotel wurde ein Umweltmanagementsystem (UMS) eingerichtet (siehe Abb. 23). Die Verantwortung für das System wurde in der Unternehmensleitung verankert. Ein Umweltmanagementbeauftragter ist bei der Direktion angesiedelt. Zu seinen Aufgaben gehört die Übertragung und Implementierung des UMS an anderen Hotelstandorten. Der Umweltbeauftragte ist für die Aufgaben des betrieblichen Umweltschutzes zuständig. Weitere Zuständigkeiten, Verantwortungen und Kompetenzen werden delegiert. Die beauftragten Personen haben die Verantwortung für das Funktionieren und den Fortbestand des UMS. Sie haben eine Berichtspflicht gegenüber der Geschäftsführung.

3 Umweltprogramm

Kernstück des Umweltprogramms in allen Ramada und Renaissance Hotels sind umfangreiche Energie-, Wasserspar- und Abfallvermeidungsmaßnahmen:

- Der Konzern wird auch zukünftig alles tun, um ohne große Umweltbelastung erzeugte Rohstoffe einzusetzen, Müll und Abwässer auf ein Minimum zu reduzieren und Energie einzusparen, wo immer dies nur möglich ist.
- Hoteldirektoren und Mitarbeiter sind angewiesen, Beispiele zu geben, sich vor Ort für den Umweltschutz einzusetzen und bei städtischen Programmen mitzuarbeiten.

4 Kostensenkende Umweltschutzmaßnahmen

Mit den Umweltschutzmaßnahmen erreicht Renaissance Hotels International Gesamteinsparungen von ca. 100.000 bis 200.000 DM pro Jahr und Hotel.

Einsparung von Roh-, Hilfs- und Betriebsstoffen

Die Einführung eines Umweltmanagementsystems im Renaissance Heidelberg Hotel war nicht nur unter Umweltgesichtspunkten sondern auch in wirtschaftlicher Hinsicht ein Erfolg:

> Mit den konsequent durchgeführten Umweltmaßnahmen
>
> - Erfassung und Nutzung aller Einsparpotentiale
> - Intelligentes Abfallkonzept, abgestimmt auf das fortschrittliche Entsorgungssystem der Stadt Heidelberg
> - Innerbetriebliche Wassersparmaßnahmen
> - Abwasserentlastung
> - Modernes Energiemanagement (z.B. Wärmerückgewinnung, optimierte Wärmedämmung, energiesparendes Beleuchtungssystem, geplante Kälteabsorptionsanlage)
> - Beschaffung nach ökologischen Kriterien
> - Berücksichtigung baubiologischer Aspekte bei Neu- und Umbauten
> - Verkehrsentlastende Maßnahmen als Beitrag zum Klimaschutz (z.B. umweltschonender Flughafentransfer)
> - Standardisiertes Umweltmanagementsystem für die Hotelkette
> - Interne Durchführung von Folgeaudits anhand des Umweltmanagementhandbuchs mit verringertem Arbeits- und Kostenaufwand
> - Verbesserte Information und Motivation der Mitarbeiter
>
> konnte nicht nur ein wesentlicher Beitrag für einen dauerhaften Umweltschutz geleistet werden; die Kosten in einigen Funktionsbereichen wurden bis um die Hälfte verringert.

Im Verwaltungsbereich des Renaissance Prague Hotels wurde ein Programm zur Reduzierung des Papierverbrauch eingeführt. Darin erhielten alle Schreibtische Sammelboxen für einseitig beschriebenes Papier. Das Papier wird dann als Faxpapier, Kopierpapier und für interne Notizen verwendet, die alle grundsätzlich doppelseitig geschrieben werden sollen. Der Papierverbrauch an weißem Papier ist seit Einführung des Programms um 50 % zurückgegangen.

Zur Reinigung des Wassers an den Poolanlagen wurde im Jamaica Grande Renaissance Resort in Ochos Rios, Jamaica, ein elektronisches Ionisierungsverfahren installiert. Dadurch kann auf Chlor und andere Chemikalien zur Wasserreinigung verzichtet werden.

Reduzierung der Wasser- und Abwasserkosten

Zahlreiche Wassersparmaßnahmen in allen Ramada und Renaissance Hotels führten zu einer Senkung des Gesamtwasserverbrauchs um durchschnittlich 10 bis 20 % und dadurch auch zu einer erheblichen Senkung der Kosten für Wasser und Abwasser.

Zu den im Renaissance Heidelberg Hotel umgesetzten Wassersparmaßnahmen gehören u.a.:

- Die Einrichtung von Enthärtungs- und Filteranlagen sowie deren regelmäßige Inspektion und Reinigung
- Der Einbau von Durchflußbegrenzern in Duschen und Handwaschbecken
- Dosierbare Toilettenspülungen und einzelgesteuerte Urinale mit Bewegungssensorik
- Die Verwendung von Kreislaufwasser für die Kühlanlagen
- Der Einsatz von umweltfreundlichen Reinigungsmitteln und Reinigungsmethoden

Im Renaissance Grand Beach Hotel in St. Thomas, Virgin Islands (USA), und im Renaissance Vinoy Hotel in St. Petersburg, Florida (USA), wird nur Brauchwasser, das durch Abwasserbehandlung aus dem Abwasser der Hotels gewonnen wird, zur Bewässerung der Grünanlagen eingesetzt. Damit wird Trinkwasser gespart, das vor allem in sonnigen und warmen Regionen knapp und kostbar ist.

Reduzierung der Energiekosten

In allen Ramada und Renaissance Hotels wurden und werden Maßnahmen zur Reduzierung des Energieverbrauchs durchgeführt. Die Einsparungen von 10 bis 20 % wirken sich in einer Kostensenkung aus, die zusammen mit den eingesparten Wasserkosten durchschnittlich etwa 100.000 bis 160.000 DM pro Jahr und Hotel beträgt.

Beispiele für Energiesparmaßnahmen aus dem Renaissance Prague Hotel sind:

- Kopplung der Raumklimaanlagen mit dem Lichtschalter
- Zentrales Steuersystem zur Regulierung der Raumtemperatur in den Zimmern
  Der Gast kann die Temperatur noch um ± 3$C variieren.
- Drei-Stufen-Regelung der Beleuchtung in den Korridoren auf den Gästeetagen
- Verwendung von Energiesparlampen im gesamten Haus
- Sensorsteuerung der Beleuchtung in Hotelbereichen, in denen keine Gäste sind
- Wärmepumpensystem, mit dem die Wärmeenergie aus dem Wasser, das zur Kühlung in den Kühlschränken verwendet wird, in den Warmwasserkreislauf zurückgepumpt wird

Im Ramada Presidentii Hotel Helsinki, Finnland, wurden 1994 acht sog. „eco-rooms“ eingerichtet, in denen besonderer Wert auf die Umsetzung von möglichst vielen Umweltmaßnahmen von der Energieeinsparung bis zur optimalen Abfalltrennung gelegt wird. Damit werden besonders umweltbewußte Gäste angesprochen und neue Maßnahmen zum Umweltschutz können auf ihre Praktikabilität hin geprüft werden.

Reduzierung der Entsorgungskosten

Um die Menge an Abfällen zu verringern, werden unternehmensweit umfangreiche Abfallvermeidungsmaßnahmen durchgeführt. Die Senkung der zu entsorgenden Abfallmenge wirkt sich auch in einer Reduzierung der Abfallgebühren aus.

Im Renaissance Prague Hotel wurde ein umfassenden Abfallkonzept eingeführt. Die verschiedenen Abfallarten wie Papier, Pappe, Fette und Öle, Essensreste usw. werden getrennt gesammelt und einer Wiederverwendung zugeführt. Rückstände aus der hauseigenen Wäscherei und Reinigung, die nicht wiederverwertet werden können, werden möglichst minimiert und dann von geeigneten Unternehmen kontrolliert entsorgt. Das Prager Hotel hat insofern eine Pilotfunktion, da durch das Aufzeigen von Kostensenkungen mit Hilfe von aktivem Umweltschutz weitere Hotelbetriebe in Prag für ein Umweltengagement gewonnen werden sollen.

Reduzierung des Verpackungsmaterials

Zur Reduzierung des Verpackungsmaterials und damit auch der Abfallmengen werden bereits im Einkauf die Lieferanten hinsichtlich der Umweltverträglichkeit ihrer Produkte und deren Verpackungen befragt. Im Renaissance Heidelberg Hotel werden Verpackungsmaterialien an den Lieferanten zurückgegeben bzw. deren Annahme verweigert, wenn diese nicht wiederverwendbar sind.

Besondere Bedeutung kommt in Heidelberg der Küche zu: Auf Einwegflaschen wird grundsätzlich verzichtet, Einmalverpackungen bei Nahrungsmitteln werden wo immer möglich vermieden. Milch, Sahne, Quark werden in Mehrwegcontainern gekauft. Großgebinde werden nicht nur aus ökonomischen Gründen bevorzugt, sondern verringern auch den Einsatz und die Kosten von Verpackungsmaterial.

Beim Kauf von Kosmetikprodukten für die Badezimmer der meisten Ramada und Renaissance Hotels in Europa, Afrika und im Nahen und Mittleren Osten wird ebenfalls besonderer Wert auf umweltfreundliche Verpackung gelegt. Dadurch wird die Rückführungsquote im Abfall erhöht und die Menge an Abfall zur Entsorgung gesenkt.

39 Stadtwerke Hannover AG

STADTWERKE HANNOVER AG
Energie.Dienst.Leistung.

Firma:	Stadtwerke Hannover AG
Anschrift:	Ihmeplatz 2 30449 Hannover
Ansprechpartnerin:	Frau Susanne Fedders
Telefon:	(0511) 430 - 26 10
Telefax:	(0511) 430 - 27 32
E-Mail:	106334.2001@compuserve.com
Internet:	http://www.Stadtwerke-Hannover.de
Branche:	Kommunale Dienstleistungsunternehmen
Produktpalette:	Energie- und Wasserversorgung
Beschäftigtenzahl:	3.370 Mitarbeiter
Literatur:	Umweltbericht 1995, Dokumentation Kostensenkende Umweltschutzmaßnahmen

Die Stadtwerke Hannover AG (SWH) versorgen die niedersächsische Landeshauptstadt Hannover und umliegende Gemeinden mit Strom, Fernwärme, Gas und Wasser. Strom und Fernwärme werden in zwei innerstädtischen Gaskraftwerken und zwei kohlebetriebenen Kraftwerken, an denen die Stadtwerke beteiligt sind, erzeugt. Zusätzlich beziehen die Stadtwerke Hannover 25 % des Strombedarfs von der PreussenElektra. Mit dem fünften Umweltbericht, den die Stadtwerke Hannover im Juni 1996 vorlegten, wurde deutlich, daß Umweltschutz zu einem zentralen Bestandteil der Unternehmenskultur bei den Stadtwerken Hannover geworden ist.

1 Umweltleitlinien

Die Umweltleitlinien des Unternehmens sind in dem Konzept 2000 Plus festgelegt. Über die gesetzlichen Vorgaben hinaus wurde hier „eine gemeinsame Strategie zur kontinuierlichen Verbesserung der Umweltleistungen" benannt:

- Umweltschutz als globale Aufgabe und den Erhalt der Natur und ihrer Nutzung als Langzeitökonomie und damit als Investition in die Zukunft zu verstehen.

- Die Schonung von Ressourcen durch effektiven Einsatz von Energie und rationeller Wasserverwendung zu erreichen und weitere Einsparmöglichkeiten zu erschließen und sie kundenorientiert einzusetzen.
- Verringerung der Umweltbelastungen bei der Nutzung von Energie und Wasser, z.B. durch Anwendung der Kraft-Wärme-Kopplung.
- Umweltschutz neben der Kostensenkung für Energie und Wasser als Standortfaktor mit zunehmender Bedeutung anzusehen.
- Einsatzmöglichkeiten innovativer Technologien im Hinblick auf zukünftige wirtschaftliche Potentiale zu fördern.
- Umweltbewußtes Handeln der Mitarbeiterinnen und Mitarbeiter der SWH AG bei der Gestaltung betrieblicher Aufgabenerfüllung als Verpflichtung.

2 Organisation des Umweltschutzes

Mit ihren fast 20 Betriebsstätten wird bei den Stadtwerken Hannover eine zuverlässige Umweltschutzorganisation im Sinne eines eigenverantwortlichen, vorbeugenden Umweltschutzes - auch zur Verringerung des Haftungsrisikos - als unerläßlich angesehen.

Gemäß ihrer Verpflichtung laut BImSchG haben die Stadtwerke Hannover einen Umweltschutzverantwortlichen benannt. Die innerbetriebliche Verantwortung für den Umweltschutz wurde an die Fachabteilung delegiert, welche für die Einhaltung gesetzlicher Vorgaben und die Umsetzung der Umweltleitlinien zuständig sind. In dem Unternehmen sind dezentral Umweltbeauftragte angesiedelt, die verantwortlich für die Bereiche Immissions- und Gewässerschutz, Strahlenschutz und Gefahrgut sind. Weiterhin wurde ein Umweltausschuß gebildet, der von der Umweltschutzkoordinatorin geleitet wird. Die Umweltschutzkoordinatorin der Stadtwerke Hannover ist dem Umweltschutzverantwortlichen unterstellt und übt eine Stabsfunktion aus.

3 Umweltprogramm

Die Stadtwerke Hannover haben sich in allen Bereichen ihres Handelns umfangreiche Umweltziele gesetzt und sind kurz- und langfristig mit deren Realisierung befaßt. Die Umweltaktivitäten der Stadtwerke Hannover sind sowohl unternehmensintern wie auch unternehmensextern auf die Einhaltung, Umsetzung und Weiterentwicklung der definierten Umweltziele bezogen.

Wichtige Bereiche sind unter anderem

- der Ausbau und die Weiterentwicklung des betrieblichen Umweltmanagements; Umweltschutz in der Verwaltung und bei internen Dienstleistungen,
- die Datenerhebung und der Vergleich des Einsatzes von Ressourcen, Abfallmengen und diesbezüglicher Emissionswirkungen,
- der integrierte Umweltschutz bei Erzeugung und Bezug, z.B. durch

  - ökologische Umgestaltung des Wassergewinnungsgeländes Grasdorf,
  - Beteiligung am Klimaschutzprogramm EXPO-Region Hannover (KLEX),
- die umweltschonende Verteilung von Energie und Wasser,
- der sparsame Einsatz und Verbrauch in verschiedenen Ansätzen der Energieversorgung wie
  - Least-Cost Planning (Minimal-Kosten-Planung mit der Grundidee „Bau eines Einsparkraftwerks" durch Ausnutzen der vorhandenen Einsparpotentiale),
  - Kundenberatungsleistungen (z.B. Contracting-Modelle; Energieeinsparungen für Haushalte und Gewerbebetriebe),
  - Demonstrationsprogramme (z.B. Thermie-Altbau, NiedrigEnergieHäuser und Passivhäuser Kronsberg).

4 Kostensenkende Umweltschutzmaßnahmen

Die Stadtwerke Hannover konnten aufgrund von Umweltschutzmaßnahmen, so z.B. durch den Einsatz einer neuen Wasseraufbereitungsmethode und die Erhöhung des Wirkungsgrades von Kraftwerken, eine Kostensenkung in Höhe von insgesamt ca. 560.000 DM pro Jahr erzielen.

Einsparung von Roh-, Hilfs- und Betriebsstoffen

Durch den Einsatz einer neuen Wasseraufbereitungsmethode konnte 1995 die Menge der eingesetzten Chemikalien gegenüber dem Vorjahr reduziert werden.

Durch Einsparung von 130 Tonnen Natronlauge, 230 Tonnen Siedesalz, 200 Tonnen Schwefelsäure und 650 Tonnen Kalk und ersatzweiser Verwendung von Sachtoklar (360 Tonnen) und Wasserstoffperoxid (160 Tonnen) ergibt sich eine laufende Kostenersparnis von 160.000 DM pro Jahr.

Reduzierung der Energiekosten

Ein Langzeitversuch im Steinkohlekraftwerk Stöcken hat erwiesen, daß entgegen der Herstellerempfehlung die Katalysatoren der Rauchgasreinigungsanlage auch bei einer Betriebstemperatur von 290°C gegenüber den angegebenen 320°C voll funktionsfähig sind. Diese deutliche Reduktion des Erhitzungsgrades der Katalysatoren führt zu einer Einsparung von 1,75 Mio. m3 Erdgas (eine Minderung von 3.500 Tonnen CO2-Emissionen) und damit zu einer Kostensenkung von 400.000 DM pro Jahr.

Weiterhin konnten durch die oben beschriebene, neue Wasseraufbereitungsmethode, im Vergleich zur alten Ionenaustauschanlage, Strom- und Entsorgungskosten in nicht benannter Höhe eingespart werden.

Zu den derzeit wichtigsten Umweltaktivitäten, die langfristig zu Kostensenkungen in Millionenhöhe führen, gehört die Einführung des Least-Cost Planning (LCP). Ziel der laufenden neun LCP-Testprogramme ist es, den Energieverbrauch in Hannover so zu senken, daß aufgrund der deshalb geringeren Energieerzeugung die Investitionskosten für den Bau eines neuen 40 MW-Kraftwerks gespart werden können.

Die geschätzte Umweltauswirkung der von Oktober 1995 bis Dezember 1997 laufenden, 5,4 Mio. DM teuren Programme der Stadtwerke Hannover beläuft sich auf eine CO2-Minderung um 6.700 Tonnen pro Jahr (entsprechend einer Stromminderung um 8.880 MWh pro Jahr bzw. dem jährlichen Stromverbrauch von 3.700 Haushalten). Das „Einsparkraftwerk“ wurde für die „Expo 2000“ zur Registrierung empfohlen.

40 Stadtwerke München

Firma:	Stadtwerke München
Anschrift:	Werkbereich Verkehr 80287 München
Ansprechpartnerin:	Frau Milmer-Kaufmann
Telefon:	(089) 21 91 - 21 52
Telefax:	(089) 21 91 - 21 51
Internet:	http://www.swm.de
Branche:	Kommunale Dienstleistungsunternehmen
Produktpalette:	ÖPNV (Werkbereich Verkehr)
Beschäftigtenzahl:	4.130 Mitarbeiter (nur Werkbereich Verkehr)
Literatur:	Informationsbroschüren zur Straßenbahn

Die bayerische Landeshauptstadt München und damit die Stadtwerke München bauen ihr System des öffentlichen Personennahverkehrs (ÖPNV) weiter aus, um in Zukunft noch attraktiver und besser zu werden und damit weitere Autofahrer zum Umsteigen auf den ÖPNV zu bewegen:

> „Damit die öffentlichen Verkehrsmittel in Zukunft noch erfolgreicher fahren, investiert die Landeshauptstadt konsequent in Bahnen und Busse. Wir machen ein verbessertes und attraktives Angebot, die umweltfreundlichen Verkehrsmittel zu nutzen und umzusteigen.
>
> […]
>
> Weite Teile der Bevölkerung haben erkannt, daß die Wahl ihres Verkehrsmittels und ihre Lebensqualität eng zusammenhängen. Die Trendwende zum umweltbewußten Verkehrsverhalten ist da.
>
> Sorgen wir also vor, daß Jung und Alt in München in einer gesunden Umwelt aufwachsen, leben und mobil bleiben können."

Der hier vorgestellte Beitrag betrifft lediglich den Werkbereich Verkehr der Stadtwerke München und damit Maßnahmen aus dem Bereich des ÖPNV.

1 Umweltprogramm

Das Konzept ÖV 2000 (Öffentlicher Verkehr 2000) der Stadt München enthält eine Reihe von planerischen, technischen und organisatorischen Bausteinen, mit denen ein leistungsstarker, moderner und wirtschaftlicher öffentlicher Nahverkehr in München realisiert werden soll:

- Neue U-Bahn- und Straßenbahnstrecken
- Taktverdichtungen bei der S-Bahn
- Modernste Fahrzeuge und Leittechnik
- Sinnvolle Verknüpfungen zwischen den Verkehrsmitteln
- Neue P+R - Plätze
- Die Beschleunigung von Bus und Trambahn

2 Kostensenkende Umweltschutzmaßnahmen

Mit der hier vorgestellten Umweltmaßnahme sparen die Stadt und die Stadtwerke München im Werkbereich Verkehr ca. 3,9 Mio. DM pro Jahr an Kosten ein.

Reduzierung der Kosten für Transport und Verkehr

Im Rahmen der Verbesserung des ÖPNV haben die Stadtwerke München damit begonnen, erste Straßenbahnlinien zu beschleunigen und damit kürzere Fahrtzeiten erreicht. Wesentliche Elemente des Beschleunigungsprogramms „Schneller voran mit Bus und Tram" sind:

- Schneller voran durch High-Tech

  Zeitvorteile für die Fahrgäste werden durch intelligente Technik auf der gesamten Strecke erzielt. Modernste Signaltechnik garantiert an den Ampeln verkehrsabhängig „Grüne Welle" für Tram und Bus. Computer stimmen Fahrpläne und Anschlüsse aufeinander ab, sorgen für Pünktlichkeit und störungsfreien Verlauf. Weichen werden modernisiert. Neubaustrecken kommen gleich auf den neuesten Stand.

- Schneller voran durch kurze Wege

  Durch breite Haltestellen und vorgezogene Gehwege an Kreuzungen wird ebenfalls Zeit gewonnen. Der Weg und damit die Zeit zum Überqueren werden für Fußgänger kürzer. Das kommt der grünen Welle zugute. Für Fahrgäste und Fußgänger bedeuten kurze Wege zudem Sicherheit und Komfort.

- Schneller voran auf eigenen Wegen

  Eigene Gleiskörper, eigene Spuren für den Bus, eigene Abbiegespuren machen Tram und Bus unabhängig vom Autoverkehr. Vorrang für die einen bedeutet manchmal Einschränkung für die anderen. Das ist keine Schikane für Autofahrer, sondern eine simple Rechenaufgabe. Mehr Platz für Tram und Bus bedeutet dort, wo es eng wird, weniger Fläche für den Autoverkehr.

Zur Beschleunigung der Straßenbahnlinie 20 wurden folgende Maßnahmen durchgeführt:

1. Verkehrsabhängige Ampelsteuerung an 43 Ampelanlagen

2. Umbau von 16 Straßenkreuzungen zur Erhöhung der Leistungsfähigkeit und Sicherheit
3. Verbreiterung von 8 Haltestelleninseln, Bau von 39 Wartehallen, Ampelschutz für Fahrgäste an dynamischen Haltestellen
4. Umrüstung von 36 Weichen

Nach Abschluß der Arbeiten hat sich die durchschnittliche Fahrtgeschwindigkeit der Straßenbahnzüge von 14,2 auf 17,2 km/h erhöht. Die Fahrzeugumlaufzeit sank von 120 auf 100 Minuten. Gleichzeitig stieg die Pünktlichkeit von 7 bis 9 % auf 55 bis 73 %, die Zahl der Unfälle mit Straßenbahnbeteiligung ging zurück, und die Fahrgastzahlen nahmen um bis zu 6,4 % zu.

Wegen der verkürzten Fahrzeugumlaufzeiten konnten bisher fünf Züge (Linie 20: zwei Züge, Linie E 20: ein Zug, Linie 21: ein Zug, Linie 18: ein Zug) eingespart werden. Dies entspricht einer Kostensenkung von 3,25 Mio. DM pro Jahr. An Investitionen für alle Maßnahmen waren 24,4 Mio. DM erforderlich, von denen auf die Maßnahmen zur Beschleunigung 16,7 Mio. DM entfielen. Hiervon wurden 11,5 Mio. DM von Bund und Land übernommen, so daß die Stadtwerke München letztlich einen Eigenanteil in Höhe von 5,2 Mio. DM aufbringen mußten. Die Amortisationszeit berechnet sich daraus zu 1,7 Jahren. Ohne Zuschüsse würde sich die Investition nach 5,5 Jahren amortisieren.

Das Programm „Schneller voran mit Bus und Tram" wird inzwischen auch auf der Straßenbahnlinie 27 realisiert. Auch dort kann wegen der Verkürzung der Fahrzeiten um 18 % ein Straßenbahnzug eingespart werden. Die Kostensenkung beträgt erneut 650.000 DM pro Jahr.

41 Stadtwerke Saarbrücken AG

Die Saarbrücker Stadtwerke.

Firma:	Stadtwerke Saarbrücken AG
Anschrift:	Hohenzollernstraße 104-106 66117 Saarbrücken
Ansprechpartner:	Herr Dr. Hans Peter Rensch
Telefon:	(0681) 587 - 24 72
Telefax:	(0681) 587 - 20 41
E-Mail (vorläufig):	106241.215@compuserve.com
Branche:	Kommunales Unternehmen
Produktpalette:	Strom-, Wärme-, Gas- und Wasserversorgung, ÖPNV[16]
Beschäftigtenzahl:	480 Mitarbeiter (Konzern: 1.110 Mitarbeiter)
Literatur:	B.A.U.M.-Erhebungsbogen

Die Stadtwerke Saarbrücken AG hat - ebenso wie die übrigen zum Konzern der Versorgungs- und Verkehrsgesellschaft Saarbrücken mbH gehörenden Unternehmen - den Umweltschutz fest in ihrer Satzung verankert. Um das vorhandene konzernweite Umweltmanagementsystem des B.A.U.M.-Mitgliedsunternehmens weiter zu verbessern, wird es hinsichtlich den Anforderungen der EG-Öko-Audit-Verordnung und der ISO 14001 überprüft und, sofern dies noch notwendig ist, an diese Vorgaben angepaßt. Daß ökologisches Wirtschaften auch ökonomisch erfolgreich sein kann, belegen die Saarbrücker Stadtwerke dadurch, daß sie ihr Geschäftsjahr 1995 mit einem Gewinn von rund 23 Mio. DM abschlossen.

1 Umweltleitlinien

Das in der Satzung festgelegte Unternehmensleitbild zum Umweltschutz der Saarbrücker Stadtwerke lautet:

> Gegenstand des Unternehmens ist - bei weitestgehender Schonung der natürlichen Umwelt und der vorhandenen Ressourcen an Energie und Wasser - die Erzeugung, der Bezug und die Bereitstellung versorgungswirtschaftlicher Produkte und Dienstlei-

---

[16] ÖPNV vom Schwesterunternehmen Gesellschaft für Straßenbahnen im Saartal AG

stungen vorrangig für die Bevölkerung von Saarbrücken. Die Erbringung von Dienstleistungen mit dem Ziel der rationellen Verwendung von Energie und Wasser ist eine Unternehmensaufgabe

2 Organisation des Umweltschutzes

Die zentrale konzernübergreifende Umweltschutzposition bei den Saarbrücker Stadtwerken findet sich im Kommunalökologen (KÖ), derzeit zwei hauptamtliche Mitarbeiter, die in einer Stabsstelle direkt dem Vorstandsvorsitzenden zugeordnet sind (Konzern-Umweltschutzbeauftragte). Neben konzeptionellen Arbeiten im Bereich des betrieblichen Umweltschutzes und der ökologischen Materialbewertung werden die Betriebsbeauftragtenfunktionen für Immissionsschutz, Gewässerschutz und Abfall durch den KÖ erfüllt.

Die betrieblichen Umweltschutzaktivitäten im Immissionsschutz, Gewässerschutz, Gefahrstoff- und Gefahrgutwesen sind auf Bereichs- bzw. Abteilungsebene angesiedelt und über den KÖ koordiniert. Die Sonderabfallentsorgung und -organisation erfolgt direkt über KÖ. Mit der Einbindung des KÖ in die zentralen Beratungsgremien des Konzerns wird ein interner Informationsfluß zwischen Führungspersonen und Umweltschutzverantwortlichen gewährleistet. Durch die zentrale Umweltschutzstelle werden regelmäßig interne Umweltprüfungen in den verschiedenen Konzernbereichen durchgeführt. Das Prüfniveau wird dabei u.a. durch die Anforderungen der EG-Öko-Audit-Verordnung vorgegeben.

3 Umweltprogramm

Als Handlungsanleitungen zur Umsetzung ihrer Unternehmensziele setzen die Saarbrücker Stadtwerke im wesentlichen zwei Konzepte ein:

1. Das Saarbrücker Zukunftskonzept Energie (seit 1980)

   Das Zukunftskonzept Energie legt dar, wie neue Dienstleistungs-Ideen in ein auch wirtschaftlich erfolgreiches Umwelt-Management umgesetzt werden können. Energiesparen, rationeller Einsatz von Energien, insbesondere Kraft-Wärme-Kopplung, und beschleunigte Einführung erneuerbarer Energien sind die wichtigsten Instrumente. Wesentliche Ziele wurden erreicht: Saarbrücken erzeugt heute 95 % seines Stroms selbst - überwiegend in umweltverträglichen Kohle-Heizkraftwerken, 70 % der Energien sind leitungsgebunden. Die Emissionen an SO_2 sanken um 75 %, an NO_x um ein Drittel, an CO_2 um 17 %. Als Anschlußprogramm zum Zukunftskonzept Energie wurde 1994 die zusammen mit fünf wissenschaftlichen Instituten erarbeitete „Saarbrücker Energiestudie 2005" als bundesweites Pilotprojekt vorgelegt. Sie untersucht den kommunalen Handlungsspielraum für eine CO_2-Minderung von mindestens 25 % bis zum Jahr 2005 und wird derzeit - angesichts der geänderten Rahmenbedingungen im deregulierten europäischen Energiemarkt - fortgeschrieben.

2. Das Saarbrücker Zukunftskonzept Wasser (seit 1984)

   Das Zukunftskonzept Wasser wirbt für ein neues Wasserbewußtsein bei den Kunden und bietet Umsetzungshilfen zum Wassersparen. Zugleich ist es ein unternehmerisches Aktionsprogramm. Von 1984 bis 1995 ging der Wasserverkauf in Saarbrücken von 14,3 auf 11,6 Millionen Kubikmeter zurück.

Zahlreiche weitere Projekte, sowohl an Dienstleistungsangeboten für die Kunden als auch im betrieblichen Umweltschutz, wurden bisher realisiert oder sind für die Umsetzung vorgesehen.

4 Kostensenkende Umweltschutzmaßnahmen

Die im Lauf der Jahre für die Kundinnen und Kunden eingeführten Dienstleistungsangebote waren besonders erfolgreich, wenn sie auch ökonomisch überzeugten. Bereits mit den zwei hier im Detail vorgestellten Umweltmaßnahmen sparen die Saarbrücker Stadtwerke ca. 528.000 DM pro Jahr an Kosten ein.

Einsparung von Roh-, Hilfs- und Betriebsstoffen

Durch das Tochterunternehmen NeuLand Gesellschaft für Haldenrecycling und Flächen-Erschließung mbH wird Haldenkohle und Kohleschlamm aus aufgelassenen, kohlehaltigen Bergehalden bzw. Schlammweihern zum Einsatz in Kohleheizkraftwerken gewonnen. Neben der Gewinnung eines kostengünstigen heimischen Brennstoffs (56.000 Tonnen SKE im Jahr 1995) wurde 1995 auch eine brennende Kohlehalde gelöscht und abgebaut. Danach wurde die Fläche von 15 ha der Gemeinde zur Nutzung als Gewerbegebiet übergeben.

Reduzierung der Wasser- und Abwasserkosten

Die betrieblichen Abwasserstränge im Werkstatt- und Fahrzeug/Teilereinigungsbereich der Gesellschaft für Straßenbahnen im Saartal AG wurden neu gefaßt und zur zentralen Abwasserbehandlung eine diskontinuierlich arbeitende Ultrafiltrationsanlage mit Keramikmembranen und einer Filtratleistung von 500 Litern pro Stunde installiert. Zur Vereinheitlichung der unregelmäßig anfallenden und stark unterschiedlichen Abwasserströme wurde ein hohes Puffervolumen eingerichtet und die vorhandenen Leichtflüssigkeits- und Schlammabscheider als Vorreinigungsstufen eingesetzt. Das erzeugte Filtrat wird derzeit bzgl. der Möglichkeit zur internen Kreislaufführung getestet.

Reduzierung der Energiekosten

Im Rahmen ihrer Least Cost Planning-Maßnahmen haben die Saarbrücker Stadtwerke ihren Kunden eine kostenlose Stromsparlampe (Direktinstallationsprogramm „Dr. Hell“) angeboten. Angeschrieben wurden 96.000 Haushaltskunden. Sie erhielten einen Gutschein, den sie gegen eine Energiesparlampe inklusive Einsparberatung eintauschen konnten. Dabei konnten sie die Lampe wahlweise abholen oder bei sich zu Hause einschrauben lassen. Die Mitmachquote lag bei etwa 50 %. Die Mehrheit der rund 48.000 Teilnehmer entschied sich dafür, die Lampe abzuholen, nur rund 2.500 Kunden wünschten die Beratung zu Hause. Das Programm lief als einmalige Aktion von April bis Dezember 1994 mit einem Nachlauf von zwei Monaten.

Im Rahmen des Programms wurden Energiesparlampen mit einer Leistung von 11 W entsprechend der Lichtleistung einer Standard-Glühlampe von 60 W verteilt. Bei einer Leistungseinsparung von 49 W pro Lampe konnte damit eine Leistung von theoretisch ca. 2,5 MW eingespart werden. Mit einer durchschnittlichen Brenndauer der Lampen von 8.000 Stunden werden bei 50.000 Lampen ca. 18.700 MWh Strom eingespart. Dies entspricht einer Minderung des CO_2-Ausstoßes von etwa 11.300 Tonnen.

Für das Direktinstallationsprogramm wurden ca. 1,2 Mio. DM investiert. Davon wurden rund 750.000 DM für die Stromsparlampen ausgegeben, rund 50.000 DM für die Vor-Ort-Beratung. Für die Öffentlichkeitsarbeit (insbesondere Anzeigen- und Plakatkampagnen) wurden 400.000 DM benötigt. Legt man diese Kosten auf die eingesparten 18.700 MWh Strom um, so ergibt sich pro Kilowattstunde „Einspar-Strom“ ein Preis von 6,43 Pfennigen. Stellt man diesem Preis durchschnittliche Erzeugungskosten von 8 Pfennigen pro Kilowattstunde gegenüber, so ergibt sich für „Negawatt“ gegenüber „Megawatt“ eine Einsparung von rund 300.000 DM pro Jahr.

Weitere Maßnahmen zur Energieeinsparung sind:

- Das Heizkraftwerk Römerbrücke nutzt die eingesetzte Primärenergie doppelt aus - zur Strom- und zur Fernwärme-Erzeugung. Zusammen mit zwei weiteren Heizkraftwerken liefert es - kostengünstig und fast zum „ökologischen Nulltarif“ - Fernwärme für umgerechnet 60.000 Saarbrücker Haushalte. Nach dem gleichen Prinzip arbeiten mit optimiertem Wirkungsgrad mehrere Blockheizkraftwerke im Stadtgebiet.
- Das „Tandem Photovoltaik + Blockheizkraftwerk“ nutzt Synergie-Effekte: Es versorgt ein großes Saarbrücker Technologiezentrum mit Strom überwiegend aus Sonnenenergie - ein Blockheizkraftwerk liefert zusätzlich Strom und Wärme.
- Ein seit Jahren erfolgreich laufendes Methangas-Blockheizkraftwerk nutzt Energie aus der Erde, die früher mit hohem Aufwand abgefackelt werden mußte.
- Kälte aus Fernwärme erzeugen die Saarbrücker Stadtwerke mit einer Adsorptionskälteanlage, die neue Nutzungsmöglichkeiten für Fernwärme das ganze Jahr hindurch aufzeigt. Die Anlage in den städtischen Winterbergkliniken ist europaweit die dritte ihrer Art. Sie spart jährlich 210.000 kWh Strom und 100.000 kg CO_2 und eröffnet die Chance auf Erschließung eines Kältepotentials von insgesamt 20 MW.
- In einem Saarbrücker Wohngebiet wurde eine als Blockheizkraftwerk betriebene Brennstoffzelle (200 $kW_{elektrisch}$, 220 $kW_{thermisch}$) mit aus Erdgas gewonnenem Wasserstoff als Brenngas installiert, die zusammen mit modernster Brennwerttechnik Raumwärme und warmes Wasser für 125 Wohnungen liefert und den Strom in das Niederspannungsnetz der Stadt einspeist.

Zukunftsweisende Photovoltaik ist in vielen Projekten exemplarisch eingesetzt:

- Eine 300 Meter lange Lärmschutzwand aus Photovoltaikzellen, die zugleich schallschützende Funktion ausüben, bringt gegenüber der bisher üblichen Bauweise eine Kostensenkung von 30 %.
- Ein neuartiges Photovoltaik-System an der runden Turmfassade des neuen „Haus der Zukunft", bei dem jedes Modul mit einem eigenen kleinen Wechselrichter ausgestattet ist, minimiert Abschattungsverluste und demonstriert zugleich, daß mit Photovoltaikzellen überzeugende architektonische Lösungen auch für innerstädtischen Fassaden mit wechselnden Lichtverhältnissen durch den Einsatz von Modulwechselrichtern möglich sind. In dem innovativen Gebäude wurden viele weitere wegweisende Elemente erstmals realisiert. Unter anderem sind dies Bauteilkühlung, stromsparende Lichttechnik mit Prismen und Lichtschaufeln oder Regenwassernutzung - ökologische Maßnahmen mit ökonomischem Nutzen.

Reduzierung der Kosten für Transport und Verkehr

Bei der im Konzern mit den Stadtwerken Saarbrücken verbundenen Gesellschaft für Straßenbahnen im Saartal AG wurde damit begonnen, den Omnibusfuhrpark von der Antriebsart Diesel auf komprimiertes Erdgas (CNG) umzustellen. Dazu wurde eine CNG-Erdgastankstelle zur Versorgung von 150 Bussen mit einer Tankzeit pro Bus von unter 3 Minuten gebaut. Aufgrund des Einsatzes von umweltfreundlicherem Erdgas reduzieren sich die Abgasschadstoffemissionen bei 150 eingesetzten Bussen um ca. 440 Tonnen pro Jahr (siehe Tab. 7).

Emissionen Tonnen/Jahr	Dieselbetrieb	CNG-Betrieb	Differenz
HC	46	8	- 38
CO	168	46	- 122
NO_x	294	21	- 273
Staub	6	2	- 4
SO_2	3	0	- 3
Gesamt	517	77	- 440 t/a

Tab. 7: Bus-Emissionen bei den Stadtwerken Saarbrücken

Die Kosten für die Erdgastankstelle in Höhe von 2,3 Mio. DM wurden durch das Land nach dem Gemeindeverkehrsfinanzierungsgesetz mit 75 % bezuschußt. Nach dem gleichen Gesetz wurde auch die Anschaffung der Gasbusse mit ca. 62 % gefördert. Die Förderung von Dieselbussen beträgt nur 50 %. Der Kostenvorteil des Gasbusses gegenüber dem Dieselbus nach der Förderung beträgt somit ca. 22.500 DM.

Unter Berücksichtigung der zur Zeit günstigen Mineralölsteuer auf Erdgas von 18,70 DM pro MWh ergibt sich bei einer jährlichen Laufleistung von 60.000 km pro Bus ein Kraftstoffkostenvorteil gegenüber Diesel von ca. 6.000 DM pro Jahr. Gegenwärtig sind 38 Gasbusse im Einsatz. Allein die Kraftstoffkostenersparnis in Höhe von ca. 228.000 DM pro Jahr amortisiert die Restkosten der Erdgastankstelle nach etwa 2,5 Jahren. Der Arbeitsaufwand für die Gasbusse ist nach den bisherigen 2-jährigen Erfahrungen nicht höher als bei Dieselbussen.

5 Gewünschte politische Maßnahmen

Die wichtigsten politischen Maßnahmen und Ziele, die der Umweltschutzbeauftragte für die weitere Verbesserung des Umweltschutzes für notwendig hält, sind:

- Eine nachhaltige Entwicklung und damit die langfristige Sicherung der Lebensgrundlagen nachfolgender Generationen.
- Die generelle Minimierung von Energieumwandlung und Ressourcenverbrauch
- Die Verminderung bzw. weitestgehende Vermeidung von Prozessen, die mit der Entwicklung von Schadstoffen einhergehen
- Aufbau einer solaren Kreislaufwirtschaft durch Förderung erneuerbarer Energien
- Aufbau eines ökologisch verträglichen Verkehrssystems mit Priorität für den Umweltverbund

42 Dr. Wiertz - Dipl. Chem. Eggert - Dr. Jörissen GmbH

Firma:	Dr. Wiertz - Dipl. Chem. Eggert - Dr. Jörissen GmbH
Anschrift:	Stenzelring 14 b 21107 Hamburg
Ansprechpartner:	Herr Dr. von Holst
Telefon:	(040) 75 27 09 - 14
Telefax:	(040) 75 27 09 - 35
Branche:	Dienstleistungen
Produktpalette:	Laboruntersuchungen, Chemische Analytik
Beschäftigtenzahl:	80 Mitarbeiter
Literatur:	B.A.U.M.-Erhebungsbogen

Das Handels- und Umweltschutzlaboratorium Dr. Wiertz - Dipl. Chem. Eggert - Dr. Jörissen GmbH führt Analysen und Beratung auf den Gebieten der Lebensmittelüberwachung und des Umweltschutzes durch. Das Unternehmen ist Mitglied bei B.A.U.M..

1 Kostensenkende Umweltschutzmaßnahmen

Wiertz - Eggert - Jörissen konnte durch die Durchführung der hier vorgestellten Maßnahme ca. 18.000 DM pro Jahr an Kosten einsparen.

Einsparung von Roh-, Hilfs- und Betriebsstoffen

Zur Durchführung von Analysen im rückstandsanalytischen Bereich werden hochreine Lösungsmittel benötigt, die sowohl in der Beschaffung als auch in der Entsorgung (siehe unten) einen erheblichen Kostenfaktor darstellen. Um eine Wiederverwendung der gebrauchten Lösungsmittel zu ermöglichen, wurde eine Hochleistungs-Destillationsanlage installiert. Mit ihr können die gebrauchten Lösungsmittel gereinigt werden und, nach Überprüfung des Reinheitsgrades, zu 80 % in den Analysenprozeß zurückgeführt werden. Durch den deutlich niedrigeren Lösungsmittelverbrauch ergibt sich neben der Schonung von wertvollen

Ressourcen eine Reduzierung der Beschaffungskosten um 80 %, so daß sich die Investition in Höhe von etwa 55.000 DM nach ca. drei Jahren amortisiert. Dies entspricht einer Kostensenkung von ca. 18.000 DM pro Jahr.

Reduzierung der Entsorgungskosten

Durch die oben vorgestellte Hochleistungs-Destillationsanlage werden die gebrauchten Lösungsmittel gereinigt und können zu 80 % wiederverwendet werden. Dadurch reduziert sich die anfallende Menge an Altlösungsmitteln, die sachgemäß entsorgt werden müssen. Neben der Entlastung der Umwelt werden auch beträchtliche Entsorgungskosten eingespart.

Elektroindustrie

AEG Hausgeräte GmbH

Bosch-Siemens Hausgeräte GmbH

ELAC Phonosysteme GmbH

IBM Deutschland Informationssysteme GmbH

Juno Großküchen GmbH

Landis & Gyr / Landis & Staefa

Miele & Cie. GmbH & Co.

Mitsubishi Semiconductor Europe GmbH

Siemens AG

Siemens Nixdorf Informationssysteme AG

Sony Deutschland GmbH

Toshiba Europe GmbH

Weidmüller Interface GmbH & Co

43 AEG Hausgeräte GmbH

Firma:	AEG Hausgeräte GmbH
Anschrift:	Muggenhoferstraße 135 90429 Nürnberg
Ansprechpartner:	Herr Reiner König
Telefon:	(0911) 323 - 19 80
Telefax:	(0911) 323 - 11 78
E-Mail:	info@root.hausgeräte.de
Internet:	http://www.hausgeraete.aeg.de
Branche:	Elektroindustrie
Produktpalette:	Hausgeräte
Beschäftigtenzahl:	8.500 Mitarbeiter
Literatur:	B.A.U.M.-Erhebungsbogen

Die AEG Hausgeräte GmbH hat schon 1986 die Weichen in eine ökologisch orientierte Zukunft gestellt. Seit dieser Zeit gilt für das B.A.U.M.-Mitgliedsunternehmen die Markenpositionierung „Herstellung und Vertrieb ökologisch und ökonomisch optimierter Hausgeräte".

> „Die AEG Hausgeräte GmbH will [...] mehr als nur "grüne" Produkte. Aus der Überzeugung heraus, daß ökologisch sinnvolle Produkte nur von entsprechend überzeugten Mitarbeitern entwickelt, hergestellt und vertrieben werden können, hat sich die AEG Hausgeräte GmbH auch mit ihrer Umweltpolitik geänderten Erfordernissen angepaßt."

AEG Hausgeräte ist der erste Hausgerätehersteller, der alle Standorte nach der EG-Öko-Audit-Verordnung validieren ließ. Die von B.A.U.M. zur Verbreitung des Umweltgedankens entwickelte CD-ROM „Umweltcheck für den Haushalt - Gesund leben und Geld sparen" wurde von AEG Hausgeräte unterstützt. Der Umweltschutzbevollmächtigte Herr Jürgen Maier erhielt 1996 den B.A.U.M.-Umweltpreis.

1 Umweltleitlinien

Die Umweltleitlinien von AEG Hausgeräte lauten:

- Im ökologischen Denken und Handeln nehmen wir eine Vorreiterrolle ein. Wir werden ökologisch vernünftige Produkte aktiv fördern, um mitzuhelfen, den Markt hierfür weiter zu entwickeln.
- Ökologie bedeutet für uns, die Umwelt durch unsere Produkte so wenig wie möglich zu belasten. Umweltschutz beziehen wir nicht nur auf die Entstehung, Nutzung und Verwertung unserer Produkte, sondern auch auf alle Abläufe und Verfahren des Unternehmens.
- Unser ökologischer Führungsanspruch wird dokumentiert durch eine(n)
  - kontinuierliche Überwachung und Bewertung der ökologischen Folgen unseres Handelns,
  - Zertifizierung in Form regelmäßiger Öko-Audits,
  - systematische Erstellung von Maßnahmenkatalogen in allen Bereichen,
  - periodischen Umweltbericht über den ökologischen Fortschritt bei AEG,
  - aktiven Dialog mit Öffentlichkeit, Behörden, Institutionen und den Fachgremien.
  - beispielhafte Einbindung unserer Mitarbeiter mittels Motivation, Information und Übertragung von Verantwortlichkeiten.

2 Organisation des Umweltschutzes

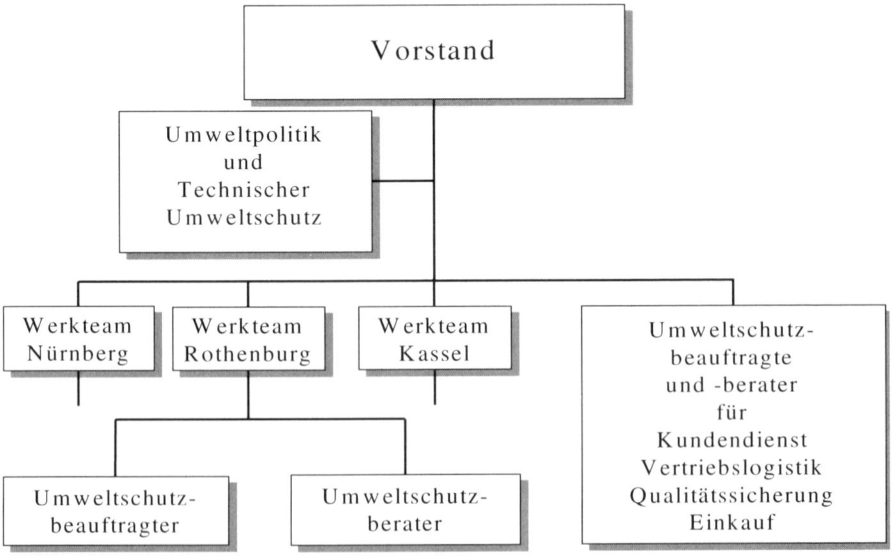

Abb. 24: Die Umweltschutzorganisation von AEG Hausgeräte

Der Umweltschutz ist bei AEG Hausgeräte weit verzweigt organisiert und durchdringt die gesamte Unternehmensstruktur (siehe Abb. 24). Für die Umweltpolitik und den technischen Umweltschutz ist eine Stabsstelle direkt beim Vorstandsvorsitzenden verantwortlich. Die wichtigen Bereiche Kundendienst, Vertriebslogistik, Marketing, Qualitätssicherung und Einkauf haben eigene Umweltschutzbeauftragte und -berater. In den einzelnen Werken sind die jeweiligen Beauftragten für Abfall, Gewässerschutz, Gefahrgut, Immissionsschutz und die Gefahrstoffkoordinatoren für Umweltschutzbelange zuständig. Daneben gibt es auch dort Umweltschutzberater in den Bereichen Fertigung, Entwicklung, Planung, Einkauf, Logistik, Qualitätssicherung, Versand und im Betriebsrat.

3 Umweltprogramm

AEG Hausgeräte ist an allen Standorten in das Standortregister nach der EG-Öko-Audit-Verordnung eingetragen. Das ausführliche Umweltprogramm kann den Umwelterklärungen der Standorte entnommen werden.

4 Kostensenkende Umweltschutzmaßnahmen

Mit den folgenden Umweltschutzmaßnahmen spart AEG Hausgeräte ca. 1,12 Mio. DM pro Jahr. Werden noch die Einsparungen aus der Abfalltrennung sowie durch die allgemeine Verringerung des Wasserverbrauchs hinzugerechnet, erhöht sich diese Summe um weitere 6,6 Mio. DM pro Jahr.

Reduzierung der Wasser- und Abwasserkosten

Verglichen mit 1973 wird heute deutlich weniger Wasser verbraucht. Bei gleich hohem Verbrauch müßten heute 4,8 Mio. DM pro Jahr mehr an Wasser- und Abwassergebühren bezahlt werden.

In den Prozeßbädern zur Entfettung wurden die Standzeiten der wäßrigen Reinigungsbäder verlängert - vor der Lackieranlage und der Beizerei auf das Vierfache, vor der Elektrotauchemaillierung auf das Sechsfache. Ohne Investitionskosten konnten 45 % des Wassers (22.000 m3) eingespart und die Kosten um 193.600 DM pro Jahr reduziert werden.

Reduzierung der Energiekosten

In der Kunststoffspritzerei wurden ältere überdimensionierte Antriebsmotoren gegen neue Motoren ausgetauscht. Dadurch wurde der Strombedarf um 1.250.000 kWh pro Jahr reduziert. Gleichzeitig wurden die Kältemaschinen, Pumpen und Trafostationen entlastet sowie die Maschinengeräusche verringert. Die Investition betrug 212.000 DM, die Kostenersparnis beträgt ca. 225.000 DM pro Jahr.

Die Maschinenkühlung der Kunststoffspritzmaschinen wurde durch die Installation eines zweiten geschlossenen Kühlkreislaufs mit Wärmetauscher und Heiztrafo mit einer Wärmerückgewinnung versehen. 6000 m^3 Wasser und ca. 720.000 kWh elektrische Energie werden eingespart. Die Investition in Höhe von 370.000 DM amortisiert sich durch die Kosteneinsparung von 174.000 DM pro Jahr in 2,1 Jahren.

Bei der Kellerbeleuchtung wurden die alten Lampen gegen ca. 400 Energiesparlampen mit Reflektoren ausgetauscht. Die Senkung des Stromverbrauchs wirkt sich in einer Kosteneinsparung von 20.000 DM pro Jahr aus. Es war eine Investition in Höhe von 60.000 DM erforderlich.

Reduzierung der Entsorgungskosten

Durch eine sorgfältige Abfalltrennung wird eine Weiternutzung von recycelbaren Reststoffen erreicht. Wenn ohne dieses Abfallkonzept der gesamte wiederverwertbare Abfall als hausmüllähnlicher Gewerbeabfall entsorgt werden müßte, entstünden Mehrkosten in Höhe von 1,8 Mio. DM pro Jahr.

Mit dem Aufbau einer Pulverlackieranlage und der damit verbundenen Umstellung des Lackierverfahrens auf lösemittelfreie Lacke konnte das Abfallaufkommen erheblich reduziert werden. Es werden jährlich 76 Tonnen an lösemittelhaltigem Lack, 10 Tonnen an weiteren Lösemitteln und 26 Tonnen an Sondermüll aus Lackresten („Overspray") und Lösemittelresten (Abluftreinigungsanlage) vermieden. Mit einer Investition von 870.000 DM können somit 560.000 DM pro Jahr eingespart werden.

Reduzierung des Verpackungsmaterials

Soweit wie möglich werden von AEG Hausgeräte Zulieferteile nur noch in Mehrwegverpackungen bezogen. Eine Kostenwirkung kann bisher noch nicht beziffert werden.

5 Gewünschte politische Maßnahmen

Die wichtigsten politischen Maßnahmen und Ziele, die das Unternehmen für die weitere Verbesserung des Umweltschutzes für notwendig hält, sind:

- Die Förderung alternativer und regenerativer Brennstoffe
- Die Förderung der Energieeffizienz
- Eine Öko-, Energie- oder CO_2-Steuer
- Eine Deregulierung für Firmen, die sich am EG-Öko-Audit beteiligen
- Den internationalen, nationalen und branchenübergreifenden Austausch von Informationen und Erfahrungen

44 Bosch-Siemens Hausgeräte GmbH

BOSCH-SIEMENS HAUSGERÄTE GMBH

Firma:	Bosch-Siemens Hausgeräte GmbH
Anschrift:	Hochstraße 17 81669 München
Ansprechpartner:	Herr Dr. Herbert Mrotzek
Telefon:	(089) 45 90 - 21 95
Telefax:	(089) 45 90 - 30 63
E-Mail:	herbert.mrotzek@bshg.de
Branche:	Elektroindustrie
Produktpalette:	Hausgeräte
Beschäftigtenzahl:	32.000 Mitarbeiter (Konzern)
Literatur:	B.A.U.M.-Erhebungsbogen Umweltbericht 1995/96; Fischer H. u. a.: Umweltkostenmanagement, 1997

„Als international tätiges Unternehmen ist die Bosch-Siemens Hausgeräte GmbH mitverantwortlich für eine nachhaltige Entwicklung, die zur weltweiten Schonung der Ressourcen und zum Abbau der globalen Umweltbelastung beitragen soll."

Die Bosch-Siemens Hausgeräte GmbH hat bereits vor längerer Zeit begonnen, den Umweltschutz in ihre Unternehmensphilosophie aufzunehmen und arbeitet konsequent daran, die Umweltsituation an ihren Standorten zu verbessern. Die Standorte des B.A.U.M.-Mitgliedsunternehmens in Bretten, Dillingen und Traunreut sind nach der EG-Öko-Audit-Verordnung validiert. Für weitere Standorte, auch in Spanien, ist die Einführung eines Umweltmanagementsystems in den nächsten Jahre vorgesehen. Wegen ihres Engagements für den betrieblichen Umweltschutz erhielt der Vorsitzende der Geschäftsführung, Herr Dr. Herbert Wörner, 1993 die Umweltmedaille des Freistaates Bayern, und der Leiter der Zentralabteilung Umweltschutz, Herr Dr. Herbert Mrotzek, wurde 1994 mit dem B.A.U.M.-Umweltpreis ausgezeichnet.

1 Umweltleitlinien

Bereits 1989 nahm Bosch-Siemens Hausgeräte Umweltziele in das Unternehmensleitbild auf. Eine konkrete Umweltpolitik wurde 1994 von der Geschäftsführung verabschiedet und für das gesamte Unternehmen verbindlich herausgegeben. Die Umweltpolitik von Bosch-Siemens Hausgeräte lautet:

1. Wir arbeiten kontinuierlich daran, über die Einhaltung der Umweltschutzvorschriften hinaus Umweltauswirkungen sowie den Energie- und Ressourcenverbrauch zu verringern.
2. Wir ergreifen alle notwendigen Maßnahmen, um Umweltschäden zu verhindern.
3. Umweltauswirkungen werden bereits auf möglichst früher Stufe der Produkt- und Verfahrensplanung beurteilt und berücksichtigt.
4. Wir stellen durch geeignetes Umweltmanagement sicher, daß unsere Umweltpolitik wirkungsvoll umgesetzt wird. Die hierzu notwendigen technischen und organisatorischen Verfahren werden regelmäßig überprüft und fortlaufend weiterentwickelt.
5. Umweltbewußtes Handeln gehört zu den Aufgaben eines jeden Mitarbeiters. Das Verantwortungsbewußtsein für die Umwelt auf allen Ebenen auszubauen und zu fördern ist eine ständige Führungsaufgabe.
6. Wir wirken auf unsere Vertragspartner ein, nach gleichwertigen Umweltleitlinien zu verfahren wie wir selbst. Mit den zuständigen Behörden arbeiten wir kooperativ zusammen.
7. Wir informieren die interessierte Öffentlichkeit über die von unserem Unternehmen ausgehenden Umweltauswirkungen und unsere umweltbezogenen Leistungen. Unseren Kunden geben wir Hinweise zur umweltverträglichen Nutzung unserer Produkte.

2 Organisation des Umweltschutzes

Bei Bosch-Siemens Hausgeräte liegt die Verantwortung für den Umweltschutz direkt bei der Geschäftsführung. Den Verantwortlichen der einzelnen Standorte und Bereiche wurde die Organisations- und Aufsichtspflicht innerhalb des Unternehmens übertragen. Zur fachlichen Unterstützung sind den Verantwortlichen Umweltschutzbeauftragte zugeordnet.

Ein Lenkungsausschuß Umweltschutz unterstützt die Geschäftsführung. Er besteht aus Führungskräften umweltrelevanter Bereiche und hilft bei der Festlegung und Weiterentwicklung der strategischen Zielsetzung sowie der Erarbeitung und Verfolgung der dazugehörigen Maßnahmen. Dazu lenkt er Koordinatoren für bestimmte umweltrelevante Funktionen im Unternehmen sowie zwei Umweltschutz-Arbeitskreise. In den Kreisen erarbeiten Experten aus den verschiedenen Werken und Bereichen des Unternehmens übergreifende Strategien, Konzepte und Richtlinien zu den Themenschwerpunkten Produkte und Produktion (siehe Abb. 25). Die Zentralabteilung Umweltschutz koordiniert die Umweltschutzmaßnahmen im gesamten Unternehmen. Sie berichtet direkt der Geschäftsführung und nimmt auch die Funktion des Managementvertreters gemäß der EG-Öko-Audit-Verordnung wahr.

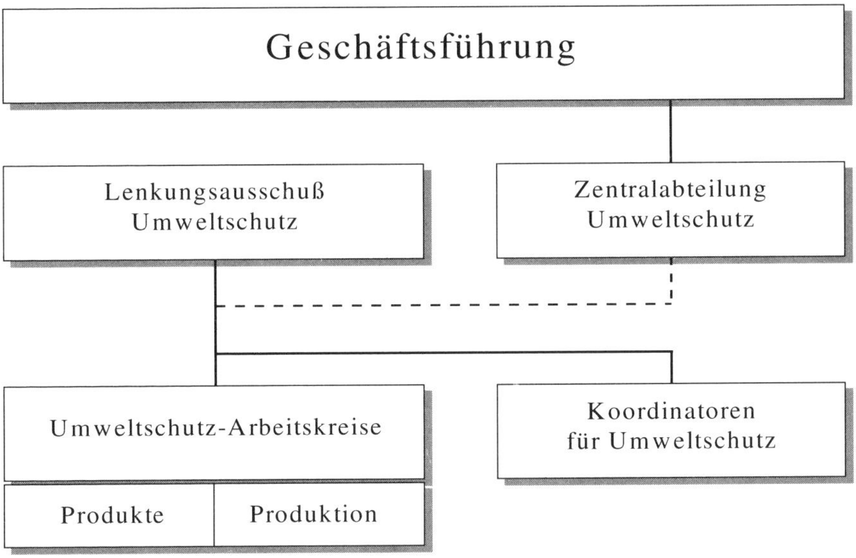

Abb. 25: Die Organisation des Umweltschutzes bei Bosch-Siemens Hausgeräte

3 Umweltprogramm

Bosch-Siemens Hausgeräte hat in ihrem Umweltprogramm die weitere Verbesserung des betrieblichen Umweltschutzes festgeschrieben. Darin sind die unternehmensübergreifenden Umweltziele und die zur Erreichung dieser Ziele notwendigen Maßnahmen aufgelistet. Für jeden Standort werden zusätzlich individuelle Umweltprogramme aufgestellt und vor Ort durchgeführt.

4 Input-Output-Bilanz

Um alle umweltrelevanten Stoff- und Energieströme zu erfassen, stellt Bosch-Siemens Hausgeräte regelmäßig eine Input-Output-Bilanz auf. In ihr werden die Umweltauswirkungen, die mit den Tätigkeiten der Standorte und der Auslieferung der Produkte verbunden sind, zahlenmäßig dargestellt. Auf der Inputseite wird nach Anlagegütern (Boden, umweltrelevante Anlagen) und Umlaufgütern (Zukaufteile, Rohstoffe, Hilfsstoffe, Betriebsstoffe, Energie, Wasser), auf der Outputseite nach Produkten (Geräte, Verpackungen), Abfällen (zur Beseitigung, zur Verwertung), Abwasser und Emissionen (staubförmige Emissionen, dampf-/gasförmige Emissionen) unterschieden. Mit Hilfe von Umweltkennzahlen können die Daten aus mehreren Jahren unabhängig von der Produktionsmenge miteinander verglichen werden.

5 Kostensenkende Umweltschutzmaßnahmen

Bosch-Siemens Hausgeräte hat seit Jahren zahlreiche Umweltschutzmaßnahmen an allen Standorten realisiert. Zur Kostensenkung haben z.B. die folgenden Maßnahmen beigetragen.

Einsparung von Roh-, Hilfs- und Betriebsstoffen

Durch den Einsatz eines speziellen Mikrofiltrationsverfahrens am Standort Traunreut können die Emailrückstände aus den Emailspülbädern zurückgewonnen und das Spülwasser erneut eingesetzt werden. Das Email wird wieder dem Fertigungsprozeß zugeführt und ersetzt 30 Tonnen Rohmaterial. Die Einsparung beläuft sich auf ca. 93.000 DM pro Jahr. Zusätzlich werden Wasser- und Entsorgungskosten gespart und die Wartungs- und Nacharbeiten sowie die Ausschußquote verringert. Dies spart zusätzlich 8.300 DM pro Jahr. Die Investition betrug 220.000 DM, die jährlichen Instandhaltungs- und Energiekosten 9.500 DM.

Am Standort Bretten wurde die Lackierung von Dunstabzugshauben von einem Naß- auf ein Pulverlackierverfahren umgestellt. Die Einsparungen an Lösemitteln von jährlich 35 Tonnen ersparen Beschaffungskosten in Höhe von 75.000 DM pro Jahr. Die Neukonzeption der Druckluftanlage in Bretten (siehe unten) spart durch die Reduzierung des Schmierölverbrauchs ca. 3.000 DM pro Jahr.

Am Standort Berlin wird seit 1993 eine Destillationsanlage für lösemittelhaltige Abfälle aus der Lackiererei betrieben. Die jährliche Einsparung von 10 Tonnen Lösemitteln reduziert die Beschaffungskosten um 20.000 DM pro Jahr.

Reduzierung der Wasser- und Abwasserkosten

Das Abwasser aus der pH-Endkontrolle wird mittels eines zusätzlichen Leitungssystems und mit Hilfe einer Pumpe und eines Druckspeichers für WC-Spülung, Reinigungsarbeiten und die Kühlung der Emailmühlen verwendet. Mit der Investition in Höhe von 13.000 DM werden ca. 9.000 DM pro Jahr an Frisch- und Abwasserkosten eingespart.

Mit dem Mikrofiltrationsverfahren zur Emailrückgewinnung in Traunreut (siehe oben) werden ca. 2.000 DM pro Jahr an Wasserkosten eingespart.

Reduzierung der Energiekosten

Am Standort Bretten wurde die Druckluftversorgung neu konzipiert und 5 alte Kompressoren durch 7 moderne, ölgekühlte Kompressoren ersetzt. Der Stromverbrauch reduzierte sich dadurch um 660.000 kWh und die Stromkosten um 120.000 DM pro Jahr. Die Abwärme wird zur Beheizung der Halle verwendet und spart Heizkosten. Gleichzeitig sanken die Kosten für die Instandhaltung um 40.000 DM pro Jahr. Die Investition von 465.000 DM amortisiert sich in 3 Jahren.

Reduzierung der Entsorgungskosten

Im Werk Giengen wurde der Wertstoffanteil durch ein weiter verbessertes Abfallmanagement auf 85 % erhöht. Die Entsorgungskosten sanken 1995 um 210.000 DM, der Erlös aus dem Verkauf der Wertstoffe stieg gleichzeitig um 160.000 DM.

Durch die Umstellung des Lackierverfahrens am Standort Bretten (siehe oben) werden jährlich ca. 26 Tonnen Lack- und Lackierereiabfälle vermieden. Die geringeren Pulverlackabfälle lassen sich wesentlich kostengünstiger entsorgen und sparen ca. 75.000 DM an Entsorgungskosten.

Am Standort Berlin reduziert die Destillationsanlage für lösemittelhaltige Abfälle (siehe oben) die Menge des anfallenden Lackschlamms um jährlich 6 Tonnen. Die Entsorgungskosten sanken dadurch um ca. 12.000 DM pro Jahr. Die Durchführung eines Abfallmanagementkonzepts mit konsequenter Abfalltrennung erbrachte eine Erhöhung des Wertstoffanteils auf 93 %.

Mit dem Mikrofiltrationsverfahren zur Emailrückgewinnung in Traunreut (siehe oben) werden ca. 5.100 DM pro Jahr an Entsorgungskosten eingespart.

Die getrennte Sammlung von Edelstahl-Stanzteilen am Standort Dillingen ermöglicht den Weiterverkauf der Stanzteile an einen Hersteller, der diese als Rohstoff verwerten kann. Aus dem Verkauf von 96 Tonnen konnte der Erlös gegenüber dem normalen Schrottwert um ca. 86.000 DM pro Jahr verbessert werden.

Reduzierung der Kosten für Transport und Verkehr

Bosch-Siemens Hausgeräte verstärkt seine Zusammenarbeit mit der Deutschen Bahn AG und hat bereits 53 % seiner Transporte auf die Bahn verlagert. Mit der Umstellung auf Bahntransport von Kühlgeräten aus der Produktion in Esquiroz, Nordspanien, ab der französisch-spanischen Grenze zum Verkauf in Deutschland sanken nicht nur die Emissionen sondern auch die Kosten.

6 Gewünschte politische Maßnahmen

Die wichtigsten politischen Maßnahmen und Ziele, die das Unternehmen für die weitere Verbesserung des Umweltschutzes für notwendig hält, sind:

- Die Förderung von Energiesparmaßnahmen sowie des Einsatzes von regenerativen Energien.
- Die Harmonisierung der Umweltgesetzgebung im Bereich der Europäischen Union.
- Die stärkere Nutzung von marktwirtschaftlichen Instrumenten in der Umweltpolitik.

45 ELAC Phonosysteme GmbH

ELAC

Firma:	ELAC Phonosysteme GmbH
Anschrift:	Rendsburger Landstraße 215 24113 Kiel
Ansprechpartnerin:	Frau Dorothee Thomanek
Telefon:	(0431) 647 74 - 15
Telefax:	(0431) 68 21 01
E-Mail:	ELAC-Phonosysteme@t-online.de
Branche:	Elektronikindustrie
Produktpalette:	Unterhaltungselektronik, Lautsprecher
Beschäftigtenzahl:	60 Mitarbeiter
Literatur:	B.A.U.M.-Erhebungsbogen Umwelterklärung 1996

Die Geschäftsleitung der ELAC Phonosysteme GmbH ist schon seit langem der Überzeugung,

> „daß wir nur dann Zukunft verantwortungsvoll gestalten können, wenn wir der Beachtung der Belange der Umwelt eine hohe Priorität einräumen. Heute ist es Gewißheit und Notwendigkeit, daß diese Handlungsweise ein wichtiger Bestandteil der langfristigen Strategie zur Unternehmenssicherung ist, auch wenn weder bei unseren Kunden (Endverbrauchern) noch beim Fachhandel zum jetzigen Zeitpunkt Umweltbewußtsein zu Kaufentscheidungen beiträgt."

Aus diesen Gründen hat sich ELAC entschlossen, in seiner Firmenphilosophie das Qualitätsbewußtsein mit dem Umweltbewußtsein zu verknüpfen und am Förderprojekt „Umwelt-Audit" des Ministeriums für Natur und Umwelt des Landes Schleswig-Holstein teilzunehmen. Im April 1996 wurde der Standort Kiel des Unternehmens nach der EG-Öko-Audit-Verordnung validiert.

1 Umweltleitlinien

Die Umweltpolitik von ELAC

> sieht nicht nur die Einhaltung aller gesetzlichen Vorschriften vor, sondern verpflichtet uns zur angemessenen kontinuierlichen Verbesserung des betrieblichen Umweltschutzes.

Die Leitlinien für die Umweltpolitik lauten:

Wir wollen:

- kundengerechte langlebige Produkte auf qualitativ höchstem Niveau, mit unverwechselbarer Identität, die kostengünstig und umweltgerecht hergestellt werden können.
- eine Führungs- und Unternehmenskultur fördern und entwickeln, bei der der Mensch im Mittelpunkt steht. Sie fördert die Fähigkeiten jedes Mitarbeiters und aktiviert so das Innovations- und Kreativitätspotential im Unternehmen. Damit wird der kontinuierliche Verbesserungsprozeß durch Selbstverantwortlichkeit, Eigeninitiative, offene Kommunikation, Vertrauen und Spaß an der Arbeit entwickelt und gefördert.
- daß unsere Kunden vollkommen zufrieden sind. Aus diesem Grunde haben wir unser QM/UM-System so weiterentwickelt, daß wir auf der Grundlage der betrieblichen Gegebenheiten unser Ziel sicher, nachvollziehbar und wirtschaftlich erreichen. Die Anforderungen nach DIN EN ISO 9001 und EWG-Verordnung 1836/93 sowie DIN ISO 14001 werden dabei berücksichtigt. Unser gesamtes Streben ist nach dem Motto „Wir überzeugen durch Qualität" ausgerichtet.
- den Umweltschutz gleichwertig wie wirtschaftliche und soziale Belange des Unternehmens behandeln.
- die Ressourcen der Natur auf allen Gebieten schonend einsetzen. Dies beginnt bei der Produktentwicklung und endet beim Recycling des Produkts.
- Wir wollen daher - weit über die Einhaltung aller einschlägigen Umweltvorschriften hinaus - die Umweltauswirkungen jedes Produkts und jedes neuen Verfahrens vor der Anwendung abschätzen, um somit Umweltschäden und Sicherheitsrisiken vorbeugend zu vermeiden. Daher gilt in allen unseren Bemühungen der Grundsatz „Vermeiden, Wiederverwenden, Verwerten und zuletzt umweltgerechte Entsorgung".
- Reststoffe in die Stoffkreisläufe zurückführen und bauen dafür Strukturen auf.
- den offenen, sachlichen Dialog mit unseren Kunden, den Behörden und der Öffentlichkeit pflegen, der zum besseren gegenseitigen Verständnis beitragen soll.

2 Organisation des Umweltschutzes

Im kombinierten Umwelt- und Qualitätssystem von ELAC sollen alle Mitarbeiter bei der Umsetzung der Umwelt- und Qualitätspolitik mitwirken und in die kontinuierliche Fortschreibung der Ziele einbezogen werden. Organisatorisch ist das Umwelt- und Qualitätsmanagement als Zirkel-Management in die Unternehmensstruktur verankert (siehe Abb. 26). Damit wird die Kommunikation, die Interdisziplinarität und die Mitgestaltung und Mitwirkung aller Betriebsangehörigen an Verbesserungsprozessen gefördert.

Der Umweltzentralzirkel, der für die Einleitung, Durchführung und Erfolgskontrolle von Korrektur- und Vorbeugemaßnahmen verantwortlich ist, wird durch sieben Zirkel zu den Themen „Recht/Organisation", „Sicherheit, Arbeitsschutz", „Beschaffung, Entsorgung, Transport", „Entwicklung, Forschung, Konstruktion",

„Administration, Controlling“, „Produktion“ und „Öffentlichkeitsarbeit, Vertrieb“ unterstützt. Zusätzlich können zeitlich begrenzte Projektzirkel gegründet werden, die besondere Aufgaben bearbeiten. Der Umweltmanagementvertreter ist in der Regel der Sprecher des Umweltzentralzirkels.

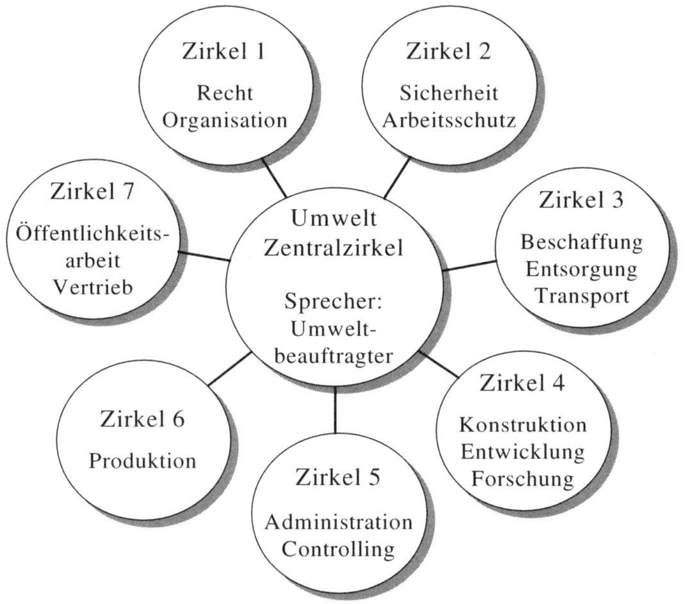

Abb. 26: Das Zirkel-Management von ELAC

Um Umweltauswirkungen beurteilen zu können, hat ELAC „das Ökologische Filter“ geschaffen, das aus einem individuell zusammengesetzten Expertenteam von drei bis sieben Personen besteht, und das in der Entwicklungsabteilung angesiedelt ist. Es hat die Aufgabe, die Umweltauswirkungen jedes neuen Stoffes und jedes neuen Produktionsverfahrens im Vorfeld zu bewerten.

Darüber hinaus erarbeitet das Ökologische Filter Umweltstandards und empfiehlt dem Zentralzirkel innerbetriebliche Auflagen für den Umgang mit umweltrelevanten Stoffen und Verfahren. Es ist Informationsquelle für den Umweltbeauftragten, den Zentralzirkel sowie für alle Mitarbeiter.

3 Umweltprogramm

ELAC hat basierend auf der letzten Umweltbetriebsprüfung ein Umweltprogramm erstellt, in dem detailliert die Umweltziele beschrieben sind, die in den nächsten Jahren verwirklicht werden sollen. Gleichzeitig sind von der Geschäftsführung die erforderlichen Mittel zur Umsetzung der Umweltziele bereitgestellt worden.

Eine wichtige Aufgabe im Umweltbereich sieht ELAC darüber hinaus in der Erstellung eines vierteljährlichen Umweltquartalsberichts, in dem alle wesentlichen Daten zusammengestellt werden. Dadurch können frühzeitig die durchgeführten Maßnahmen in ihrer Effektivität bewertet und Abweichungen von den Umweltzielen erkannt werden. Großer Wert wird auch auf die interne und externe Schulung der Mitarbeiter sowie die Öffentlichkeitsarbeit gelegt, mit der versucht wird, die Bedeutung des Öko-Audits der Öffentlichkeit bewußt zu machen.

4 Kostensenkende Umweltschutzmaßnahmen

ELAC hat durch die Umsetzung vieler kleiner Schritte die Umweltauswirkungen des Unternehmens verringern können. Gleichzeitig tragen einige Maßnahmen auch zur Kostensenkung bei. Durch die hier aufgeführten Maßnahmen konnte eine Kosteneinsparung von ca. 81.000 DM pro Jahr erzielt werden.

Einsparung von Roh-, Hilfs- und Betriebsstoffen

Der Einsatz von Steckverbindungen anstelle von Kleb- oder Lötverbindungen bei den Lautsprecherchassis und den Frequenzweichen spart nicht nur Klebstoff, sondern reduziert auch die benötigte Arbeitszeit. Außerdem können die Geräte später leichter zerlegt und die Einzelteile in den Produktionsprozeß zurückgeführt werden. Die Kosteneinsparungen durch den verminderten Klebstoffverbrauch belaufen sich auf 678 DM pro Jahr. Die verminderte Arbeitszeit und damit die geringeren Lohnkosten summieren sich auf insgesamt ca. 53.000 DM pro Jahr. Zusätzlich sparen die recycelten Magnete etwa 2.000 DM pro Jahr.

Reduzierung der Wasser- und Abwasserkosten

An der Kunststoffspritzmaschine wurde ein Autotherm-Kühlblock angeschafft, der einen geschlossenen Kühlwasserkreislauf bewirkt und dadurch den Frischwassereinsatz sowie die Abwassermenge reduziert. Gleichzeitig wird die Wärme zur Lagerheizung genutzt. An Einsparung ergeben sich 1 m^3 Frisch- bzw. Abwasser pro Betriebstag oder eine Reduzierung der Wasserkosten um 1.144 DM pro Jahr. Die Investition betrug 14.305 DM.

Reduzierung der Energiekosten

Der Autotherm-Kühlblock an der Kunststoffspritzmaschine (siehe oben) spart durch die Nutzung der Abwärme für die Lagerheizung auch Energie. Abzüglich des Eigen-Energieverbrauchs wurde eine Kostensenkung von 288 DM pro Jahr ermittelt.

Reduzierung der Entsorgungskosten

Die sortenreine Verwendung von EPS-Formteilen ermöglichte den Abschluß einer Rücknahmevereinbarung mit den Herstellern. Bei Anlieferung von Neuteilen wird das Altmaterial vom Hersteller zurückgenommen und dadurch kein zusätzlicher

Transportweg erzeugt. Die Einsparung an Entsorgungsmenge beträgt 3,3 m^3 Polystyrol pro Monat und reduziert die Entsorgungskosten um 1.744 DM pro Jahr.

Eine Kunststoffzerkleinerungsanlage zermahlt sortenrein gesammeltes Polyamid, das an Angüssen und Ausschußteilen an der Kunststoffspritzmaschine anfällt. Zusätzlich wird auch aus zerlegten Altgeräten das Polyamid gesammelt und zermahlen. Anschließend kann das Mahlgut dem Kunststoffgranulat zugeführt werden und hilft so, Rohstoffe und Entsorgungskosten zu sparen. Die Kosteneinsparung beträgt ca. 6.000 DM pro Jahr. An Investition waren insgesamt ca. 26.000 DM notwendig.

Die Umstellung des Produktionsprozesses bei der Beschichtung von Lautsprecherchassis mit einer Kunststoffdispersion auf Wasserbasis erbrachte neben einer Reduzierung des Waschwassers auch die Vermeidung der Entsorgung von besonders überwachungsbedürftigem Abfall, von Transportwegen und die Verminderung des Risikos durch das Auslaufen wassergefährdender Stoffe. Kostenreduzierungen ergaben sich durch die geringeren Entsorgungskosten in Höhe von 840 DM pro Jahr. Durch die verminderte Arbeitszeit für Waschvorgänge und die Beschichtung werden Personalkosten in Höhe von 15.300 DM pro Jahr eingespart. Die Investition betrug 2.250 DM.

5 Gewünschte politische Maßnahmen

Die wichtigsten politischen Maßnahmen und Ziele, die das Unternehmen für die weitere Verbesserung des Umweltschutzes für notwendig hält, sind:

- Eine effektive Informationspolitik, die die Bedeutung der Teilnahme am Öko-Audit in der breiten Öffentlichkeit bekannt macht, damit die Verbraucher umweltgerechtes Handeln als zusätzliche Produktqualität verstehen und ihre Kaufentscheidung daran ausrichten.
- Die kostenneutrale Internalisierung von Umweltkosten, indem zum Beispiel die Endpreise abhängig von Umweltgesichtspunkten so verteuert werden, daß die Verbraucher durch ihre Konsumgewohnheiten die Hersteller zur Entwicklung und Produktion von energie- und umweltsparenden Produkten zwingen. Dabei müssen auch Import und Export in die Überlegungen einbezogen werden.
- Umweltvergehen sollten hart bestraft werden, um dadurch eine abschreckende Wirkung zu erzielen. Das Strafmaß soll so bemessen werden, daß zum Beispiel eine ordnungsgemäße Entsorgung in jedem Fall billiger ist. als eine mögliche Geldstrafe bei Mißachtung der Vorschriften. Ein Vorschlag dazu wäre ein Faktor 10 bezogen auf den entstandenen Umweltschaden.

46 IBM Deutschland GmbH

Firma:	IBM Deutschland GmbH
Anschrift:	IBM Deutschland Informationssysteme GmbH QU Umweltschutz, Pascalstraße 100 70569 Stuttgart
Ansprechpartner:	Herr Peter Heydkamp
Telefon:	(0711) 785 - 32 98
Telefax:	(0711) 785 - 41 50
E-Mail:	HEYDKAMP@DE.IBM.COM
Internet:	http://www.ibm.de/go/kn/umwelt/ umwelt.html
Branche:	Elektronik
Produktpalette:	Computer, Computerzubehör, Software
Beschäftigtenzahl:	17.000 Mitarbeiter (300.000 Mitarbeiter weltweit)
Literatur:	Umweltberichte 1992, 1994, 1995 Umwelterklärung Mainz, 1995 IBM and the environment, a progress report, 1993, 1994, 1995, 1996

„Die Aufgabe, wirksamen Natur- und Ressourcenschutz umzusetzen, wird von der IBM sehr ernst genommen. Sie bedeutet eine permanente Herausforderung für ein Unternehmen, das bereits seit über zwanzig Jahren strenge Umweltschutzgrundsätze verfolgt.“ (IBM Deutschland, Umweltbericht 1995)

„Wir glauben, daß die Aktivitäten eines Unternehmens genauso gut sein sollten wie seine Worte. Dies gilt speziell für alle Belange, die für das Wohlergehen der Erde und des Lebens von Bedeutung sind. Wir glauben auch, daß ein multinationales Unternehmen wie unseres, dessen Produkte und Technologie helfen können, viele Umweltprobleme zu lösen, eine zusätzliche Verantwortung für die Umwelt trägt.[17] (Louis V. Gerstner Jr., Chairman and Chief Executive Officer der IBM Corporation, Environmental Report 1996)

Genauso wie für die IBM Corporation hat der Umweltschutz für die IBM Deutschland GmbH eine hohe Priorität, und IBM Deutschland wird „auch künftig

[17] Übersetzung aus dem englischen Original

alles daran setzen, im Bereich Umweltschutz eine Vorreiterrolle beizubehalten, um vom reaktiven zum proaktiven und vom punktuellen zum integralen Umweltschutz zu gelangen.“ 1992 erhielt der damalige Vorsitzende der Geschäftsführung, Herr Hans-Olaf Henkel, den IBM internen „Chairman`s Environmental Affairs Citation“-Preis für seine Erfolge im betrieblichen Umweltschutz und wurde vom WWF und vom Wirtschaftsmagazin „Capital“ auf Vorschlag von B.A.U.M. zum Ökomanager des Jahres gewählt.

Nachdem bereits seit langem konzerninterne Umweltaudits durchgeführt werden, wurde im April 1996 das betriebliche Umweltmanagementsystem des IBM Standortes Mainz nach der EG-Öko-Audit-Verordnung validiert. In einem Wiederholungsaudit erhielt der Standort Mainz auch die Zertifizierung nach ISO 14001. Ebenfalls nach ISO 14001 sind bisher die IBM-Standorte in Greenock, Großbritannien, und Fujisawa, Japan, zertifiziert. Das B.A.U.M.-Mitgliedsunternehmen ist sich aber auch seiner gesellschaftlichen Verantwortung bewußt und unterstützt die von B.A.U.M. zur Verbreitung des Umweltgedankens entwickelte CD-ROM „Umweltcheck für den Haushalt - Gesund leben und Geld sparen“.

1 Umweltleitlinien

Die Umweltleitlinien der IBM Corporation sind in der IBM Corporate Policy Nummer 139 A festgelegt und lauten (verkürzte Fassung in deutsch):

1. Wir wollen im Umweltschutz eine Führungsrolle einnehmen.
2. Wir wollen für unsere Mitarbeiter eine sichere Arbeitsumgebung gewährleisten.
3. Von unseren Aktivitäten darf keine Gefährdung für das Umfeld ausgehen.
4. Wir wollen die natürlichen Ressourcen sparsam in Anspruch nehmen.
5. Wir wollen sichere Produkte entwickeln und vertreiben, die den Menschen und die Umwelt so wenig wie möglich belasten.
6. Unsere Produktionsprozesse und -verfahren sollen die Umwelt so wenig wie möglich belasten.
7. Wir wollen auf den optimalen Einsatz der Energie in allen Bereichen achten.
8. Wir wollen zur Lösung globaler Umweltprobleme mit unseren Technologien und unserem Wissen beitragen.
9. Wir erfüllen alle gesetzlichen Regeln oder übertreffen diese durch eigene, strenge Standards zum Schutz der Umwelt.
10. Mit Hilfe eines geeigneten Kontrollsystems stellen wir die Einhaltung unserer Grundsätze sicher.

2 Organisation des Umweltschutzes

Bei IBM Deutschland liegt die Verantwortung für das Umweltmanagementsystem bei den Geschäftsführern der Tochtergesellschaften, die diese an die jeweiligen

Niederlassungs- und Betriebsstättenleiter übertragen. In den Niederlassungen und Betriebsstätten sind neben den gesetzlich vorgeschriebenen Betriebsbeauftragen auch Umweltberater tätig, die die Niederlassungs- und Betriebsstättenleiter bei der Erfüllung ihrer Aufgaben im Umweltschutz unterstützen.

Der Unternehmensbevollmächtigte für Umweltschutz ist direkt der zentralen Geschäftsführung unterstellt. Er trägt die Verantwortung für die Einführung des Umweltmanagementsystems und sorgt für die Einhaltung der gesetzlichen und IBM-internen Vorschriften in allen Niederlassungen und Betriebsstätten (siehe Abb. 27).

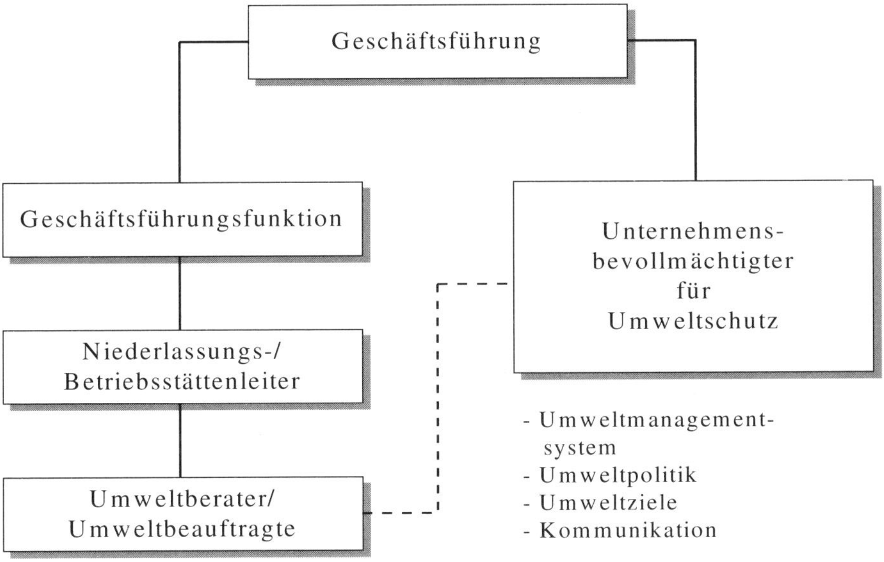

Abb. 27: Die Umweltorganisation bei IBM Deutschland

3 Umweltprogramm

IBM Deutschland hat das generelle Ziel, alle ihre Umwelteinwirkungen zu verringern. Dazu werden seit 1991 regelmäßig ausgewählte Daten der umweltrelevanten In- und Outputs erhoben. Auf diese Weise lassen sich durch den Vergleich der Verbrauchswerte sowie durch die Ermittlung von Umweltkennzahlen der Erfolg durchgeführter Maßnahmen und weiterer ökologischer Handlungsbedarf ermitteln. Die konkreten Umweltprogramme mit einzelnen Umweltzielen, Umweltmaßnahmen, Verantwortlichkeiten und Terminen legen die jeweiligen Standorte fest.

4 Kostensenkende Umweltschutzmaßnahmen

IBM Deutschland hat in den letzten Jahren eine Vielzahl von Umweltschutzmaßnahmen mit Kostensenkungseffekten durchgeführt, von denen hier nur einige Beispiele vorgestellt werden können. Weitere Maßnahmen, die Kosteneinsparungen zur Folge hatten, sind von der IBM Corporation weltweit in vielen ihrer Standorte durchgeführt worden und können den Corporate Environmental Reports entnommen werden.

Einsparung von Roh-, Hilfs- und Betriebsstoffen

Seit 1990 bietet IBM Deutschland ihren Kunden die Rücknahme von Altgeräten zum Selbstkostenpreis an:

> Zu diesem Zweck wurde ein eigenes Rücknahmesystem aufgebaut: Die Geräte werden vor Ort abgeholt und im Logistikzentrum Niederroden demontiert. Danach werden die Einzelteile nach Möglichkeit wieder aufgearbeitet, recycelt oder ordnungsgemäß entsorgt. Mehr als 85 Prozent der Komponenten werden auf diese Weise weiterverwendet, nur ein Prozent ist als Sonderabfall zu klassifizieren.
>
> Hundertprozentiges Recycling der eingesetzten Materialien ist die wirksamste Methode, um Rohstoffe einzusparen. Dazu bilden sortenreine Materialien ohne spezielle Zusatzstoffe wie z.B. Flammhemmstoffe die Grundlage. Aus diesem Grund hat sich IBM für PVC als Gehäusematerial und für die Tastaturen entschieden, da dieses Material zu 100 % wieder in der Produktion von Neuteilen eingesetzt wird. Die Tastaturen der zurückgenommenen Altgeräte werden beispielsweise in einem energiesparenden Verfahren gereinigt und zu Kunststoffgranulat verarbeitet. Aus diesem Granulat entstehen neue Gehäuse und Tastaturen, die nicht nur den hohen Qualitätsstandards der IBM, sondern auch den Anforderungen des Umweltschutzes genügen.
>
> Trotz der Aufwendungen für Transport und Aufarbeitung liegen die Kosten für das recycelte Material pro Tonne ca. 100 DM unter dem Preis für Neumaterial. PVC-Recycling bedeutet somit - neben der Vermeidung von Abfällen und den Einsparungen bei Rohstoffen und Energie - auch eine erhebliche finanzielle Entlastung.
>
> Weitere wichtige Fraktionen aus den Altgeräten, die der Wiederverwertung (z.T. nach einer Vorbehandlung) zugeführt werden, sind das Glas aus Bildröhren, edelmetallhaltige Teile, eisenhaltige Metalle und Nicht-Eisen-Metalle.

Auch beim Einsatz von Büromaterial konnte IBM Deutschland in den letzten Jahren einen deutlichen Rückgang um etwa 25 % erreichen. Schon im Jahr 1992 wurde unter anderem durch die Verringerung des Anteils an Kunststoff-Einwegartikeln und die Reduzierung von lösemittelhaltigen Produkten eine Kostensenkung im Einkauf um ca. 600.000 DM erzielt (bezogen auf 1990). Daneben wird auf eine möglichst lange Nutzungsdauer geachtet, denn weggeworfen wird Büromaterial erst, wenn es nicht mehr wiederzuverwenden ist. Dies ist sehr häufig erst nach zehn Jahren der Fall. Neben die Wiederverwendung am Standort tritt auch die Weiterverwendung im Gesamtunternehmen. D.h., daß auch nicht mehr benötigtes Büromaterial aus verschiedenen Standorten innerhalb des Unternehmens zirkuliert und auf diese Weise im Kreislauf gehalten wird.

Als eines der ersten Unternehmen wurde IBM Deutschland 1994 für die umweltgerechte Konstruktion, Langlebigkeit, Recyclingfähigkeit und Sparsamkeit im Energieverbrauch ihrer Monitore mit dem „Blauen Engel" ausgezeichnet. Inzwischen hat sich IBM Deutschland der ECMA (European Computer Manufacturing Association) angeschlossen, die derzeit eine Herstellererklärung vorbereitet, mit der den Kunden Auskunft über die verwendeten Materialien und die erreichten Umweltstandards gegeben wird.

Reduzierung der Wasser- und Abwasserkosten

IBM Deutschland führt zahlreiche Projekte durch, um ihren Verbrauch an Frischwasser zu reduzieren. Dazu gehört die Abwasserreinigung durch Neutralisation und Filtermaßnahmen ebenso wie die Einrichtung von Wasserkreisläufen und die Aufbereitung und Wiederverwendung von schwach belastetem Abwasser in den Produktionsprozessen.

Am Standort Mainz wurde das Projekt „Recycling-Wasser" durchgeführt. Darin wird ein Teil des leicht tensidbelasteten Spülwassers gesammelt und für Kühlzwecke in den Kühltürmen eingesetzt. Ein weiterer Teil, der frei von jeglichen Chemikalien ist, wird wieder zu Reinstwasser aufbereitet. Der relative Wasserverbrauch konnte von 1993 bis 1996 von 29 auf 12,3 Liter Wasser pro produzierter Magnetspeicherplatte reduziert werden.

Reduzierung der Energiekosten

Im Zuge der Durchführung eines umfassenden Energiemanagements der IBM Corporation, das weltweit und auch bei IBM Deutschland umgesetzt wird, wurde in Deutschland im Jahr 1993 mit 173 Projekten eine Einsparsumme von 6,8 Mio. DM erzielt (im Gegensatz zu 1992). Zu den Maßnahmen gehörten neben einer allgemeinen Verbesserung der Energieeffizienz unter anderem die Optimierung von Klimaanlagen und die Nutzung von Abwärme aus Computeranlagen zur Gebäudeheizung. Nach 1993 ist der Energieverbrauch bei IBM Deutschland weiter gesunken. Die Einsparungen sind jedoch zum großen Teil auch auf strukturelle Veränderungen zurückzuführen, so daß ein Vergleich mit früheren Jahren nur eingeschränkt möglich ist.

Am Standort Mainz wurde eine detaillierte Energiedatenbank aufgebaut, in der der Energieverbrauch in Bezug auf die einzelnen Gebäude und Anlagen transparent dargestellt wird. Die Stromkosten werden seit 1992 produktbezogen, nach dem Verursacherprinzip zugeordnet. Durch dieses Verfahren werden die Funktionsbeauftragten für Energie motiviert, in ihren Anlagen gezielt nach Energieeinsparpotentialen zu suchen. Besondere Energiesparprojekte, die in den letzten 10 Jahren durchgeführt worden sind, sind:

- Die Winterkühlung von Anlagen über kalte Außenluft anstelle von Kälteanlagen
- Die Installation von Wärmepumpen

- Die Umrüstung bzw. der Austausch der Zentralklimaanlage auf den neuesten Stand der Technik
- Die Abschaltung von Anlagen in längeren Produktionspausen
- Die Anpassung der Nachkühlung von Zentralklimageräten an die tatsächlichen Produktionserfordernisse
- Die Modernisierung der Heizzentrale, wobei durch die Neuinstallation eines Heizkessels gemäß Stand der Technik vor allem die CO- und NO_x-Emissionen minimiert werden konnten
- Die Verbesserung der Kälteerzeugung

Der Gesamtenergieverbrauch des Standortes Mainz verringerte sich durch die Energiesparmaßnahmen nur wenig, weil gleichzeitig enorme Zuwächse in der Produktion stattfanden. Der relative Energieverbrauch pro produzierter Magnetspeicherplatte sank aber von 1993 bis 1995 um über 60 % von 6,6 auf 2,5 kWh pro Platte.

Reduzierung der Entsorgungskosten

Am Standort Mainz wurde ein umfassendes Abfallmanagement eingerichtet, dessen vorrangiges Ziel die Vermeidung von Abfällen aller Art ist. Nicht vermeidbare Rückstände sollen möglichst vermindert werden bzw. in Verwertungskreisläufen wieder in die Produktion zurückgeführt werden. Zur Durchführung des Abfallkonzepts sind je nach Abfallart unterschiedliche Maßnahmen erforderlich:

- Hausmüll und Gewerbeabfälle

  Der Haus- und Gewerbemüll wird in 17 verschiedene Sorten eingeteilt und getrennt gesammelt bzw. zerlegt. Davon können 15 Fraktionen verwertet (recycelt) werden, eine Fraktion wird deponiert und eine andere verbrannt. Die Verwertungsquote stieg seit 1988 kontinuierlich an und lag 1995 bei 85 %.
- Besonders überwachungsbedürftige Abfälle und Reststoffe (Sonderabfall)

  Hier wird ebenfalls eine möglichst hohe interne Verwertungsquote angestrebt, die zuletzt (1995) bei 64 % lag. Aber auch die von IBM entsorgten Sonderabfälle werden überwiegend stofflich weiterverwertet. Der Anteil der Sonderabfälle zur Verbrennung und Deponierung sank von 1986 auf 1995 von 75 auf 1,4 %.

Reduzierung des Verpackungsmaterials

Die Wiederverwendung von antistatischen Verpackungen und Paletten, die im internen IBM-Verkehr wiederverwendet und zu den Lieferanten zurücktransportiert werden, führte bei IBM Deutschland bereits 1992 zu einer Einsparung von 19.000 DM (antistatische Verpackungen) bzw. ca. 560.000 DM pro Jahr (Paletten). Inzwischen ist die Gesamtzahl der Verpackungen weiter deutlich reduziert worden. Wichtigste Ziele sind nach wie vor die möglichst häufige Wiederverwendung sowie der Verzicht auf Verbundmaterialien und die Entwicklung von Monoverpackungen aus Pappe.

47 Juno Großküchen GmbH

Firma:	Juno Großküchen GmbH
Anschrift:	Junostraße 1 35745 Herborn - Burg
Ansprechpartner:	Herr Willi Blieder
Telefon:	(02772) 71 - 399
Telefax:	(02772) 71 - 828
Branche:	Maschinen für das Ernährungsgewerbe
Produktpalette:	Großküchengeräte
Beschäftigungszahl:	270 Mitarbeiter
Literatur:	B.A.U.M.-Erhebungsbogen

Der Geschäftsführer der Juno Großküchen GmbH, Herr P. Piccoli, erklärt:

> „Der berechtigten Forderung folgender Generationen, eine intakte Umwelt vorzufinden, fühlen wir uns verpflichtet. Dieser Verpflichtung wollen wir gerecht werden."

Das B.A.U.M.-Mitgliedsunternehmen hat sein Umweltmanagementsystem an der EG-Öko-Audit-Verordnung ausgerichtet und ist seit 1996 validiert.

1 Umweltleitlinien

Die Umweltleitlinien von Juno lauten:

1. Grundsatz ist Erfüllung aller einschlägigen Umweltvorschriften und darüber hinaus ein ständig verbesserter Ressourcenschutz. Dies bedeutet für uns die Berücksichtigung des Wasserverbrauchs, des Energieeinsatzes, des Rohstoffeinsatzes, der Emissionen, der Lärmbelastung, des Abfall-, Abwasseraufkommens und der Sicherheitsrisiken mit möglichen Umweltschäden durch unsere gesamten Tätigkeiten, Produktionsverfahren und Produkte.
2. Die Vermeidung - wo dies nicht möglich ist die fortlaufende Verringerung - des o.g. Ressourcenverbrauchs und die Verhütung bzw. Begrenzung umweltschädigender Unfälle, wollen wir innerhalb des technologisch möglichen und wirtschaftlich vertretbaren Rahmens erreichen.
3. Dazu stellen wir Verfahren sicher, die die Auswirkungen unserer gegenwärtigen Tätigkeiten und Produktionsverfahren auf die Umwelt erfassen, bewerten, Vermeidungsmöglichkeiten prüfen, Maßnahmen ergreifen und kontrollieren. Für

zukünftige Tätigkeiten und Verfahren wird dies im Voraus geschehen. Die Umweltauswirkungen neuer Produkte werden zukünftig von der Konstruktion über Verpackung, Transport, Verwendung bis zur Endlagerung einbezogen.

4. Wir wirken darauf hin, daß unsere Auftragsnehmer und Lieferanten vergleichbare Umweltschutzpraktiken anwenden und beziehen die Umweltaspekte mit in die Auswahl unserer Vertragspartner mit ein. Bei Vertragspartnern, die auf unserem Werksgelände tätig sind, stellen wir sicher, daß sie die gleichen Umweltnormen anwenden wie wir selbst.

5. Die Öffentlichkeit erhält alle Informationen zum Verständnis der Umweltauswirkungen unserer Tätigkeit. Unsere Kunden werden über Umweltaspekte im Zusammenhang mit Handhabe, Verwendung und Endlagerung unserer Geräte beraten. Mit den Behörden werden Verfahren entwickelt und aktualisiert, um unfallbedingte Umweltbelastungen möglichst gering zu halten.

6. Wir fördern das Verantwortungsbewußtsein unserer Mitarbeiterinnen und Mitarbeiter für die Umwelt auf allen Managementebenen. Für diejenigen, die Aufgaben mit umweltrelevanten Auswirkungen ausführen oder überwachen, werden entsprechende Schulungsmaßnahmen sichergestellt.

7. Die Umsetzung unserer Umweltpolitik wird durch den Aufbau und die kontinuierliche Weiterentwicklung unseres Umweltmanagementsystems entsprechend der EWG-VO 1836/93 gewährleistet. Dies beinhaltet Verfahren zur regelmäßigen Kontrolle der Einhaltung unserer Umweltpolitik durch die Geschäftsführung. Bei Abweichung von der Umweltpolitik werden nach festgelegten Verfahren die notwendigen Maßnahmen ergriffen.

2 Organisation des Umweltschutzes

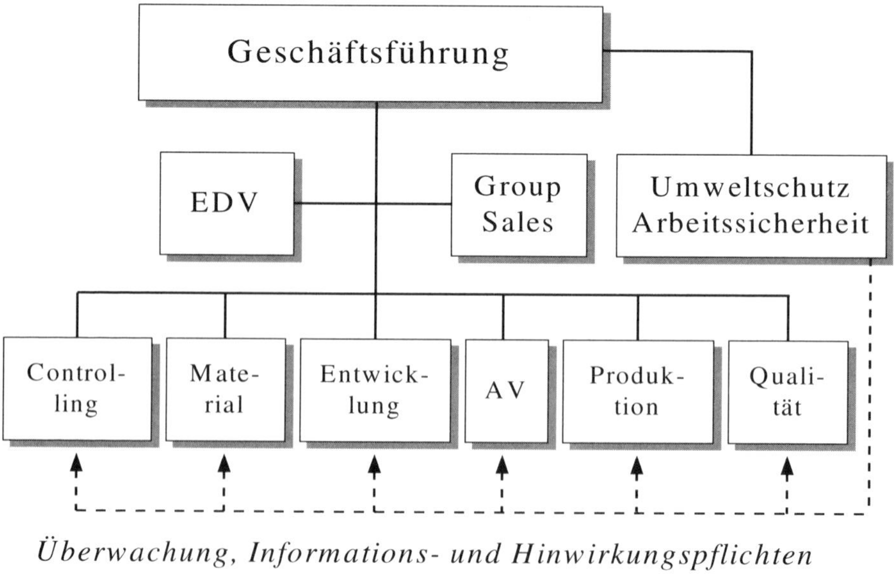

Abb. 28: Die Organisation des Umweltschutzes bei Juno

Die Abteilung Umweltschutz/Arbeitssicherheit ist direkt an die Geschäftsführung angegliedert. Sie übernimmt die Koordination aller Umweltaktivitäten und besitzt Überwachungs-, Informations- und Hinwirkungspflichten gegenüber den Unternehmensbereichen und -abteilungen (siehe Abb. 28). In den Bereichen sind die Umweltschutzaufgaben anwendungsbezogen zugeordnet. Wichtige umweltrelevante Abteilungen sind das „Material" mit dem Gefahrstofflager und dem Gefahrgutversand, die „Entwicklung", in der Belange des Umweltschutzes bereits in das Design und die Entwicklung aufgenommen werden, sowie die „Produktion", die u.a. für das Abfallwirtschaftskonzept zuständig ist. Das Qualitätswesen ist mit dem Umweltschutz bei der Erstellung und Aktualisierung der Managementhandbücher zusammengefaßt.

3 Umweltprogramm

Wichtige Maßnahmen aus dem Umweltprogramm von Juno sind:

- Die Einführung eines innerbetrieblichen Informationssystem zur Beurteilung der Gefährdungspotentiale zur Reduzierung des Gefahrstoffeinsatzes.
- Der Umbau einer ehemaligen Toilette in ein Gefahrstofflager der Zone 1 mit einem im Brandfall notwendigen Löschwasserrückhaltevolumen.
- Der Umbau des Gasflaschenlagers in Bezug auf die aktuellen brandtechnischen Vorschriften.

4 Kostensenkende Umweltschutzmaßnahmen

Juno hat durch die hier vorgestellten Umweltschutzmaßnahmen ca. 15.000 DM pro Jahr an Kosten eingespart, wobei bei einigen Maßnahmen noch keine beziffebare Auswertung stattfinden konnte.

Einsparung von Roh-, Hilfs- und Betriebsstoffen

Die Kreislaufkühlungen an zwei Metallsägen wurden auf ein Microdosier-Schmiersystem umgestellt. Damit wird der Anfall von Kühlmittelschmieremulsionen vermieden. Es wird eine Reduzierung des Schmiermittelverbrauchs (Öl) von ca. 130 auf 20 Liter pro Jahr erzielt. Durch erhöhten Literpreis bleiben die Kosten für die Kühlschmierstoffe etwa gleich. Die Investition betrug 6.000 DM. Emulsionen zur Entsorgung als Sonderabfall fallen nicht mehr an.

Reduzierung der Wasser- und Abwasserkosten

Zur Erfassung der Wasserverbräuche innerhalb der Produktionsgebäude wurden im Januar 1996 Wasseruhren eingebaut. Dafür waren Investitionen in Höhe von 3.500 DM notwendig. Die bisherige Regelung als Untermieter des Betriebsgebäudes bestand aus einer Umlegung des Gesamtwasserverbrauchs auf unsere

Mitarbeiterzahl in der Produktion. Mögliche Einsparungen durch die verbrauchsabhängige Berechnung sind noch nicht ermittelt.

Reduzierung der Energiekosten

Um die Abnahmemenge an Gas als Untermieter des Betriebsgeländes genau zu ermitteln, wurden Gasmengenzähler eingebaut. Damit kann, statt der bisherigen Umlegung des Gesamtgaseinsatzes auf die anteilige Flächennutzung der Produktionshallen, der Gasverbrauch genau bestimmt werden. Zur genaueren Ermittlung der Emissionswerte der Heizungsanlage entsprechend der anteiligen Nutzung erfolgten Investitionen in Höhe von 7.500 DM. Mögliche Einsparungen sind noch nicht ermittelt.

Reduzierung der Entsorgungskosten

Juno hat ein Abfallwirtschaftskonzept mit einer Abfalltrennung in 21 Fraktionen eingeführt. Diese Abfalltrennung führte von 1994 bis 1995 zu einer Reduzierung des hausmüllähnlichen Gewerbeabfalls von 605 auf 300 m^3. Trotz erhöhter Entsorgungsgebühren durch die Gebietskörperschaften (statt vorheriger privater Entsorgung) erbrachte dies eine Ersparnis von 15.000 DM pro Jahr.

Ferner konnten durch die Einführung von Mehrwegreinigungstüchern die Sonderabfälle reduziert werden. Durch die Rückgabe von Transportverpackungen, spezielle Holzpaletten, an den Lieferanten wurden die Holzabfälle um 7 Tonnen pro Jahr reduziert.

Reduzierung des Verpackungsmaterials

Es findet eine Wiederverwendung der anfallenden unbeschädigten Kartonagen aus dem Wareneingang in dem zentralen Ersatzteilversand statt.

5 Gewünschte politische Maßnahmen

Die wichtigsten politischen Maßnahmen und Ziele, die das Unternehmen für die weitere Verbesserung des Umweltschutzes für notwendig hält, sind:

- Abfallvermeidung
- Die Reduzierung des Energieverbrauchs
- Hinwirkung auf die Installation von einheitlichen Kontrollmechanismen in allen Mitgliedsstaaten der Europäischen Union zur Umsetzung von EU-Richtlinien

48 Landis & Gyr / Landis & Staefa

LANDIS & GYR

LANDIS & STAEFA

Firma:	Landis & Gyr / Landis & Staefa
Anschrift:	Gubelstraße 22 CH-6301 Zug
Ansprechpartner:	Herr Dr. Rafael Stieger
Telefon:	(+41-41) 724 - 50 05
Telefax:	(+41-41) 724 - 49 92
E-Mail:	rafael.stieger@zug.elektrowatt.ch
in Deutschland:	Landis & Staefa (Deutschland) Produktion GmbH Herr Hermann Michel Berliner Ring 23, 76437 Rastatt
Telefon:	(07222) 598 - 242
Telefax:	(07222) 598 - 265
Branche:	Elektroindustrie
Produktpalette:	Gebäudeleittechnik, Dienstleistungen
Beschäftigtenzahl:	18.860 Mitarbeiter
Literatur:	B.A.U.M.-Erhebungsbogen Ökoeffizienz-Bericht 1995

„Wir verstehen den nachhaltigen Schutz der Umwelt als Daueraufgabe - aus ökonomischer Überzeugung und aus Verantwortung der Umwelt sowie unseren Kindern und Kindeskindern gegenüber. Aktiv umweltgerechte Lösungen schaffen gehört zur Basis unseres Denkens und Handelns.“

Landis & Gyr / Landis & Staefa sind als Konzerndivisionen der Elektrowatt AG international tätig. Dabei betrachten sie nicht nur sich selbst als Nutznießer der von ihnen durchgeführten Umweltmaßnahmen. Der ökologische und ökonomische Nutzen liegt vielmehr zum größten Teil bei den Kunden, denen das Unternehmen hilft, ihre Energie- und Kostenbilanz zu verbessern und dadurch Energie zu sparen und Emissionen zu vermeiden. Den Begriff „Ökoeffizienz“ definiert Landis & Gyr:

- „Der Begriff Ökoeffizienz bedeutet, mit ökologischen Verbesserungen ökonomische Vorteile zu erzielen. Das heißt: Wir wollen die Wertschöpfung steigern, indem wir so wenig Ressourcen wie möglich verbrauchen, um die Verschmutzung von Wasser, Boden und Atmosphäre zu verringern.

- Energieeffizienz ist ein Teilbereich der Ökoeffizienz und bedeutet, mit weniger Elektrizität, Gas oder Öl denselben Nutzen zu erzielen."

Landis & Gyr hat aber auch intern ein konzernweites Umweltmanagementsystem aufgebaut. Zur Unterstützung und Sicherung der durchgeführten Umweltmaßnahmen führen die Standorte interne Umweltaudits durch. Bisher sind die Umweltmanagementsysteme der Standorte in Telford, England, nach BS 7750, Croydon, England, nach BS 7750 und ISO 14001, Montluçon, Frankreich, und Stäfa, Schweiz nach ISO 14001, Sevilla, Spanien, nach UNE 77-801 und Huddinge, Schweden, nach ISO 14001 und der EG-Öko-Audit-Verordnung zertifiziert bzw. validiert.

1 Umweltleitlinien

Die umfangreichen Umweltleitlinien von Landis & Gyr sind in der Konzern-Umweltpolitik veröffentlicht:

Zweck - Prinzipien und Zielsetzungen

- Landis & Gyr will seine Verantwortung gegenüber der Umwelt wahrnehmen und deshalb aktiv zur Erhaltung des ökologischen Gleichgewichts beitragen.
- Landis & Gyr integriert deshalb Umweltaspekte in ihr Geschäft. Sie betrachtet diese nicht als Gefahren, sondern als Chancen.
- Die Prinzipien und qualitativen Ziele dieser Umweltpolitik stellen unser ökologisches Denken dar. Wir betrachten diese als ein langfristiges Ziel, das Schritt für Schritt verwirklicht werden wird.

Referenzen - Wirtschaftssysteme können von Ökosystemen lernen

- Landis & Gyr´s Erfolgsprinzipien stellen die Grundlage dieser Politik dar, die sich auf integrales Denken und Handeln abstützt.
- Das Konzept der langfristig tragfähigen Entwicklung (Sustainable Development), welches Natur und Ökonomie aktiv verbindet und der Wirtschaft qualitatives Wachstum ermöglicht, dient als zusätzliche Referenz.

Weitere Aspekte der Umweltleitlinien, die in der Konzern-Umweltpolitik näher ausgeführt sind, lauten:

Partner - Kooperation ist das Fundament jeder konstruktiven Lösung

Zielsetzungen - Der Prozess der Umweltverbesserung beginnt mit dem Setzen von Zielen

Organisationsstrukturen - Der Grundsatz „Denke global, handle lokal" ist im Umweltbereich von großer Bedeutung

Instrumente und Hilfsmittel - Methoden, mit denen die Umweltpolitik realisiert wird

2 Organisation des Umweltschutzes

Der Umweltschutz ist bei Landis & Gyr konzernweit organisiert. Der Konzernbereich Umwelt arbeitet direkt in der Unternehmensspitze und ist als Stabsstelle eng an die Linienverantwortlichen angebunden. Zusätzlich gibt es an bisher 31 Standorten Umweltbeauftragte, die für die Durchführung der Umweltprogramme verantwortlich sind. Sie sind dem jeweiligen lokalen Management unterstellt und haben über den Konzernbereich Umwelt einen direkten Zugang zur Unternehmensspitze. Zusammen mit den Umweltbeauftragten für die Regionen Europa, Amerika und Asien/Pazifik bilden sie das Umweltnetzwerk. Die Aufgaben des Umweltnetzwerks umfassen die Durchführung der Umweltaudits, die Beratung in Umweltangelegenheiten und die aktive Förderung der ökologischen Innovation und Bewußtseinsbildung. Weiterhin gehören zum Umweltnetzwerk direkt in die Prozesse eingebundene Experten, die sog. Umwelt-Prozess-Champions (siehe Abb. 29).

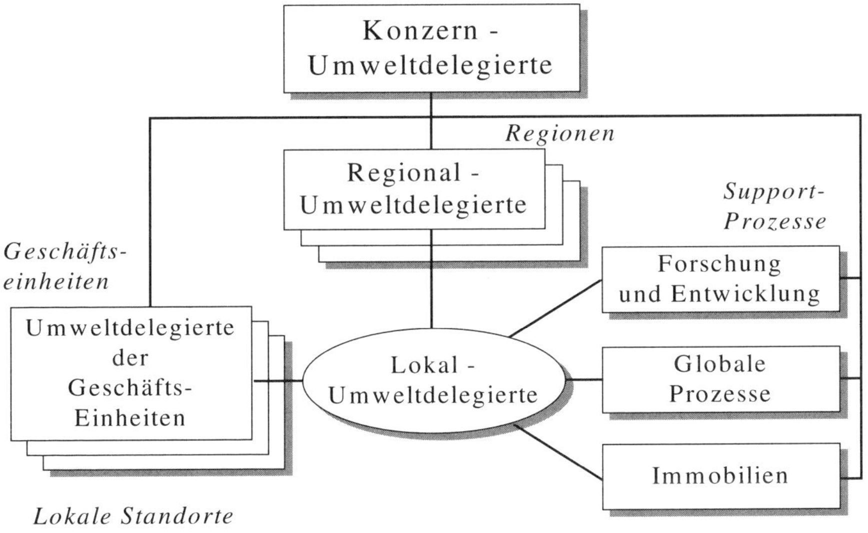

Abb. 29: Die Umweltorganisation von Landis & Gyr

3 Umweltprogramm

Das Programm zum Umweltmanagement von Landis & Gyr wurde mit dem Ziel entwickelt, ökologisch tragfähige Leistungen zu erzielen. Es besteht aus drei Teilen:

Prinzipien und Zielsetzungen

Die Umweltpolitik von Landis & Gyr definiert qualitative Ziele und erklärt ökologische Prinzipien und Vorgehensweisen. Quantitative Ziele sind im Umwelthandbuch des Konzerns definiert. Weitere Umweltthemen sind in lokalen Richtlinien abgehandelt und Bestandteil von bestehenden Abläufen in den Geschäftseinheiten.

Analyse der Umweltverträglichkeit und der Fortschritte

Die standortbezogene Umweltverträglichkeit von Landis & Gyr wird in einem ständigen Umweltaudit-Prozess konzernweit analysiert. Aufgrund der dabei erlangten Erkenntnisse werden Massnahmen für Verbesserungen vorgeschlagen und mit Hilfe eines formalisierten Umsetzungsprozesses realisiert. Es wird eine Methode zur Bewertung der Produkte von Landis & Gyr hinsichtlich ihrer Auswirkungen und Vorteile für die Umwelt während ihrer Lebensdauer entwickelt. Umweltbezogene Daten werden laufend aufgezeichnet und darauf basierende Berichte dienen als Führungsinstrumente.

Umsetzung von Lösungen

Die Umsetzung unseres Umweltprogrammes ist die Aufgabe aller Mitglieder der Landis & Gyr Familie; jeder in seinem speziellen Bereich. Das heisst, dass alle Abteilungen, über den ganzen Produktlebenszyklus hinweg aufgefordert sind, ihren Beitrag zur Verbesserung der Öko-Effizienz von Landis & Gyr zu leisten.

4 Ökobilanz

Nur was gemessen wird, wird bewegt!

Getreu diesem Leitsatz erhebt Landis & Gyr zur Erkennung von ökologischen Schwachstellen und zum Aufspüren von Verbesserungspotentialen konzernweit alle umweltrelevanten Daten. Aus den gesammelten Daten werden Umweltleistungsvergleiche ermittelt. Ebenso legen die Standorte daraufhin ihre Umweltziele und Umweltprogramme fest.

5 Kostensenkende Umweltschutzmaßnahmen

Landis & Gyr führt eine Vielzahl von Umweltmaßnahmen durch bzw. initiiert diese bei ihren Kunden. Mit den hier aufgeführten Beispielen werden alleine mehr als 5 Mio. DM pro Jahr an Kosten eingespart.[18]

Einsparung von Roh-, Hilfs- und Betriebsstoffen

Im Rahmen der Modernisierungsprogramme „Nach-, Um-, und Vorausrüsten" werden gebrauchte Elektrozähler aufbereitet und mit modernen Tarifgeräten ausgerüstet (siehe unten). Eine Weiterverwendung der einzelnen Komponenten in neuen Zählern ist dagegen wegen des technischen Fortschritts nur schwer möglich. Deshalb wird bei Neuentwicklungen verstärkt auf die spätere leichte Zerlegbarkeit geachtet, da bisher die manuelle Zerlegung noch sehr hohe Kosten verursacht und die Ausbeute nur unwesentlich höher als beim Schreddern ist.

Die Designvorgaben für ein einfaches Recycling lauten:

- Modularer Aufbau
- Verwendung von standardisierten Komponenten und Teilen
- Vermeidung von Problemstoffen und Problemkomponenten

[18] Umrechnungskurse vom September 1996: 100 FF = 29,48 DM, 1 US$ = 1,50 DM, 100 öS = 14,28 DM, 1 sFr. = 1,22 DM

- Minimierung der Materialvielfalt
- Minimierung der Stoffvermischung
- Demontagegerechte Verbindungen und Fügestellen
- Leichte Ausbaubarkeit von Wert- und unvermeidbaren Problemkomponenten
- Kennzeichnung der Materialien und Komponenten
- Konstruktion im Hinblick auf eine Wieder- oder Weiterverwendung am Ende des Produktlebens

Reduzierung der Wasser- und Abwasserkosten

Das Elektrizitätszählerwerk von Landis & Gyr in Montluçon, Frankreich, hat seinen Trinkwasserverbrauch durch den Einsatz aufgewärmten Kühlwassers zu Reinigungszwecken sowie den Einsatz von selbstgefaßtem Grundwasser für die Raumkühlung und die Toilettenspülung reduziert. Der Trinkwasserverbrauch sank dadurch um jährlich 3.200 m^3. Die für die technischen Umstellungen erforderlichen Investitionen haben sich dank der Kosteneinsparungen von FF 28.000 oder ca. 8.200 DM pro Jahr innerhalb von 2½ bis 3 Jahren amortisiert.

Im Elementarschuldistrikt Oak Grove in Kalifornien, USA, wurde der Wasserverbrauch durch ein verbessertes Wassermanagement um jährlich 880 m^3 reduziert. Dazu wurden Bewässerungsanlagen automatisiert und auf die durchschnittliche Regenmenge ausgerichtet. Die Kosten für Wasser und Abwasserbehandlung sanken durch die Maßnahmen um US$ 42.680 oder 64.000 DM pro Jahr.

Reduzierung der Energiekosten

In einem ersten Umweltaudit wurden am Standort Montluçon, Frankreich, der Energiebedarf und -verbrauch des Werkes ermittelt. Daraufhin wurde eine neue Laststeuerung eingesetzt, die den Energieverbrauch senkte und unnötige Leistungsspitzen vermeidet. Der Elektrizitätsverbrauch sank daraufhin pro Mitarbeiter von 8.750 kWh auf 6.860 kWh. Die Kosten für elektrischen Strom sanken um FF 420.000 oder 124.000 DM pro Jahr.

Die Installation eines Systems für individuelle Raumtemperaturregelung und Heizkostenerfassung in einer Wohnanlage in Steinhausen, Schweiz, ermöglicht es den Bewohnern, per Tastendruck die Raumtemperatur auf ihre Bedürfnisse einzustellen. Da die Steuerung direkt die Wärmeproduktion der zentralen Heizungsanlage regelt, sinken die Heizkosten mit jeder Verringerung der Raumtemperatur um 1 Grad um etwa 6 %. Gegenüber den Werten vor Einführung des neuen Systems werden seit der Umstellung ca. 5.000 Liter Heizöl pro Jahr eingespart. Im Vergleich liegen die Werte für Heizenergie um 58 %, für Energie zur Warmwassererzeugung um 40 % unter den nationalen Normen für Neubauten.

Das Landeskrankenhaus Feldkirch, Österreich, hat durch eine moderne Glasarchitektur in Verbindung mit einer umfassenden Regelung und Steuerung der haustechnischen Anlagen eine überdurchschnittliche Senkung des Energieverbrauchs und damit der Energiekosten erzielen können. Verglichen mit den Werten vor

Beginn des Umbaus spart das Krankenhaus dadurch mindestens 1,4 Mio. öS oder 200.000 DM pro Jahr und liegt mit einem Anteil der Energiekosten von 1 % am Gesamtbudget weit unter dem europäischen Durchschnitt von 5 %.

Im Elementarschuldistrikt Oak Grove, USA, wurden durch eine Reihe von Energiesparmaßnahmen der Energieverbrauch alleine bei der Beleuchtung um 45 % gesenkt. Die Kosteneinsparungen durch den geringeren Energieverbrauch betragen 240.800 US$ oder 361.000 DM pro Jahr. Zusätzlich erhält der Schuldistrikt wegen seiner geringeren Leistungsaufnahme vom örtlichen Stromerzeuger einen Rabatt in Höhe von 398.900 US$ oder 598.000 DM.

Durch die systematische Erhebung aller Verbrauchsdaten hat Landis & Gyr ermittelt, daß sich im gesamten Konzern seit 1993 die Energiekosten bei ungefähr konstanter Mitarbeiteranzahl und Wertschöpfung um 3,8 Mio. sFr. oder 4,64 Mio. DM pro Jahr gesenkt haben.

Reduzierung der Entsorgungskosten

Durch die Rücknahme von 10 Jahre alten aber noch gebrauchsfähigen Elektrozählern, die im Werk Singapur aufbereitet und anschließend neu geeicht, preisgünstig an Entwicklungsländer verkauft werden, entfallen bei dem Kunden von Landis & Gyr, einem Energieversorgungsunternehmen, die Kosten für die Entsorgung von 148 Tonnen Material pro Jahr. Zusätzlich erhalten Länder, die sich neue Anlagen nicht leisten können, die Möglichkeit, ihren Stromverbrauch zu messen und damit die Grundvoraussetzung zur Reduzierung ihres Energieverbrauchs.

Reduzierung des Verpackungsmaterials

Im Verpackungsbereich wurde am Standort Montluçon, Frankreich, ein Kartonrecycling installiert, durch das die gesamte Abfallmenge um 154 kg pro Mitarbeiter oder 60 Tonnen gesenkt wurde. Der Recyclinganteil an allen Reststoffen erhöhte sich dadurch auf 54 %.

6 Gewünschte politische Maßnahmen

Die wichtigsten politischen Maßnahmen und Ziele, die der Umweltbeauftragte für die weitere Verbesserung des Umweltschutzes für notwendig hält, sind:

- Eine ökologische Steuerreform
- Wegbereitung für internationale Abkommen für die Besteuerung von Flugbenzin
- New Public Management der Umweltämter

49 Miele & Cie. GmbH & Co.

Miele

Firma:	Miele & Cie. GmbH & Co.
Anschrift:	Carl-Miele-Straße 29 33332 Gütersloh
Ansprechpartner:	Herr Hans-Dieter Welpotte
Telefon:	(05241) 89 - 42 81
Telefax:	(05241) 89 - 42 80
Internet:	http://www.miele.de
Branche:	Elektroindustrie und Küchenmöbel
Produktpalette:	Elektrohaushaltsgeräte, Waschanlagen, Gewerbespüler, Desinfektoren, Naßreinigungsanlagen, Küchenmöbel
Beschäftigtenzahl:	14.000 Mitarbeiter (weltweit) Deutschland: 10.000, Gütersloh: 4.800
Literatur:	Umweltbericht 1996, Umwelterklärung Werkstandort Gütersloh 1996

„Getreu der Unternehmensphilosophie "Immer besser" haben wir bei Miele nicht auf gesetzliche Vorgaben gewartet, um Umweltbelastungen zu verringern. Unsere Unternehmensphilosophie verpflichtet uns, die ständige Steigerung der Qualität unserer Arbeit über alles zu stellen. Das Ergebnis sind Produkte von sprichwörtlicher Zuverlässigkeit und Langlebigkeit. Wir konzipieren Haushalts- und Gewerbegeräte sowie Küchen von vornherein so, daß sie 20 Jahre und länger zuverlässig ihren Dienst versehen können. Allein durch die Langlebigkeit unserer Produkte schonen wir schon in beträchtlichem Umfang knappe Ressourcen und vermeiden Abfälle. Unser heutiges Umweltengagement ist deshalb eine logische Konsequenz unserer Unternehmensphilosophie.“

Die Miele & Cie. GmbH & Co. will in Zukunft noch effektiver dazu beitragen, die natürliche Umwelt zu schützen. Um dies zu erreichen, hat das B.A.U.M.-Mitgliedsunternehmen an allen seinen Werkstandorten in Deutschland ein umfassendes Managementsystem aufgebaut, das Arbeitssicherheit, -qualität und Umweltmanagement miteinander kombiniert und daraus zusätzliche Synergien schafft. Die Validierung an allen Werkstandorten in Deutschland nach der EG-Öko-Audit-Verordnung sowie die Zertifizierung nach ISO 14001 als weltweit erstes Unternehmen der Branche dokumentiert auch gegenüber der Öffentlichkeit den hohen

Stand des Umweltmanagements. Bei dem in Österreich gelegenen Werkstandort Bürmoos ist die Validierung und Zertifizierung in Vorbereitung und wird noch 1997 abgeschlossen.

Die von Miele 1992 mitgegründete „Umweltinitiative der Wirtschaft im Kreis Gütersloh" erhielt 1994 zusammen mit vier weiteren Umweltinitiativen in Ostwestfalen den Umweltpreis der Deutschen Bundesstiftung Umwelt.

1 Umweltleitlinien

Für alle Tätigkeiten von Miele gelten die folgenden Umweltleitlinien:

1. Unser Ziel ist es, auf hohem Qualitätsniveau und in ökonomisch wie ökologisch verträglichen Verfahren Produkte herzustellen und zu vermarkten, die nicht nur ein hohes Maß an Leistung und Sicherheit aufweisen, sondern auch in ihrem gesamten Lebenszyklus die Umwelt möglichst gering belasten.
2. Umweltschutz gehört für uns zu den Kernaufgaben. Deshalb stellen wir durch ein Umweltmanagement die erfolgreiche Umsetzung unserer Umweltpolitik sicher. Die zur Erfüllung erforderlichen organisatorischen und technischen Maßnahmen werden dokumentiert und auf ihre Einhaltung geprüft.
   Auch wird das Umweltbewußtsein und die entsprechende Qualifikation unserer Mitarbeiterinnen und Mitarbeiter durch Aus- und Weiterbildung gefördert.
3. Wir wollen negative Umwelteinflüsse, die durch unsere Tätigkeiten entstehen, noch stärker vermeiden oder vermindern. Dabei setzen wir die Einhaltung aller für unser Unternehmen relevanten gesetzlichen Anforderungen als selbstverständlichen Mindeststandard voraus. Unsere Anforderungen gehen jedoch oft darüber hinaus. Wir versuchen, auch unsere Zulieferer und Vertragspartner für die Einhaltung höherer Umweltstandards zu gewinnen.
4. Unsere Verantwortung für die Produkte hört nicht am Werktor auf. Zusammen mit unseren Geschäftspartnern in Handel und Handwerk versuchen wir, die Endverbraucher in unser Umweltengagement einzubeziehen, indem wir auf einen umweltgerechten Gebrauch unserer Produkte hinweisen. Auch haben wir Entsorgungssysteme für gebrauchte Verpackungen und Produkte aufgebaut, um Wertstoffe in den Materialkreislauf zurückzuführen.
5. Wir unterrichten unsere Mitarbeiterinnen und Mitarbeiter, die zuständigen Behörden sowie die interessierte Öffentlichkeit sowohl über die von unserem Unternehmen ausgehenden Umweltbeeinflussungen als auch über unsere Maßnahmen zu ihrer Vermeidung. Dabei ist der offene Dialog für uns selbstverständlich.
6. Die freiwillige Teilnahme am Umweltmanagement- und Umweltbetriebsprüfungssystem nach der Verordnung (EWG) 1836/93 ist für uns eine Herausforderung, der wir uns bis Ende 1996 an allen unseren Produktionsstandorten stellen wollen. Dies gilt auch für die Anforderungen an das Umweltmanagement nach ISO 14001.

2 Organisation des Umweltschutzes

Die Umsetzung der Umweltpolitik wird bei Miele durch ein Management gewährleistet, das für Arbeitssicherheit, Qualität und Umweltschutz gleichermaßen zuständig ist. Die Verantwortlichkeiten sind darin auf allen Ebenen eindeutig geregelt und dokumentiert. Die Geschäftsleitung legt die grundsätzlichen Ziele fest und achtet auf die Einhaltung der Vorgaben. Dazu berichten ihr die zuständigen Stabsstellen über die Fortschritte bei der Umsetzung der Ziele. Die jeweiligen Werksleitungen tragen im Rahmen einer Pflichtenübertragung die Umweltverantwortung für ihren Standort und bestimmen standortspezifische Umweltziele und Umweltprogramme.

Am Werkstandort Gütersloh liegt die oberste Umweltverantwortung beim Geschäftsführer Technik, der gleichzeitig persönlich haftender Gesellschafter ist. Seine Stellvertreter sind für die drei Bereiche „betrieblicher Umweltschutz“, „Werk Electronic“ und „Umweltreferat Produkte“ zuständig. Die zentralen Kontrollfunktionen nimmt der Umweltlenkungsbeirat wahr, der auch Bindeglied zwischen der Geschäftsleitung und den Funktionen ist (siehe Abb. 30). Auf den operativen Ebenen sind die nach dem Umweltrecht erforderlichen Betriebsbeauftragten für Abfall, Immissionsschutz und Gefahrgut bestellt. Weitere Beauftragte erfüllen die Umweltschutzaufgaben in den Bereichen Abwasser, Eigenwasserförderung, Abfall- und Schrottsortierung, Alarm- und Aktionsplan, Brand- und Katastrophenschutz sowie Verpackungsdaten. Alle mit dem Umweltschutz beauftragten Personen sind für ihre Aufgaben qualifiziert und werden bei Bedarf geschult und fortgebildet.

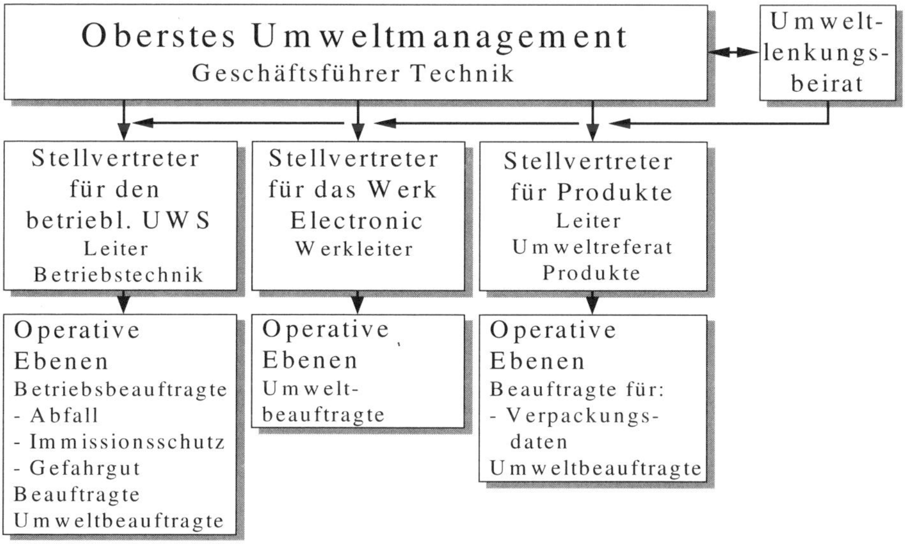

Abb. 30: Die Organisation des Umweltmanagement am Miele-Standort Gütersloh

3 Umweltprogramm

Umweltschutz gliedert sich bei Miele in die Bereiche Produktentwicklung, Materialauswahl und umweltschonende Produktion. Dabei sind Langlebigkeit und Zuverlässigkeit, der Verzicht auf kritische Stoffe, die Kennzeichnung aller Kunststoffteile und der Einsatz hochwertiger Materialien, die zum großen Teil wiederverwertbar sind oder aus Sekundärrohstoff bestehen, sowie die genaue Erfassung der Input- und Output-Ströme in den Werken und daraus resultierende ökologische Verbesserungsmaßnahmen die Kernbestandteile des unternehmensübergreifenden Umweltprogramms. Jeder Standort legt eigene spezifische Umweltziele und geeignete Programme zur Erreichung dieser Ziele fest. In den Umwelterklärungen sind diese Ziele und Maßnahmen sowie die Verantwortlichkeiten und die Termine für die Durchführung dokumentiert.

4 Input-/Outputbilanz

Als Grundlage zur Festlegung des Umweltprogramms dienen Miele die genaue Erfassung der betrieblichen Input- und Output-Ströme. Darin sind sowohl unternehmensweit als auch standortbezogen alle wichtigen Umweltparameter aufgeführt. Der Vergleich mit der Vorjahresbilanz zeigt die Veränderungen der Umwelteinwirkungen und gibt somit Hinweise auf die Wirksamkeit der durchgeführten Maßnahmen. Die Entwicklung von Kennzahlen, mit denen auch branchenweite Vergleiche möglich sind, wird aufgrund einer fehlenden einheitlichen Methodik und Bewertung als kritisch angesehen. So müßte z.B. die Fertigungstiefe, die bei Miele etwa 65 % beträgt, mitberücksichtigt werden.

5 Kostensenkende Umweltschutzmaßnahmen

Miele betrachtet Umweltschutz als Bestandteil seines täglichen Planens und Handelns. Umweltschutz ist Teil eines gesamten Prozesses bzw. einer Planung und Verringerungen im Verbrauch sind grundsätzlich als ökologischer und auch ökonomischer Erfolg zu werten. Miele beschränkt sich daher bei den beispielhaft aufgeführten Maßnahmen auf die Angabe von prozentualen Werten für die auch im Umweltschutz erreichten, relevanten Einsparungen. Bei den Investitionskosten wird die genaue Abgrenzung des umweltrelevanten Anteils für äußerst schwierig gehalten und deshalb sollen auch hier keine Angaben gemacht werden.

Einsparung von Roh-, Hilfs- und Betriebsstoffen

Im Werk Electronic in Gütersloh werden elektronische Steuerungen entwickelt und gefertigt. Dabei werden die Prozesse so umweltverträglich wie möglich gestaltet. Ein Beispiel sind die Lötverfahren, mit denen Miele oberflächenmontierbare (SMT) und bedrahtete Bauteile (THT) verarbeitet:

Für SMT wird eine Lotpaste (Zinn, Blei, Silber) auf die Leiterkarte gedruckt. Leere Lotpastenbehälter erhält der Lieferant zum Neubefüllen zurück. Bei Fehldrucken werden die Leiterplatten mit einem von Miele entwickelten Reinigungssystem gewaschen und können erneut verwendet werden. Die entstehenden Abwässer werden in einer Filteranlage gereinigt.

THT-Bauteile werden nach der Bestückung auf der Leiterkarte in einem Schwallbad auf der Unterseite gelötet. Durch technische Verbesserungen konnte der Verbrauch von Lot 1995 um rund 29 % gesenkt werden. Ebenso konnte der Verbrauch an Flußmitteln durch den Einsatz von geschlossenen Sprühfluxern um 20 % gesenkt werden. Die verwendeten Fluxmittel beim Schwallöten und in den SMT-Pasten sind wasserlöslich und halogenfrei.

Miele hat seine Wasch- und Geschirrspülautomaten als erstes Unternehmen der Branche mit einer optischen Schnittstelle ausgestattet, über die die Steuereinheit des Gerätes mit neuen Programmen nachgeladen werden kann. Auf diese Weise ist es möglich, neue Waschprogramme, die z.B. zur optimalen Nutzung neuer Entwicklungen bei Wasch- und Spülmitteln notwendig sind, auch auf Altgeräte zu übertragen. Dieses „Updating" erhöht die Umweltverträglichkeit und Wirtschaftlichkeit der Geräte, denn sie bleiben während ihrer langen Lebensdauer stets auf dem neuesten Stand der Technik bezüglich Energie- und Wasserverbrauch. Der Kunde schont also wertvolle Ressourcen und spart gleichzeitig bei den Kosten für Strom und Wasser.

Reduzierung der Wasser- und Abwasserkosten

Am Standort Bielefeld wurden in den Produktionsprozessen, wie z.B. im Kühlsystem der Schweißanlagen, geschlossene Wasserkreisläufe geschaffen. Dadurch wurde der Wasserverbrauch um 10 % verringert und eine Belastung des Abwassers vollständig vermieden. Die Maßnahme führte auch zu Kosteneinsparungen bei Wasser- und Abwassergebühren.

Reduzierung der Energiekosten

Durch ein konsequentes Energiemanagement am Standort Gütersloh ist die Erhöhung des Strombedarfs trotz hoher Automation und gestiegener Produktion gering geblieben. Zu den einzelnen Maßnahmen gehörten u.a. der durchgängige Einsatz von elektronischen Vorschaltgeräten in der Beleuchtungstechnik, die Neuentwicklung der Bürobeleuchtung, optimierte Drehzahlregelungen und verbesserte Steuerungstechnik. Allein im Bereich der Bürobeleuchtung konnten Einsparungen um ca. 61 % erreicht werden. Ein verbessertes Lastmanagement bewirkte eine Verringerung des Leistungsspitze beim Strombezug um 15 % und führte damit auch zu einer Verringerung der Kosten für elektrische Energie.

Die Ausstattung aller Lüftungsanlagen mit Wärmerückgewinnungsanlagen erlaubt die Ausnutzung der Sekundärwärme, die in den Räumen durch Beleuchtung, Antriebe etc. entsteht, zur Raumbeheizung. Erst unter einer Außentemperatur von 4° C muß in Gütersloh zusätzlich geheizt werden. Die Gesamteinsparung, die durch die Nutzung der Sekundärwärme erzielt wird, beläuft sich auf jährlich etwa

16.000 MWh und spart damit nicht nur Primärenergieträger und vermindert den CO2-Ausstoß, sondern reduziert auch die Kosten für die Bereitstellung von Wärmeenergie. Weitere Beispiele zur Energieeinsparung am Standort Gütersloh sind die Nutzung der Abwärme aus der Kälte- und Drucklufterzeugung sowie die Verbesserung der Gebäudeisolierung. In der Endmontage senkt die gleichzeitig als Sonnenschutz konzipierte, wärmedämmende Kapillarverglasung im Vergleich zu einer sonst üblichen Verglasung den Wärmeverbrauch um ca. 25 % und den Stromverbrauch in Verbindung mit einer Konstantlichtregelung um ca. 37 %.

Der übrigbleibende Raumwärmebedarf wird zu 40 % (das sind 14.000 MWh) mit Fernwärme gedeckt. Die Fernwärme stammt aus der Kraft-Wärme-Kopplung eines benachbarten Industrieunternehmens, bei dem die dort anfallende Abwärme einer Gas- und Dampfturbinenanlage genutzt wird.

Die Ausstattung der Haushaltsgeschirrspüler und bestimmter Typen von Waschautomaten mit einem Warmwasseranschluß ermöglicht es dem Kunden, sein Gerät mit Warmwasser zu versorgen, das durch geringeren Verbrauch an Primärenergie umweltfreundlich und kostengünstiger z.B. mit Solaranlagen oder modernen Brennwertkesseln erzeugt worden ist. Im Gerät vermindert sich die elektrische Aufheizzeit und führt zu einem deutlichen Rückgang im Stromverbrauch und dem damit verbundenen Primärenergieeinsatz bzw. CO_2-Ausstoß. Die Einsparungen an Energiekosten liegen mit bis zu 59 % am höchsten, wenn auf Solarenergie zur Warmwasserbereitung zurückgegriffen werden kann. Bei Gas bzw. Ölzentralheizung mit Warmwasserbereitung liegen die Einsparungen an Energiekosten bei bis zu 39 % (Gas) bzw. 44 % (Öl).

Reduzierung der Entsorgungskosten

Das von Miele durchgeführte Abfallwirtschaftskonzept dient neben der Erfüllung der sich aus dem KrW-/AbfG ergebenden Dokumentationspflicht auch der Schwachstellenanalyse im Abfall- und Entsorgungsbereich. Als Konsequenz des Abfallwirtschaftskonzepts konnte allein am Werkstandort Gütersloh das Abfallaufkommen von 1995 bis 1996 um fast 2.400 Tonnen oder ca. 22 % verringert werden. Der Anteil der nicht verwertbaren Abfälle sank im gleichen Zeitraum um knapp 6 %.

Reduzierung des Verpackungsmaterials

Neue Verpackungslinien verbunden mit dem Einsatz neuester Verpackungstechnologien tragen bei Haushaltswasch- und -trockenautomaten zu einer Reduzierung des Verpackungsgewichts um ca. 20 % bei. So beträgt allein die Gewichtsreduzierung bei der PE-Folie etwa 50 %. Weiterhin werden durch die neue Verpackungstechnik jährlich etwa 46.000 m^3 Erdgas gespart, das bisher zum Schrumpfen der PE-Folie erforderlich war.

50 Mitsubishi Semiconductor Europe GmbH

MITSUBISHI
SEMICONDUCTOR EUROPE GMBH

Firma:	Mitsubishi Semiconductor Europe GmbH
Anschrift:	Konrad-Zuse-Straße 1 52477 Alsdorf
Ansprechpartner:	Herr Bernd Bremen
Telefon:	(02404) 99 - 20 60
Telefax:	(02404) 99 - 20 12
Branche:	Elektrotechnik
Produktpalette:	Halbleiter
Beschäftigtenzahl:	570 Mitarbeiter
Literatur:	B.A.U.M.-Erhebungsbogen Umwelterklärung 1995/96 BMU und UBA, Handbuch Umweltkostenrechnung, 1996

Die Mitsubishi Semiconductor Europe GmbH ist ein Tochterunternehmen des japanischen Weltkonzerns Mitsubishi und produziert an ihrem Standort in Alsdorf Speicherchips für die Computerindustrie. Der Standort Alsdorf des B.A.U.M.-Mitgliedsunternehmens wurde im Dezember 1995 erfolgreich nach der EG-Öko-Audit-Verordnung validiert und erhielt Anfang 1997 das Zertifikat nach ISO 14001.

1 Umweltleitlinien

Mitsubishi Semiconductor Europe (MSE) setzt sich das Ziel, mit seinem erworbenen Wissen und den besten zur Verfügung stehenden Technologien bei jeder Geschäftstätigkeit die Umwelt zu schützen und deren Schädigung zu vermeiden. Die Umweltleitlinien lauten:

1. Der Umweltschutz wird von MSE als wichtiger Bestandteil der Unternehmensführung angesehen. MSE stellt sicher, daß dieser durch Beachtung konkreter Ziele und Verhaltensweisen auf allen Ebenen umgesetzt wird.

2. Durch Schaffung des firmenumfassenden Umweltmanagement-Systems stellt MSE sicher, daß bei der Einführung neuer Produkte und Verfahren die Umwelt geschützt und Ressourcen geschont werden.

3. Die Auswirkungen der unternehmerischen Tätigkeit auf die Umgebung und die Umwelt werden von MSE geprüft, beurteilt und überwacht, und es werden alle notwendigen Maßnahmen ergriffen, um Umweltbelastungen zu vermeiden, zu beseitigen, zumindest aber zu verringern oder zu minimieren. So sollten zum Beispiel das Abfallaufkommen und der Energie- sowie Wasserverbrauch reduziert werden.

4. Ausgehend von jedem Produktionsschritt über den Vertrieb bis zur Entsorgung des Produktes nach Gebrauch sehen es die Mitarbeiter bei MSE als ihre Aufgabe, die angewandten Technologien, Verfahren, Materialien und Arbeitsabläufe umweltgerecht zu optimieren.

5. Es werden notwendige Maßnahmen ergriffen, um unfallbedingte Emissionen von Stoffen oder Energie zu vermeiden. In Zusammenarbeit mit den zuständigen Behörden wird die Vorgehensweise bei nicht vermeidbaren unfallbedingten Ableitungen abgestimmt, um deren Auswirkungen möglichst gering zu halten.

6. Es werden Vorgaben erarbeitet, die unsere auf dem Betriebsgelände arbeitenden Vertragspartner zur Anwendung der gleichen Umweltnormen verpflichten, wie sie für MSE selbst gelten. Darüber hinaus überprüft MSE den betrieblichen Umweltschutz und die Praktiken bei seinen Auftragsnehmern, Lieferanten und Entsorgern.

7. MSE informiert und schult seine Mitarbeiter, damit diese ihrer Tätigkeit umweltbewußt und umweltverantwortlich nachgehen und auch im privaten Bereich zu umweltgerechtem Verhalten motiviert werden. MSE unterstützt seine Mitarbeiter bei ihren Umweltaktivitäten.

8. MSE verpflichtet sich, die Aufgeschlossenheit und den Dialog im Umgang mit den Arbeitnehmern und der Öffentlichkeit zu fördern und auf deren Besorgnisse hinsichtlich der mit Tätigkeiten, Produkten, Abfällen oder Dienstleistungen verbundenen Risiken einzugehen.

9. Über die gesetzlichen Anforderungen hinaus setzt sich MSE Ziele, die der kontinuierlichen Verbesserung des betrieblichen Umweltschutzes dienen.

10. MSE läßt die Wirksamkeit seiner Umweltorganisation und -aktivitäten regelmäßig überprüfen und informiert alle Mitarbeiter über die Resultate.

11. Unsere Kunden, die Öffentlichkeit und die zuständigen Behörden werden in einem jährlichen Umweltbericht über die von unserem Unternehmen ausgehenden Umweltbelastungen und über unsere umweltbezogenen Leistungen informiert.

2 Organisation des Umweltschutzes

Die Betriebsbeauftragten für Gewässerschutz, Abfall und Gefahrgut sowie der Umweltbeauftragte unterstützen die Aufrechterhaltung und Weiterentwicklung des Umweltmanagementsystems durch Beratung der Mitarbeiter, Überwachungstätigkeiten und ständigen Kontakt mit den zuständigen Behörden.

In jeder Abteilung mit umweltrelevanten Aufgaben sind Personen benannt, die die Bereiche Gewässerschutz, Abfall und Gefahrgut innerhalb ihrer Abteilung überwachen (siehe Abb. 31).

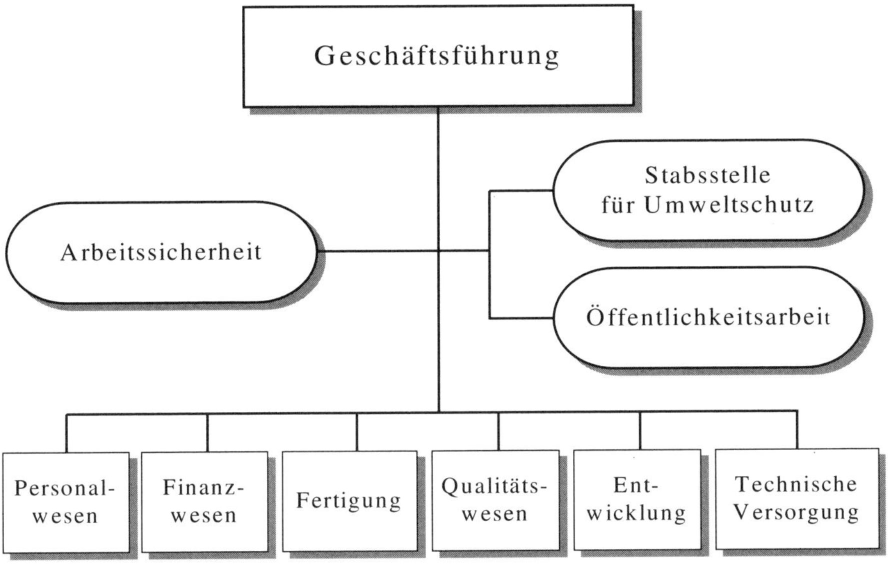

Abb. 31: Die Organisation von Mitsubishi Semiconductor Europe

3 Umweltprogramm

Die wesentlichen Umweltziele im Umweltprogramm von Mitsubishi Semiconductor Europe sind:

- Reduktion des produktspezifischen Energieverbrauchs (d.h. des Energieverbrauchs pro Mikrochip) bis zum Jahr 1997 gegenüber 1993.
- Reduktion der Produktionsabfälle pro Produkt um 10 % bis zum Jahr 1997 gegenüber 1993.
- Einbeziehung, Schulung und Unterweisung aller Mitarbeiter in Umweltproblematiken.
- Untersuchungen zur Erhöhung des Anteils des wiederverwendeten Produktionsabwassers um 18 % bis zum Jahr 1997 verglichen mit 1993.
- Erhöhung der Anlagensicherheit, speziell im Umgang mit wassergefährdenden Stoffen.

4 Kostensenkende Umweltschutzmaßnahmen

Mitsubishi Semiconductor Europe erzielte durch verschiedene Maßnahmen vor allen Dingen im Wasser/Abwasser- und im Energiebereich erhebliche Einsparungen von insgesamt über 760.000 DM pro Jahr.

Reduzierung der Wasser- und Abwasserkosten

Durch die Wasserrückführung bei Spülen und Wafer-Sägemaschinen (Dicer) in den Kühlwasserkreislauf konnten im Jahr 1995 etwa 7.500 m^3 Abwasser wiederverwendet werden. Die damit einhergehende Reduzierung der Frischwasserkosten liegt bei 18.377 DM. Die Abwasserkosten sanken um 37.880 DM. Mit einer Investition von 33.000 DM im Jahre 1993 wurde eine Gesamteinsparung bei den Wasser- und Abwasserkosten von 56.257 DM (1995) erreicht.

Die Rückführung von Abwasser aus den LTV-Vakuumpumpen über Kühler wieder in den Wasserkreislauf erbrachte eine Kostensenkung von 10.300 DM pro Jahr durch eine jährliche Wasser- und Abwasserersparnis von 1.400 m^3. Die dafür notwendigen Investitionen beliefen sich auf 16.000 DM.

Eine ähnliche Maßnahme wurde beim Hochdruckreiniger durchgeführt. Die Rückführung über Filter und Kühler zur Hochdruckpumpe reduziert die Abwassermenge um 3.240 m^3 pro Jahr. Die jährlichen Betriebskosten betragen dafür 3.000 DM. Die hier erzielten Einsparungen belaufen sich auf 21.300 DM. Die Investition betrug 21.500 DM.

In der Galvanik entstehen jährlich etwa 15 m^3 Abwasser, die vor allem mit Blei und Zinn belastet sind und einen hohen CSB-Wert aufweisen. Dieses Abwasser wurde früher von einem externen Entsorger übernommen. Da die Zusammensetzung der Schadstoffe produktionsspezifisch und deshalb nicht immer von einer sicheren Entsorgung seitens einer Fremdfirma ausgegangen werden kann, wurde eine interne Abwasserbehandlung entwickelt, in der mit Hilfe von Fällstoffen und Additiven die Einhaltung der Grenzwerte zur Einleitung des Abwassers sichergestellt ist. Da alle dazu notwendigen Anlagen bereits im Unternehmen zur Verfügung standen, waren keine neuen Sachinvestitionen notwendig. Die eigene Abwasserbehandlung ist kostengünstiger als die Fremdentsorgung und spart deshalb über 11.000 DM pro Jahr.

Reduzierung der Energiekosten

Indem die Klimaanlage für jeden Raum oder Gebäudebereich abhängig von der Tageszeit und den unterschiedlichen Erfordernissen (Büros, Küche, Umkleiden usw.) von einer zentralen Leittechnik gesteuert wird, konnten ohne Sachinvestitionen Energieeinsparungen von jährlich 48.000 kWh an elektrischer Energie erreicht werden. Die zentrale Steuerung erbrachte Einsparungen von 7.920 DM pro Jahr.

Die Auswertung von Leistungsdaten ergab, daß von ursprünglich 18 Umluftgeräten 10 Geräte abgeschaltet werden konnten, ohne daß sich die Raumkonditionen verschlechtern. Hierdurch werden jährlich ca. 1.920 MWh elektrische Energie eingespart. Dies führte 1995 zu einer Kostensenkung von etwa 317.000 DM.

Zur Optimierung der Außenluftanlage wurde ein Steuerungsprogramm entwickelt, das eine optimale Temperatur- und Feuchtigkeitsführung in den Produktionsräumen gewährleistet. Dabei wird die Abwärme der Maschinen zur Raumheizung und eine kühle Frischlufttemperatur zur Raumkühlung genutzt. Die Sollwerte bzw. die Betriebszustände der Lüftungsanlage werden automatisch an die Temperatur und Feuchtigkeit der Außenluft angepaßt. Dadurch müssen die zugeführte Frischluft weniger erwärmt und die Produktionsräume weniger gekühlt werden. Eine Entfeuchtung kann teilweise vermieden werden. Der Erdgasverbrauch konnte durch diese Steuerung um jährlich 143.000 m^3 und der Verbrauch an elektrischer Energie um jährlich 365 MWh gesenkt werden. Ohne nennenswerte Investitionen werden hierbei ca. 107.000 DM pro Jahr an Kosten eingespart.

Die Idee einer weiteren Maßnahme war die effiziente Nutzung kalter Außentemperaturen zur Erzeugung von Kälte für die Klimatisierung. Hierbei wird Kaltwasser direkt über die Kühltürme erzeugt. Bei einer Außentemperatur unter 8° C können deshalb die Kältemaschinen abgeschaltet werden. Dies ist im Jahresdurchschnitt an 134 Tagen oder 3.220 Betriebsstunden möglich. Mit einer Investitionssumme von 124.000 DM wird durch die Nutzung der Außenkälte eine Einsparung von jährlich 750.000 kWh und eine Kostensenkung von 113.000 DM pro Jahr erzielt.

Reduzierung der Entsorgungskosten

Die Antistatik-Beschichtung von Verpackungsröhren für Chips ist nach einmaligem Gebrauch so beschädigt, daß die Röhren bisher entsorgt werden mußten. Durch die Neubeschichtung der Verpackungsröhren in einer Behindertenwerkstatt können diese wiederverwendet werden. Mit dieser Maßnahme wurde 1995 eine Reduzierung des PVC-Abfalls um 5,1 Tonnen erreicht, die sich als Kostensenkung von 124.000 DM pro Jahr niederschlägt. Die Investition betrug lediglich 7.000 DM. Die erzielten Einsparungen im Bereich Roh-, Hilfs- und Betriebsstoffe wurden nicht ausgewertet. Zusätzlich konnten durch diese Maßnahme 12 Dauerarbeitsplätze in der Werkstatt für Behinderte in Aachen eingerichtet werden.

51 Siemens AG

SIEMENS

Firma:	Siemens AG
Anschrift:	Wittelsbacherplatz 2 80333 München
Ansprechpartner:	Herr Dr. Frank Becker Unternehmenskommunikation Umweltschutz Otto-Hahn-Ring 6 81739 München
Telefon:	(089) 636 - 499 61
Telefax:	(089) 636 - 492 20
Internet:	http://www.siemens.de/infoshop.d/ index_d.htm
Branche:	Elektroindustrie
Produktpalette:	Elektrische Geräte, Maschinen, Industrieanlagen, Energietechnik, Informationstechnik
Beschäftigtenzahl:	379.000 Mitarbeiter
Literatur:	B.A.U.M.-Erhebungsbogen Grundsätze des Umweltschutzes, 1995 Umweltberichte 1995, 1996 Technik für die Umwelt 1997

„Umweltschutz bietet ökonomische Chancen als geschäftspolitisches Instrument, wenn er aktiv und offensiv als Wettbewerbsfaktor eingesetzt wird. Diese Aufgabe muß in allen Bereichen der Siemens AG als integraler Bestandteil der Unternehmenspolitik wahrgenommen werden."

Entsprechend ihrer wirtschaftlichen und gesellschaftlichen Bedeutung nimmt die Siemens AG ihre Verantwortung für den Umweltschutz ernst und ist seit vielen Jahren bemüht, die Umweltauswirkungen ihrer Aktivitäten so gering wie möglich zu halten. Neben dem Schutz der Umwelt spielt dabei auch die Gewißheit eine Rolle, daß Umweltschutz „mehr und mehr zu einem ökonomischen Faktor im Sinne positiver Kostenwirkung" wird, und daß „die Berücksichtigung der umweltrelevanten Auswirkungen schon aus Gründen der Kostenminimierung zu beachten" sind. Dies kommt auch in der Tatsache zum Ausdruck, daß im Januar 1997 bereits 32 Standorte von Siemens oder verbundener Unternehmen nach der

EG-Öko-Audit-Verordnung validiert waren. Weitere 14 Siemens-Organisationen waren nach ISO 14001 zertifiziert.

1 Umweltleitlinien

Die Umweltleitlinien von Siemens lauten:

> Wir fühlen uns der Schonung unserer Umwelt und dem sparsamen Umgang mit den natürlichen Ressourcen verpflichtet. Dies gilt für unsere Fertigungsprozesse ebenso wie für unsere Produkte. Bereits bei der Entwicklung unserer Produkte sind die möglichen Folgelasten für unsere Umwelt zu bedenken. Es ist unser Bestreben, Umweltbelastungen - auch über die geltenden Vorschriften hinaus - zu vermeiden.
>
> Dies bedeutet im einzelnen:
>
> - Wir arbeiten kontinuierlich daran, über die Einhaltung der Umweltschutzvorschriften hinaus Umweltauswirkungen sowie den Energie- und Ressourcenverbrauch zu verringern.
> - Wir ergreifen alle notwendigen Maßnahmen, um Umweltschäden zu verhindern.
> - Umweltauswirkungen werden bereits auf möglichst früher Stufe der Produkt- und Verfahrensplanung beurteilt und berücksichtigt.
> - Wir stellen durch geeignetes Umweltmanagement sicher, daß unsere Umweltpolitik wirkungsvoll umgesetzt wird. Die hierzu notwendigen technischen und organisatorischen Verfahren werden regelmäßig überprüft und fortlaufend weiterentwickelt.
> - Umweltbewußtes Handeln gehört zu den Aufgaben eines jeden Mitarbeiters. Das Verantwortungsbewußtsein für die Umwelt auf allen Ebenen auszubauen und zu fördern, ist eine ständige Führungsaufgabe.
> - Wir wirken auf unsere Vertragspartner ein, nach gleichwertigen Umweltleitlinien zu verfahren wie wir selbst. Mit den zuständigen Behörden arbeiten wir kooperativ zusammen.
> - Wir informieren die interessierte Öffentlichkeit über die vom Unternehmen ausgehenden Umweltauswirkungen und unsere umweltbezogenen Leistungen. Unseren Kunden geben wir Hinweise zur umweltverträglichen Nutzung unserer Produkte.

2 Organisation des Umweltschutzes

Seit 25 Jahren gibt es bei Siemens ein eigenes Referat, das sich mit allen wichtigen Themen des Umweltschutzes im Unternehmen beschäftigt. Um jedoch eine durch alle Bereiche durchgängige Struktur sicherzustellen, wurde 1990 das „Drei-Ebenen-Modell“ eingeführt (siehe Abb. 32).

Ebene 1 umfaßt die Gesamtverantwortung im Vorstand. Um das für den Umweltschutz verantwortliche Vorstandsmitglied bezüglich seiner Richtlinienkompetenz, Aufsichtspflicht und Kontrollbefugnis richtig zu beraten, wurden ihm die Unternehmensreferate Umweltschutz und Technische Sicherheit zur Seite gestellt.

Diese Referate übernehmen auch die fachliche Vertretung von Siemens bei externen Stellen.

In Ebene 2 wird die Verantwortung und Zuständigkeit auf der Ebene der Unternehmensbereiche geregelt. Hier ist jeweils ein Mitglied des 2- oder 3-köpfigen Bereichsvorstands mit der Verantwortung in seinem Bereich betraut. Auch auf dieser Ebene wird die Fachkompetenz durch die Bereichsreferate Umweltschutz sichergestellt.

Um eine bis in die einzelnen Betriebe durchgängige Organisation sicherzustellen sind auf Ebene 3 die Leiter der Betriebe für den Umweltschutz verantwortlich. Die fachliche Umsetzung erfolgt dabei durch die Umweltschutzbeauftragten. Neben den gesetzlich verpflichteten Beauftragten sorgen zusätzlich weitere Umweltschutzbeauftragte für die Erfüllung der Leitlinien.

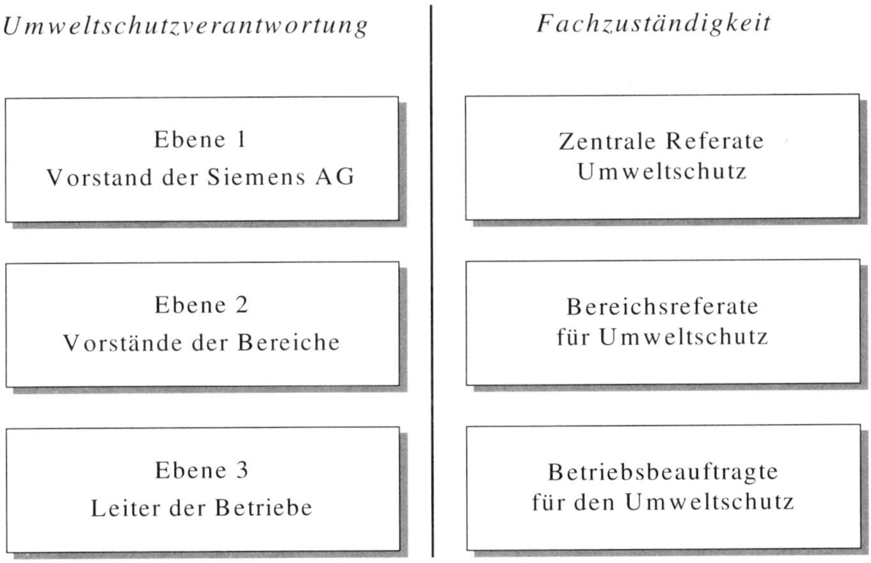

Abb. 32: Die Drei-Ebenen-Regelung des Umweltschutzes bei Siemens

3 Umweltprogramm

Die Umweltpolitik von Siemens unterscheidet zwischen

- Aufgaben des produktbezogenen Umweltschutzes und
- Aufgaben des betrieblichen Umweltschutzes.

Detaillierte Umweltprogramme werden auf Bereichs- bzw. Betriebsebene festgelegt und sind zum Beispiel in den Umwelterklärungen der validierten Standorte aufgeführt.

4 Kostensenkende Umweltschutzmaßnahmen

Effiziente Herstellungsverfahren können ökologisch und ökonomisch sinnvoll sein. Ziel der Maßnahmen bei Siemens ist es, ohne Qualitätsabstriche die Umweltauswirkungen zu verringern. Einige Maßnahmen, die zu einer Kostensenkung geführt haben, sollen hier vorgestellt werden. Die Summe der dadurch erzielten Einsparungen erreicht eine Höhe von über 10 Mio. DM pro Jahr.

Einsparung von Roh-, Hilfs- und Betriebsstoffen

Im Berliner Lampenwerk der Siemens-Tochter Osram wurde ein neues, selbstentwickeltes Verfahren zur Rückgewinnung von Molybdän und Säure eingeführt. Dabei wird molybdänhaltiges Gemisch aus Schwefel- und Salpetersäure nicht mehr mit Kalkmilch neutralisiert und anschließend deponiert. Statt dessen wird zunächst das Molybdän unter erhöhten Druck- und Temperaturbedingungen als unlösliches Molybdäntrioxid ausgefällt. Das nahezu molybdänfreie Säuregemisch kann dann in mehreren Destillationsschritten in Schwefelsäure (98 %), Salpetersäure (65 %) und Wasser mit einem geringen Säurerestgehalt getrennt werden. Durch dieses Verfahren können jährlich 12 Tonnen Molybdän und 200 Tonnen Säure in den Produktionsprozeß zurückgeführt werden. Der Abwasseranfall reduzierte sich von 365 auf 50 m^3 im Jahr. Durch den Aufarbeitungsprozeß werden an Kosten für die Schlammdeponierung und neue Frischsäuren 262.000 DM pro Jahr eingespart. Dazu kommt ein erheblicher Zugewinn an Sicherheit, da die giftige Abfallsalpetersäure früher zur Entsorgung mit hohem Sicherheitsaufwand durch die Stadt Berlin transportiert werden mußte. Diese beiden Faktoren rechtfertigen die hohen Investitionskosten von 4,25 Mio. DM. Osram wurde für die Realisierung der Anlage mit dem Berliner Umweltpreis 1995 ausgezeichnet.

Zur Rückgewinnung von wertvollen Rohstoffen sind durch prozeßintegrierte Maßnahmen sowie gezielte Abwassertrennung wirtschaftlich attraktive Lösungen möglich. In der Galvanik des Werkes Speyer werden jährlich 2000 kg Kupfer, 200 kg Zink, 80 kg Palladium, 6 kg Gold sowie etwa 7.500 Liter Polierbad und 1.700 Liter Nickelbad zurückgewonnen. Als Nebeneffekt verminderte sich die Abwassermenge um 50 % und die Abfallmenge um 30 %.

Reduzierung der Wasser- und Abwasserkosten

Bei der Herstellung integrierter Schaltungen („Chips") werden große Mengen an Spülwasser umgesetzt, die jedoch wegen der hohen Reinheitsanforderungen nur gering verunreinigt sind. Siemens hat deshalb an bestehenden Standorten Programme zur Umrüstung auf Kreislaufführung durchgeführt. Bei der Konzeption neuer Werke sind diese Erkenntnisse bereits Bestandteil der Planung.

Am Siemens-Standort München-Balanstraße wurde eine Anlage installiert, mit der die ionischen Verbindungen (Säuren, Salze) und organische Stoffe (Lösungsmittel, Tenside) aus den Spülwässern gewonnen werden. Die Anlage besteht aus den Komponenten Anionenaustauscher, Mischbett und Adsorberharz, wobei letzteres weltweit erstmalig zur Reduzierung organischer Stoffe in der Kreislaufführung eingesetzt wird. Im Endausbau werden jährlich ca. 100.000 m^3 Wasser im Kreis geführt. Durch die Verwendung vorhandener Teile kann mit einer Investition von 450.000 DM eine Einsparung von 385.000 DM pro Jahr erzielt werden.

Bei der Konzeption des derzeit modernsten Siemens-Halbleiterwerkes in Dresden wurde ein Umweltschutzkonzept entwickelt, das ein Höchstmaß an Ressourcenschonung durch Wertstoffrückgewinnung, Wasserrecycling, Abfallvermeidung und rationelle Energieverwendung erzielt. Der Ausbau erfolgt zur Zeit parallel zum Hochfahren der Produktion. Angaben zu finanziellen Einsparungen sind mangels Vergleichbarkeit mit einer Altanlage nicht möglich.

Eine konsequente Auftrennung des Abwassers in Teilströme schafft u.a. die Möglichkeit zur Rückgewinnung von Schwefel-, Salz- und Phosphorsäure. Dadurch können jährlich etwa 650 Tonnen Schlammabfälle vermieden und über 400 Tonnen Aufbereitungschemikalien eingespart werden. Eine 70-prozentige interne Kreislaufführung des Spülwassers wird den Bedarf an Stadtwasser erheblich vermindern. Eine zukunftsweisende Membrantechnik vermeidet dabei durch Reduzierung der Aufbereitungschemikalien weitgehend eine Abwasseraufsalzung. Im Rahmen des Hochfahrens der Produktion wird daran gearbeitet, auch wasserintensive Sonderverfahren wie das „Chemical-Mechanical Polishing“ (CMP) in die Kreislaufführung einzubeziehen. Dabei muß in Kooperation mit Spezialfirmen im Weltmaßstab Neuland betreten werden. Die bei den Arbeiten gewonnenen Erkenntnisse stehen jedoch später allgemein zur Verfügung.

Insgesamt konnte Siemens in Deutschland durch Wassereinsparung und Kreislaufmaßnahmen innerhalb von vier Jahren die Abwassereinleitung in die öffentliche Kanalisation von 10,9 Mio. m^3 auf 5,2 Mio. m^3 halbieren. Wegen gestiegener Abwassergebühren verringerten sich die Kosten jedoch nur von 20,24 Mio. DM (1992) auf 13,85 Mio DM (1995). Dies entspricht einer durchschnittlichen Einsparung von ca. 6,39 Mio. DM pro Jahr.

Reduzierung der Energiekosten

Im Siemens-Werk in Traunreuth wurden eine Reihe unterschiedlicher Ansätze zur Energieeinsparung verwirklicht. Beispielsweise verringerte der Einbau von Zeitrelais, die Lampen und Maschinen steuern und dadurch unnötige Beleuchtung und Leerlaufbetrieb in den Pausen vermeiden, die Stromkosten um etwa 50.000 DM pro Jahr.

Ein noch größerer Effekt konnte bei den elektrochemischen Prozeßbädern mit ihrem hohen Kühlwasserbedarf erzielt werden. Das angewärmte Wasser wird jetzt nach den 95° C heißen Bädern in den Heizkreislauf eingeleitet und für die Gebäudeheizung genutzt. Einer Investition von 2,1 Mio. DM steht hier eine Energiekosteneinsparung von 1,8 Mio. DM pro Jahr gegenüber.

Auf rationellen Energieeinsatz wurde auch beim Halbleiterwerk in Dresden besonderer Wert gelegt. Zu den Maßnahmen zählen verlustarme Niedertemperaturheizsysteme bei der Wärmeversorgung, ein optimiertes Umluftsystem im Reinraum mit reduziertem Energieverbrauch (optimierte Kühler, Schalldämpfer und Ventilatoren), energiesparende Beleuchtungstechnik sowie der Einsatz der zentralen Leittechnik zur betrieblichen Optimierung der Versorgungsanlagen.

Reduzierung der Entsorgungskosten

Zum Ätzen von Aluminiumbändern in der Kondensatorfertigung in Heidenheim wird ein Gemisch aus Schwefelsäure und Salzsäure eingesetzt. Das Säuregemisch reichert sich bei diesem Verfahren mit gelöstem Aluminium an. Würde diese verbrauchte, metallhaltige Säure in einer Abwasserbehandlungsanlage mit Lauge neutralisiert werden, so müßte das Aluminium in Form von Hydroxidschlamm auf eine Sonderabfalldeponie gebracht werden. Dabei würden jährlich etwa 7.000 Tonnen Schlamm und 18.000 m^3 Abwasser anfallen - mit der Folge von jährlichen Kosten in Höhe von ca. 2,3 Mio. DM.

Um diese hohen Abfall- und Abwassermengen mit den zugehörigen Kosten zu vermeiden, wird die aluminiumhaltige Säure mit einer produktionsintegrierten Umwelttechnik, der Diffusionsdialyse, gereinigt. Bei dieser Technik werden Membranen aus Austauscherharz eingesetzt, die - wenn sie als Trennschicht zwischen reinem Wasser und der beladenen Säure eingesetzt werden - für die Säure durchlässig sind, das Aluminium jedoch zurückhalten. Durch diese Technik können 80 % der Prozeßsäuren zurückgewonnen und im Kreislauf gefahren werden. Das abgetrennte Aluminium wird im Tankzug zur kommunalen Kläranlage gefahren und dient dort zur Phosphatfällung. Mit Hilfe dieser Recyclingtechnik können Kondensatoren in Heidenheim wirtschaftlicher gefertigt werden.

Insgesamt konnte Siemens in Deutschland seine Abfallmengen in den letzten Jahren fast halbieren, wobei der Rückgang bei den nicht verwertungsfähigen Bestandteilen mit 74 % besonders stark ausfiel.

Reduzierung des Verpackungsmaterials

Im Verpackungsbereich sind globale Zahlen angesichts der enormen Breite des Produktspektrums (Mikrochips bis Kraftwerkskomponenten) und der stark auftragsabhängigen Liefermengen nicht möglich.

Der bereichsübergreifend arbeitende „Arbeitskreis Verpackung“ ist das Informationsforum für Ideen und Vorschläge, wie Verpackungsmaterial vermindert, bzw. durch recycelbare Alternativen oder Mehrweglösungen ersetzt werden kann. Letztere bieten sich vor allem dann an, wenn der Lieferung an den Kunden die Rücknahme eines entsprechenden Produktes gegenübersteht. Dies ist z.B. beim Ersatzteilaustausch von Röntgenstrahlern der Fall, für die eine spezielle Mehrwegverpackung entwickelt wurde. Diese ist einheitlich für alle Bestimmungsplätze weltweit, benötigt keine weiteren Hilfs- oder Transportmittel und dient zugleich als Montagehilfe für den Austausch des Strahlers.

Eine andere Lösung hat der Bereich Halbleiter für die aus hochwertigem Kunststoff bestehenden Funktionsverpackungen der integrierten Schaltungen gewählt. Sie werden gesammelt und zur Wiederverwendung in das Werk zurücktransportiert.

Ein Beispiel für eine recycelbare Einweglösung ist die für den Flachbettdrucker HPR 4905 entwickelte Verpackung aus Wellpappe.

5 Gewünschte politische Maßnahmen

Die wichtigsten politischen Maßnahmen und Ziele, die das Unternehmen für die weitere Verbesserung des Umweltschutzes für notwendig hält, sind:

Eine konkrete Maßnahme wäre die Umsetzung der IVU-Richtlinie in nationales deutsches Recht, um die Planungssicherheit zu verbessern.

- Die gesetzlichen Regelung sind so zu gestalten, daß in möglichst vielen Fällen das Eigeninteresse der Beteiligten dazu führt, daß umweltpolitisch richtige Dinge getan werden (marktwirtschaftlicher Ansatz statt bürokratischer Zwangsmaßnahmen).
- In Zusammenarbeit mit dem Entwicklungshilfeministerium und dem Außenministerium sollten Strategien entwickelt werden, um bei Infrastrukturprojekten in den sich industrialisierenden Staaten stärker Umweltgesichtspunkte zur Geltung zu bringen (Bei gleicher Investitionssumme bringt die Erstinstallation eines Filters in China mehr Umweltnutzen als verfeinerte Maßnahmen in Deutschland.).

52 Siemens Nixdorf Informationssysteme AG

SIEMENS NIXDORF

Firma:	Siemens Nixdorf Informationssysteme AG
Anschrift:	Otto-Hahn-Ring 6 81730 München
Ansprechpartner:	Herr Alois Hampp
Telefon:	(0821) 599 - 29 99
Telefax:	(0821) 599 - 34 40
Internet:	http://www.sni.de
Branche:	Elektronikindustrie
Produktpalette:	Computersysteme, Softwarelösungen, Consulting, Training
Beschäftigtenzahl:	34.000 Mitarbeiter
Literatur:	B.A.U.M.-Erhebungsbogen Ökologische Briefe Nr. 6, 1996 Umweltberichte 1995 und 1996, Umwelterklärungen des Bereichs „Wiedervermarktung und Recycling", Paderborn 1995, und des Geschäftsgebietes PC, Augsburg 1996

Die Siemens Nixdorf Informationssysteme AG richtet ihr Handeln an ihrem Unternehmensleitsatz zum Umweltschutz aus:

> „Wir fühlen uns der Schonung unserer Umwelt und dem sparsamen Umgang mit den natürlichen Ressourcen verpflichtet. Dies gilt für unsere Fertigungsprozesse ebenso wie für unsere Produkte. Bereits bei der Entwicklung unserer Produkte sind die möglichen Folgelasten für unsere Produkte zu bedenken. Es ist unser Bestreben, Umweltbelastungen - auch über die geltenden Vorschriften hinaus - zu vermeiden oder auf ein Minimum zu reduzieren."

Das B.A.U.M.-Mitgliedsunternehmen hat im November 1995 seinen Bereich „Wiedervermarktung und Recycling" in Paderborn und im Juli 1996 die Geschäftsgebiete „Personal Computer und Open Enterprise Computing" in Augsburg nach der EG-Öko-Audit-Verordnung validiert. Der Standort in Paderborn und das Reparatur-Center Paderborn sind nach DIN ISO 14001 zertifiziert. Der Leiter des Referats Umweltschutz, Herr Alois Hampp, wurde 1995 mit dem B.A.U.M.-Umweltpreis ausgezeichnet.

1 Umweltleitlinien

Aus dem Unternehmensleitsatz zum Umweltschutz hat Siemens Nixdorf seine Umweltleitlinien abgeleitet:

- Wir arbeiten kontinuierlich daran, über die Einhaltung der Umweltschutzvorschriften hinaus Umweltauswirkungen sowie den Energie- und Ressourcenverbrauch zu verringern.
- Wir ergreifen alle technisch machbaren und wirtschaftlich vertretbaren Maßnahmen, um Umweltschäden zu verhindern.
- Umweltauswirkungen werden bereits auf möglichst früher Stufe der Produkt- und Verfahrensplanung beurteilt und berücksichtigt.
- Wir stellen durch geeignetes Umweltmanagement sicher, daß unsere Umweltpolitik wirkungsvoll umgesetzt wird. Die hierzu notwendigen technischen und organisatorischen Verfahren werden regelmäßig überprüft und fortlaufend weiterentwickelt.
- Umweltbewußtes Handeln gehört zu den Aufgaben eines jeden Mitarbeiters. Das Verantwortungsbewußtsein für die Umwelt auf allen Ebenen auszubauen und zu fördern ist eine ständige Führungsaufgabe.
- Wir wirken auf unsere Vertragspartner ein, nach gleichwertigen Umweltleitlinien zu verfahren, wie wir selbst. Mit den zuständigen Behörden arbeiten wir kooperativ zusammen.
- Wir informieren die interessierte Öffentlichkeit über die vom Unternehmen ausgehenden Umweltauswirkungen und unsere umweltbezogenen Leistungen. Kunden geben wir Hinweise zur umweltverträglichen Nutzung unserer Produkte.

2 Organisation des Umweltschutzes

Bei Siemens Nixdorf liegt die Verantwortung für den Umweltschutz beim Vorstand, der in einem Vorstandsbeschluß die Wahrnehmung der Verantwortung auf ein Vorstandsmitglied und ein Geschäftsführungsmitglied übertragen hat. Diese haben die Organisations- und Aufsichtspflicht, die Richtlinienkompetenz und die Kontrollbefugnis für alle Funktionen und Teile des Unternehmens. Die Leiter der Geschäftsgebiete, die die Verantwortung im Umweltschutz nicht nur für die Fertigung, sondern gleichermaßen auch für die Entwicklung, Vertrieb und Montage wahrnehmen, bilden die zweite Verantwortungsebene (siehe Abb. 33).

Das Referat Umweltschutz unterstützt den Vorstand und die übrigen Verantwortlichen mit seiner Fachkompetenz. Auch die Umweltschutzbeauftragten und alle anderen mit Fragen des Umweltschutzes befaßten Stellen des Hauses erhalten durch das Referat Umweltschutz Hilfestellung. In der zweiten Ebene sind auf der fachlichen Seite Umweltschutzbeauftragte tätig. Sie haben auf dieser Ebene eine beratende Funktion und koordinieren unter anderem die gesetzlich geforderten Beauftragten für Immissionsschutz, Gewässerschutz und Abfall.

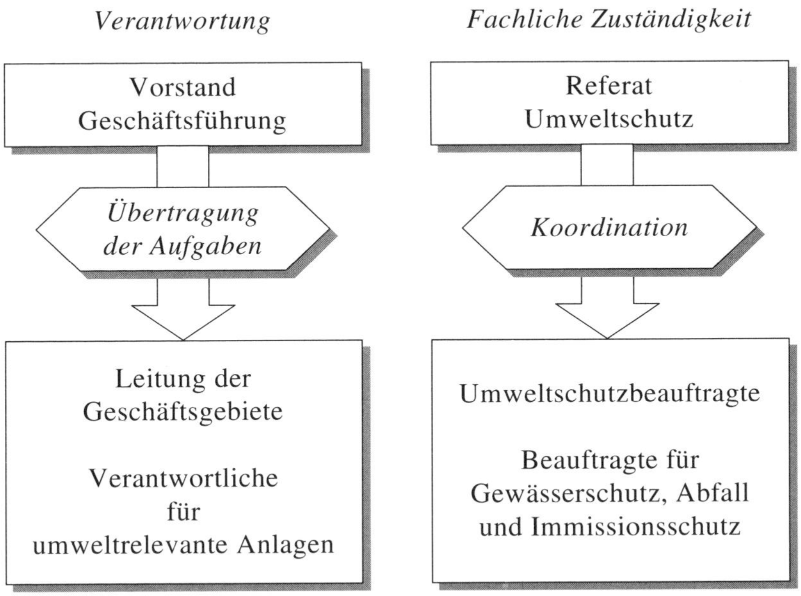

Abb. 33: Die Umweltschutzorganisation bei Siemens Nixdorf

3 Umweltprogramm

Die unternehmensweiten Umweltschutzziele von Siemens Nixdorf sind im Umweltbericht 1996 dargestellt. Ein konkretes Umweltprogramm mit Zielen, Maßnahmen und Vorgaben zu deren Realisierung hat der Bereich Wiedervermarktung und Recycling in Paderborn sowie das Geschäftsgebiet PC in Augsburg aufgestellt und in seinen Umwelterklärungen veröffentlicht.

4 Materialbilanz

Eine funktionierende Materialwirtschaft ist die Voraussetzung zur Erfassung von Materialströmen. Dabei werden Daten der Input-Stoffbilanz tagesaktuell erfaßt und können strukturiert und systematisiert jederzeit abgerufen werden. Die Input-Stoffbilanz erfaßt z.B. im Groß-Computer-Bereich über 6.000 verschiedene Materialien über ein sogenanntes Baunummern-System. Auf der Output-Seite werden die Produkte sowie alle anderen vom Unternehmen ausgehenden Stoffflüsse, insbesondere Reststoffe und Abfälle, erfaßt. Neben den Stoffströmen werden auch die Energieströme bilanziert.

5 Kostensenkende Umweltschutzmaßnahmen

Siemens Nixdorf führt in seinen Standorten eine Vielzahl von Umweltschutzmaßnahmen durch. Im folgenden sind einige Maßnahmen aufgeführt, die zu Kosteneinsparungen in Höhe von ca. 2,75 Mio. DM pro Jahr geführt haben.

Einsparung von Roh-, Hilfs- und Betriebsstoffen

Ein Minimierungsgebot für eingesetzte Materialien und Energie sowie die Kennzeichnung der verwendeten Materialien, die modulare Bauweise, die demontagefreundliche Konstruktion und das erklärte Ziel nach Langlebigkeit für die Produkte führte dazu, daß 1994 der erste PC von Siemens Nixdorf mit dem „Blauen Engel“ für Langlebigkeit und recyclinggerechte Produktion ausgezeichnet wurde.

Reduzierung der Wasser- und Abwasserkosten

In der Galvanik wurde eine Kreislaufführung der Spülwässer eingerichtet, bei der das verunreinigte Wasser zunächst verschiedene mechanische Filter durchläuft. Eine Ionenaustauschanlage entfernt danach die Schadstoffe aus dem Spülwasser, und es kann so gereinigt erneut zu Spülzwecken eingesetzt werden. Bezogen auf den Gesamtwasserverbrauch werden ca. 70 % des Wassers im Kreislauf geführt, wodurch jährlich ca. 140.000 m^3 Wasser oder 714.000 DM pro Jahr eingespart werden. Die Investitionssumme betrug 1,1 Mio. DM.

Reduzierung der Energiekosten

Am Standort Paderborn wird zur Stromversorgung ein Blockheizkraftwerk mit Kraft-Wärme-Kopplung eingesetzt, mit dem etwa 1/3 der an diesem Standort benötigten elektrischen Energie erzeugt wird. Durch die eigene Stromversorgung kann auf ein separates Notstromaggregat verzichtet werden. Die im Blockheizkraftwerk anfallende Wärme wird in den Hauptwärmeverteiler der Energiezentrale eingebracht und dient als Prozeßenergie sowie zur Heizung von Produktions- und Büroräumen. Im Sommer kann die Wärme über sechs Absorptions-Kältemaschinen zu Kühlzwecken genutzt werden. Mit der Kraft-Wärme-Kopplung wird Druckluft für die Fertigung erzeugt, sowie eine Kesselanlage mit vier Gas-Gebläsebrenner-Kesseln betrieben. Durch den hohen Wirkungsgrad des Blockheizkraftwerks von h = 85 % wird Primärenergie eingespart und die CO_2-Emission verringert. Die Verringerung der Spitzenlast, die beim örtlichen Stromversorger abgerufen werden muß, reduziert die Stromkosten um insgesamt 840.000 DM pro Jahr.

Im Werk Augsburg wurden zwischen 1980 und 1991 zahlreiche Maßnahmen zur Energieeinsparung durchgeführt. Insgesamt halfen diese Maßnahmen, die Energiekosten um über 2 Mio. DM oder durchschnittlich 200.000 DM pro Jahr zu senken.

Siemens Nixdorf nutzt ein zweistufiges Powermanagement für seine PC, das den Energieverbrauch der PC um ca. 50 % senkt. Dazu schaltet der PC nach einer individuell einstellbaren Bearbeitungspause zunächst in einen „Stand-by“ Modus, aus dem heraus in einer zweiten Stufe in den „Save to disk-mode“ geschaltet wird. Die Leistungsaufnahme beträgt hier nur noch 2 W (beim SCENIC Pro C5) und lediglich die Tastatursteuerung und der Hauptspeicher werden mit Strom versorgt. Für den Anwender bedeutet das Powermanagement eine durchschnittliche Kosteneinsparung von 25 DM pro Gerät und Jahr. Würden weltweit jährlich ca. 50 Mio. PC mit einem solchen Powermanagement ausgerüstet, ergäbe sich eine reduzierte PC-Leistung von 4.400 MW. Die Energieeinsparung und die dadurch verursachte Kosteneinsparung würde Milliardenhöhe erreichen. Der Powermanagement-PC wurde von der Umweltbehörde der USA mit dem Energy Star Label ausgezeichnet.

Reduzierung der Entsorgungskosten

Ein umfassendes Recyclingkonzept führt zu einem ständig steigenden Anteil an wiederverwendbarem oder recycelbarem Material in der Reststoffmenge. Zu diesem Zweck wurde im Oktober 1996 eine weltweit einmalige, voll automatische Anlage in Betrieb genommen, die alle nicht schwarzen Kunststoffe mittels Infrarot-Spektroskopie identifiziert, sortenrein trennt und zu Granulat zermahlt. Für zurückgewonnene Wertstoffe erlöst das Unternehmen etwa 1 Mio. DM pro Jahr.

Reduzierung des Verpackungsmaterials

Im Verpackungsbereich entwickelt und erprobt Siemens Nixdorf Mehrwegsysteme und den Einsatz von recyclingfähigem Material. Der Einsatz luftgefederter Transportfahrzeuge half, die Verpackungsmenge bei PC um 50 % zu reduzieren. Ein Füll- und Polstermaterial aus nachwachsenden Rohstoffen wird bereits bei Zubehörprodukten als Stoßabsorber eingesetzt. Zahlenwerte zu Kosteneinsparungen liegen hierzu noch nicht vor.

6 Gewünschte politische Maßnahmen

Die wichtigsten politischen Maßnahmen und Ziele, die das Unternehmen für die weitere Verbesserung des Umweltschutzes für notwendig hält, sind:

- Die Deregulierung der gesetzlichen Umweltbestimmungen
- Die Schaffung von steuerrechtlichen Anreizsystemen für umweltorientierte Unternehmen
- Die Stärkung des Kooperationsprinzips
- Die konsequente Umsetzung ökologischer Beschaffungsrichtlinien bei den öffentlichen Auftraggebern wegen deren Vorbildfunktion
- Die absolute CO_2-Reduzierung aus Verbrennungsprozessen fossiler Energieträger durch Einführung einer differenzierten Energiesteuer auf Basis vergleichbarer Prozesse unter Berücksichtigung physikalisch-energetischer Gesetzmäßigkeiten
- Die Beschleunigung und Vereinfachung von umweltrechtlichen Genehmigungsverfahren

53 Sony Deutschland GmbH

SONY

Firma:	Sony Deutschland GmbH
Anschrift:	Hugo-Eckener-Straße 20 50829 Köln
Ansprechpartnerin:	Frau Renate Augustynak
Telefon:	(0221) 59 66 - 977
Telefax:	(0221) 59 66 - 97 11
Branche:	Elektronikindustrie
Produktpalette:	Unterhaltungselektronik, professionelle Produkte für die Anwendung in Industrie und Fernsehanstalten
Beschäftigtenzahl:	1.700 Mitarbeiter
Literatur:	B.A.U.M.-Erhebungsbogen CeBit Home 1996: Pressemappe

„Schritt für Schritt Produkte, Verpackungen und Produktionsprozesse der Umwelt zuliebe umgestalten und verbessern - darin sieht die Geschäftsleitung der Sony Deutschland GmbH eine der wichtigsten Aufgaben der Zukunft. In den Bereichen Produktion, Verpackung und Energieverbrauch haben bereits zahlreiche Entwicklungen zu ressourcenschonenden Lösungen geführt. Die in diesem Bereich angefallenen Ausgaben machen heute einen großen Teil des Budgets für Sonys Umweltaktivitäten aus, Tendenz steigend."

Sony betrachtet das Umweltmanagement als wichtiges Instrument, um den wirtschaftlichen Erfolg des Unternehmens und den Schutz der Umwelt in idealer Weise zu kombinieren. Die entsprechende Zielsetzung der Sony Corporation in Tokio, Japan, die Landesgesellschaften weltweit nach dem internationalen Standard ISO 14001 zertifizieren zu lassen, wurde von der Sony Deutschland GmbH als erste Vertriebsgesellschaft umgesetzt. Im Juli 1996 wurden die Service-Bereiche SCS (Sony Consumer Service, Köln), REF (Refurbishing), FQE (Field Quality Engineering) und B&TR (Business & Trade Relations) nach ISO 14001 zertifiziert. Sony-Wega in Fellbach ist seit Januar 1996 nach der EG-Öko-Audit-Verordnung validiert. Der Sony-Konzern verleiht jährlich den „Umwelt-Award" zur Förderung besonderer Umweltaktivitäten innerhalb der Sony-Gesellschaften. Im Jahr 1995 wurde neben Sony Dax Plant in Frankreich auch das

B.A.U.M.-Mitglied Sony Deutschland für das beste Umweltmanagement aller Sony-Gesellschaften ausgezeichnet.

1 Umweltleitlinien

Sony ist sich der Tatsache bewußt, daß der globale Umweltschutz eine der wichtigsten Aufgaben ist, die sich in der heutigen Welt stellen. Die Belange des Umweltschutzes werden daher bei Sony in sämtlichen Unternehmensabläufen in vollem Umfang berücksichtigt. Die folgenden Zielsetzungen gelten für alle Konzerngesellschaften weltweit:

- Ständige Verbesserung der Umweltschutzarbeit durch Einhaltung aller umweltbezogenen Gesetze und Vorschriften sowie Festlegung eigenständiger Normen zum Umweltschutz
- Möglichst weitgehende Abfallvermeidung, Schonung der natürlichen Ressourcen und Wiederverwertung von Rohstoffen in allen Bereichen der Unternehmenstätigkeit
- Einschränkung der Verwendung und Emission ozonschädlicher Substanzen durch Einsatz von Ersatzstoffen
- Entwicklung umweltfreundlicher Technologien und Produkte
- Durchführung von Umwelt-Audits nach ISO 14001 und Förderung eines aktiven Umweltmanagements
- Durchführung umweltbezogener, interner Fortbildungsmaßnahmen, um das Umweltbewußtsein unter den Mitarbeitern zu stärken

Erklärtes Ziel der Sony-Corporation ist es zudem, bis zum Jahr 2000 alle von Sony hergestellten Produkte mit dem Label „Green Plus" zu versehen. „Green Plus"-Produkte zeichnen sich durch umweltverträgliche Produktion, niedrigen Energieverbrauch, besondere Recyclingfreundlichkeit und Langlebigkeit aus. Zur Zeit wird jährlich pro Produktkategorie mindestens ein „grünes" Produkt entwickelt.

2 Organisation des Umweltschutzes

Der Umweltschutz ist bei der Sony Corporation weltweit organisiert. In der Sony-Zentrale in Tokio erarbeitet der Bereich Corporate Environmental and Community Affairs Lösungen zur Produkt- und Verpackungsoptimierung sowie mittelfristige und langfristige Konzepte zur Abfallvermeidung. Für die europäischen Umweltaktivitäten wurde in Fellbach bei Stuttgart das Environmental Center Europe eingerichtet, dessen Mitarbeiter das einheitliche Vorgehen der 21 europäischen Landesvertriebsgesellschaften sowie der Entwicklungs- und Produktionsstätten in Europa koordinieren.

Bei Sony Deutschland plant und koordiniert die Umweltabteilung (siehe Abb. 34) alle Umweltaktivitäten des Unternehmens und führt in Zusammenarbeit mit dem Trainingscenter für alle Mitarbeiterinnen und Mitarbeiter Schulungen und Weiterbildungsmaßnahmen zum Thema „Umweltmanagement“ durch. Darüber hinaus stimmt der sechsköpfige Sony-Umweltausschuß vierteljährlich neue Maßnahmen ab und erarbeitet weitere Ziele. Die Mitarbeiter können sich in internen Seminaren, am „grünen Brett“, über das Sony E-Mail-System und die Berichterstattung in den hauseigenen Medien, wie z.B. der Mitarbeiterzeitung, über Sonys Umweltaktivitäten informieren.

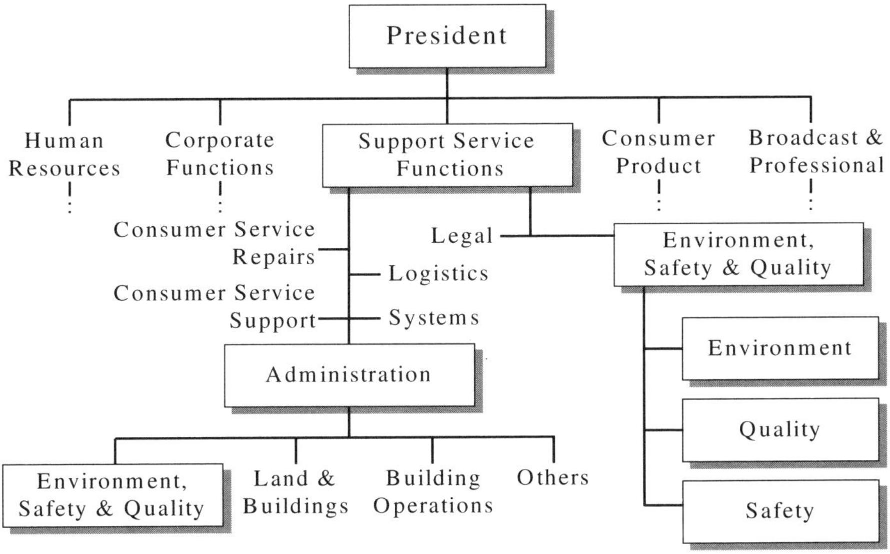

Abb. 34: Die Organisation von Sony Deutschland

3 Umweltprogramm

Das Umweltprogramm von Sony Deutschland beinhaltet folgende Maßnahmen:

- Verminderung und Wiederverwertung bestimmter Abfallarten, wie z.B. Kartonagen, Folien und Papier sowie Verbesserung der sortenreinen Trennung
- Überprüfung von möglichen Alternativen zu umweltgefährdenden Arbeitsstoffen
- Verbesserung der sicherheitsgemäßen Lagerung und umweltgerechten Entsorgung von Gefahrstoffen
- Verstärkung der umweltbezogenen Information und Schulung der Mitarbeiter

Im Sinne einer kontinuierlichen Verbesserung der Umweltaktivitäten der Sony Deutschland wird die Leistung des Service-Bereiches durch regelmäßige, interne Audits überprüft und bewertet. Die Geschäftsleitung ist so in der Lage, die Umweltleitlinien zu modifizieren und neue Ziele festzulegen. Einmal jährlich überprüft ein externer Gutachter das Umweltmanagementsystem von Sony Deutschland. Zur Zeit arbeitet die Umweltabteilung daran, den kompletten Standort Köln sowie alle Niederlassungen von Sony Deutschland nach ISO 14001 zu zertifizieren.

4 Kostensenkende Umweltschutzmaßnahmen

Mit den hier vorgestellten Umweltschutzmaßnahmen erzielt Sony Deutschland eine Kostensenkung in Höhe von mehr als 12,5 Mio. DM pro Jahr.

Einsparung von Roh-, Hilfs- und Betriebsstoffen

Ziel von Sony ist es, bereits von Anfang an durch intensive Grundlagenforschung und Produktentwicklung unter ökologischer Prämisse einen möglichst umweltverträglichen Fernseher zu schaffen. Dabei müssen recyclingfähige Fernsehgeräte von der Konstruktion her keineswegs teurer sein als andere Fernseher. Ein standardisierter und sparsamer Einsatz von Materialien sowie einfach zu lösende Verbindungstechniken sind nicht teurer, sondern kostengünstiger. Ein kostengünstiges und marktfähigeres Produkt ist das Ergebnis. Die in Tab. 8 angegebenen prozentualen Kosteneinsparungen ergeben sich durch verringerten Materialverbrauch, Reduktion der eingesetzten Materialien und kürzere Montagezeiten. Die Gesamteinsparungen belaufen sich dadurch auf ca. 12 Mio. DM pro Jahr.

Baugruppe	Standard Design	1. Generation Umwelt-Design	2. Generation Umwelt-Design
Gehäuse komplett	100 %	-29,0 % (neu: =100 %)	-30,0 %
Lautsprecherbox	100 %	-51,5 % (neu: =100 %)	-5,5 %

Tab. 8: Prozentuale Kosteneinsparungen in der Fernseherproduktion bei Sony

Umweltschonende Maßnahmen bei der Produktentwicklung am Beispiel von Materialien, Produktionsverfahren und Energieverbrauch, werden unter anderem bei den Sony-Fernsehern der KV-C-, KV-WS- und KV-S-Reihe in der Produktionsstätte in Fellbach bei Stuttgart durchgeführt:

Materialien

- Kennzeichnung aller Kunststoffteile über 20 Gramm, also auch von Kleinstteilen. Grundlage sind die DIN 7728 bei den Geräten und die DIN 6120 bei den Verpackungen.
- Reduzierte Sortenvielfalt: Rund 95 % der eingesetzten Kunststoffe enthalten zum leichteren Recycling nur einen Basispolymer-Grundstoff.
- Verwendung sortenreiner Kunststoffe, auf Verbundmaterialien wird verzichtet.
- Reduzierung der Kunststoffmenge um rund 23 % gegenüber dem Vorgängermodell durch eine spezielle Spritztechnik, „Air-Molding".
- Einsatz von halogenfreien Flammschutzmitteln in Kunststoffen für Gehäuseteile und Chassisrahmen.

Produktionsverfahren

- „Air-Molding" - so heißt eine spezielle Spritztechnik, durch die die Kunststoffmenge wesentlich gegenüber dem Vorgängermodell reduziert wird.
- Mit CAE (Computer Aided Engineering) und CAD (Computer Aided Design) optimierte Produktionsprozesse, um die verwendeten Materialien effizient einzusetzen.

- Sony verwendet weltweit in der Produktion und bei Verpackungen kein FCKW.
- Seit 20 Jahren wird kein Cadmium mehr bei der Bildröhren-Produktion verwendet.
- Leichte Demontage der Geräte durch Schiebe- und Schnapptechnik anstelle von Schraub- und Klebetechnik.
- Kein Einsatz von Mix-Materialien, die das Recycling erschweren oder unmöglich machen.
- Bei vielen Gehäuse-Komponenten wird die Lackierung durch eingefärbtes Material ersetzt, z.B. bei der Rückwand und den Bass-Lautsprechern der KV-C-Serie.
- Herstellung der TV-Gehäuse mit Wasserlack.

Energieverbrauch

- Reduzierung der Stand-by-Leistungsaufnahme durch neue Schaltungstechniken um ca. 80 % auf rund 1,9 W.

  Beispiel: Bei einer Stand-by-Zeit von 21 Stunden pro Tag kostet die Leistungsaufnahme bei einem Fernseher der KV-WS-Serie pro Jahr (Haushaltstarif: 0,148 DM/kWh):

  – Vorgängermodell: 11,34 DM bei 10 Wh
  – Neues Modell der KV-WS-Serie: 2,16 DM bei 1,9 Wh

Dieses Beispiel kann nur im Zusammenhang mit der Stand-by-Leistungsaufnahme aller TV-Geräte gesehen werden: In Deutschland liegt der Energieverbrauch dafür nach ZVEI-Angaben zur Zeit im Giga-Watt-Bereich. Endverbraucher und Industrie sind deshalb gleichermaßen gefordert, die Leistungsaufnahme für die Stand-by-Zeit auf ein Minimum zu reduzieren. Diese Tendenz ist im TV-Markt bereits zu erkennen.

Reduzierung der Entsorgungskosten

Sony Deutschland verfährt bei der Entsorgung der verschiedenen Abfallarten bundesweit nach einem einheitlichen System des getrennten Sammelns von Fraktionen. Dieses Konzept dient dem Umweltschutz und hat Sonys Kosten für die Entsorgung deutlich reduziert. Die nunmehr sauber getrennten Fraktionen führten im Geschäftsjahr 1995/96 zu den in Tab. 9 aufgeführten Einsparungen, die in der Summe ca. 500.000 DM betragen. Arbeitszeiten, die nicht mehr für Entsorgungswege oder Säubern von Speditionshöfen und Verkehrsflächen anfallen, sind als Einsparung nicht berücksichtigt worden. Für die Erarbeitung und Umsetzung dieses Abfallentsorgungskonzeptes wurde Sony Deutschland 1995 mit dem Sony „Umwelt-Award“ in der Kategorie „Management Prize Worldwide“ ausgezeichnet.

Im Sinne des nachhaltigen Wirtschaftens hat Sony ein bundesweites Recyclingsystem für Computer-Monitore etabliert, das beim Fachhandel und Verbraucher große Resonanz hervorruft. Rund 800 PC-Händler haben sich als Annahmestelle für ausgediente Displays angemeldet. Mehr als 100.000 Marken, die als „Erkennungszeichen“ für das System dienen, sind bereits an die Verbraucher ausgegeben worden. Das Recyclingkonzept entwickelte Sony Deutschland in Kooperation mit der Rethmann Elektrorecycling GmbH[19] in Lünen.

[19] Rethmann Elektrorecycling GmbH, Brunnenstraße 138, 44536 Lünen, Telefon: (02306) 106 - 1

	Alt	Neu	Einsparung
Einwegpaletten Köln	70.080 DM	0 DM	70.080 DM
Styropor	96.580 DM	3.640 DM	92.940 DM
Folie	18.940 DM	5.200 DM	13.740 DM
Hausmüll	99.967 DM	64.570 DM	35.397 DM
Papier	275.407 DM	159.390 DM	116.017 DM
E-Schrott	196.250 DM	25.000 DM	171.250 DM
Total	757.224 DM	257.800 DM	499.424 DM

Tab. 9: Einsparung an Entsorgungskosten bei Sony Deutschland

Seit Anfang März 1996 wird jeder Sony-Monitor ohne Aufpreis mit einer Marke angeboten. Soll der Computermonitor entsorgt werden, klebt der Endkunde die Marke darauf und gibt ihn kostenfrei zurück. Im ersten Schritt erfolgte die Rücknahme durch 17 ausgewählte Niederlassungen der Firma Rethmann. Durch die Einbeziehung des Handels stehen dem Verbraucher nun bundesweit mehr als 800 Abgabestellen zur Verfügung. Von Rethmann werden die Geräte - soweit technisch möglich - in Fraktionen zerlegt und fachgerecht entsorgt. Zusätzlich kann der Kunde diesen Service für Sony-Computer-Monitore in Anspruch nehmen, die vor dem Stichtag gekauft wurden, sowie für PC-Bildschirme anderer Hersteller. Der Kostenbeitrag beläuft sich dann auf 29 DM.

5 Gewünschte politische Maßnahmen

Die wichtigsten politischen Maßnahmen und Ziele, die die Umweltbeauftragte für die weitere Verbesserung des Umweltschutzes für notwendig hält, sind:

- Oberste Priorität sollte sein, die Menschen noch viel stärker für den Umweltschutz in ihrem beruflichen und privaten Umfeld zu sensibilisieren. Ich halte es dabei für wichtig, die ethischen Beweggründe in den Vordergrund zu stellen. Es bedürfte einer großangelegten und kontinuierlich durchgeführten Informationsoffensive, um diese Ziele zu erreichen.
- Als Umweltministerin würde ich mich dafür einsetzen, daß die Umweltauflagen und die Kontrolle für die produzierende Industrie verstärkt werden. Die Unternehmen müßten sich verpflichten, umweltverträglichere Substanzen einzusetzen und ihre Produktionsabläufe sicherer zu gestalten. Diese Forderungen setzen natürlich für alle nachvollziehbare Umweltgesetze voraus, die um so schneller beschlossen werden können, wenn sich das Umweltministerium als Mittler zwischen den Interessengruppen versteht.
- Last but not least sollten sich alle Branchen in ihrer Rolle als Mitverantwortliche für unsere Umwelt kooperativ zeigen und in branchenübergreifenden Gremien an gemeinsamen Lösungen zum Umweltschutz arbeiten.

54 Toshiba Europe GmbH

TOSHIBA

Firma:	Toshiba Europe GmbH
Anschrift:	Hammfelddamm 8 41460 Neuss
Ansprechpartner:	Herr Peter Cossé
Telefon:	(02131) 158 - 139
Telefax:	(02131) 158 - 492
E-Mail:	peterc@toshiba-teg.com
Internet:	http://www.toshiba-teg.com
Branche:	Elektroindustrie
Produktpalette:	Büro- und Informationstechnik
Beschäftigtenzahl:	411 Mitarbeiter
Literatur:	B.A.U.M.-Erhebungsbogen Broschüre: Toshiba & Umwelt

„In Harmonie mit der Natur“ ist eine Selbstverpflichtung der Toshiba Europe GmbH. Sich dieser Verantwortung als Unternehmen zu stellen, charakterisiert die Unternehmensphilosophie des B.A.U.M.-Mitgliedsunternehmens. Zukunftssicherung muß in der Gegenwart beginnen und deswegen stellt Toshiba sich und seine Produkte auf den ökologischen Prüfstand.

1 Umweltleitlinien

Eine der Hauptverpflichtungen der Toshiba Unternehmensgruppe ist die ständige Suche nach neuen Wegen, die Ziele der Weltgemeinschaft einschließlich des Schutzes der Umwelt zu erreichen. Insbesondere sind damit verbunden:

- Einhaltung aller relevanten Gesetze und Auflagen zur Vermeidung von Umweltverschmutzung und zum Schutz der Umwelt
- Produktion und Einsatz von Roh-, Hilfs- und Betriebsstoffen mit möglichst geringer Umweltbelastung mit einem Minimum an Energie- und Ressourceneinsatz
- Einsatz der aus ökologischer Sicht besten verfügbaren Technologie, soweit eine ausreichende Wirtschaftlichkeit gewährleistet ist, zur Unterstützung umwelttechnologischer Entwicklungen

Toshiba als produzierender Betrieb übernimmt die Verantwortung für die gesamte Lebensdauer seiner Produkte, angefangen von der Produktion bis hin zur Wiederverwendung und Entsorgung. Hierzu gehören die Einbeziehung von Umweltanforderungen in das Produkt-Design, der Ausbau der bestehenden Umweltmaßnahmen und die kontinuierliche Verbesserung der Recycling-Kreisläufe.

2 Organisation des Umweltschutzes

Die Umweltabteilung ist als Stabsstelle direkt der Geschäftsleitung angegliedert. Sie koordiniert alle Umweltmaßnahmen des Unternehmens, erarbeitet Konzepte in enger Zusammenarbeit mit den jeweiligen Unternehmensbereichen und unterstützt die betroffenen Bereiche bei der Umsetzung. Die operative Verantwortung für die Umsetzung von Umweltmaßnahmen obliegt dem Top-Management der jeweiligen Geschäftsbereiche.

3 Kostensenkende Umweltschutzmaßnahmen

Toshiba Europe erzielt durch die Einführung von Rücknahme- und Wiederverwertungssystemen Kosteneinsparungen von 450.000 DM pro Jahr, die komplett in neue Umweltkonzepte und/oder bestehende Umweltmaßnahmen investiert werden.

Desweiteren konnten durch die Erstellung verschiedener Konzepte mit eigenen Kräften externe Beratungsdienstleistungen von über 100.000 DM pro Jahr eingespart werden.

Einsparung von Roh-, Hilfs- und Betriebsstoffen

In Deutschland und 12 anderen europäischen Ländern werden Verbrauchsmaterialien und Verschleißteile aus Kopier- und Telefaxgeräten, wie z.B. Tonerbehälter, Fotoleitertrommeln und Heizwalzen, zurückgenommen. In Deutschland wurde hierzu ein Rücknahmesystem auf der Basis spezieller Mehrwegbehälter aufgebaut. Im zentralen Sortier-Center in Deutschland werden die Materialien zur Zeit in sieben Hauptfraktionen sortiert und für die verschiedenen Verwertungswege bereitgestellt. Die Gesamtmenge der zurückgenommenen Materialien beläuft sich derzeit auf etwa 140 Tonnen pro Jahr.

Der jährliche Rücklauf von Heizwalzen liegt bei etwa 50.000 Stück mit einer Wiederverwendungsquote von 90 % mittels Wiederbeschichtung. Bei Fotoleitertrommeln wird ebenfalls ein Rücklauf von ca. 50.000 Stück pro Jahr erzielt. Diese werden von ihrem Hersteller in ihre Ausgangsmaterialien zerlegt und dem Produktionsprozeß zu 95 % (Wiederverwertungsquote) erneut zugeführt. Für Tonerbehälter liegt der Rücklauf bei etwa 100.000 Stück. Diese werden teilweise wiederbefüllt bzw. das Behältermaterial wird zur Neuproduktion von Tonerbehältern in den Materialkreislauf zurückgeführt. Neue Tonerbehälter bestehen zu mindestens 25 % aus recyceltem Kunststoff. Die Gesamtverwertungsquote liegt zur Zeit bei etwa 55 %. Zur Optimierung der Verwertungsprozesse wird die Beschriftung in die Behälter geprägt statt der Verwendung eines Papieretikettes.

Die Wiederverwendung und -verwertung der verschiedenen Materialien reduzieren sowohl den Verbrauch von Roh-, Hilfs- und Betriebsstoffen als auch die Abfallmengen und führen zu einer Kosteneinsparung von etwa 350.000 DM pro Jahr, die als Rückerstattung direkt an Kunden (Fachhändler, Tochtergesellschaften bzw. Distributoren) weitergegeben oder in neue Umweltschutzkonzepte und -maßnahmen investiert werden. Die Umsetzungskosten sind abhängig von den jeweiligen Rücklaufmengen und belaufen sich auf eine Höhe von ca. 200.000 DM pro Jahr.

Die Kopiererfabrik in Frankreich nimmt europaweit Altgeräte zur Demontage und Verwertung zurück. Darüber hinaus ist in Deutschland ein Rücknahme- und Verwertungssystem mit 230 Annahmestellen installiert worden. Von dort werden die Altgeräte ausgewählten Demontage- und schließlich Verwertungsbetrieben zugeführt, die nach einheitlichen Qualitätsstandards (Demontagetiefe und Fraktionierung) arbeiten. Hierdurch kann eine Recyclingquote von bis zu 90 % erreicht werden.

In Japan wurde das Reinigungsmittel „Techno-Care“ entwickelt, das keine FCKW´s enthält und nach der Anwendung, z.B. in der Leiterplattenproduktion, zurückgewonnen und wieder eingesetzt werden kann. Die dadurch möglichen Einsparungen an Kosten wurden noch nicht ermittelt.

Reduzierung der Energiekosten

Im Umweltaktionsplan der Toshiba-Gruppe ist eine Reduzierung des Energieverbrauchs in der Produktion von 30 % für den Zeitraum von 1990 bis 2000 festgelegt. Der Energieverbrauch bei Kopiergeräten soll im Zeitraum 1995 bis 2000 ebenfalls um 30 % im Rahmen des Energy Star Programms, USA, bzw. Energy 2000, Schweiz, reduziert werden.

Reduzierung der Entsorgungskosten

Für die Hauptverwaltung, das Logistik Center und die Zentralwerkstatt wurden die bestehenden Entsorgungsverfahren überarbeitet und neue, individuell zugeschnittene Systeme eingeführt. Durch die Einführung einer Getrenntsammlung von Papier an jedem Arbeitsplatz sowie die Aufstellung verschiedener Container zur getrennten Erfassung der anfallenden Fraktionen (Papier, Pappe, Karton, Glas, Kunststoffverpackungsmaterialien, Restmüll) konnten gegenüber den bestehenden Systemen etwa 100.000 DM pro Jahr eingespart und der Anteil an wiederverwertbaren Materialien erheblich vergrößert werden.

In den Produktionsstätten in Japan existiert ein breit angelegtes Programm zur Reduzierung der Produktionsabfälle und Steigerung des Verwertungsanteils. Im

Zeitraum von 1990 bis 1995 wurde hierdurch der Anteil von zu deponierenden Abfällen um 50 % reduziert.

Reduzierung des Verpackungsmaterials

Nahezu alle Verpackungen wurden auf eine Reduzierung und Vereinheitlichung der Materialien hin überprüft. Dies führte zur Entwicklung umwelt- und recyclinggerechter Verpackungen, die zum überwiegenden Teil aus Kartonagen bestehen. Selbst Paletten werden inzwischen aus Kartonage hergestellt. Auf den Einsatz von geschäumten Polystyrolen (EPS) kann, in Abhängigkeit von Produktgewicht und technischer Anforderungen, ganz oder teilweise verzichtet werden. Insgesamt wurde die Verwendung von EPS seit 1990 um über 30 % reduziert. Dies entspricht, allein für den deutschen Markt, einer Einsparung von etwa 20 Tonnen pro Jahr.

Darüber hinaus werden verschiedene Verpackungen für die interne Logistik in Mehrwegsystemen eingesetzt. Im Jahr 1995 belief sich die Gesamtmenge dieser Verpackungsmaterialien auf rund 150 Tonnen.

55 Weidmüller Interface GmbH & Co.

Weidmüller

Die Interface Partner

Firma:	Weidmüller Interface GmbH & Co.
Anschrift:	Klingenbergstraße 16 32758 Detmold
Ansprechpartner:	Herr Reinhold Middelberg
Telefon:	(05231) 14 - 17 17
Telefax:	(05231) 14 - 19 27
E-Mail:	reinhold.middelberg@mail.weidmueller.de
Internet:	http://www.weidmueller.de
Branche:	Elektronikindustrie
Produktpalette:	Elektrische Bauteile
Beschäftigtenzahl:	4.600 Mitarbeiter (Deutschland: 2.000)
Literatur:	Umweltbericht 1994/95; Ersatz problematischer Stoffe in der Produktion, Vortragsskript auf der Tagung „Kostensenkung durch Umweltmanagement“ am 28. Februar 1996 in Köln; BMU und UBA, Handbuch Umweltkostenrechnung, 1996

> „Die Geschäftsleitung der Weidmüller Interface GmbH & Co.“ hat sich „zum Ziel gesetzt, eine mustergültige Umweltschutzpolitik zu betreiben, deren Leitwerte sich an der EG-Verordnung 1836/93 über das Umweltmanagement orientieren.“

Dabei ist die Weidmüller Interface GmbH & Co davon überzeugt, daß umweltschutzrelevante Investitionen gut angelegtes Geld sind. Die Unternehmen sollten deshalb mit der Umsetzung von Umweltschutzmaßnahmen „auf keinen Fall warten“, denn „frühzeitiges Handeln erspart die großen Schritte, die in den meisten Unternehmen später nicht mehr finanzierbar sind und dann zur Aussage führen: Der Umweltschutz ist nicht bezahlbar“. Weidmüller empfiehlt:

> „Da Investitionen für den Umweltschutz ökologisch und ökonomisch von großem Nutzen sind, sollte jedes Unternehmen diese Chancen nutzen und entsprechende Schritte einleiten.“

Weidmüller erhielt 1994 von der ASU die „Auszeichnung für umweltbewußte Unternehmensführung“ für ihre Umsetzung eines ganzheitlichen Umweltmanagementsystems gemäß den Anforderungen der EG-Öko-Audit-Verordnung.

1 Umweltleitlinien

Im Unternehmensleitbild der Weidmüller-Gruppe ist als verbindliche Umweltleitlinie festgelegt:

> Mit unserer Umwelt gehen wir schonend um und unterstützen nachdrücklich alle Bemühungen zur Verbesserung der Situation auch über die gesetzlichen Bestimmungen hinaus.

Die einzelnen Umweltleitlinien lauten:

- Wir betrachten den Umweltschutz als wichtigen Bestandteil unserer Unternehmensführung und stellen sicher, daß er in allen Funktionen und auf allen Ebenen in konkrete Ziele und Verhaltensregeln umgesetzt wird.
- Wir fördern Umweltwissen und Umweltbewußtsein unserer Mitarbeiter durch ständige Aus- und Weiterbildung.
- Wir bewerten die Umweltwirkungen jeder neuen Tätigkeit, jedes neuen Produktes und jedes neuen Verfahrens vor seiner Einführung.
- Auswirkungen unserer Tätigkeiten auf die lokale Umgebung werden regelmäßig überwacht und bewertet.
- Wo Umweltbelastungen nicht vermieden werden können, reduzieren wir sie nach dem neuesten Stand der Technik. Die behördlich festgelegten Maximalwerte unterschreiten wir soweit wie möglich.
- Um technische und organisatorische Abläufe mit der Umweltschutzpolitik des Unternehmens zu harmonisieren, folgen wir im voraus festgelegten Verfahren.
- Zusammen mit den Behörden legen wir Prozesse zur Minimierung unfallbedingter Emissionen fest und aktualisieren diese ständig.
- Wir wirken auf unsere Vertragspartner ein, die gleichen Umweltnormen anzuwenden, wie wir selbst.
- Unsere Kunden, die Öffentlichkeit und die zuständigen Behörden werden in einem jährlichen Umweltbericht über die von unserem Unternehmen ausgehenden Umweltbelastungen und über unsere umweltbezogenen Leistungen informiert.

2 Organisation des Umweltschutzes

Die Aufgaben des Umweltschutzes werden bei Weidmüller von einem Umweltschutzbeauftragten koordiniert, der zusammen mit dem Arbeitskreis für Umweltschutz, der sich aus Mitarbeitern der Geschäftsführung, des Betriebsrates und allen Unternehmens- und Geschäftsbereichen zusammensetzt, für die Durchführung der Umweltschutzaufgaben verantwortlich ist (siehe Abb. 35).

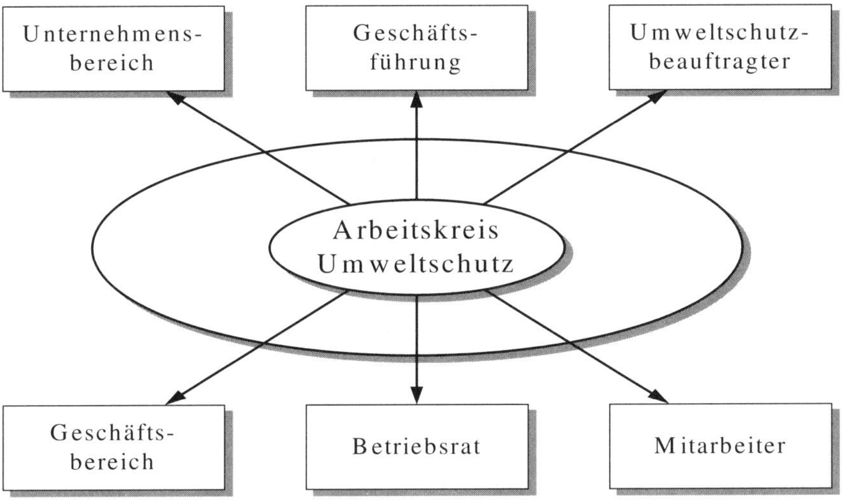

Abb. 35: Der Arbeitskreis Umweltschutz bei Weidmüller

3 Umweltprogramm

Weidmüller hat ein umfangreiches Umweltprogramm, in dem die Umweltziele, konkrete Maßnahmen und die Termine zur Umsetzung der Maßnahmen festgelegt sind. Auszüge aus dem Umweltprogramm sind:

- Verbesserung der Lagerung und des Transport von wassergefährdenden Stoffen.
- Verminderung der CO_2-Emissionen durch einen reduzierten Energieeinsatz bei der Gebäudeheizung.
- Einsparung von elektrischer Energie durch den Einbau von Überwachungs- und Regelanlagen.
- Erstellung zusätzlicher Betriebsanweisungen für den Umgang mit umweltrelevanten Stoffen und Anlagen um Unfälle und Falschbedienungen zu verhindern
- Einführung von zusätzlichen Verfahren zum Recycling der alten und veralteten Produkte

4 Kostensenkende Umweltschutzmaßnahmen

Die Prozeßkette für die Herstellung von Stanzteilen wurde in mehreren Schritten ökologisch und ökonomisch optimiert. Dabei konnten im Vergleich zu 1988 Kosteneinsparungen von ca. 300.000 DM pro Jahr realisiert werden. Die Investition lag bei ca. 1,8 Mio. DM und die Amortisationszeit unter Berücksichtigung aller Kosten, kalkulatorischer Abschreibungen und Zinsen beträgt etwa sieben Jahre.

Einsparung von Roh-, Hilfs- und Betriebsstoffen

In vier Schritten wurde der Herstellungsprozeß von Stanzteilen um einige Verfahrensschritte reduziert und dabei vor allem Reinigungsmittel und die damit verbundenen Kosten eingespart. Im ersten Schritt wurde auf die Konservierung der rohen Metallbänder seitens des Lieferanten verzichtet. Damit konnte der erste Reinigungsvorgang vor dem Stanzen entfallen.

Im zweiten Schritt wurden zur Reinigung der gestanzten Metallteile organische Lösungsmittel durch alkalische Reinigungsmittel ersetzt. Dadurch konnten die Waschmittelmengen um 22.140 Liter pro Jahr und die Kosten trotz der höheren Preise für alkalische Reinigungsmittel um 35.000 DM pro Jahr reduziert werden.

Im dritten Schritt konnte der Bedarf an Gewindeschneideölen durch das Recyceln des gebrauchten Öls um 60 % oder 15.000 Liter gesenkt werden. Bei einer Investition von 27.000 DM beträgt die Ersparnis 45.000 DM pro Jahr. Gleichzeitig erhöhte sich die Einsparung beim Waschmittelverbrauch um weitere 1.180 Liter pro Jahr und die Kostensenkung stieg um 3.800 auf 38.800 DM pro Jahr.

Der vierte Schritt erbrachte durch das Zusammenlegen von zwei Arbeitsgängen (Stanzen und Gewindeschneiden) die erneute Einsparung einer Reinigungsstufe. Die Herstellungskosten sanken damit um mehr als 38.000 DM pro Jahr.

Durch die Prozeßumstellung sind anlagenbedingt zusätzliche Kosten in Höhe von 150.000 DM pro Jahr entstanden, die durch Einsparungen bei den Personalkosten in Höhe von 176.000 DM pro Jahr mehr als ausgeglichen werden. Netto ergibt sich eine Kostensenkung von 26.000 DM pro Jahr. Weitere Kosteneinsparungen, die durch Vermeidung entstehen, sind schwer erfaßbar und nicht angegeben.

Reduzierung der Energiekosten

Der Energieverbrauch wurde durch den neuen Verfahrensablauf von 500.000 auf 218.000 kWh pro Jahr reduziert. Dies entspricht einer Einsparung von etwa 40.000 DM pro Jahr.

Um die Abwärme aus der Kühlung der Kunststoff-Spritzgießanlagen zu nutzen, wurden in den Kühlwasserkreislauf Plattenwärmetauscher eingebaut, die so in die Hallen-Beheizungsanlage integriert wurden, daß an insgesamt 1.700 Stunden pro Jahr die Raumluft mit der Abwärme geheizt werden kann. Vorher mußten für die Bereitstellung der eingesparten Energie von jährlich 680.000 kWh in einem Heizkessel bei einem Wirkungsgrad von 85 % fast 800.000 kWh erzeugt werden. Daraus resultiert eine Kostensenkung von ca. 26.000 DM pro Jahr. Für die Wärmetauscheranlage war eine Investition in Höhe von 158.000 DM erforderlich. Die Amortisationszeit liegt bei etwa sechs Jahren.

Reduzierung der Entsorgungskosten

Durch den Verzicht auf CKW-haltige Reinigungsmittel wurden bei deren Entsorgung 107.000 DM pro Jahr eingespart. Gleichzeitig entstanden aber verfahrensbedingte Abfälle und Altöle, die jährliche Kosten von 4.700 DM verursachen, so daß die Entsorgungskosten insgesamt um 102.000 DM pro Jahr reduziert wurden.

Reduzierung der Kosten für Transport und Verkehr

Im Rahmen der Verfahrensumstellung und Prozeßzusammenlegung entfielen auch interne Transportwege. Die entstandene Kostensenkung ist quantitativ nicht erfaßt, schlägt sich aber u.a. in niedrigeren Energie- und Personalkosten nieder.

Handel und Verkehr

Deutsche Bahn AG

Deutsche Lufthansa AG

HOYER GmbH Internationale Fachspedition

Karstadt AG

Quelle Schickedanz AG & Co.

Wöhrl GmbH & Co. KG

56 Deutsche Bahn AG

Firma:	Deutsche Bahn AG
Anschrift:	Ruschestraße 104 10365 Berlin
Ansprechpartner:	Herr Joachim Kettner
Telefon:	(030) 297 - 255 16
Telefax:	(030) 297 - 261 81
E-Mail:	dieter.meisner@bku.db.de
Branche:	Transport und Verkehr
Produktpalette:	Personen- und Gütertransporte
Beschäftigtenzahl:	256.500 Mitarbeiter
Literatur:	B.A.U.M.-Erhebungsbogen

Als weltweit größter Betreiber eines Verkehrssystems sieht die Deutsche Bahn AG (DB AG) neben ihrer eigentlichen Aufgabe, nämlich eine sichere, schnelle und zuverlässige Beförderung von Personen und Gütern zu gewährleisten, den Schutz der Umwelt als „ein zentrales Gebot für ihr unternehmerisches Handeln" an. Dabei ermöglichen es der Deutschen Bahn die „systembedingten Vorteile" des Bahnverkehrs im Vergleich zum Kraftfahrzeug- und Luftverkehr, einen „wesentlichen Beitrag zur Sicherung einer umweltverträglichen Mobilität zu leisten". Das Umweltengagement der Deutschen Bahn zeigt sich auch in der Mitgliedschaft und Mitarbeit des Unternehmens bei B.A.U.M.. Die Leiter des Umweltzentrums, Herr Dr. Hans-Joachim Schmeiss, und des Umweltmanagements, Herr Joachim Kettner, wurden 1996 mit dem B.A.U.M.-Umweltpreis ausgezeichnet.

1 Umweltleitlinien

Die Deutsche Bahn will ein überdurchschnittlich wachsender Dienstleistungskonzern mit guter Ertragskraft und europäischer Ausrichtung sein. Dazu werden die Vorteile, die der Schienenverkehr beim Umweltschutz besitzt, konsequent genutzt.

Zur Realisierung dieser Zielstellungen ist es notwendig, Umweltschutz zu einem integrierten Bestandteil aller wirtschaftlichen Tätigkeit zu machen. In diesem Sinne geht es nicht um punktuelle Verbesserungen einzelner Teilgebiete des Umweltschutzes, sondern in erster Linie um einen grundsätzlichen, umfassenden Ansatz für das gesamte Unternehmen. Zu der daraus erwachsenden Verantwortung bekennt sich die Deutsche Bahn in folgenden Leitlinien.

- Technik und Organisation:
  Der technische Zustand der Anlagen und Fahrzeuge wird durch sorgfältige Konstruktion, sicheren Betrieb und umfassende Instandhaltung auf bestmöglichem Standard gehalten. Gleichzeitig werden durch ein konzernweites Managementsystem die organisatorischen Voraussetzungen für offensiven Umweltschutz getroffen.
- Energie- und Ressourcenschonung:
  Die Senkung des Energieverbrauchs und der schonende Umgang mit natürlichen Ressourcen sind Schwerpunkte bei der Planung und Realisierung des Produktionsprozesses. Das gilt sowohl für den eigentlichen Transport und die Beförderung als auch für die Bau- und Instandhaltungsleistungen.
- Emissionen und Abfälle:
  Emissionen und Reststoffe werden kontinuierlich reduziert. Zuzüglich zu den Maßnahmen der Energieeinsparungen werden Emissionen insbesondere durch die Verbesserung des technischen Standards der Fahrzeuge und stationären Anlagen vermindert. Bei den Reststoffen folgt die DB AG dem Prinzip Vermeidung, Verminderung, Verwertung und Entsorgung, in dieser Reihenfolge.
- Lärm- und Vibrationsschutz:
  Lärm- und Vibrationsschutz sind schon bei Konstruktion und Entwicklung der Anlagen und Fahrzeuge eine zentrale Forderung. In ständiger Forschungsarbeit erkundet die Bahn weitere Verbesserungen und neue Lösungen.
- Gewässer- und Bodenschutz:
  Durch präventive Maßnahmen an Fahrzeugen und Anlagen werden Schadstoffbelastungen der Gewässer und des Bodens vermieden. Eine systematische Sanierung der Altlasten trägt zur Wiederherstellung des natürlichen Zustandes des Bodens und der Gewässer bei.
- Fürsorge:
  Umweltschutz bedeutet für die DB AG auch Arbeitsschutz. Die Führungskräfte und Mitarbeiter werden durch gezielte Schulungen qualifiziert, um das persönliche Verhalten in Richtung auf Sicherheit und Umweltschutz weiterzuentwickeln. Dabei kommt es insbesondere auf die motivierende Förderung persönlichen Engagements an.
- Hygiene und Gesundheit:
  Durch geeignete Hygienemaßnahmen in unseren Anlagen, Einrichtungen und Fahrzeugen trägt die DB AG zur Erhaltung der Gesundheit ihrer Kunden und Mitarbeiter bei.
- Gesellschaftliche Verantwortung und Dialog:
  Gesetze, Verordnungen, behördliche Vorgaben und andere gesellschaftliche Anforderungen zum Umweltschutz sind wesentliche Handlungsgrundlagen. Zu ihrer Weiterentwicklung arbeitet die DB AG mit internationalen, nationalen und regionalen Institutionen, Gremien und Gruppen zusammen.

2 Organisation des Umweltschutzes

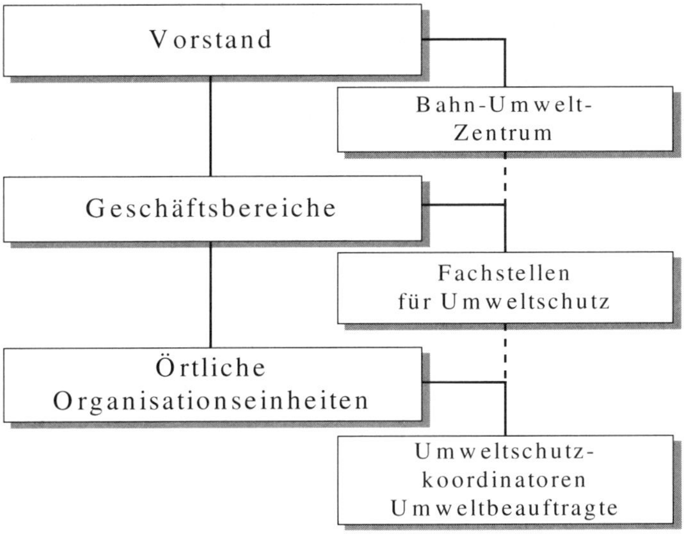

Abb. 36: Die Aufbauorganisation der Deutschen Bahn

Der Umweltschutz ist bei der Deutschen Bahn auf verschiedenen Ebenen in die Aufbauorganisation eingebunden (siehe Abb. 36). Während das „Bahn-Umwelt-Zentrum“ die zentralen Belange für die Deutsche Bahn regelt und direkt dem Vorstand untergeordnet ist, haben die einzelnen Geschäftsbereiche „Fachstellen für Umweltschutz“ eingerichtet. Zusätzlich gibt es in den örtlichen Organisationseinheiten Umweltschutzkoordinatoren und Umweltbeauftragte

Das Bahn-Umwelt-Zentrum selbst, das dem Zentralressort „Forschung und Technologie“ zugeordnet ist, ist entsprechend seiner vielfältigen Aufgaben in fünf Bereiche untergliedert, in denen diese Aufgaben wahrgenommen werden. Einen Überblick über die interne Struktur des Bahn-Umwelt-Zentrums gibt Abb. 37.

Als eines der ersten großen Unternehmen Deutschlands hat die Deutsche Bahn einen Umwelt-Beirat berufen, der in umweltpolitischen Fragen berät und sich aus folgenden Persönlichkeiten zusammensetzt:

- Herrn Alf Arnold
  Geschäftsführer Alpen Initiative, Altdorf, Schweiz
- Herrn Dr. Maximilian Gege
  Geschäftsführender Vorsitzender B.A.U.M., Hamburg
- Herrn Prof. Dr. Hans-Peter Lühr
  Leiter des Instituts für wassergefährdende Stoffe an der Technischen Universität Berlin
- Herrn Prof. Dr. W. Seiler
  Direktor des Fraunhofer-Instituts für Atmosphärische Umweltforschung, Garmisch-Partenkirchen
- Herrn Walter R. Stahel
  Direktor des Instituts für Produktdauerforschung, Genf, Schweiz
- Herrn Dr. Andreas Troge
  Präsident des Umweltbundesamtes, Berlin

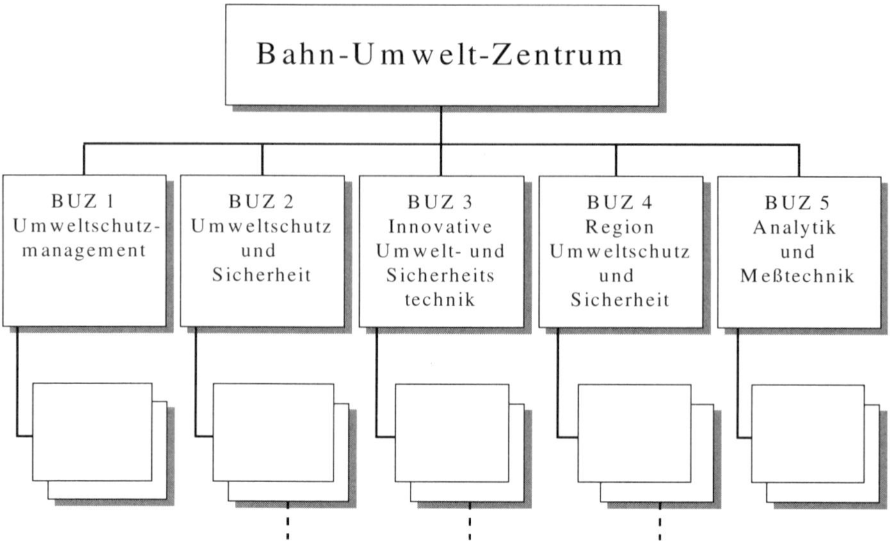

Abb. 37: Die Organisation im Bahn-Umwelt-Zentrum

3 Umweltprogramm

Das vom Vorstand der Deutschen Bahn beschlossene Konzernsystem Umweltschutz mit Umweltstrategie, Umweltzielen und Leitlinien für ökologisches Handeln wird im Rahmen eines Ökologiekonzeptes umgesetzt. Dieses Ökologiekonzept trägt der absehbaren Entwicklung des Umweltrechtes, der öffentlichen Erwartungshaltung an die Deutsche Bahn, ihrer unternehmerischen Entwicklungskonzeption sowie den spezifischen Besonderheiten der Zentral- und Geschäftsbereiche Rechnung und verfolgt zur Erreichung der Umweltziele nachstehende Aktivitäten und Initiativen:

- Weiterentwicklung des Umweltbewußtseins innerhalb der DB AG
- Steigerung der Wirtschaftlichkeit der DB AG und der Wettbewerbsfähigkeit am Verkehrsmarkt
- Vorausschauendes Agieren hinsichtlich des zu erwartenden Rechtsstandes
- Weitere Ausprägung der Einheit von Ökonomie und Ökologie
- Umsetzung der Leitlinien für ökologisches Handeln des Unternehmens

Mit Konzepten, Programmen und Projekten wird folgenden Entwicklungsrichtungen entsprochen:

- Fortschreibung des Konzernsystems Umweltschutz mit besonderer Entwicklung betriebswirtschaftlich orientierter Umweltmanagement- und Controllingsysteme
- Berücksichtigung ökologischer Komponenten in der Entwicklung neuer Eisenbahnfahrzeuggenerationen, insbesondere hinsichtlich

  - Senkung des Energieverbrauches, u.a. durch Leichtbau und Maßnahmen zur Erhöhung energetischer Wirkungsgrade
  - hoher Recyclingraten und geschlossener Stoffkreisläufe
  - verminderter Schallemissionen
  - Senkung von Schadstoffemissionen
- Weitere Ausprägung der gesellschaftlichen Verantwortung der DB AG im Umweltschutz, u.a. durch
  - kontinuierliche Information der Öffentlichkeit (Umweltbericht der DB AG)
  - Dialog mit gesellschaftlichen Institutionen (Workshop mit Umwelt- und Verkehrsverbänden)
  - Förderung des Umweltbewußtseins im Unternehmen (Mitarbeiterschulung, betriebliches Vorschlagwesen)

Projekte und Programme mit unmittelbarer Beziehung zum Umweltschutz sind im „Plan Forschung und Entwicklung" sowie im „Entwicklungsplan Umweltschutz" zusammengefaßt und umfassen alle Bereiche des Umweltschutzes. Bedeutsame Programme sind u.a. Energiesparprogramm ESP 2005, Lärmreduktionsprogramm, Altlastensanierung, Vegetationskontrolle, Umweltinformationssystem. Die wichtigsten Umweltziele sind:

- Die Senkung des spezifischen Energieverbrauchs bis zum Jahr 2005 um 25 % gegenüber 1990
- Die Minderung des Schadstoffausstoßes, insbesondere bei CO_2, NO_X, SO_2, HC und CO
- Verminderung der Lärmemission
- Senkung des Abfallaufkommens, insbesondere bei Sondermüll um 50 %
- Erhöhung der Recyclingrate bei Schienenfahrzeugen auf 90 %

4 Kostensenkende Umweltschutzmaßnahmen

Die Deutsche Bahn führt eine Vielzahl von Umweltschutzmaßnahmen durch, bei denen die Kostenwirkung noch nicht bekannt ist. Sicherlich werden zur Kostensenkung die im Rahmen des ESP 2005 durchgeführten Energiesparmaßnahmen beitragen. Für das Jahr 2005 wird damit gegenüber 1990 eine Kosteneinsparung von ca. 500 bis 600 Mio. DM pro Jahr prognostiziert.

Einsparung von Roh-, Hilfs- und Betriebsstoffen

Zur Einsparung bei den eingesetzten Roh-, Hilfs- und Betriebsstoffen tragen die Auswahl und Erprobung umweltfreundlicher, biologisch abbaubarer Fette für die Pufferteller- und Schraubenkupplungsschmierung bei. Für die Güterwagenbremsanlage wird ein neues Bremssystem ohne Klotzanlage angestrebt.

Reduzierung der Wasser- und Abwasserkosten

Im Bereich Wasser sollen über ein Abwasser-Kanal-Kataster die Abwasserströme genau erfaßt werden. Dies ist ein erster Schritt zur systematischen Verringerung des Abwasseraufkommens im Bereich der Deutschen Bahn. Darüber hinaus sollen in verstärktem Maße Bio-WC´s zum Einsatz kommen.

Reduzierung der Energiekosten

Für die Deutsche Bahn hat die Reduzierung des Energieverbrauchs im Rahmen des Energiesparprogramms „ESP 2005" oberste Priorität. Die Zielsetzung lautet:

> Die Deutsche Bahn AG hat sich unter Beachtung
> - ihrer unternehmerischen Interessenlage
>
> sowie
> - objektiver nationaler und internationaler ökologischer Schwerpunkte
>
> das Ziel gestellt, den
> - spezifischen Primärenergieverbrauch für die Traktion
>
> und den
> - absoluten Primärenergieverbrauch in stationären Prozessen,
>
> je um 25 % bis 2005 im Vergleich zu 1990 zu reduzieren.

Damit soll die Zielsetzung der Bundesregierung zur Reduzierung der CO_2-Emissionen um 25 bis 30 % bis zum Jahr 2005 unterstützt werden. Gleichzeitig wird ein Einsparungseffekt in Höhe von 500 bis 600 Mio. DM pro Jahr im Vergleich zu 1990 prognostiziert. Zur Erreichung dieses Ziels lassen sich mehrere Maßnahmenpakete zusammenfassen:

1. Technische Maßnahmen zur energieoptimierten Gestaltung von Fahrzeugen und Prozessen. Einsparziel 8 %
2. Betrieblich-organisatorische Maßnahmen zur Verbesserung der Auslastung. Einsparziel 18 %
3. Betrieblich-technologische Maßnahmen zur Gestaltung eines flüssigen Betriebsablaufs. Einsparziel 8 %

Weitere Aktivitäten betreffen die Untersuchung der Wirtschaftlichkeit der Energiegewinnung durch Photovoltaik.

Reduzierung der Kosten für Transport und Verkehr

Getrennte Umweltkosten für Transport und Verkehr werden bei der Deutschen Bahn in diesem Zusammenhang nicht ausgewiesen.

5 Gewünschte politische Maßnahmen

Die wichtigsten politischen Maßnahmen und Ziele, die das Unternehmen für die weitere Verbesserung des Umweltschutzes für notwendig hält, sind:

- Die Internalisierung externer Kosten im Verkehr und damit die Herstellung der Kostenwahrheit
- Die Einflußnahme und Förderung der „ökologischen Umgestaltung" der Gesellschaft in Anlehnung an Vorschläge des Wuppertaler Instituts
- Die Schonung der natürlichen Ressourcen
- Die Verminderung der Emissionen und des Energieverbrauchs

57 Deutsche Lufthansa AG

Firma:	Deutsche Lufthansa AG
Anschrift:	Postfach 630 300 22313 Hamburg
Ansprechpartner:	Herr Dr. Frank Walle
Telefon:	(040) 50 70 - 25 75
Telefax:	(040) 50 70 - 49 97
E-Mail:	infoflyway@lufthansa.com
Internet:	http://www.lufthansa.com
Branche:	Transport und Verkehr
Produktpalette:	Passagierflug- und Frachtflugverkehr, Dienstleistungen
Beschäftigtenzahl:	ca. 58.000 Mitarbeiter
Literatur:	Umweltbericht 1996/97 „Balance" persönliche Mitteilungen

Die Deutsche Lufthansa AG „hat sich zum Ziel gesetzt, sowohl führend in ihren Leistungen als auch führend in der Umweltvorsorge zu sein." Um dies zu erreichen, hat Lufthansa ein Umweltmanagementsystem eingerichtet, dessen Grundzüge im Umweltbericht 1996/97 „Balance" dokumentiert sind. Für 1997 ist die Fertigstellung eines Umwelthandbuchs geplant, das nach den Vorgaben der EG-Öko-Audit-Verordnung und der DIN ISO 14001 die Aufgaben, Richtlinien und Organisation des Umweltschutzes im Unternehmen darstellt. Das Konzernunternehmen Lufthansa Technik AG ist seit Dezember 1996 an den zwei Standorten Frankfurt und Hamburg nach der EG-Öko-Audit-Verordnung validiert.

1 Umweltleitlinien

Die Leitlinien der Lufthansa zur Umweltvorsorge sind mit ausführlichen Erläuterungen im Umweltbericht „Balance" veröffentlicht:

- Umweltvorsorge ist ein vorrangiges Unternehmensziel.
- Wir orientieren uns am Leitgedanken des nachhaltigen Wirtschaftens.
- Wir wollen stetig besser werden.

- Wir erfassen und bewerten die Auswirkungen unseres Handelns auf die Umwelt.
- Wir schätzen die Folgen für die Umwelt ab, bevor wir entscheiden.
- Umweltschutz ist die Aufgabe aller.
- Umweltschutz braucht Innovation.
- Unsere Umweltverantwortung gilt auch unserem Umfeld.
- Unser Prinzip heißt Offenheit.
- Unsere Umweltleitlinien - solides Fundament weiterer Umweltschutzinitiativen.

2 Organisation des Umweltschutzes

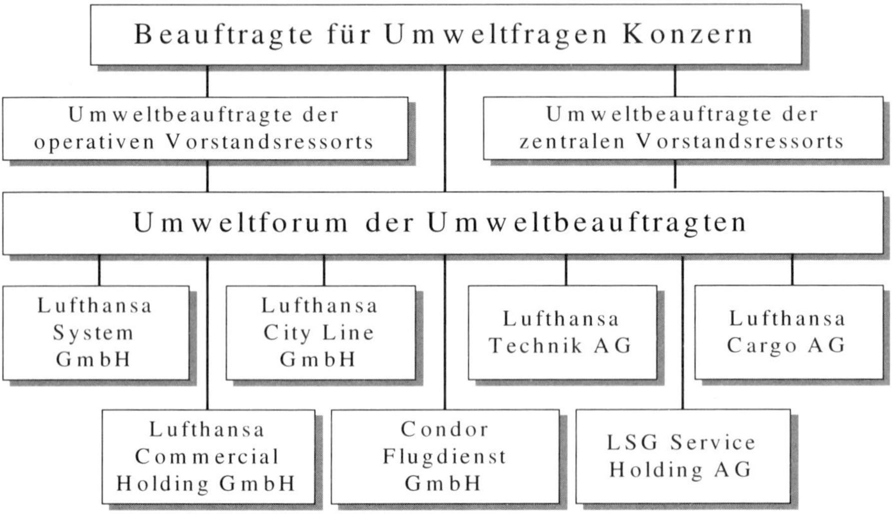

Abb. 38: Die Organisation des Umweltschutzes im Lufthansa Konzern 1996

Der Umweltschutz ist bei der Lufthansa dezentral organisiert. Jede Konzerngesellschaft ist damit eigenverantwortlich für den Umweltschutz in ihrem Bereich. Es ist ein konzernübergreifendes Umweltforum geschaffen worden, in dem alle Ansprechpartner für Umweltfragen vertreten sind und das der Koordination der Umweltaktivitäten der einzelnen Unternehmensteile dienen soll.

Im Gesamtkonzern stellt der Beauftragte für Umweltfragen Konzern im Auftrag des Konzernvorstandes die Aufbau- und Ablauforganisation des Umweltschutzes sicher und kontrolliert die einzelnen Einheiten regelmäßig. Von ihm werden auch umweltbezogene Strategien, Ziele und Kommunikationsmaßnahmen vorgeschlagen.

Für jedes Vorstandsressort der Lufthansa sowie jede umweltrelevante inländische Konzerngesellschaft mit Lufthansa Mehrheitsanteil ist ein Ansprechpartner für Umweltfragen bzw. ein Umweltbeauftragter benannt. Dieser ist dafür verantwortlich, daß die gesetzlichen Vorschriften erfüllt, die Umweltpolitik des Unternehmens umgesetzt und weiterentwickelt sowie die Umweltziele erreicht werden. Weiter koordiniert er alle umweltbezogenen Aktivitäten in seinem Zuständigkeitsbereich; das gilt auch für Beteiligungen der jeweiligen Konzerngesellschaft (siehe Abb. 38).

3 Umweltprogramm

Wegen der Eigenverantwortung der Konzerngesellschaften hat jedes Lufthansa-Unternehmen sein Umweltprogramm, in dem die Umweltziele und die zeitlichen Termine für deren Umsetzung definiert sind. Dabei stehen die Senkung des spezifischen Treibstoffverbrauchs, die weitere Modernisierung der Lufthansa-Flotte, die Verminderung von betriebsbedingten Emissionen, die Erhöhung der Recyclingquote und der Aufbau eines Umweltmanagementsystems sowie die Validierung einzelner Standorte nach der EG-Öko-Audit-Verordnung im Mittelpunkt der Bemühungen. Einzelne Umweltziele der Konzerngesellschaften sind im Umweltbericht „Balance“ aufgeführt.

4 Kostensenkende Umweltschutzmaßnahmen

Die Lufthansa führt eine Vielzahl von Umweltschutzmaßnahmen durch, wobei das Hauptgewicht auf der Reduzierung des spezifischen Treibstoffverbrauchs der Flugzeuge liegt. Einige Beispiele, in denen die Umweltmaßnahmen nachweislich zu Kostensenkungen geführt haben, sollen hier vorgestellt werden.

Einsparung von Roh-, Hilfs- und Betriebsstoffen

Die Einrichtung und Validierung ihres Umweltmanagementsystems an den Standorten Frankfurt und Hamburg wurde der Lufthansa Technik AG bei ihrem Haftpflichtversicherungsunternehmen durch einen Nachlaß bei der Umwelthaftpflichtprämie honoriert. Die erzielte Einsparung liegt im sechsstelligen Bereich.

Reduzierung der Wasser- und Abwasserkosten

Um eine wirkungsvolle Reduzierung des Trinkwasserverbrauchs zu erreichen und „weil man nur spart, wenn man auch weiß, was man verbraucht, und so den Erfolg sehen kann“, soll in Zukunft der Wasserverbrauch der einzelnen Unternehmensbereiche bei der Lufthansa Technik AG gesondert gemessen werden. Am Standort Frankfurt werden Wassersparamaturen in die sanitären Anlagen eingebaut. Zum Reinigen der Flugzeuge soll in Zukunft in großem Maße Regenwasser eingesetzt werden. Eine Erneuerung der Kläranlage soll die Schmutzfracht des Abwassers weiter senken. Die durch den geringeren Wasserverbrauch eingesparten Frischwasser- und Abwasserkosten sind noch nicht bekannt.

Reduzierung der Energiekosten

Neben den Anstrengungen der Lufthansa zur Reduzierung des Treibstoffverbrauchs bei den Flugzeugen, versucht das Unternehmen auch in ihren Betriebsgebäuden, den Energieverbrauch zu senken. Im Rahmen des Denk-Mit-Programms, dem betrieblichen Vorschlagswesen, wurden zwei Maßnahmen umgesetzt, die Energie und Kosten sparen.

Die Abstimmung des Betriebs der Klimaanlage im Flugbetriebsgebäude in München auf den tatsächlichen Nutzungsbedarf erlaubte es, die Lüftungslaufzeiten um durchschnittlich vier Stunden pro Tag zu verkürzen. Der tägliche Energiebedarf verringerte sich dadurch um 500 bis 600 kWh, die Staffelung der Einschaltzeiten reduzierte die Spitzenlast um 60 kW. Die erzielte Einsparung an Stromkosten beträgt insgesamt 75.000 DM pro Jahr.

Der nutzungsabhängige Betrieb der Belüftungsanlage eines Schul- und Bürotraktes in Seeheim und das Abschalten der Lüfter über Nacht verringerte den Stromverbrauch täglich um 1.452 kWh. Die dadurch erreichte Kostensenkung beträgt ca. 50.000 DM pro Jahr.

„Getreu der Strategie, daß der Umwelt am schnellsten geholfen wird, wenn sie von der Ökonomie unterstützt wird, setzen Energiesparmöglichkeiten bei LSG Lufthansa Service/SKY Chefs beim Stromverbrauch an.“ Die Amortisationszeiten von Investitionen, wie zum Beispiel die Umstellung von Spülstraßen von Elektro- auf Gasbetrieb oder Optimierungsmaßnahmen im Heizungs- und Lüftungsbereich betragen teilweise nur zwei Jahre und erhöhen dadurch die Akzeptanz zur Durchführung weiterer Umweltmaßnahmen.

Reduzierung der Entsorgungskosten

Ein wichtiger Bereich für die Umweltpolitik der Lufthansa ist die Entsorgung. Die Lufthansa Technik AG konnte ihre Verwertungsquote in den letzten Jahren von 31,7 % auf durchschnittlich 45,1 % steigern. Spitzenwerte werden am Standort Frankfurt mit 51 % und in einzelnen Bürobereichen mit bis zu 76 % erreicht. Gleichzeitig wurde die Menge des hausmüllähnlichen Gewerbeabfalls und der besonders überwachungsbedürftigen Abfälle stark gesenkt. Die geringeren Entsorgungsmengen führten jedoch kaum zu Kosteneinsparungen, da diese aufgrund der Marktverhältnisse im Entsorgungsbereich und stark gestiegener Entsorgungspreise wieder kompensiert werden.

Reduzierung der Kosten für Transport und Verkehr

In den vergangenen Jahren hat Lufthansa ständig ältere Flugzeuge durch modernere Modelle ersetzt, weil diese sparsamer, leiser, sauberer und damit umweltfreundlicher und wirtschaftlicher sind. Hätte die Lufthansa nicht durch beständige Modernisierung ihrer Flotte den spezifischen Treibstoffverbrauch von 6,5 auf 5,3 Liter pro 100 PKT (transportierter Passagierkilometer) gesenkt, d.h. hätte sie mit der Flotte von 1991 ihre Transportaufgabe 1996 erfüllt, so wären allein im Betrachtungsjahr 1996 über 700.000 Tonnen Kerosin mehr verbraucht worden. Das entspräche einem zusätzlichen CO_2-Ausstoß von 2,24 Mrd. Tonnen.

58 HOYER GmbH Internationale Fachspedition

Firma:	HOYER GmbH Internationale Fachspedition
Anschrift:	Wendenstraße 414 - 424 20537 Hamburg
Ansprechpartner:	Herr Dipl.-Ing. Fritz Arp
Telefon:	(040) 210 44 - 239
Telefax:	(040) 210 44 - 427
E-Mail:	100437,1272@compuserve.com
Internet:	http://www.hoyer.de
Branche:	Transport und Verkehr
Produktpalette:	komplexe Bulk-Logistik für flüssige und feinkörnige Stoffe und technische Gase, Lagerung, Umschlag, Wartung, Reinigung
Beschäftigtenzahl:	2.340 Mitarbeiter (weltweit)
Literatur:	B.A.U.M.-Erhebungsbogen

„Gemeinsam mit den Auftraggebern besonders aus der Chemischen Industrie, unternimmt die HOYER-Gruppe ständig große Anstrengungen, um in der Öffentlichkeit Vertrauen zu Gefahrguttransporten zu entwickeln bzw. zu stärken. Die Wirtschaft genauso wie der einzelne Mensch kann ohne das Transportwesen nicht überleben. Andererseits hat der Bürger das berechtigte Anliegen, daß durch den Warentransport die Umwelt nicht unzulässig belastet wird."

Die HOYER GmbH Internationale Fachspedition ist mit ihren Niederlassungen und Vertretungen in Deutschland und in 42 Ländern auf den Transport, die Lagerung und den Umschlag von Gefahrgütern spezialisiert. Nachdem im Jahr 1992 in der gesamten HOYER Gruppe ein Qualitätsmanagementsystem eingerichtet wurde, hat das Unternehmen dieses System in den vergangenen Jahren um die gleichberechtigten Bereiche Sicherheit, Gesundheits- und Umweltschutz erweitert. Im November 1996 erhielt die HOYER Gruppe das zusätzliche Zertifikat für das Umwelt-Managementsystem nach DIN ISO 14001.

1 Umweltleitlinien

Die HOYER-Leitlinien zu Sicherheit, Gesundheits- und Umweltschutz lauten:

- Die Erhaltung der Sicherheit, der Gesundheit und die Gewährleistung des Umweltschutzes sind neben der Qualität der Dienstleistungsausführung gleichberechtigte Ziele der HOYER-Gruppe. Zur Erreichung dieser Ziele hat die HOYER GmbH Internationale Fachspedition im Rahmen ihres Total Quality Management-Systems (TQM) die vertrauensbildenden Rahmenbedingungen festgelegt und stellt die erforderlichen Mittel zur kontinuierlichen Systementwicklung bereit.
- Das Umweltmanagementsystem ist nach den Forderungen der Normen DIN EN ISO 14001 (Stand 1996) bzw. äquivalent British Standard 7750 (Stand 1994) ausgerichtet und wird laufend den Erfordernissen anwendbarer Vorschriften, Normen und Richtlinien angepaßt.
- Die HOYER-Gruppe verpflichtet sich zur Einhaltung der relevanten gesetzlichen Bestimmungen zur Sicherheit, zum Gesundheits- und Umweltschutz für die Mitarbeiter und die Öffentlichkeit.
- Die HOYER-Gruppe wirkt in nationalen und internationalen Gremien mit, die in diesen Bereichen tätig sind. Darüber hinaus kommen die eigenen Standards zur Anwendung.
- Im Dialog mit den Kunden, Lieferanten und Behörden werden folgende Maßnahmen entwickelt:
  - Minimierung von Emissionen und Immissionen
  - Optimierung der Qualität, der Sicherheit und des Gesundheitsschutzes
- Hieraus leitet sich weiter die jährlich zu überprüfende Zielsetzung ab.
- Wir haben die Geschäftsführer und Leiter der Regionen, der Tochtergesellschaften, der Niederlassungen, der Pools, der Projekte und der Bereiche der Hauptverwaltung angewiesen, die Mitarbeiter in Vorbildfunktion zur Erreichung dieser Zielsetzung zu unterstützen.
- Jeder Mitarbeiter ist dazu aufgefordert, seinen Beitrag zur Erreichung dieser Ziele und seine Anregungen zur Entwicklung des TQM-Systems zu leisten.
- Jeder Mitarbeiter ist verpflichtet, seine Tätigkeit stets frei von Drogen und Alkohol auszuführen und die Sicherheitsvorschriften weisungsgemäß einzuhalten.
- Die dokumentierten Verfahrensrichtlinien und Arbeitsanweisungen sind allen Mitarbeitern bekannt gemacht worden, und deren Umsetzung ist für sie im anwendbaren Zuständigkeitsbereich verbindlich.

2 Organisation des Umweltschutzes

Das Umweltmanagementsystem bei HOYER ist im Sinne eines Total Quality Management-Systems organisiert. Der Leiter für Qualitätsmanagement ist auch für das Umweltmanagement zuständig. Die Leitung veranstaltet mindestens alle 6 Monate Mitarbeitergespräche und/oder Arbeitskreissitzungen, in denen umwelt- und sicherheitsrelevante Fragestellungen diskutiert werden.

3 Umweltprogramm

Zum allgemeinen Umweltprogramm von HOYER gehört:

- Alle Mitarbeiter im Marketing- und speditionellen Bereich entwickeln im Dialog mit den Kunden, den zuständigen Behörden und den Fachkollegen in der HOYER-Gruppe geeignete Maßnahmen, um bei jedem Transport die/den optimale(n) Qualität, Sicherheit, Gesundheits- und Umweltschutz zu gewährleisten.
- Alle Mitarbeiter im technischen Bereich entwickeln im Dialog mit den Herstellern, den zuständigen Behörden und den Fachkollegen in der HOYER-Gruppe geeignete Maßnahmen, um bei jeder Prüf-, Wartungs-, Reparatur-, Reinigungs-, Lagerungs- und Umschlagstätigkeit die/den optimale(n) Qualität, Sicherheit, Gesundheits- und Umweltschutz zu gewährleisten.

Die Umsetzung der Zielvorgaben wird durch folgende Maßnahmen geprüft und dokumentiert:

- interne Audits
- externe Audits
- Schulungsbedarfsermittlung
- Schulungsplanungen
- Schulungen

Dazu gehört die Erstellung von

- Schulungsberichten,
- Abweichungsberichten,
- Lieferantenbewertungen,
- Jahresberichten
- Prüfberichten,
- Budgetplänen,
- Protokollen von Mitarbeitergesprächen und Arbeitskreissitzungen.

4 Kostensenkende Umweltschutzmaßnahmen

Mit Hilfe der hier vorgestellten Maßnahmen zur Sicherheit und zum Gesundheits- und Umweltschutz konnte HOYER eine Kostensenkung von mehr als 12,5 Mio. DM pro Jahr erzielen.

Einsparung von Roh-, Hilfs- und Betriebsstoffen

Die hohen Investitionskosten für das TQM-System mit der Kombination von Qualität, Sicherheit, Gesundheits- und Umweltschutz rechnen sich durch die höhere Transparenz der Betriebsabläufe und die Entwicklung geeigneter Vorbeugungsmaßnahmen zur Fehlervermeidung. Intern helfen die TQM-Werkzeuge, die Produktionskosten zu optimieren. Die Öffentlichkeit soll mit Hilfe von TQM davon überzeugt werden, daß HOYER Chemikalien und Gefahrgüter aller Art genauso sicher und unter Berücksichtigung des Umweltschutzes transportiert, lagert und umschlägt, wie Lebensmittel.

In Kombination mit der Einführung des TQM-Systems wurden an zusätzlichen Maßnahmen zur Verringerung der Unfallzahlen durchgeführt:

- Fahrerschulungen durch interne und externe Institutionen
- Installation und gezielte Überwachung des Unfall-Daten-Speichers in Teilbereichen
- Schulung der Führungskräfte im Hinblick auf Motivation und Kommunikation

Da auf diese Weise die Unfallbilanz mit den daraus folgenden Schäden für Menschen, Material und Umwelt in den letzten Jahren erheblich verbessert wurde, konnten mit den Fahrzeugversicherern günstige sog. Stückprämien ausgehandelt werden, bei denen keine Zuschläge für Sonderrisiken mehr erfolgen. Der effektive Versicherungsbeitrag pro Zugmaschine sank dadurch um ca. 4.600 DM für normale Ladung und ca. 14.300 DM für Treibstoff oder Heizöl. Umgerechnet auf 1.250 Zugmaschinen ergibt dies eine Einsparung von mehr als 7 Mio. DM pro Jahr. Zusätzliche Einsparungen ergeben sich aus diesen Maßnahmen durch einen Beitragsnachlaß von 20 % für die Versicherungen im Güterschadenbereich.

Da HOYER seinen Fuhrpark ständig auf dem neuesten technischen Standard hält (siehe unten), konnten die Ölwechselintervalle von drei auf sechs Monate verdoppelt werden. Dadurch ergibt sich pro Zugmaschine eine jährliche Einsparung von 300 DM oder insgesamt auf alle Zugmaschinen bezogen eine Kostensenkung von ca. 375.000 DM pro Jahr.

Reduzierung der Wasser- und Abwasserkosten

Die Tankinnenreinigungsverfahren sollen ab 1997 mittels einheitlicher EDV-Programmvorgaben, dem Einsatz von Prozeßsteuerungsanlagen und Mitarbeiterschulung in der Anwendetechnik optimiert werden. Durch die Maßnahmen wird eine Senkung des Wasserverbrauchs und der Reinigungskosten um ca. 10 % erwartet.

Reduzierung der Entsorgungskosten

Mit den optimierten Tankreinigungsverfahren wird auch eine prozeßgesteuerte Feindosierung für Reinigungschemikalien installiert. Die Senkung des Abfallschlammvolumens wird die Reinigungskosten um voraussichtlich 5 % reduzieren.

Reduzierung der Kosten für Transport und Verkehr

Der regelmäßige Austausch der Zugmaschinen in Intervallen von vier Jahren sorgt dafür, daß stets der neueste Stand der Technik gehalten werden kann und eine maximale Sicherheit für Fahrer und Umwelt garantiert wird. Da durch diesen Austausch der Fahrzeugpark immer schadstoffärmer wird, ergeben sich Einsparungen aus der schadstoffabhängigen Besteuerung der Kraftfahrzeuge. Gegenüber der Schadstoffklasse 0 werden bei der Schadstoffklasse 2 jährlich 2.200 DM pro Zugmaschine an Kfz-Steuer eingespart. Auf alle Fahrzeuge bezogen entspricht dies einer Einsparung von ca. 2,75 Mio. DM pro Jahr.

Reduzierung des Verpackungsmaterials

Das Transportequipment „Tankzug plus -Container“ wird immer wieder neu verwendet und ist somit eine Mehrweg-Verpackung im klassischen Sinn. Um die Einsatzfähigkeit deutlich über den Abschreibungszeitraum hinaus zu erhalten, werden harmonisierte Prüf-, Wartungs- und Reparatur-Methoden eingesetzt. Durch das vorbeugende Wartungsprogramm werden an Reparaturkosten ca. 2,5 Mio. DM pro Jahr eingespart.

59 KARSTADT AG

KARSTADT

Firma:	KARSTADT AG
Anschrift:	Theodor-Althoff-Straße 2 45133 Essen
Ansprechpartner:	Herr Klaus Wilmsen
Telefon:	(0201) 727 - 52 20
Telefax:	(0201) 727 - 47 90
Branche:	Einzelhandel/Warenhäuser
Produktpalette:	Konsumgüter und Dienstleistungen
Beschäftigtenzahl:	57.900 Mitarbeiter (1995)
Literatur:	B.A.U.M.-Erhebungsbogen Umweltbericht 1995, Umweltbroschüre „KARSTADT - aktiv im Umweltschutz"

Umweltschutz ist in der KARSTADT AG ein bedeutender Bestandteil der Unternehmenspolitik. Auch in wirtschaftlich schwierigen Zeiten besteht eine wesentliche Aufgabe darin, die ökonomischen Zielsetzungen mit den ökologischen Anforderungen bestmöglich in Einklang zu bringen. KARSTADT ist bemüht, vor allem in den Bereichen Sortimentsgestaltung, Verpackungsoptimierung, Einsatz von Ge- und Verbrauchsmaterialien, Energieeinsatz, Entsorgung, Mitarbeitermotivation und -sensibilisierung, Verbrauchsaufklärung bis hin zur Kooperation mit Lieferanten, Behörden sowie öffentlichen bzw. politischen und wissenschaftlichen Institutionen, entsprechend des Umweltschutzleitbildes, die umweltrelevanten Aspekte nachhaltig zu berücksichtigen und umzusetzen. So steigert KARSTADT den Anteil umweltschonender Produkte im Sortiment und erreicht durch blickfangmäßige Plazierung ein gesteigertes Interesse des Kunden mit einer Absatzsteigerung von ca. 60 %. Zeichen dieses verantwortungsbewußten Handelns des B.A.U.M.-Mitgliedsunternehmens ist u.a. die Verleihung des Umweltpreises für den Handel in den Jahren 1992, 1994 und 1997, des „Innovationspreises Verpackung" in den Jahren 1993 und 1995 (verliehen vom Dualen System Deutschland), eines Sonderpreises des Bundesverbandes der Deutschen Industrie im Jahr 1995 und des Commerzbank-/impulse-Umweltpreises 1996.

Außerdem wurde KARSTADT ebenfalls 1996 mit dem „Deutschen Verpackungspreis" für den Einsatz von Mehrweg-Transportsystemen ausgezeichnet. Im Jahr 1993 wurde das Engagement von KARSTADT für umweltbewußte Unternehmensführung von B.A.U.M. gewürdigt und der KARSTADT-Umweltschutzbeauftragte, Herr Klaus Wilmsen, erhielt den B.A.U.M.-Umweltpreis.

1 Umweltleitlinien

Als verantwortungsbewußtes Unternehmen unterstützt KARSTADT Maßnahmen, die zum Erhalt bzw. zur Verbesserung der Umwelt beitragen und hat 1994 folgendes Umweltschutzleitbild verabschiedet:

1. Eine umweltorientierte Unternehmensführung leistet einen Beitrag zur Sicherung der Zukunft von Umwelt und Unternehmen. Der Umweltschutz ist daher Bestandteil unserer Firmenpolitik.
2. Wir berücksichtigen bei unseren Entscheidungen - im Rahmen wirtschaftlicher und technischer Möglichkeiten - ökologische Anforderungen.
3. Wir erweitern in partnerschaftlicher Zusammenarbeit mit unseren Lieferanten das Angebot umweltverträglicher Produkte und unterstützen sinnvolle Verpackungsminimierungen.
4. Wir unterstützen den Einsatz und Verkauf wiederverwertbarer Waren und Materialien, um Abfall zu vermeiden.
5. Wir führen Maßnahmen durch, die umweltbewußtes Verhalten unserer Mitarbeiter fördern.
6. Wir unterstützen Institutionen bzw. Organisationen bei Erarbeitung und Umsetzung wirtschaftlicher Lösungen im Umweltschutz.
7. Wir informieren die Verbraucher und die interessierte Öffentlichkeit über Maßnahmen zum Schutz der Umwelt.

2 Organisation des Umweltschutzes

Seit 1989 ist Umweltschutz Bestandteil der KARSTADT-Unternehmenspolitik und „Chefsache". Im Vorstand ist dieser Bereich dem Ressort „Einkauf Hartwaren/Nahrungs- und Genußmittel und Qualitätssicherung" zugeordnet. Der Umweltschutzbeauftragte - in Personalunion Abteilungsdirektor der Qualitätssicherung - berichtet unmittelbar dem Vorstand (Ressort „Umweltschutz"). In Abb. 39 ist die Organisation, nicht aber die Rangfolge und die Unterstellungsverhältnisse wiedergegeben.

Der Arbeitskreis Umweltschutz der Unternehmensleitung - neben dem Vorstand „Umweltschutz" u.a. Mitglieder der Direktionsbereiche Einkauf, Verkauf, Logistik/Organisation, Rechtswesen und Umweltschutzbeauftragter - trifft im wesentlichen Grundsatzentscheidungen zur Umweltschutzstrategie des Unternehmens. Vorschläge zu umweltrelevanten Maßnahmen u.a. Packmittel-Optimierung, Entsorgung, Sortiment, Ge- und Verbrauchsmaterialien/Betriebsmittel, Mitarbeitersensibilisierung/-motivation werden von der Abteilung Umweltschutz erarbeitet.

Die Umsetzung der Maßnahmen erfolgt über die Geschäftsleitungen/Umweltkoordinatoren der Filialen/Betriebsstellen und die Stabsstellen der Hauptverwaltung. Über das „Betriebliche Vorschlagswesen" können alle Mitarbeiter des Unternehmens entsprechende Verbesserungs- bzw. Änderungsvorschläge einreichen.

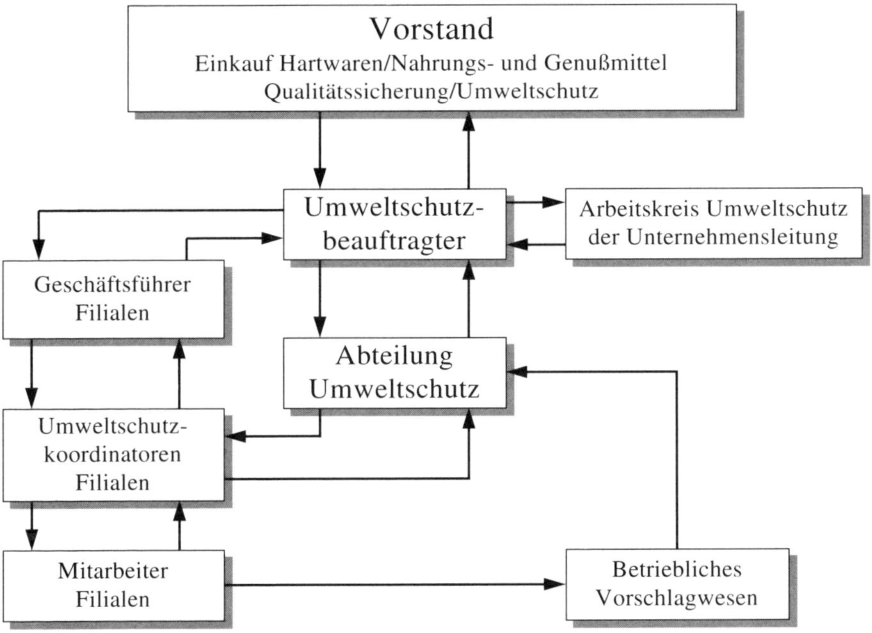

Abb. 39: Die Umweltorganisation von KARSTADT

3 Kostensenkende Umweltschutzmaßnahmen

KARSTADT erzielt durch Maßnahmen in der Gastronomie sowie durch den Einsatz diverser Mehrwegsysteme im Transportverpackungsbereich Einsparungen von ca. 22,3 Mio. DM pro Jahr. Weitere erhebliche Einsparungspotentiale ergeben sich durch die Optimierungen u.a. in den Bereichen Verpackungen, Betriebsmittel, Energie/Wasser sowie Entsorgung und Logistik.

Einsparung von Roh-, Hilfs- und Betriebsstoffen

Einsparungen werden vor allem durch die Optimierung von Betriebsabläufen sowie durch eine Straffung der Sortimente erzielt. Insbesondere durch Nutzung „Elektronischer Medien" konnte der Papierverbrauch um ca. 10 % oder ca. 5 Mio. Blatt DIN A4 gesenkt werden.

Reduzierung der Wasser- und Abwasserkosten

Durch vielfältige Maßnahmen wie z.B. die Umstellung der wassergekühlten Kälteanlagen auf Luftkühlung und der Verzicht auf Warmwasserzapfstellen in Toilettenanlagen, konnte der Verbrauch von Wasser in den letzten 14 Jahren um ca. 36 % gesenkt werden. Der Wasserverbrauch im Jahre 1994 betrug 1,78 Mio. m^3. Durch Anlagen zur Versickerung von Niederschlagswasser - insbesondere an Lagerhäusern - werden die Abwassergebühren positiv beeinflußt.

Reduzierung der Energiekosten

Durch Verwendung von Leuchtmitteln mit höherer Lichtausbeute, Einsatz von verlustärmeren Vorschaltgeräten und Transformatoren für Leuchtstofflampen und Halogen-Glühlampen und anderen Maßnahmen konnte der Stromverbrauch im Vergleich zu 1972 um ca. 37 % reduziert werden. Der Stromverbrauch im Jahre 1994 betrug 413.500 MWh bei annähernd verdoppelter Nutzfläche.

Der Gesamt-Wärmeverbrauch aus Fernwärme, Öl- und Gasfeuerung belief sich 1994 auf ca. 317.000 MWh. Im Vergleich zu 1972 beträgt die Einsparung ca. 65 %. Dies konnte u.a. durch Windfanganlagen als Eingänge zum Verkauf, Verbesserung der Gebäudeisolierung und durch Reduzierung der Luftleistung durch Herabsetzung der inneren Gebäudewärmlasten erreicht werden.

Durch Inbetriebnahme eines vernetzten Energie-Wirtschaft-Systems (EWIS) wird KARSTADT künftig einen kurzfristigen Zugriff auf die Strom- und Wärmeverbräuche haben und somit über ein Instrument verfügen, über das Einfluß auf nicht geplante Spitzen- bzw. Mehrverbräuche genommen werden kann.

Reduzierung der Entsorgungskosten

Durch die Verwendung von Gläsern statt Kunststoffeinwegbechern in der Gastronomie können 60 Mio. Kunststoffbecher vermieden werden, die eine Reduzierung der Abfallmenge um 5.000 m^3 pro Jahr bedeutet.

Die Umstellung von portionierter Kaffeesahne auf ein Dispensersystem ergibt eine Verminderung von 30 Mio. Portionspäckchen pro Jahr. Auch der Wegfall von Portionspäckchen bei Butter, Zucker, Konfitüre, Ketchup u.a. bedeutet eine Verringerung der Einwegverpackungen um 20,5 Mio. Stück pro Jahr. Alleine durch Hinweisschilder bei der Serviettenausgabe ließ sich eine Reduktion des Serviettenverbrauchs um ca. 8 Mio. Stück pro Jahr erreichen. Die gesamte Kostenreduktion durch diese Maßnahmen beläuft sich auf ca. 525.000 DM pro Jahr.

In einer bundesweiten Zusammenarbeit mit anderen Unternehmen werden Kleiderbügel aus Kunststoff in Filialen abgeholt und an kleinere Einzelhändler verkauft oder recycelt. Der Umfang beläuft sich auf ca. 8.000 m^3 pro Jahr. Ab Anfang 1996 wurde eine weitgehende Umstellung auf Mehrwegbügel vorgenommen.

KARSTADT garantiert durch den Aufbau von Rücknahmesystemen bei Autobatterien, Altreifen, Altbatterien, Kühl- und Gefriergeräte, Rundfunk-/Fernsehgeräten, Computern, Leuchtstofflampen, Brillen, Altrahmen, Altmatratzen und Altmöbeln eine fachgerechte Entsorgung und Wiederverwertung.

Reduzierung der Kosten für Transport und Verkehr

Durch den Bau eines Warenverteilzentrums und die Schaffung mehrerer Regionallager konnte der Transport zu ca. 70 % von der Straße auf die Schiene verlegt werden.

Am Beispiel der Warenversorgung über das KARSTADT-Warenverteilzentrum Unna (WVZ) ergibt sich außerdem eine Reduktion der Straßentransporte um ca. 2,8 Mio. Einzellieferungen an die Filiale pro Jahr. Verbunden ist dies mit einer erheblichen Einsparung von Treibstoffen sowie einer Minimierung von schadstoffhaltigen Emissionen.

Reduzierung des Verpackungsmaterials

Durch die Nutzung von Mehrweg-Transportverpackungen und -Transporthilfen können in Zusammenarbeit mit den Lieferanten 50.000 Tonnen Verpackungsmaterialien pro Jahr vermieden werden. Es ergibt sich hieraus eine Kostenreduktion bei Packmitteln von 25 Mio. DM pro Jahr, und Entsorgungskosten von 10 Mio. DM pro Jahr können eingespart werden. Die Investitionen für die Anschaffung der Behälter und die Miete für die Fremdbehälter belaufen sich auf 14,2 Mio DM pro Jahr, so daß eine Gesamteinsparung von 21,8 Mio. DM pro Jahr erzielt wird.

Bei einer Vielzahl von Produkten wurde eine Reduzierung der Verkaufs- und Transportverpackungen erreicht. Beispiele können in Form einer Broschüre direkt bei KARSTADT angefordert werden.

Des weiteren entspricht der hohe Anteil von Mehrwegverpackungen im Getränkeangebot bereits den Zielfestlegungen der Bundesregierung, den Kunden werden Umwelttips zur Hand gegeben und eine Initiative „Das kommt gar nicht in die Tüte, der Umwelt zuliebe" wurde gestartet, die die Einsparung von Packmitteln für Kunden und die Verwendung textiler Tragebeutel bei den Kunden fördert.

4 Gewünschte politische Maßnahmen

Die wichtigsten politischen Maßnahmen und Ziele, die das Unternehmen für die weitere Verbesserung des Umweltschutzes für notwendig hält, sind:

- Die Aufklärung bzw. die Sensibilisierung der Verbraucher zu umweltbewußtem Handeln
- Der Vorzug von freiwilligen Selbstverpflichtungen der Wirtschaft vor gesetzgeberischen Regelungen
- Keine deutschen Alleingänge, sondern eine Einbindung in die Europäische Union

60 Quelle Schickedanz AG & Co.

Firma:	Quelle Schickedanz AG & Co.
Anschrift:	Postfach 4052 90717 Fürth
Ansprechpartner:	Herr Dr. Ralf Ehrhardt
Telefon:	(0911) 14 - 270 10
Telefax:	(0911) 14 - 270 09
Internet:	http://www.quelle.de
Branche:	Versandhandel
Produktpalette:	Konsumgüter und Dienstleistungen
Beschäftigtenzahl:	20.000 Mitarbeiter (weltweit: 28.000)
Literatur:	B.A.U.M.-Erhebungsbogen Umweltbericht 1995, Umweltbericht 1996

„Ökologie und Ökonomie verfolgen das gemeinsame Ziel der Sicherstellung einer bestimmten Lebensqualität. Die Einsicht in die ökologischen und ökonomischen Zusammenhänge verpflichtet Quelle, ihren Beitrag zum Erhalt unserer natürlichen Umwelt zu leisten."

Die Quelle Schickedanz AG & Co. will durch ihre Unternehmenstätigkeiten im Handel mit Waren und Dienstleistungen die Umwelt so gering wie möglich belasten und damit ihrer Vision gerecht werden, der Steigerung der Lebensqualität der Menschen. Umweltschutz ist für das B.A.U.M.-Mitgliedsunternehmen von großer Bedeutung und der aktive, vorsorgende Umweltschutz wird als Investition in die Zukunft verstanden. Quelle erhielt bereits 1993 den B.A.U.M.-Umweltpreis (Herr Siegfried Regenberg) und die Bayerische Umweltmedaille.

1 Umweltleitlinien

Die Umweltleitlinien von Quelle lauten:

- Quelle nutzt ihre Marktposition, um die Wünsche und Anforderungen ihrer Kunden nach umweltverträglichen Produkten und Dienstleistungen mit den Potentialen ihrer Lieferanten in Einklang zu bringen.

- Da der Umweltschutz mitentscheidendes Kriterium bei allen Entscheidungen und Maßnahmen ist, stellt Umweltmanagement eine wichtige Aufgabe der Mitarbeiter auf allen Ebenen dar.
- Die Umwelteinwirkungen des Unternehmens werden analysiert und es wird ein kontinuierlicher Verbesserungsprozeß betrieben, der alle Funktionsbereiche umfaßt (Einkauf, Qualitätssicherung, Marketing, Logistik, Vertrieb, Kundendienst und Entsorgung).
- Nicht nur gesetzliche Bestimmungen werden vollzogen, sondern durch aktive Gestaltung des Marktes werden Zeichen für Mitarbeiter, Kunden, Lieferanten, Wirtschaft, Politik und Öffentlichkeit gesetzt.
- Die Mitarbeiter sollen durch Information und Schulung zu umweltbewußtem Verhalten sowohl beruflich als auch privat motiviert werden.

2 Organisation des Umweltschutzes

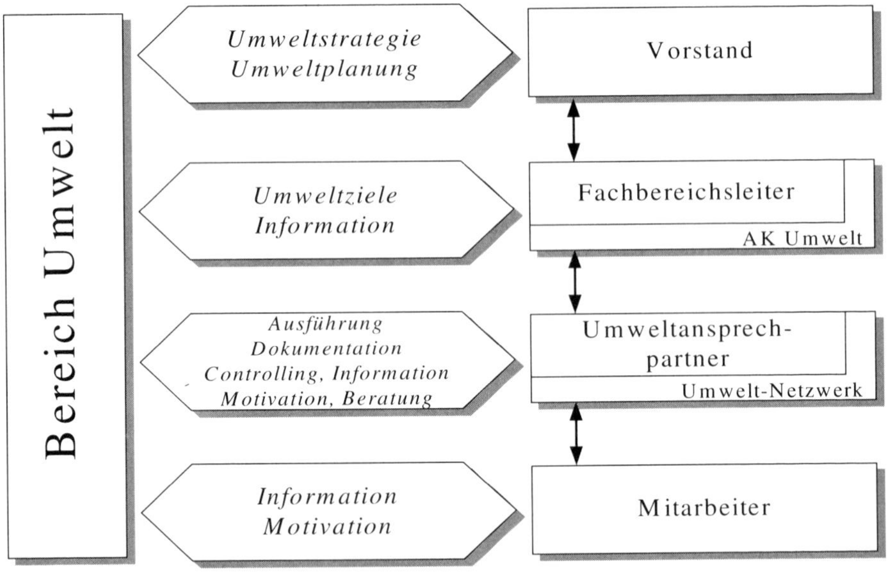

Abb. 40: Die Umweltorganisation von Quelle

Der unternehmerische Umweltschutz gehört zum direkten Verantwortungsbereich des Vorstandsvorsitzenden, der auch den Arbeitskreis Umwelt leitet. Dieses Gremium aus Führungskräften aller Ressorts des Unternehmens erarbeitet die Eckpfeiler der Quelle-Umweltstrategie und legt Ziele und Verantwortlichkeiten in den einzelnen Handlungsfeldern fest.

In jedem Fachbereich ist ein Umweltansprechpartner aktiv. Die Umweltansprechpartner achten auf die Durchführung der Umweltziele und informieren, motivieren und beraten die Mitarbeiter. Zusammen bilden sie das Umweltnetzwerk.

Koordiniert werden die einzelnen Umweltaktivitäten vom Umweltbeauftragten und seinem Bereich Umwelt. Hier werden alle umweltrelevanten Projekte gesteuert und neue Vorhaben initiiert (siehe Abb. 40).

3 Umweltprogramm

Im Umweltprogramm hat sich Quelle zahlreiche Ziele gesetzt, die es in den nächsten zwei Jahren umsetzen will. Neben der weiteren Verbesserung des betrieblichen Umweltschutzes und eines erweiterten Angebots an ökologischen Produkten wird eine Validierung nach der EG-Öko-Audit-Verordnung angestrebt. Quelle befürwortet daher die Erweiterung der EG-Öko-Audit-Verordnung auf Handelsunternehmen.

4 Kostensenkende Umweltschutzmaßnahmen

Mit einer Vielzahl unterschiedlicher Maßnahmen konnte Quelle in den letzten Jahren Kosteneinsparungen von über 6 Mio. DM pro Jahr verwirklichen.

Einsparung von Roh-, Hilfs- und Betriebsstoffen

Für das Papier des Quelle Hauptkataloges wurde das Flächengewicht von 51 g/m^2 auf 48 g/m^2 reduziert. Mit dieser Verringerung konnten das Papier- und Transportvolumen um 6 % gesenkt und eine Einsparung von ca. 1 Mio. DM pro Jahr erzielt werden.

Durch den mehrfachen Einsatz von gut erhaltenen Kleiderbügeln (etwa 900.000 Stück pro Jahr) ließen sich ca. 40 Tonnen Polystyrol pro Jahr einsparen. Die Wiederverwendung der Kleiderbügel erbrachte Einsparungen von ca. 200.000 DM pro Jahr.

Reduzierung der Wasser- und Abwasserkosten

Der Einbau von wassersparenden Armaturen ergibt Einsparungen, die noch nicht quantifizierbar sind.

Reduzierung der Entsorgungskosten

Die Abfallmenge konnte innerhalb von zwei Jahren durch Trennung und Entsorgung nach Fraktionen um etwa 3.000 Tonnen auf ca. 22.500 Tonnen pro Jahr reduziert werden. Die daraus resultierende Reduzierung der Entsorgungskosten beläuft sich auf über 2,5 Mio. DM pro Jahr.

Reduzierung des Verpackungsmaterials

Zur Belieferung der Quelle Agenturen kommen bis zu 5-mal verwendbare Mehrwegkartons aus Wellpappe zum Einsatz. Die Verwendung von Mehrwegkartons erbrachte Einsparungen von jährlich ca. 500 Tonnen Papier und 500.000 Kartons und ergibt somit eine Kostensenkung von etwa 100.000 DM pro Jahr.

Des weiteren konnte auch bei der Belieferung der Verkaufshäuser durch den Ersatz von Einwegkartons durch Mehrwegkartons die Anzahl an Kartons um 220.000 Stück pro Jahr und der Papierverbrauch um 330 Tonnen pro Jahr reduziert werden. Diese Umstellung ergibt etwa 300.000 DM pro Jahr an Kosteneinsparungen.

Durch den Verzicht von Noppenpapier bei den Versandpaketen wurden jährlich ca. 30 Mio. Kartons und 800 Tonnen Papier eingespart, wodurch die Kosten um 1 Mio. DM pro Jahr reduziert werden konnten.

Statt Kunststoffetuis werden zur Verpackung von Uhren Kartonverpackungen verwendet. Diese Umstellung hatte bei jährlich ca. 2 Mio. Uhrenverpackungen eine Reduzierung des Kunststoffverbrauchs von 80 Tonnen Polystyrol pro Jahr zur Folge. Der Mehrbedarf an Pappe beträgt jährlich etwa 40 Tonnen. Es können Einsparungen in Höhe von 250.000 DM pro Jahr verzeichnet werden.

Bei den internen Transporten konnte auf den Gebrauch der sonst üblichen Stretchfolien verzichtet werden, indem einfach wiederverwendbare Spanngurte als Palettensicherung genutzt werden. Hiermit konnten 100 Tonnen Polyethylen eingespart werden, die sich in einer Kosteneinsparung von 350.000 DM pro Jahr niederschlagen.

Einwegkartons werden für innerbetriebliche Rüstaktionen durch Mehrwegverpackungen ersetzt, wodurch jährlich 145.000 Kartons und 145 Tonnen Papier eingespart werden können. Dieser einfache Austausch von Verpackungen ergibt Einsparungen von 160.000 DM pro Jahr.

Indem die Schachtelhöhe bei der Verpackung empfindlicher Bekleidungsartikel verringert und auf die Schaumstoffeinlage verzichtet wurde, konnte der Verbrauch an Schachteln um jährlich 1,7 Mio. Stück und an Schaumstoff um 50 Tonnen pro Jahr verringert werden. Durch diese Kombination und die zusätzliche Verwendung von Seidenpapier in einer Menge von jährlich ca. 15 Tonnen ergibt sich eine Kostenreduzierung von etwa 320.000 DM pro Jahr.

5 Gewünschte politische Maßnahmen

Die wichtigsten politischen Maßnahmen und Ziele, die das Unternehmen für die weitere Verbesserung des Umweltschutzes für notwendig hält, sind:

- Die Verstärkung von marktwirtschaftlichen Maßnahmen
- Ein einheitliches internationales Vorgehen
- Die Erweiterung der EG-Öko-Audit-Verordnung auf weitere Wirtschaftsbereiche

61 Wöhrl GmbH & Co. KG

WÖHRL
DAS HAUS DER MARKENKLEIDUNG

Firma:	Wöhrl GmbH & Co. KG
Anschrift:	Lina-Ammon-Straße 10 90403 Nürnberg
Ansprechpartner:	Herr Siegfried Gutmann
Telefon:	(0911) 81 21 - 486
Telefax:	(0911) 81 21 - 400
Branche:	Handel
Produktpalette:	Bekleidung, Mode
Beschäftigtenzahl:	2.500 Mitarbeiter
Literatur:	Wöhrl, Ein Unternehmen stellt sich vor Bewerbungsunterlagen für den B.A.U.M.-Umweltpreis 1995

„Wöhrl leistet - wo es nur geht - seinen Beitrag für die Umwelt und sucht nach immer neuen Ideen. Vielleicht können auch Sie uns noch ein paar Tips geben. Wir sind für jede Anregung dankbar."

Mit diesem Aufruf motiviert die Wöhrl GmbH & Co. KG ihre Mitarbeiter, im Rahmen des innerbetrieblichen Vorschlagswesens Beiträge zum betrieblichen Umweltschutz zu leisten und den Umweltschutzgedanken aktiv in ihre Arbeit mit einzubeziehen. Um den Umweltschutz voranzutreiben, ist Wöhrl aber auch überbetrieblich engagiert und versucht, vor allem im ständigen Kontakt zur Textilindustrie und zum Textileinzelhandel, die Umweltsituation branchenweit zu verbessern und dadurch auch dem Verbraucher möglichst wenig schadstoffbelastete Produkte anzubieten. Gewürdigt wurde das vorbildliche Umweltbewußtsein des Unternehmens bisher durch die Vergabe des Umweltpreises 1994 der Stadt München, des Umwelt-Berufspreises 1995 des bfe-Bildungsparks Nürnberg und des Umweltpreises 1995 des Zweckverbandes Abfallwirtschaft im Raum Würzburg.

1 Umweltleitlinien

Wöhrl hat einige Kernsätze zu seiner betrieblichen Umweltpolitik veröffentlicht, die hier vorgestellt werden:

Wöhrl schützt die Umwelt:

- Bevor viele an Recyclingpapier noch nicht einmal dachten, hat es Wöhrl für seine Prospekte schon verwendet.
- Bei Wöhrl wird Abfall recycelt. Einrichtungsgegenstände sind im Baukastensystem konzipiert und dadurch immer wieder neu verwendbar.
- Wöhrl beschäftigt einen eigenen Umweltbeauftragten, der auch in vielen Ausschüssen tätig ist und sich mit den Zukunftsproblemen und -perspektiven des Umweltschutzes beschäftigt.
- Intern gibt es Umweltschutz bei Wöhrl schon lange. Abfall wird sorgfältig getrennt.
- Extern werden die neuesten Recyclingideen geprüft und weiterverfolgt.

2 Organisation des Umweltschutzes

Bei Wöhrl werden die Umweltaktivitäten durch einen Umweltbeauftragten koordiniert, der der Geschäftsleitung gegenüber verantwortlich ist. Über Seminare, Trainingsprogramme und die Wöhrl-Akademie[20] werden die Mitarbeiter in Umweltfragen geschult. Außerbetrieblich zeigt Wöhrl ein starkes Engagement für die Verbreitung von Umweltgesichtspunkten in der Textilindustrie und im Textileinzelhandel.

3 Umweltprogramm

Das Umweltprogramm von Wöhrl besteht aus einer Vielzahl von einzelnen Maßnahmen, die zum Großteil auch Kostensenkungseffekte haben. An vordringlichen Umweltzielen stehen bei Wöhrl die

- weitere Erweiterung der ökologisch-optimierten Warensortimente bei Wöhrl,
- weitere Verringerung des Müllaufkommens bei Wöhrl und Reduzierung von Transport-, Verkaufs-, Um- und Serviceverpackung,
- noch stärkere Sensibilisierung der Wöhrl-Mitarbeiter für Umwelt und Ökologie

auf dem Programm.

4 Kostensenkende Umweltschutzmaßnahmen

Wöhrl hat durch zahlreiche Umweltschutzmaßnahmen alleine im Jahr 1994 insgesamt ca. 1 Mio. DM an Kosten eingespart.

Einsparung von Roh-, Hilfs- und Betriebsstoffen

Alle Einrichtungsgegenstände bei Wöhrl sind als Baukastensystem konzipiert. Dadurch wird eine neue Verwendung nach der Auflösung alter Abteilungen

---

[20] Wöhrl-Akademie, Schloßweg 8-12, 91244 Reichenschwand, Telefon: (09151) 8693-20

ermöglicht und die Lebensdauer der Gegenstände erheblich verlängert. Die Übernahme von gebrauchten Einrichtungsgegenständen in zwei neu eröffnete Kaufhäuser sparte Neuanschaffungen in Höhe von ca. 380.000 DM. Die Wiederverwendung von Restaurantmöbeln aus einem aufgelösten Kundenrestaurant in den Personalkantinen ersparte die Neubeschaffung von Kantinenmobiliar.

Um den Papierverbrauch zu reduzieren, sind inzwischen alle Verkaufshäuser über Datenleitungen vernetzt. Die interne Kommunikation findet „online" statt. Listen mit Zahlenmaterial für die Geschäftsführung werden nur noch auf Wunsch erstellt. Allein durch die Vermeidung überflüssiger Listen für die Geschäftsführung sanken die Papierkosten um ca. 15.000 DM.

Alte Ordner, die bei Geschäftsübernahmen mit übernommen wurden, wurden nicht als Ganzes weggeworfen, sondern entleert und lediglich der Inhalt entsorgt. Die Ordner wurden dann wiederverwendet und ersparten Neuanschaffungen in Höhe von über 10.000 DM.

Bei den Werbeprospekten, die in den Tageszeitungen erscheinen und auch in den Kaufhäusern von Wöhrl den Kunden mitgegeben werden, wurde festgestellt, daß die Anzahl der an die Kaufhäuser gelieferten Prospekte viel zu hoch war. Ständig aktualisierte Neuauflagen führten dazu, daß erhebliche Mengen von Prospekten direkt als Altpapier entsorgt werden mußten. Die genaue Ermittlung des Bedarfs an Prospektmaterial führte zu einer Halbierung der ausgelieferten Stückzahlen und damit zu einer Einsparung bei den Werbekosten von 47.500 DM pro Jahr. Außerdem wurden die Menge an Altpapier und damit die Entsorgungskosten verringert.

Um den Einsatz von Kunststoffen zu reduzieren, werden die Kunststoffhüllen, in denen die angelieferten Waren verpackt sind, an einen Hersteller weitergegeben, der sie zu Wöhrl-Tragetaschen weiterverarbeitet. Diese werden möglichst sparsam an die Kundschaft ausgegeben. Sockenhalter, Ordner und Hemdentüten können direkt wiederverwendet werden.

Die für den Hängeversand, der statt Kartonversand vorgeschrieben wird, nötigen Kleiderbügel müssen als Einwegware einheitlich aus Polystyrol hergestellt sein und dürfen keinen Aufdruck oder Schaumstoffbestandteile enthalten. Dadurch können diese Bügel weiterverwendet oder sortenrein recycelt werden. Nicht benötigte Kleiderbügel aus den Abteilungen werden aussortiert und in anderen Abteilungen oder Verkaufshäusern verwendet. Dadurch konnten in den letzten 6 Jahren über 80.000 DM an Anschaffungskosten für Kleiderbügel gespart werden.

Voraussetzung für die Wiederverwertung von Kleiderbügeln ist allerdings deren unbeschädigter Zustand und eine Sortierung. Um den Anteil der durch das Sortieren beschädigten Kleiderbügel zu verringern und das Sortieren insgesamt effizienter zu gestalten, wurde von Wöhrl ein Packtisch-Kleiderbügel-Sortier-System entwickelt. Dabei werden die Kleiderbügel bereits am Packtisch auf Abhängestangen sortiert, die dann auf Sammelständern in die Lagerräume gefahren und dort sortiert aufgehängt werden. Diese Verfahrensänderung führte neben dem

Rückgang der beschädigten Kleiderbügel auch zu Einsparungen im Zeit- und Personalaufwand für das Sortieren. Insgesamt konnten die Kosten für Entsorgung, Ersatzbeschaffung und Sortierpersonal um etwa 180.000 DM pro Jahr gesenkt werden.

Weitere Einsparungen bei den Neuanschaffungen in Höhe von etwa 4.000 DM konnten durch die Weiterverwendung von überschüssigen Leuchtstoffröhren in anderen Verkaufshäusern erzielt werden. Flohmärkte für das Personal und auch für die Öffentlichkeit, bei denen ausgediente Dekorationsartikel verkauft werden, erbrachten Einnahmen von ca. 23.000 DM im Jahr 1994.

In den Dekorationsabteilungen werden Farbkartuschen für die Deko-Drucker mit einem selbstentwickelten Auffüllsystem wiederbefüllt. Die Kostenersparnis beträgt hier wegen der günstigeren Großgebinde ca. 47.000 DM pro Jahr Außerdem entfallen die leeren Farbkartuschen, die bisher teuer entsorgt werden mußten. Auch Betriebsformulare können aus Papier-Restanten selbst angefertigt werden. Rechnungen werden nur noch in einfacher Ausfertigung ausgestellt. Tageszeitungsprospekte werden aus Recyclingpapier hergestellt und das Format wurde verkleinert.

Allgemein werden beim Neukauf von technischen und elektronischen Geräten umweltfreundliche Kriterien berücksichtigt. So werden zum Beispiel in der Einkaufsabteilung in Zukunft nur noch Kleinbildkameras statt Sofortbildkameras eingesetzt. Durch die günstigeren Entwicklungspreise für Kleinbildfilme werden bei ca. 7.000 Aufnahmen pro Saison und Einkaufsbereich etwa 80.000 DM pro Jahr eingespart. Alle Lieferanten von Bekleidung sind verpflichtet, die deutschen Gesetze und Normen einzuhalten, sowie die Kriterien und Grenzwerte für Bekleidung nach dem Öko-Tex-Standard 100 zu erfüllen.

Reduzierung der Wasser- und Abwasserkosten

Im Sanitärbereich konnte durch den Einbau von Wasserdurchlaufbegrenzern bei Wasserhähnen und Toiletten der Wasserverbrauch reduziert werden. Beim Neubau eines Logistikzentrums wurde ein Regenwassersammelbecken für das gesamte Niederschlagswasser der Dachflächen eingerichtet. Das gesammelte Wasser wird für die Toilettenspülung, die Grünanlagenbewässerung und die LKW-Reinigung eingesetzt und spart damit wertvolles Trinkwasser.

Reduzierung der Energiekosten

In den Wöhrl-Verkaufshäusern wird durch energiesparende Technik, die den Einsatz von viel Tageslicht durch große Glasflächen zur Beleuchtung vorsieht, der Stromverbrauch reduziert und Energiekosten gespart. Dazu kommt der Einsatz von Dämm- und Sparschaltern, mit denen sich die Beleuchtung auf das jeweils erforderliche Maß genau regeln läßt.

Zu konkreten Einsparungen führte die Änderungen der Beleuchtungsregelung von einer 2-Stufen auf eine 3-Stufen-Schaltung. Neben dem schwachen Notlicht und der normalen Beleuchtung bei Geschäftsbetrieb wurde eine dritte, mittlere Stufe eingerichtet. Jetzt kann die allmorgendliche Hausreinigung mit dieser neuen Beleuchtungsstufe erfolgen und die Vollbeleuchtung muß erst zwei Stunden später zur Geschäftsöffnung eingeschaltet werden. Die Einsparung bei den Stromkosten beträgt allein in einem Haus über 13.000 DM pro Jahr.

Reduzierung der Entsorgungskosten

Müll wird nach Möglichkeit durch den Einsatz von Mehrwegverpackungen und weitgehendes Recycling von Reststoffen vermieden. Anfallender Sondermüll wird getrennt gesammelt und zentral entsorgt.

Seit Einführung der Abfalltrennung wurden die Fraktionen Papier und Restmüll in getrennten Behältern, aber auf einem Fahrzeug zur Gewerbemüllverwertung gebracht. Dort führte die Angabe der Fahrer, sie hätten gemischten Müll auf dem Fahrzeug zu der Annahme, es handele sich insgesamt um normalen Restmüll und auch für die Papierfraktion wurden die hohen Kosten für die Restmüllentsorgung berechnet. Erst die genaue Kontrolle der Entsorgungswege deckte diesen Mißstand auf und erspart seitdem Kosten in Höhe von 40.000 DM pro Jahr, denn Papier als reine Fraktion kann nicht nur umsonst entsorgt werden, sondern wird auch kostenlos abgeholt.

Eine andere Kontrollmaßnahme führte zur Aufdeckung der Tatsache, daß im Zuge von Neubaumaßnahmen die ursprünglich auf den Grundstücken vorhandenen Müllcontainer nicht abgemeldet worden waren und somit 8.600 DM pro Jahr umsonst Müllabfuhrkosten gezahlt worden waren.

Auch im Zuge der Abfalltrennung werden nicht mehr alle Mülltonnen benötigt und es konnten in einem Beispiel von acht Mülltonnen drei Tonnen abgemeldet werden. Die Ersparnis beträgt 4.000 DM pro Jahr. Eine Zusammenlegung von Kartons vor der Entsorgung verlängert die Abholzeit der Container und führt zu einer Reduzierung von Kosten, die pro Abholung fällig werden. Insgesamt konnte Wöhrl durch die Verringerung der Müllbehälter und deren optimale Füllung 175.600 DM in den Jahren 1993/94 einsparen.

Eine weitere Einsparungsmöglichkeit bietet die zentrale Entsorgung von Glas, Elektronikschrott, Leuchtstoffröhren u.ä.. Diese Müllfraktionen werden von den Auslieferungsfahrzeugen auf dem Rückweg zur Zentrale mitgenommen und dort zentral entsorgt. Allein bei der Entsorgung von Leuchtstoffröhren wurden in den Jahren 1993/94 über 11.500 DM gespart.

Reduzierung der Kosten für Transport und Verkehr

Mit Hilfe einer verbesserten Logistik wurde die Zahl der LKW-Fahrten minimiert. Leerfahrten werden weitgehendst vermieden. Im innerstädtischen Bereich werden Fahrradkuriere eingesetzt. Für Dienstreisen der Mitarbeiter werden nur noch Gruppenfahrten genehmigt. Bei der Standortwahl für neue Filialen wird eine Anbindung an den öffentlichen Personen-Nahverkehr vorausgesetzt.

Reduzierung des Verpackungsmaterials

Im Verpackungsbereich wird der Übergang zur Mehrweg-Verpackung in Zusammenarbeit mit der Textilindustrie angestrebt. Bereits jetzt werden beim Warentransport zwischen den Filialen Mehrwegkörbe eingesetzt. Für den Transport von Dekorationsmaterial gibt es eigene Mehrweg-Transportbehälter. Auf die Bekleidungshersteller wird dahingehend Einfluß genommen, daß diese den Anteil der Verkaufsverpackungen reduzieren.

Im Kantinenbereich verzichtet Wöhrl vollständig auf Wegwerfgeschirr. Die Getränkeautomaten wurden von Wegwerfdosen auf Pfandflaschen umgestellt.

Kreditinstitute

Bayerische Vereinsbank AG

CREDIT SUISSE

Frankfurter Sparkasse

Landesgirokasse

62 Bayerische Vereinsbank AG

Firma:	Bayerische Vereinsbank AG
Anschrift:	BAB 37 - Umweltmanagement 80311 München
Ansprechpartnerin:	Frau Claudia Hastenpflug
Telefon:	(089) 378 - 29 765
Telefax:	(089) 378 - 22 450
Branche:	Kreditinstitute
Produktpalette:	Bankgeschäfte
Beschäftigtenzahl:	ca. 14.000 Mitarbeiter (Konzern: ca. 22.000 Mitarbeiter)
Literatur:	B.A.U.M.-Erhebungsbogen

Die Bayerische Vereinsbank AG hat bereits 1992 die UNEP-Erklärung für Banken zur langfristig tragfähigen Entwicklung unterschrieben und sich damit zu entscheidenden Verbesserungen im Umweltbereich verpflichtet. Die UNEP-Erklärung ist Bestandteil der Unternehmensphilosophie:

> „Wir erkennen, daß das Streben nach Wirtschaftswachstum mit einer gesunden Umwelt unauflösbar verbunden ist. Des weiteren erkennen wir, daß Schutz der Umwelt und langfristig tragfähige Entwicklung in der gemeinsamen Verantwortung aller Menschen liegen und somit auch zu den dringlichsten Aufgaben der Wirtschaft, einschließlich des Kreditwesens, gehören müssen. Wir werden versuchen, unsere Geschäftspolitik und unser unternehmerisches Handeln auf ein solches Wachstum auszurichten: Es gilt, die Bedürfnisse der Gegenwart zu erfüllen, ohne die der Zukunft zu beeinträchtigen."

Im Dezember 1996 wurde die Bayerische Vereinsbank mit dem Umweltpreis der Stadt München für ihre ganzheitliche, umweltorientierte Betriebsführung ausgezeichnet, die sich an der EG-Öko-Audit-Verordnung orientiert.

1 Umweltleitlinien

Bis zur Fertigstellung der eigenen Umweltleitlinien, die konkret auf die Umweltziele der Bayerischen Vereinsbank abgestimmt sind, dient die UNEP-Erklärung für Banken als Umweltleitbild:

- Im Rahmen unserer Geschäftspraxis erwarten wir, daß unsere Kunden alle geltenden regionalen, nationalen und internationalen Umweltauflagen erfüllen. Darüber hinaus halten wir einen verantwortungsbewußten Umgang mit der Umwelt für eines der Hauptmerkmale effizienter Unternehmensführung.
- Wir nehmen potentielle Umweltrisiken in den Katalog der Risikobeurteilungs- und Risikosteuerungskriterien auf.
- Wir werden unser unternehmerisches Handeln in allen Bereichen, einschließlich Rechnungswesen, Marketing, Risikobeurteilung, Öffentlichkeitsarbeit, Mitarbeiterkommunikation und -ausbildung umweltgerecht ausrichten.
- Wir optimieren unser internes Umweltmanagement durch den Einsatz neuester Techniken in Bereichen wie effiziente Energienutzung, Recycling und Abfallminimierung.
- Durch die Herausgabe eines regelmäßig aktualisierten Umweltberichtes, durch weitere Publikationen, Vorträge, Kongreßbeiträge usw. informieren wir die Öffentlichkeit, insbesondere unsere Kunden, Aktionäre und Mitarbeiter über Fortschritte im Bereich Umweltmanagement und -controlling

2 Organisation des Umweltschutzes

Der Bereichsvorstand des Zentralbereiches Bau und Betrieb ist für das Umweltmanagement in der Bayerischen Vereinsbank verantwortlich. In diesem Zentralbereich ist auch die Umweltbeauftragte angesiedelt. Sie informiert und berät den Vorstand, je nach Erfordernis direkt oder über den Bereichsleiter Bau und Betrieb. Der Vorstand entscheidet über die strategische Ausrichtung der Umweltaktivitäten. Die Umsetzung erfolgt unter Leitung der Umweltbeauftragten. Dies geschieht in Zusammenarbeit mit den Fachabteilungen bzw. Umweltverantwortlichen (siehe Abb. 41).

Das interne Ökocontrolling für die Zentrale hat zwei Kernelemente:

1. Die Steuerungsgruppe Umwelt besteht aus sieben besonders engagierten Mitarbeitern. Sie deckt Schwachstellen auf und erarbeitet Lösungsansätze. Von den jeweiligen Projekten betroffene Fachbereiche werden in den Ablauf einbezogen. Die Steuerungsgruppe Umwelt ist auch Diskussionsforum für übergreifende Umweltprojekte und die Ausarbeitung der Umweltpolitik.
2. Der Arbeitskreis Ökobilanz besteht aus allen Verantwortlichen für die Umsetzung des Umweltprogramms und behandelt Fragen im Zusammenhang mit der Erstellung einer Ökobilanz.

Zu einem ganzheitlichen Umweltmanagement gehört neben dem Aspekt der Betriebsökologie auch der Bereich Produktökologie, also die Umweltaspekte im Kundengeschäft. Jeder relevante Geschäftsbereich hat einen Ansprechpartner für ökologische Fragen. Projekte, die aus den zunehmenden, ökologischen Ansprüchen im Produktbereich resultieren, werden in Zusammenarbeit mit der Umweltbeauftragten durchgeführt.

Weitere wichtige Elemente des Umweltmanagements sind die Zusammenarbeit mit dem Umweltausschuß des Gesamtbetriebsrats und mit den Zentralbereichen Kommunikation und Volkswirtschaft sowie Personal.

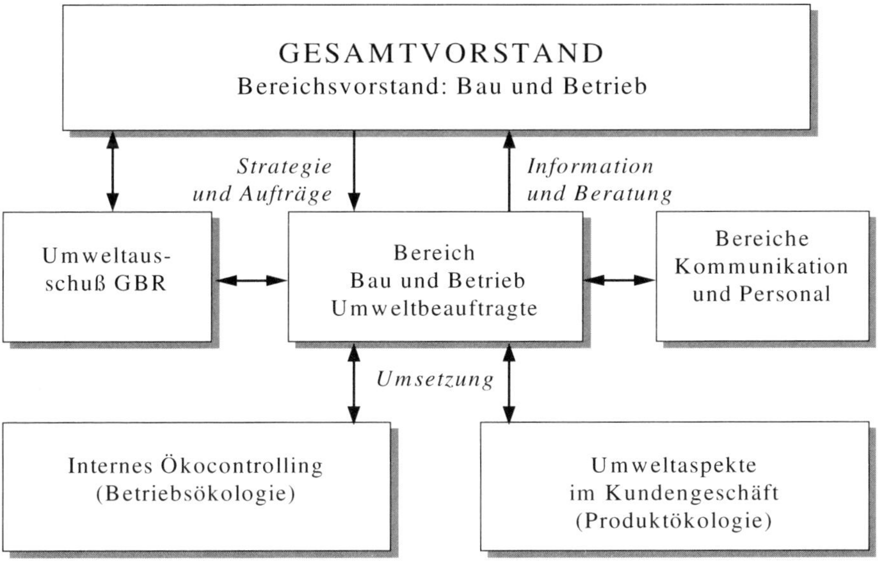

Abb. 41: Die Umweltorganisation der Bayerischen Vereinsbank

3 Umweltprogramm

Im Umweltprogramm der Bayerischen Vereinsbank werden die Umweltmaßnahmen sowie die Verantwortlichen für deren Durchführung benannt. Die Hauptaktivitäten sind gegenwärtig:

1. Die Formulierung der hauseigenen Umweltpolitik.
2. Die weitere Verbesserung des Umweltmanagements und die Ausdehnung auf die Niederlassungen und Filialen.
3. Für große Standorte führt die Bayerische Vereinsbank Umweltaktionstage durch, die zur Information und Sensibilisierung der Mitarbeiter beitragen sollen. Die Aktionstage werden mit der Einführung neuer Entsorgungskonzepte gekoppelt.
4. Im Januar 1997 wurde mit der Schulung der Auszubildenden hinsichtlich Umweltthemen begonnen. Die Ausdehnung dieses Schulungsaspektes auf andere Mitarbeitergruppen ist geplant.
5. Als Mitglied im VfU ist die Bayerische Vereinsbank im Rahmen eines Expertenkreises an der Standardisierung von Umweltbilanzierungs-Richtlinien und Grundsätzen für die Finanzdienstleistungsbranche beteiligt.
6. Installation des Ökocontrollings über die Fortschreibung der Ökobilanz.

4 Ökobilanz

Im April 1996 hat die Bayerische Vereinsbank ihren ersten Umweltbericht mit Ökobilanz veröffentlicht. Sie erfaßte neben den Zentralgebäuden 9 repräsentativ ausgewählte Niederlassungen und Filialen aus ihrem Regionalbereich Bayern Nord über eigene Ökobilanzen. Dadurch konnte ein internes Benchmarking über diese Außenstellen erstellt werden und die Bayerische Vereinsbank erhielt eine wertvolle Datengrundlage für die Bewertung der Umweltleistung von einzelnen Standorten.

Um den kontinuierlichen Verbesserungsprozeß im Sinne der EG-Öko-Audit-Verordnung in die Wege zu leiten und nachzuhalten, hat sie zu jedem Ökobilanzkonto ein Umweltprogramm formuliert und Verantwortliche für die Umsetzung benannt.

5 Kostensenkende Umweltschutzmaßnahmen

Mit den hier vorgestellten Umweltmaßnahmen spart die Bayerische Vereinsbank ca. 1 Mio. DM pro Jahr an Kosten ein. Da bisher die Zurechnung weiterer Einsparungen auf einzelne Maßnahmen kaum möglich ist, kann jedoch von einer höheren, tatsächlichen Kostensenkung ausgegangen werden. Zu den Einsparungen aus der Betriebsökologie kommt noch eine Verminderung des Risikos von Kreditausfällen.

Die Integration von Umweltaspekten in die Kreditwürdigkeitsprüfung hilft, das Risiko von Kreditausfällen, die aus einer mangelhaften Umweltpolitik des Kreditnehmers resultieren, zu minimieren. Dazu wird anhand einer Checkliste zu 21 „Umweltpaketen" aller Unternehmenssegmente das Umweltengagement des Kreditnehmers geprüft und anschließend in einer Plausibilitätsprüfung bewertet. Eine mangelhafte „Umweltnote" führt dabei automatisch zur Abwertung der Note „Managementqualität" und kann unter bestimmten Voraussetzungen zum völligen Entzug der Kreditwürdigkeit führen. Ergänzt wird die Kreditwürdigkeitsprüfung durch die Anforderung eines Altlastengutachtens, wenn vor der Beleihung von Grundstücken ein begründeter Verdacht für das Vorhandensein von Altlasten besteht. Einige praktische Beispiele für Risiken, die durch die erweiterte Kreditwürdigkeitsprüfung vermieden werden sollen, sind:

1. Bei Nichtbeachtung von Gesetzen, Verordnungen und Vorschriften im Umweltbereich durch ein Unternehmen drohen diesem Probleme mit Behörden und Kosten, die durch die erforderliche Nachbesserung entstehen. Liquiditätsprobleme können auch durch Nachrüstung aufgrund neuer Umweltauflagen entstehen. Beide Fälle können zur Zahlungsunfähigkeit des Unternehmens führen.
2. Immer mehr Unternehmen achten bei ihren Zulieferern auf umweltfreundliche Arbeitsweisen und Produkte. Versäumt ein Zulieferer den Aufbau einer umweltfreundlichen Produktion, droht Auftragsverlust und bei kleineren, abhängigen Unternehmen der Konkurs.

3. Als Sicherheit bei der Kreditvergabe wird häufig eine Grundschuld auf das Betriebsgelände des Unternehmens eingetragen. Sind auf dem Betriebsgelände Altlasten vorhanden, kann dies im Konkursfall zu einem totalen Wertverlust bzw. enormen Sanierungskosten des Geländes führen, die den Verkaufserlös aus dem Gelände völlig aufzehren.
4. Die Öffentlichkeit ist zunehmend auf Umweltaspekte sensibilisiert. Ein Produkt, das die veränderten Anforderungen der Verbraucher nicht mehr erfüllt, kann schnell seine Marktgängigkeit verlieren. Wenn das Unternehmen kein breites Angebot bietet, kann der Boykott eines Produktes zu erheblichen Umsatzeinbußen führen.

Neben der Minimierung des Kreditausfallrisikos für die Bayerische Vereinsbank sollen diese Anforderungen bei den Kreditnehmern eine veränderte, umweltbewußte Betriebsführung initiieren. Die Bayerische Vereinsbank will ihren Kunden dabei helfen, ökologische Schwachstellen aufzudecken, zu beseitigen und somit ihre Wettbewerbsfähigkeit zu steigern.

Einsparung von Roh-, Hilfs- und Betriebsstoffen

Im Betriebsablauf des gesamten Unternehmens soll durch Mitarbeiterinformation der Einsatz von Recyclingpapier bei Kopierpapier erheblich gesteigert werden. Am Vereinsbankstandort Nürnberg wird bei Kopierpapier bereits eine Quote von 80 % erreicht, womit die Praktikabilität bewiesen ist. Primäres Ziel ist allerdings die Reduktion des Papierverbrauches. Außerdem sollen im Büro vermehrt Refill- und Mehrwegartikel (z.B. Tonerkartuschen rebuilt) zum Einsatz kommen. Aus den Maßnahmen wird mit einer Kostenreduktion von ca. 100.000 DM pro Jahr gerechnet.

Reduzierung der Wasser- und Abwasserkosten

Durch die Reduktion des Vordruckes an den Wasserhähnen, Einsatz von Perlatoren, Minderung der Spülmengen in den Toiletten usw. konnte der Wasserverbrauch in einem Zentralgebäude der Bayerischen Vereinsbank um 6 Mio. Liter gesenkt werden. Das entspricht einer Einsparung von 30.000 DM pro Jahr an Kosten für Stadtwasser und Abwasser.

Reduzierung der Energiekosten

Die Bayerische Vereinsbank verfolgt seit Jahren ein umfassendes Konzept zur Reduktion des Energieverbrauchs. Wichtige Elemente dieses Konzeptes sind:

- In Schwachlastzeiten Nutzung der Energie für Kälteerzeugung und Heizung
- Verringerung des Primärenergieeinsatzes durch Reduzierung der Endverbraucher bzw. Lasten
- Wenn möglich Vermeidung von Komfortklimaanlagen bei Neuplanung
- Wenn möglich kein zentrales Boilersystem der Trinkwassererwärmung, sondern dezentrale Boiler (Vermeidung der Verteilverluste, geringe Vorratshaltung, Vermeidung der sog. Legionellen)
- Planung und Ausführung von Kühldecken und öffenbaren Fenstern

- Einbindung der zentralen Leittechnik in den Gebäuden der Bayerischen Vereinsbank. Dadurch gezielte Energienutzung, zentrale Betreuungsmöglichkeiten, effektiver Einsatz von Wartung und Kundendienst
- Einsatz von Wärmerückgewinnungsanlagen bei Lüftungsanlagen
- Vorgehängte Klimafassaden bei Neubauten oder Sanierung

Die Kosteneinsparungen aus den genannten Maßnahmen sind schwer zu quantifizieren. Eine konkrete Berechnung zum ersten Punkt „Nutzung von Energie aus Schwachlastzeiten zur Kälteerzeugung", wurde am Beispiel eines Gebäude durchgeführt, das über einen Eisspeicher verfügt. Die Nutzung des Eisspeichers zur Reduzierung der Leistungsspitzen ergibt eine Einsparung von ca. 11.000 DM pro Jahr.

Reduzierung der Entsorgungskosten

In der Zentrale in München wurde das Entsorgungskonzept bereits 1993 grundlegend überarbeitet und durch die konsequente Abfalltrennung eine Restmüllreduktion von fast 50 % erzielt. Ohne nennenswerte Investitionen beträgt die Einsparung an Entsorgungskosten im Vergleich zu 1993 ca. 90.000 DM pro Jahr.

Am einem Standort in Frankfurt wurde im Rahmen eines Pilotprojekts 1994/95 ein Abfallkonzept eingeführt, das auf einer konsequenten Abfalltrennung basiert. Mit einer Investition von 6.000 DM für die Konzeptionierung und Anschaffung von neuen Trennbehältern werden durch die Reduzierung des Restmülls um mehr als 30 % über 11.000 DM pro Jahr an Entsorgungskosten eingespart (bei damaligen Entsorgungspreisen).

In Folge zum Pilotprojekt 94/95 in Frankfurt, wurde im November 1996 im Rahmen eines Umweltaktionstages am Standort Nürnberg ein neues Entsorgungskonzept eingeführt. Die Analyse des Standortes lief über fast 2 Monate. In erster Linie wurden Vermeidungspotentiale gesucht. Am Umweltaktionstag wurden die Mitarbeiter dann über die Möglichkeiten, Abfall erst gar nicht entstehen zu lassen, informiert. Dies funktioniert hauptsächlich über die Verwendung von Mehrwegbüroartikeln. Im Rahmen des neu eingeführten Konzeptes wird mit einer Kostensenkung von 18.000 DM pro Jahr gerechnet.

Reduzierung der Kosten für Transport und Verkehr

In Dienstleistungsbetrieben fallen überwiegend Emissionen und Kosten durch Dienstreisen an. Optimierungspotential liegt hier vor allem im Einsatz moderner Technik. Ein Beispiel:

Der Zentralbereich Organisation und Informatik ist als Konzernorganisation der Bayerischen Vereinsbank auf die drei Standorte München, Hamburg und London verteilt. Da viele Projekte standortübergreifend abgewickelt werden, fallen beachtliche Reisekosten und unproduktive Reisezeiten an. Als Lösung wurde eine Videokonferenzanlage angeschafft, die von den Nutzern eine überraschend gute

Akzeptanz erhielt. Zur Berechnung der Wirtschaftlichkeit dient folgende Investitionsrechnung:

> Für die Kosten, die durch eine Dienstreise entstehen, wird ein Tagessatz von 1.300 DM pro Mitarbeiter angenommen. Bei einer Reisezeit von ca. 5 Stunden und Reisekosten von 670 DM berechnet sich der Gesamtpreis pro Reise und Person von München nach Hamburg und zurück auf über 1.500 DM. Die Videokonferenzanlage, die für München und Hamburg angeschafft wurde, verursachte insgesamt Investitionskosten in Höhe von 125.000 DM. Hinzu kommen die einmaligen Anschlußkosten an das ISDN-Netz der Telekom in Höhe von ca. 5.000 DM. Die Kosten für den laufenden Betrieb zwischen den Standorten München - Hamburg betragen 250 DM pro Stunde.
>
> Die Installation hat sich für den Zentralbereich Organisation bereits nach einem Jahr amortisiert. In der Folge wird mit einer Ersparnis von ca. 300 Einzelreisen jährlich gerechnet. Da Videokonferenzen erfahrungsgemäß weniger zeitintensiv verlaufen als Konferenzen von face to face, wird eine Besprechungsdauer von 2 Stunden veranschlagt. Daraus folgt eine Kostensenkung von mindestens 350.000 DM pro Jahr und eine Reduktion der CO_2-Emissionen um 60.000 kg.

Die Bayerische Vereinsbank kann außerdem 2 Videokonferenzräume ihrer Tochtergesellschaft BV-Info mit Standleitungen nach Hamburg anmieten. Diese befinden sich am selben Standort wie ein Teil der Bayerischen Vereinsbank-Zentrale, nämlich am Tucherpark in München. Die Konferenzräume wurden 1996 durch die Bayerische Vereinsbank 96 mal angemietet. Durch die Videokonferenzen wurden ca. 280 Dienstreisen vermieden. Wie oben dargestellt werden pro Dienstreise 1.500 DM veranschlagt. Es erfolgte also eine Einsparung von ca. 420.000 DM abzüglich der Mietkosten für die Videokonferenzräume und der Personalkosten. Daraus erfolgt eine definitive Kostenreduktion von ca. 300.000 DM und eine Reduktion der CO_2-Emissionen um 56.000 kg.

Reduzierung des Verpackungsmaterials

Die Bank selber erstellt immaterielle Produkte und kann insofern an dieser Stelle auch kein Verpackungsmaterial reduzieren. Als Käufer von Produkten kann aber Einfluß auf ihre Zulieferer genommen werden. So konnte die Bayerische Vereinsbank die Einführung von Mehrwegbehältern bei Zulieferern von Reinigungsmitteln erreichen. Außerdem nimmt sie Einfluß auf die Verpackung von Werbegeschenken und benutzt Mehrwegsysteme in der Kantine, wo dies möglich und sinnvoll ist. Die Maßnahmen bringen zwar kaum ökonomischen Nutzen, dafür aber um so mehr ökologische Wirkungen.

63 CREDIT SUISSE

CREDIT
SUISSE

Firma:	CREDIT SUISSE
Anschrift:	Fachstelle Umwelt (CCUE) Postfach 100 CH-8070 Zürich
Ansprechpartner:	Herr Otti Bisang
Telefon:	(+41-1) 332 26 09
Telefax:	(+41-1) 333 76 33
E-Mail:	otti.bisang@ska.com
Internet:	http://www.credit-suisse.ch
Branche:	Kreditinstitute
Produktpalette:	Bankgeschäfte
Beschäftigtenzahl:	21.800 Mitarbeiterinnen und Mitarbeiter
Literatur:	B.A.U.M.-Erhebungsbogen, Umweltbericht 1995/96

„Die Integration ökologischer Aspekte in unser Handeln eröffnet Chancen: vorab zur Kosteneinsparung und Risikominderung, zunehmend aber auch zur Steigerung der Attraktivität als Arbeitgeberin. Damit schaffen wir auch für unsere Kunden und unsere Aktionäre zusätzliche Werte."

Im Jahr 1992 unterzeichnete die CREDIT SUISSE die UNEP-Erklärung „Umwelt und Banken" und die „Charter für eine langfristig tragfähige Entwicklung" der Internationalen Handelskammer. Inzwischen hat die CREDIT SUISSE ein, nach ISO 14001 zertifiziertes, Umweltmanagementsystem aufgebaut und betreibt aktive Umweltpolitik sowohl im innerbetrieblichen Bereich als auch für ihre Kunden und im Kreditgeschäft.

1 Umweltleitlinien

Die Umweltleitlinien der CREDIT SUISSE lauten:

1. Unternehmensführung
   - Wir engagieren uns aktiv für den Schutz der Umwelt. Unser Engagement resultiert aus der Erkenntnis, dass unsere Zukunft von der Erhaltung der natürlichen Lebensgrundlagen abhängt.

- Wir wollen bezüglich Umweltmanagementsystem zu den fortschrittlichen Instituten gehören. Wir berücksichtigen stets die ökologisch beste verfügbare Technik, sofern sie wirtschaftlich vertretbar ist.
- Wir steuern, beurteilen und dokumentieren den Fortschritt unserer Arbeit mittels eines systematischen Öko-Controllings.

2. Personalarbeit und Organisation
   - Alle in unserer Bank Tätigen sind in ihrem Wirkungsbereich für den Schutz der Umwelt verantwortlich. Sie werden durch interne und externe Fachleute unterstützt.
   - Wir treffen Massnahmen, damit unsere Mitarbeiterinnen und Mitarbeiter ihre ökologische Verantwortung erkennen und dementsprechend handeln können; umweltrelevante Tätigkeiten sollen auch unter diesem Aspekt beurteilt werden.
3. Kommunikation und Marketing
   - Wir wollen unsere Bank als umweltbewusstes Unternehmen positionieren. Wir führen einen aktiven und offenen Dialog sowohl nach innen wie auch nach aussen. Unsere Umweltinformationen sind zugänglich. Wir arbeiten aktiv in externen Gremien mit.
   - Die Wahrnehmung der ökologischen Verantwortung ist Teil unserer auf eine langfristige Ertragssicherung und nachhaltige Unternehmensentwicklung ausgerichteten Marktstrategie.
4. Produkte
   - Wir wollen mit dem sukzessiven Einbezug des Faktors "Umwelt" in bestehende wie neue Bankdienstleistungen und -produkte ökologische Probleme und Risiken vermeiden. Insbesondere berücksichtigen wir im Kreditgeschäft für unsere Beurteilung ökologisch bedingte Risiken.
   - Wir sind gegenüber der Entwicklung neuer Instrumente zur Beurteilung ökologischer Chancen und Risiken offen und unterstützen eine diesbezügliche Forschungstätigkeit.
5. Produktion und Betrieb
   - Wir sind dafür besorgt, dass der Bankbetrieb und die Produktion unserer Dienstleistungen möglichst umweltschonend und sicher erfolgen; wir beziehen die Beschaffungspartner hierzu ein. Insbesondere legen wir Wert auf geringen Stromverbrauch und sparsamen Umgang mit Ressourcen.
   - Wir schaffen durch eine systematische Erfassung, Dokumentation und Beurteilung des Energie- und Ressourcenverbrauchs, der Emissionen, Abfälle und Risiken die Grundlage für kontinuierliche Verbesserungen, zu denen wir uns verpflichten.
   - Wir sorgen vor, um umweltschädigende Unfälle zu verhüten und deren Folgen zu begrenzen.
6. Infrastruktur und Anlagen
   - Wir integrieren in die Planung und Ausführung von Bauten und Anlagen ökologische Erkenntnisse betreffend Gestaltung, Materialien, Betrieb und Energieeinsatz.
   - Wir beziehen unsere Auftragnehmer und Lieferanten in unsere Bemühungen um ökologische Verbesserungen ein, damit sie bei uns dieselben Umweltnormen und -praktiken wie wir anwenden. Wir verlangen Auskunft über

problematische Bau- und Inhaltsstoffe sowie über die Auswirkungen der gelieferten Produkte.

2 Organisation des Umweltschutzes

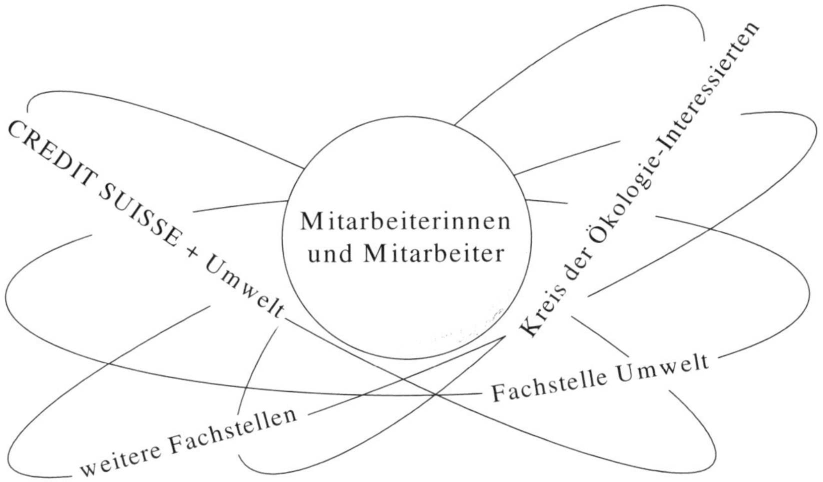

Abb. 42: Die Umweltorganisation der CREDIT SUISSE

Die CREDIT SUISSE hat eine stark vernetzte Umweltorganisation aufgebaut und dazu verschiedene Organisationseinheiten installiert (siehe Abb. 42).

Die *Fachstelle Umwelt* ist für die Gesamtkoordination aller umweltrelevanten Tätigkeiten zuständig. Das oberste Umweltgremium, die Arbeitsgruppe *CREDIT SUISSE und Umwelt*, ist das Steuerungsorgan für die Umweltpolitik. Ihr gehören neben dem für Umweltfragen verantwortlichen Mitglied der Geschäftsleitung und dem Leiter der Fachstelle Umwelt maßgebliche Entscheidungsträger aller wichtigen Bereiche an. *Kompetenzzentren*, die in die Linienorganisation integriert sind, sorgen für die direkte Integration ökologischer Aspekte in die Geschäftstätigkeit. *Projektgruppen* führen größere Aufgaben wie zum Beispiel betriebliche Ökobilanzierungen durch. Im *Kreis der Ökologie-Interessierten* sind über 1.000 Mitarbeiter zusammengeschlossen und bilden damit ein informelles Netzwerk zur breiten Verankerung des Umweltbewußtseins im Unternehmen.

3 Umweltprogramm

Sowohl qualitativ als auch quantitativ sind für die nächsten Jahre konkrete Umweltziele definiert.

Qualitative Ziele der Betriebsökologie sind:

- Reduktion des Energieverbrauchs für Material und Dienstleistungen
- Verminderung des Ressourcenverbrauchs für Material und Dienstleistungen
- Steigerung der Wiederverwendung von Material
- Förderung des Einsatzes langlebiger und ausbaufähiger Materialien und Produkte
- Nachhaltige Verwendung von erneuerbaren Ressourcen
- Vermeidung von Giftklasse-Produkten

Die Produkteökologie beinhaltet den Einfluß umweltgerechten Handelns auf die Bankdienstleistungen und -produkte und umfaßt sowohl den Einsatz umweltfreundlicher Materialien beim Kundenverkehr als auch die Prüfung ökologisch bedingter Risiken bei Kreditgeschäften.

4 Ökobilanz

Seit 1994 erstellt die CREDIT SUISSE sowohl für ihren Stammsitz in Zürich als auch für ihre Niederlassungen in der Region Genf betriebliche Ökobilanzen, in denen alle ökologisch relevanten Stoff- und Energieströme erfaßt sind. Um aktuellen und dringenden Handlungsbedarf abzuleiten, wurden auch die Daten anderer Kreditinstitute wie der Landesgirokasse in Stuttgart, der Bayerischen Landesbank in München, sowie dem Schweizerischen Bankverein in Zürich in die Ökobilanzen aufgenommen.

5 Kostensenkende Umweltschutzmaßnahmen

Mit den hier vorgestellten Umweltschutzmaßnahmen erzielt die CREDIT SUISSE eine Kostensenkung in Höhe von mehreren Millionen DM pro Jahr.[21]

Einsparung von Roh-, Hilfs- und Betriebsstoffen

Bei der Beschaffung von Personalcomputern und Bürogeräten achtet die CREDIT SUISSE auf Energieverbrauch und Abstrahlung und berücksichtigt nur Produkte, die über ein modernes Power-Management verfügen sowie den neuesten Strahlungsnormen entsprechen. Die verbesserte Energieeffizienz wird aber durch den stark gestiegenen Einsatz von Computern und Rechenleistung wieder aufgehoben.

Das im Jahr 1993 gestartete Projekt „Viewer" hat zum Ziel, möglichst vollständig betriebsinterne EDV-Listen durch elektronische Mittel zu ersetzen. Dazu wurde die Software Viewer, die einen Großteil des zu druckenden Outputs aufbereiten kann, auf den Zentralrechner der CREDIT SUISSE installiert. Als virtueller Drucker installiert, ermöglicht Viewer den Ausdruck auf den Bildschirm und ermöglicht eine interaktive Listenbearbeitung mit den Funktionen:

- Gezielte Selektion eines Listenverzeichnisses

[21] Umrechnungskurse vom September 1996: 1 sFr. = 1,22 DM

- Anschauen einer Liste am Bildschirm
- Layoutänderungen an einer Liste
- Liste mit einer Notiz versehen
- Weitersenden einer Liste
- Selektives Drucken
- Restore einer Liste aus dem Archiv

1996 druckte die CREDIT SUISSE über das zentrale Netzwerk 299 Mio. Seiten. Dies entspricht rund einem Drittel des gesamten Papierverbrauchs. Das daraus abgeleitete theoretische Viewer-Potential beträgt rund 230 Mio. Seiten, wovon etwa die Hälfte in den Viewer übernommen werden könnte. Das praktische Potential liegt somit bei ca. 115 Mio. Seiten. Im Jahre 1996 wurden mit einer Einsparung von 20 Mio. Seiten die gesetzten Ziele übertroffen und gegenüber dem Vorjahr eine Steigerung von 150 % erzielt. Die damit verbundene Kosteneinsparung beläuft sich auf einige Millionen DM.

Reduzierung der Wasser- und Abwasserkosten

Die CREDIT SUISSE hat bei ihrem größten Gebäude Uetlihof in Zürich ca. 55.000 m^2 naturnah mit Weihern, Wiesen und Naturschutzzonen gestaltet und Dachbegrünungen durchgeführt. Dadurch erübrigt sich das Rasensprengen und das Dachwasser gelangt in die Pflanzen oder über Überläufe in einen Bach in der Naturlandschaft. Erhebliche Einsparungen ergeben sich hier sowohl bei den Frischwasser- als auch bei den Abwasserkosten. Die Investition lag nicht höher als bei einer traditionellen Grünraumgestaltung.

In den Gebäuden wurden an den Wasserhähnen Durchflußbegrenzer eingebaut, und das Spülwasservolumen in den Toiletten wurde von neun auf sieben Liter reduziert. Konkrete Zahlen über die hier erfolgten Einsparungen sind bisher noch nicht verfügbar.

Reduzierung der Energiekosten

Die CREDIT SUISSE verfolgt ein umfassendes Energiemanagement, durch das der jährliche CO_2-Ausstoß in den letzten zwanzig Jahren um mindestens 6.300 Tonnen gesenkt werden konnte. Konkrete Maßnahmen waren im Uetlihof in Zürich die Sanierung der Wärmezentrale, der Einbau eines Blockheizkraftwerks und die Verwendung von dreifach verglasten Fenstern. In zwölf anderen Gebäuden mit Spitzenverbräuchen wurden Energiesanierungen vorgenommen, im Rechenzentrum eine Wärmerückgewinnung installiert und in Zug und Lugano eine Grundwasser-Wärmenutzung eingerichtet. Das Personalrestaurant in Genf wurde mit einer Sonnenkollektoranlage zur Wassererhitzung ausgerüstet.

Reduzierung der Entsorgungskosten

Die CREDIT SUISSE verfügt über ein umfassendes Abfallmanagement am Hauptsitz und an ihren Niederlassungen. Durch sorgfältige Abfalltrennung beträgt der Anteil der wiederverwertbaren oder recyclingfähigen Reststoffe an der Gesamtabfallmenge 69 %. Der Papier- und Kartonanteil an der Gesamtabfallmenge beträgt 57 %. Die Rückführung von Altpapier und -kartons ins Recycling vermeidet nun schon am Hauptsitz in Zürich Müllgebühren von über 500.000 DM pro Jahr.

Reduzierung der Kosten für Transport und Verkehr

Um die Flugkosten und die damit verbundenen Umweltbelastungen zu reduzieren, wurden mehrere Video-Conferencing-Studios eingerichtet, die zu einer Verminderung der Reisetätigkeit geführt haben. Außerdem propagiert die CREDIT SUISSE für Reisen unterhalb von 400 km die Bahn als Alternative zum Flugzeug.

Einsparungen im Verkehrsbereich ergaben sich auch aus einer Umstrukturierung der Bank und durch das verbesserte Abfallkonzept, wodurch ein Drittel der Fahrtwege des Kurierdiensten und ein Fünftel der Entsorgungswege eingespart wurden. Bei der Beschaffung von Neufahrzeugen wird großes Gewicht auf einen niedrigen Kraftstoffverbrauch gelegt.

Reduzierung des Verpackungsmaterials

Zur Reduzierung des Verpackungsmaterials wurden verschiedene Maßnahmen durchgeführt. Dazu gehören zum Beispiel der unverpackte Versand bestimmter Publikationen, die Verwendung von Intranet und E-Mail für die interne Post, Mehrwegkisten und Umschlägen für die interne Post, die Verwendung einer Folie aus Getreidestärke für interne, vertrauliche EDV-Listen und der Einsatz von Zellstoff, Styroporschnipseln und alten Zeitungen als Füllstoffe für Pakete.

Kundenbelege werden nur noch im monatlichen Sammelversand an die Privatkunden geschickt. 1995 wurden dadurch 23 Mio. Couverts eingespart. Dies entspricht einer Reduktion um 43 % oder 190 Tonnen Recyclingpapier und senkte die Kosten für Couverts um 750.000 sFr. oder 915.000 DM. Zusätzlich werden Porto- und Transportkosten eingespart und die Abnutzung der Maschinen verringert.

6 Gewünschte politische Maßnahmen

Die wichtigsten politischen Maßnahmen und Ziele, die der Umweltbeauftragte für die weitere Verbesserung des Umweltschutzes für notwendig hält, sind:

- Die konsequente Anwendung des Verursacherprinzips (z. B. durch eine Besteuerung von Flugbenzin)
- Die Förderung von Ausbildungsmaßnahmen im Umweltbereich
- Die Unterstützung internationaler Bestrebungen zur Eindämmung des Bevölkerungswachstums

64 Frankfurter Sparkasse

Firma:	Frankfurter Sparkasse
Anschrift:	Neue Mainzer Straße 47-53 60255 Frankfurt am Main
Ansprechpartner:	Herr Helge Beck
Telefon:	(069) 26 41 - 47 71
Telefax:	(069) 26 41 - 41 45
Internet:	http://www.fraspa1822.de
Branche:	Kreditinstitute
Produktpalette:	Bankgeschäfte
Beschäftigtenzahl:	3.200 Mitarbeiter
Literatur:	Bewerbungsunterlagen für den B.A.U.M.-Umweltpreis 1994 Geschäftsberichte 1994 und 1995, Wirtschaftsraum Hanau-Kinzigtal, 9, 1996 Frankfurter Allgemeine Zeitung, 27.1.1996 Washington Journal, 22.9.1995

„Die Frankfurter Sparkasse betrachtet aktives Umweltmanagement als strategischen Erfolgsfaktor nicht nur für sich, sondern auch für ihre gewerblichen Kunden. Bedingt durch die Sensibilisierung weiter Bevölkerungskreise sowie aufgrund strengerer Umweltschutzvorschriften wird u.a. das Erscheinungsbild von Unternehmen in der Öffentlichkeit geprägt. In zunehmendem Maße hängen hiervon auch Bonität und Kreditwürdigkeit ab. Unternehmen, die sich den Anforderungen der Öko-Audit-Verordnung stellen, können sich auf diese Weise Wettbewerbsvorteile verschaffen. Aktives Umweltmanagement wird in Zukunft ein wichtiges Gütesiegel mit positiver Wirkung nach innen wie nach außen sein.“

Die Frankfurter Sparkasse strebt die Einführung eines Umweltmanagementsystems nach der EG-Öko-Audit-Verordnung an. Dazu wurde von dem Umweltbeauftragten des B.A.U.M.-Mitgliedsunternehmens, Herrn Helge Beck, der Arbeitskreis „Öko-Audit für Dienstleister“ initiiert, der sich für eine Erweiterung des Geltungsbereiches der EG-Öko-Audit-Verordnung auf Dienstleistungsunternehmen einsetzt. Herr Helge Beck, wurde 1994 für sein Umweltengagement mit dem B.A.U.M.-Umweltpreis ausgezeichnet. Im Jahr 1996 erhielt er eine Belobigung des BMU für seine bewußtseinsbildende Arbeit im Bereich betrieblicher Umweltschutz und beim Aufbau einer Umweltdatenbank.

1 Umweltleitlinien

Die Frankfurter Sparkasse sieht sich der Umwelt verpflichtet und handelt nach dem Motto „Alle reden vom Umweltschutz - wir tun es".

2 Organisation des Umweltschutzes

Bei der Frankfurter Sparkasse ist die Stelle eines Umweltbeauftragten eingerichtet, zu dessen Aufgaben die Planung und Durchführung aller Umweltaktivitäten des Unternehmens gehört. Darüber hinaus nimmt der Umweltbeauftragte zu allen umweltrelevanten Entscheidungen des Managements Stellung und erarbeitet ökologisch orientierte Verbesserungsvorschläge für alle Handlungsebenen. Als weiteres Forum für umweltrelevante Fragestellungen wurden interdisziplinäre Arbeitskreise eingerichtet. Der Umweltbeauftragte ist Mitglied im Verband der Betriebsbeauftragten für Umweltschutz, Umweltsachverständiger und Fachgutachter.

3 Umweltprogramm

Seit 1990 hat die Frankfurter Sparkasse, von den Grundgedanken der Kreislaufwirtschaft geleitet, mehrere Wirtschaftskreisläufe eingerichtet, mit denen nicht nur Ressourcen, sondern auch Kosten eingespart werden konnten. Gleichzeitig fand durch eine engagierte Fortbildungsarbeit im Umweltschutz auch „bei den über 3.200 Mitarbeitern unseres Hauses eine Bewußtseinsänderung zugunsten des Umweltschutzes" statt. Dieses war und ist letztlich die Grundvoraussetzung für den Erfolg der eingeleiteten Umweltschutzmaßnahmen. Ein Beispiel dafür ist die umfangreiche Broschüre „Umweltschutz im Betrieb", die die Frankfurter Sparkasse für ihre Mitarbeiter herausgebracht hat. Spezielle Beachtung findet auch der Bereich der Aus- und Weiterbildung, zu dem Ausbildungsrichtlinien für den „Umweltschutz im Kreditgeschäft" erstellt werden sollen.

Weitere Schwerpunkte der Umweltaktivitäten der Frankfurter Sparkasse liegen in Maßnahmen zur Abwasserreinhaltung, zur Energieeinsparung und zur Reduzierung des Abfallaufkommens.

4 Kostensenkende Umweltschutzmaßnahmen

Mit den hier vorgestellten Umweltschutzmaßnahmen konnte die Frankfurter Sparkasse über 1,8 Mio. DM pro Jahr an Kosten einsparen.

Einsparung von Roh-, Hilfs- und Betriebsstoffen

Das Beschaffungswesen wurde im gesamten Unternehmen auf umweltfreundliche Produkte umgestellt. Dabei erbrachten viele kleine Einzelmaßnahmen eine Kostenreduzierung um insgesamt ca. 30 %.

Reduzierung der Wasser- und Abwasserkosten

Durch die Umsetzung zahlreicher wassersparender Maßnahmen wie z.B. den Einbau von Wassersparamaturen in den sanitären Anlagen und durch die Sammlung von Regenwasser zur Nutzung als Brauchwasser konnte die Frankfurter Sparkasse ihren Trinkwasserverbrauch um jährlich 22,4 Mio. Liter senken. Die Kosteneinsparungen betragen etwa 150.000 DM pro Jahr

Um schwerflüchtige, lipophile Stoffe, die in konventionellen Fettabscheidern nur zum Teil abgeschieden werden, praktisch ganz aus dem Abwasser zu entfernen, hat die Frankfurter Sparkasse eine Pilotanlage entwickelt und eingebaut. Damit werden öl- und fetthaltige Substanzen aus den Kantinenabwässern, die im Kanalsystem Zerstörungen und Beeinträchtigungen verursachen, zurückgehalten. Durch die Zugabe von Calciumhydroxid-Suspension zu den Abwässern kommt es zu einer alkalischen Hydrolyse (Verseifung), nach der die entstandenen unlöslichen Calciumsalze, die Kalkseifen, durch Sedimentation abgezogen werden können. Das Kantinenabwasser ist danach zur Verwendung als Brauchwasser geeignet und wird für die Toilettenspülung eingesetzt. Die abgezogenen Kalkseifen werden in der Land- und Forstwirtschaft als Düngemittel wiederverwertet.

Durch diese Brauchwassernutzung spart die Frankfurter Sparkasse 2,6 Mio. Liter Trinkwasser pro Jahr oder ca. 18.000 DM pro Jahr an Wasserkosten. Die Investitionssumme betrug etwa 110.000 DM. Für die Entwicklung dieser Abwasseraufbereitungsanlage wurde Herr Helge Beck 1995 mit dem Umweltpreis der Stadt Frankfurt als „Wassersparer des Jahres" und mit dem „goldenen Wassertropfen" ausgezeichnet.

Reduzierung der Energiekosten

Beim Bau eines neuen Sparkassengebäudes in Frankfurt sind die in der Planung vorgesehenen Umweltschutzkriterien konsequent umgesetzt worden. So wurden z.B. Sonnenkollektoren zur Energiegewinnung installiert und die Klimaanlage mit einer Energierückgewinnung ausgestattet. Insgesamt reduzierten die bisher durchgeführten Energiesparmaßnahmen die Energiekosten der Frankfurter Sparkasse um etwa 160.000 DM pro Jahr.

Reduzierung der Entsorgungskosten

Im Entsorgungsbereich spielt vor allem der Papierbereich und dabei besonders die Entsorgung von datenschutzrelevantem Papier eine große Rolle. Durch Einführung eines Farbleitsystems wird sichergestellt, daß das gesamte Altpapier an jedem Arbeitsplatz zunächst in „Papierkörben“ und danach in verschließbaren „Papiersäcken“ gesammelt wird. Die „Papiersäcke“ werden in einen Selbstpresscontainer geworfen, der nach Bedarf von einem Entsorgungsbetrieb abgeholt und direkt in den Kochkessel eines Papierwerks zur Herstellung von Neupapier entleert wird. Durch diese Maßnahmen wird der Datenschutz gewährleistet und gleichzeitig das Altpapier hundertprozentig zu Neupapier verarbeitet. Dieses Neupapier wird wiederum von der Frankfurter Sparkasse für vielerlei Zwecke, z.B. „Papiersäcke“ und Papierabfalltüten, aber auch Werbematerial, verwendet. Die Kostenersparnis liegt trotz gestiegener Reststoffmengen bei 45 %.

Die anfallenden Kunststoffmengen werden in sog. Wertstoff-Sammelboxen, die aus Altpapier hergestellt sind, gesammelt und durch einen örtlichen Recyclingbetrieb zur Wiederverwendung aussortiert bzw. zu Kunststoffgranulat verarbeitet. Hieraus werden z.B. Abfalleimer hergestellt, die zusammen mit den Altpapier-Abfalltüten ideal für Bioabfall geeignet sind und deshalb eine gute Akzeptanz in der örtlichen Bevölkerung gewonnen haben. Die Kostenersparnis bei der Kunststoffentsorgung liegt bei 50 %.

Auch für Styropor und Folien konnte eine Kreislaufwirtschaft eingeführt werden. Das getrennt gesammelte Styropor- und Folien-Verpackungsmaterial wird in einem Verwertungsbetrieb zu 70 % zu Neustyropor und -folien verarbeitet und spart somit den Einsatz wertvoller Ressourcen.

Weitere Einsparungen konnten bei den Sonderabfällen und in der Glas- und Halonentsorgung erzielt werden. Durch die Vermeidung von Sonderabfällen konnten die Entsorgungskosten für Sonderabfälle von 80.000 DM (1994) auf 8.000 DM (1996) gesenkt werden. Eigeninitiative, Eigenentsorgung und Verhandlungen mit den Entsorgern für Glas und Halon ersparten der Frankfurter Sparkasse zusätzliche Kosten von 150.000 DM pro Jahr für die Glassammlung und 30.000 DM bei der Halonentsorgung.

Im gesamten Entsorgungsbereich sparte die Frankfurter Sparkasse bis 1996, ausgehend von den Erhebungswerten von 1990, durch ihr konsequent durchgeführtes Abfallkonzept ca. 726.000 DM pro Jahr. Bei unveränderter Entsorgungspraxis seit 1990, unter Berücksichtigung der gestiegenen Entsorgungskosten und gestiegenen Reststoffmengen, kann man nach einer Rechnung der Deutschen Presse Agentur von einer Verdoppelung der Entsorgungskosten 1996 gegenüber 1990 ausgehen. Dies bedeutet, daß real, ausgehend von dieser Kostenentwicklung 1996 im Vergleich zu 1990 ca. 1,86 Mio. DM Gesamtentsorgungskosten eingespart wurden.

Reduzierung der Kosten für Transport und Verkehr

Speziell die Einführung der Selbstpresscontainer bei der Altpapierentsorgung hat zu einer drastischen Reduzierung des Transportaufkommens geführt. Während das Papier früher lose in Kleincontainern, Kunststoff- oder Jutesäcken abgeholt wurde, entfallen durch die Abholung in Preßcontainern jetzt sieben von acht Fahrten.

65 Landesgirokasse

Landesgirokasse

Firma:	Landesgirokasse
Anschrift:	Königstraße 3-5 70144 Stuttgart
Ansprechpartnerin:	Frau Dipl.-Ing. (FH) Silvia Weiß
Telefon:	(0711) 124 - 26 37
Telefax:	(0711) 124 - 41 40
E-Mail:	LG.BAED@t-online.de
Branche:	Kreditinstitute
Produktpalette:	Bankgeschäfte
Beschäftigtenzahl:	ca. 5.000 Mitarbeiter
Literatur:	Ökologische Briefe Nr. 51/52, 1995 Ökobericht 1994, Umweltbericht 1996

„Wir denken und handeln unternehmerisch und umweltbewußt."

In einer ersten Ökobilanz wurden 1991 die Umweltauswirkungen der Landesgirokasse (LG) erfaßt. Das Ergebnis zeigte überraschend deutlich, wie stark die Beeinträchtigungen der Umwelt sind, die von einer Bank ausgehen können:

> „Normalerweise wird der Geschäftsbetrieb einer Sparkasse nicht als sonderlich umweltbelastend eingeschätzt. Als wir erstmals schwarz auf weiß lesen konnten, welche Menge an Ressourcen bei uns bewegt werden, waren wir selbst erstaunt."

Aufgrund dieser Erkenntnisse begann die Landesgirokasse ein Umweltmanagement-System aufzubauen. Sie unterzeichnete 1994 die UNEP-Erklärung für Banken zur langfristig tragfähigen Entwicklung und ist seit 1995 Mitglied im Verein für Umweltmanagement in Banken, Sparkassen und Versicherungen (VfU). Im Jahr 1995 wurde das Umweltmanagement der Landesgirokasse durch ein Quasi-Zertifikat anhand der Richtlinien der EG-Öko-Audit-Verordnung zertifiziert. Außerdem erhielt die Landesgirokasse für herausragende Leistungen im Umweltschutz im Rahmen des „Umweltpreises für Unternehmen 1995" des Landes Baden-Württemberg eine Anerkennung.

1 Umweltleitlinien

Im Herbst 1995 wurde die Umweltpolitik der Landesgirokasse festgelegt. Ein Teil der Leitsätze bezieht sich auf den Geschäftsbetrieb. Weitere Teile betreffen Bankprodukte sowie die LG-Stiftung „Natur und Umwelt". Im folgenden werden einige Auszüge aus der Umweltpolitik vorgestellt:

Geschäftsbetrieb

Umweltmanagementsystem

- Eine Grundlage für unsere Entscheidungen und Handlungen ist neben anderen geschäftspolitischen Zielsetzungen der Schutz der Umwelt und damit die Integration umweltbezogener Aspekte in das gesamte Managementsystem.
- [...]

Beschaffung

- Als in unserem Geschäftsgebiet bedeutender Marktpartner übernehmen wir gesellschaftliche Verantwortung für die Umwelt. Umweltorientiertes Verhalten verstehen wir als Beitrag zur Sicherung der Zukunft von Umwelt und Unternehmen.
- Dazu wird bei allen Beschaffungsgruppen - im Rahmen des ökonomisch Machbaren - ökologisch verträglicheren Produkten der Vorzug gegeben. Dieser Anspruch bezieht sich neben der Herstellung und Verwendung der Produkte auch auf die Entsorgungswege. Eine gezielte Beschaffungsmarktforschung ist daher unabdingbar.

Ressourcen

- Wir wollen die natürlichen Ressourcen sparsam in Anspruch nehmen. Unsere vorrangigen Ziele sind die Vermeidung von Abfall und die Reduzierung von Energie- und Wasserverbrauch.

Schulung

- Wir wollen den Umweltgedanken aktiv in unserem Haus leben. Wir beziehen daher alle Mitarbeiter in die Aufgaben des Umweltschutzes ein.
- Umweltschutzthemen bei Schulungsmaßnahmen in Aus-, Fort- und Weiterbildung tragen dazu bei, daß Mitarbeiter zu einem verantwortungsbewußten Handeln zum Schutze der Umwelt angeleitet werden können.

Bankprodukte

- Unser betrieblicher Umweltschutz verfolgt die sogenannte „Von-innen-nach-außen-Strategie". Neben den zunächst vorrangigen innerbetrieblichen Umweltschutzmaßnahmen wollen wir den Umweltgedanken im Rahmen unserer Geschäftstätigkeit auch nach außen vertreten.
- Wir informieren unsere Kunden über unsere Umweltschutzaktivitäten und bieten Möglichkeiten zur Förderung von Umweltinnovationen.
- Wir wollen durch folgende Maßnahmen einen Beitrag zur nachhaltigen Entwicklung leisten:
  1. Beratung von Kunden über öffentliche Fördermittel aus Umweltprogrammen
  2. Umweltorientierte Beratung von Unternehmenskunden im Hinblick auf deren wirtschaftlichen Erfolg
  3. Berücksichtigung umweltrelevanter Risiken im Kreditgeschäft

  Wir hoffen, damit zu einer Breitendurchdringung ökologisch positiver Entscheidungen im Wirtschaftsprozeß beizutragen.

Stiftung

- Wir unterstützen insbesondere regionale Umweltschutzprojekte mit unserer Stiftung „Natur und Umwelt".

2 Organisation des Umweltschutzes

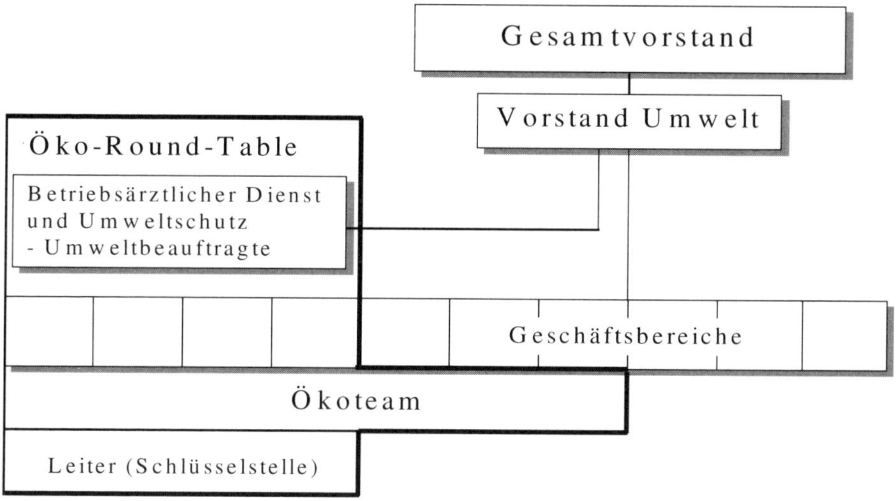

Abb. 43: Die Organisation des Umweltschutzes bei der Landesgirokasse

Die Umweltschutzbeauftragte ist als Stabsfunktion einem Vorstandsmitglied zugeordnet (siehe Abb. 43). Sie koordiniert den „Öko-Round-Table", der sich zusammensetzt aus Bereichsleitern und Leitern mit Schlüsselstellen, d.h. Beschäftigten, die Arbeitsprozesse mit Auswirkungen auf die Umwelt leiten, durchführen und überwachen, sowie dem „Ökoteam". Der „Öko-Round-Table" ist als Kernelement für den Umweltentwicklungsprozeß zuständig und legt die kurzfristigen Umweltziele fest. Dies sind solche, die bis zum Zeitpunkt der nächsten Umweltberichterstellung erreicht sein sollen. Im „Ökoteam" sind Mitarbeiter aus unterschiedlichen, vom Umweltschutz besonders betroffenen, Geschäftsbereichen sowie ein Personalratsmitglied vertreten. Alle Umweltinformationen sind einheitlich mit einem eigenen, von der Landesgirokasse entwickelten, Umweltlogo kenntlich gemacht.

3 Umweltprogramm

Das Umweltprogramm der Landesgirokasse, in dem sowohl kurzfristige als auch langfristige Umweltziele und die dazu erforderlichen Maßnahmen im einzelnen festgehalten sind, wird im Umweltbericht 1996 ausführlich vorgestellt.

4 Ökobilanz

In einer Ökobilanz hat die Landesgirokasse den gesamten Input und Output in einem Kontenrahmen erfaßt. Dabei wurde auf einen standardisierten „Ökobilanz-Kontenrahmen" Bezug genommen, der von einem VfU-Expertenkreis entwickelt wurde und zur Vergleichbarkeit mit anderen Kreditinstituten dient.

5 Kostensenkende Umweltschutzmaßnahmen

Eine Kostensenkung hat die Landesgirokasse vor allem im Abfallbereich erreicht. Dort konnten von 1994 bis 1995 die Kosten um ca. 200.000 DM gesenkt werden.

Einsparung von Roh-, Hilfs- und Betriebsstoffen

Beim Verbrauch der Umlaufgüter, vor allem bei Papier und Büroartikeln, strebt die Landesgirokasse eine weitere Reduzierung der Artikelvielfalt und Umstellung auf Recyclingmaterial an. Eine allgemeine Öko-Checkliste für Beschaffungen wird dazu gegenwärtig ausgearbeitet. Ein hausinterner „Flohmarkt" für gebrauchte Büromaterialien hilft, den Verbrauch an Heftern, Registern und Ordnern zu vermindern.

Besonders kritisch ist auch der Umgang mit gesundheitsgefährdenden Stoffen. Nachdem 1991 vor allem in Fuhrpark, Gärtnerei, Schreinerei, Druckerei und bei den Hausmeistern fast 200 verschiedene gesundheitsgefährdende Stoffe gefunden wurden, sind bis heute nur 87 davon übrig geblieben. Die Landesgirokasse achtet auch bei Fremdfirmen, insbesondere den Reinigungsunternehmen, darauf, daß diese den ökologischen Anforderungen der Bank gerecht werden.

Reduzierung der Wasser- und Abwasserkosten

Um den Wasserverbrauch zu reduzieren, werden wo immer möglich Wassersparearmaturen eingesetzt, da ein erster Test in einem zentralen Gebäude erfolgreich war. Zunächst steht jedoch die genaue Erfassung des Wasserverbrauchs im Vordergrund.

Reduzierung der Entsorgungskosten

Die Landesgirokasse hat aufgrund ihrer Erkenntnisse aus der Ökobilanz ein neues Müllmanagement eingerichtet. Dazu gehört ein Abfallkataster, in dem alle Entsorgungsvorgänge aufgenommen werden und ein Sachkonto Entsorgung, um die Kosten, die durch die Entsorgung entstehen, zu erfassen. Ein Farbleitsystem verbessert die Abfalltrennung und eine optimierte Logistik spart Verpackungen und hilft, Wertstoffe genauer auszusortieren. Der Restmüllanfall konnte durch diese Maßnahmen in den zentralen Gebäuden um 40 bis 50 % vermindert werden. Die Einsparungen betrugen 1995 gegenüber 1994 ca. 200.000 DM.

Reduzierung der Kosten für Transport und Verkehr

Um die Benutzung öffentlicher Verkehrsmittel zu fördern, erstattet die Landesgirokasse die Kosten für die Bahncard, soweit es steuerrechtlich möglich ist. Die Beteiligung am Stuttgarter VVS-Firmenticket (Verkehrsverbund Stuttgart) gewährt den Mitarbeitern einen zehnprozentigen Rabatt für die Benutzung des ÖPNV. Ergänzend wurden in einem zentralen Gebäude Fahrradabstellplätze und Duschen für Fahrradfahrer bereitgestellt.

Metallindustrie

Holzapfel Metallveredelung GmbH

Krauss-Maffei AG

MD Rebuilt Parts Detzen GmbH

Autozubehör Plesse

Werner Rietschle Maschinen- und Apparatebau GmbH

SABO Maschinenfabrik GmbH

Carl Schenck AG

Viessmann Werke GmbH & Co.

J. M. Voith GmbH

Webasto AG Fahrzeugtechnik

Wieland Edelmetalle GmbH & Co. Gold- und Silberscheideanstalt

66 Holzapfel Metallveredelung GmbH

Firma:	Holzapfel Metallveredelung GmbH
Anschrift:	Unterm Ruhestein 1 35764 Sinn
Ansprechpartner:	Herr Hans-Ludwig Blaas
Telefon:	(02772) 50 08 - 21
Telefax:	(02772) 50 08 - 66
E-Mail:	Holzapfel.Metallveredelung@t-online.de
Branche:	Metallindustrie
Produktpalette:	Oberflächenbeschichtungen
Beschäftigtenzahl:	100 Mitarbeiter
Literatur:	Umwelterklärung 1996, Commerzbank-/ impulse-Umweltpreis Bewerbung 1995

„Die Aufgabe der Galvanotechnik ist es, durch eine Oberflächenbeschichtung die Korrosionsbeständigkeit von metallischen Werkstoffen, insbesondere Stahl, zu erhöhen. Dünne Zinkschichten verhindern das Rosten! Die Langlebigkeit vieler Produkte basiert auf modernen galvanotechnischen Verfahren, die damit einen wesentlichen Beitrag zur Schonung von Rohstoffen und Energie leisten.

Nicht nur die Produkte, sondern auch die Produktion - letztendlich die gesamten betrieblichen Tätigkeiten - müssen im Sinne eines verantwortungsvollen und sparsamen Umgangs mit den Ressourcen umweltgerecht gestaltet werden."

Die Holzapfel Metallveredelung GmbH wurde in den Jahren 1989, 1992, 1994 und 1996/97 mit dem Preis der Arbeitsgemeinschaft selbständiger Unternehmer e.V. für umweltbewußte Unternehmensführung und 1994 mit dem Commerzbank-/impulse-Umweltpreis ausgezeichnet. Seit Mai 1996 ist das B.A.U.M.-Mitgliedsunternehmen am Standort Sinn nach der EG-Öko-Audit-Verordnung validiert.

1 Umweltleitlinien

Die Umweltpolitik von Holzapfel ist in den Umweltleitlinien festgeschrieben. Sie werden durch Aushang öffentlich bekanntgegeben und jedem Mitarbeiter wird ein persönliches Exemplar ausgehändigt:

- Es ist unser Bestreben, die von unserer Tätigkeit ausgehenden Umweltauswirkungen kontinuierlich zu verbessern. Dabei gehen wir vom derzeitigen bereits hohen Niveau aus. Die einschlägigen gesetzlichen Anforderungen sind ein Mindestmaß, das durch unsere stetigen Bemühungen übertroffen wird.
- In allen Unternehmensbereichen soll die beste verfügbare, wirtschaftlich vertretbare Technik eingesetzt werden, um
  - schädliche Umweltauswirkungen, insbesondere gefährliche Abwässer, Emissionen und Abfälle, zu vermeiden oder zu vermindern;
  - Ressourcen, insbesondere Wasser und Energie, einzusparen;
  - umweltgerechte Beschichtungen zu erzeugen.
- Zur Abwehr von Gefahren wenden wir größte Sorgfalt beim Umgang mit denjenigen gefährlichen Stoffen an, deren Substitution aus technischen Gründen bisher noch nicht möglich war.
- Es werden alle notwendigen Maßnahmen ergriffen, um das Eintreten umweltschädigender Unfälle zu verhindern. Unfallbedingte Folgen für die Umwelt werden durch besondere Techniken möglichst gering gehalten.
- Zur Vereinbarung der ökonomischen und der ökologischen Ziele benötigen wir motivierte, gut ausgebildete Mitarbeiter. Großen Wert legen wir deswegen auf regelmäßige Aus- und Weiterbildung, Information, Qualifikation, sowie eine leistungsgerechte Bezahlung.
- Die Pflege der Anlagen und Verfahren, Ordnung und Sauberkeit am Arbeitsplatz sowie das Einhalten der umweltbezogenen Verfahrens- und Arbeitsanweisungen sind für die Umsetzung unserer Umweltpolitik von entscheidender Bedeutung. Wir wollen das sorgfältige, umweltgerechte Wirken unserer Mitarbeiter durch ein betriebliches Prämiensystem fördern.
- Wir überwachen und prüfen die Umweltauswirkungen unseres Unternehmens regelmäßig, um den Erfolg unserer Anstrengungen beurteilen zu können.
- Wir wirken auf unsere Kunden ein, ihre Teile galvanogerecht zu konstruieren und sie möglichst sauber sowie termingerecht anzuliefern. Die Maßnahmen reduzieren die Umweltauswirkungen, da weniger Rohstoffe und Energie verbraucht werden und weniger Abwasser und Abfall anfallen.
- Mit unseren Lieferanten streben wir eine partnerschaftliche Zusammenarbeit an. Wir stellen an sie die gleichen umweltbezogenen Anforderungen wie an uns selbst. Neue Anlagen, Verfahren und Produkte sollen nur dann eingeführt werden, wenn ihre Umweltverträglichkeit gewährleistet ist. Fremdfirmen, die auf unserem Firmengelände arbeiten, sind gehalten, unsere Umweltgrundsätze anzuerkennen und einzuhalten.
- Wir haben ein vertrauensvolles Verhältnis zu Behörden, Nachbarschaft und Öffentlichkeit. Dieses möchten wir aufrechterhalten. Wir informieren deswegen offen über unsere Tätigkeiten und die damit zusammenhängenden Auswirkungen auf die Umwelt und stellen uns der öffentlichen Kritik.
- Zur Umsetzung unserer umweltpolitischen Ziele haben wir in unserem Unternehmen ein Umweltmanagementsystem eingerichtet. Dieses wird ständig weiterentwickelt und regelmäßig auf seine Wirksamkeit überprüft.

Qualität sowie zukunftsorientierte, umweltgerechte Produktion und Produkte sichern unsere Existenz und unsere Umwelt nachhaltig.

2 Organisation des Umweltschutzes

Oberster Verantwortlicher für den Umweltschutz bei Holzapfel ist der Geschäftsführer des Unternehmens. Er ist der von der EG-Öko-Audit-Verordnung geforderte „Managementvertreter" und hat die Gesamtverantwortung für die Durchführung, Aufrechterhaltung, Kontrolle und Korrektur aller Belange des Umweltmanagementsystems (siehe Abb. 44). Bei allen umweltrelevanten Fragestellungen wird der Geschäftsführer von der Umweltbeauftragten beraten.

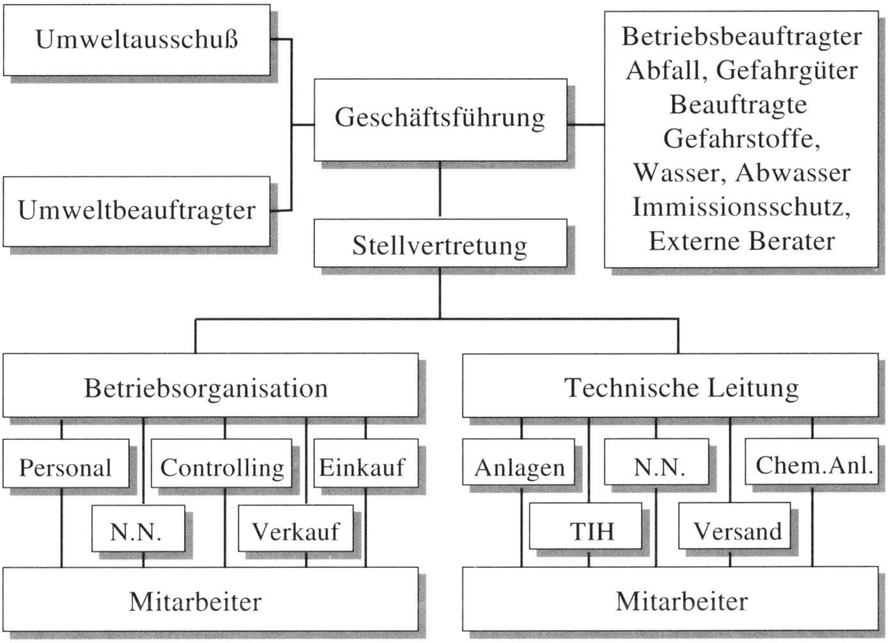

Abb. 44: Umwelt-Organigramm von Holzapfel

Zur Kommunikation und Koordination aller umweltrelevanten Tätigkeiten im Unternehmen dient der Umweltausschuß. Der Umweltausschuß wirkt bei der Planung neuer Anlagen und Verfahren mit und beurteilt z.B. auch die umweltrelevanten Verbesserungsvorschläge der Mitarbeiter. Entsprechend den bereichsübergreifenden Aufgaben setzt sich der Umweltausschuß aus verantwortlichen Mitarbeitern unterschiedlicher Abteilungen zusammen:

1. Umweltbeauftragter (Vorsitzender)
2. Geschäftsführer
3. Betriebsratsvorsitzender
4. Leiter Verkauf
5. Technischer Leiter
6. Leiter der Fertigungsbereiche
7. Leiter Zentrales Qualitätswesen
8. Externer Berater Arbeitsschutz

Innerhalb der Linienorganisation sind die Verantwortlichkeiten und Befugnisse für den Umweltschutz an die verantwortlichen Mitarbeiter in den einzelnen Bereichen delegiert. Die Mitarbeiter sind innerhalb ihrer Zuständigkeitsbereiche verantwortlich für die ordnungsgemäße Durchführung aller umweltrelevanten Aufgaben. Ihre Tätigkeiten werden von den jeweiligen Vorgesetzten überwacht.

3 Umweltprogramm

Allgemeines Umweltziel von Holzapfel ist die kontinuierliche Verbesserung des betrieblichen Umweltschutzes durch die Fortführung der Konzepte der „umweltgerechten Galvanotechnik". Einige spezielle Ziele aus dem Umweltprogramm sind:

- Abwasserarme und sonderabfallfreie Galvanik durch Prozeßoptimierung
- Verlängerung der Standzeit der Prozeßbäder, z.B. durch verbesserte Technik, Fertigungsplanung, Badüberwachung, Pflege, Dosierung
- Reduzierung des Frischwasserverbrauchs
- Reduzierung des Energieverbrauchs und der Energiekosten durch Einführung eines Energiemanagements
- Einführung neuer Verfahren zur weiteren Verbesserung des Korrosionsschutzes der Produkte

4 Kostensenkende Umweltschutzmaßnahmen

Holzapfel erzielt mit produktionsintegriertem Umweltschutz Kosteneinsparungen von ca. 228.000 DM pro Jahr.

Einsparung von Roh-, Hilfs- und Betriebsstoffen

Die Inhaltsstoffe der Galvanikbäder werden nach Gebrauch ggf. aufbereitet und in die Produktion zurückgeführt:

Die Spülen nach dem Aktivbad, die in der Regel stark mit Badinhaltsstoffen angereichert sind, werden zum Auffüllen der Verdampfungsverluste genutzt. Bei warm arbeitenden Spülbädern liegt die Rückführung bei bis zu 100 %. Bei kalt arbeitenden Bädern werden die Spülen über einen Vakuumverdampfer geleitet. Das Konzentrat (Badinhaltsstoffe) wird in den Elektrolyten zurückgegeben und das gereinigte Wasser läuft in die Spülwanne zurück.

Ähnlich wie der Vakuumverdampfer wird der Rieselturm bei kalt arbeitenden Bädern eingesetzt. Hierbei wird im Unterschied das saubere Wasser nicht mehr kondensiert, sondern verläßt als Wasserdampf den Prozeß. Gleichzeitig wird der Elektrolyt über den Rieselturm geleitet, wodurch es zu einer Abkühlung des Bades kommt. In der Regel kann auf eine separate Kühlung verzichtet werden.

Alle ammoniumhaltigen Spülen werden in einer Ammoniumrecyclinganlage aufbereitet. Bei diesem Verfahren wird eine hochkonzentrierte Ammoniumchloridlösung hergestellt, welche den entsprechenden Bädern wieder zugeführt wird. Als Folge muß das Ammonium nicht entsorgt und weniger frisches Ammoniumchlorid zugekauft werden.

Das abgelöste Zink, welches für die relativ kurze Standzeit der Beizen verantwortlich ist, wird mittels eines Ionentauschers aus der Lösung entfernt. Die Standzeiten der Beizen können durch diese Technik verdoppelt oder verdreifacht werden.

Das in den Entfettungsbädern von der Warenoberfläche abgelöste Öl und Fett schwimmt auf und wird von der Badoberfläche mittels Flutung in einen Ölabscheider geleitet. Im Ölabscheider sammelt sich das Öl an der Oberfläche und kann von der wässrigen Phase getrennt werden. Die Standzeiten der Bäder erhöhen sich dadurch ca. um den Faktor 10. Um eine Verschlammung in diesen Bädern zu verhindern (z. B. durch Metallspäne etc.) wird ein Bandfilter eingesetzt, der die Entfettungslösung kontinuierlich filtert. Die klare Lösung läuft in das Bad zurück, die Verunreinigungen bleiben im Filter hängen. Auch mit dieser Maßnahme wird eine Standzeitverlängerung erreicht.

Reduzierung der Wasser- und Abwasserkosten

Um Frischwasser einzusparen, werden viele Spülen im Kreislauf geführt. Das Wasser läuft zunächst zur Entfernung von Schwebstoffen über einen Kiesfilter und anschließend über einen Anionen- und Kationenaustauscher. In den Ionenaustauschern werden die gelösten Stoffe aus dem Wasser entfernt. Die Qualität des Wassers ist mit dieser Technik immer gleichbleibend gut.

Reduzierung der Energiekosten

In der Regel haben alle Wannen auf den Längsseiten Absaugstege. Damit werden. die entstehenden Dämpfe nach links und rechts abgesaugt. Die benötigte Absaugeleistung ist sehr hoch. Mit einem Push-Pull-System wird eine Seite des Bades abgesaugt, von der anderen Seite der Wanne wird Luft über die Badoberfläche in den gegenüberliegenden Absaugesteg geblasen. Die Energieeinsparung gegenüber herkömmlichen Systemen beträgt ca. 60 %.

Um eine gleichbleibende Qualität zu erzielen, werden die Legierungsbäder teilweise über eine ON-LINE-Analytik gesteuert. Durch Einführung dieser Technik kommt es nicht mehr zu prozeßabhängigen Qualitätskosten.

Um Stromspitzen zu vermeiden, wurde ein Maximumwächter installiert. Wenn die Verbrauchskurven ansteigen, werden automatisch „entbehrliche" Aggregate abgeschaltet.

Reduzierung der Entsorgungskosten

Im Jahr 1990 wurden bei Holzapfel Chlorkohlenwasserstoffe durch wässrige Reinigungsmittel substituiert. Durch den Einsatz des Hydroson-Verfahrens konnte der gleiche Reinigungseffekt wie mit organischen Lösemitteln erreicht werden.

Um die Standzeiten der Entfettungsbäder zu verlängern, wurden Ölabscheider angeschlossen (siehe oben). Im gleichen Jahr ersetzte Holzapfel die zyanidischen Zinkbäder gegen zyanidfreie, saure Heißzinkbäder. Diese Heißzinkbäder haben eine sehr hohe Abscheidungsgeschwindigkeit und damit eine sehr hohe Wirtschaftlichkeit. Die Verdunstungsverluste des Elektrolyten werden mit den Standspülen aufgefüllt und damit die Abwasserbehandlungsanlage entlastet.

Seit Anfang 1992 wird der zinkhaltige Galvanikschlamm nach der Kammerfilterpresse zusätzlich getrocknet. Vor dem Trocknen liegt der Gehalt an Trockensubstanzen bei ca. 30 %, nach dem Trocknen bei ca. 70 %. Das Volumen verringert sich gleichzeitig um ca. 50 %.

Durch

- Umstellung der zyanidischen auf saure Verzinkungsverfahren,
- Eliminierung des Öls aus den Entfettungen mittels Ölabscheider,
- Standzeitverlängerung bei Entfettungen, wie oben beschrieben,
- Standzeitverlängerung der Beizen durch Ionen-Austauscher,
- die Rückführung einiger Spülen in den Prozeß und
- die zusätzliche Schlammtrocknung

konnte der Schlamm, bedingt durch die danach ideale Konzentration, einer Verwertung zugeführt werden. Darüber hinaus ist durch eine optimale Spültechnik in diesem Zeitraum auch der Frischwasserverbrauch und somit die Abwassermenge deutlich reduziert worden.

Die Verwertung des zinkhaltigen Galvanikschlammes als Reststoff verringerte die Menge an Sonderabfall um 138 Tonnen (64,2 %) von 1992 bis 1994. Die Entsorgungskosten wurden dadurch um ca. 75 % reduziert. Insgesamt werden Einsparungen von ca. 228.000 DM pro Jahr erzielt.

67 Krauss-Maffei AG

KRAUSSMAFFEI

Firma:	Krauss-Maffei AG
Anschrift:	Krauss-Maffei-Straße 2 80997 München
Ansprechpartner:	Herr Dr. Bernhard Nill
Telefon:	(089) 88 99 - 26 61
Telefax:	(089) 88 99 - 30 87
Branche:	Maschinen- und Fahrzeugbau
Produktpalette:	Kunststoff-, Verfahrens-, Verkehrs-, Automations-, Oberflächen-, Wehrtechnik
Beschäftigtenzahl:	6.500 Mitarbeiter (Konzern)
Literatur:	Ökologie durch Ökonomie, 1993 Geschäftsbericht 1995, Ökologisch effizientes Wirtschaften - Ein Beitrag zur Zukunftssicherung, Beitrag zum 22. Strategieseminar auf der UTECH BERLIN am 15.2.1995, Umweltbericht 1996

„Natürlich können nicht alle Umweltprobleme durch ökologisch und ökonomisch vorteilhafte Maßnahmen beseitigt werden, es gibt aber ohne Zweifel ein großes Potential an unternehmerischen Gestaltungsmöglichkeiten, bei deren Anwendung Betrieb und Umwelt gleichermaßen die Gewinner sind. Dies betrifft sowohl die Gestaltung der betriebsinternen Produktionsprozesse zur Herstellung der Produkte, als auch die Entwicklung von Produkten und Verfahren für unsere Kunden."

Auf dieser Grundhaltung basiert das Umweltschutzkonzept der Krauss-Maffei AG:

- „Minimierung von Risiken für Mensch und Umwelt bei der Entwicklung, Herstellung, Nutzung und Entsorgung von Produkten
- Kosteneinsparungen durch umweltbewußtes Verhalten und Wirtschaften (Einsatz, Umwandlung und Verwertung von Stoffen und Energie)
- Erschließung neuer Märkte durch umweltfreundliche Produkte und Verfahren"

1 Umweltleitlinien

Krauss-Maffei verfolgt im Umweltschutz die Strategie:

- Von der risikoreichen und kostenintensiven Nachsorge (Sekundärmaßnahmen zur Risiko- und Emissionsbegrenzung)
- hin zur risikoarmen und kostengünstigen (-sparenden) Vorsorge. (Primärmaßnahmen in der Produkt- und Prozeßgestaltung zur Schonung von Ressourcen und Vermeidung/Verminderung von Emissionen)

Zur Umsetzung dieser Strategie wurden folgende Prioritäten gesetzt:

I. Risikobegrenzung durch
   - Beseitigung oder Verminderung von Gefährdungspotentialen für Mensch und Umwelt sowie
   - Verminderung und Begrenzung von Störfällen

II. Verbesserung der Wettbewerbsfähigkeit durch
   - Kosteneinsparungen:
     - sorgsamer Umgang mit Einsatzstoffen, Energie und Wasser.
     - Vermeidung, Verminderung oder Verwertung von Reststoffen.
   - Verbesserte Marktchancen:
     - Entwicklung umweltverträglicher Produkte.
     - Entwicklung neuer Produkte und Verfahren zur Lösung von Umweltproblemen.

III. Langfristige Zukunftssicherung durch Investitionen in den Umweltschutz und in die ökologische Ausrichtung des Unternehmens, die sich betriebswirtschaftlich erst mittel- und langfristig amortisieren:
   - Berücksichtigung ökologischer Kriterien bei Entwicklungs- und Investitionsprojekten.
   - Optimierung der Infrastruktur (z.B. Energie- und Wasserversorgung, Bauvorhaben, Transportlogistik).
   - Umweltverträgliche Ausrichtung der Produktprogramme und Geschäftsfelder.

2 Organisation des Umweltschutzes

Bei Krauss-Maffei werden die Mitarbeiter in das Umweltschutzkonzept des Unternehmens einbezogen. Einzelheiten der betrieblichen Umweltorganisation sind bisher noch nicht veröffentlicht.

3 Umweltprogramm

Zur Umsetzung eines ganzheitlichen, betrieblichen Umweltschutzes dienen Krauss-Maffei folgende Ansatzpunkte:

Mitarbeiter

- Förderung von Eigeninitiative und Eigenverantwortung für den Umweltschutz
- Verstärkte Nutzung des Innovationspotentials auch für die Lösung von Umweltproblemen, z.B. mittels betrieblichen Vorschlagswesen

Entwicklung

- Substitution umweltkritischer Produkte

- Minimierung des Ressourcenverbrauchs und der Emissionen bei der Produktnutzung
- Maximierung des Anteils wiederverwendbarer/wiederverwertbarer Teile

Beschaffung

- Substitution umweltkritischer Einsatzstoffe
- Berücksichtigung von Umweltgesichtspunkten bei der Lieferantenauswahl

Produktion

- Substitution umweltkritischer Produktionsprozesse
- Effiziente Stoff- und Energienutzung
- Forcierung geschlossener Stoffkreisläufe
- Einhaltung vorgegebener Emissionsgrenzwerte

Entsorgung

- Getrennte Erfassung und Sammlung verwertbarer Reststoffe
- Rückführung von Wertstoffen in den Produktionskreislauf

4 Kostensenkende Umweltschutzmaßnahmen

Krauss-Maffei unterscheidet zwischen Maßnahmen des betrieblichen Umweltschutzes und der Einbeziehung von Umweltgesichtspunkten in die Entwicklung und Fertigung von ökologisch effizienten Investitionsgütern. Dabei tragen die betrieblichen Umweltschutzmaßnahmen zur Senkung der Umweltauswirkungen und der Kosten im Unternehmen bei. Mit ihrem Angebot an ökonomisch attraktiven und ökologisch wirksamen Produkten verbessert sich die Marktsituation des Unternehmens. Die ökologischen und ökonomischen Vorteile kommen hierbei den Prozessen der Kunden zugute und fördern auf diese Weise die Wettbewerbsfähigkeit ihrer Produkte.

Im folgenden werden sowohl einige betriebliche Umweltschutzmaßnahmen als auch einige Produkt- und Verfahrensbeispiele aus den Geschäftsfeldern von Krauss-Maffei vorgestellt.

Einsparung von Roh-, Hilfs- und Betriebsstoffen

Um die Umweltbelastung speziell des Grundwassers zu verringern, ersetzt Krauss-Maffei soweit wie möglich die eingesetzten, wassergefährdenden und brandgefährdenden Stoffe der jeweils höchsten Risikoklassen WGK 3 bzw. VbF A1 + B. Dazu gehören insbesondere Reinigungsmittel und Nitroverdünnungen. Verglichen mit 1991 konnten bis 1996 die Stoffe der WGK 3 völlig und die Stoffe der Klasse VbF A1 + B zu 98 % durch weniger gefährliche Stoffe ersetzt werden.

Krauss-Maffei entwickelte zusammen mit Unternehmen der Rohstoff- und verarbeitenden Industrie ein Verfahren zur Senkung des Rohstoffeinsatzes bei der Herstellung von Duroplasterzeugnissen:

Duroplaste sind als feingemahlene Zuschlagsstoffe bisher nur beschränkt recyclingfähig. Deshalb müssen Abfallmengen aus der Produktion von Duroplastteilen größtenteils deponiert und verbrannt werden. Um dies zu vermeiden, wurde ein kombiniertes Verfahren entwickelt, bei dem das Altmaterial zunächst sowohl fein gemahlen als auch durch Glycolyse chemisch aufbereitet wird. Das Verfahren ermöglicht die Zuführung von bis zu 25 % Recyclat zum Neumaterial ohne Qualitätseinbußen.

Anwendungsbeispiel: In der Produktion von jährlich 100.000 Automobil-Stoßfängern (700 Tonnen) wird durch das neue Verfahren eine Einsparung von 175 Tonnen Neumaterial bzw. eine Entlastung der Deponie um 175 Tonnen Abfall erzielt. Gegenüber herkömmlichen Herstellungsverfahren ohne Duroplast-Recycling betragen die zusätzlichen Investitionskosten etwa 500.000 DM. Die Einsparungen, die vor allem aus den günstigeren Materialkosten des Recyclats resultieren, betragen ca. 420.000 DM pro Jahr. Dabei sind die höheren Betriebskosten der Anlage sowie der höhere Kapitaldienst bereits berücksichtigt. Wegen der jährlichen Kosteneinsparungen und der Rückflüsse durch die zusätzlichen Abschreibungen amortisiert sich die Anlage innerhalb eines Jahres.

Reduzierung der Wasser- und Abwasserkosten

Am Standort Allach wurde seit 1991 der Wasserverbrauch um 68 % gesenkt. Dies ist vor allem auf Veränderungen in der Produktionsstruktur am Standort zurückzuführen. Weitere Reduzierungen ergaben sich durch die Optimierung der Trinkwasser- und Brauchwassernetze. Der gesunkene Wasserverbrauch wirkt sich jedoch bei den Wasserkosten unterproportional aus, da der Fixkostenanteil (z.B. Netz- und Verteilungskosten) bei einem vermindertem Verbrauch relativ ansteigt.

Zur Senkung des Wasserverbrauchs bei den Kunden tragen die zwei folgenden Entwicklungen von Krauss-Maffei bei:

Beim Brauen von Bier fallen große Mengen an Überschußhefe an, die hohe Schmutzfrachten im Abwasser sowie hohe Verluste an Hefe und Bier (sog. Schwand) verursachen. Zur Hefeaufbereitung aus dem Schwand, hat das Krauss-Maffei-Tochterunternehmen Flottweg eine Anlage entwickelt, die mit Hilfe der Dekantertechnologie das Feststoff-Flüssigkeitsgemisch trennt. Die zurückgewonnene Hefe wird zu Flüssig- oder Trockenhefe verarbeitet und überwiegend als Viehfutter verkauft. Das Restbier wird gesammelt und kann ebenfalls verkauft werden.

Anwendungsbeispiel: Bei einem jährlichen Bierausstoß von 100.000 Hektolitern vermindert sich durch das Verfahren der Biologische Sauerstoffbedarf (BSB_5) im Abwasser um 120 kg pro Tag gegenüber anderen Verfahren ohne Heferückgewinnung. Gleichzeitig entfallen die Bier- und Hefeverluste. Die Investitionskosten für das Flottweg-Verfahren in Höhe von 150.000 DM amortisieren sich aufgrund von Kostensenkungen, Erlössteigerungen und Abschreibungen in weniger als 1½ Jahren. Dabei steht den höheren Abwassergebühren von ca. 60.000 DM pro Jahr ohne Heferückgewinnung ein zusätzlicher Erlös von ca. 40.000 DM pro Jahr gegenüber, der aus dem Verkauf der Überschußhefe und des zurückgewonnenen Bieres erzielt wird. Die zusätzlichen Betriebskosten und der Kapitaldienst sind dabei schon berücksichtigt.

Ein Niederdruck-Plasma-Verfahren des Krauss-Maffei-Tochterunternehmens Technics Plasma ermöglicht die Entfettung von Metallteilen aus der mechanischen Fertigung ohne Reinigungsmittel. In der auf etwa 1 mbar evakuierten Reinigungskammer wird durch ein Wechselspannungsfeld das zugeführte Prozeßgas ionisiert. Die Gasionen verwandeln über chemische Reaktionen die organischen Verunreinigungen in gasförmige Reaktionsprodukte (CO_2, H_2O), die einfach abgesaugt werden. Zusätzlich wird die Oxidation der Metallteile unterbunden.

Anwendungsbeispiel: Zur Reinigung von jährlich 960 Mio. Mikroschalterteilen werden gegenüber wässrigen Reinigungsverfahren keine Reinigungsmittel und kein Betriebswasser verbraucht. Außerdem entfällt verschmutztes Abwasser und reduziert sich der Betriebsmittel- und Energiebedarf. Die Investitionssumme für die Anlage ist vergleichbar mit der für ein wässriges Reinigungsverfahren. Die Betriebskosten für das Niederdruck-Plasma-Verfahren liegen wegen des niedrigeren Wasser- und Betriebsmittelverbrauch jedoch um ca. 75.000 DM pro Jahr unter den Kosten für eine wässrige Reinigung.

Reduzierung der Energiekosten

Am Standort Allach wurde ein Optimierungskonzept für die Energieversorgung umgesetzt. Dazu gehört die Aufgabe der Stromeigenerzeugung, der Bau eines neuen Heizwerkes auf Heißwasserbasis und die Umstellung der Fertigungshallen von Umluft- auf Deckenstrahlheizung. Insgesamt konnte seit 1991 der Stromverbrauch um 20 %, der Gasverbrauch um 47 % und der Druckluftverbrauch um 35 % gesenkt werden. Hierbei wird natürlich der Verbrauchsrückgang auch durch die Änderung in der Produktionsstruktur am Standort beeinflußt. Durch den wesentlich wirtschaftlicheren Fremdstrombezug und die neue Wärmeerzeugung verringerten sich die Kosten für Strom und Gas aber etwas überproportional.

Reduzierung der Entsorgungskosten

Im Bereich Entsorgung wurde in den letzten Jahren mit Hilfe einer konsequenten Vorsortierung des Mülls und der Sammlung der getrennten Fraktionen in farbig markierten Behältern der Verwertungsanteil der Hauptfraktionen, Kunststoffe und Papier, von 9 auf 48 % erheblich gesteigert. Die Entsorgungskosten verringerten sich dadurch allerdings nur wenig, da die Entsorgungsgebühren gleichzeitig stark anstiegen.

Reduzierung der Kosten für Transport und Verkehr

Zur Verminderung von Transport- und Verkehrskosten auf Flughäfen dient die Entwicklung eines Flugzeugschleppsystems:

Das von Krauss-Maffei entwickelte Flugzeugschleppsystem PTS ermöglicht den Fahrzeug-Schlepp von Flugzeugen mit einer Geschwindigkeit von bis zu 32 km/h. Gegenüber herkömmlichen Stangen-Schleppsystemen, die aus Sicherheitsgründen auf Geschwindigkeiten von 12 km/h begrenzt sind, wird der Einsatzbereich des Schleppsystems beträchtlich erweitert und kann dadurch das Rollen der Flugzeuge mit eigenen Triebwerken zum Start oder in die Werft ersetzen.

Anwendungsbeispiel: Bei 24 täglichen Schleppoperationen auf einem Großflughafen werden im Gegensatz zur bisherigen Vorgehensweise, bei der die Flugzeuge mit eigenen Triebwerken zum Start oder in die Werft rollen, jährlich etwa 4.830 Tonnen Kerosin und die damit verbundenen Abgasemissionen eingespart. Damit verbunden ist eine Reduzierung der Treibstoffkosten um mindestens 1,53 Mio. DM pro Jahr (bei

0,27 DM/Liter Kerosin). Die höhere Investition gegenüber herkömmlichen Stangen-Schleppsystemen von 3,7 Mio. DM amortisiert sich aufgrund der Gesamtkosteneinsparung von 1,11 Mio. DM pro Jahr und der Rückflüsse durch die zusätzlichen Abschreibungen in etwas mehr als zwei Jahren. Dabei sind die deutlich niedrigeren Personalkosten des PTS-Systems, aber auch die höheren Kosten für Betrieb und Kapitaldienst berücksichtigt.

68 MD Rebuilt Parts Detzen GmbH

Firma:	MD Rebuilt Parts Detzen GmbH
Anschrift:	Eseitersstraße 13 66557 Illingen
Ansprechpartner:	Herr Hermann Wittling
Telefon:	(06825) 92 08 - 40
Telefax:	(06825) 92 08 - 15
Branche:	Fahrzeugbau
Produktpalette:	Starter, Generatoren, Gelenkwellen
Beschäftigtenzahl:	90 Mitarbeiter
Literatur:	B.A.U.M.-Erhebungsbogen, Bewerbungsunterlagen für den Commerzbank/impulse-Umweltpreis 1996

„Irgendwann sind die Rohstoffe, vor allem Edelmetalle aufgebraucht - überall in der Welt. Nicht mehr wegzuwerfen, was noch bei entsprechender Aufarbeitung wieder zu verwenden ist, also Umsetzung der Recycling-Idee, ist der eigentliche Geschäftszweck unseres Unternehmens. Eine permanente Verbesserung der Bemühungen um die Rückgewinnung der brauchbaren Materialien ist unsere erste Priorität."

Die 1996 mit dem Commerzbank/impulse-Umweltpreis ausgezeichnete MD Rebuilt Parts Detzen GmbH hat den Gedanken der Kreislaufwirtschaft fest in ihrem Unternehmensleitbild verankert und setzt ihn auch praktisch in ihren Produktionsprozessen um.

1 Umweltleitlinien

Das oben aufgeführte Unternehmensleitbild zum Umweltschutz wird ergänzt durch die Leitlinien:

- Für alle Prozesse gilt: Wir halten strikt die geltenden Gesetze ein und bemühen uns, auch nicht geregelte oder nicht streng geregelte Belastungen der Umwelt von vornherein zu vermeiden.
- Teile, die noch mit umweltschädlichem oder gesundheitsschädigendem Material behaftet sind, werden nach neuesten Erkenntnissen und unter Beachtung aller Vorschriften bearbeitet, gefährliche Stoffe vorschriftsmäßig entsorgt.

2 Organisation des Umweltschutzes

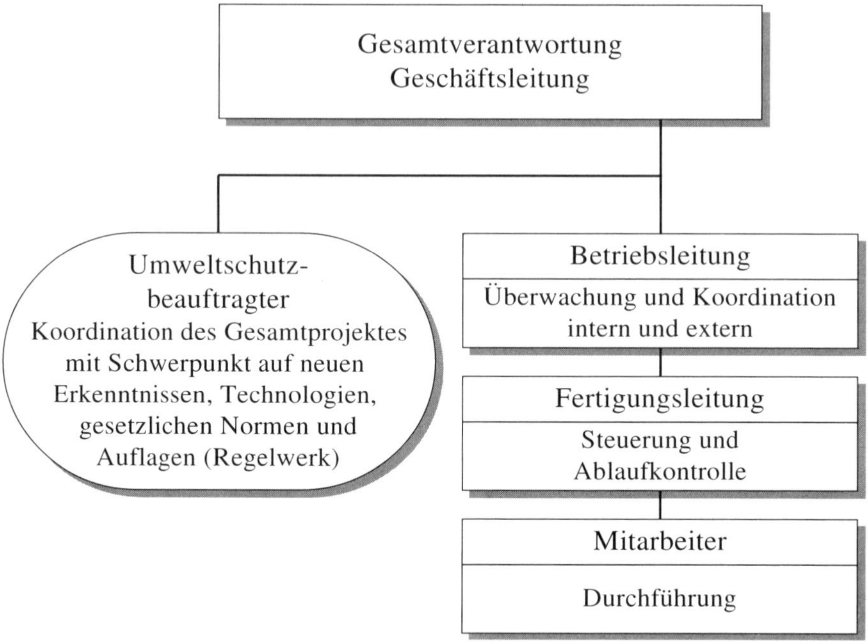

Abb. 45: Die Umweltorganisation von MD

Für die generelle Koordination von Umweltschutzprojekten ist bei MD ein Umweltschutzbeauftragter zuständig, zu dessen Aufgaben die ständige Beobachtung aktueller Entwicklungen bei neuen Technologien sowie bei den gesetzlichen Regelungen und Auflagen gehört. Er ist der Geschäftsleitung als Stabsfunktion zugewiesen. Die Betriebsleitung übernimmt die Überwachung und Koordination von Einzelprojekten, die von der Fertigungsleitung gesteuert und von den Mitarbeitern durchgeführt werden. Da speziell die hier aufgeführten Recyclingmaßnahmen in der Produktion angesiedelt sind, sind sie auch mit den Produktionsstrukturen organisiert (siehe Abb. 45).

3 Kostensenkende Umweltschutzmaßnahmen

MD spart durch die Umsetzung von Recyclingmaßnahmen insgesamt ca. 643.000 DM pro Jahr ein.

Einsparung von Roh-, Hilfs- und Betriebsstoffen

Bei der Instandsetzung von Generatoren wurden bisher die ausgefallenen Regler und Diodenplatten durch Neuteile ersetzt. MD hat jetzt ein Verfahren entwickelt, mit dem die Regler und Diodenplatten selbst instandgesetzt werden können. Die eingesparten Kosten im Neueinkauf, die aus dem gesunkenen Rohstoffverbrauch resultieren, belaufen sich auf ca. 336.000 DM pro Jahr.

Für 1997 ist die verstärkte Instandsetzung von Baugruppen für Starter wie Ritzel/Freilaufgetriebe und Magnetschalter vorgesehen. Durch die Instandsetzung von 8.000 Ritzeln können 80.000 DM pro Jahr, von 14.000 Magnetschaltern 224.000 DM pro Jahr eingespart werden.

Reduzierung der Wasser- und Abwasserkosten

Um das schadstoffhaltige Abwasser aufzubereiten und die gelösten Wertstoffe zurückzugewinnen, wird 1997 eine Wasseraufbereitungsanlage installiert, mit der die Abwassermenge um 90 % reduziert werden soll. Dazu ist für die Anlage eine Investition von 60.000 DM, für Peripheriegeräte von 20.000 DM erforderlich. Gegenwärtig wird von einer Kostensenkung durch Frischwassereinsparung von ca. 2.000 DM pro Jahr und bei der Schmutzwasserentsorgung von ca. 6.000 DM pro Jahr ausgegangen.

Reduzierung der Entsorgungskosten

Durch die oben vorgestellten Instandsetzungsmaßnahmen bei den Reglern und Diodenplatten wurde nicht nur die Menge der für die Produktion nötigen Roh-, Hilfs- und Betriebsstoffe, sondern auch die anfallende Menge an Elektronikschrott reduziert. 24.000 Regler und 12.000 Diodenplatten müssen nicht mehr entsorgt werden. Die Verringerung bei den Entsorgungskosten beträgt ca. 3.000 DM pro Jahr.

Generell werden bei MD alle Reststoffe sortenrein getrennt, um dann entweder einer Wiederverwertung zugeführt oder, wenn dies nicht möglich ist, getrennt entsorgt zu werden.

Reduzierung der Kosten für Transport und Verkehr

Eine verbesserte Logistik sorgt durch mehr Sammeltransporte für eine optimale Ausnutzung der Frachtraumkapazitäten und führt dadurch zu Einsparungen im Transportbereich. Es werden Kostensenkungen in Höhe von ca. 10.000 DM pro Jahr erwartet.

Reduzierung des Verpackungsmaterials

In Abstimmung mit den Kunden soll im Jahr 1997 die Umstellung von Kartonagenverpackungen auf Mehrwegtransportbehälter wie Gitterboxen, CHEP-System oder ähnliches fortgeführt werden. Außerdem wird geprüft, inwieweit eine Kartonverpackung ganz entfallen und durch Bulk-Verpackungen ersetzt werden kann. Die dadurch möglichen Einsparungen werden voraussichtlich ca. 20.000 DM pro Jahr betragen.

4 Gewünschte politische Maßnahmen

Die wichtigsten politischen Maßnahmen und Ziele, die das Unternehmen für die weitere Verbesserung des Umweltschutzes für notwendig hält, sind:

Die dringliche Lösung der Umweltprobleme

- Luftverunreinigung, Wasserverschmutzung, Abfallvermeidung, Energiesparmaßnahmen

mit Hilfe von

- Selbstverpflichtungsmodellen der Industrie vor
  Gesetzen, Verordnungen und Anweisungen
- verstärkte Förderung des Umweltbewußtseins in der Bevölkerung z.B. durch feste Verankerung im Lehrplan der Grund-, Haupt- und weiterführenden Schulen und stärkerer Gewichtung der Leistungen in diesem Bereich.

69 Autozubehör Plesse

Firma:	Autozubehör Plesse
Anschrift:	Rudolf-Diesel-Straße 1A 29664 Walsrode
Ansprechpartner:	Herr Heinz Plesse
Telefon:	(05161) 98 60 - 0
Telefax:	(05161) 98 60 - 50
Branche:	KFZ-Werkstatt
Produktpalette:	KFZ-Zubehör, KFZ-Werkstatt
Beschäftigtenzahl:	18 Mitarbeiter
Literatur:	Commerzbank-/impulse-Umweltpreis-Bewerbung 1996

Autozubehör Plesse hat ein innovatives Konzept zur Vermeidung von Altölkanistern entwickelt und nicht nur ökologisch sondern auch ökonomisch erfolgreich in die Praxis umgesetzt.

1 Kostensenkende Umweltschutzmaßnahmen

Plesse erzielt mit seiner Neukonzeption Einsparungen in Höhe von ca. 25.000 DM pro Jahr.

Einsparung von Roh-, Hilfs- und Betriebsstoffen

Neben den reduzierten Entsorgungskosten ergibt sich durch die eingeführte Öltheke (siehe unten) ein wesentlicher Einkaufsvorteil bei Abnahme des Frischöls als lose Ware.

Reduzierung der Entsorgungskosten

Ölwechsel werden oft vom Verbraucher selbst vollzogen, wobei sich Probleme der Altöl- und Kanisterentsorgung ergeben. Da jede KFZ-Werkstatt, jeder Zubehörmarkt und jede Tankstelle zur Abnahme von Altöl verpflichtet ist, hat sich Plesse mit der Kanisterproblematik befaßt und ein Mehrwegsystem für Ölkanister konzipiert.

In den Räumen der Firma wurde eine Öltheke installiert, aus der man vollautomatisch mit Magnetkarten vier verschiedene Ölqualitäten in Mehrweg-Kanister in Mengen von 1, 3 oder 5 Litern füllen kann. Außerdem ist die Werkstatt mit einem Rohrleitungssystem angebunden, das 100 % der Leergebinde einspart.

Beim Kauf von Öl bekommt der Kunde neben dem Frischölkanister auch einen leeren Altölkanister. Das verbrauchte Öl wird im Altölkanister zurückgegeben und in der hauseigenen Entsorgungs-Station ordnungsgemäß entsorgt. Der leere Frischölkanister wird an der Öltheke wieder mit Frischöl befüllt. Der Kunde behält also immer seine beiden Kanister.

Das Mehrweg-Ölkanistersystem führt zu einer Verringerung des Sonderabfalls. Für die in dem Geschäft umgesetzten ca. 15.000 Liter Öl pro Jahr hätte die Firma sonst ca. 3.000 Kanister benötigt und entsprechend entsorgen müssen. Außerdem erzielt Autozubehör Plesse eine sehr starke Kundenbindung, da die Mehrweg-Kanister mit Ölspezifikation und Firmenetiketten-Aufdruck versehen sind. Eine Falschentsorgung durch den Kunden wird dadurch weitgehend vermieden. Bundesweit könnten mit der Anwendung dieses Systems 100 Mio. Öldosen vermieden und ca. 2,6 Mio. Liter Restöl einer geordneten Verwertung zugeführt werden.

Die Gesamtinvestitionen in die Anlage einschließlich der Werkstattversorgung belaufen sich auf ca. 60.000 DM (vier verschiedene Ölsorten). Plesse erreicht eine jährliche Einsparung von ca. 25.000 DM für das Nichtentsorgen der Altölkanister und einen Einkaufsvorteil für lose Ware Frischöl.

70 Werner Rietschle Maschinen- und Apparatebau GmbH

Rietschle

Firma:	Werner Rietschle Maschinen- und Apparatebau GmbH
Anschrift:	Roggenbachstraße 58 79650 Schopfheim
Ansprechpartner:	Herr Heinrich Zimmermann
Telefon:	(07622) 392 - 331
Telefax:	(07622) 392 - 300
Branche:	Maschinen- und Anlagenbau
Produktpalette:	Druck- und Vakuumtechnologie
Beschäftigtenzahl:	725 Mitarbeiter
Literatur:	Commerzbank/impulse-Umweltpreis-Bewerbung 1994/95

Die Werner Rietschle Maschinen- und Apparatebau GmbH konnte durch den Einsatz moderner Technologie die von ihr ausgehenden Umwelteinwirkungen und ihre Kosten reduzieren.

1 Kostensenkende Umweltschutzmaßnahmen

Die Firma Rietschle erreicht durch Wiederverwendung und Recycling Einsparungen in Höhe von ca. 790.000 DM pro Jahr.

Einsparung von Roh-, Hilfs- und Betriebsstoffen

Durch die Regenerierungsanlage für Kernsand (siehe unten) müssen jährlich 5.000 Tonnen weniger Neu-Sand beschafft werden.

Reduzierung der Entsorgungskosten

Innerhalb der Gießerei der Firma Rietschle fielen 5.000 Tonnen Sandabfälle pro Jahr an, die als Sondermüll entsorgt werden mußten. Durch die mechanisch-thermische Reinigung des gesamten Sandabfalls kann dieser zu 100 % erneut in der Gießerei verwendet werden. Nach einer mechanischen Vorreinigung wird der Sand in einem speziellen für die Sandregenerierung entwickelten und patentierten

Ofen zwischen 40 und 50 Minuten aufgeheizt. Mit dieser Regeneration der Sandabfälle werden Deponiekosten von ca. 400.000 DM pro Jahr eingespart (80 DM pro Tonne). Außerdem müssen nur noch 100 Tonnen des Rohstoffes Sand pro Jahr eingekauft werden. Die dabei eingesparten Kosten für neuen Sand betragen 400.000 DM pro Jahr (95 DM pro Tonne). Bei einem Investitionsvolumen von 900.000 DM und Betriebskosten von 80.000 DM pro Jahr ergibt sich eine effektive Einsparung von etwa 720.000 DM pro Jahr.

Reduzierung des Verpackungsmaterials

Saubere Kartonagen und anfallendes Papier werden zerkleinert, in Tüten verpackt und wieder als Verpackungsmaterial verwendet. Durch eine Investition von etwa 65.000 DM werden an Verpackungsmaterial (Wellpappe) ca. 70.000 DM pro Jahr eingespart.

71 SABO Maschinenfabrik GmbH

Qualitätsschmiede
für Rasenmäher

Firma:	SABO Maschinenfabrik GmbH
Anschrift:	Auf dem Höchsten 22 51645 Gummersbach
Ansprechpartner:	Herr Thomas Seufert
Telefon:	(02261) 704 - 164
Telefax:	(02261) 704 - 104
E-Mail:	SABO.GF@T-ONLINE.DE
Branche:	Maschinen- und Anlagenbau
Produktpalette:	Gartengeräte
Beschäftigtenzahl:	145 Mitarbeiter
Literatur:	B.A.U.M.-Erhebungsbogen Öko-Bericht 1995

Der Schutz der Umwelt gehört für die SABO Maschinenfabrik GmbH zur unternehmerischen Verantwortung. Geschäftsleitung und Mitarbeiter des B.A.U.M.-Mitgliedsunternehmens sehen es daher als gemeinsame, vorrangige Aufgabe an, die Umweltverträglichkeit der SABO-Produkte ständig zu verbessern.

1 Umweltleitlinien

Die Umweltleitlinien von SABO lauten:

1. Umweltbewußte Herstellung: Bei der Herstellung der SABO-Produkte wenden wir Methoden und Verfahren an, bei denen Wasser, Energie und Rohstoffe eingespart sowie Abfälle und Emissionen vermieden werden, soweit dies wirtschaftlich vertretbar ist.
2. Kein „Ex und Hopp“: Die entwickelten Produkte sind langlebig und hochwertig. Strenge Qualitätskontrollen sichern diese Eigenschaften ab.
3. Recyclingfähige Materialien: Bei der Herstellung der SABO-Produkte verwenden wir zahlreiche Materialien, die recyclingfähig sind bzw. die selbst aus regeneriertem Altmaterial bestehen.
4. Reduzierte Emissionen: Bei der Entwicklung der SABO-Produkte legen wir größten Wert darauf, daß die Geräusch- und Abgasemissionen die zulässigen

Grenzwerte soweit wie möglich unterschreiten, sofern es wirtschaftlich vertretbar ist.

5. Energiesparender Verbrauch: Die als Antrieb der SABO-Gartengeräte verwendeten Motoren werden so ausgelegt, daß sie energiesparend und möglichst mit umweltverträglichen Schmierstoffen betrieben werden können.
6. Mehrweg statt Einweg: Die Zulieferteile werden hinsichtlich ihrer Verpackung optimiert, so daß möglichst kein Abfall entsteht.
7. Umweltschonende Verpackung: Für den Versand der Geräte und Ersatzteile verwenden wir Verpackungsmaterial, das entweder erneut verwendbar ist oder problemlos rezykliert werden kann.
8. Konsequente Müllvermeidung: Im gesamten Betrieb praktiziert SABO eine Trennung des anfallenden Mülls nach recyclingfähigen und anderen Abfällen, die dann getrennt entsorgt werden.
9. Einbeziehung der Lieferanten: SABO setzt sich dafür ein, daß auch Vorlieferanten und Handelspartner in der Zusammenarbeit dem Umweltschutz weitgehend Rechnung tragen.
10. Umweltbewußtsein fördern: SABO trägt durch Informationen dazu bei, daß der Umweltschutz von den Mitarbeitern auch außerhalb des Unternehmens stärker berücksichtigt wird.

2 Organisation des Umweltschutzes

Die Aufgaben des Umweltschutz werden bei SABO von einem bereichsübergreifenden ÖKO-Team wahrgenommen.

3 Kostensenkende Umweltschutzmaßnahmen

Neben einer Vielzahl von kleineren Betriebssparmaßnahmen und der Einführung von Produkten mit Umwelteigenschaften, die sich schwer in Form von Kosteneinsparungen beschreiben lassen, hat SABO folgende Umweltmaßnahmen durchgeführt, die eine Reduzierung der Kosten um ca. 74.000 DM pro Jahr bewirken.

Einsparung von Roh-, Hilfs- und Betriebsstoffen

Rasenmäher-Altgeräte werden nach einer Generalüberholung - evtl. „aus 2 mach 1“ - als Gebrauchtgeräte einer zweiten Nutzungsperiode zugeführt oder dienen als Ersatzteilquelle. Dadurch, daß u.a. die Kunststoffsorten von 11 auf 5 Materialien bei der Neukonstruktion reduziert wurden und kaum Verbundteile Verwendung finden, sind ca. 92 % des Materialgewichtes (39 % Aluminium, 48 % Stahl, 5 % Kunststoff) in den Rohstoffkreislauf rückführbar. Diese Maßnahme wurde verbunden mit der Einführung eines Lehrganges „Zerlegefachkraft“.

Die Hydraulikkomponenten wurden in langwierigen Tests auf Betriebsbedingungen abgestimmt, die einen Einsatz nativer Öle, wie z.B. Rapsöl, ermöglichen. Durch eine Verbesserung des Wirkungsgrades konnte die geringere thermische

Belastbarkeit kompensiert werden. Rapsöl konnte so als biologisches Hydrauliköl für Großflächenmäher freigegeben werden.

Neben der Vermeidung möglicher Grundwasserbeeinträchtigungen durch Leckage, werden durch die Verwendung biologisch abbaubaren Rapsöls Rohstoffeinsparungen erreicht.

Reduzierung der Wasser- und Abwasserkosten

Das Waschwasser für die Säuberung der Stahl- und Aluminiumteile vor dem Lackieren wird neutralisiert und in den Prozeß zurückgeführt. Diese Kreislaufführung verringerte den Frischwasserverbrauch des Unternehmens um 90 % und erbrachte Einsparungen in Höhe von ca. 14.000 DM pro Jahr. Die erforderlichen Investitionen amortisierten sich innerhalb von 4 Monaten.

Reduzierung der Energiekosten

Die Entwicklung eines Rasenmähers mit Katalysator erzielte neben der Verringerung des Schadstoffausstoßes (Stickoxyde, CO) um 66 % eine Reduzierung des Benzinverbrauches um 25 %.

Nach Durchlaufen der Rasenmäherteile durch die neue Pulverbeschichtungsanlage (siehe unten) werden die aufgewärmten Teile zwecks Abkühlung durch die Montagehalle gefördert. Dadurch werden Kühlgebläse zur Abkühlung der Teile und Heizenergie für die Montagehalle eingespart.

Reduzierung der Entsorgungskosten

Die Naßlackieranlage wurde 1993 durch eine automatische Pulverbeschichtungsanlage ersetzt. Kein lösemittelhaltiger Lack geht beim Spritzvorgang mehr vorbei und wird zu Sondermüll. Bei der neuen Anlage wird das schwermetallfreie Farbpulver ohne Lösemittel verlustfrei aufgesprüht. Vorbeifliegende Farbpartikel gehen in den Kreislauf zurück zur erneuten Beschichtung. Nach Einbrennen des Lackes wird auch ein besserer Korrosionsschutz als zuvor erzielt.

Diese Umstellung reduzierte den Sondermüll in Form von Lackschlamm um 25 Tonnen pro Jahr und die Lösungsmittelemissionen um ca. 12 Tonnen pro Jahr.

Des weiteren wurde das Chromatierverfahren zum Beschichten der Aluminiumteile durch Beizen ersetzt. Dadurch stellt der anfallende Galvanikschlamm aufgrund der fehlenden Schwermetalle (Chrom) keinen besonders überwachungsbedürftigen Sondermüll mehr dar.

Diese Verringerungen des Sondermüllabfalls ergeben Einsparungen von etwa 25.000 DM pro Jahr.

Durch Vermeiden, Verwenden und Verwerten sowie die Einführung des gelben Sackes des Dualen Systems wird eine weitere Abfallreduzierung erreicht. Der Restmüll des gesamten Unternehmens beträgt nur noch 4 m^3 pro Woche.

Reduzierung der Kosten für Transport und Verkehr

Durch eine Optimierung der Verpackungsart von Rasenmähern findet eine ca. 15 % bessere Frachtraumausnutzung vom Werk zum Speditionslager statt. Durch diese Verpackungsumstellung werden 15 % weniger LKW-Fahrten getätigt.

Reduzierung des Verpackungsmaterials

Da die Produktabmessungen nicht kompatibel zu Europaletten sind, werden Einwegpaletten zur Lagerung und zum Transport genutzt. Mit der Spedition wird seit vielen Jahren eine größtmögliche Rückführung der Paletten organisiert. Nach einer eventuellen Instandsetzung erfolgt eine erneute Verwendung. Die erzielten Einsparungen belaufen sich auf etwa 35.000 DM pro Jahr.

72 Carl Schenck AG

SCHENCK

Firma:	Carl Schenck AG
Anschrift:	Landwehrstraße 55 64293 Darmstadt
Ansprechpartner:	Herr Siegfried Eschborn
Telefon:	(06151) 32 - 26 18
Telefax:	(06151) 32 - 13 72
Branche:	Maschinen- und Anlagenbau
Produktpalette:	Verfahrens-, Instandhaltungssysteme Prüf-, Automatisierungstechnik, u.a.
Beschäftigtenzahl:	3.000 Mitarbeiter in Deutschland (5.000 Mitarbeiter weltweit)
Literatur:	B.A.U.M.-Erhebungsbogen Umwelterklärung 1996

„Wir sind davon überzeugt, daß ein Unternehmen nur dann auf Dauer erfolgreich sein kann, wenn es seine Leistungen so erbringt, daß sie mit den Erfordernissen des Umweltschutzes in Einklang stehen. [...]

Umweltbewußtes Wirtschaften führt zu rationellem und schonendem Einsatz wertvoller und teilweise begrenzter Ressourcen und wirkt damit kostensparend.“

Diese Grundsätze und der Wunsch, „durch unsere Produkte einen entscheidenden Beitrag zur Entlastung der Umwelt“ zu leisten, sind Grundlage für den hohen Stellenwert des Umweltschutzes bei der Carl Schenck AG, der durch die Teilnahme des Unternehmens am Öko-Audit für die Öffentlichkeit dokumentiert wird. Im März 1996 erfolgte die Validierung des Umweltmanagementsystems nach der EG-Öko-Audit-Verordnung. Die Erkenntnis, daß umweltfreundliche Produkte auch Produkte hoher Qualität sind, führte schließlich dazu, das Umweltmanagement mit dem Qualitätsmanagement zu verknüpfen. Die Zertifizierung dieses Managementsystems nach DIN ISO 14001 erfolgte kurze Zeit später.

1 Umweltleitlinien

Der Vorstand der CARL SCHENCK AG hat sich zu einem aktiven und systematischen Umweltschutz verpflichtet. Seine Leitlinien gelten für den gesamten Konzern und sind wie folgt zusammengefaßt: „SCHENCK ist bestrebt, eine Beeinträchtigung der Umgebung und der Umwelt zu vermeiden. Mit unseren Produkten leisten wir einen deutlichen Beitrag zur Entlastung der Umwelt." Diese freiwillige Verpflichtung soll zeigen, daß wir Umweltschutz nicht unter Zwang praktizieren, sondern daß unser Unternehmen in Harmonie mit seiner Umgebung und Umwelt leben und arbeiten will. Dabei sind immer auch wirtschaftliche Aspekte zu berücksichtigen. Erfolgreicher Umweltschutz führt auch zu ökonomischen Verbesserungen im Unternehmen. Gleichzeitig kann nur ein wirtschaftlich erfolgreiches Unternehmen auch erfolgreich Umweltschutz praktizieren.

Die Umweltleitlinien von Schenck lauten:

1. Schutz des Menschen und seiner Umwelt

   Umweltschutz ist ein klares Unternehmensziel. Wir leisten Umweltschutz für den Menschen - aus eigener Initiative und Verantwortung.

2. Weniger Umweltbelastung durch Produktion und Produkte

   Wir verpflichten uns zur ständigen Verbesserung des betrieblichen Umweltschutzes. Hierzu ergreifen wir Maßnahmen zur Verringerung, Vermeidung oder Beseitigung von Umweltbelastungen. Durch umweltfreundliche Produkte und Produktionsverfahren wollen wir die verfügbaren Ressourcen schonen.

3. Menschen in der Verantwortung für die Umwelt

   Wir erreichen die gesteckten Umweltschutzziele nicht ohne das Engagement unserer Mitarbeiterinnen und Mitarbeiter. Dazu fördern wir das Umweltbewußtsein und -verhalten auf allen Ebenen des Unternehmens durch regelmäßige Information, Aus- und Weiterbildung.

4. Dialog mit der Öffentlichkeit

   Mit einem Umweltbericht informieren wir unsere Kunden, Geschäftspartner und die interessierte Öffentlichkeit regelmäßig über die von unserem Standort ausgehenden Umweltbelastungen - und unsere Leistungen zu deren Vermeidung oder Verminderung.

5. Selbstverständlich: Einhalten von Gesetzen und Vermeiden von Gefahren

   Wir verpflichten uns zur Einhaltung der Umweltgesetze und -vorschriften. Im Dialog mit Behörden und Öffentlichkeit erarbeiten wir geeignete Verfahren zum Umweltschutz. Diese halten wir im Rahmen des wirtschaftlich Vertretbaren auf neuestem Stand.

6. Produkte für die Umwelt

   Mit der Herstellung von Produkten für den Umweltschutz leisten wir weltweit einen weiteren Beitrag zur Verringerung der Umweltbelastung.

7. Gelebter Umweltschutz schafft Vertrauen

   Unsere Geschäftspartner sind auch Partner bei der ständigen Verbesserung unserer Maßnahmen für den Umweltschutz. Wir beraten unsere Kunden zu Umweltfragen beim Einsatz unserer Produkte. Wir unterstützen Rücknahme und qualifiziertes Recycling der Produkte nach ihrer Gebrauchszeit.

2 Organisation des Umweltschutzes

In die Organisation des Umweltmanagements bei Schenck sind alle Ebenen des Unternehmens, vom Vorstand über die Bereichs- und Funktionsleiter, die verantwortlichen Mitarbeiter im operativen Bereich bis zu den gesetzlich vorgeschriebenen und freiwillig eingesetzten Betriebsbeauftragten, einbezogen. Ein Mitglied des Vorstandes trägt die Gesamtverantwortung für das Qualitätswesen und den Umweltschutz.

Die Verantwortung für die Erfüllung der gesetzlichen und firmeninternen Auflagen zum Umweltschutz tragen die dem Vorstand nachgeschalteten Unternehmensbereiche und Unternehmensfunktionen. Ein Umweltmanagementbeauftragter entwickelt im Auftrag des zuständigen Vorstandsmitglieds und gemeinsam mit den Verantwortlichen für die Anlagen das jährliche Umweltprogramm zur ständigen Verbesserung des Umweltmanagementsystems. Er überwacht auch die Umsetzung der Umweltziele.

Der Umweltschutzbeauftragte ist gleichzeitig Betriebsbeauftragter für Abfall, Gewässerschutz und Immissionsschutz. Zusammen mit dem Umweltmanagementbeauftragten ist er dem Vorstand unterstellt und hat eine beratende und überwachende Funktion (siehe Abb. 46).

Abb. 46: Die Umweltschutzorganisation bei Schenck

3 Umweltprogramm

Wirksamstes Instrument im Umweltschutz der Carl Schenck AG ist der kontinuierliche Verbesserungsprozeß (KVP), mit dem Ziel, zugleich umweltschonend und wirtschaftlich zu produzieren. Die Maßnahmen zur Umsetzung der Umweltziele sind in Umweltprogramme gefaßt. Sie folgen dem Prinzip des Minimierens von Abfällen, Emissionen und Energieverbrauch, um so Umweltbelastungen zu vermeiden bzw. zu verringern. Neben verfahrenstechnischen Maßnahmen ist die Optimierung von Organisation und Ausbildung ebenso Teil des KVP wie die umweltbezogene Zusammenarbeit mit Kunden und Lieferanten. Die Umweltprogramme bestehen aus Einzelmaßnahmen, die kurz-, mittel- oder langfristig in Abstimmung mit den Unternehmensbereichen und Unternehmensfunktionen realisiert werden. Die erzielten Fortschritte werden im gesamten Unternehmen permanent kommuniziert. Neben den umfassenden Programmen wird in den Unternehmensbereichen und Unternehmensfunktionen der Umweltschutz durch kleinere, individuell konzipierte Einzelmaßnahmen von Mitarbeitern und Vorgesetzten weiter verbessert.

4 Kostensenkende Umweltschutzmaßnahmen

Für die Vielzahl der durchgeführten Umweltschutzmaßnahmen bei Schenck gilt: „Alle Umweltmaßnahmen tragen kurz- oder langfristig zu Kosteneinsparungen bei.“ Mit den hier vorgestellten Umweltmaßnahmen konnten bisher kurzfristig mehr als 200.000 DM pro Jahr eingespart werden.

Einsparung von Roh-, Hilfs- und Betriebsstoffen

Die weiter unten vorgestellten Projekte zur Verlängerung der Standzeiten von Kühlschmierstoffen und einer neuen, schadstoffarmen Lackieranlage senken auch die Kosten im Beschaffungsbereich wegen der geringeren Menge an benötigten Kühlschmierstoffen und der Minderung der leichtflüchtigen Lösemittel.

Reduzierung der Wasser- und Abwasserkosten

Die neu konzipierte Lackieranlage wurde abwasserfrei ausgelegt. Die Realisierung erfolgt durch Kreislaufführung der Lackwässer und Kaskadenspülung innerhalb der Vorbehandlungsanlage. Das anfallende Schmutzwasser wird aufbereitet als Spülwasser wiederverwendet. Dies bedeutet eine Minderung von ca. 100 m^3 unbehandeltem Abwasser pro Jahr. Die Behandlungskosten sind heute 250 DM/m^3. Daraus folgt nicht nur eine Einsparung der Abwasserbehandlungskosten von 25.000 DM pro Jahr, sondern auch eine weitere Einsparung von Frischwasser- und Abwassergebühren.

Reduzierung der Energiekosten

In der neuen schadstoffarmen Lackieranlage (siehe oben) werden Umlauf-Trockner eingesetzt, die eine Verringerung des Energiebedarfs und dadurch geringere Energiekosten zur Folge haben.

Zur weiteren Senkung der Energiekosten wurde eine Arbeitsgruppe Energiemanagement gegründet. Erste kurzfristige Erfolge zur Einsparung von Kosten wurden durch eine gleichmäßige Energieabnahme und damit einer Verringerung des Spitzenenergiebedarfs erreicht.

Reduzierung der Entsorgungskosten

Die Einrichtung eines einheitlichen Farbcodesystems zur Kennzeichnung der Behälter für die Wertstoffsortierung hatte eine Reduktion des hausmüllähnlichen Gewerbeabfalls um 30 % zur Folge. Die Getrenntsammlung hat die Kosten für die Abfallentsorgung um 180.000 DM pro Jahr reduziert. Damit haben sich die Kosten für die Anschaffung der neuen Sammelbehälter und für die Farbcodierung in weniger als einem Monat amortisiert.

Gegenwärtig untersucht Schenck Methoden und Verfahren zur Standzeitverlängerung und stofflichen Abfallverwertung von Kühlschmierstoffen in den Fertigungsprozessen. Es wird eine Standzeitverlängerung um mehr als das Doppelte und eine Abfallreduzierung um mehr als ein Drittel erwartet. Genaue Berechnungen zu den resultierenden Kosteneinsparungen liegen noch nicht vor.

Die neue, schadstoffarme Lackieranlage (siehe oben) soll durch Verfahrensänderungen beim Entfetten und Reinigen den Einsatz von Lösemitteln vermeiden und dadurch die Emissionen von flüchtigen Lösemitteln reduzieren. Gleichzeitig wird eine Senkung des Sonderabfallvolumens durch die Umstellung auf wasserlösliche Lacke und damit die Verringerung von Lackschlämmen und Lack- und Farbresten prognostiziert. Genaue Zahlen über die zu erwartenden Kosteneinsparungen und Amortisationszeiten liegen noch nicht vor.

5 Gewünschte politische Maßnahmen

Die Carl Schenck AG wünscht sich eine Veränderung der politischen Rahmenbedingungen für eine weitere Verbesserung des betrieblichen Umweltschutzes mit folgenden Schwerpunkten:

- Die Durchsetzung von Deregulierungsmaßnahmen zur Minimierung der erdrückenden Anzahl von gesetzlichen Bestimmungen im Bereich der Umweltgesetzgebung. Dies beinhaltet die Stärkung der Selbstverantwortung der Unternehmen, um deren Kreativität in den Belangen des Umweltschutzes zu verbessern. Dies bedeutet ebenfalls eine Stärkung der Wettbewerbsfähigkeit.
- Eine bessere Förderung und Hilfestellung beim Aufbau von integrierten Qualitäts- und Umweltmanagementsystemen speziell für kleine und mittlere Unternehmen.
- Eine Harmonisierung des Umweltschutzes in der Europäischen Union.

73 Viessmann Werke GmbH & Co.

Firma:	Viessmann Werke GmbH & Co.
Anschrift:	Industriestraße 5 35107 Allendorf (Eder)
Ansprechpartner:	Herr Harald Schmidt
Telefon:	(06452) 70 - 24 19
Telefax:	(06452) 70 - 21 63
Branche:	Maschinen- und Anlagenbau
Produktpalette:	Heizkessel, Speicher-Wassererwärmer, Systemtechnik, Solar- und Lüftungssysteme
Beschäftigtenzahl:	ca. 6.600 Mitarbeiter
Literatur:	Umweltberichte 1995 und 1996 Umwelterklärungen 1995 der Werke 05 und 09, Bewerbungsunterlagen für den Commerzbank/impulse-Umweltpreis 1996

Die Viessmann Werke GmbH & Co. verstehen Umweltschutz als integralen Bestandteil ihrer Unternehmenspolitik. Dies wird sowohl im ersten Unternehmensgrundsatz,

> „Wir liefern, entsprechend unserer Verantwortung gegenüber der Gesellschaft, energiesparende und umweltschonende Produkte; produzieren, verwerten und entsorgen umweltverträglich. Wir fördern Wissenschaft, Kunst und Kultur als Werk der Gesellschaft."

als auch im Vorwort der Umweltberichte 1995 und 1996 deutlich:

> „"Wir treten, ob wir es wollen oder nicht, in ein Jahrhundert der Umwelt ein. In diesem wird jeder, der sich Realist nennen möchte, gezwungen, seine Handlungsweise als Beitrag zum Erhalt der Umwelt zu rechtfertigen".
>
> Die Worte aus Ernst U. von Weizsäckers Buch "Erdpolitik" machen deutlich, daß die Verantwortung für eine gesunde Umwelt und eine lebenswerte Zukunft die Aufgabe jedes einzelnen, insbesondere jedes Industrieunternehmens ist, welches aus Rohstoffen der Natur Nützliches für Menschen herstellt. Dabei kann es nicht darum gehen, in kleinen Schritten hinter den Vorschriften und Auflagen herzuhinken, die vom Gesetzgeber in Kraft gesetzt werden. Unternehmerische Verantwortung tragen im Bereich des Umweltschutzes heißt vielmehr Zukunftssicherung - im Hinblick auf die zu schützende Natur, aber auch im Hinblick auf die Wettbewerbsfähigkeit des Unternehmens."

Öffentlich dokumentiert hat das B.A.U.M.-Mitgliedsunternehmen sein Umweltengagement durch die Validierung von zwei Produktionsstandorten gemäß der EG-Öko-Audit-Verordnung im Oktober 1995 als erstes Unternehmen seiner Branche. Damit belegt Viessmann die Plätze 3 und 4 im nationalen und die Plätze 8 und 9 im europäischen Standortregister. In den Jahren 1992, 1994 und 1996 wurde Herr Dr. Martin Viessmann von der Arbeitsgemeinschaft selbständiger Unternehmer e.V. für seine ganzheitlich umweltorientierte Unternehmensführung ausgezeichnet.

1 Umweltleitlinien

Aus den Unternehmensgrundsätzen werden die Leitlinien zur Umweltpolitik abgeleitet, wobei die Einhaltung der gesetzlichen Vorschriften als Mindestmaß vorausgesetzt wird:

Mitarbeiter

- Für die Umsetzung der Umweltpolitik ist die Mitwirkung aller Mitarbeiter notwendig. Deshalb werden die Mitarbeiter aller Unternehmensbereiche umfassend informiert, geschult und in das Umweltschutzkonzept integriert.

Umweltauswirkungen

- Alle Tätigkeiten und Verfahren sowie Neuprodukte und Betriebsmittel werden im voraus auf ihre Umweltverträglichkeit beurteilt.
- Die Auswirkungen auf die Umgebung werden regelmäßig bewertet und, wo immer möglich, auf ein Minimum reduziert.
- Rohstoffe werden sparsam eingesetzt und unter geringstmöglichem Energieeinsatz so vollständig wie möglich zu den Produkten verarbeitet.

Störfallvorsorge

- Es werden alle Maßnahmen ergriffen, um störfallbedingte Auswirkungen auf die Umwelt weitgehendst zu vermeiden.
- Die zuständigen Behörden und Einsatzkräfte werden bei der Erstellung der Konzepte mit einbezogen. Die Konzepte werden fortlaufend aktualisiert und an die Einsatzkräfte und Behörden verteilt.

Kontrolle

- Die Einhaltung der Umweltpolitik wird regelmäßig kontrolliert und bewertet. Einzelheiten werden durch entsprechende Verfahrensanweisungen geregelt.

Vertragspartner und Kunden

- Wir achten darauf, daß alle auf dem Betriebsgelände arbeitenden Vertragspartner die gleichen Umweltnormen anwenden wie die eigenen Mitarbeiter. Unsere Kunden werden über die Umweltaspekte im Zusammenhang mit der Handhabung unserer Produkte geschult.

Öffentlichkeit

- Die Öffentlichkeit wird in regelmäßigen Abständen über die Tätigkeiten und Umweltauswirkungen des Unternehmens informiert.

2 Organisation des Umweltschutzes

Der Geschäftsleitung ist ein Umweltschutzbeauftragter, ein Umweltmanagementbeauftragter, sowie das Umweltschutz- und Sicherheitswesen direkt zugeordnet (siehe Abb. 47). Durch Nutzung umfangreicher Synergien zwischen Umwelt-, Arbeits- und Brandschutz wird diese schlanke Organisationsform bereits seit fünf Jahren erfolgreich praktiziert. Seit Mitte 1996 wurde das Energiemanagement in die Organisation integriert.

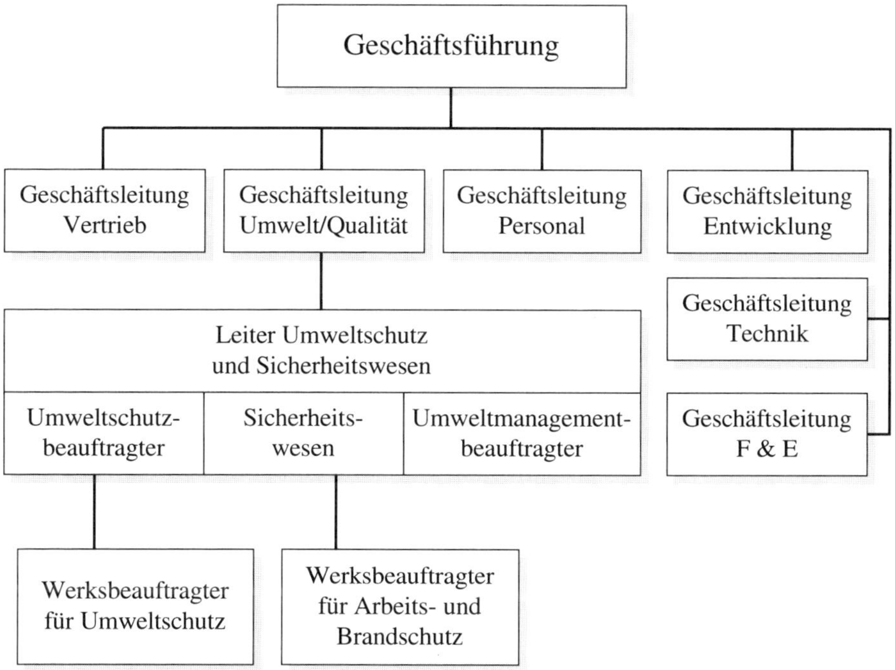

Abb. 47: Die Organisation des Umweltschutzes bei Viessmann

Die Aufgaben des Umweltschutzbeauftragten sind:

- Organisation und Kontrolle der Umsetzung der Umweltpolitik
- Regelmäßige Berichterstattung über umweltrelevante Abläufe an die Geschäftsleitung
- Beratung der Geschäftsleitung bei umweltrelevanten Entscheidungen

Der Umweltschutzbeauftragte bildet zusammen mit den Betriebsbeauftragten für Immissions-, Gewässer- und Lärmschutz, sowie für Abfallentsorgung und Gefahrguttransporte die Abteilung Umweltschutz. Sie ist in die Planung sämtlicher Unternehmensbereiche mit einbezogen. Um das Umweltprogramm im Detail festzulegen, gibt es zusätzliche „Optimierungszirkel", die für ihre jeweiligen Fachgebiete die aktuell erforderlichen Umweltmaßnahmen bestimmen und deren Durchführung veranlassen.

3 Umweltprogramm

> Zur Sicherung des Anspruchs, eine kontinuierliche Verbesserung des betrieblichen Umweltschutzes zu erreichen, existieren konkrete Umweltziele, die mit Hilfe eines Umweltprogramms realisiert werden. Um diesem Anspruch zu genügen, wird beste verfügbare Technik unter Berücksichtigung der wirtschaftlichen Vertretbarkeit eingesetzt.

Die Umweltziele von Viessmann betreffen vor allem die weitere Verringerung der Abfallmenge, des Energieverbrauchs und des Gefahrstoff-Einsatzes sowie der Gefahrstoff-Vielfalt.

4 Kostensenkende Umweltschutzmaßnahmen

Zur Kostensenkung trägt bei Viessmann wesentlich der Einsatz eines selbstentwickelten Mehrweg-Verpackungssystems bei. Die Einsparungen belaufen sich dadurch auf ca. 2,2 Mio. DM pro Jahr. Für die meisten Umweltmaßnahmen liegt keine Bewertung der Kosten vor. Die durch Abfallvermeidung alleine erzielten Einsparungen belaufen sich auf mehrere Millionen Mark.

Einsparung von Roh-, Hilfs- und Betriebsstoffen

Aus umweltpolitischen sowie aus wirtschaftlichen Gründen werden beispielsweise sämtliche metallischen Rückstände getrennt gesammelt und komplett in den Rohstoffkreislauf zurückgeführt.

Ein besonders plakatives Beispiel ist die im Unternehmen durchgeführte Untersuchung zum Verbleib von Produktionsmaterial. Nimmt man alle Materialien, die Viessmann für die Herstellung eines Produkts benötigt, zusammen, fließt der Löwenanteil in das Produkt selbst, nämlich 88,9 %. Als Wertstoffe, die wiederverwendet werden können, fallen 10,0 % an. Der reine Abfall beläuft sich auf nur 1,1 %. Darin sind auch die Abfälle aus der Verwaltung enthalten.

Seit Januar 1997 arbeiten die Viessmann Werke mit 7 weiteren Partnern an einem vom BMBF geförderten Forschungsprojekt mit dem Ziel, „Wege und Lösungen zur wirtschaftlichen Umsetzung der Kreislaufwirtschaft in Unternehmen“ zu entwickeln. Das Projekt mit einem Volumen von 4 Mio. DM ist Teil des BMBF-Forschungsprogramms „Produktion 2000“ und läuft über drei Jahre.

Reduzierung der Wasser- und Abwasserkosten

Durch Kreislaufführung an den Entfettungs- und Kühlanlagen und Mehrfachnutzung des Brauchwassers konnte der Wasserverbrauch um mehr als 15 % oder 17.230 m^3 verringert werden.

Reduzierung der Energiekosten

Der Energieverbrauch wurde durch Maßnahmen wie die Umstellung auf eine bedarfsabhängige Heizungsanlage, eine Abwärmenutzung, den Einbau von Kompensationsregelanlagen an Trafo-Stationen und die Verwendung von elektronischen Vorschaltgeräten zur Regelung der Beleuchtungsintensität um insgesamt 16 % verringert. Eine Energieeinsparung wird auch durch die Ausnutzung der nächtlichen kühleren Außentemperaturen zur Ladung der Kältespeicher zur Kühlung von Schweißpressen, Laserlöt- und Lüftungsanlagen erreicht.

Reduzierung der Entsorgungskosten

Durch den weitmöglichen Einsatz von Mehrweg- und Nachfüllsystemen, konsequente Wertstoffsammlung und die Substitution von abfallintensiven Fertigungsverfahren konnte trotz gestiegener Produktion die Menge der zu entsorgenden Gewerbeabfälle seit 1991 um 61 % auf 572 Tonnen und die Menge der überwachungsbedürftigen Abfälle um 67 % auf 121 Tonnen vermindert werden. Alleine eine bereits 1974/75 eingeführte Pulverbeschichtungsanlage spart jährlich 60 Tonnen Sondermüll ein. Bei heutigen Entsorgungspreisen müßten nur für den dadurch eingesparten Sondermüll ca. 1,7 Mio. DM an Entsorgungskosten bezahlt werden.

Reduzierung der Kosten für Transport und Verkehr

Die 10 Viessmann Werke und 67 Verkaufsniederlassungen verfügen fast ausnahmslos über einen Gleisanschluß und ca. 40 % des gesamten Güterverkehrs werden über die Bahn abgewickelt. Über die Kostenwirkung ist nichts bekannt.

Reduzierung des Verpackungsmaterials

Viessmann entwickelte ein Mehrweg-Verpackungssystem aus unbehandeltem Holz für alle Serienprodukte im kleinen und mittleren Leistungsbereich wie Heizkessel und Speicher-Wassererwärmer. Bei diesem mit dem „Blauen Engel" ausgezeichneten System lassen sich die Geräte mit wenigen Handgriffen aus der Verpackung nehmen. Die Verpackungsteile werden mit elastischen Spannverschlüssen, die bereits am Holzverschlag angebracht sind, zu einem handlichen Paket zusammengeschnürt und von Viessmann zurückgeholt. Dort werden sie erneut zur Verpackung verwendet. Die Rücklaufquote beträgt über 80 %, und die Verpackung kann mehr als sieben mal wiederverwendet werden. Die dadurch erzielte Reduzierung des Holzverbrauchs beträgt über 90 %. Weitere Reduzierungen erfolgten im Abfall- und Energiebereich. Die durch das Mehrweg-Verpackungssystem eingesparten Kosten belaufen sich auf etwa 2,2 Mio. DM pro Jahr.

74 J. M. Voith GmbH

VOITH
UNTERNEHMENSGRUPPE

Firma:	J. M. Voith GmbH
Anschrift:	Sankt Pöltener Straße 43 89522 Heidenheim
Ansprechpartner:	Herr Udo Fröhlich
Telefon:	(07321) 37 - 66 53
Telefax:	(07321) 37 - 74 07
Internet:	http://www.voith.de
Branche:	Maschinen- und Anlagenbau
Produktpalette:	Papier-, Schiffs-, Kraftwerks-, Antriebs- und Bespannungstechnik
Beschäftigtenzahl:	12.900 Mitarbeiter weltweit, davon 6.900 in Deutschland
Literatur:	Ökologische Briefe Nr. 2, 1996 Der Umweltbericht 1993/94

„Schutz der Umwelt - eine Verantwortung der Voith Unternehmensgruppe

Knapper werdende Rohstoffe und zunehmende Schadstoffbelastung erfordern ein Höchstmaß an Sensibilität und ein neues Bewußtsein der Industrie im Umgang mit unserem Planeten. Die Voith Unternehmensgruppe stellt sich der Verantwortung gegenüber der Umwelt nach innen und nach außen. [...]

Hinter dem Unternehmen Voith stehen Menschen, die Verantwortungsgefühl für eine umweltgerechte Zukunft haben. Durch Motivation und Sensibilisierung der Mitarbeiter zu kritischem Umweltbewußtsein war es möglich, [...], eine Verbesserung aus ökologischer und ökonomischer Sicht zu entwickeln und nach außen zu tragen."

Die J. M. Voith GmbH erstellte von 1992 bis 1994 in einem Pilotprojekt zusammen mit der baden-württembergischen Landesanstalt für Umweltschutz und dem TÜV Südwest die erste Ökobilanz für metallverarbeitende Betriebe. „Die Bewertung der Datenerfassung nach ökologischen Gesichtspunkten machte deutlich, daß die Thematik des Betrieblichen Umweltschutzes nicht zu unterschätzende ökonomische Potentiale beinhaltet." Das motivierte Voith, aus der Ökobilanz systematisch Ziele und Aktivitäten abzuleiten, mit der das übergeordnete Ziel, „die kontinuierliche Verbesserung der umweltorientierten Unternehmensführung in allen Bereichen", erreicht werden soll. Um eine weitere Verbesserung zu erreichen ist eine Wiederholung der Ökobilanzierung geplant. Eine Zertifizierung nach der

EG-Öko-Audit-Verordnung wird jedoch nicht vordergründig angestrebt. Statt gesetzgeberischer Aktivitäten fordert Dr. Michael Rogowski, der Vorsitzende der Voith Unternehmensgruppe und gleichzeitig Präsident des Verbandes Deutscher Maschinen- und Anlagenbau (VDMA), das Umweltmanagement „in der Selbstverantwortung der Wirtschaft zu belassen", und der Verband empfiehlt seinen Mitgliedsunternehmen, mit der Zertifizierung und Registrierung langsam zu tun, da sich „in dem Gesetz zuviel kontraproduktive Regelungswut niederschlage".

1 Umweltleitlinien

Die Umweltleitlinien der Voith Unternehmensgruppe lauten:

> Ergänzend zu unserem Selbstverständnis, das durch die Leitgedanken ESPRIT, EXCELLENCE und EFFIZIENZ symbolisiert wird, wollen wir ...
>
> ... den Schutz unserer Umwelt fördern und mitgestalten.
>
> ... die Ressourcen der Natur sparsam einsetzen.
>
> ... Reststoffe in die Stoffkreisläufe zurückführen, soweit es möglich und wirtschaftlich vertretbar ist.
>
> ... das Verantwortungsbewußtsein für die Umwelt bei unseren Mitarbeitern auf allen Ebenen fördern.
>
> ... den offenen, sachlichen Dialog in Umweltfragen, der zu einem besseren gegenseitigen Verständnis beitragen soll, mit unseren Kunden, den Behörden und der Öffentlichkeit pflegen.

2 Organisation des Umweltschutzes

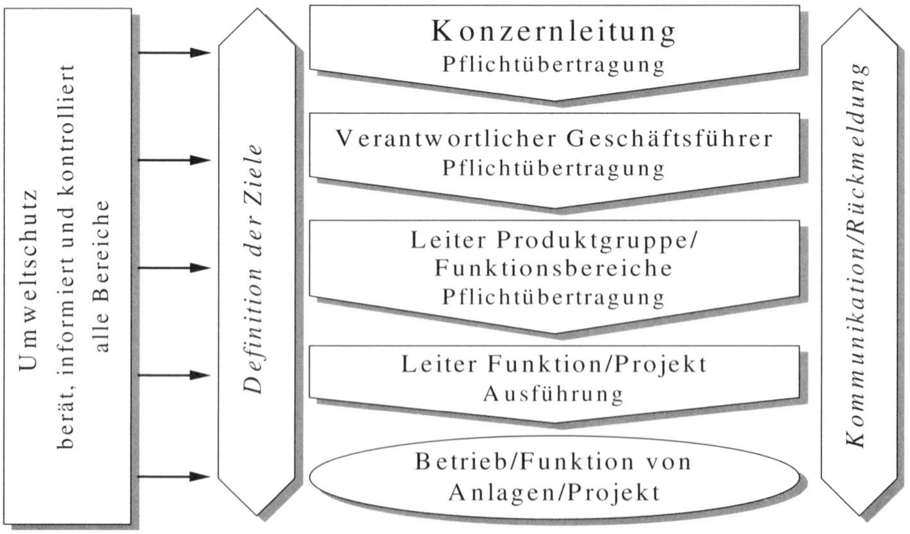

Abb. 48: Das Umweltmanagement von Voith

Der Umweltschutz ist bei Voith bereichsübergreifend organisiert (siehe Abb. 48). Der gesamte Betrieb wird von der Umweltschutzabteilung beraten, informiert und kontrolliert. Zusätzlich wurden „150 Mitarbeiter [...] bei eintägigen Seminaren geschult und zu Umweltbeauftragten ernannt." Dadurch werden die Mitarbeiter motiviert und identifizieren sich mit den Umweltschutzzielen des Unternehmens.

> Wir wollten, daß die Beschäftigten selbst erkennen, wo Potentiale ausgeschöpft werden können. Wir wollen, daß sie sagen: „Das ist jetzt mein eigenes Ziel".

3 Umweltprogramm

Konkrete Ziele zur Verbesserung der Umweltsituation und die zur Umsetzung erforderlichen und geplanten Aktivitäten sind aus den Ergebnissen der Ökobilanz abgeleitet und dort auch dokumentiert.

4 Ökobilanz

Die Ökobilanz von Voith ist untergliedert in eine Bestandsbeschreibung und eine Stoff- und Energiebilanz. In der Bestandsbeschreibung werden

- Boden
- Anlagen
- Material

aufgelistet und die Veränderungen gegenüber dem Vorjahr festgehalten. Die Stoff- und Energiebilanz betrachtet Input und Output der erfaßten Zeiträume (1992/93 bzw. 1993/94, siehe Tab. 10).

INPUT	OUTPUT
1. Material Produktmaterial, Hilfs-/Betriebsstoffe, nicht zuzuordnen	1. Produkte Papier-/Stofftechnik, Antriebstechnik, Strömungstechnik, Gießerei
2. Anlagen Gebäude, Technische Anlagen, Fuhrpark	2. Abgänge Anlagenabgänge, Wertstoffe, Abfälle, Bodenaushub
3. Wasser Trinkwasser, Gebrauchswasser, Regenwasser	3. Abwasser Menge, Belastung
4. Luft Menge, Belastung,	4. Abluft Menge, Belastung
5. Energie Erdgas, Heizöl, Strom, Treibstoffe	5. Energieabgabe Strom, Dampf, Restenergie

Tab. 10: Die Ökobilanz von Voith

Trotz der genauen Erfassung der umweltrelevanten Zahlen ist der direkte Vergleich zweier Geschäftsjahre schwierig, da hierbei auch konjunkturbedingte Schwankungen zu berücksichtigen sind. Deshalb wird Voith im Rahmen der nächsten Ökobilanz entsprechende Kennzahlen erarbeiten.

5 Kostensenkende Umweltschutzmaßnahmen

Die „Erwartung, daß im betrieblichen Umweltschutz auch bedeutende ökonomische Potentiale stecken", hat sich bei Voith schnell bestätigt, und „neben dem Gewinn an Motivation der Mitarbeiter ist auch ein beträchtlicher materieller Gewinn zum Vorschein gekommen". Zusammengefaßt ergab sich bisher aus den hier vorgestellten Einzelmaßnahmen eine Gesamtersparnis von ca. 1,3 Mio. DM pro Jahr.

Reduzierung der Wasser- und Abwasserkosten

Ein konsequentes Wassermanagement reduzierte den Wasserverbrauch zwischen 1992/93 und 1993/94 um über 600 m^3 und ersparte Voith damit ca. 700.000 DM an Abwassergebühren. Einzelne Maßnahmen sind die Aufklärung der Mitarbeiter, der Aufbau von Wasserkreisläufen, das Abdichten von Leckagen, der Einbau von Wasserzählern an verbrauchsintensiven Anlagen und eine firmeninterne Abrechnung des Wasserverbrauchs nach Kostenstellen.

Reduzierung der Energiekosten

Um Energiekosten zu sparen, wird bei Voith zur Zeit ein Lastmanagement installiert, mit dem bestimmte Verbrauchsstellen gesondert zu- und abgeschaltet werden können. Außerdem wird ein kostenstellenbezogenes und verbrauchsabhängiges Abrechnungssystem eingerichtet. Dadurch sollen Anreize für ein energiebewußtes Verhalten der Mitarbeiter geschaffen werden.

Reduzierung der Entsorgungskosten

Bei den Entsorgungskosten konnten von 1991/92 bis 1992/93 500.000 DM, von 1992/93 bis 1993/94 weitere 100.000 DM eingespart werden. Dazu war eine konsequente Mülltrennung und gezieltes Nutzen verschiedener Arten der Verwertung erforderlich. Die Gesamtabfälle haben sich dadurch von 2.850 Tonnen (1991/92) auf zunächst 1.100 Tonnen (1992/93), dann auf 880 Tonnen (1993/94) vermindert. Vor allem die Verminderung des Restmülls um 200 Tonnen erbrachte die angegebenen Ersparnisse. Bei den Sonderabfällen wurde eine Reduktion von 244 auf 84 Tonnen (1993/94) erreicht. Allein 100 Tonnen davon sind auf den Ersatz von Naßfarbspritzkabinen durch Trockenspritzkabinen und die damit vermiedenen Farbschlämme zurückzuführen. Die Rückführung von Wertstoffen in den Materialkreislauf wirkte sich ebenfalls abfallreduzierend aus.

75 Webasto AG Fahrzeugtechnik

Webasto

Firma:	Webasto AG Fahrzeugtechnik
Anschrift:	Kraillingerstraße 5 82131 Stockdorf
Ansprechpartner:	Herr R. Reiter
Telefon:	(089) 85 794 - 333
Telefax:	(089) 85 794 - 448
Branche:	Fahrzeugbau
Produktpalette:	Schiebedächer, Standheizungen, Klimaanlagen
Beschäftigtenzahl:	ca. 2.100 Mitarbeiter
Literatur:	B.A.U.M. Erhebungsbogen Broschüre: Umwelt-Management

Die Webasto AG Fahrzeugtechnik engagiert sich seit langem für den Umweltschutz, da durch die Nachbarschaft von Wohnanlagen zu den Produktionsanlagen eine hohe Sensibilität der Anwohner gegenüber dem Unternehmen vorhanden ist. Das Unternehmen sah sich somit veranlaßt, Umweltbelastungen möglichst weitgehend zu vermeiden und den Umweltschutz frühzeitig in die Planungen mit einzubeziehen. Seit 1987 ist das Unternehmen B.A.U.M.-Mitglied und hat seitdem seine Umweltorganisation systematisiert. Umweltleitlinien und Umweltprogramm sind inzwischen wesentliche Bestandteile der Unternehmenspolitik. Erklärtes Ziel ist auch die Zertifizierung nach ISO 14001.

1 Umweltleitlinien

In ihrer Grundphilosophie verpflichtet sich Webasto „zu einer umweltbewußten Unternehmensführung mit dem Ziel, dem Menschen zu dienen“. „Ökologie und Ökonomie stehen nicht in Widerspruch zueinander, sondern verwachsen in einer umweltorientierten Gesellschaft mehr und mehr miteinander.“

Die Umweltleitlinien lauten:

- Umweltschutz als Teil der Unternehmenspolitik trägt zur Sicherung und Humanisierung der Zukunft von Umwelt und Unternehmen bei.

- Umweltschutz ist Bestandteil der Webasto Unternehmensstrategien und findet Eingang über das strategische Ziele-Bildungssystem.
- Alle Unternehmensbereiche sehen es als ständige Aufgabe, den Umweltgedanken in ihre Aktivitäten einfließen zu lassen.
- Die Formulierung der Webasto Umwelt-Ziele erfolgt klar, verbindlich und meßbar und wird im gesamten Unternehmen kommuniziert.
- Umweltorientierte Unternehmenspolitik betrifft alle Webasto Unternehmensbereiche. Die Sensibilisierung und Aktivierung aller Mitarbeiter ist Aufgabe der Führungskräfte.
- Umwelt- und Verantwortungsbewußtsein von Webasto kommen in Produktprogramm, Arbeitsmethoden und Mitarbeiterentwicklung als ganzheitliche, also humane Grundhaltung zum Ausdruck.
- Die Webasto Unternehmenspolitik nutzt Marktchancen eines wachsenden Umweltbewußtseins.
- Die Webasto Umweltpolitik verlangt Glaubwürdigkeit nach innen und außen.
- Durch Zusammenarbeit mit Wirtschaft, Wissenschaft und Umweltorganisationen werden beschleunigt Erkenntnisse im Umweltbereich gewonnen.

2 Organisation des Umweltschutzes

Webasto hat einen Umweltbeauftragten in Stabsfunktion, der der für Umweltfragen in der Unternehmensleitung zuständigen Vertretung des Vorstands berichtet. Der Umweltbeauftragte ist ebenso wie die Umweltbeauftragten der Tochtergesellschaften auch für die Gebiete Arbeitssicherheit und Werkstechnik zuständig. Gemeinsam bilden die Umweltbeauftragten den Umweltkreis, der in regelmäßigen, gemeinsamen Tagungen dem Erfahrungs- und Informationsaustausch dient. Dabei werden auch Berichte von besuchten Veranstaltungen und Lehrgängen verteilt.

Zusätzlich zu den Umweltbeauftragten existiert ein interdisziplinär zusammengesetzter Umweltausschuß. Er besteht aus dem Vorstand, den Abteilungsleitern, der Werkstechnik und den Sicherheitskräften aus den Standorten und befaßt sich mit allen unternehmensrelevanten Umweltthemen.

3 Umweltprogramm

Webasto hat sich konkrete Ziele für den Umweltschutz und eine zukunftsorientierte Entwicklung gesetzt:

- Eine Minimierung des Einsatzes von problematischen Stoffen
- Die Vielfalt der Kunststoffe abbauen, da nur sortenreine Stoffe recyclingfähig sind
- Die Kennzeichnung der Kunststoffe, damit eine bessere Trennung erfolgen kann
- Weitere Fortschritte bei der Reduzierung von Einwegverpackungen und somit verstärkter Einsatz von Umlaufverpackungen

- Eine Reduzierung des Kühlwasserverbrauchs
- Eine Reduzierung von Emissionen
- Die Motivation der Mitarbeiter, diese Gedanken mitzutragen

4 Kostensenkende Umweltschutzmaßnahmen

Mit den folgenden konkreten Umweltschutzmaßnahmen spart Webasto insgesamt ca. 88.000 DM pro Jahr an Energiekosten ein.

Reduzierung der Energiekosten

Im Fertigungs- und Bürobereich erfolgte eine Umstellung der Allgemeinbeleuchtung auf eine Arbeitsplatzbeleuchtung. Die gezielte Bestückung der Arbeitsplätze mit Arbeitsplatzleuchten ermöglichte eine Reduzierung des Anschlußwertes des Unternehmens um ca. 30 kW. Überdies entfällt jetzt auch die Entsorgung der nicht mehr eingesetzten Leuchtstoffröhren. Die geschätzte Einsparung aus niedrigerem Stromverbrauch und geringeren Unterhaltskosten summiert sich auf ca. 12.000 DM pro Jahr. Die Umrüstung amortisierte sich nach etwa 3,5 Jahren.

Die 720$C heiße Luft aus einer thermischen Nachverbrennungsanlage, in der die mit Farbresten behaftete Abluft einer Lackieranlage gereinigt wird, wird vor der Abgabe ins Freie durch eine zweistufige Wärmerückgewinnungsanlage geleitet. In der ersten Stufe wird die gesamte Trocknerluft, die zum Trocknen der Abluft vor der Nachverbrennung benötigt wird, auf 180$C aufgeheizt. In der zweiten Stufe wird Warmwasser für den Produktionsprozeß erzeugt. Reduzierungen ergaben sich durch die Wärmerückgewinnung beim Heizölverbrauch und damit bei den Heizölkosten. Die Einsparung beträgt ca. 30 Liter Heizöl pro Stunde. Dies entspricht bei einer Nutzung von 105 Stunden pro Woche einer Einsparung von ca. 150.000 Liter Heizöl pro Jahr oder bei einem Heizölpreis von etwa 0,45 DM/Liter einer Gesamtersparnis von etwa 67.000 DM pro Jahr. Die Anlage hat sich damit nach 2,5 Jahren amortisiert.

Im Bereich der Dauerlaufprüfstände für Heizgeräte wird das erzeugte Warmwasser über einen Wärmetauscher dem zentralen Heizkreislauf zugeführt. Auf diese Weise kann die Anlage in der Übergangszeit die Versorgung eines Gebäudes komplett übernehmen. In der Heizperiode wird die Raumheizung durch die Wärmerückgewinnung unterstützt. Der geringere Energiebedarf und der Wegfall von langen Heizleitungen ergeben eine Ersparnis beim Heizöl von bis zu 100 Liter pro Tag. Dies summiert sich bei Heizölkosten von 0,45 DM/Liter auf ca. 9.000 DM pro Jahr und führt zur Amortisierung der Anlage nach 3,5 Jahren.

5 Gewünschte politische Maßnahmen

Die wichtigsten politischen Maßnahmen und Ziele, die das Unternehmen für die weitere Verbesserung des Umweltschutzes für notwendig hält, sind:

- Angleichung der Umweltauflagen für die Industrie in Europa
- Steuerliche Vorteile für Investitionen, die der Umwelt zugute kommen, aber dem Unternehmen keinen Nutzen bringen

76 Wieland Edelmetalle GmbH & Co. Gold- und Silberscheideanstalt

Firma:	Wieland Edelmetalle GmbH & Co. Gold- und Silberscheideanstalt
Anschrift:	Schwenninger Straße 13 75179 Pforzheim
Ansprechpartner:	Herr Dr. Gerhard Gutekunst
Telefon:	(07231) 37 05 - 162
Telefax:	(07231) 35 79 59
Branche:	Edelmetallindustrie
Produktpalette:	Edelmetallrecycling und -verarbeitung, Dentalprodukte, Edelmetallbäder
Beschäftigtenzahl:	240 Mitarbeiter
Literatur:	Umweltmanagementhandbuch 1997, Commerzbank/impulse-Umweltpreis-Bewerbung 1996 Patentschrift DE 38 14 819 C2, 1990, Offenlegungsschrift DE 43 40 356 A1, 1995

> „Wir wissen, daß das Scheidegeschäft untrennbar mit Umweltbelastungen verbunden ist. Deshalb wurde schon frühzeitig - d.h. bevor der Umweltschutz zum allgemeinen Ziel der deutschen Politik und der Gesellschaft avancierte - damit begonnen, die Erfordernisse des Umweltschutzes zu beachten."

Die Wieland Edelmetalle GmbH & Co. Gold- und Silberscheideanstalt hat eigene umweltfreundliche Verwertungs- und Entgiftungsverfahren entwickelt, um die Umweltauswirkungen der Edelmetallscheideverfahren so gering wie möglich zu halten. Neben seinen Produkten bietet Wieland auch die Rücknahme und Entsorgung der in der Regel stark umweltbelastenden Rückstände aus der Schmuckindustrie an und verwirklicht damit das Prinzip der abfallfreien Kreislaufwirtschaft. Für Wieland gilt dabei im Angebot an die Kunden der Grundsatz: „Alles aus einer Hand"

Das Umweltmanagementsystem von Wieland ist seit März 1997 nach DIN ISO 14001 zertifiziert.

1 Umweltleitlinien

Die Umweltleitlinien von Wieland lauten:

- Bei allen Arbeitnehmern unseres Unternehmens wird das Verantwortungsbewußtsein für die Umwelt gefördert. Sie werden mit den Richtlinien unserer Umweltpolitik vertraut gemacht und verpflichtet, alle festgelegten Anweisungen und Abläufe zu befolgen.
- Die Umweltauswirkungen jeder Tätigkeit, jedes Produktes und jedes Verfahrens werden beurteilt.
- Es werden die notwendigen Maßnahmen ergriffen, Umweltbelastungen zu vermeiden bzw. zu beseitigen. Umweltbelastende Emissionen werden mit Hilfe umweltfreundlicher Technologien auf ein Mindestmaß reduziert.
- Es werden notwendige Maßnahmen ergriffen, um unfallbedingte Emissionen von Stoffen oder Energie zu vermeiden.
- Die Verwirklichung der Umweltpolitik wird kontinuierlich überprüft.
- Das Risikopotential unserer Anlagen bedarf der regelmäßigen Überprüfung. Wir verpflichten uns, unsere Sicherheitseinrichtungen und organisatorischen Maßnahmen stets auf dem aktuellen Stand zu halten, um Unfälle zu vermeiden oder deren Auswirkungen möglichst weitgehend zu minimieren. Um dies zu erreichen, arbeiten wir eng mit den zuständigen Behörden zusammen.
- Die Öffentlichkeit erhält alle Informationen, die zum Verständnis der Umweltauswirkungen der Tätigkeit des Unternehmens benötigt werden.
- Wir stellen unseren Kunden alle uns bekannten Informationen über die Umweltrelevanz der hergestellten Produkte zur Verfügung. Angaben zum korrekten Umgang und zur umweltgerechten Entsorgung sollen jedem Produkt beigefügt werden.
- Wir bieten unseren Kunden eine umfangreiche Beratung sowie die Verwertung und Entsorgung von Produktionsrückständen an.
- Wir nehmen Einfluß auf unsere Lieferanten und Auftragnehmer, um auch bei den Vertragspartnern umweltgerechtes Arbeiten zu fördern.

2 Organisation des Umweltschutzes

In der Geschäftsleitung von Wieland wurde ein Verantwortlicher benannt, der direkt an den Geschäftsführer berichtet. Er ist für die Einführung und Realisierung der Umweltpolitik zuständig. Zu seinen Aufgaben gehört damit auch die Koordination und Dokumentation aller umweltrelevanten Aktivitäten des Unternehmens sowie die Überwachung der Verbesserungsprogramme und deren Durchführung.

Damit alle umweltrelevanten Aspekte von verantwortlichen und qualifizierten Personen erarbeitet bzw. koordiniert werden, sind diese Umweltsektionen mit Sektionsverantwortlichen zugeordnet (siehe Abb. 49). Durch diese Aufteilung der Zuständigkeiten in Sektionen sind überschaubare und effiziente Einheiten entstanden, die durch ihr spezifisches Wissen auf dem jeweiligen Fach- bzw. Sachgebiet schnell auf die sich im ständigen Wechsel befindlichen Umweltaspekte agieren und reagieren können. Durch die Abstimmung sämtlicher Tätigkeiten der Sektionen im Umweltmanagementausschuß (UMA) werden, ohne das gemeinsame Ziel aus dem Auge zu verlieren, alle Umweltmanagementprogramme von der „Verantwortlichen Person für den betrieblichen Umweltschutz" koordiniert (VBU).

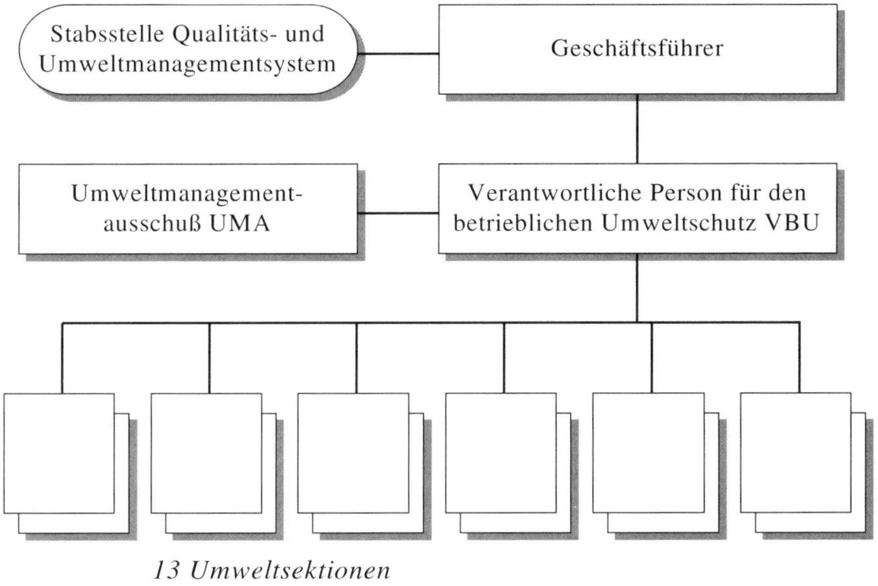

Abb. 49: Die Umweltorganisation von Wieland

3 Umweltprogramm

Zur ständigen Verbesserung des Umweltschutzes hat Wieland konkrete Umweltziele formuliert und die Mittel und Maßnahmen zu deren Erreichung festgelegt.

4 Kostensenkende Umweltschutzmaßnahmen

Um die Umweltbelastung durch die in hohem Maße mit Nitrit und Cyanid verunreinigten Abwässer aus der Edelmetallscheidung zu verringern, hat Wieland zwei neue Verfahren entwickelt, die einen umweltverträglichen Abbau der Giftstoffe zu Stickstoff bewirken. Gleichzeitig spart das Unternehmen bei Vollauslastung der Anlage ca. 1 Mio. DM pro Jahr gegenüber herkömmlichen Verfahren.

Einsparung von Roh-, Hilfs- und Betriebsstoffen

Ein neuartiges Verfahren zur Nitritentgiftung nutzt Harnstoff zur Reduktion des Nitrits in Stickstoff, CO_2 und Wasser:

$$2\,NO_2^- + CO(NH_2)_2 + 2\,H^+ \rightarrow CO_2 + 2\,N_2 + 3\,H_2O$$

Dabei entstehen keinerlei gefährlichen Endprodukte. Primär anfallende Nitrosegase werden durch die spezielle Konstruktion des Rohrreaktors in der Lösung gehalten, bis sie zu Stickstoff abgebaut sind. Neben der Reduktion des Nitrits wird gleichzeitig Säure neutralisiert. Für den Prozeß kann Altsäure aus dem Betrieb eingesetzt werden, so daß eine zusätzliche Neutralisation mit einer zugefügten Base entfällt. Durch die exotherme Reaktion wird die Temperatur im Reaktionsgefäß auf 40\$C erhöht, so daß bei Bedarf auch eine Ammoniumentgiftung erfolgen kann:

$$NH_4^+ + NO_2^- \rightarrow N_2 + 2\, H_2O$$

Um 1 kg Nitrit zu entgiften, werden bei diesem Verfahren 0,66 kg Harnstoff benötigt. Gleichzeitig entfallen die Kosten für die Neutralisation der Altsäure, so daß der Prozeß praktisch kostenneutral abläuft. Im Gegensatz zu herkömmlichen Verfahren werden je nach Art des Verfahrens zwischen 5 und 15 DM pro Kilogramm entgifteten Nitrits eingespart.

Zur Cyanidentgiftung wird ein Hydrolyseverfahren eingesetzt, das bei Temperaturen von 240\$C und einem Druck von ca. 35 bar schnell genug abläuft, um die Cyanokomplexe, aber auch andere harte Komplexbildner wie EDTA, DTPA, NTA und NTMP[22] abzubauen. Die Hydrolyse des Cyanokomplexes erfolgt nach der Formel:

$$CN^- + 2\, H_2O \rightarrow HCOO^- + NH_3$$

Zusätzlich werden bei dem von Wieland eingesetzten Verfahren die noch in der Lösung befindlichen Edelmetalle zurückgewonnen. Das bei der Reaktion entstehende Ammonium wird in der oben beschriebenen Nitritentgiftungsanlage zu Stickstoff abgebaut. Da dieses neuartige Verfahren zur Cyanidentgiftung ohne zusätzliche Chemikalien auskommt und auch keine neuen, umweltbelastenden Stoffe erzeugt, hat dieses Verfahren auch ökonomische Vorteile gegenüber herkömmlichen Verfahren. Die Einsparungen belaufen sich dabei auf ca. 2.000 DM/m^3 cyanidhaltigem Abwasser. Bei Vollauslastung der Anlage summiert sich dieser Wert auf ca. 576.000 DM pro Jahr.

Reduzierung der Wasser- und Abwasserkosten

Die oben beschriebenen Verfahren senken die Abwasserbelastung unter die zugelassenen Werte und senken dadurch auch die Abwasserkosten.

Reduzierung der Entsorgungskosten

Da die oben beschriebenen Verfahren ohne zusätzliche Chemikalien auskommen und auch keine neuen gesundheitsschädlichen Stoffe entstehen, müssen keine Reststoffe kostenintensiv entsorgt werden.

---

[22] EDTA: Ethylendiamminotetraessigsäure, DTPA: Diethylentriamminopentaessigsäure, NTA: Nitrilotriessigsäure, NTMP: Nitrilotrimethylenphosphorsäure

Nahrungsmittel

Adlerbrauerei Rettenberg Herbert Zötler GmbH

apetito AG

ECKES AG

Gebiets-Winzergenossenschaft Franken e.G.

Brauerei Clemens Härle

Hipp Werk

Holsten-Brauerei AG

Märkisches Landbrot GmbH

Melitta Beratungs- und Verwaltungs-GmbH & Co. KG

Neumarkter Lammsbräu

Dr. Oetker Nahrungsmittel KG

Rheinisch-Bergische Brauerei GmbH & Co. KG

RIEDENBURGER BRAUHAUS Michael Krieger KG

Siegsdorfer Petrusquelle GmbH

Zucker-AG Uelzen-Braunschweig

77 Adlerbrauerei Rettenberg Herbert Zötler GmbH

Firma:	Adlerbrauerei Rettenberg Herbert Zötler GmbH
Anschrift:	Grüntenstraße 2 87549 Rettenberg
Ansprechpartner:	Herr Herbert Zötler
Telefon:	(08327) 921 - 0
Telefax:	(08327) 74 87
E-Mail:	ZOETLER@t-online.de
Internet:	http://www.zoetler.de
Branche:	Brauereien
Produktpalette:	Bier, alkoholfreie Getränke, Vertrieb von Säften und Mineralwässern
Beschäftigtenzahl:	60 Mitarbeiter
Literatur:	B.A.U.M. Erhebungsbogen, Umwelt-Erklärung, 1995

„Geleitet von dem Grundsatz, daß das ökologisch Richtige langfristig auch das ökonomisch Richtige ist, bemüht sich die Privat-Brauerei ZÖTLER im Sinne breiter Verbraucherinteressen verstärkt um die Erhaltung der Getränke- und Umweltqualität.“

Im Sinne dieses Unternehmensgrundsatzes hat sich die Adlerbrauerei Rettenberg Herbert Zötler GmbH entschieden, ein konsequentes umweltorientiertes Management im Unternehmen zu installieren. Im Dezember 1995 wurde das B.A.U.M.-Mitgliedsunternehmen nach der EG-Öko-Audit-Verordnung validiert.

1 Umweltleitlinien

Die Privat-Brauerei ZÖTLER formuliert ausführliche Umweltleitlinien:

- Eine ganzheitlich umweltorientierte Unternehmensführung soll alle Unternehmensbereiche in das Umweltmanagement einschließen.
- Besonderer Wert wird auf die Information der Mitarbeiter und Schulung der Umweltverantwortlichen gelegt.

- Die Schonung der natürlichen Ressourcen ist Grundlage der Prozesse und Produkte.
- Neubauten und Neuinvestitionen werden unter Einbeziehung baubiologischer Grundsätze errichtet bzw. vom ersten Stadium der Planung an auf ihre Umweltverträglichkeit hin überprüft.
- Es werden notwendige Maßnahmen ergriffen, um unfallbedingte Emissionen von Stoffen und Energie zu vermeiden.
- Umweltschutzgesetze und behördliche Auflagen werden selbstverständlich eingehalten und überwacht; wenn möglich, werden gesetzliche Belastungsgrenzwerte unterschritten.
- Der Dialog mit der Öffentlichkeit wird offensiv geführt.
- Die Brauerei trifft Vorkehrungen, daß auch die Zulieferer mittelfristig die gleichen Umweltnormen anwenden wie sie selbst.
- Das umweltorientierte Management macht auch vor den Vertriebsaufgaben nicht halt.
- Durch die Erarbeitung, Aktualisierung und Fortschreibung von Katastern und ökologischen Kennzahlen sowie die regelmäßige Überprüfung und Aktualisierung der festgelegten Umweltziele ist ein effektives Öko-Controlling zu installieren.

2 Organisation des Umweltschutzes

Der Umweltschutz ist bei der Privat-Brauerei ZÖTLER als Stabsfunktion direkt der Geschäftsleitung zugeordnet und in fünf Stellen untergliedert (siehe Abb. 50):

1. Der Beauftragte der Geschäftsführung
2. Der Leiter des Umweltschutzes als Direktverantwortlicher gegenüber der Geschäftsführung
3. Der Betriebsbeauftragte für Gewässerschutz
4. Der Betriebsbeauftragte für Abfall, Gefahrstoffe und Arbeitssicherheit
5. Der Umweltausschuß, der sich aus Mitgliedern der Geschäftsführung, Technik, Verwaltung und Logistik zusammensetzt.

3 Umweltprogramm

Aus einer ersten ökologischen Schwachstellenanalyse, die von der Privat-Brauerei ZÖTLER im Frühjahr 1994 erstellt und in einem ersten Ökobericht der Öffentlichkeit vorgelegt wurde, konnten konkrete, bewertbare Umweltziele abgeleitet werden, die in der Umwelterklärung des Unternehmens detailliert dargestellt sind. Sie umfassen neben der Auflistung einzelner Maßnahmen auch eine Terminvorgabe, bis wann die Umsetzung erfolgen soll.

Weitere wichtige Aktivitäten zum Schutz der Umwelt sind:

- Die Installation einer CIP-Anlage zur effektiven und wassersparenden Reinigung aller Gär- und Lagertanks

- Einsatz einer neuen KEG-Reinigungs- und Abfüllanlage
- 1-stufiger Plattenkühler mit Warmwasserspeichertank für Brau- und Betriebswasser
- Einsatz eines Pfannendunstkondensators zur Wärmerückgewinnung
- Umbau der NH_3-Kälteanlage auf -5$ C.
- Verzicht auf Aluflaschenhalsfolien
- Die Inbetriebnahme eines Blockheizkraftwerks

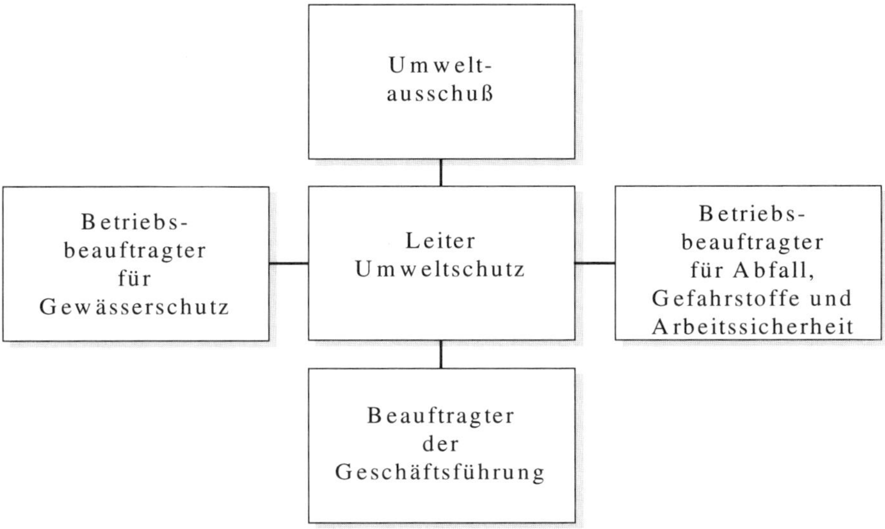

Abb. 50: Die Organisationsstrukturen im Umweltschutz der Privat-Brauerei ZÖTLER

4 Ökobilanz

Die Privat-Brauerei ZÖTLER hat eine Umweltbilanz erstellt, in der die umweltrelevanten Daten des Unternehmens der letzten drei Jahre erfaßt sind, und die in Zukunft weiter fortgeschrieben wird. Sie umfaßt die Bereiche

- produktionsspezifische Abfälle, sonstige Abfälle
- Wasserverbrauch und Abwassermenge
- Stromverbrauch
- spezifischer Wärmeverbrauch
- Reststoffanteil bei der Bierherstellung.

In allen Bereichen liegen die spezifischen Zahlen des Unternehmens unter dem Branchendurchschnitt. Eine weitere Reduzierung der Werte wird angestrebt.

5 Kostensenkende Umweltschutzmaßnahmen

Mit den hier vorgestellten Umweltmaßnahmen konnte die Privat-Brauerei ZÖTLER ihre Kosten um mehr als 14.000 DM pro Jahr senken. Ferner ergeben sich weitere noch nicht exakt bezifferbare Einsparungen.

Einsparung von Roh-, Hilfs- und Betriebsstoffen

Durch den Verzicht auf Flaschenhalsfolien aus Aluminium werden Einsparungen bei den Beschaffungskosten erzielt. Die Einsparung ergibt sich aus den wegfallenden Kosten für die Aluflaschenhalsfolien abzüglich der Kosten für die Papieretiketten, die jetzt verwendet werden. Dabei sind die Kosten für die 0,33 Liter Halsetiketten aus Papier um ca. 20 % geringer. Der absolute Einsparungsbetrag liegt hier bei ca. 9.000 DM pro Jahr. Für die Umwelt ergeben sich mehrere positive Auswirkungen. Die energieintensive Aluminiumproduktion kann reduziert werden und wertvolle Ressourcen werden geschont. Dazu fallen weniger Abfälle an, da die Papieretiketten nach der Flaschenwäsche voll recycelt werden können.

Reduzierung der Wasser- und Abwasserkosten

Durch eine neue computergesteuerte Reinigungsanlage für alle Gär- und Lagertanks (CIP-Anlage) wird der Reinigungsvorgang nicht nur effektiver, sondern auch wassersparender durchgeführt. Die erzielte Einsparung beträgt etwa 5 bis 10 % des Gesamtwasserverbrauchs. In Abhängigkeit von der produzierten Biermenge folgt daraus eine Kostensenkung in Höhe von 5.000 bis 10.000 DM pro Jahr. Zusätzlich kann auch die verwendete Menge an Reinigungsmitteln genau dosiert und damit äußerst gering gehalten werden.

Reduzierung der Energiekosten

Eine neue Ammoniak-Kälteanlage erbringt bereits bei -5° C ihre volle Kälteleistung. Die erzielten Energieeinsparungen liegen bei ca. 15 bis 20 %.

Reduzierung der Entsorgungskosten

Durch konsequente Mülltrennung und -vermeidung wurden die zur Entsorgung anfallenden Mengen seit einigen Jahren zwar erheblich reduziert, durch die im Einzelnen gestiegenen Entsorgungskosten sind aber bis jetzt keine nennenswerten Kosteneinsparungen zu verzeichnen. Seit Januar 1996 konnte im Bereich Hausmüll noch ein weiterer Container mit 1,1 m^3 eingespart werden. Die Gesamtmenge an Hausmüll reduzierte sich dadurch um 50 %.

Reduzierung der Kosten für Transport und Verkehr

Bei der Privat-Brauerei ZÖTLER werden laufende Tourenkostenkontrollen und -planungen durchgeführt. Die letzte Rahmentourenneuplanung hatte Kosteneinsparungen von rund 1 DM/Hektoliter zur Folge. Auch in Zukunft sollen die Tourenkosten weiter minimiert werden und damit die gefahrenen Touren optimal ausgelastet werden.

6 Gewünschte politische Maßnahmen

Die wichtigsten politischen Maßnahmen und Ziele, die das Unternehmen für die weitere Verbesserung des Umweltschutzes für notwendig hält, sind:

- Ein Pfand für Einwegbehältnisse (z. B. Dosen)
- Eine konsequente Umsetzung der Verpackungsverordnung
- Eine breite öffentliche Diskussion über die Einführung einer Öko-Steuer
- Die sofortige Durchsetzung einer CO_2-Abgabe

78 apetito AG

Firma:	apetito AG
Anschrift:	Postfach 1165 48431 Rheine
Ansprechpartner:	Herr Dr. Manfred Konietzko
Telefon:	(05971) 799 - 357
Telefax:	(05971) 799 - 718
Branche:	Nahrungsmittel
Produktpalette:	Komplette Verpflegungslösungen für „Essen auf Rädern“-Mahlzeitendienste, Betriebe, Krankenhäuser, Kindertagesstätten und Schulen
Beschäftigtenzahl:	ca. 2.000 Mitarbeiter
Literatur:	Bewerbungsunterlagen für den Commerzbank/impulse-Umweltpreis 1994/95; Umweltbericht 1995

Unter Umweltpolitik versteht die apetito AG ein geordnetes System von Zielen, Strategien und Grundsätzen, die das Unternehmen auf die prinzipielle Maxime - die Umwelt aktiv zu schützen - ausrichtet. Die Umweltpolitik wird durch die apetito-Umweltleitlinien präzisiert, im Rahmen des Umweltmanagements umgesetzt und in konkreten Maßnahmen zum Schutz der Umwelt realisiert.

1 Umweltleitlinien

Die Umweltleitlinien von apetito lauten:

1. Wir betreiben Umweltschutz aus eigener Initiative und Verantwortung und führen die dazu erforderlichen Maßnahmen durch.
2. Unsere Bestrebungen zur Umwelt und Ökologie sind darauf ausgerichtet, unsere Produkte und Dienstleistungen angemessen, d. h. sowohl unter ökologischen als auch unter ökonomischen Gesichtspunkten herzustellen, anzubieten und bei unseren Kunden einzusetzen.

3. Wir entwickeln, fertigen und vertreiben Produkte und Dienstleistungen unter Beachtung einer weitestmöglichen Schonung der Ressourcen. Mit knappen Ressourcen, wie Energie und Wasser, gehen wir verantwortungsvoll um.
4. Die Vermeidung, Verminderung und Verwertung von Abfällen haben Vorrang vor der ordnungsgemäßen Entsorgung.
5. Gesetzliche Vorschriften und behördliche Auflagen werden als Mindeststandards eingehalten und häufig übertroffen. Darüber hinaus strebt apetito an, den Stand der Technik in der Anwendung von Umweltschutztechnologien in Zusammenarbeit mit Kunden, Behörden, Forschungsinstituten, Verbänden und Lieferanten permanent zu verbessern.
6. Jeder Mitarbeiter trägt an seinem Arbeitsplatz zur Verwirklichung unserer Umweltziele bei.
7. Bei der Beschaffung der Rohstoffe ist die Erfüllung unserer Forderungen durch die ausgewählten Lieferanten Voraussetzung.
8. Wir betreiben eine offene Informationspolitik gegenüber Mitarbeitern, Kunden, Nachbarn, Behörden und Lieferanten.
9. Wir werden das Erreichen unserer Umweltziele durch das Erstellen einer Ökobilanz bewerten. Dazu werden Stoff-, Energie-, Abfall- und Emissionsströme untersucht.
10. In regelmäßigen Abständen werden Umweltberichte erstellt. Diese Berichte werden veröffentlicht und zusammen mit Kunden, Mitarbeitern, Behörden, und Lieferanten diskutiert (Umweltkreis apetito). Dieser Umwelt-Gesprächskreis initiiert mit dem Vorstand Verbesserungen der Umweltorientierung des Unternehmens.

2 Organisation des Umweltschutzes

apetito verfügt über ein organisatorisch verankertes Umweltmanagementsystem, das sich u.a. aus Regeln und Abläufen sowie den sie ausführenden Personen und deren Organisation zusammensetzt. Direkt verantwortlich für das gesamte Umweltmanagement-System ist der Umweltschutzbeauftragte.

Der Vorstand ist dafür verantwortlich, daß alle notwendigen Informationen, Befugnisse und Mittel für den apetito-Umweltschutz bereitgestellt werden, damit die festgelegten Aufgaben erfüllt werden können. Über den Stand des Umweltschutzes wird in regelmäßigen Abständen im Umweltbericht informiert. Dieser wird vom Arbeitskreis Umweltmanagement erstellt (siehe Abb. 51).

3 Umweltprogramm

Das Umweltprogramm leitet sich direkt aus den Umweltleitlinien von apetito ab und beschreibt die konkrete Umsetzung der Umweltpolitik.

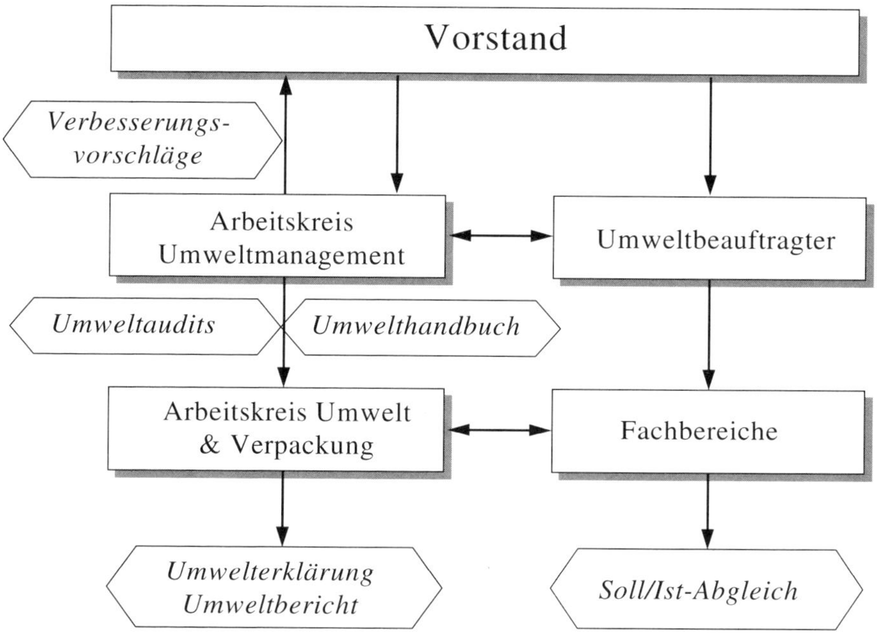

Abb. 51: Die Organisation des Umweltschutzes bei apetito

4 Kostensenkende Umweltschutzmaßnahmen

Durch die Einführung eines neuen Mehrweg-Verpackungssystems konnten apetito und die Kunden im Jahr 1995 über 140.000 DM an Verpackungs- und Entsorgungskosten einsparen.

Einsparung von Roh-, Hilfs- und Betriebsstoffen

Durch die Einführung eines ökologischen Mehrportionssystems (siehe unten), das praktisch ohne Primärverpackung hygienisch verpackt an den Kunden liefert, werden erhebliche Mengen an Rohstoffen eingespart. Auf Aluminium konnte völlig verzichtet werden. Der Anteil der eingesetzten Kunststoffmenge sank um ca. 80 %, der Papierverbrauch wurde um ca. 60 % reduziert.

Der verminderte Einsatz an Verpackungsmaterial durch deutlich weniger Primärverpackung und ca. 60 % weniger Sekundärverpackung verursacht wesentlich geringere Rohstoffkosten.

Reduzierung der Entsorgungskosten

Das neue Mehrwegverpackungssystem (siehe unten) reduziert nicht nur die Rohstoff-, sondern auch die Entsorgungskosten.

Reduzierung des Verpackungsmaterials

Im Bereich „Essen auf Rädern“ wurde von apetito das Mehrweg-Verpackungssystem „Dacapo“ entwickelt, bei dem eine Mehrwegmenüschale mit einer Haltbarkeit von etwa einem Jahr 365 Einwegmenüschalen ersetzt. Bei durchschnittlich etwa 3.000 Tischgästen pro Tag konnten damit im Jahr 1994 bereits fast 1,1 Mio. Einwegmenüschalen eingespart werden. Im Jahr 1995 hat sich diese Zahl wegen einer deutlichen Umsatzsteigerung, die unter anderem auf das Mehrweg-Verpackungssystem zurückzuführen ist, bereits mehr als verdreifacht.

Noch wichtiger sind für apetito die Kundenvorteile. Sie ergeben sich aufgrund der täglichen Belieferung im Bereich der Betreuungs- und Versorgungssicherheit, denn das Verbleiben der Kunden in der gewohnten Umgebung zu Hause spart Heim- und Betreuungskosten.

79 ECKES AG

ECKES granini

Firma:	ECKES AG
Anschrift:	Ludwig-Eckes-Allee 6 55268 Nieder-Olm
Ansprechpartner:	Herr Dr. Georg Vogl
Telefon:	(06136) 35 - 16 36
Telefax:	(06136) 35 - 10 69
Branche:	Nahrungsmittel
Produktpalette:	Fruchtsäfte, Spirituosen, Alkoholfreie Getränke
Beschäftigtenzahl:	2.760 Mitarbeiter (1995)
Literatur:	B.A.U.M.-Erhebungsbogen Geschäftsbericht 1995; Umwelterklärung, Standort Bröl, 1995; Olmer Pitt 1/1993

Schon bevor der Begriff „Umweltschutz" in aller Munde war, kümmerte man sich bei ECKES um die Natur. Mit einer Spende von 1.000 Bäumen und Sträuchern, die mit den Erlösen aus der Altglassammlung auf dem Betriebsgelände finanziert wurden, hat die ECKES AG schon 1977 maßgeblich dazu beigetragen, mehr Grün in das Nieder-Olmer Ortsbild zu bringen. Daß der Umweltschutz wesentlicher Bestandteil der Unternehmenspolitik bei ECKES ist, zeigt sich auch in der frühen Umsetzung der EG-Öko-Audit-Verordnung. ECKES ist mit dem Standort Bröl der ECKES-GRANINI GmbH & Co. KG das erste Unternehmen seiner Branche, das in das Standortregister eingetragen wurde. Inzwischen ist auch der Standort Krefeld validiert. Die Arbeitsgemeinschaft selbständiger Unternehmer e.V. verlieh ECKES die „Auszeichnung für umweltorientierte Unternehmensführung 1996/97".

Die zentrale Idee der ECKES-Unternehmensphilosophie, nur unverwechselbare Markenprodukte von höchster Qualität und ausgezeichnetem Geschmack anzubieten, wird durch die unter Umweltgesichtspunkten kontinuierlich durchgeführten Verbesserungen des Produktionsprozesses hervorragend ergänzt.

1 Umweltleitlinien

ECKES betreibt seine Umweltpolitik unter Berücksichtigung folgender Umweltleitlinien:

- Für die ECKES AG stellt Umweltschutz einen wesentlichen Bestandteil der Unternehmenspolitik dar.
- Wir verpflichten uns zu Umweltschutz aus eigener Verantwortung. Wir ergreifen Maßnahmen zum schonenden Umgang mit Ressourcen und Natur unter Wahrung wirtschaftlicher Gesichtspunkte aus eigener Initiative.
- Wir berücksichtigen bereits bei der Entwicklung von Produkten, Verpackungen und Verfahren die Anforderungen des Arbeits- und Umweltschutzes.
- Wir nutzen wissenschaftliche und technische Neuerungen dazu, die Umweltbelastung beim Betrieb unserer Produktionsanlagen möglichst gering zu halten.
- Zum Schutz unserer Mitarbeiter, Anlieger, Kunden und Verbraucher arbeiten wir ständig an der Verringerung von Gefahren und Risiken bei Herstellung, Lagerung, Transport und Vertrieb unserer Produkte. Dies umfaßt auch die Entsorgung von Produktionsrückständen und Verpackungen.
- Wir fördern das Umweltbewußtsein unserer Mitarbeiter und erwarten, daß sie dieses in ihre tägliche Arbeit einbeziehen.
- Wir suchen den sachlichen Dialog, um unser Wissen über Umweltschutz zu erweitern und unsere Ziele zu aktualisieren.

2 Organisation des Umweltschutzes

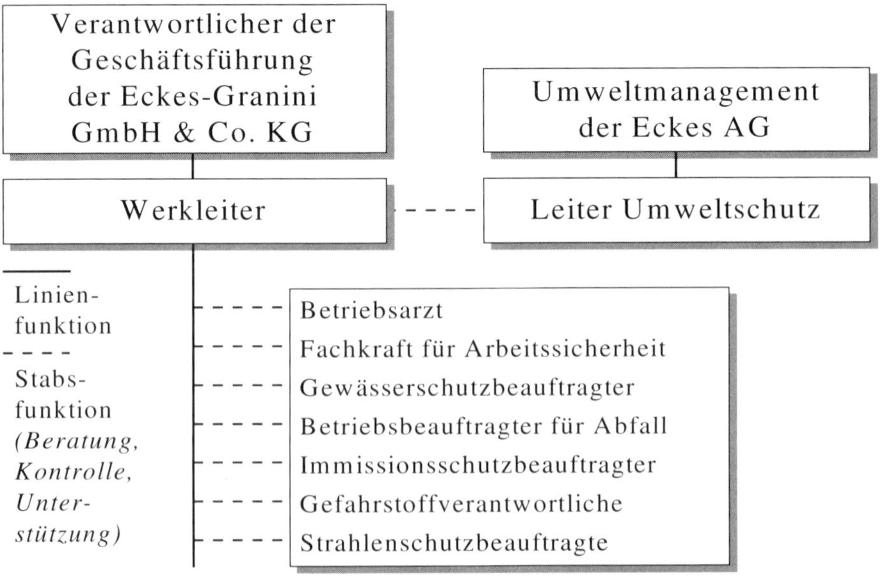

Abb. 52: Die Umweltschutzorganisation bei ECKES (Stand Oktober 1995)

Umweltschutz wird bei ECKES zur Chefsache gemacht. Der Werkleiter ist für das Umweltmanagement verantwortlich und stimmt sich mit dem für den Umweltschutz verantwortlichen Mitglied der Geschäftsführung ab. Der Leiter Umweltschutz der ECKES ist fachverantwortlich (siehe Abb. 52). Er wird vor betrieblichen Änderungen in umweltrelevanten Bereichen informiert. Die Betriebsbeauftragten in umweltrelevanten Bereichen unterstützen den Werkleiter und die Mitarbeiter.

Gleichzeitig ist jeder Mitarbeiter aufgefordert, die Belange des Umweltschutzes bei seiner täglichen Arbeit zu berücksichtigen. Alle Mitarbeiterinnen und Mitarbeiter und der Betriebsrat werden gebeten, durch Vorschläge, Anregungen und konstruktive Kritik zur ständigen Optimierung beizutragen. Dabei nimmt die Information und Ausbildung der Mitarbeiter eine besondere Stellung ein, und es wird darauf Wert gelegt, daß die Informationswege und Entscheidungen nachweisbar gestaltet sind.

3 Umweltprogramm

ECKES hat standortbezogen umfassende Umweltprogramme aufgestellt, in denen aktuelle Umweltziele formuliert sind. Jedes Ziel ist nach Verantwortlichkeit, Inhalt, Ausmaß und Zeitbezug konkretisiert und es sind Maßnahmen zugeordnet, die zur Zielerreichung geeignet sind. Die Ziele im Umweltprogramm 1996 für den Standort Bröl lauten im einzelnen:

1. Verminderung des Restmülls um 30 %
2. Senkung des Chloridgehalts im Abwasser um mindestens 10 %
3. Kontinuierlicher Betrieb der neuen Klärschlamm-Kompostieranlage
4. Optimierung des spezifischen Stromverbrauchs
5. Erhöhung des Sicherheitsstandards
6. Information der Mitarbeiter zu betrieblichem Umweltschutz
7. Ausbildung der Mitarbeiter zu betrieblichem Umweltschutz
8. Prozeßoptimierung betrieblicher Umweltschutz
9. Einbeziehung der Lieferanten verstärken
10. Risiken bei Hilfsstoffen vermindern
11. Betriebliche Umweltbilanz erstellen und Umweltcontrolling ausbauen

4 Ökobilanz

Die in den letzten Jahren erfaßten Mengen- und Durchflußzahlen stellen eine ideale Datengrundlage für eine betriebliche Umweltbilanz dar, die jährlich fortgeschrieben wird.

5 Kostensenkende Umweltschutzmaßnahmen

ECKES ist mit allen branchenüblichen Umweltthemen eines Fruchtsaftbetriebes konfrontiert und versucht in allen Bereichen Maßnahmen umzusetzen, die sowohl positive Umweltwirkungen, als auch Kosteneinsparungen induzieren. Besonderes Augenmerk wurde bisher auf die Bereiche Wasserentsalzung, Reduzierung des Schmutzwasserfaktors und Kompostierung von Biomasse gelegt. Doch auch in den Bereichen Energie/Emission, Betriebsgelände/Boden, Reinigungs- und Desinfektionsmittel, Strahlenschutz sowie Arbeitssicherheit/Gesundheitsschutz wurden Erfolge erzielt.

Durch die hier vorgestellten Maßnahmen an den Standorten Nieder-Olm und Bröl, die stellvertretend für viele Maßnahmen in allen Standorten stehen, spart ECKES über 750.000 DM pro Jahr an Kosten ein.

Einsparung von Roh-, Hilfs- und Betriebsstoffen

Die am Standort Nieder-Olm vorgenommene Umstellung der Produktwasserentsalzung (siehe unten) brachte eine Einsparung von 60 Tonnen Salzsäure (37 %) und 45 Tonnen Natronlauge (45 %). Die Kostenwirkung dieser Einsparungen sind in dem dort aufgeführten Betrag enthalten.

Reduzierung der Wasser- und Abwasserkosten

Am Standort Nieder-Olm wurde das Verfahren zur Produktwasserentsalzung von Entsalzung durch Ionentausch auf Entsalzung durch Umkehrosmose umgestellt. Wegen des fehlenden Regenerations- und Spülaufwandes für die Ionenaustauscher konnten jährlich 1.000 m^3 Wasser und Abwasser sowie erhebliche Mengen an Regenerationslösungen (siehe oben) eingespart werden. Dies entspricht einer Kostensenkung von ca. 300.000 DM pro Jahr. Bei einer Investition von ca. 185.000 DM und keinen Mehrkosten in anderen Bereichen amortisierte sich die Umstellung in etwa sieben Monaten. Dabei sind die Risikominderung sowie der verminderte Überwachungs- und Sicherheitsaufwand aufgrund der eingeschränkten Quantifizierbarkeit noch nicht kostensenkend berücksichtigt.

Am Standort Bröl verringerte sich durch verschiedene Maßnahmen während des gesamten Produktionsprozesses und wegen des kompetenten Betriebes der Kläranlage der Schmutzwasserfaktor (u.a. CSB-Wert, Sulfat, Chlorid) von 1990 bis 1996 um mehr als 70 %. Der verringerte Einsatz von Betriebs- und Hilfsstoffen (z.B. Reinigungsmittel, clean-in-place), vor allem aber die Absenkung der Abwassergebühr führten zu Einsparungen von ca. 50.000 DM pro Jahr.

Reduzierung der Energiekosten

Die Investition in eine moderne Feuerungsanlage und die Umstellung von Heizöl auf Erdgas brachten am Standort Bröl einerseits eine Erhöhung des Wirkungsgrades, andererseits den Rückgang der spezifischen Emissionen. Der Energieverbrauch sank von 1992 bis 1994 um insgesamt 13 % (Erdgas: - 5,5 %, Heizöl: - 99,9 %, Strom: ± 0 %). Das monetäre Einsparpotential konnte in diesem Fall nicht spezifiziert werden.

Reduzierung der Entsorgungskosten

Die Kläranlage des Standortes Bröl wurde um eine Kompostiereinrichtung für Biomasse erweitert. Die bisher als Klärschlamm extern weiterbehandelten Rückstände können nun innerbetrieblich zu hochwertigem Kompost verarbeitet und im Garten- und Landschaftsbau eingesetzt werden. Durch diese Maßnahme wurde das Abfallvolumen um 80 % vermindert, der Gehalt an Trockensubstanz stieg von 3 auf ca. 30 %, und das abgepreßte Wasser durchläuft jetzt erneut die Kläranlage. Zusammen mit der Reduzierung der Transportkosten (ca. 80 %) ergaben sich Einsparungen von etwa 400.000 DM pro Jahr. Hierbei spielten die Kostenersparnis bei der Schlammübernahme und den Kippgebühren die entscheidende Rolle. Bei Investitions- bzw. Umsetzungskosten von 1,3 Mio DM beläuft sich der Amortisationszeitraum auf 2,5 Jahre.

Reduzierung der Kosten für Transport und Verkehr

Mit der Reduzierung des Klärschlammvolumens (siehe oben) reduzierten sich die Transportkosten im Bereich der Klärschlammentsorgung um ca. 80 %.

Reduzierung des Verpackungsmaterials

Auf Grund europäischer Vorgaben wurden 1994/95 die 0,7 Liter Flaschen für hohes C auf 0,75 Liter Flaschen umgestellt. Trotz dieses um ca. 7 % erhöhten Volumens konnte das Verpackungsgewicht gehalten werden. Insgesamt kann man von einer Verpackungsgewichtseinsparung bei Glas von ca. 6.000 Tonnen pro Jahr und bei Karton von mehreren hundert Tonnen pro Jahr ausgehen. Wird die eingesparte Verpackungsmenge in eingesparte Grüne-Punkt-Gebühr umgerechnet, ergibt sich fast ein siebenstelliger DM-Betrag.

Bei den 3 x 0,2 Liter-Unterwegspackungen von hohes C und Dr. Koch´s Naturtrüber Apfelsaft wurde die Folien-Umverpackung von einer Dicke von 0,040 mm noch einmal um 12 % reduziert. Damit sank der Gesamtverbrauch an Verpackungskunststoff um 17 Tonnen jährlich. Dies entspricht einer Gebührenminderung von mehr als 50.000 DM.

80 Gebiets-Winzergenossenschaft Franken e.G.

Firma:	Gebiets-Winzergenossenschaft Franken e.G.
Anschrift:	Postfach 505 97307 Kitzingen
Ansprechpartner:	Herr Wolfgang Meixner
Telefon:	(09321) 70 05 - 212
Telefax:	(09321) 70 05 - 190
Branche:	Nahrungsmittel
Produktpalette:	Wein und Sekt
Beschäftigtenzahl:	165 Mitarbeiter
Literatur:	B.A.U.M.-Erhebungsbogen 1. Ökobilanz 1994 Broschüre: Wir schenken reinen Wein ein

„Im Weinberg finden wir nicht nur ein Objekt menschlichen Fleißes sondern auch einen Lebensraum eigener Prägung, dessen Tier- und Pflanzenwelt es zu erhalten gilt. Dies erfordert jedoch verantwortungsvolles Handeln bei Erzeugern und Verbrauchern.

Als GWF stellen wir uns dieser Verantwortung durch umweltschonenden Umgang mit Boden, Wasser und Luft. Wir unterstützen kontrollierte, natürliche Bodendüngung, forcieren den ökologischen Anbau, haben unseren Wasserverbrauch erheblich reduziert und auf schadstoffarme Erdgasfeuerung umgestellt. Als Veredler des Naturprodukts Traube wissen wir wohl, daß eine gesunde Umwelt unser Kapital für die Zukunft darstellt.“

Mit ca. 2.600 Genossenschafts-Mitgliedern bekennt sich das B.A.U.M.-Mitgliedsunternehmen Gebiets-Winzergenossenschaft Franken e.G. (GWF) zu einer umweltorientierten Geschäftspolitik und fördert mit dem 1989 innerhalb der Genossenschaft gegründeten Verein „Ökologischer Weinbau Franken e.V.“ die Verbreitung einer ökologisch-nachhaltigen Landwirtschaft. Der Geschäftsführer der Gebiets-Winzergenossenschaft, Herr Helmut Schätzlein, wurde 1996 mit dem B.A.U.M.-Umweltpreis ausgezeichnet.

1 Umweltleitlinien

Die Unternehmensleitlinie der Gebiets-Winzergenossenschaft Franken zum Umweltschutz lautet:

Das oberste Unternehmensleitbild zum Umweltschutz in der GWF ist die Erhaltung des Gleichgewichts in der Natur. Gerade für unser Unternehmen, das so stark mit der Natur verbunden und von dieser abhängig ist, ist es lebenswichtig, daß dieses Gleichgewicht nicht ge- oder gar zerstört wird. Umweltschutz ist für uns gleichbedeutend mit dem Schutz der Einkommen unserer ca. 2.600 Mitglieder und ihrer Familien.

Denn Umweltschutz heißt auch Schutz unserer Kunden und damit wieder der Existenzsicherung unserer Mitgliedswinzer.

2 Organisation des Umweltschutzes

Bei der Gebiets-Winzergenossenschaft Franken geht der Umweltschutz alle etwas an und jeder hat in seinem Bereich für die Umsetzung des Umweltleitbildes zu sorgen.

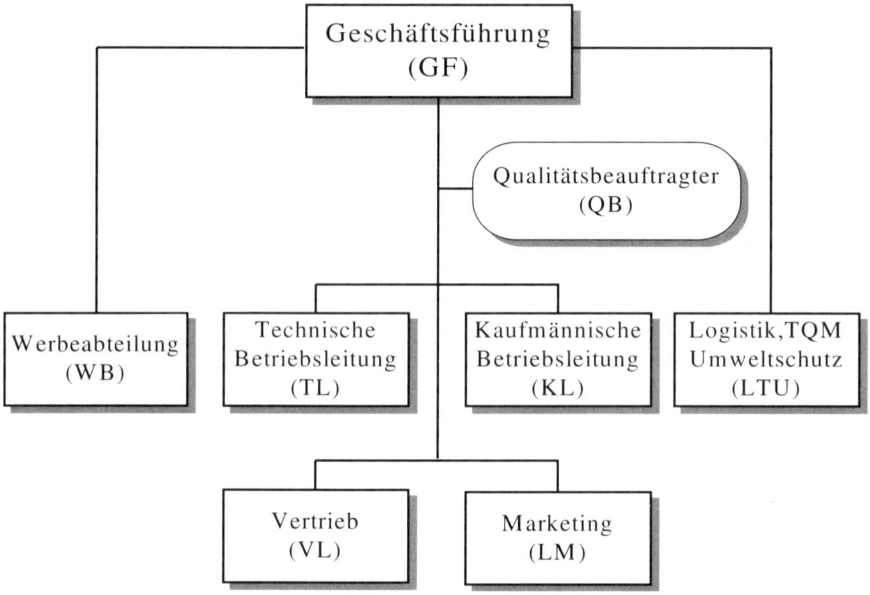

Abb. 53: Die Organisation der Gebiets-Winzergenossenschaft Franken

Der geschäftsführende Vorstand war Initiator des Unternehmensleitbildes zum Umweltschutz und trägt als Geschäftsleitung weiter die Gesamtverantwortung für dessen Umsetzung (siehe Abb. 53). Der Leiter Logistik, TQM[23] und Umweltschutz koordiniert und bilanziert die Umweltschutzaktivitäten und verfaßt daraus regelmäßig einen Umweltbericht. Der Technische Betriebsleiter ist verantwortlich für die Einführung, Erhaltung und Verbesserung der Abläufe hin zu einem möglichst umweltschonenden Betriebsablauf. Die Aufgabe der Weinbauberatung ist es, die Genossenschaftswinzer bei Umweltproblemen zu beraten und ihnen einen möglichst naturnahen Weinanbau zu vermitteln und bei der Umsetzung zu helfen.

[23] Total Quality Management

3 Umweltprogramm

Die Gebiets-Winzergenossenschaft Franken erstellt regelmäßig Ziele zur kontinuierlichen Verbesserung des Umweltschutzes bei ihrer gewerblichen Tätigkeit und zur Verbesserung des Informationssystems Ökobilanz. Ein langfristiges Ziel ist die Umstellung aller Genossenschaftswinzer zum ökologischen Weinanbau bis zum Jahr 2000.

4 Ökobilanz

Im Jahr 1995 wurde die erste Ökobilanz der Gebiets-Winzergenossenschaft Franken für das Geschäftsjahr 1994 fertiggestellt und damit erstmals eine umfassende Zusammenstellung aller umweltrelevanten Daten veröffentlicht. Die Ökobilanz beinhaltet Elemente der Betriebs- und Standortbilanz. In der Betriebsbilanz werden als Input die Faktoren

- Umlaufgüter, Wasser, Luft und Energie,

als Output die Faktoren

- Produkte, Werbematerialien, Abfall, Abwasser, Abluft und Energie

erfaßt. Die Standortbilanz betrachtet zusätzlich die Faktoren Anlagegüter und Boden.

5 Kostensenkende Umweltschutzmaßnahmen

Die Gebiets-Winzergenossenschaft Franken hat eine Vielzahl von Umweltschutzmaßnahmen durchgeführt. Mit den hier vorgestellten Maßnahmen wurde eine Kostensenkung von mehr als 25.000 DM pro Jahr erreicht.

Reduzierung der Wasser- und Abwasserkosten

Durch eine Reihe von Maßnahmen wurde die Abwasserbelastung der Gebiets-Winzergenossenschaft Franken schrittweise auf ein niedriges Niveau zurückgefahren. Folgende Maßnahmen werden eingesetzt:

- Einsatz von Hefetrubfiltern
- Reduzierung des Trubs durch Einsatz neuer Filtermethoden
- Filtration der Flaschenwaschlauge und Laugenstapelung
- Einführung umweltfreundlicher Verfahren der Flaschensterilisation
- Einsatz leicht abbaubarer Reinigungsmittel
- Rückhaltung von Öl und Fett im Öl- und Fettabscheider
- Neutralisation des Abwassers mit Kohlensäure (ggf. Lauge)
- Betrieb eines Abwassermisch- und Pufferbeckens mit Belüftung
- Entwicklung umweltfreundlicher Verfahren zur Holzfaßkonservierung

Die Maßnahmen führten zu einer nachweisbaren Senkung der Abwasserbelastung durch weitgehend neutrale pH-Werte (zwischen 6,5 und 9,5) und einer Reduzierung des BSB_5-Wertes um 50 %. In der Folge wurden die von 1982 bis 1986 erhobenen Starkverschmutzerzuschläge in Höhe von ca. 120.000 DM zurückerstattet. Der eingesparte Betrag entspricht einer durchschnittlichen Kostensenkung von ca. 20.000 bis 25.000 DM pro Jahr.

Die nachweislich niedrigen Abwasserwerte sparten auch bei der Investitionsbeteiligung der Kläranlagenerweiterung ca. 40 % der ursprünglich geforderten Summe ein. Damit konnte ein großer sechsstelliger Betrag eingespart werden. Insgesamt haben sich die Investitionen und auch die Umstellung der betrieblichen Abläufe schnell amortisiert - zumal die Veränderungen im Keller oder der Füllhalle weitere qualitative Vorteile erbracht haben.

Reduzierung der Energiekosten

Zur Energieeinsparung wurde bereits 1984 die Ölfeuerung auf Erdgasfeuerung umgestellt. Ergänzend hilft eine Rauchgaswärmerückgewinnung, den Wirkungsgrad der Heizung weiter zu verbessern und die eingesetzte Primärenergie optimal zu nutzen.

Ein weiterer Wärmetauscher wurde für die Reinigungslauge an der Flaschenwaschanlage installiert. Die Kühlanlagen für das Weinfaßlager werden im Winter abgeschaltet und durch Ausnützen der natürlichen Kälte ersetzt. Über die eingesparten Energiekosten gibt es bisher noch keine Angaben.

Reduzierung der Entsorgungskosten

Die Gebiets-Winzergenossenschaft Franken betreibt konsequente Abfallvermeidung und -verwertung. Bereits bei der Auswahl und im Einkauf von Bau-, Brenn-, Betriebsstoffen und Büromaterial werden die Entsorgungsprobleme mitbedacht. Nicht zu vermeidender Abfall wird sortiert und soweit möglich der Wiederverwertung zugeführt.

6 Gewünschte politische Maßnahmen

Die wichtigsten politischen Maßnahmen und Ziele, die das Unternehmen für die weitere Verbesserung des Umweltschutzes für notwendig hält, sind:

- Die Erleichterung der Umsetzung und Genehmigung innovativer Verfahren zum Schutz der Umwelt
- Die bessere Information der Verbraucher über Umweltschutz, Gesundheit und ökologische Lebensmittel
- Die Schaffung einer klaren Linie in der Umweltpolitik
- Die Beseitigung von massiven Wettbewerbsverzerrungen durch Trittbrettfahrer beim Dualen System Deutschland (speziell beim Glas!)

81 Brauerei Clemens Härle

Unser Bier braut Clemens Härle

Firma:	Brauerei Clemens Härle
Anschrift:	Am Hopfengarten 5 88299 Leutkirch im Allgäu
Ansprechpartner:	Herr Gottfried Härle
Telefon:	(07561) 98 28 - 0
Telefax:	(07651) 98 28 - 50
Branche:	Brauereien
Produktpalette:	Bier, zusätzlich Vertrieb von Säften und Mineralwasser
Beschäftigtenzahl:	31 Mitarbeiter, 3 Auszubildende
Literatur:	Ökologische Briefe Nr. 3, 1996 Umweltbericht mit Ökobilanz 1994

Für die Brauerei Clemens Härle, ist Umweltschutz nicht nur aus ökologischen, sondern vor allem auch aus ökonomischen Gründen wichtig:

> „Ökologische Vorsorge und ökonomisches Kalkül schließen sich nicht aus, sondern müssen sich langfristig ergänzen: im ureigensten Interesse eines jeden Betriebs an der Sicherung seiner natürlichen Existenzbedingungen".

Für die Brauerei Härle ergeben sich daraus fünf Handlungsfelder, innerhalb derer sich umweltrelevante Maßnahmen realisieren lassen:

- die Wahl der Rohstoffe, Betriebsmittel und anderer Inputfaktoren
- die Wahl und Konfiguration der Anlagen, Prozesse und Maschinen zur Bierherstellung und Abfüllung
- die Reduzierung von Abfällen und Emissionen
- die Wahl der Verpackung
- die Art der Auslieferung und des Vertriebs

Sowohl aus ökologischer Verantwortung wie auch aus betriebswirtschaftlichen Gründen hat die Brauerei Härle bereits in den letzten 10 bis 15 Jahren zahlreiche Entscheidungen getroffen und Maßnahmen durchgeführt, die zur Umweltentlastung beigetragen haben.

1 Umweltleitlinien

Die Leitlinien zum Umweltschutz ergeben sich für die Brauerei Härle aus den oben genannten fünf Handlungsfeldern.

2 Organisation des Umweltschutzes

Die Organisation des Umweltschutzes ist bei der Brauerei Härle wegen der geringen Beschäftigtenzahl nicht formalisiert. Umweltschutzmaßnahmen werden direkt vom Geschäftsführer in Zusammenarbeit mit dem Braumeister, dem Versandleiter und weiteren Mitarbeitern durchgeführt. Dabei werden alle Beschäftigte auf Betriebsversammlungen in die Thematik einbezogen.

3 Umweltprogramm

Das Umweltprogramm der Brauerei Härle besteht aus der Erstellung einer Ökobilanz und der Durchführung der daraus abgeleiteten Maßnahmen. Eine Validierung nach der EG-Öko-Audit-Verordnung wird bisher abgelehnt, da ein eigenes Managementsystem und Handbuch für einen so kleinen Betrieb zu aufwendig sei. Darüber hinaus wird die Gefahr gesehen, daß durch die Formalisierung Betriebe mit kleineren Öko-Reparaturen, aber ökologisch bedenklichen Produkten (wie z.B. Autos) im Vorteil gegenüber kleinen ökologischen Pionierbetrieben sind.

4 Ökobilanz

Mit ihrer Ökobilanz hat die Brauerei Härle versucht, die Produkte und den Produktionsablauf in einer „ganzheitlichen Betrachtungsweise“ nach ökologischen Gesichtspunkten zu analysieren und damit einen ersten Schritt in Richtung auf ein integriertes Umweltmanagement zu vollziehen. Damit wird die Konsequenz aus der Erkenntnis gezogen, daß „die effektive Nutzung von Einsparpotentialen, Marktchancen und Wettbewerbsvorteilen [...] nicht durch ein punktuelles, zufälliges und reaktives Umweltmanagement ermöglicht“ wird. Voraussetzung ist dafür vielmehr ein systematisch erarbeitetes Gesamtkonzept, das dauerhaft in die gesamte Entscheidungs- und Handlungsstruktur des Unternehmens integriert wird.

In der Ökobilanz wurden alle Input- und Output-Faktoren nach Mengen und Umwelteinwirkungen erfaßt, dokumentiert und nach Kennzahlen bewertet (siehe Tab. 11). Aus der resultierenden Stoffstromanalyse lassen sich ökologische und ökonomische Ziele ableiten. Als Fazit und Ausblick zur Ökobilanz heißt es im Umweltbericht:

> „Schließlich: das Projekt Ökobilanz und deren Ergebnisse bestätigen und bestärken uns darin, den eingeschlagenen Weg zur ständigen Verbesserung der ökologischen Qualität unseres Betriebs konsequent weiterzugehen - zum Wohle unserer Umwelt,

zum Wohle unserer Region und zur langfristigen Existenzsicherung unserer Brauerei und deren Arbeitsplätze."

Input	Output
Rohstoffe	Hauptprodukte
Betriebs- und Hilfsstoffe	Nebenprodukte
Verpackungen Leergut	Verkaufsverpackungen
Büro- und Werbematerial	Werbematerial
Handelsware	Handelsware
	Abfälle
Energie	Energieabgabe
Wasser	Abwasser
Luft	Abluft
Boden	Bodenbelastung
Anlagegüter	

Tab. 11: In- und Output der Brauerei Clemens Härle

5 Kostensenkende Umweltschutzmaßnahmen

Durch die Ökobilanz, deren Erstellung 25.000 DM gekostet hat, konnten zahlreiche direkte Einsparmöglichkeiten genutzt werden. Mit den hier vorgestellten Maßnahmen wurden die Kosten um eine Gesamtsumme von über 40.000 DM pro Jahr reduziert.

Reduzierung der Wasser- und Abwasserkosten

Durch den Einbau von Wasserspartechniken, durch die entweder eine Verringerung oder Mehrfachverwendung der Wassers erreicht wird, sank der Wasserverbrauch pro Hektoliter Bier um 22 %. Dies bedeutet, daß 20.000 DM Kosten innerhalb der letzten fünf Jahre vermieden werden konnten (also ca. 4.000 DM pro Jahr). Eine neue Vorbehandlungsanlage für Abwasser (Neutralisationsanlage) zur Verringerung der Schmutzfrachten erbrachte eine Reduktion der Verschmutzerabgabe um 14.000 DM pro Jahr.

Reduzierung der Energiekosten

Durch Abwärmenutzung werden Energieeinsparungen in einer Höhe von 20.000 DM pro Jahr erzielt. Dazu gehört die Nutzung des Energiegehalts der Dampfschwaden aus der Braupfanne über einen Pfannendunstkondensator zur Erhitzung des Brauwassers als wichtigste Einsparmöglichkeit.

Reduzierung der Entsorgungskosten

Im Entsorgungsbereich hat die Veröffentlichung der Ökobilanz zu einer Einsparungsmaßnahme geführt:

> „Ein Leser machte darauf aufmerksam, daß man bislang als Restmüll entsorgte Filterschichten ohne Probleme kompostieren kann. Ersparnis: 700 bis 800 DM jährlich."

Möglich wurde dies durch die detaillierte Darstellung der Prozeßabläufe in der Ökobilanz, aus der die Input- und Outputfraktionen und deren Verwendung bzw. Entstehung klar ersichtlich sind.

Eine weitere Einsparung resultierte aus der Möglichkeit, Altetiketten aus der Flaschenreinigungsanlage gepreßt an einen Papierhersteller abzugeben. Die Entsorgungskosten wurden dadurch um 3.000 DM pro Jahr gesenkt.

82 Hipp Werk

Firma:	Hipp Werk
Anschrift:	Münchener Straße 58 85276 Pfaffenhofen
Ansprechpartner:	Herr Bernhard Hanf
Telefon:	(08441) 757 - 658
Telefax:	(08441) 757 - 492
Branche:	Nahrungsmittel
Produktpalette:	Baby- und Kindernahrung, Biogemüse
Beschäftigtenzahl:	750 Mitarbeiter
Literatur:	Ökologische Briefe Nr. 7, 1996 Umweltbericht und Umwelterklärung 1995 Schindelmann F., Kostensenkung durch Umweltschutz, Diplomarbeit, 1994

Umweltschutz ist im Hipp Werk Chefsache. Im Umweltbericht erklärt der Geschäftsführer, Herr Claus Hipp:

> „Die Entwicklung unserer modernen Industriegesellschaft erfordert wegen ihrer Auswirkungen auf die Umwelt neue Akzente in unserem unternehmerischen Handeln. Unser Handeln muß den Schutz der Schöpfung einschließen. [...] Ein weiterer Impuls für die Entwicklung unseres betrieblichen Umweltschutzes ist die Einrichtung eines Umweltmanagementsystems. Es gewährleistet für die Zukunft, daß in allen Betriebsbereichen der Umweltschutzgedanke gegenwärtig ist, der zum Erhalt der Schöpfung, die den Menschen mit einschließt, so wichtig ist. Diesen einmal beschrittenen Weg werden wir mit aller uns zur Verfügung stehenden Energie weitergehen."

Im Dezember 1995 ist das B.A.U.M.-Mitgliedsunternehmen nach der EG-Öko-Audit-Verordnung validiert worden. Der Umweltbeauftragte, Herr Bernhard Hanf, wurde 1996 mit dem B.A.U.M.-Umweltpreis ausgezeichnet. Außerdem erhielt Hipp die Bayerische Umweltmedaille 1996.

1 Umweltleitlinien

Wegen des sehr großen Umfangs sollen hier nur Auszüge der Umweltleitlinien vorgestellt werden:

- Der Einsatz umweltfreundlicher Technologien ermöglicht uns, schädliche Auswirkungen auf die Umwelt zu minimieren.
- Vom Unternehmen ausgehende Umweltbelastungen werden ständig überwacht, dokumentiert und bewertet. Möglichkeiten der Verbesserung werden in wirtschaftlich vertretbarem Umfang mit der besten verfügbaren Technik umgesetzt.
- Die Umweltbelastungen neuer Tätigkeiten, Produkte und Verfahren sollen möglichst gering sein und werden aus diesen Gründen stets im voraus beurteilt.
- Effektiver betrieblicher Umweltschutz ist nur durch das Mitwirken aller Beschäftigten möglich. Deshalb wollen wir das Umweltbewußtsein unserer Mitarbeiter durch Informationen, Schulungen und Unterweisungen fördern.
- Wir bieten unseren Kunden eine ständige Beratung über die Möglichkeit der umweltfreundlichen Verwendung unsere Produkte.
- Von unseren Lieferanten und Dienstleistern erwarten wir, daß sie vergleichbare Umweltstandards erfüllen wie wir selbst.
- Durch Kontrollsysteme sichern wir die Erfüllung der von uns gesetzten Umweltziele, die laufend nach den neuesten Erkenntnissen überprüft und gegebenenfalls neu ausgerichtet werden.

2 Organisation des Umweltschutzes

Der Umweltschutz ist bei Hipp als Stabsfunktion mit direkter Anbindung an die Abteilungen organisiert (siehe Abb. 54). Die Koordinationsstelle Umweltschutz besitzt drei Untergruppen:

- Die Ökogruppe:
  Die viermal jährlich tagende Ökogruppe mit acht Mitarbeitern bringt Ideen im Umweltbereich ein und setzt diese in Projekte ein.
- Der Verkehrsausschuß:
  Der Verkehrsausschuß besteht aus Mitarbeitern der Abteilungen Logistik, Umweltschutz, Personal und Arbeitssicherheit sowie zwei Betriebsräten. Er trifft sich drei- bis viermal im Jahr.
- Die Gefahrstoffgruppe:
  In der Gefahrstoffgruppe werden die Bereiche Gefahrstofflagerung, Umgang mit Gefahrstoffen und Mitarbeitersicherheit bearbeitet.

3 Umweltprogramm

Hipp hat ein sehr umfangreiches Umweltprogramm aufgestellt, das eine Beschreibung von Umweltzielen und konkreten Maßnahmen, die aus der vorausgegangenen Schwachstellenanalyse abgeleitet wurden, enthält.

Die Umweltleitlinien bilden hierbei die Grundlage für die im Programm formulierten Umweltziele. Daneben sind die Verantwortlichen und die für die Umsetzung der Maßnahmen vorgesehenen Termine festgelegt.

Der Aufbau des Umweltprogramms ist:

Ziele → Maßnahmen → Verantwortlicher → Termin

Zahlreiche Maßnahmen sind mit konkreten Terminen für ihre Umsetzung versehen. Andere Maßnahmen sind in kontinuierlicher Bearbeitung und streben eine stetige Verringerung der durch das Unternehmen verursachten Umweltbelastungen an.

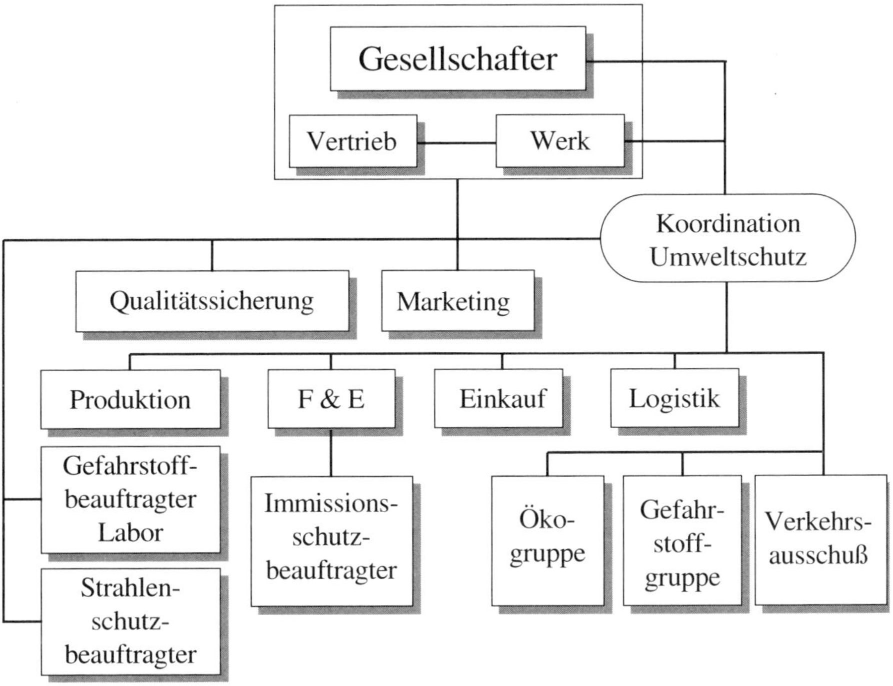

Abb. 54: Die Organisation des Umweltschutzes bei Hipp

4 Kostensenkende Umweltschutzmaßnahmen

Hipp hat bezifferbar mit folgenden Umweltschutzmaßnahmen ca. 500.000 DM pro Jahr an Kosteneinsparungen erzielt. Damit konnten die Kosten pro Produktionstonne von 95 auf 82 DM gesenkt werden. Bei zahlreichen weiteren Maßnahmen ist eine kostensenkende Wirkung bisher nicht erfaßt.

Einsparung von Roh-, Hilfs- und Betriebsstoffen

Einsparungen gibt es z.B. im Bürobereich. So führte eine ABC-Analyse der eingesetzten Büromaterialien zu neuen Einkaufsrichtlinien, die eine Kosteneinsparung beim Büromaterialeinkauf erbrachte.

Reduzierung der Wasser- und Abwasserkosten

Hipp konnte seit 1989 den Wasserverbrauch pro Kilogramm Produkt von 22,6 auf 14,5 Liter im Jahre 1994 senken. Dies führte zu einer Gesamtverringerung des Wasserverbrauchs um 200.000 m^3. Die wichtigste Maßnahme dazu war die Umstellung des Sterilisationsprozesses. In einer neuen Anlage wird das Wasser im Kreislauf geführt. Durch die auch aus betrieblichen Gründen durchgeführte Investition in Höhe von 30 Mio. DM reduzierten sich Wasser- und Abwassergebühren um 200.000 DM pro Jahr.

Eine Reduzierung der Wassermenge in den Toilettenspülkästen und die regelmäßige Kontrolle der Toilettendichtungen erbrachte zusätzlich ca. 3.000 DM pro Jahr Kostenersparnis.

Reduzierung der Energiekosten

Die Umstellung des Sterilisationsprozesses führte neben der Senkung des Wasserverbrauchs (siehe oben) auch zu einer Reduzierung des Energieverbrauchs. Insgesamt summieren sich hier die Einsparungen auf 230.000 DM pro Jahr. Dazu kommen nicht näher bezifferte Einsparungen an Personalkosten.

Reduzierung der Entsorgungskosten

Bei Hipp werden 96 % der im Produktionsprozeß entstehenden Abfälle recycelt. Organische Abfälle können in der Landwirtschaft als Flüssigdünger oder Viehfutter verwertet werden. Die Restmüllmenge sank in den vergangenen fünf Jahren durch Vermeidung oder Verwertung um 68 %. Pro Tonne hergestellter Produkte sanken dadurch die Entsorgungskosten um 2 auf 7,90 DM. Dies führt trotz gestiegener Deponiegebühren zu einer Gesamtersparnis von 65.000 DM pro Jahr. Dazu kommen Erlöse aus dem Verkauf der Wertstoffe.

Reduzierung der Kosten für Transport und Verkehr

Im Transport- und Verkehrsbereich konnte durch den Aufbau von regionalen Distributionslagern eine Reduzierung des Transportverkehrs durch Lkws und dadurch auch eine nicht näher erfaßte Kostenersparnis beim Benzinverbrauch und in der Wartung der Fahrzeuge erreicht werden.

Reduzierung des Verpackungsmaterials

Weitere Einsparungen ergeben sich bei Hipp im Verpackungsbereich. Die Entwicklung eines leichteren Glases spart seit 1994 etwa 1.300 Tonnen Material. Der Verzicht auf eine Umverpackung aus Karton brachte eine Einsparung von 40 % an Verpackungsmaterial.

83 Holsten-Brauerei AG

HOLSTEN

Firma:	Holsten-Brauerei AG
Anschrift:	Holstenstraße 224 22765 Hamburg
Ansprechpartner:	Herr Martin Stein
Telefon:	(040) 381 01 - 728
Telefax:	(040) 381 01 - 211
Branche:	Brauereien
Produktpalette:	Bier
Beschäftigungszahl:	1.800 Mitarbeiter
Literatur:	B.A.U.M.-Erhebungsbogen Holsten Ritter Magazin 1991

Der Umwelt- und Naturschutz hat bei der Holsten-Brauerei AG einen hohen Stellenwert. Neben der Durchführung betrieblicher Maßnahmen wirkte das B.A.U.M.-Mitgliedsunternehmen in der Arbeitsgemeinschaft Verpackung und Umwelt in Bonn an der Entwicklung des „Dualen Systems" mit. Der Umweltschutz gehört zu den Unternehmenszielen der Holsten-Brauerei.

1 Umweltleitlinien

Die Holsten-Brauerei besitzt eine umfassende Umweltleitlinie. Nach dieser ergreift die Holsten-Brauerei alle notwendigen und vertretbaren Maßnahmen zum Schutz der Umwelt, insbesondere zur Reduzierung von Umweltbelastungen, und zwar sowohl im betrieblichen Interesse als auch in der Verantwortung für die Erhaltung der Natur und den Schutz aller Lebewesen.

2 Organisation des Umweltschutzes

Bei der Holsten-Brauerei nimmt ein Umweltbeauftragter die Belange des Umweltschutzes wahr.

3 Kostensenkende Umweltschutzmaßnahmen

Durch die hier vorgestellten Maßnahmen erzielt die Holsten-Brauerei Kosteneinsparungen von ca. 660.000 DM pro Jahr.

Einsparung von Roh-, Hilfs- und Betriebsstoffen

Mit dem Ersatz aluminiumhaltiger Halsfolierungen durch Papieretiketten konnte eine Einsparung im Rohstoffverbrauch erzielt werden.

Reduzierung der Wasser- und Abwasserkosten

Die interne Aufbereitung von Lauge und separate Entsorgungssysteme reduzieren die Abwasserbelastung.

Reduzierung der Energiekosten

Die beim Würzekochen anfallenden Dampfschwaden (Brüden) werden komprimiert. Mit diesen komprimierten Brüden wird via Wärmetauscher wiederum Würze gekocht, wodurch ein hocheffizienter Kreislaufprozeß entsteht.

Statt der Heizdampferzeugung durch Erdgas/Heizöl werden die komprimierten Brüden genutzt, wodurch die Primärenergiezufuhr stark verringert wird. Hierbei ergeben sich Einsparungen von 24.000 Tonnen Heizdampf pro Jahr. Trotz des Mehrverbrauches an Strom in Höhe von 1,8 Mio. kWh pro Jahr und eines Abwasseranfalls von 24.000 m^3 pro Jahr wird eine Einsparung von etwa 600.000 DM pro Jahr erzielt. Die Investitionskosten von 3 Mio. DM amortisieren sich innerhalb von 5 Jahren.

Reduzierung der Entsorgungskosten

Brauerei-Kieselgur, ein zugelassenes Hilfsmittel zur Filtration von Bier, mußte bislang deponiert bzw. zur Verbrennung gegeben werden. In einem Universitäts-Forschungsvorhaben konnte die hervorragende Eignung als Düngemittel in Gartenbau und Landschaft nachgewiesen werden. Ein vollständiger Ersatz synthetischer Düngemittel ist dadurch möglich. Zusätzlich wird das Wasserbindungsvermögen der Böden verbessert.

Durch die Verwertung des Kieselgur werden Deponie-Kapazitäten entlastet oder die, wegen des Wassergehalt von 60 bis 70 % möglichen, hohen NO_x-Emissionen bei einer Verbrennung vermieden. Die Anwendung als organischer Dünger übertrifft z.T. die Wirkung synthetischen Düngers und reduziert die Nitrat-Grundwasserbelastung durch die Landwirtschaft. Dem Mehrverbrauch von jährlich 800 m^3 Wasser und 2.900 kWh Strom, und den um jährlich 800 m^3 erhöhten Abwassermengen, steht eine Reduzierung der Abfallmenge von ca. 1.000 Tonnen pro Jahr gegenüber. Die Kostensenkung beträgt etwa 60.000 DM pro Jahr. Bei einem Investitionsvolumen in die Kieselgurpresse und das Forschungsprojekt von ca. 300.000 DM ergibt sich somit eine Amortisationszeit von ca. 5 Jahren.

84 Märkisches Landbrot GmbH

Vertragsbäckerei

Firma:	Märkisches Landbrot GmbH
Anschrift:	Bergiusstraße 36 12057 Berlin
Ansprechpartner:	Herr Joachim Weckmann
Telefon:	(030) 61 39 12 - 0
Telefax:	(030) 68 45 184
Branche:	Nahrungsmittel
Produktpalette:	Vollkornbrote, Müsli, Crunchy (geröstetes Honigmüsli)
Beschäftigtenzahl:	40 Mitarbeiter
Literatur:	B.A.U.M.-Erhebungsbogen Ökologische Briefe Nr. 42, 1995 Öko-Audit-Modellprojekt Endbericht, 1995 Umwelterklärung 1995, Impulse 1/96, Greenpeace-Magazin 2/96, International risk management Dec 95/Jan 96

„Das Märkische Landbrot verfolgt eine konsequent ökologische Produktion mit ökologischen Rohstoffen, die zur Gesundung der Erde beitragen und dem Menschen dienen soll.“

Im Juli 1994 begann die Märkisches Landbrot GmbH in Zusammenarbeit mit dem IÖW[24] an einem Modellprojekt zur Einführung eines Umweltmanagementsystems nach der EG-Öko-Audit-Verordnung. Im November 1995 wurde das von der Senatsverwaltung für Wirtschaft und Technologie in Berlin geförderte Projekt mit der Validierung erfolgreich abgeschlossen. Das Märkische Landbrot ist damit die erste Bäckerei Europas, die nach der EG-Öko-Audit-Verordnung validiert wurde. Für das Märkische Landbrot bedeutet das Öko-Audit, daß nicht nur die Brote nach den detaillierten Demeter-Richtlinien gebacken werden, sondern daß auch die Produktionsverfahren ökologisch optimiert sind. Dies ist insofern bedeutsam, denn „Umweltschutz ist für das Märkische Landbrot Ausgangspunkt des unternehmerischen Denkens und Handelns und nicht etwas, das dem eigentlichen Unternehmensgegenstand nachträglich hinzugefügt wurde“.

---

[24] Institut für ökologische Wirtschaftsforschung gGmbH, Giesebrechtstraße 13, 10629 Berlin, Telefon: (030) 88 45 94-0, Telefax: (030) 88 25 439

1 Umweltleitlinien

Die Prioritäten des Umweltschutzes beim Märkischen Landbrot lauten:

1. Wir bieten möglichst vielen Menschen gesunde Lebensmittel zu günstigen Preisen.
2. Unsere Produktion und Rohstoffauswahl ist an ökologischen Grundsätzen ausgerichtet.

Mit den Umweltleitlinien werden diese Prioritäten konkretisiert:

- Im Einkauf verbessern wir unseren regionalen Bezug.
- Wir setzen umweltschonende und entlastende Technik ein.
- Wir betreiben eine aktive und offene Informationspolitik und pflegen eine enge und persönliche Kooperation im Vertrieb.
- Wir richten unser Denken und Handeln an ökologischen Kriterien aus.

2 Organisation des Umweltschutzes

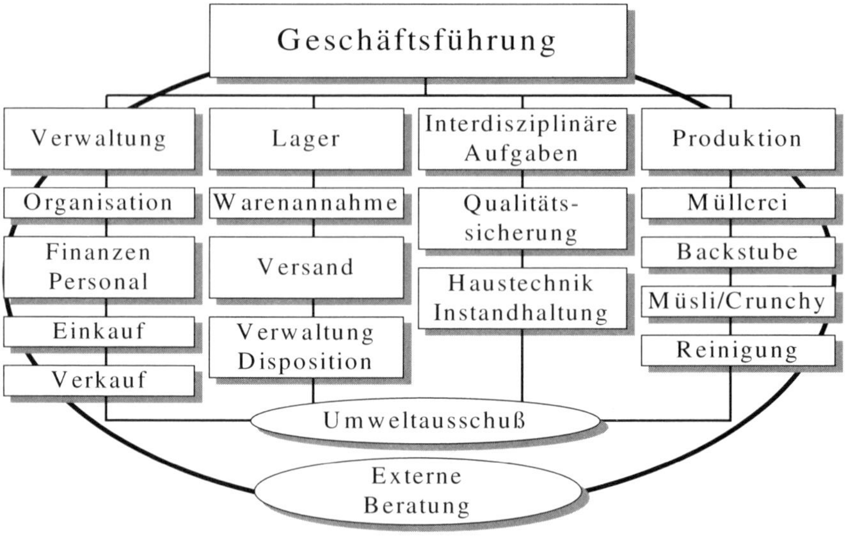

Abb. 55: Die Organisation des Märkischen Landbrot

Die Umweltschutzaufgaben sind beim Märkischen Landbrot in einem zentralen, interdisziplinären Umweltausschuß zusammengefaßt, der aus Vertretern aller Bereiche, der Geschäftsführung und einem externen Umweltberater[25] besteht (siehe Abb. 55). Zu den ständigen Aufgaben des Umweltausschusses gehören unter anderem die Sicherstellung der kontinuierlichen Verbesserung im Umweltschutz, die Festlegung und Überprüfung von Umweltschutz-Maßnahmen, die Information

[25] Herr Dipl.-oec. Carsten Gellrich, ecco ecology & communication Unternehmensberatung GmbH, Auguststraße 88, 26121 Oldenburg, Telefon: (0441) 77 905 - 0, Fax: (0441) 77 905 - 19. Herr Gellrich betreut als Projektleiter seit 1992 das Umweltmanagement der Märkisches Landbrot GmbH.

der Mitarbeiter, die Ermittlung und Durchführung von Schulungsmaßnahmen und das ständige Aktualisieren des Umweltmanagementhandbuchs. Periodisch auftretende Aufgaben sind die Erstellung und Auswertung von Betriebs-Ökobilanzen, die Durchführung von Umwelt-Betriebsprüfungen und die Sicherstellung der erneuten Validierung des Umweltmanagementsystems nach der EG-Öko-Audit-Verordnung. Die Aufgaben und Kompetenzen des Umweltausschusses erweitern sich stetig. So erfolgt durch ihn z.B. auch, nach einer Überprüfung anhand von umweltrelevanten Kriterien, die Freigabe neuer Produkte.

3 Umweltprogramm

Das Umweltprogramm ist im Umwelthandbuch aufgeführt und verbindliche Grundlage der Umweltschutzarbeit beim Märkischen Landbrot. Es unterscheidet zwischen Zielen

- zur Verbesserung des Umweltmanagementsystems
- zur Reduzierung des Wasser- und Abwasserverbrauchs
- zur Reduzierung des Energieverbrauchs und der Luft- und Lärmbelastung
- zur Reduzierung des Abfalls

und listet 45 Einzelmaßnahmen mit den Verantwortlichen und den Terminen für die Durchführung auf.

4 Ökobilanz

Um die vom Märkischen Landbrot ausgehenden Umweltauswirkungen zu erfassen, wurde eine Ökobilanzierung durchgeführt. In fünf Schritten wurden die Umweltauswirkungen erfaßt und bewertet:

1. Erstellung eines betriebsspezifischen Öko-Kontenrahmen
2. Erfassung der Input-/Outputmengen (Stoff- und Energiebilanz)
3. Bildung von Umweltkennzahlen
4. Bewertung der Stoff- und Energieströme
5. Erarbeitung von Verbesserungsmaßnahmen und Umweltzielen

Eine „Dokumentation zur Ökobilanzierung“ umfaßt „Ökobilanzierungsrichtlinien“, um die Datenerhebung zu erleichtern und die Vergleichbarkeit der Ökobilanzen auch für die Folgejahre zu gewährleisten.

5 Kostensenkende Umweltschutzmaßnahmen

Durch die im Zuge des Öko-Audit-Modellprojektes durchgeführten Maßnahmen spart das Märkische Landbrot ca. 27.000 DM pro Jahr. Das Gesamtprojekt kostete 240.000 DM. Wegen des zeitlich führenden Modellcharakters des Projekts wurden jedoch 2/3 der Summe aus Fördermitteln der Berliner Senatsverwaltung für Wirtschaft und Technologie sowie der Europäischen Union finanziert.

Einsparung von Roh-, Hilfs- und Betriebsstoffen

Eine Anlage zum Absaugen des Feinmehlstaubs aus den Filteranlagen ermöglicht es, jährlich drei bis vier Tonnen Mehl in den Produktionsprozeß zurückzuführen. Dadurch werden Rohstoffe eingespart und die Abfallmenge verringert. Die Kostenersparnis beträgt ca. 3.500 DM pro Jahr.

Reduzierung der Wasser- und Abwasserkosten

Durch ein neuentwickeltes Verfahren zum Roggenkochen in der Ganzkornbrot-Herstellung reduzierte sich der Wasserverbrauch in diesem Bereich um ca. 50 %.

Reduzierung der Energiekosten

Ein neues Verfahren zum Roggenkochen in der Ganzkornbrot-Herstellung senkte neben dem Wasserverbrauch auch den Energieverbrauch um 60 % und ca. 1.000 DM pro Jahr. Weitere Energieeinsparungen ergaben sich aus der Nutzung von Solarenergie, konsequenter Wärmedämmung, einer Motor-Heiz-Kraft-Anlage, einer Wärmerückgewinnungsanlage und aus der Prozeßoptimierung beim Backen.

Reduzierung der Entsorgungskosten

Die genaue Erfassung der verschiedenen Abfallströme und die Aufdeckung von anteilmäßig geringen, aber kostenintensiven Strömen über das Kennzahlensystem führte über verschiedene Einzelmaßnahmen (Einkauf größerer Gebinde, verbesserte Mülltrennung, Anlegen eines Komposthaufens, Mitarbeiterinformation etc.) zu einer Kostenersparnis von ca. 7.600 DM pro Jahr.

Reduzierung des Verpackungsmaterials

Die quantitative Erfassung der in den letzten Jahren eingekauften Mehrweg-Transportkisten für den Brottransport an die Händler und ein Abgleich mit dem tatsächlichen Bestand führte zur Aufdeckung einer erheblichen jährlichen Verlustquote. Durch die rasche Einführung eines Pfandsystems werden ca. 15.000 DM pro Jahr eingespart.

6 Gewünschte politische Maßnahmen

Die wichtigsten politischen Maßnahmen und Ziele, die das Unternehmen für die weitere Verbesserung des Umweltschutzes für notwendig hält, sind:

- Die Einführung einer ökologischen Steuerreform
- Die Vereinfachung des Umweltrechts

85 Melitta Beratungs- und Verwaltungs-GmbH & Co. KG

Melitta®

UNTERNEHMENSGRUPPE
MELITTA

Firma:	Melitta Beratungs- und Verwaltungs-GmbH & Co. KG
Anschrift:	Marienstraße 88 32425 Minden
Ansprechpartner:	Herr Jens Bieniek
Telefon:	(0571) 40 46 - 242
Telefax:	(0571) 40 46 - 499
Branche:	Nahrungsmittel/Konsumgüter
Produktpalette:	Kaffee, Kaffefilter, Haushaltsprodukte
Beschäftigtenzahl:	4.700 Mitarbeiter
Literatur:	B.A.U.M.-Erhebungsbogen

Umweltschutz ist für die international tätige Unternehmensgruppe Melitta ein wichtiger Bestandteil ihrer Unternehmenspolitik. Die persönlich haftenden Gesellschafter Jörg, Thomas und Stephan Bentz erklären dazu:

> „Die Erhaltung der natürlichen Umwelt ist die Lebensgrundlage heutiger und zukünftiger Generationen. Alle Bürger und besonders die Unternehmen müssen sich heute und in Zukunft dieser großen Aufgabe stellen. Nur ökologisch verantwortliches Handeln erlaubt mittel- und langfristig die volle Nutzung der durch die soziale Marktwirtschaft gebotenen gesellschaftlichen und wirtschaftlichen Chancen."

Größtmögliche Umweltverträglichkeit der Melitta Produkte ist nach Überzeugung der Gesellschafter einer der Erfolgsfaktoren der Unternehmenspolitik des B.A.U.M.-Mitgliedsunternehmens.

1 Umweltleitlinien

Im Rahmen des vorausschauenden Umweltschutzes betrachtet die Unternehmensgruppe Melitta die gesetzlichen Bestimmungen als Mindestanforderung. Um die ökologisch erheblichen Erfordernisse der Produkte zu berücksichtigen, werden folgende Ziele verfolgt:

1. Anlagen und Verfahren werden nicht nur nach den Kriterien des Arbeits- und Gesundheitsschutzes, sondern auch nach denjenigen der Umweltsicherheit geplant und betrieben.
2. Der Einsatz von Rohstoffen, Verpackungsmaterial, Wasser und Energie folgt den Kriterien möglichst geringer Umweltbelastung.
3. Unsere Produkte sind unbedenklich in ihrer Verwendung. Sie sind nach derzeitigem Wissensstand umweltverträglich hergestellt und entsorgbar.
4. Wir sehen uns in der Pflicht, ständig die Umweltverträglichkeit der Produkte zu überprüfen und zu verbessern.
5. Wir wollen Abfälle vermeiden, verringern und, soweit es Wertstoffe sind, wiederverwerten. Die unverwertbaren Reststoffe - sie sind in einer Industriegesellschaft unvermeidbar - müssen unter Kontrolle der öffentlichen Hand umweltverträglich entsorgt werden.
6. Unser Umweltverhalten ist einem Prozeß ständiger Überprüfung unterworfen, mit dem Ziel, Verbesserungsmöglichkeiten zu erarbeiten und ihre Ausführung zu kontrollieren. Wir orientieren uns dabei am Stand der Technik unter Berücksichtigung unserer wirtschaftlichen Möglichkeiten.
7. Unsere Führungskräfte sind in ihrem Arbeitsbereich für alle Belange des Umweltschutzes verantwortlich. Unsere Mitarbeiterinnen und Mitarbeiter werden in alle Aktivitäten zum Umweltschutz einbezogen: Sie werden informiert, beraten und durch entsprechende Maßnahmen angeregt, sich für den Umweltschutz im Unternehmen und im privaten Umfeld einzusetzen.
8. Wir pflegen das offene Gespräch und stellen Kunden, Verbrauchern und Medien umwelterhebliche Informationen zur Verfügung. Wir arbeiten mit Behörden, Verbänden und anderen Einrichtungen im Sinne dieser Leitlinien zusammen.

2 Organisation des Umweltschutzes

Die selbständigen Gesellschaften der Unternehmensgruppe Melitta haben jeweils einen Umweltbeauftragten ernannt, der das Umweltmanagement koordiniert. Die Umweltbeauftragten berichten direkt an die jeweiligen Geschäftsführungen.

Bei der Melitta Beratungs- und Verwaltungsgesellschaft gibt es eine Stelle zur Koordination der Umweltbeauftragten, die für einen regelmäßigen Erfahrungsaustausch sorgt und bei der Umsetzung der Unternehmensrichtlinien zum Umweltschutz berät und unterstützt.

3 Kostensenkende Umweltschutzmaßnahmen

Die hier genannten Beispiele für kostensenkende Umweltschutzmaßnahmen kommen aus dem Bereich der Melitta Haushaltsprodukte.

Einsparung von Roh-, Hilfs- und Betriebsstoffen

Qualitätsmerkmal der von Melitta Haushaltsprodukte hergestellten Gefrierbeutel ist deren Reißfestigkeit. Sie ist im allgemeinen proportional zur Foliendicke.

Durch den Ersatz einer einschichtigen durch eine dreischichtige Folie aus verschiedenen Lagen unterschiedlicher Polyethylene konnte die Gesamtdicke - bei Beibehaltung der Reißfestigkeit - um über 40 % reduziert werden. Bei einem Verbrauch von ehemals 4.000 Tonnen Polyethylen pro Jahr ergibt sich dadurch eine Ersparnis von über 2 Mio. DM.

Reduzierung der Wasser- und Abwasserkosten

Bei der Herstellung von Filterpapier ist Wasser das wichtigste Hilfsmittel. Die Konzentration von drei Papiermaschinen auf eine leistungsfähigere Anlage ermöglicht es, daß nur ein Teil des eingesetzten Prozeßwassers nach Entwässerung und Trocknung der Papierbahnen verdunstet. Der größere Teil gelangt in eine hausinterne Wiederaufarbeitungsanlage.

Ergänzend wird durch den Einbau einer Filteranlage zur technischen Aufrüstung des hausinternen Wasseraufarbeitungsprozesses das Produktionswasser besser gereinigt, wodurch die Verwertbarkeit des Produktionswassers gesteigert wird.

Die zwei Maßnahmen erforderten ein Investitionsvolumen von mehreren Mio. DM. Der Wasserverbrauch konnte hierdurch um ca. 210.000 m^3 gesenkt werden. Auch die Abwassermenge ließ sich durch diese Maßnahmen um 140.000 m^3 reduzieren. Diese Verbesserungen erbrachten Einsparungen an Abwassergebühren, Aufbereitungs- und Frischwasserkosten in Höhe von 650.000 DM pro Jahr.

Bei der Folienherstellung konnten durch die Einführung eines Kreislaufverfahrens für das Kühlwasser der Maschinen 30.000 m^3 Trinkwasser und 30.000 m^3 Abwasser eingespart werden. Aus der Investition von 200.000 DM resultierte eine Einsparung von etwa 150.000 DM pro Jahr.

Reduzierung der Energiekosten

Blockheizkraftwerke, die gleichzeitig Strom und Wärme erzeugen, sind umweltbewußte Energielieferanten. Sie benötigen vergleichsweise wenig Primärenergie und geben weniger Schadstoffe an die Luft ab. 1995 wurde die Dampfversorgung der Papiermaschine in Minden von der Eigenproduktion im firmeneigenen Kesselhaus auf Fremdbezug aus einem Blockheizkraftwerk umgestellt, wie zuvor schon im Berliner Werk geschehen. Damit ist Melitta Haushaltsprodukte in Minden Hauptkunde der Energie, die seit 1995 im kommunalen Blockheizkraftwerk erzeugt wird. Den Anlaß zu dieser Umstellung gab in erster Linie nicht die damit verbundene Reduzierung der Energiekosten, sondern vielmehr der Einsatz einer unproblematischen, sicheren und sauberen Technik.

Für die Umwelt ergibt sich an den beiden Standorten Minden und Berlin aufgrund der Substitution von Erdöl durch Erdgas und des deutlich höheren Wirkungsgrades des Blockheizkraftwerke eine erhebliche Reduzierung von Kohlendioxid und anderen Stickoxiden.

Reduzierung der Entsorgungskosten

Bei Melitta Haushaltsprodukte wird die Abfallbilanz entsprechend des Landesabfallgesetzes von Nordrhein-Westfalen bereits seit 1992 erstellt. In dieser Zeit wurden bei etwa gleichbleibender Produktion Abfälle aus Wertstoffen um 17 % reduziert, Gewerbeabfälle um 10 % verringert und besonders überwachungsbedürftige Abfälle um 3 % vermindert. Erreicht wurde dies unter anderem durch eine bessere Abfallsortierung, durch eine verstärkte Rückführung von Hilfsmitteln (Emulsionen) sowie beispielsweise durch den Ersatz lösemittelhaltiger durch lösemittelfreie Farben. Die Abfallentsorgungskosten konnten in dieser Zeit um insgesamt ca. 850.000 DM gesenkt werden. Dies bedeutet Kosteneinsparungen von etwa 200.000 DM pro Jahr. Allerdings ist diese Kostenentwicklung nicht allein das Ergebnis der Abfallmengenreduzierung, sondern vielmehr stark beeinflußt durch schwankende Rohstoffpreise (speziell Papier, Aluminium und Polyethylen). Mit einer Fortsetzung dieser Entwicklung kann nicht gerechnet werden.

Reduzierung der Kosten für Transport und Verkehr

Der Transport der Produkte von Melitta Haushaltsprodukte zu den regionalen Vertriebsstellen erfolgt, wo immer es geht, auf ökologisch günstigem Weg, also zum Großteil per Schienenverkehr. Beim Transport haben z.B. kleinere Kartonmaße für Filtertütenpackungen zu einer Verbesserung von über 10 % bei der Laderaumnutzung geführt (siehe unten).

Die Zellstoffe zur Erzeugung von Filterpapier werden per Schiff und Bahn aus Skandinavien und den USA eingeführt. Nach dem Umschlag im Seehafen werden für den Transport nach Minden wiederum die Bahn oder Binnenschiffe genutzt.

Reduzierung des Verpackungsmaterials

Zwischen 1994 und 1996 stellte Melitta Haushaltsprodukte den Verpackungsschutz der mit den Produkten beladenen Paletten von Schrumpfhauben auf Stretchverpackung um. Dadurch konnte der durchschnittliche Folienverbrauch pro Palette von ca. 1,2 kg auf 400 g verringert werden. Bei jährlich 200.000 Paletten und einem Folienpreis von 2,60 DM pro Kilo ergibt das eine Einsparung von 416.000 DM pro Jahr.

In den vergangenen drei Jahren wurden sämtliche Filtertüten-Faltschachteln auf ein technisch noch vertretbares Maß verkleinert. Die Höhen- und Tiefenreduzierungen ergaben eine Flächeneinsparung von ca. 15 %. Dadurch konnten 1.350 Tonnen Verpackungsmaterial zum Preis von ca. 1.000 DM pro Tonne eingespart werden.

86 Neumarkter Lammsbräu

Firma:	Neumarkter Lammsbräu, Inh. Dr. Franz Ehrnsperger
Anschrift:	Amberger Straße 1 92318 Neumarkt
Ansprechpartner:	Herr Steffen Leib
Telefon:	(09181) 404 - 27
Telefax:	(09181) 404 - 49
Branche:	Brauereien
Produktpalette:	Bierspezialitäten aus ökologischem Landbau, Öko-Malzverkauf, Verkauf von Öko-Rohstoffen (Gerste, Hopfen)
Beschäftigtenzahl:	80 Mitarbeiter
Literatur:	Öko-Controlling-Berichte 1993, 1994 und 1995, Öko-Bilanz mit Öko-Controlling, Richtlinien für die Herstellung von Öko-Bieren

Das 1628 gegründete und seit fast 200 Jahren im Familienbesitz befindliche Traditionsunternehmen begann Anfang der 80er Jahre sein ganzheitliches Umweltmanagement kontinuierlich aufzubauen. Die Neumarkter Lammsbräu (B.A.U.M.-Mitglied seit 1989) wurde für ihre konsequente Ausrichtung der Unternehmenspolitik auf den Umweltschutz mehrfach ausgezeichnet: 1989 und 1994 von der Arbeitsgemeinschaft selbständiger Unternehmer e.V., 1990 von der Zeitschrift „Capital" und dem WWF durch die Wahl von Herrn Dr. Franz Ehrnsperger zum Ökomanager des Jahres, 1992 vom Bund Naturschutz Bayern mit der Bayerischen Umweltmedaille, 1993 durch die Verleihung des Commerzbank/impulse-Umweltpreises, 1994 von der Zeitschrift „Capital" in Zusammenarbeit mit dem Institut für ökologische Wirtschaftsforschung (IÖW) mit dem Preis des besten deutschen Umweltberichts. Eine europäische Auszeichnung erhielt die Brauerei für ihre Umwelterklärung in der Kategorie kleine und mittlere Unternehmen von der Association of Certified Accountants (ACCA).

Die 10 Lammsbräu-Biersorten werden nach dem deutschen Reinheitsgebot mit Rohstoffen aus ökologischem Landbau gebraut und ausschließlich in Mehrwegflaschen bzw. in Edelstahl-Mehrwegfässern angeboten. Die Kundenausrichtung des Nischenmarktanbieters ist auf das Ernährungs- und Verantwortungsbewußtsein sowie auf die Genuß- und Geschmacksorientierung der Verbraucher ausgerichtet. Die ganzheitlich orientierte Brauphilosophie garantiert eine Nachvollziehbarkeit vom „Ackerboden bis zum Bierglas".

Seit Ende 1995 bietet die Brauerei auch einen naturtrüben Apfelsaft an, dessen Äpfel von kontrolliert ökologischen Streuobstwiesen stammen.

1 Umweltleitlinien

Die Neumarkter Lammsbräu versteht sich „als Teil des ökologischen und gesellschaftlichen Systems". Aus diesem Verständnis wurde die ganzheitliche unternehmerische Verantwortung für alle Aktivitäten in Brauerei und Mälzerei abgeleitet und in den Handlungsgrundsätzen festgelegt (Auszug):

- Die Neumarkter Lammsbräu nimmt Einfluß auf die Kultivierung der Rohstoffe für Bier, fördert den ökologischen Anbau und leistet damit einen Beitrag zur qualitativen Verbesserung der Rohstoffe sowie zur Erhaltung der Umwelt durch die Vermeidung von chemischen Stoffen (künstlicher Mineraldünger, chemische Pflanzenschutzmittel) in der Natur und durch die Förderung der natürlichen Vielfalt. Die Herstellung der Neumarkter Lammsbräu Bierspezialitäten erfolgt unter strenger Einhaltung der ökologischen Braurichtlinien. Das erprobte überlieferte Brauverfahren berücksichtigt die natürlichen Gegebenheiten bei der Produktion eines gesunden Lebensmittels.
- In der Nutzung moderner Technik, gepaart mit überlieferter Technologie, werden Produktionsformen eingesetzt, die an dem natürlichen Entwicklungsprozeß der Bierherstellung orientiert sind. Einsatz chemischer Hilfsmittel wie Stabilisatoren sind ausgeschlossen, da ein optimaler Endzustand der Lebensmittel angestrebt wird.
- Als mittelständisches Unternehmen bietet die Neumarkter Lammsbräu ihren Mitarbeitern durch die Arbeitsbedingungen und überschaubare Größe ein zweites Zuhause. Die Zusammenarbeit im Team ist durch Menschlichkeit, Fairneß, Verantwortungsbewußtsein, Selbstverwirklichung und eigener Verantwortung geprägt.
- Mit den genannten Leitlinien ist die Grundrichtung des Unternehmenskurses definiert. Diese ökologische Selbstverpflichtung drückt sich in einer Vielzahl von Aktivitäten aus, die beweisen, daß eine umweltpolitische Orientierung auch betriebswirtschaftlich erfolgreich sein kann.

2 Organisation des Umweltschutzes

Die Neumarkter Lammsbräu übertrug 1995 die Organisation des Umweltschutzes auf einen Umweltbeauftragten. Das in kombinierter Stabs- und Linienfunktion organisierte Umweltreferat Controlling wird beratend von der Geschäftsleitung unterstützt (siehe Abb. 56). Der Umweltreferent soll moderierend und koordinierend in einem Abstimmungsprozeß mit allen Abteilungen Schwachstellen beseitigen. Aufgabe ist es, einerseits die ökonomischen Ziele in Planung, Kontrolle, Koordination und Steuerung mit den Umweltaktivitäten effizient zu verbinden und andererseits auch die interne Kommunikation zu verbessern.

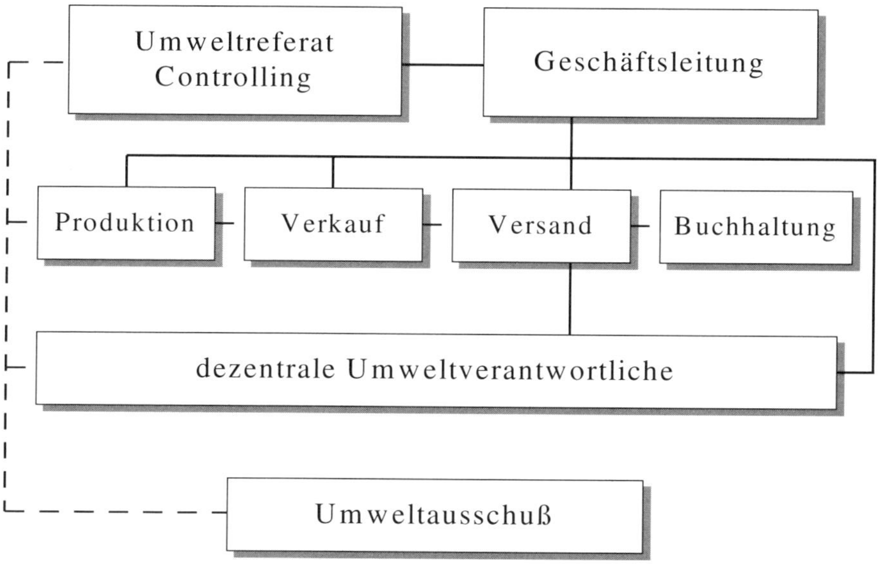

Abb. 56: Die Umweltorganisation bei der Neumarkter Lammsbräu.

3 Umweltprogramm

Das offensive Umweltmanagementsystem der Neumarkter Lammsbräu beinhaltet die Umweltpolitik und das Umweltprogramm. Der Aufbau des ganzheitlichen Umweltmanagementsystems wurde kontinuierlich fortgesetzt und begann 1989 mit den Richtlinien zum Brauen von Bier aus ökologischem Landbau. 1990 folgte die EDV-gestützte Warenflußkontrolle, 1991 das Aufstellen der Öko-Bilanz und 1993 die Einführung des Öko-Controlling. 1994 wurde das Unternehmen nach DIN ISO 9001 zertifiziert. Die bislang freiwillige Teilnahme an der EG-Öko-Audit-Verordnung war nach dem Selbstverständnis der Neumarkter Lammsbräu ein Muß. Das Umweltmanagementsystem wurde durch die Teilnahme erweitert und 1995 durch einen externen Umweltgutachter erfolgreich validiert.

Perspektivisch hat die Neumarkter Lammsbräu kurz- und mittelfristig u.a. den Einbau von Nebenstromfiltern in LKW und PKW, die Schulung der Umweltbeauftragten in den Bereichen Abfall, Abwasser, Emissionen und Gefahrgut sowie den Aufbau einer ökologischen Kostenrechnung geplant. Bis Mitte 1997 wurden bereits 3 PKW´s mit Pflanzenöl eingesetzt.

Langfristig sind der Bau eines Blockheizkraftwerkes und die Umstellung der Energieversorgung auf Pflanzenöl geplant.

4 Ökobilanz

Generell sollen in einer Öko-Bilanz alle Umwelteinwirkungen eines Unternehmens erfaßt werden. Bislang ist nur bei der Neumarkter Lammsbräu eine komplette ökologische Bilanzierung nach der ABC-Bewertungsmethode mit daraus abgeleiteter Prioritätenliste für ein *gesamtes* Unternehmen erstellt worden. In den Teilbilanzen: Betriebsbilanz, Prozeßbilanz (siehe Abb. 57), Produktlinienbilanz und Standortbilanz werden die Umwelteinwirkungen über einen Kriterienkatalog einer Bewertung unterzogen, um eine systematische Schwachstellenanalyse vornehmen zu können.

Basierend auf der Öko-Bilanz wurde das Öko-Controlling als Regelkreis umweltaktiver Unternehmensführung „... mit dem Idealbild der Früherkennung, der Vorwärtssteuerung und Selbstregulierung" entwickelt.

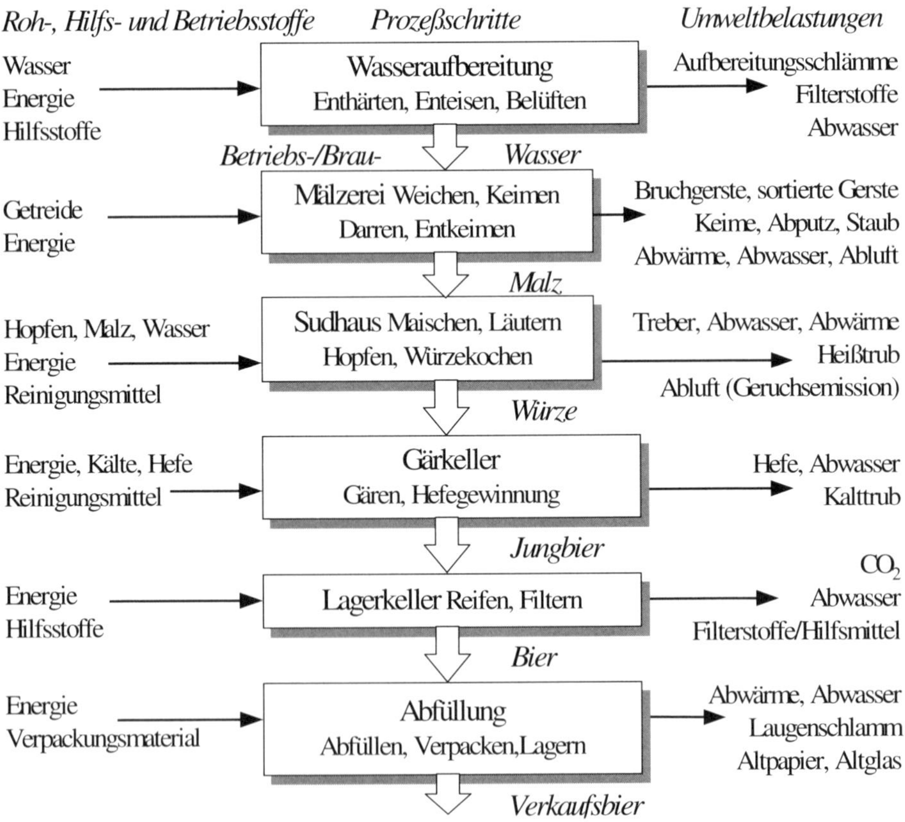

Abb. 57 : Prozeßbilanz bei der Neumarkter Lammsbräu

5 Kostensenkende Umweltschutzmaßnahmen

Die Neumarkter Lammsbräu hat ihre gesamten umweltentlastenden Maßnahmen erfaßt und in einem Katalog zusammengestellt. Eine monetäre Bewertung dieser Umweltschutzmaßnahmen zur Benennung konkreter Kostensenkungspotentiale erfolgte bislang nicht und soll nach Aussage des Unternehmens erst nach dem Aufbau des umweltbezogenen Kostenrechnungssystems vorgenommen werden.

Einsparung von Roh-, Hilfs- und Betriebsstoffen

Seit Mitte 1995 hat die Neumarkter Lammsbräu die vollständige Umstellung auf ökologisch angebaute Rohstoffe vollzogen und damit wichtige Maßstäbe zur Förderung einer umweltbewußten und ökologisch verträglichen Landwirtschaft gesetzt.

Neue geschwindigkeitsregulierte Transportbänder führen im Flaschenkeller zu geringerem Abrieb der Flaschen und erhöhen somit deren Lebensdauer. Auf diese Weise senkt das Unternehmen die Lärmbelastung und spart gleichzeitig Beschaffungskosten für neue Flaschen. Für die neuen Transportbänder war eine Investition von ca. 20.000 DM erforderlich.

Reduzierung der Wasser- und Abwasserkosten

Zur Senkung des Wasserverbrauchs wurde eine Trennkanalisation für Grau- und Regenwasser installiert. Damit kann bereits einmal genutztes Wasser als Grauwasser einer erneuten Verwendung zugeführt werden. Die Investition betrug ca. 15.000 DM.

Mit einer Investition von ca. 75.000 DM wurde der Neubau einer Tankstelle/ Waschplatzes finanziert. Die Maßnahme führt zur Verminderung des Risikos einer Grundwasserverseuchung und trägt wegen der Nutzung von Grau- und Regenwasser zur Einsparung bei den Wasserkosten bei.

Reduzierung der Energiekosten

In einem Kühlkreislauf im Kaskadenprinzip wird das eingesetzte Eiswasser mehrfach mit aufsteigender Kälteleistung genutzt. Mit der Einrichtung des Kühlkreislaufes können alte Gebäude weiter verwendet und damit Investitionen in Neubauten vermieden werden. Außerdem werden die Energiekosten durch die direkte Tankkühlung gesenkt. Weitere positive Nebeneffekte sind die Beseitigung von Asbestdachbedeckungen, die Erneuerung alter Kanäle und der mit der Neuinstallation von Edelstahltanks verbundene Verzicht auf chlorhaltige Reinigungsmittel. Die Investition beträgt ca. 1,5 Mio. DM.

Die alte Ölheizung wird durch ein modernes Blockheizkraftwerk auf Erdgas-, Biogas- und Pflanzenölbasis ersetzt. Damit kann eine Energiewirkungsgrad von etwa 90 % erreicht werden. Die eigene Stromerzeugung deckt ca. 60 % des Strombedarfs und reduziert die Lastspitzen beim Bezug von Strom aus dem öffentlichen Netz. Der höhere Wirkungsgrad führt zu einer effizienteren Nutzung des eingesetzten Primärenergieträgers und senkt damit die CO_2-Emissionen. Über die Einsparungen bei den Energiekosten amortisiert sich die Investition von ca. 350.000 DM nach wenigen Jahren.

Weitere Energieeinsparungen werden erreicht durch:

- Den Einsatz und die Optimierung eines Kreuzstromwärmetauschers, der es erlaubt, die warme Abluft der Darre zur Erwärmung von Frischluft einzusetzen, bevor diese zur Trocknung des Malzes verwendet wird.
- Die automatische Prozeßsteuerung von Darre und Keimkasten.
- Einer Anlage zur Brüdenverdichtung, mit der der beim Würzkochen erzeugte Dampf mittels eines Kompressors verdichtet wird und danach wegen des höheren Energiegehalts als Heizmedium in der Würzpfanne eingesetzt werden kann (geplant).

Reduzierung der Entsorgungskosten

Vom Institut für Abfallforschung wird die Installation einer neuen, kieselgurfreien Bierklärfiltration unterstützt, aus der ein völliger Wegfall der Kieselgurentsorgung folgt. Lediglich kompostierbare Baumwollfilter fallen noch als Abfall an. Mit der Investition von ca. 1,2 Mio. DM ergibt sich eine Einsparung an Abfallgebühren. Gleichzeitig reduziert sich im Filterbereich der Wasserverbrauch um 92 % und der Energieverbrauch um 50 %.

Reduzierung der Kosten für Transport und Verkehr

Der innerbetriebliche Malztransport wurde 1997 erneuert und unter ökologischen Gesichtspunkten optimiert. Die Investition von ca. 35.000 DM führte zu Kostenreduzierungen und senkte die Emissionen von Lärm und Abwasser.

Um den Geräuschpegel beim Verladen der Flaschen zu reduzieren, ist geplant, die Verladezone einzuhausen. Im Zuge dieser Maßnahme, die mit einer Investition von ca. 250.000 DM verbunden ist, kann der Beladungsvorgang rationalisiert und dadurch Arbeitszeit und Personalkosten eingespart werden.

87 Dr. August Oetker Nahrungsmittel KG

Firma:	Dr. August Oetker Nahrungsmittel KG
Anschrift:	Lutterstraße 14 33617 Bielefeld
Ansprechpartner:	Herr Günter Larisch
Telefon:	(0521) 155 - 25 61
Telefax:	(0521) 155 - 29 00
E-Mail:	oetker@t-online.de
Internet:	http://www.oetker.de
Branche:	Nahrungsmittel
Produktpalette:	Nährmittel, Tiefkühlkost, Frischeprodukte
Beschäftigtenzahl:	2.800 Mitarbeiter
Literatur:	B.A.U.M.-Erhebungsbogen Umweltbericht 1997 Wir und unsere Umwelt, 1/1996 Vortragsskript zur Tagung „Betriebliche Umweltkosten - Erfassung und Reduzierung“ am 9. Mai 1996 in Bremen

„Der Qualitätsbegriff des Markenartikels schließt in unserer Zeit Kriterien des Umweltschutzes zwingend ein. Als Markenartikelunternehmen wollen wir auch auf ökologischem Gebiet ein Vorreiter des Fortschritts sein. Aus diesem Grund haben wir dem Umweltschutz in unserer Unternehmenspolitik einen besonderen Stellenwert eingeräumt. Umweltschutz betrachten wir als nachhaltige und dauerhafte Entwicklung (Sustainable Development).“

Die Dr. August Oetker Nahrungsmittel KG hat bereits 1987 mit der Ernennung eines Umweltbeauftragten und ihrer Mitgliedschaft bei B.A.U.M. begonnen, aktiven Umweltschutz in ihren Werken durchzuführen. In den Jahren 1989 und 1992 wurde Dr. Oetker von der Arbeitsgemeinschaft Selbständiger Unternehmer e.V. für umweltbewußte Unternehmensführung ausgezeichnet, 1994 erhielt der Umweltbeauftragte Günter Larisch den B.A.U.M. Umweltpreis „für praktische Leistungen eines vorbeugenden und ganzheitlichen Umweltschutzes im Unternehmen“. Ebenfalls 1994 wurde die von Dr. Oetker mitgegründete „Umweltinitiative der Bielefelder Wirtschaft“ mit dem Umweltpreis der Deutschen Bundesstiftung Umwelt ausgezeichnet.

Der Vorsitzende der Geschäftsführung, Herr August Oetker, wurde 1995 vom WWF und vom Wirtschaftsmagazin „Capital“ zum „Öko-Manager des Jahres“ gewählt.

1 Umweltleitlinien

Die im Oktober 1994 von der Dr. Oetker-Geschäftsführung verabschiedeten Umweltleitlinien für das Unternehmen lauten:

- Dr. Oetker betreibt Umweltschutz aus eigener Initiative und Verantwortung und handelt nach dem Grundsatz, daß Probleme möglichst an ihrem Ursprung zu lösen sind.
- Dr. Oetker entwickelt, produziert und vertreibt Produkte unter Berücksichtigung der relevanten Umweltgesetze und -verordnungen, wobei die Einhaltung der gesetzlichen Bestimmungen als Mindestanforderung verstanden wird.
- Dr. Oetker entwickelt, produziert und vertreibt Produkte unter weitgehender Schonung der natürlichen Ressourcen und beachtet gleichzeitig den gesamten Lebenskreislauf der Produkte. Ergeben neue Ergebnisse, daß Produkte, Rohstoffe oder Verpackungsmaterialien den Anforderungen des Umweltschutzes nicht mehr entsprechen, werden diese überarbeitet, ersetzt oder vom Markt genommen. Bei der ökologischen Verbesserung von Verpackungsmaterialien dürfen Produktqualität und Produktsicherheit nicht gefährdet werden.
- Dr. Oetker ist bestrebt, den Stand der Technik in der Anwendung von Umweltschutztechnologien in konstruktiver Zusammenarbeit mit Behörden, Wissenschaftlern, Kunden und Lieferanten ständig weiterzuentwickeln.
- Die Vermeidung, Verminderung bzw. Verwertung von Abfällen hat Vorrang vor der ordnungsgemäßen Deponierung oder Verbrennung. Mit den Ressourcen Energie und Wasser geht Dr. Oetker sparsam um. Die Entwicklung von Produktionsverfahren und Produkten erfolgt in diesem Sinne.
- Dr. Oetker betreibt eine offene Umwelt-Informationspolitik gegenüber Mitarbeitern, Kunden, Verbrauchern, Lieferanten und Behörden.
- Dr. Oetker betrachtet es als eine Pflicht, bei der Aus- und Weiterbildung der Mitarbeiter das Umweltbewußtsein zu fördern und die Beschäftigten zu umweltbewußtem Handeln zu motivieren und anzuhalten. Um den bereits erreichten hohen Stand auf dem Gebiet des Umweltschutzes zu erhalten und auszubauen, sind die Mitarbeiter aller Bereiche und Ebenen aufgefordert, ständig und aktiv an Verbesserungen des Umweltschutzes mitzuwirken.
- Der Umweltschutz als fortschreitender Prozeß bedarf einer ständigen Selbstkontrolle und Weiterentwicklung. Deshalb stellt die Dr. Oetker-Geschäftsführung durch Organisationsrichtlinien sicher, daß diese Umweltleitlinien in allen Bereichen des Unternehmens umgesetzt werden.

2 Organisation des Umweltschutzes

Der Umweltschutz ist bei Dr. Oetker sowohl in der zentralen Geschäftsführung als auch in allen Werken fest organisiert (siehe Abb. 58). Der zentrale Umweltschutzbeauftragte ist direkt der Geschäftsführung unterstellt. Er berichtet dem für den Bereich Umwelt verantwortlichen Geschäftsführer. In Rahmenrichtlinien sind die Rechte und Pflichten des Umweltschutzbeauftragten genau definiert.

Zur Verabschiedung der jährlichen Umweltziele gibt es den Umweltausschuß, der von der zentralen Umweltschutzabteilung koordiniert wird. Der Umweltausschuß setzt sich zusammen aus einem Mitglied der Geschäftsführung, Führungskräften, dem Betriebsrat und dem zentralen Umweltschutzbeauftragten. Ein weiteres Instrument zur Optimierung des Umweltschutzes bei Dr. Oetker sind die speziellen Arbeitskreise zu den Themen „Umwelt und Produktion", „Umwelt und Verpackung" und „Umwelt und Verwaltung".

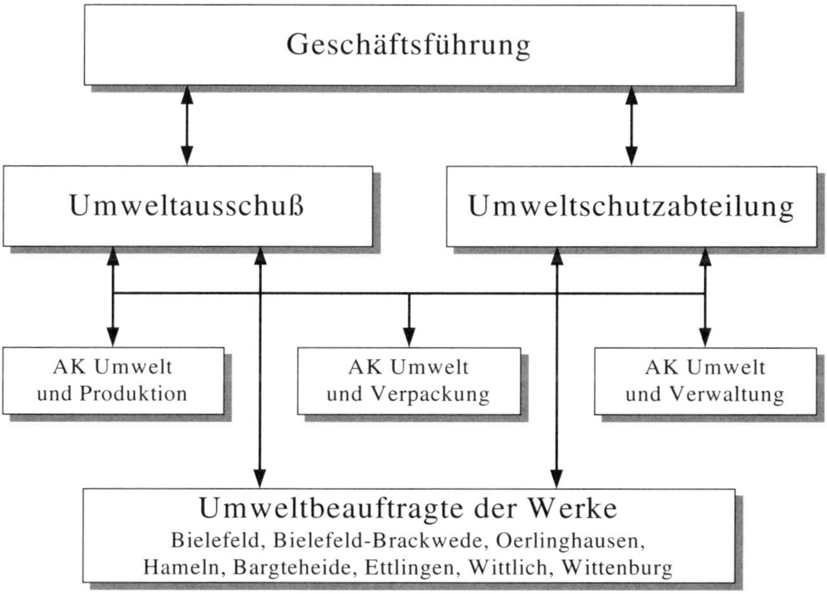

Abb. 58: Die Umweltorganisation bei Dr. Oetker

Zusätzlich unterschreiben alle neuen Mitarbeiter bei Dr. Oetker eine Umweltschutz-Erklärung, in der sie sich verpflichten, in ihren jeweiligen Arbeitsgebieten und Verantwortungsbereichen den Umweltgedanken in vollem Umfang zu unterstützen und ihre Bereitschaft zum aktiven Umweltschutz innerhalb ihrer Verantwortungsbereiche bestätigen.

3 Umweltprogramm

Das Umweltprogramm von Dr. Oetker ist sehr umfangreich und umfaßt alle umweltrelevanten Bereiche des Unternehmens. Hervorzuheben ist, daß das Unternehmen seit 1989 interne Umwelt-Audits, die sich an der EG-Öko-Audit-Verordnung orientieren, durchführen läßt bzw. seit 1992 selber durchführt. Auf diese Weise konnten bisher für alle deutschen und einige Werke im Ausland Daten und Informationen über die Umweltsituation gewonnen werden. Eine Ausweitung auf alle Unternehmen auf internationaler Ebene ist geplant. Für 1997 ist die Validierung von zwei Standorten nach der EG-Öko-Audit-Verordnung vorgesehen.

4 Kostensenkende Umweltschutzmaßnahmen

Bis jetzt hat das Unternehmen durch Umweltschutzmaßnahmen mindestens 2 Mio. DM eingespart. Dabei ist aber zu beachten, daß schon mehr als 12 Mio. DM in den Umweltschutz investiert worden sind. Eine exakte Kostenrechnung wird durch ein derzeit bei Dr. Oetker im Aufbau befindliches Umwelt-Controlling System erwartet. Erst danach können konkrete Zahlen über Einsparungen im Umweltschutz angegeben werden. Grundsätzlich dienen die internen Audits neben der Aufdeckung ökologischer Schwachstellen auch dem Erkennen von Einsparungspotentialen. Doch obwohl Dr. Oetker in vielen Bereichen nennenswerte Einsparungen verzeichnet hat, ist es für das Unternehmen wichtig, „daß es noch eine ganze Reihe weiterer Vorteile gibt, die hauptsächlich im ideellen Bereich liegen und sowohl den Mitarbeitern als auch dem Unternehmen nützlich sind“.

Einsparung von Roh-, Hilfs- und Betriebsstoffen

In der EDV hat Dr. Oetker seit 1987 konsequent auf die Verwendung von Recyclingpapier umgestellt. Die Einsparungen betragen dadurch ca. 300.000 DM pro Jahr.

Reduzierung der Wasser- und Abwasserkosten

Im Werk Brackwede wurde für neue wassergekühlte Kompressoren eine Wasser-Kreislaufführung eingerichtet. Die Nutzung der Abwärme für das Heizsystem führt neben der Reduktion der Wasser- und Abwassermengen auch zu Einsparungen beim Energieverbrauch.

Reduzierung der Energiekosten

Am Standort Ettlingen wurde ein neues Computerprogramm zur Steuerung einer Kälteanlage verwendet. Erste Ergebnisse dieser Maßnahme und die Auswertung weiterer Energieeinsparmaßnahmen werden in Kürze erwartet.

Reduzierung der Entsorgungskosten

Ein Farbleitsystem für Abfälle erbrachte eine Erhöhung der Verwertungs- und Recyclingquote und führte dadurch zu einer Reduzierung des Restmülls und zu einer Senkung der Abfallgebühren im Werk Brackwede in Höhe von 43.000 DM pro Jahr. Das Farbleitsystem wurde inzwischen auf mehrere Standorte im In- und Ausland übertragen.

Reduzierung des Verpackungsmaterials

Die Optimierung der Verpackungen durch eine Reduzierung des Materialeinsatzes, weitgehende Verwendung von Monomaterial, Erhöhung des Füllgrades, Änderung der Konstruktion und die Substitution von für die Umwelt kritischen Materialien hat eine Schonung von Ressourcen und eine Reduzierung des Abfallaufkommens bewirkt. Der geringere Materialeinsatz führte auch zu einer Reduktion der Kosten für das Duale System Deutschland in Höhe von insgesamt 2 Mio. DM pro Jahr.

5 Gewünschte politische Maßnahmen

Die wichtigsten politischen Maßnahmen und Ziele, die das Unternehmen für die weitere Verbesserung des Umweltschutzes für notwendig hält, sind:

- Eine verständliche Zusammenfassung der wesentlichen Umweltgesetze und -verordnungen im geplanten Umweltgesetz zu erreichen.
- Die regelmäßige Erhebung von Umweltdaten durch das Statistische Bundesamt und deren Veröffentlichung.
- Die Schaffung von Anreizsystemen, um die Wirtschaft für das Verursacherprinzip zu sensibilisieren.
- Die Entwicklung eines leistungsfähigen EDV-Programms analog zu ÖKO-BASE II, mit dessen Hilfe die Industrie aussagekräftige Ökobilanzen erstellen kann.

88 Rheinisch-Bergische Brauerei GmbH & Co. KG

Firma:	Rheinisch-Bergische Brauerei GmbH & Co. KG
Anschrift:	Alteburger Straße 145-155 50968 Köln
Ansprechpartner:	Herr Dipl.-Ing. Ulrich Rust
Telefon:	(0221) 962 99 - 127
Telefax:	(0221) 962 99 - 175
Branche:	Brauereien
Produktpalette:	Bier, Kölsch
Beschäftigtenzahl:	115 Mitarbeiterinnen und Mitarbeiter
Literatur:	B.A.U.M.-Erhebungsbogen Umwelterklärung 1996

„Es ist unser erklärtes Ziel, den Umweltschutz in unserem Unternehmen ständig zu verbessern und Schwachstellen zu beseitigen. Wir wissen, daß wir dieses Ziel nur durch die Summe aller gemeinsamen Anstrengungen erreichen können. In diesem Sinne wird die Umweltpolitik innerhalb der Rheinisch-Bergischen Brauerei auch weiterhin zentraler Bestandteil der Unternehmensphilosophie sein."

Um dieses Ziel zu erreichen, hat die Rheinisch-Bergische Brauerei GmbH & Co. KG ein Umweltmanagementsystem installiert, das im April 1996 nach der EG-Öko-Audit-Verordnung validiert wurde.

1 Umweltleitlinien

Die Umweltleitlinien der Rheinisch-Bergischen Brauerei lauten:

- Der verantwortungsvolle Umgang mit Ressourcen und die Verminderung und vor allem Vermeidung umweltbelastender Einflüsse bestimmen unser Handeln.
- Hohe Produktqualität und umweltschonende Produktionsverfahren sind für uns die Voraussetzungen zukunftsweisender Unternehmenssicherung und -förderung.
- Wir verstehen Umweltschutz daher nicht nur als Verpflichtung zur Einhaltung gesetzlicher Vorschriften. Darüber hinaus sehen wir es als unsere Aufgabe an,

durch organisatorische und technische Maßnahmen schrittweise eine Verbesserung der betrieblichen Umweltsituation zu erreichen.

- Voraussetzung dafür ist eine ständige kritische Überprüfung unseres eigenen Verhaltens anhand der folgenden Ziele:
  - Schutz sowie berufliche und persönliche Förderung unserer Mitarbeiter
  - Ressourcenschonung
  - Verringerung und wo möglich Vermeidung der Gewässerbelastung
  - Abfallvermeidung und Abfallreduzierung
- Zur Durchführung dieser Ziele hat die Geschäftsleitung der Rheinisch-Bergischen Brauerei einen Umweltschutzbeauftragten ernannt, der für die Umsetzung und Koordination eines Umweltmanagementsystems verantwortlich ist. Darüber hinaus wurde eine Kerngruppe Umweltschutz gebildet. Ihre Aufgabe besteht darin, mit den Mitarbeitern gemeinsam nach Verbesserungsmöglichkeiten zu suchen, angemessene Maßnahmen einzuleiten und diese auf ihre Wirksamkeit hin zu überprüfen.
- Aktiver Umweltschutz ist eine permanente Herausforderung und Verpflichtung für alle Mitarbeiter der Rheinisch-Bergischen Brauerei.

2 Organisation des Umweltschutzes

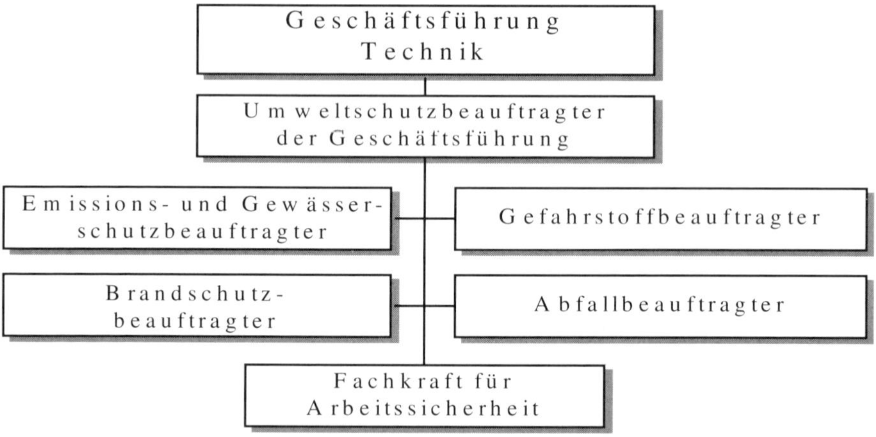

Abb. 59: Die Umweltorganisation der Rheinisch-Bergischen Brauerei

Für die Umsetzung des Umweltschutzgedankens gelten bei der Rheinisch-Bergischen Brauerei folgende grundlegende Regeln:

- Aufgaben, Ziele, Status Quo und Fortschritt von Umweltschutz-Maßnahmen müssen laufend und aktuell dokumentiert werden.
- Umweltpolitik ist nicht allein Chefsache, sondern geht jeden und jede an.
- Umweltschutz muß personifizierbar sein.
- Regelmäßige Information und Schulung fördern umweltbewußtes Denken und Handeln.
- Nur der ständige Dialog nach innen und außen schafft Vertrauen und Akzeptanz

Die Verwirklichung dieser Regeln gewährleistet die Umweltschutzorganisation, die aus dem Umweltschutzbeauftragten der Geschäftsführung, dem Emissions- und Gewässerschutzbeauftragten, dem Brandschutz-, dem Gefahrstoff-, dem Abfallbeauftragten und der Fachkraft für Arbeitssicherheit besteht (siehe Abb. 59).

3 Umweltprogramm

Das Umweltprogramm der Rheinisch-Bergischen Brauerei enthält konkrete Umweltziele und die zur Erreichung dieser Ziele notwendigen Maßnahmen. Zentrale Punkte sind die Schulung der Mitarbeiter, die Durchführung interner Umweltaudits und die weitere Verringerung von Energie-, Wasser- und Hilfsstoffverbrauch.

4 Ökobilanz

In einer Stoffbilanz werden die Stoffströme der Rheinisch-Bergischen Brauerei erfaßt und ausgewertet. Dadurch kann die Wirkung der Umweltschutzmaßnahmen direkt an den Veränderungen in den Umweltauswirkungen geprüft werden. In allen relevanten Bereichen führte die betriebliche Umweltpolitik bisher zu Verbesserungen der Umweltsituation. Weitere Fortschritte werden angestrebt.

5 Kostensenkende Umweltschutzmaßnahmen

Die Durchführung zahlreicher Umweltschutzmaßnahmen hat bei der Rheinisch-Bergischen Brauerei bisher zu Einsparungen von 657.000 DM pro Jahr geführt.

Einsparung von Roh-, Hilfs- und Betriebsstoffen

Die Phasentrennung beim Ausschieben der Bierleitungen mit Wasser wurde optimiert. Dadurch sank der Schwandsatz von 8 auf 5,5 % und der Malzverbrauch um 0,3 kg/hl Bier. Die Abwasserqualität wurde durch einen verminderten CSB-Wert deutlich erhöht. Der geringere Malzverbrauch bei gleicher Bierqualität bewirkte eine Senkung der Beschaffungskosten um 176.000 DM pro Jahr. Eine Umstellung des Verfahrens zur Reinigung der Gär- und Lagertanks zu saurer Reinigung unter CO_2-Atmosphäre mit 1 bis 2 bar Überdruck führt zum Wegfall der alkalischen Kohlensäurewäsche und spart Reinigungsmittel. Die Abwasserqualität wurde durch die niedrigeren AOX-Werte und den günstigeren pH-Wert verbessert. Die eingesparten Reinigungsmittel bewirken eine Kostensenkung von 50.000 DM pro Jahr. Die Investition in Höhe von 65.000 DM amortisiert sich innerhalb von 1,3 Jahren.

Reduzierung der Wasser- und Abwasserkosten

Die Maßnahmen zur Verbesserung der Abwasserqualität führten nur deshalb zu keiner Senkung der Abwassergebühren, da schon vor diesen Maßnahmen kein Starkverschmutzerzuschlag erhoben wurde.

Reduzierung der Energiekosten

Durch die Installation eines modernen Biertiefkühlers, der Optimierung der Steuerung der Kälteanlage und organisatorische Veränderungen in der Produktionsplanung wurde der spezifische Stromverbrauch um jährlich 363.200 kWh gesenkt. Die Kostensenkung beträgt 61.000 DM pro Jahr, so daß sich die Gesamtinvestitionen in Höhe von 238.500 DM nach vier Jahren amortisiert haben.

Der Wärmehaushalt des Betriebs wurde durch die Umstellung der Kesselbefeuerung von Öl auf Gas, die Installation neuer Brenner, eine stärkere Isolierung, die Optimierung der Kochprozesse und eine veränderte Produktionsplanung verbessert. Der spezifische Wärmebedarf sank dadurch von 28 kWh/hl Bier auf 27,5 kWh/hl Bier. Eine weitere Senkung auf 27 kWh/hl Bier ist prognostiziert. Neben der Verringerung der Ruß- und Schwefelemissionen um 85 % sanken auch die Kosten für die Energieträger um 240.000 DM pro Jahr. Die Investitionssumme von 450.000 DM amortisiert sich nach 1,8 Jahren.

Reduzierung der Entsorgungskosten

Die Umsetzung eines Abfallkonzepts, dessen wesentliche Punkte die konsequente Abfalltrennung und die Beschaffung abschließbarer Abfallcontainer ist, erbrachte eine Reduzierung des Abfallaufkommens um 3 kg/hl Bier. Die dadurch erreichte Kostensenkung beträgt 115.000 DM pro Jahr.

Der Ersatz von zwei alten Separatoren zur Abtrennung der Althefe aus dem Spülwasser durch einen neuen Hochleistungsseparator reduzierte den CSB-Wert des Abwassers um über 50 % auf 2.450 mg/l und erhöhte den Hefetrockensubstanzgehalt. Dies verringerte die Abfallmasse und führte zu einem höheren Erlös von 15.000 DM pro Jahr für die Althefe. Das Investitionsvolumen für die neue Anlage betrug 650.000 DM - die Anschaffung wurde jedoch aus betrieblichen Gründen realisiert und der höhere Hefeerlös fällt als Nebenwirkung an.

6 Gewünschte politische Maßnahmen

Die wichtigsten Ziele als Umweltminister wären:

- Die Reduzierung des Abfallaufkommens durch Erhöhung der Mehrwegquote.

  Dazu sollten z. B. eine Pfandpflicht für Einweggebinde erhoben oder die Verarbeitung von Einweggebinden nur mit Lizenz erlaubt werden. Zusätzlich könnten Verpackungsabgaben und Quotenvorgaben eingeführt werden.

- Die Förderung von umweltbewußtem Handeln durch wirtschaftliche Zwänge.

  Eine Öko-Steuer oder gezielte Fördermaßnahmen zur Reduzierung der Amortisationszeiten wären mögliche Ansatzpunkte.

- Die Erhöhung der Umweltsensibilität beim Verbraucher.

  Dies könnte durch eine stärkere und kontinuierliche Aufklärungsarbeit von Bund, Ländern und Gemeinden geschehen.

89 RIEDENBURGER BRAUHAUS Michael Krieger KG

Firma:	RIEDENBURGER BRAUHAUS Michael Krieger KG
Anschrift:	Hammerweg 5 93339 Riedenburg
Ansprechpartner:	Herr Michael Krieger
Telefon:	(09442) 644
Telefax:	(09442) 31 26
Branche:	Brauereien
Produktpalette:	Bier
Beschäftigtenzahl:	15 Mitarbeiter
Literatur:	B.A.U.M.-Erhebungsbogen

Für die RIEDENBURGER BRAUHAUS Michael Krieger KG gehört der Umweltschutz zur Unternehmensphilosophie. Als Konsequenz hat sich das Riedenburger Brauhaus verpflichtet, nur noch ökologisch zu brauen und dadurch das Bier „möglichst schadstoff-frei herzustellen und bei der Herstellung die Umwelt so wenig wie möglich zu belasten". Um diesen Anspruch zu erfüllen, werden ausschließlich Rohstoffe aus biologischem Landbau verwendet, für die die Bioland-Richtlinien vom 25./26. November 1991 sowie die Verordnung des Rates der Europäischen Gemeinschaften über den ökologischen Landbau vom 24. Juli 1991 (EWG-Nr. 2092/91) gelten. Für 1997 plant das B.A.U.M.-Mitgliedsunternehmen die Validierung nach der EG-Öko-Audit-Verordnung.

1 Umweltleitlinien

„Ökologisch brauen" bedeutet für das Riedenburger Brauhaus:

1. Die ausschließliche Verwendung von Rohstoffen aus dem ökologischen Landbau (Geste, Weizen, Hopfen, Dinkel), sowie deren naturnahe Verwendung, das heißt: Verzicht auf Ersatzstoffe für Hopfenextrakt und Färbebier.
2. Die Verwendung von nitrat- und pestizidfreiem Wasser aus dem eigenen Tiefbrunnen.

3. Eine ökologische Brauweise ohne
   - chemische Wasseraufbereitung
   - Filtration
   - Zusätze.
4. Regelmäßige Kontrolle der Einhaltung der Vorschriften des ökologischen Landbaus.
5. Regionalität durch die Verarbeitung heimischer Rohstoffe.

Als Motivation dient die Überzeugung:

- Denken und Handeln in ökologischen Kreisläufen gehört zur unternehmerischen Verantwortung
- Ökologisch erzeugte Rohstoffe erhöhen die Qualität der davon hergestellten Produkte.

2 Organisation des Umweltschutzes

Der Umweltschutz wird beim Riedenburger Brauhaus direkt von der Geschäftsführung organisiert.

3 Umweltprogramm

Das Umweltprogramm des Riedenburger Brauhauses besteht aus der Zusammenfassung aller Maßnahmen, die zur derzeit vorgenommenen ökologischen Gesamtumstellung des Betriebes notwendig sind.

4 Kostensenkende Umweltschutzmaßnahmen

Das Riedenburger Brauhaus hat im Zusammenhang mit seiner ökologischen Gesamtumstellung des Betriebs zahlreiche Umweltschutzmaßnahmen durchgeführt, die Kostensenkungspotentiale von mindestens 60.000 DM pro Jahr, insbesondere im Wasser- und Energiebereich, beinhalten. Die gesamte Investitionssumme beläuft sich auf ca. 3,5 Mio. DM.

Einsparung von Roh-, Hilfs- und Betriebsstoffen

Durch den Einsatz von reinem Wasser aus dem eigenen Tiefbrunnen kann auf die sonst übliche Wasseraufbereitung durch Ionenaustauscher sowie auf eine Filtration des Bieres verzichtet werden. Das Brunnenwasser wird lediglich in einer Anlage zur biologischen Säuerung behandelt. Die realisierten Kosteneinsparungen belaufen sich auf ca. 30.000 DM pro Jahr. Abzüglich der Mehrkosten in Höhe von jährlich 10.000 DM für den Betrieb der Säuerungs-Anlage verbleibt ein Kostensenkungspotential von 20.000 DM pro Jahr.

Wegen der Verwendung von möglichst naturbelassenen Rohstoffen wird auf den Einsatz von Farbmalz und Hopfenextrakt vollständig verzichtet.

Reduzierung der Wasser- und Abwasserkosten

Um das eigene Brunnenwasser mehrfach zu nutzen, wurden weitere Wasserkreisläufe zur Zweit- und Drittnutzung von Kühlwasser in Betrieb genommen und das Kondensatwasser im Sudhaus sowie das Spülwasser bei der Enteisenungsanlage wiederverwendet. Die Kostenreduzierung durch den verminderten Frischwasserbedarf und die geringere Abwassermenge betragen ca. 30.000 DM pro Jahr.

Der Verzicht auf die Filtration des Bieres sowie der Einsatz biologisch abbaubarer Reinigungsmittel minimiert die Abwasserfracht und senkt ebenfalls die Abwasserkosten.

Reduzierung der Energiekosten

Zur Beheizung und Wärmeerzeugung wurde die Heizung von Öl auf das umweltfreundlichere Erdgas umgestellt und dabei moderne Brennwertkessel installiert. Für die Zukunft ist ein Blockheizkraftwerk geplant, das mit Methangas aus einer Abwasserbeseitigungsanlage betrieben werden soll und damit Stromspitzen abbaut.

Zur Kühlung wurde die herkömmliche FCKW-Kühlanlage durch eine neu installierte Ammoniakkühlung ersetzt. Die Abwärme wird bis zu 80 % für die Wiederaufheizung der Reifekammern genutzt.

Der Filtrationsverzicht erbrachte ebenfalls eine Energie- und damit eine Kosteneinsparung.

Reduzierung der Entsorgungskosten

Eine Reduzierung der Entsorgungskosten in Höhe von ca. 10.000 DM pro Jahr wurde durch konsequente Müllvermeidung und den durchgängigen Einsatz von Mehrweggebinden im Absatz- und Beschaffungsbereich erzielt. Der Einsatz von Mehrweggebinden sorgt für einen nahezu müllfreien Betrieb. Für diese Maßnahme war praktisch keine Investition erforderlich.

Reduzierung des Verpackungsmaterials

Es werden ausschließlich Mehrwegsysteme verwendet, die neben geringeren Entsorgungskosten auch einen geringeren Verpackungsaufwand zur Folge haben.

5 Gewünschte politische Maßnahmen

Die wichtigsten politischen Maßnahmen und Ziele, die das Unternehmen für die weitere Verbesserung des Umweltschutzes für notwendig hält, sind:

- Die Verankerung des Schutzes unserer existentiellen Lebensgrundlagen Boden, Wasser und Luft im Grundgesetz
- Die Einführung einer Energiesteuer

- Die Eindämmung des Individualverkehrs
- Die gezielte Förderung von ökologischer Landwirtschaft und ökologischen Unternehmen
- Verbot bzw. Pfandsystem für Einwegverpackungen

90 Siegsdorfer Petrusquelle GmbH

SIEGSDORFER
PETRUSQUELLE

Firma:	Siegsdorfer Petrusquelle GmbH
Anschrift:	Höpflinger Weg 8 83313 Siegsdorf
Ansprechpartner:	Herr Thomas van de Pas
Telefon:	(08662) 66 01 - 57
Telefax:	(08662) 66 01 - 40
Branche:	Nahrungsmittelindustrie
Produktpalette:	Mineralwasser und Erfrischungsgetränke
Beschäftigtenzahl:	55 Mitarbeiter
Literatur:	B.A.U.M.-Erhebungsbogen Umweltbericht 1993/94

Das langfristige Ziel der Umweltpolitik der Siegsdorfer Petrusquelle ist die Wiederherstellung eines Gleichgewichtes mit der globalen Natur und der dauerhafte Aufbau von Kreislaufprozessen.

Schon 1988 wurde ein gesamtökologisches Konzept für die Staatl. Mineralbrunnen AG Bad Brückenau und deren Tochtergesellschaft Siegsdorfer Petrusquelle GmbH entwickelt. Neben beträchtlichen Umweltschutzinvestitionen und der B.A.U.M.-Mitgliedschaft seit 1990 werden die Umweltleistungen seit 1990 in jährlichen betrieblichen Ökobilanzen dokumentiert. Diese werden für die Staatl. Mineralbrunnen AG seit 1990/91 und für die Siegsdorfer Petrusquelle GmbH seit 1991/92 veröffentlicht. Die ökologischen Leistungen der Siegsdorfer Petrusquelle wurden bisher durch die Bayerische Umweltmedaille (1992), eine B.A.U.M.-Auszeichnung für die ökologische Schwachstellenanalyse (1993), den Commerzbank/impulse-Umweltpreis (1995), den Platz 6 der Gesamtbewertung Ökobilanzen im Öko-Ranking der Zeitschrift „Capital“ (1996) und den ASU-Umweltpreis für umweltbewußtes Management (1997) gewürdigt:

Die kostensenkenden Umweltschutzmaßnahmen aus dem Umweltkonzept für die beiden Unternehmen werden am Beispiel der Siegsdorfer Petrusquelle dargestellt.

1 Umweltleitlinien

Die Umweltleitlinien der Siegsdorfer Petrusquelle lauten:

1. Die Siegsdorfer Petrusquelle versteht unsere Biosphäre als Gesamtheit der lebenden und toten Materie. Als Teil dieses Gesamtsystems sieht sich das Unternehmen in der Verantwortung, einen Beitrag zu dessen Erhaltung zu leisten.
2. Mit allen Aktivitäten sieht sich die Siegsdorfer Petrusquelle eingebunden in ein komplexes und dynamisches Umfeld, dessen Eigenheiten und Veränderungen ständig zu analysieren und zu berücksichtigen sind. Zu diesem Umfeld gehören Kapitalgeber, Lieferanten, Kunden, Mitarbeiter und Gemeinwesen ebenso wie die natürliche Umwelt.
3. Dabei kommt aber der Natur eine besondere Bedeutung zu. Zum einen ist sie „Lieferantin" des Produktes Mineralwasser, zum anderen stellt jedes Wirtschaften letztlich ein Benutzen und Verändern von naturgegebenen Stoffen, Kräften und Lebewesen dar. Für die Siegsdorfer Petrusquelle ergibt sich daraus die Notwendigkeit, dem Schutz der Umwelt Vorrang bei allen Bemühungen zu geben.
4. Nach dem Verständnis der Siegsdorfer Petrusquelle ist ein Unternehmen nicht nur eine ökonomische, sondern auch eine soziale Institution. Daraus ergibt sich die Verpflichtung zu einer fairen und partnerschaftlichen Zusammenarbeit mit allen Gruppen des Umfeldes.

2 Organisation des Umweltschutzes

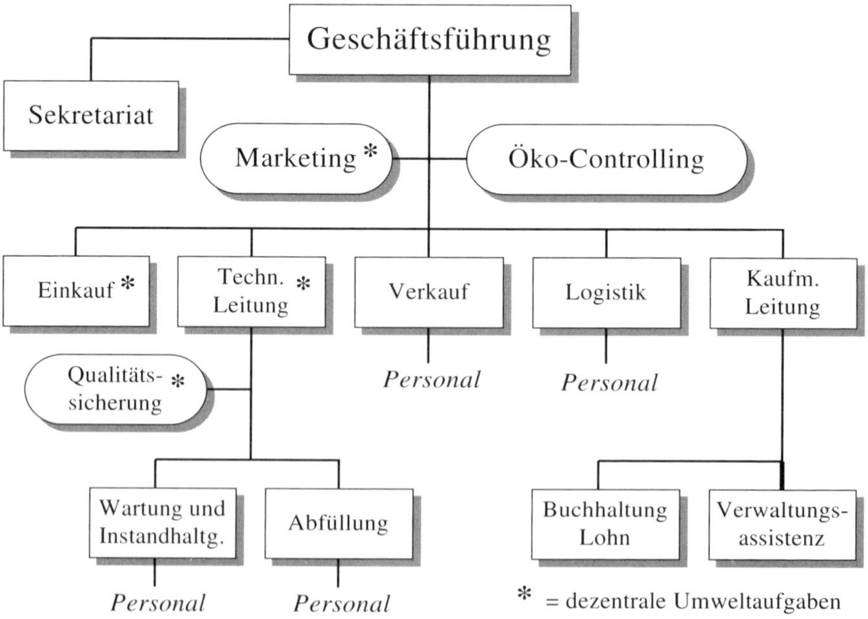

Abb. 60: Organisation der Siegsdorfer Petrusquelle mit dezentraler Umweltverantwortung (Stand 1995)

Die Siegsdorfer Petrusquelle organisiert die Entwicklung von der Umweltorientierung zur Umweltverantwortung über die zentrale Stabsstelle „Öko-Controlling". Grundsätzliches und langfristiges Ziel ist die Durchdringung aller Funktionen mit anteiligen Umweltaufgaben, so daß die Umweltberücksichtigung im gesamten System des Unternehmens ein selbstverständlicher Teil wird (siehe Abb. 60).

3 Umweltprogramm

Aus dem umweltorientierten Gesamtkonzept der Siegsdorfer Petrusquelle und den jährlich erstellten Ökobilanzen resultiert ein Umweltprogramm mit konkreten Zielen und Maßnahmen zu deren Umsetzung.

4 Ökobilanz

Die Siegsdorfer Petrusquelle veröffentlicht seit 1991/92 jährlich eine betriebliche Ökobilanz, in der alle Stoff- und Energieströme erfaßt und bewertet werden.

5 Kostensenkende Umweltschutzmaßnahmen

Im Jahr 1990/91 wurde mit Einführung des gesamtökologischen Konzepts der Brunnenbetrieb völlig renoviert und neu eingerichtet. In der Siegsdorfer Petrusquelle ist seitdem eine der modernsten automatischen Abfüllanlagen in Betrieb. Diese schließt spektakuläre Einsparungserfolge bei Wasser, Energie und Chemikalien aus, weil sie bereits darauf optimiert ist. Aus diesem Grund sind lediglich „kleinere" Einsparungen realisierbar: vor allem durch geschickte technische Lösungen und organisatorische Umstellungen und Optimierungen. Mit der dargestellten Auswahl der Maßnahmen erzielt das Unternehmen Kostensenkungen in Höhe von ca. 124.000 DM pro Jahr.

Einsparung von Roh-, Hilfs- und Betriebsstoffen

Durch den Einsatz von Dauermagneten wird der Kalk im Wasser so verändert, daß er sich für eine ausreichende Zeitdauer nicht ablagert. Mit Hilfe dieses Verfahrens, das in zwei Frischwasserzuläufen eingesetzt wird, konnte der Einsatz von Bandschmiermitteln und Laugenadditiven verringert werden. Durch die Reduzierung des Einsatzes dieser Chemikalien ist auch die Chemikalienmenge im Abwasser weniger geworden. In den Jahren 1992 bis 1995 konnte der Verbrauch von Bandschmiermitteln um 2.450 kg und von Laugenadditiven um 10.300 kg gesenkt werden. Die Kosteneinsparungen an Betriebsstoffen innerhalb dieser drei Jahre belaufen sich auf etwa 57.000 DM und somit auf ca. 19.000 DM pro Jahr. Die Investitionskosten betrugen insgesamt 3.900 DM.

Reduzierung der Wasser- und Abwasserkosten

Durch Installation und Betrieb einer Wasseraufbereitungsanlage kann gemeindliches Brauchwasser als Prozeßwasser für Reinigung und Energieerzeugung genutzt werden. Für den gesamten Prozeßwasserverbrauch wird das bisher genutzte Trinkwasser ersetzt. Die Mengeneinsparung an Trinkwasser belief sich von 1991 bis 1994 auf etwa 75.000 m^3, woraus sich eine Kosteneinsparung von 41.000 DM pro Jahr ergibt. Die Betriebskosten dafür liegen bei 8.500 DM pro Jahr, die zusätzliche Investition beträgt 4.000 DM.

Reduzierung der Energiekosten

Das erwärmte Wasser aus dem Kühlwasserstrom des Luftkompressors wird in zwei neu eingebaute Wärmetauscher mit zwei Wärmekreisläufen geleitet. Statt das erwärmte Abwasser ungenutzt in den Kanal zu leiten, wird das Abwasser zur Aufheizung von Brauchwasser für die Kastenwaschanlage genutzt. Dadurch konnte der Verbrauch von Heizöl um 240.000 Liter von 1991 bis 1995 verringert werden. Bei einer Investitionssumme von 58.000 DM wurden in den Jahren 1992 bis 1995 Kosteneinsparungen von etwa 23.000 DM pro Jahr erzielt.

Reduzierung der Entsorgungskosten

Die in der Waschmaschine abgelösten Altetiketten wurden bis 1990/91 mit dem Restmüll entsorgt, weil es keine geeignete Entsorgungsmöglichkeit gab. Im Geschäftsjahr 1992/93 fand die Siegsdorfer Petrusquelle eine Möglichkeit, diese der Weiterverwertung zuzuführen. Die Kosten für das Weiterverwerten liegen weit unter denen der Restmüllentsorgung. Aufgrund einer konsequenten Marktbeobachtung und -bearbeitung konnten mit einem neuen Entsorgungsweg ab Ende 1993/94 die Downcycling-Stufen (und der nötige Transport) erheblich verringert werden. Dies hatte nochmals niedrigere Kosten für die Weiterverwertung zur Folge. Durch die Restmüllverringerung konnten die Entsorgungskosten von 1992 bis 1995 um 91.200 DM (oder durchschnittlich 30.400 DM pro Jahr) verringert werden.

Neben diesen Umsetzungen mit Umweltrelevanz sind durch kontinuierliche und intensive Entsorgungsmarkt-Beobachtungen des Öko-Controlling 1994/95 zusätzlich rund 55.000 DM Entsorgungskosten eingespart worden.

Reduzierung der Kosten für Transport und Verkehr

In diesem Bereich ist die Siegsdorfer Petrusquelle dabei, auf schadstoffarme und verbrauchsreduzierte Diesel-Kat-Fahrzeuge umzustellen. Die monetären Auswirkungen dieser Maßnahme sind allerdings noch nicht quantifizierbar.

Reduzierung des Verpackungsmaterials

Durch die Umstellung von Einweg-Kartonverpackungen auf Mehrwegsysteme nach Einflußnahme auf die Lieferanten wurden die Entsorgungskosten für die nicht mehr verwendbaren Verpackungen um durchschnittlich 3.900 DM pro Jahr gesenkt.

6 Gewünschte politische Maßnahmen

Die wichtigsten politischen Maßnahmen und Ziele, die der Umweltbeauftragte für die weitere Verbesserung des Umweltschutzes für notwendig hält, sind:

- Die Anpassung der Kosten für Energie und Material in Relation zur Arbeit.
- Die Verbesserung der Rahmenbedingungen zur Stärkung regional orientierter klein- und mittelständischer Unternehmen.
- Die Rücknahme von Überregulierungen durch Kombination/Ergänzung von Schwellenwerten und Kosten in der Umweltpolitik.

91 Zucker-AG Uelzen-Braunschweig

Firma:	Zucker-AG Uelzen-Braunschweig
Anschrift:	Lüneburger Straße 118 29525 Uelzen
Ansprechpartner:	Herr Uwe von Borries Werk Königslutter, Rottorfer Straße 1-3, 38154 Königslutter
Telefon:	(05353) 50 71 - 0
Telefax:	(05353) 50 71 - 17
Branche:	Nahrungsmittelindustrie
Produktpalette:	Zucker, Melasse, Schnitzel-Pellets, Carbokalk
Beschäftigtenzahl:	658 feste Mitarbeiter und ca. 280 Saisonkräfte
Literatur:	B.A.U.M.-Erhebungsbogen

Die Grundlagen für eine umweltbewußte Unternehmensführung sind allgemein im ersten Teil der Unternehmenspolitik der Zucker-Aktiengesellschaft Uelzen-Braunschweig (ZAG) wie folgt dargestellt:

> „Wir, Vorstand und Mitarbeiter der Zucker-Aktiengesellschaft Uelzen-Braunschweig, wollen unsere Produkte kostengünstig und mit möglichst geringen Umwelteinflüssen produzieren und anbieten. Um den Wünschen unserer Kunden und der Öffentlichkeit gerecht zu werden und die eigenen Standards umzusetzen, zu dokumentieren und weiterzuentwickeln, haben wir ein Managementsystem erarbeitet und eingeführt. Alle bedeutsamen Tätigkeiten und Prozesse in den Bereichen Arbeitssicherheit, Umweltschutz und Produktsicherung sind im Managementsystem der ZAG dokumentiert, so daß jeder Mitarbeiter seinen Beitrag in jedem dieser Bereiche erkennen kann.“

Seit Juni 1996 sind alle Standorte der Zucker-AG nach der EG-Öko-Audit-Verordnung validiert.

1 Umweltleitlinien

Im zweiten Teil der Unternehmenspolitik hat die Zucker AG die für alle Mitarbeiter verbindlichen Leitlinien festgelegt:

1. Das Erreichen der aus der Unternehmenspolitik entwickelten Unternehmensziele sehen wir als Führungsaufgabe an. Für die Aufrechterhaltung des Managementsystems ist der Vorstand verantwortlich.
2. Als Bestandteile unserer Unternehmenspolitik haben wir folgende Grundsätze definiert:
   - die Erhöhung der Arbeitssicherheit
   - die stetige Verbesserung des Umweltschutzes durch wirtschaftlich vertretbare Anwendung der besten verfügbaren Technik
   - die Qualitätssicherung unserer Erzeugnisse und Dienstleistungen
3. Wir wollen das ökologische System, dessen Teil wir sind, als Grundlage unserer Lebensbedingungen bewahren. Wir wollen Energie sparen, Abfälle und Emissionen verringern sowie Vorsorge gegen schädliche Umwelteinflüsse treffen.
4. Wir verpflichten uns, die Vorstellungen der Kunden und Lieferanten im Sinne einer fairen Partnerschaft aufzunehmen, die Absprachen mit ihnen einzuhalten, um die Zufriedenheit und das Vertrauen zu erhalten.
5. Zur Umsetzung der unternehmensweiten Ziele stellen wir für unsere Werke angemessene Programme mit konkreten Maßnahmen und Fristen auf.
6. Wir wollen die Zuverlässigkeit in der Produktion, Lagerung und laufenden Bereitstellung hochwertiger Produkte sicherstellen.
7. Wir sind bestrebt, die niedrige Reklamationsrate zu halten und möglichst weiter zu senken.
8. Wir wollen Fehler bei allen Prozessen und Betriebsstörungen in unseren Werken vermeiden.
9. Wir verpflichten uns, die einschlägigen Vorschriften, insbesondere Gesetze, Verordnungen und behördliche Auflagen für Arbeitssicherheit, Umweltschutz und Produktqualität einzuhalten.
10. Arbeitssicherheit, Umweltschutz und Produktqualität werden durch das Zusammenwirken eines leistungsorientierten Mitarbeiterstabs sichergestellt. Durch Information und Schulung unserer Mitarbeiter erreichen wir ein gemeinsames Verständnis von den Zielen des Unternehmens und motivieren sie zu selbstverantwortlichem Handeln.
11. Wir führen einen aktiven Dialog mit der Öffentlichkeit und arbeiten mit den Behörden, Verbänden und Institutionen zusammen. Wir erwarten dabei Fairness, gleiche Wettbewerbsbedingungen im nationalen und europäischen Rahmen sowie Akzeptanz der Eigenverantwortung der Wirtschaft.
12. Unsere Tätigkeit beinhaltet die regelmäßige Bewertung unserer Leistungen sowie die ständige Suche nach Verbesserungspotentialen.

Die Ziele und Programme der ZAG orientieren sich an diesen Leitsätzen sowie am Unternehmenserfolg. Alle Mitarbeiter sind verpflichtet, nach diesen Leitsätzen zu handeln.

2 Organisation des Umweltschutzes

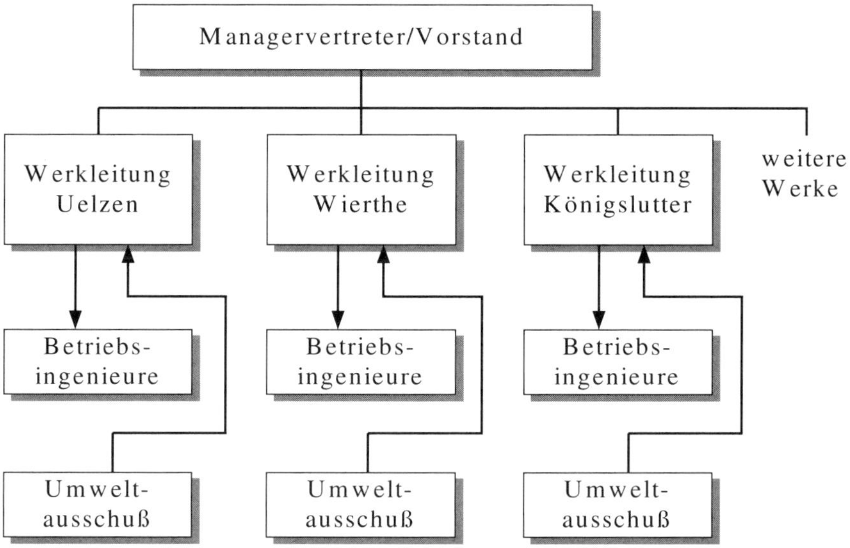

Abb. 61: Die Umweltmanagementstruktur der Zucker-AG

Der Umweltschutz ist bei der Zucker-AG in die Linienorganisation eingebunden. Die Werksleiter der Standorte sind gleichzeitig Managementvertreter im Umweltmanagement. Als Betriebsbeauftragte für Gewässerschutz, Strahlenschutz und Immissionsschutz sowie als Referenten für Emissionen, Abfall und Gefahrstoffe fungieren die Betriebsingenieure, die analytische Betriebskontrolle oder die Meister in der Produktion.

Ergänzend sind in den Werken Umweltausschüsse eingerichtet, in denen die mit dem Umweltschutz beauftragten Personen übergreifende Fragen des Umweltschutzes beraten. Die Werksleiter bilden als Managementvertreter einen werksübergreifenden Umweltmanagementausschuß, die den Umweltmanagementvertreter des Vorstands, den Vorstand Produktion und Technik, beraten und bei der Erfüllung seiner Aufgaben unterstützen (siehe Abb. 61).

3 Umweltprogramm

In umfangreichen Umweltprogrammen, die für jeden Standort (Uelzen, Wierthe, Königslutter und Güstrow) jährlich erstellt werden, sind die Politikvorgaben, die Umweltziele, die dazu erforderlichen Maßnahmen und eine Kosten/Nutzenbetrachtung sowie eine Terminsetzung zur Einführung bzw. Durchführung der Maßnahme aufgelistet.

4 Kostensenkende Umweltschutzmaßnahmen

Die Zucker-AG hat eine Vielzahl von Umweltmaßnahmen durchgeführt, von denen nicht alle zu meßbaren Kosteneinsparungen geführt haben. Die hier aufgeführten kostensenkenden Umweltschutzmaßnahmen führten zu einer Kostenverminderung von über 1,6 Mio. DM pro Jahr.

Einsparung von Roh-, Hilfs- und Betriebsstoffen

Die Verlängerung der Standzeiten bei Getriebeölen, die Vermeidung des Einsatzes von Chemikalien sowie die Senkung des Energie- und Hilfsstoffverbrauchs erbringen eine Einsparung von zusammen ca. 400.000 DM pro Jahr. Zusätzlich verringern sich die Kosten für die Abfallentsorgung um etwa 100.000 DM pro Jahr.

Durch den Einsatz höherwertiger Kalksteine und technische Verbesserungen innerhalb des Verfahrensschrittes Saftreinigung werden erhebliche geringere Mengen an Kalksteinen verbraucht, wodurch die Beschaffungskosten um 200.000 DM pro Jahr sinken.

Reduzierung der Wasser- und Abwasserkosten

Eine maximale Kondensatrückführung und die Minimierung des Trinkwassereinsatzes in Vollentsalzungsanlagen senkte den Trinkwasserverbrauch um jährlich 2.000 m^3. Somit reduzieren sich die Wasserkosten z.B. für den Standort Uelzen ohne Neuinvestition um 5.000 DM pro Jahr.

Reduzierung der Energiekosten

Am Standort Königslutter kann durch die Rücknahme von 20.000 m^3 gereinigtem Abwasser aus der Abwasseraufbereitung der Betrieb der Abwasseraufbereitungsanlage um 800 Stunden pro Jahr vermindert werden. Mit der Senkung der Abwassermenge verbunden ist eine Einsparung an Energie- und Personalkosten für den Betrieb der Abwasserreinigung in Höhe von 34.100 DM pro Jahr.

Eine Verbesserung der Energieausnutzung bei der Zuckergewinnung senkt den Energieverbrauch des Standortes Königslutter um 12 % auf 200 kWh pro Tonne Rüben.

Ohne Neuinvestitionen führen die Minimierung des Rübenbruchstückanfalls zur Trocknung und die Optimierung von Verfahrensprozessen am Standort Uelzen zu vermindertem Energieeinsatz und einer Kostenreduzierung in Höhe von 250.000 DM pro Jahr.

Am Standort Wierthe wurden durch die Installation eines Leitsystems für diskontinuierliche Kochapparate, einer Ablaufanwärmung im Zuckerhaus und die Aufstellung einer fünften Verdampferstufe die Energiekosten um 590.000 DM pro Jahr vermindert. Die dafür erforderliche Investitionssumme betrug 5,5 Mio. DM.

Reduzierung der Entsorgungskosten

Als Beispiel für die Reduzierung von Entsorgungskosten können am Standort Uelzen die Aufstellung zusätzlicher Sammelcontainer und die Einführung eines Werkstatt-Putzlappen-Recyclingsystems sowie für den Standort Wierthe Aktionen zur Abfallvermeidung wie die Wiederverwendung von ölhaltigen Putzlappen, die Verwendung von Bauschutt im Wegebau und die Aktion „Grüner Punkt" genannt werden. Diese Maßnahmen ergeben für beide Standorte zusammen neben einer Imageverbesserung Einsparungen in Höhe von ca. 21.000 DM pro Jahr.

Reduzierung der Kosten für Transport und Verkehr

Die Rübenlieferanten werden aufgefordert, den Schmutzanhang an den Rüben so gering wie möglich zu halten, um die Fahrzeuganzahl und den Rücktransport zwischengelagerter Rübenerde zu reduzieren.

Unterstützt werden diese Forderungen durch

- ein Erdemodell mit Bonus-Malus-Zahlungen,
- die Bezuschussung des Rübenladens über Reinigungsgeräte zur Anlieferung von vorgereinigten Rüben,
- die Verbesserung der Landtechnik und auch der Rübenzüchtung.

Reduzierung des Verpackungsmaterials

In Gesprächen mit den Vertretern der Lieferanten wird darauf gedrungen, daß

- die Transportverpackungen für Liefergüter gering gehalten werden,
- die verwendeten Materialien nach Möglichkeit umweltfreundlich sind,
- Verpackungsartikel gewählt werden, die durch Rücknahme wiederverwendet werden können.

Da bei der Vermarktung des Zuckers sehr häufig die Verpackungsartikel vom Kunden vorgegeben werden, ist eine Reduzierung von Verpackungsmaterial nur dadurch möglich, daß die Maschinenausfälle reduziert werden.

5 Gewünschte politische Maßnahmen

Die wichtigsten politischen Maßnahmen und Ziele, die das Unternehmen für die weitere Verbesserung des Umweltschutzes für notwendig hält, sind:

- Eine Deregulierung für Unternehmen, die sich freiwillig an der EG-Öko-Audit-Verordnung beteiligen.
- Eine Erleichterung von Genehmigungsverfahren für nach der EG-Öko-Audit-Verordnung validierte Betriebe.
- Die drastische Vereinfachung der Regelungen des Kreislaufwirtschaftsgesetzes.
- Eine Überarbeitung der Anwendungsbestimmungen der EG-Öko-Audit-Verordnung für kleinere Betriebe.
- Die bundesweite Vereinheitlichung der Umweltvorschriften und -auflagen zwecks Vermeidung von Ungleichbehandlungen von Unternehmen.

Textilindustrie

Augsburger Kammgarn-Spinnerei AG

Bodet & Horst GmbH & Co. KG

Kunert AG

Mehler Technische Textilien GmbH

Klaus Steilmann GmbH & Co. KG

Vorwerk & Co. Teppichwerke GmbH & Co. KG

92 Augsburger Kammgarn-Spinnerei AG

Firma:	Augsburger Kammgarn-Spinnerei AG
Anschrift:	Schäfflerbachstraße 26 86153 Augsburg
Ansprechpartner:	Herr Hans-Dieter Gulde
Telefon:	(0821) 56 03 - 701
Telefax:	(0821) 56 03 - 765
E-Mail:	AKS-AG@t-online.de
Branche:	Textilindustrie
Produktpalette:	Garne
Beschäftigtenzahl:	ca. 400 Mitarbeiter
Literatur:	Umweltbericht 1994, Umweltbericht 1995

Der Umweltschutz ist bei der Augsburger Kammgarn-Spinnerei AG neben den Bereichen Markt, Führung/Mitarbeiter und Qualität ein gleichberechtigter Bestandteil der Unternehmensphilosophie. Das Unternehmen sieht „in den Aufwendungen für Umweltschutzmaßnahmen keine Kostennachteile gegenüber anderen Ländern, sondern eine notwendige Investition in unsere Zukunft, die uns mittelfristig einen Vorsprung am Markt sichert". Dabei vertraut sie „auf den aufgeklärten Kunden und ist überzeugt, daß das stetig steigende Umweltbewußtsein der Verbraucher den Markterfolg ökologisch gefertigter und gesundheitlich unbedenklicher Textilprodukte sichern wird".

1 Umweltleitlinien

Die Umweltleitlinien der Augsburger Kammgarn-Spinnerei (AKS) lauten:

1. Die AKS legt Wert auf gute Beziehungen zu ihren Nachbarn und den örtlichen Institutionen und sucht deshalb im Umweltbereich den offenen Dialog mit den betroffenen Parteien. Unser zentrales Informationsinstrument ist der Umweltbericht, den wir jährlich fortschreiben.
2. Die Einhaltung der Umweltgesetze und -verordnungen ist für uns selbstverständlich. Darüber hinaus bemühen wir uns ständig, umweltbelastende Emissionen und Abfälle zu vermeiden bzw. auf ein Minimum zu reduzieren sowie die Ressourcen zu schonen.

3. Als innovatives Unternehmen sind wir bestrebt, alle Prozesse und Produkte hinsichtlich ihrer Umweltverträglichkeit zu optimieren. Die Auswirkungen von neuen Produktentwicklungen und Verfahren werden deshalb im voraus geprüft.
4. Wir erfassen die Auswirkungen unserer Tätigkeit in einem jährlichen Umweltbericht und leiten daraus regelmäßig unsere umweltpolitischen Ziele und Maßnahmen ab. Deren Umsetzung ist Teil unserer Verpflichtung zur kontinuierlichen Verbesserung im Umweltbereich, bei Nichterreichen leiten wir geeignete Korrekturmaßnahmen ein.
5. In Zusammenarbeit mit den Behörden halten wir notwendige Maßnahmen auf dem neuesten Stand, um unfallbedingte Emissionen zu vermeiden bzw. möglichst gering zu halten.
6. Für unsere Lieferanten und Subunternehmer gelten die gleichen Anforderungen und Umweltstandards wie für die AKS selbst. Unsere Kunden beraten wir über Umweltaspekte unserer Produkte von der Herstellung bis zum Gebrauch und zur Entsorgung.
7. Im Sinne einer ganzheitlich orientierten Unternehmensführung verlangen wir die Einbeziehung von relevanten Umweltaspekten in alle Arbeitsprozesse. Das hierfür erforderliche Umweltbewußtsein fördern wir durch geeignete Maßnahmen auf allen Ebenen.

2 Organisation des Umweltschutzes

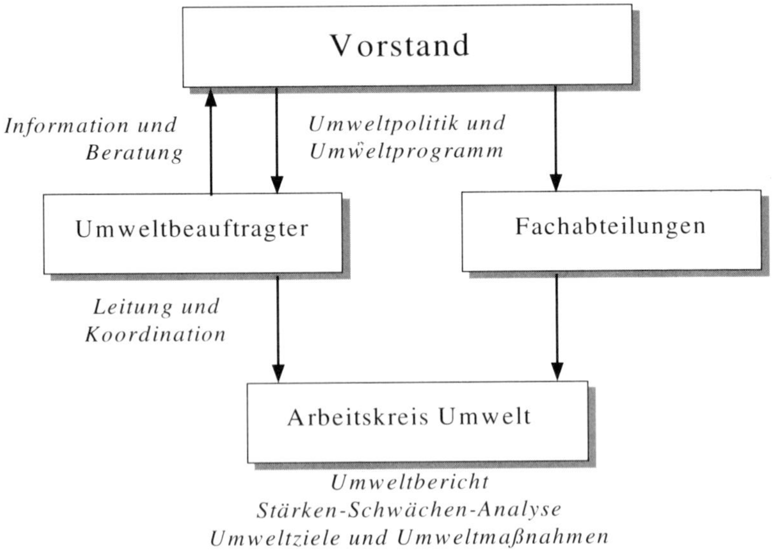

Abb. 62: Die Organisation des Umweltschutzes bei der Augsburger Kammgarn-Spinnerei

Der abteilungsübergreifende Arbeitskreis Umwelt ist bei der Augsburger Kammgarn-Spinnerei verantwortlich für die Erstellung des Umweltberichts, die Durchführung einer ökologischen Stärken/Schwächen-Analyse sowie das Ableiten von

Umweltzielen und Umweltmaßnahmen. Der Leiter der Technischen Dienste koordiniert den Arbeitskreis Umwelt und ist auch Umweltbeauftragter. Beschlossen wird die Umweltpolitik und das Umweltprogramm vom Vorstand, der dann die Verantwortung zur Umsetzung des Umweltprogramms auf die entsprechenden Linienfunktionen überträgt (siehe Abb. 62).

3 Umweltprogramm

In einem Umweltprogramm setzt sich die Augsburger Kammgarn-Spinnerei konkrete Umweltziele. Diese werden zusammen mit den dazu erforderlichen Maßnahmen und dem vorgesehenen Zeitraum zur Durchführung im Umweltbericht dokumentiert und ständig nach den aktuellen Erfordernissen fortgeschrieben. Zu den wichtigsten Zielen gehören neben einer weiteren Verminderung von Wasser- und Energieverbrauch, anfallender Abfallmenge und des Einsatzes von Roh-, Hilfs- und Betriebsstoffen die weitere Erhöhung des Anteils der Produkte, die dem Standard Öko-Tex 100 entsprechen (derzeit 99 %), sowie die Validierung nach der EG-Öko-Audit-Verordnung und die Zertifizierung nach DIN ISO 14001.

4 Ökobilanz

Ausgehend von einer betrieblichen Input/Output-Bilanz, in der alle Stoff- und Energieströme des Unternehmens sowie die Bestände und Bestandsveränderungen erfaßt werden, hat die Augsburger Kammgarn-Spinnerei ökologische Schwächen und Stärken ermittelt und ein umfangreiches Umweltprogramm abgeleitet.

5 Kostensenkende Umweltschutzmaßnahmen

Mit den hier aufgeführten Umweltmaßnahmen erzielt die Augsburger Kammgarn-Spinnerei eine Kosteneinsparung von mehr als 250.000 DM pro Jahr.

Reduzierung der Wasser- und Abwasserkosten

Der Verbrauch von Trinkwasser wurde bei der Augsburger Kammgarn-Spinnerei in den letzten Jahren durch diverse Wassersparmaßnahmen um mehr als 60 % gegenüber 1991 gesenkt. Allein von 1993 auf 1994 wurde durch die Installation eines neuen Trinkwasserdrucksystems eine Reduktion des Trinkwasserverbrauchs um 12.000 m^3 erreicht. Dies bedeutete eine Kosteneinsparung von über 100.000 DM pro Jahr.

Beim Verbrauch an Produktionswasser liegt die Augsburger Kammgarn-Spinnerei dank einer Kreislaufführung von Kühlwasser, einer 95-prozentigen Kondensatrückführung von Kesselwasser und anderen Maßnahmen mit 65 Liter pro kg Garnproduktion am unteren Ende des durchschnittlichen Verbrauchs in der

Branche (die Branchenwerte liegen zwischen 60 und 160 Liter pro kg Garnproduktion).

Reduzierung der Energiekosten

Die Augsburger Kammgarn-Spinnerei erzeugt 57 % ihres Stromverbrauchs durch Kraft-Wärme-Kopplung und 4 % durch Wasserkraft. Mit der Anlage zur Kraft-Wärme-Kopplung spart das Unternehmen ca. 150.000 DM pro Jahr. Für 1997/98 muß voraussichtlich eine Erneuerung der 25 Jahre alten Anlage erfolgen, für die eine Investitionssumme von 1,4 Mio. DM veranschlagt ist. Bei gleicher Kosteneinsparung ist somit von einer Amortisationszeit von 10 Jahren auszugehen.

Reduzierung der Entsorgungskosten

Durch eine konsequente Abfalltrennung konnte der Anteil an Gewerbemüll um 37 %, der Anteil an Sondermüll um 20 % reduziert werden. Gleichzeitig wurde der Anteil an Wertstoffen zum Weiterverkauf auf 83 % des Gesamtabfallaufkommens gesteigert. Für die Zukunft ist eine Erhöhung der Recyclingquote auf 90 % angestrebt. Zahlen über die dadurch erreichten Kostensenkungen liegen bisher nicht vor.

93 Bodet & Horst GmbH & Co. KG

BODET & HORST
MASCHENSTOFFE

Firma:	Bodet & Horst GmbH & Co. KG
Anschrift:	Rheiner Straße 59 48477 Hörstel
Ansprechpartner:	Herr Michael Molière
Telefon:	(05459) 93 13 - 0
Telefax:	(05459) 16 93
Branche:	Textilindustrie
Produktpalette:	Maschenstoffe
Beschäftigtenzahl:	86 Mitarbeiter
Literatur:	B.A.U.M.-Erhebungsbogen Umwelterklärung 1995

Für die Bodet & Horst GmbH & Co. KG gehört der betriebliche Umweltschutz genauso wie die Wirtschaftlichkeit, die Sicherheit und die Qualität der Produkte zu den Unternehmenszielen. Sie ist der Überzeugung,

> „daß der Schutz der Umwelt und der natürlichen Grundlagen einen wichtigen Teil der unternehmerischen Eigenverantwortung darstellt und zur langfristigen Sicherung der Wettbewerbsfähigkeit des Unternehmens beiträgt."

Als Konsequenz beteiligt sich das Unternehmen an dem europäischen Gemeinschaftssystem für Umweltmanagement und ist seit Dezember 1995 nach der EG-Öko-Audit-Verordnung validiert.

1 Umweltleitlinien

Die Umweltleitlinien von Bodet & Horst lauten:

- Durch Schulungsmaßnahmen wird bei den Arbeitnehmern auf allen Ebenen das Verantwortungsbewußtsein für die Umwelt gefördert. Jeder Arbeitnehmer ist zur Einhaltung der ihm im Rahmen des Umweltmanagementsystems übertragenen Aufgaben verpflichtet. Dabei sind auch Qualitätssicherung und Arbeitsschutz integraler Bestandteil des gesamten Systems.
- Die Umweltauswirkungen neuer Verfahren sowie von neuen Produkten werden vorab beurteilt. Das Unternehmen ist bemüht, die Umweltverträglichkeit seiner

Produkte und der Produktion kontinuierlich zu verbessern. Dies fängt mit entsprechenden Kriterien beim Rohstoffeinkauf (Garne, überwiegend aus Naturfasern) an und führt über die Produktion bis zur Überlegung, welchen Weg die Produkte nach Wegfall ihrer Nutzung nehmen. Der Umweltschutz erstreckt sich also von der Wiege bis zur Bahre der Produkte.

- Die Auswirkungen der gegenwärtigen Produktion auf die lokale Umgebung und die lokale Umweltsituation werden sorgfältig beurteilt und überwacht. Bei der Planung und Realisierung neuer Anlagen werden Umweltschutz und Sicherheitsaspekte von vornherein mit berücksichtigt.
- Mit dem Ziel, eine kontinuierliche Verringerung der Emissionen durch die Produktion zu erreichen, werden Vermeidungsstrategien überprüft und - wo dies technisch möglich und wirtschaftlich realisierbar ist - in die Tat umgesetzt. Dies gilt insbesondere für die Reduzierung des Abfallaufkommens bei Bodet & Horst.
- Um bei Unfällen die Umweltbelastung so gering wie möglich zu halten, wurden Notfall- und Gefahrenpläne erstellt und aktualisiert; so wird die Produktionsanlage auf dem Stand der bestverfügbaren Technik gehalten und regelmäßig gewartet und geprüft. Eine zentrale Feuermeldeanlage ist auf das Rheiner Wachinstitut geschaltet, dem auch die Wartung der Anlage obliegt.
- Bodet & Horst bekennt sich zu einer offenen Informationspolitik hinsichtlich seiner Produktion und der Produkte. Die Öffentlichkeit erhält zukünftig, in Form einer regelmäßigen Umwelterklärung, alle Informationen, die zum Verständnis der Umweltauswirkung der Produktion benötigt werden. Auch die Kunden werden über Umweltaspekte informiert und über Anwendung und Entsorgung der hergestellten Produkte beraten.
- Da der präventiven Zusammenarbeit mit lokalen Umweltbehörden große Bedeutung beigemessen wird, ist ein intensiver Informationsaustausch mit allen zuständigen Behörden initiiert, der künftig weiter verbessert werden soll.
- Bei der Auswahl von Vertragspartnern wird darauf hingewirkt, daß auch diese eine kontinuierliche Verbesserung ihrer Maßnahmen im Umweltschutzbereich anstreben.
- Bodet & Horst führt ein Vorschriftenverzeichnis und aktualisiert es, sobald sich Vorschriften ändern.

2 Organisation des Umweltschutzes

„Der Umweltschutz als ganzheitliche Aufgabe des Unternehmens ist Chefsache, so daß die entscheidenden Impulse von der Geschäftsleitung ausgehen.“ Da aber auch die Mitwirkung der Mitarbeiter für einen erfolgreichen betrieblichen Umweltschutz unerläßlich ist, gilt bei Bodet & Horst der Grundsatz, „daß in Sachen Umweltschutz jeder "Chef" ist, das heißt, daß er mitverantwortlich ist.“

Um die Wichtigkeit des Umweltschutzes auch organisatorisch zu betonen, wurde die Stelle eines Umweltmanagementbeauftragten geschaffen, die direkt als Stab der Geschäftsleitung zugeordnet ist und gegenwärtig durch einen Prokuristen eingenommen wird (siehe Abb. 63).

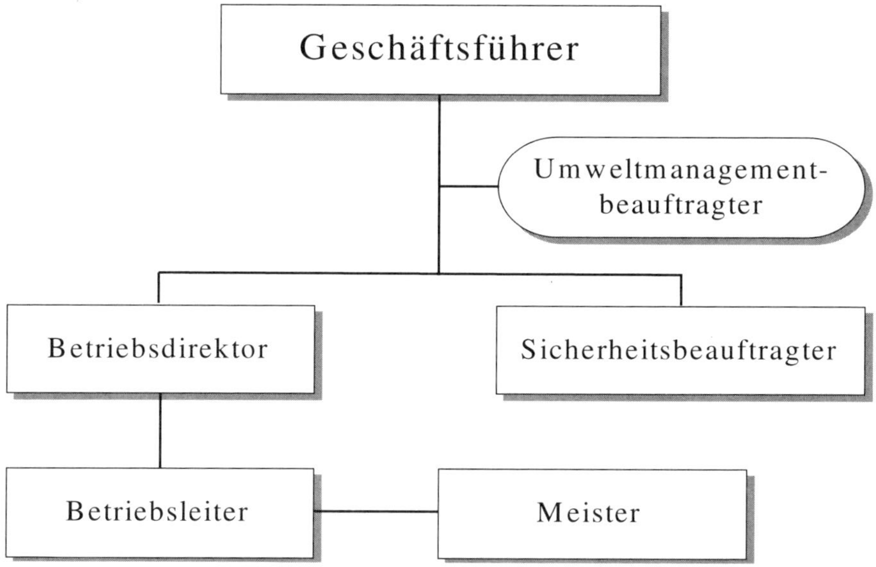

Abb. 63: Die Umweltschutzorganisation bei Bodet & Horst

3 Umweltprogramm

Im Umweltprogramm von Bodet & Horst sind die Umweltziele und die zu ihrer Umsetzung nötigen Umweltmaßnahmen zusammen mit einer Frist, die zur Erreichung der Ziele gesetzt wird, aufgelistet. Besonderer Wert wird darin neben der weiteren Reduzierung aller Emissionen und des Rohstoffverbrauchs vor allem auf die Mitarbeitermotivation und die Verbesserung der ökologischen Produktqualität gelegt. Dazu soll bis 1999 der Öko-Tex-Standard 100 Voraussetzung für alle verarbeiteten Grundgarne sein und der Anteil an Baumwolle aus kontrolliertem biologischen Anbau kontinuierlich weiter erhöht werden.

Weitere wichtige Ziele des Umweltprogramms sind die Verknüpfung des Umweltmanagementsystems mit einem Qualitätsmanagement nach ISO 9001 sowie der Aufbau eines Unfallmanagements und eines Arbeitsschutzsystems.

4 Kostensenkende Umweltschutzmaßnahmen

Bodet & Horst hat zahlreiche Umweltschutzmaßnahmen durchgeführt, deren kostensenkende Wirkung bis jetzt allerdings kaum erfaßt ist. Eine Maßnahme, an der eine Kostensenkung direkt zu erkennen ist, erbrachte eine Einsparung von 3.850 DM pro Jahr.

Reduzierung der Energiekosten

Zur Reduzierung des Stromverbrauchs an den Strickmaschinen wurden Vorschaltgeräte installiert, die den nicht produktionsabhängigen Stromverbrauch reduzieren sollen. Werte über die erzielten Einsparungen liegen noch nicht vor.

Ein neuer Dampferzeuger zur Produktion von Heißdampf für die Kalander in der Oberflächenbehandlung der Strickstoffe arbeitet mit einem erheblich höheren Wirkungsgrad, so daß mit einem Rückgang des Verbrauchs an Energie gerechnet wird. Auch hier liegen noch keine Werte vor. Die Anlage wurde von Heizöl EL auf Gas umgestellt.

Reduzierung der Entsorgungskosten

Eine konsequente Trennung aller im Betrieb anfallenden Reststoffe und deren überwiegend stoffliche Verwertung erbrachte eine weitere Reduzierung des Abfallaufkommens. Dadurch konnte die zur Deponierung bestimmte Reststoffmenge, die fast ausschließlich aus textilen Stäuben besteht, im Jahr 1995 von 24 auf 13 Tonnen reduziert werden. Die Kosteneinsparung bei den Deponiegebühren betrug 3.850 DM.

Reduzierung des Verpackungsmaterials

Im Verpackungsbereich wurde die Breite der verarbeiteten Polyethylenfolie verringert, so daß die Gesamtmenge an Polyethylen um 40 % reduziert werden konnte. Zusätzlich wurden die Verschnürung der Verpackungen von Draht auf Polyethylenschnellverschlüsse umgestellt, so daß die sortenreine Entsorgung bzw. Wiederaufarbeitung der Verpackungen möglich ist.

Zur Verpackung von konfektionierter Ware werden die Kartons aus dem Einkauf wiederverwendet. Dies spart den Neukauf von Verpackungsmaterial und reduziert das Abfallaufkommen.

5 Gewünschte politische Maßnahmen

Die wichtigsten politischen Maßnahmen und Ziele, die das Unternehmen für die weitere Verbesserung des Umweltschutzes für notwendig hält, sind:

- Die Reduktion der Luftemissionen
- Die Reduktion des Abfallaufkommens
- Die Substitution von Gefahrstoffen
- Die Renaturierung von Gewässern und Bergbau

94 Kunert AG

Firma:	Kunert AG
Anschrift:	Julius-Kunert-Straße 49 87509 Immenstadt
Ansprechpartner:	Herr Christian Wucherer
Telefon:	(08323) 123 - 00
Telefax:	(08323) 123 - 89
Branche:	Textilindustrie
Produktpalette:	Qualitätsbeinbekleidung der Markenfelder Kunert, Hudson, Burlington und Silkona
Beschäftigtenzahl:	ca. 3.900 Mitarbeiter
Literatur:	Dokumentation der Umweltaktivitäten der Kunert AG (Umweltkosten-Management, Umweltberichte, Buch „Umweltkosten-management“ im Hauser Verlag, 1997)

„Seit langem lebt und propagiert die KUNERT AG in Immenstadt ein neues Verhältnis zwischen Wirtschaft und Umwelt. Die immer noch weit verbreiteten defensiven Reaktionen auf die Umweltproblematik wurden durch ein offensives Umweltmanagement ersetzt. Die Zielsetzungen des Umweltschutzes wurden immer weiter in die Organisation und in die betrieblichen Abläufe integriert. Der Weg führte, in mehreren Etappen, vom "end of pipe"- bis hin zum "begin of pipe"-Denken.

Mit diesem Ansatz hat die KUNERT AG in den vergangenen Jahren eine Vielzahl konkreter Maßnahmen zur Umweltentlastung entwickelt und umgesetzt. Auffällig war, daß die meisten dieser Maßnahmen gleichzeitig zu erheblichen Kostenentlastungen geführt haben. Integrierter Umweltschutz zielt auf einen sparsamen und effizienten Einsatz der natürlichen Ressourcen ab und verbindet so ökonomische und ökologische Zielsetzungen.“

Seit mehr als 10 Jahren ist der Umweltschutz erklärtes Unternehmensziel der Unternehmensgruppe Kunert. Das B.A.U.M.-Mitgliedsunternehmen entwickelte im Laufe der letzten Jahre ein innovatives Umweltmanagement-System und wurde inzwischen mit sieben Umweltpreisen ausgezeichnet. Die Kunert AG veröffentlichte 1996 als bisher einziges Unternehmen weltweit die 7. Ökobilanz in Folge für alle Standorte des Unternehmens im In- und Ausland. Die Organisation des engagiert betriebenen Umweltschutzes zeigte, daß ein wirtschaftlich aufgebautes

Umweltmanagement häufig keinen ökonomisch-ökologischen Zielkonflikt darstellt, sondern sich Einsparpotentiale in Millionenhöhe ergeben. Synergieeffekte zwischen Umwelt- und Qualitätsmanagement sollen optimal genutzt werden.

1 Umweltleitlinien

Die ökologische Verantwortung gegenüber der Gesellschaft und künftigen Generationen ist Bestandteil der Unternehmenszielsetzung von Kunert. Die Umweltpolitik ist an folgenden Handlungsgrundsätzen orientiert:

- dem Ziel, Ökologie und Ökonomie in Einklang zu bringen,
- mit dem Öko-Controlling-System alle Werke im In- und Ausland zu erfassen,
- aktiv und freiwillig vorbeugenden Umweltschutz zu betreiben,
- alle Mitarbeiter in Umweltschutzaktivitäten einzubinden,
- offen nach Innen und Außen zu informieren,
- alle Produktionsstufen und Produkte in den Umweltschutz einzubeziehen und
- kundenorientiert Öko-Qualitätskriterien in das Qualitätsmanagement zu integrieren.

2 Organisation des Umweltschutzes

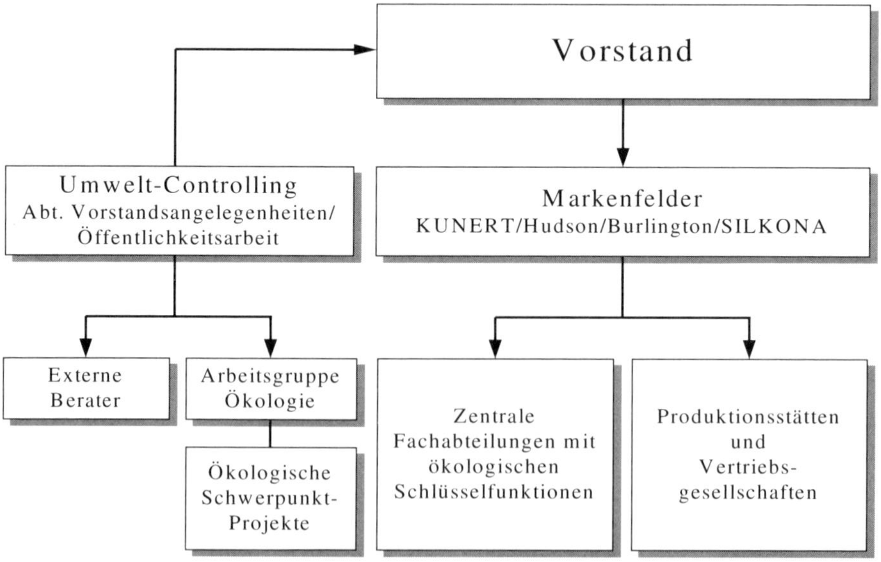

Abb. 64: Die Aufbauorganisation des Umweltmanagement bei Kunert

Das Öko-Controlling von Kunert fällt in den Aufgabenbereich der Stabsabteilung „Umweltcontrolling", ist als „Chefsache" direkt dem Vorstand unterstellt und wird vom Umweltmanagementbeauftragten geführt. Die Konzern-Arbeitsgruppe

„Ökologie" setzt sich unternehmensintern aus Mitarbeitern aller Geschäftsbereiche zusammen und wird von externen Beratern unterstützt. In einigen Geschäftsbereichen bestehen zusätzliche, spezielle Öko-Arbeitsgruppen. Die Zuständigkeiten und Verantwortlichkeiten des Umweltschutz-Management sind in einem Handbuch dokumentiert (siehe Abb. 64).

3 Umweltprogramm

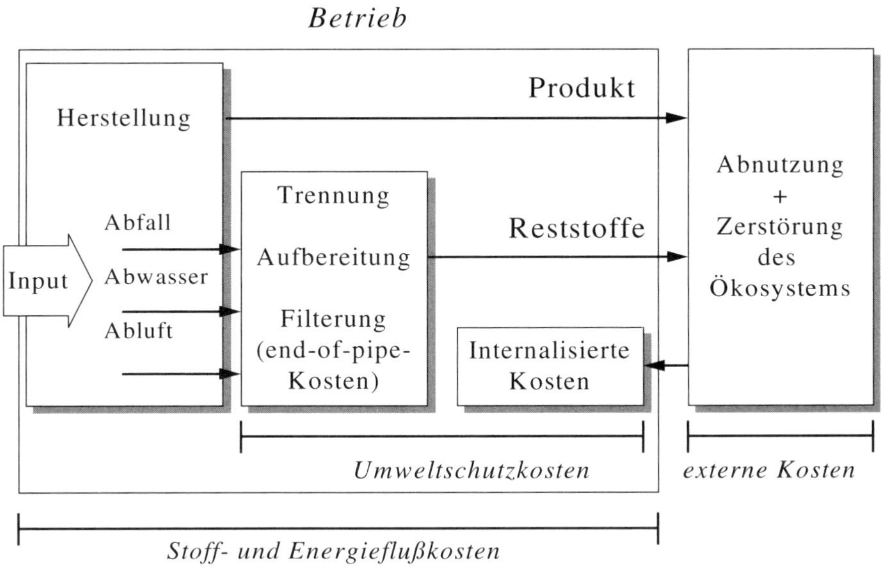

Abb. 65: Die Abgrenzung der in das Umweltkostenmanagement einbezogenen Kosten

Gemeinsam mit der Kienbaum Unternehmensberatung GmbH[26] und dem Institut für Management und Umwelt[27] entwickelte Kunert 1994 die Methode des Umweltkosten-Management (siehe Abb. 65). Diese neue Form der Kostenrechnung wurde zuerst im Werk Mindelheim erprobt und dient der Reduktion von Umweltbelastungen durch Reststoffe und der damit verbundenen systematischen Ermittlung von Kostensenkungspotentialen.

Bestandteile des Umweltprogramms sind

- das Kunert Öko-Controlling mit der Öko-Bilanzierung und der alljährlichen Erstellung der Öko-Berichte,
- der weitere Ausbau des Umweltkosten-Managements,
- der Ausbau des „Begin-of-the-pipe-Konzeptes" (Ökologischer-Input-Filter beim Wareneinkauf) des Umweltmanagements und

[26] Kienbaum Unternehmensberatung GmbH, Bleibtreustraße 1, 10623 Berlin, Telefon: (030) 312 62 61
[27] Institut für Management und Umwelt, Augsburg

- neben der intern durchgeführten Umweltprüfung die externe Auditierung nach der EG-Öko-Audit-Verordnung bzw. ISO 14001 an Kunert-Produktionsstandorten mit dem Ziel der Validierung bzw. Zertifizierung.

4 Ökobilanz

Mit der Erstellung der siebten übergreifenden Öko-Bilanz für alle Standorte der Unternehmensgruppe im In- und Ausland wurde ein Öko-Datenvergleich vorgenommen. Durch das konzernweite Öko-Controlling konnte die nachhaltige Reduktion umweltrelevanter Stoff- und Energieverbräuche nachgewiesen werden.

5 Kostensenkende Umweltschutzmaßnahmen

Durch den Einsatz des Umweltkosten-Managements wurden im Kunert-Werk in Mindelheim nach systematischer Analyse Kostensenkungspotentiale in Höhe von 4,94 Mio. DM pro Jahr (7,25 % der Gesamtkosten des Werkes) aus den Reststoffen Abfall, Abwasser, Abluft und Abwärme, als nicht wertschöpfende Kosten ermittelt. Kernelement der Methode des Umweltkosten-Managements ist es, Stoffströme mit Hilfe der betrieblichen Input-Output-Bilanz transparent zu gestalten und anschließend diese Mengenströme monetär zu bewerten. Die Kostenbewertung erfolgte unter Berücksichtigung der Einkaufskosten, des Personals, der Abschreibungen und der Entsorgungskosten.

Nach dieser Problemanalyse wurde mit den Beteiligten ein Handlungsprogramm (Aufwand/Nutzen) kostensenkender Maßnahmen entwickelt. Einige der Maßnahmen wurden standortübergreifend umgesetzt, andere sind nach Produktionsstandorten differenziert spezifisch auf Ressourcenschonung und Einsparung konzentriert. Das Kunert-Werk in Mindelheim kann dadurch über 2,3 Mio. DM pro Jahr einsparen.

Einsparung von Roh-, Hilfs- und Betriebsstoffen

Generell konnte Kunert durch sein systematisches Öko-Controlling umweltrelevante Stoff- und Energieverbräuche nachhaltig reduzieren. Während der Jahre 1991 bis 1995 sank der Rohstoffverbrauch um 33 %, jedoch nahm auch die Outputmenge an Bein- und Oberbekleidung um 9,2 % (in kg) ab. Deutlicher sanken im gleichen Zeitraum der Energieverbrauch und der Wasser-Input, beide jeweils um 36 %.

Reduzierung der Wasser- und Abwasserkosten

Durch Reparaturmaßnahmen im Leitungsnetz und die Installation eines Trennsystems der Wasserversorgung in Trink- und Brauchwasser wurde im Kunert-Werk in Immenstadt eine Reduktion des Trinkwasserverbrauchs um jährlich 25.000 m^3 und damit eine Einsparung von ca. 100.000 DM pro Jahr erzielt. Aufgrund der

Umstellung auf silikonfreien Weichmacher konnten durch die geringere Abwasserbelastung 40.800 DM pro Jahr eingespart werden.

Die für eine geplante Abwasserreinigungsanlage geschätzte Investition in Höhe von 800.000 DM konnte durch die Entwicklung chromfreier Farbstoffe entfallen. Reduziert wurde damit auch die Abwasserbelastung durch Chrom.

Reduzierung der Energiekosten

Die Installation von Wärmerückgewinnungsanlagen in allen Kunert-Werken senkte den jährlichen Heizölverbrauch um 990.000 Liter. Diese Maßnahmen brachten allein für das Werk Temasa, Marokko, 1992 Einsparungen in Höhe von 156.000 DM. Weiterhin wurden mit der generellen Feuerungsumstellung von Heizöl auf Erdgas neben einer erheblichen Reduktion von Schadstoffemissionen (zwischen 1991 bis 1994 wurde z.B. eine Reduktion von 23,3 Mio. kg CO_2 erreicht; d.h. das Schadstoffemissionsniveau konnte von 59,4 Mio. kg CO_2 auf 36,1 Mio. kg gesenkt werden) im Werk Immenstadt seit 1991 etwa 210.000 DM an Kosten eingespart.

Reduzierung der Entsorgungskosten

Reststoffstrom	Kosten der Produktion				Kosten der Entsorgung	**Gesamt**
	Einkaufskosten	Personal	AfA	Andere Kosten		
Ausfälle und Nacharbeit	1.006	270			-14	**1.262**
Schnittreste	167					**167**
Produkt- und Transportverpackung am Produkt					461	**461**
Umadjustierung und Umfärben	256	931			6	**1.193**
Sonstige Verpackungsmaterialien	182	99	48		9	**338**
Abwasser	521				257	**778**
Weitere Abwärme	744					**744**
Gesamt	**2.876**	**1.300**	**48**	**0**	**719**	**4.943**

Tab. 12: Die Zusammensetzung der Reststoffkosten im Kunert-Werk Mindelheim (1993, in TDM)

Als dominierender Kostenfaktor umweltbelastender Reststoffe wurden bei Kunert nicht die Entsorgungskosten, sondern die Einkaufswerte ermittelt (siehe Tab. 12). Dennoch konnte die Restmüllquote (Anteil des Restmülls am gesamten Abfallaufkommen) seit 1989 von 55,1 % auf 14,8 % im Jahr 1995 gesenkt werden. Gleichzeitig sank das Gesamtabfallaufkommen auf 25 %, während die Wertstoffquote (Anteil an wiederverwertbaren Ressourcen) von 43,8 auf 77 % stieg. Die exemplarisch durchgeführte Erhebung der Reststoffkosten im Werk

Mindelheim ergab ein kostensenkendes Maßnahmenpaket aus verschiedenen Unternehmensbereichen zur Optimierung und Senkung des Reststoffkostenblocks um 204.000 DM pro Jahr. Aus der Systemnutzung der entwickelten, durchgängigen Stoffstrom- und Kostentransparenz werden weitere Einsparungen in Höhe von 640.000 DM erwartet.

Reduzierung der Kosten für Transport und Verkehr

Aufgrund der Reduktion des Heizölverbrauches (siehe oben) entfallen ca. 50 Gefahrgut-Transporte pro Jahr und die damit verbundenen Treibstoffkosten.

Reduzierung des Verpackungsmaterials

Im Bereich der Produktverpackungen führten zwei strukturelle Umstellungen zu mehr Ressourcenschonung und erheblichen Einsparpotentialen: der Ersatz von Preisetiketten durch direktes Bedrucken der Verpackungsfolie ergibt eine Einsparung von 450.000 DM pro Jahr und die Wahl dünnerer Verpackungsdeckblätter und -folien erbringt ca. 900.000 DM pro Jahr.

95 Mehler Technische Textilien GmbH

MEHLER Technische Textilien

Firma:	Mehler Technische Textilien GmbH
Anschrift:	Edelzeller Straße 44 36043 Fulda
Ansprechpartner:	Herr Dr. Veckenstedt
Telefon:	(0661) 103 - 520
Telefax:	(0661) 103 - 852
Branche:	Textilindustrie
Produktpalette:	Technische Textilien, Markisenstoffe, Schutzgewebe, Ballistik
Beschäftigtenzahl:	250 Mitarbeiter
Literatur:	Commerzbank/impulse-Umweltpreis-Bewerbung 1996

1 Kostensenkende Umweltschutzmaßnahmen

Die Mehler Technische Textilien GmbH konnte ihre Kosten durch zwei prozeßintegrierte Maßnahmen, durch die die Umweltauswirkungen des Unternehmens reduziert wurden, um insgesamt 369.000 DM pro Jahr senken.

Einsparung von Roh-, Hilfs- und Betriebsstoffen

Die Umstellung der Ausrüstungsbehandlung von Markisenstoffen für Sonnenschutzanlagen auf ein umweltschonendes Verfahren erbrachte eine Reihe von Vorteilen in ökologischer und ökonomischer Hinsicht.

Die Markisenstoffe werden ausgerüstet, um dem Rohgewebe einen steifen Griff zu verleihen (mit Hilfe von Harzen), eine Wasserdichtigkeit zu erzeugen und eine schutz- und wasserabweisende Eigenschaft zu geben. Der dazu nötige naßchemische Ausrüstungsprozeß wurde dahingehend verbessert, daß mit einem neuen Netzmittel in Verbindung mit einer geringeren Einsatzkonzentration eine Reduzierung der eingesetzten Chemikalienmenge um 28 % erfolgen konnte. Durch den Einsatz einer Vakuumpumpe wurde eine Verminderung von 10 auf 3 g/Liter Flotte erreicht. Daraus ergibt sich eine geringere Belastung des Abwassers sowie die Abgabe von geringeren Emissionen an die Abluft.

Weitere Änderungen durch ein neues Harzsystem reduzieren wesentlich die Formaldehyd-Belastung des Produkts. Der Ersatz von leicht flüchtigen Alkoholen durch erst auf der Ware crackenden Alkohol minimiert die Emissionsfracht zusätzlich. Zusammen mit der aus der Ausrüstungsumstellung folgenden Einsparung an Wasser und Energie ergibt sich durch die Maßnahme eine Kostensenkung in Höhe von 310.000 DM pro Jahr.

Das unten beschriebene Destillationsverfahren zur Wiederverwendung von Äthylacetat in der Reinigung reduziert die Menge von anzuschaffendem Neu-Äthylacetat um 11 %.

Reduzierung der Wasser- und Abwasserkosten

Die Umstellung der Markisenausrüstung auf ein umweltschonendes Verfahren hat den Wasserverbrauch für den Prozeß von 6 auf 3 m^3/h reduziert. Zusätzlich kann das Wasser aus der Vakuumpumpe (1 m^3/h) in den Produktionsprozeß zurückgeführt werden. Die gesamte Einsparung an Wasser- und Abwassermenge beträgt somit 66 %.

Reduzierung der Energiekosten

Auch der Energieverbrauch wurde durch die Umstellung der Markisenausrüstung auf ein umweltschonendes Verfahren um 25 % reduziert. Einerseits muß durch die Verminderung des Wasserverbrauchs auch weniger Wasser in der Flotte aufgeheizt werden. Andererseits bewirkt der Einsatz einer Vakuumpumpe eine weitestgehende mechanische Vortrocknung, so daß weniger Dampf zur Trocknung der Markisenstoffe eingesetzt werden muß.

Reduzierung der Entsorgungskosten

Die Reinigung von mit PVC verschmutzten Putzlappen, Kübeln und Schläuchen erfolgt mit Äthylacetat. Das nach dem Reinigungsprozeß verschmutzte Äthylacetat wird in einer Destillieranlage destilliert und kann danach erneut verwendet werden. Die Destillationsrückstände fallen trocken an.

Das Sonderabfallvolumen hat sich durch das Destillationsverfahren um 66 % reduziert. Die dadurch eingesparten Entsorgungskosten betragen 59.000 DM pro Jahr. Zusätzlich verringerte sich die Menge an neu anzuschaffendem Äthylacetat.

96 Klaus Steilmann GmbH & Co. KG

steilmann
GRUPPE

Firma:	Klaus Steilmann GmbH & Co. KG
Anschrift:	Feldstraße 4 44867 Bochum
Ansprechpartnerin:	Frau Karen Schmidt
Telefon:	(02327) 940 - 484
Telefax:	(02327) 940 - 574
Branche:	Bekleidungsindustrie
Produktpalette:	Damenoberbekleidung, Herrenkonfektion, Kinderbekleidung, Spezialkollektionen
Mitarbeiterzahl:	18.000 Mitarbeiter (weltweit)
Literatur:	B.A.U.M.-Erhebungsbogen Umweltbericht 1994, Umwelterklärung 1996

„Erklärtes Ziel des Umweltschutzes der Steilmann-Gruppe ist es, im Rahmen der betriebswirtschaftlichen Anforderungen zur Existenz- und Rentabilitätssicherung, die Umweltbelastungen in allen Stufen der textilen Kette sowie des Produktlebenszyklusses unserer Erzeugnisse zu vermindern oder ganz zu vermeiden.“

Die Unternehmenspolitik der Klaus Steilmann GmbH & Co. KG und der gesamten Steilmann-Gruppe wird seit 1993 durch ein Umweltmanagement-Konzept bestimmt, das sowohl der Produktentwicklung und der Lieferantenpolitik als auch der Umweltorganisation als Grundlage dient. Die ökologisch optimierte Kollektion „IT'S ONE WORLD“ von Britta Steilmann erbrachte 1993 als konsequente Umsetzung den Sonderpreis für innovatives ökologisches Management des Wirtschaftsmagazins „Capital“ und der Umweltstiftung WWF. Das Umweltengagement des B.A.U.M.-Mitgliedsunternehmens fand neben weiteren Auszeichnungen u.a. weltweite Anerkennung durch die Berufung von Herrn Dr. Klaus Steilmann in den Club of Rome im Jahr 1993.

Im Januar 1996 wurde erstmals das Umweltmanagementsystem eines Standortes der Steilmann-Gruppe im Rahmen der EG-Öko-Audit-Verordnung durch einen unabhängigen Umweltgutachter validiert. Als eines der ersten Unternehmen der Bekleidungsindustrie gelang es damit, die hohen Ansprüche der EG-Öko-Audit-Verordnung für die Zentrale der Steilmann-Gruppe am Standort Wattenscheid zu erfüllen. Die Zentrale dient als Vorreiter bei der Einleitung der Auditierung von Tochterunternehmen sowie der in- und ausländischen Fertigungsbetriebe.

1 Umweltleitlinien

Die nachfolgenden Auszüge aus dem Umweltmanagement-Konzept verdeutlichen das Selbstverständnis der Steilmann-Gruppe im Umweltbereich:

- Die Steilmann-Gruppe wird als Pionier der Umweltbewegung über die Einhaltung aller gesetzlichen Umweltvorschriften hinaus aktiv neue Maßstäbe setzen und verpflichtet sich zur kontinuierlichen Verbesserung des Gesundheits- und Verbraucherschutzes, des Naturschutzes sowie Umweltschutzes im weltweiten Handel.
- Erklärtes Ziel des Umweltschutzes der Steilmann-Gruppe ist es, im Rahmen der betriebswirtschaftlichen Anforderungen zur Existenz- und Rentabilitätssicherung, die Umweltbelastungen in allen Stufen der textilen Kette sowie des Produktlebenszyklusses ihrer Erzeugnisse zu vermindern oder ganz zu vermeiden.
- Die umweltorientierte Unternehmensführung bezieht die Ideen und Vorschläge aller MitarbeiterInnen aktiv ein und soll negative Umwelteinwirkungen minimieren. Dies betrifft insbesondere Abfälle, Energie- und Materialverbrauch, aber auch unnötige Transportbelastungen und Verpackungen.
- Die Unternehmenspolitik zielt auf eine vorteilhafte Verbindung von Ökologie, Ökonomie und sozialer Sicherung für eine nachhaltig zukunftsfähige Entwicklung des Unternehmens und seiner MitarbeiterInnen.
- Die Steilmann-Gruppe verpflichtet sich, die betriebliche Umweltsituation in all ihren Einflußbereichen kontinuierlich zu verbessern. Sie nimmt freiwillig an Umweltaudits der EU teil und setzt sich für eine Neuordnung der Produktkennzeichnung auch aus Umweltsicht ein.
- Die Verantwortung des Unternehmens erstreckt sich global auf den Abbau des Wohlstandsgefälles zwischen Industrie- und Entwicklungsländern durch Anstreben von weltweit gleichen Umwelt- und Sozialstandards für Produktion und Produkte sowie die Einbeziehung des Umweltschutzes in die GATT-Verhandlungen.
- Die Steilmann-Gruppe arbeitet mit nationalen und internationalen Umweltorganisationen zusammen, fördert die Umweltforschung, die Aus- und Fortbildung im Umweltbereich und die Durchsetzung neuer ökologiegerechter Design- wie Produktbewertungsmaßstäbe.
- Es gehört zur Umweltpolitik der Steilmann-Gruppe, den ökologieorientierten Know-How- und Technologietransfer in die partnerschaftlich verbundenen Produktionsbetriebe zu organisieren und besonders den Betrieben in Mittel- und Osteuropa konkrete Hilfe beim Aufbau einer markt- und umweltorientierten Unternehmensführung zu gewähren.

2 Organisation des Umweltschutzes

Der Umweltschutz der Steilmann-Gruppe ist durch einen Umweltausschuß und ein Umweltressort institutionalisiert worden. Dabei setzt sich der Umweltausschuß aus allen Umweltbeauftragten der Unternehmensgruppe zusammen und tagt im Abstand von drei Monaten oder bedarfsorientiert. Er versteht sich so als gruppen- und ressortübergreifendes Diskussions- und Entscheidungsforum in sämtlichen ökologisch wichtigen Fragestellungen. Darüber hinaus übernimmt das Umweltressort die Ausführung konzeptioneller und koordinierender Umweltaufgaben und arbeitet eng mit dem Klaus Steilmann Institut für Innovation und Umwelt GmbH (KSI) zusammen (siehe Abb. 66).

Das 1991 gegründete KSI dient u.a. der Vernetzung zu wissenschaftlichen Einrichtungen im Rahmen von Forschungs- und Entwicklungsprojekten als auch zu vor- und nachgelagerten Marktpartnern. Auf der Basis dieses Know-how-Pools werden hier die markt- und umweltorientierten Innovations- und Kommunikationsziele formuliert und umgesetzt, die Aus- und Weiterbildung der Mitarbeiter gefördert sowie die Vorbereitung und Durchführung von Umwelt- und Qualitätsaudits koordiniert.

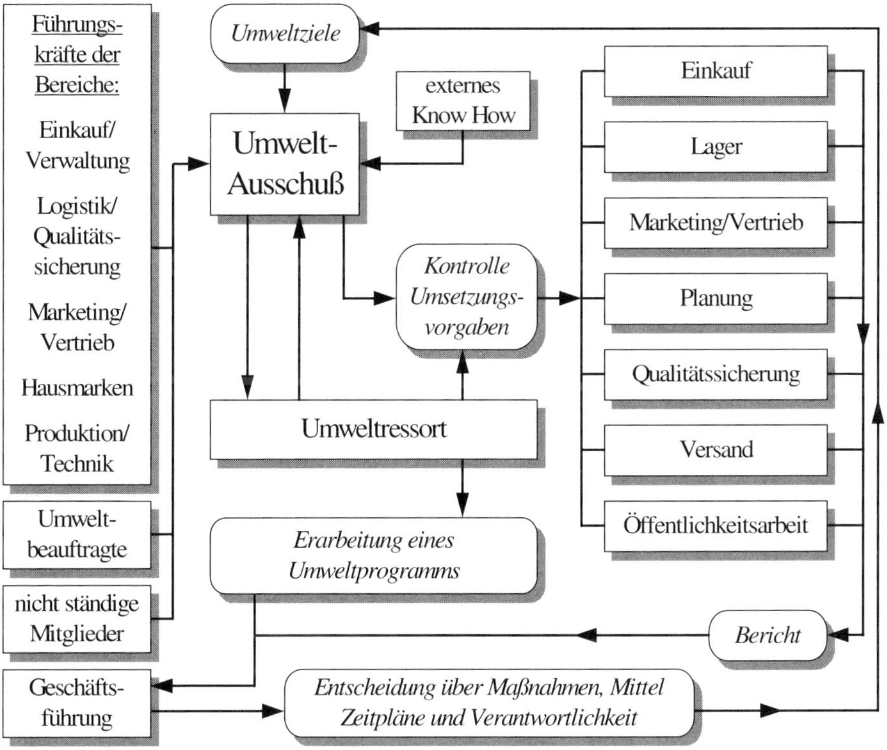

Abb. 66: Der Aufbau der Umweltorganisationsstruktur bei Steilmann

3 Umweltprogramm

Umweltschutz wird als Querschnittsaufgabe für alle Mitarbeiterinnen und Mitarbeiter verstanden und nicht auf Stabsstellen reduziert. Hilfestellung für die tägliche Umsetzung verantwortlichen Handelns bietet ein Umweltschutzhandbuch, das u.a. auch der Dokumentationspflicht im Rahmen der EG-Öko-Audit-Verordnung genügt.

In Abstimmung mit dem Öko-Info des Dialog Textil-Bekleidung (DTB) wurde der Steilmann-Artikelpaß entworfen, der Aufschluß über qualitative und ökologische Eigenschaften von Vorprodukten liefert und damit Einfluß auf den vorgelagerten Produktionsprozeß nimmt. Erstmals 1994 eingesetzt, erhielt das Unternehmen damals bereits Informationen zu 48 % der Metragen. Mit dem Einsatz des Artikelpasses sind folgende Zusatzanforderungen an die Lieferanten verbunden:

- Verzicht auf den Einsatz von Chlor bei der Stoffbleiche sowie Chrom in der Färberei
- genereller Verzicht auf problematische Färbebeschleuniger
- Verringerung des Schwermetalleinsatzes in Farbstoffen
- Vorhandensein einer mechanisch-biologischen Kläranlage

Neben der Verminderung von negativen Umwelteinwirkungen sind die Umweltziele der Steilmann-Gruppe auf eine ökologisch verantwortliche Produktpolitik in allen Stufen der textilen Kette ausgerichtet.

4 Ökobilanz

In einzelnen produkt- und produktionsbezogenen Bereichen wurden erste Ökobilanzen erstellt. Eine übergreifende Input-Output-Bilanz der gesamten Steilmann-Gruppe ist jedoch aufgrund der Größe des Unternehmens und dem hohen Anteil der Auslandsfertigung eine sehr komplexe Aufgabe und liegt bisher nicht vollständig vor. Einzelne detaillierte Input/Output-Bilanzierungen befinden sich in den Umwelterklärungen der verschiedenen Standorte der Steilmann-Gruppe.

5 Kostensenkende Umweltschutzmaßnahmen

Aufgrund der hohen Bedeutung, die die Steilmann-Gruppe der internen und externen Umweltkommunikation einräumt, konnten durch einen internen Energiesparwettbewerb kostensenkende Umweltschutzmaßnahmen im Energiebereich quantifiziert werden. Die Mitarbeitervorschläge wurden anschließend zu einer Checkliste „Energie“ zusammengefaßt, um so eine kontinuierliche Umsetzung garantieren zu können.

Reduzierung der Energiekosten

Aus den vorgeschlagenen Maßnahmen des Energiesparwettbewerbs ergaben sich in einem Betrieb Einsparungen im Stromverbrauch von 10 % und eine Verringerung der Stromkosten um 13 %. Aus einer Investition in Höhe von 1.400 DM ging so ein Einsparpotential von 34.000 DM pro Jahr vor.

Diese ökonomisch wirksamen Einsparungen sind zurückzuführen auf den Einsatz automatischer Steuerungssysteme bei Beleuchtungsanlagen, wie z.B. Fotozellen, Bewegungsmeldern und Zeitschaltuhren. Weitere Maßnahmen betrafen das Ausschalten von Maschinen, die Optimierung der Auslastung von Fixierpressen, den Einsatz von Wärmerückgewinnungssystemen sowie die Senkung von Leistungsspitzen. Im Jahr 1996 zeigte sich jedoch, daß aufgrund von Produktionsverlagerungen nach Osteuropa der Energieverbrauch pro Stück in den deutschen Betrieben insgesamt gestiegen ist.

Reduzierung der Entsorgungskosten

Seit 1991 werden die im Unternehmen anfallenden Reststoffe mit Hilfe einer Abfallerfassungsmatrix systematisch analysiert, getrennt und erfaßt. Dabei konnte die Verwertungsquote von 74 % im Jahr 1993 auf 77 % im Jahr 1994 gesteigert werden.

6 Gewünschte politische Maßnahmen

Die wichtigsten politischen Maßnahmen und Ziele, die das Unternehmen für die weitere Verbesserung des Umweltschutzes für notwendig hält, sind:

- Die Durchführung einer Öko- bzw. Energieverbrauchssteuerreform
- Die Entwicklung einer Öko-Innovationsstrategie
- Ökologische Aus- und Weiterbildungsprogramme und der verstärkte Einbezug ökologischer Inhalte in Studien- und Lehrpläne durch ein Pflichtfach „Ökologie“
- Die Verbindung der Arbeit der WTO (World Trade Organization) mit Umweltregeln

97 Vorwerk & Co. Teppichwerke GmbH & Co. KG

Firma:	Vorwerk & Co. Teppichwerke GmbH & Co. KG
Anschrift:	Kuhlmannstraße 11 31785 Hameln
Ansprechpartner:	Herr Henner Thielemann
Telefon:	(05151) 103 - 0
Telefax:	(05151) 103 - 377
Branche:	Textilindustrie
Produktpalette:	Teppichboden
Beschäftigtenzahl:	550 Mitarbeiter
Literatur:	B.A.U.M.-Erhebungsbogen Commerzbank/impulse-Umweltpreis Bewerbung 1996, Umwelterklärung 1996

„Verantwortliches unternehmerisches Handeln schließt heute den Schutz der Umwelt ebenso ein wie die Schonung der Rohstoffe. Umweltschutz ist kein lästiger Kostenfaktor, sondern Ausdruck der gesellschaftlichen Verantwortung, ohne die nicht nur Marktanteile in Frage gestellt würden, sondern auch die öffentliche Legitimation des Unternehmenserfolgs gefährdet wäre."

Da die Vorwerk & Co. Teppichwerke GmbH & Co. KG von der Bedeutung des Umweltschutz für die Unternehmenspolitik überzeugt ist, war es für das Unternehmen ein logischer Schritt, ein Umweltmanagementsystem aufzubauen. Im Juli 1996 wurde der Standort Hameln nach der EG-Öko-Audit-Verordnung validiert und 1997 erhielt Vorwerk den Commerzbank/impulse-Umweltpreis.

1 Umweltleitlinien

Die Umweltleitlinien von Vorwerk lauten:

- Umweltschutz ist für Vorwerk ein eigenständiges Unternehmensziel.
- Alle Unternehmensentscheidungen werden unter den Gesichtspunkten der Umweltverträglichkeit überprüft.

- Vorwerk tut auf dem Gebiet des Umweltschutzes mehr als der Gesetzgeber verlangt.
- Die Gesamtverantwortung für den Umweltschutz liegt bei der Geschäftsführung.
- Die Produktion wird so ressourcenschonend wie möglich gestaltet.
- Unvermeidbare Umwelteinwirkungen werden auf ein möglichst niedriges Niveau gebracht.
- Statt end-of-the-pipe Techniken einzusetzen wird an den verursachenden Prozessen selbst angesetzt, um Umweltbelastungen zu reduzieren.
- Wir installieren und betreiben ein Unfall- und Notfallmanagement, das ständig verbessert und den Veränderungen angepaßt wird.
- Unsere Mitarbeiter und die Öffentlichkeit wollen wir auf geeigneten Wegen über die Zielsetzungen und die Erfolge im Umweltschutz unterrichten.
- Zur Aufrechterhaltung des Umweltmanagementsystems werden jährlich Umweltbetriebsprüfungen durchgeführt.
- An unsere Lieferanten stellen wir die gleichen Anforderungen wie an uns selbst.
- Unseren Kunden wollen wir unser ökologisches Konzept offensiv kommunizieren, um auf sie einzuwirken, unseren Standards zu folgen.

2 Organisation des Umweltschutzes

Bei Vorwerk sind die Aufgaben des Umweltschutz den jeweiligen Abteilungen und Bereichen zugeordnet. Im einzelnen ergeben sich daraus folgende Verantwortlichkeiten:

Geschäftsführung:	Gesamtbetrieb
Abteilungsleiter:	seine Abteilung
Meister:	sein Bereich
Schichtleiter:	seine Maschine
jeder Vorgesetzte:	sein Aufgabengebiet
jeder Mitarbeiter:	sein Arbeitsbereich

Zusätzlich sind die beiden Stabsfunktionen „Umweltschutzbeauftragter“ und „Sicherheitsingenieur“ eingerichtet, die für alle Unternehmensebenen beratende Funktionen ausüben. Ergänzt wird die Umweltorganisation durch einen externen Berater „Umwelt/Sicherheit“, der auch die jährlichen Umweltbetriebsprüfungen durchführt und somit eine möglichst große Unabhängigkeit der Bewertung garantiert.

3 Umweltprogramm

Ausgehend von den Umweltleitlinien hat Vorwerk ein Umweltprogramm für die nächsten Jahre erarbeitet, in dem konkrete Umweltziele aufgelistet sind und die für die Durchführung zuständige Abteilung definiert ist. Wichtige Aspekte sind:

1. Die Aufarbeitung aller textilen Produktionsrückstände und deren Rückführung in den Produktionsprozeß.
2. Die Aufstellung detaillierter Energiebilanzen als Grundlage für eine effizientere Energiewirtschaft.
3. Die Intensivierung der Lieferantenbeziehungen, um die Umweltstandards auch auf die Lieferanten zu übertragen.
4. Die Kommunikation mit den größeren Kunden, um gemeinsam noch bessere Umweltstandards zu entwickeln.
5. Die Verbesserung der Dokumentation des Umweltschutzes.
6. Die Überarbeitung von Verfahrensanweisungen im Hinblick auf die Belange des Umweltschutzes.

4 Kostensenkende Umweltschutzmaßnahmen

Vorwerk erreicht mit den vorgestellten Umweltmaßnahmen Kostensenkungen in Höhe von etwa 2,4 Mio. DM pro Jahr.

Einsparung von Roh-, Hilfs- und Betriebsstoffen

Die Farbstoffdosier- und Ansatzstation wurde völlig neu konzipiert und nach umwelttechnischen Gesichtspunkten optimiert. Die neue Konstruktion der Farbansatzstation ist vertikal in mehreren Ebenen angelegt. Dadurch wird gewährleistet, daß die Farbpasten im freien Fall restlos zu den verbrauchenden Färbe- und Druckanlagen geführt werden. Weiterhin steht die Farbansatzanlage dicht an der Druckanlage, da die hochviskosen Druckpasten einen möglichst kurzen Fließweg mit steilem Gefälle benötigen. Die in den Bereitstellungsbehältern angesetzten Farblösungen werden über entsprechende Verteilersysteme den farbverbrauchenden Anlagen zugeleitet.

Diese Installation erzielt eine Einsparung von mindestens 80 % der bisherigen Restmengen an Farbansätzen. Desweiteren werden durch die vollautomatische Dosierung Farbstoff-Fehlchargen vermieden und die Menge der benötigten Textil-Hilfsmittel reduziert. Pumpen- und Leitungsverluste werden ausgeschlossen und Restflotten entfallen durch den Gebrauch optimierter Behältergrößen. Zusammengenommen addieren sich die durch das neue Verfahren erzielten Kosteneinsparungen auf einen Betrag von etwa 1,2 Mio. DM pro Jahr, der vor allen Dingen durch den reduzierten Einkauf von Hilfs- und Betriebsstoffen zustandekommt. Weitere Einsparungen resultieren aus der Verringerung der Abwasserbelastung und einer Reduzierung der Abfälle um 80 %.

Eine Änderung des Produktaufbaus der Teppichböden von vier Hauptkomponenten auf nur noch zwei Hauptkomponenten ermöglichte auch den Aufbau einer innerbetrieblichen Reststoffverwertung. Produktionsreste werden in einem Shredder zerkleinert und nach Durchlaufen einer Feinmühle als Recyclat dem Rohstoff Polyethylen zugeführt. Neben der Reduzierung der Abfallmenge reduzieren sich auch die Kosten für die Beschaffung von Polyethylen. Weiterhin wird die Schadstofffracht in der Abluft gegenüber einer herkömmlichen Teppichbodenproduktion um mehr als 90 % gesenkt. Eine Abluftreinigungsanlage und auch die damit zusammenhängende Sondermüllentsorgung der aus der Abluft auskondensierten Schadstoffe ist nicht mehr notwendig.

Durch die Rückführung von Latexschaumresten in den Schaumauftragskreislauf konnte die Menge an Latexresten um jährlich ca. 50 Tonnen reduziert werden. Mit der Investition von etwa 50.000 DM werden Beschaffungskosten für Latex-Compound in Höhe von ca. 75.000 DM pro Jahr eingespart. Zusätzlich sanken die Entsorgungskosten durch die Reduktion des Latex-Sondermülls (siehe unten).

Reduzierung der Wasser- und Abwasserkosten

Neben der Wassereinsparung durch die neue Farbstoffdosier- und Ansatzstation (siehe oben) wurden weitere Maßnahmen zur Reduzierung des Frischwasserverbrauchs und der Abwassermenge durchgeführt:

Für die Vakuumpumpen wurde ein Rohrleitungssystem aufgebaut, so daß das verwendete Wasser in das Betriebswasser-Sammelbecken abläuft und von dort auch die Pumpen mit Wasser versorgt werden. Es werden dadurch 100.000 m^3 Frischwasser eingespart und die Investition in Höhe von ca. 310.000 DM amortisiert sich in 1,8 Jahren. Die Kosteneinsparung beläuft sich auf etwa 170.000 DM pro Jahr.

Mithilfe von Filteranlagen werden Flusen aus dem Produktionsabwasser ausgefiltert und damit die Grenzwerte der kommunalen Abwassersatzung deutlich unterschritten. Obwohl die Filteranlage durch ihren Stromverbrauch eine Erhöhung der Betriebskosten verursacht, kann andererseits das flusenfreie Abwasser aus dem Siebtrommelwaschbad des Trockners in einem Hochbehälter gesammelt werden und dem Vorwaschbad des Trockners und den Kufen zur Wiederverwendung zugeführt werden. Diese zweifache Verwendung spart 170.000 m^3 Weichwasser und entlastet auch die Enthärtungsanlage. Die Investition in Höhe von 800.000 DM amortisiert sich nach ca. 1,5 Jahren. Dies entspricht einer Kosteneinsparung in Höhe von ca. 530.000 DM pro Jahr.

Mit dem „Carp-O-Roll", einem Kaltfärbe-Verweil-Verfahren, konnte die zum Färben benötigte Wassermenge im Gegensatz zum klassischen Kufenfärbeverfahren oder zur kontinuierlichen Färbung auf 10 % reduziert werden. Im Kaltfärbe-Verweil-Verfahren wird die Färbeflotte durch ein Gießwerk auf die Ware aufgegossen und anschließend die Ware auf Kaulen gewickelt. Dort dreht sie sich 24 Stunden. Während dieser Zeit zieht der Farbstoff auf die Ware. Die Ware muß danach nur noch gespült und getrocknet werden. Neben der erheblichen Reduzierung des Wasserverbrauchs wird auch der Dampf für das Aufheizen der Färbeflotte eingespart. Die Einsparung an Wasser beträgt seit 1982 bis 1996 ca. 60 %.

Reduzierung der Energiekosten

Das oben beschriebene „Carp-O-Roll“ Kaltfärbe-Verweil-Verfahren benötigt keine Energie zum Aufheizen der Färbeflotte und reduziert dadurch den Energiebedarf pro m^2 gefärbten Teppichboden auf ca. 6 % im Vergleich zu herkömmlichen Verfahren. Von 1982 bis 1996 ergab sich eine Einsparung an Dampf von etwa 60 %.

Reduzierung der Entsorgungskosten

Sowohl die neue Farbstoffdosier- und Ansatzstation als auch die Inbetriebnahme der Recyclatanlage für Produktionsreste (siehe oben) haben die zu entsorgende Abfall- und Sonderabfallmenge stark reduziert und wirken sich dadurch kostengünstig auf die zu entrichtenden Entsorgungsgebühren aus.

Mit der Rückführung von Latexschaumresten in den Schaumauftragskreislauf (siehe oben) werden durch die Reduzierung des Latex-Sondermülls Entsorgungskosten in Höhen von ca. 400.000 DM pro Jahr eingespart.

5 Gewünschte politische Maßnahmen

Die wichtigsten politischen Maßnahmen und Ziele, die das Unternehmen für die weitere Verbesserung des Umweltschutzes für notwendig hält, sind:

- Die Verkürzung der Dauer von Genehmigungsverfahren
- Die Erleichterung von Änderungen an genehmigten Anlagen
- Die Schaffung von steuerlichen Anreizen für innovative Maßnahmen im Umweltschutz

Verarbeitendes Gewerbe/Sonstige

Bartl GmbH

RIGIPS GmbH

Schott Glaswerke

98 Bartl GmbH

bartl

Firma:	Bartl GmbH
Anschrift:	Brunnthaler Straße 17 84518 Garching/Alz
Ansprechpartner:	Herr Anton Bartl
Telefon:	(08634) 98 85 - 0
Telefax:	(08634) 98 85 - 95
E-Mail:	hacki.bartl@t-online.de
Internet:	http://www.bartlgmbh.com
Branche:	Spielzeugindustrie
Produktpalette:	Spielzeuge, Geschenkartikel
Beschäftigtenzahl:	60 Mitarbeiter
Literatur:	Bewerbungsunterlagen für den Commerzbank/impulse-Umweltpreis 1996 Die Umwelt im Visier, 1995

„Ökologisches Verantwortungsbewußtsein aus persönlicher Überzeugung ist seit der Firmengründung durch Johann Bartl im Jahr 1973 zentrales Element der Firmenphilosophie. Ein hoher Qualitätsanspruch an die Produkte, kompetente und freundliche Mitarbeiter sowie das Motto "Leben und leben lassen" sind weitere Bausteine, die das Unternehmen schon vom Grundsatz her zu einem "umweltfreundlichen" Unternehmen machen. Wobei unter "Umweltschutz" nicht nur der verantwortungsbewußte Umgang mit wertvollen Rohstoffen und der Schutz der Natur gesehen wird, sondern auch die Bedürfnisse der Menschen im Mittelpunkt stehen - ob als Mitarbeiter, Lieferant oder Kunde.“

Die Bartl GmbH will dem Anspruch, ein „umweltfreundliches Unternehmen“ zu sein, gerecht werden, indem sie ein Umweltmanagementsystem in Anlehnung an die EG-Öko-Audit-Verordnung eingerichtet hat.

1 Umweltleitlinien

Die Umweltleitlinien von Bartl lauten:

- Umweltbelastungen werden soweit wie möglich vermieden oder auf das Mindestmaß beschränkt.

- Die Auswirkungen jeder Tätigkeit auf die Umwelt werden erfaßt, beurteilt, überwacht.
- Produktauswahl und Neuentwicklungen werden nach der Umweltverträglichkeit der Materialien geplant, knappe Ressourcen geschont.
- Neue Tätigkeiten oder Verfahren werden schon im voraus auf Umweltauswirkungen untersucht und entsprechend angepaßt.
- Die Befolgung der Umweltgesetzgebung wird in Zusammenarbeit mit den zuständigen Behörden überwacht, das Risiko von Unfällen minimiert.
- Bei den Arbeitnehmern wird die Identifikation mit bestehenden Maßnahmen und die aktive Teilnahme am kontinuierlichen Verbesserungsprozeß gefördert.
- Die Information der Öffentlichkeit über die Unternehmenspolitik ist selbstverständlich. So erhalten wir Verbesserungsvorschläge und geben Anregungen zur Nachahmung unseres Umweltengagements.

2 Organisation des Umweltschutzes

Die Planung und Durchführung von Umweltschutzmaßnahmen ist bei Bartl direkt der Geschäftsführung zugeordnet.

3 Ökobilanz

Bartl hat in Form einer Betriebsbilanz seine Umweltauswirkungen erfaßt (siehe Tab. 13).

Input		**Betriebsbilanz**		**Output**
Handelswaren	→		→	Handelswaren
Kaufteile	→		→	Produkte
Rohstoffe	→	**Lager**	→	Verpackung
Betriebsstoffe	→	**Verwaltung**	→	Werbemittel
Hilfsstoffe	→	**Produktion**	→	Abfall
Energie	→		→	Schadstoffe
Wasser	→		→	Abwasser
			→	Lärm

Tab. 13: In- und Output in der Betriebsbilanz von Bartl

4 Kostensenkende Umweltschutzmaßnahmen

Zahlreiche Umweltschutzmaßnahmen von Bartl führen nicht nur zu einer Steigerung des Image, sondern auch zu einem kostengünstigeren Betriebsablauf. So spart Bartl alleine mindestens 100.000 DM pro Jahr durch sein umweltbewußtes Messestandkonzept.

Einsparung von Roh-, Hilfs- und Betriebsstoffen

Bartl hat für seine Messebeteiligungen ein eigenes Messestandkonzept entwickelt, bei dem durch rationellen Aufbau, Integration der Transportbehälter in den Standaufbau und so geringe Abmessungen, daß der Transport in Pkw-Anhängern möglich ist, Einsparungen bei Arbeitsaufwand, Energieverbrauch, Verpackungsmüll und Transportkosten realisiert werden. Das Standkonzept existiert in zwei Größen (40 bis 50 m^2 und 18 bis 24 m^2) und wird durchschnittlich jeweils zehnmal jährlich für die Firmen- und Produktpräsentation genutzt. Die Kostensenkung gegenüber herkömmlichen Messestandsystemen beträgt bei einer durchschnittlichen Lebensdauer des eigenen Systems von 5 Jahren ca. 100.000 DM pro Jahr.

Reduzierung der Energiekosten

Ein kombinierter Holz-/Ölbrenner ermöglicht es, die bei der Holzverarbeitung anfallenden Hobelspäne zur Wärmegewinnung für die Raumheizung zu nutzen. Auch der bei der Fertigung entstehende Holzstaub, der aus der Raumluft gefiltert wird, kann hiermit genutzt werden. In Kombination mit einer kompakten Bauweise der Firmengebäude, die zu geringeren Wärmeverlusten führt, werden fast 50 % an Heizöl gegenüber einer durchschnittlichen Heizungsanlage eingespart.

Reduzierung der Entsorgungskosten

Eine strikte Abfalltrennung in die Fraktionen Papier/Kartonagen, Metalle, Kunststoffe/Folien, Altglas, Biomüll und Restmüll sorgt für eine starke Reduzierung der anfallenden Entsorgungsmenge. Die Wertstoffe werden an örtliche Sammelstellen geliefert, das Papier wird zu Papierschnipseln zerkleinert und als Füllmaterial im Versand verwendet.

Reduzierung des Verpackungsmaterials

Bartl hat auf örtlicher Ebene eine Gebrauchtkarton-Rücknahme initiiert, bei der die Mitarbeiter und Anwohner alte aber noch gebrauchsfähige Kartons und Verpackungsmaterial bei dem Unternehmen abgeben können. Das entgegengenommene Verpackungsmaterial wird einer Wiederverwertung zugeführt, da sich Bartl dazu entschieden hat, die Mehrzahl der anfallenden Post- und Bahnsendungen in alten Kartons zu verpacken. Diese Maßnahme fördert den Kreislaufwirtschaftsgedanken bei den Mitarbeitern und Mitbürgern und erspart dem Unternehmen gleichzeitig den Kauf von neuem Verpackungsmaterial.

99 RIGIPS GmbH

Firma:	RIGIPS GmbH
Anschrift:	Schanzenstraße 84 40549 Düsseldorf
Ansprechpartner:	Herr Peter-Christoph Schulze
Telefon:	(0211) 55 03 - 448
Telefax:	(0211) 55 03 - 446
Branche:	Baustoffindustrie
Produktpalette:	Gipsplatten und -systeme, Putz- und Fließstrichsysteme, Spachtelmassen
Beschäftigtenzahl:	800 Mitarbeiter
Literatur:	B.A.U.M.-Erhebungsbogen Bewerbungsunterlagen zum Commerzbank/impulse-Umweltpreis 1994/95

Die RIGIPS GmbH gehört zur BPB-Gruppe, dem größten europäischen Hersteller von Gipsprodukten. Das Unternehmen hat den Umweltschutz neben dem Arbeitsschutz gleichberechtigt in die Unternehmensgrundsätze aufgenommen.

1 Umweltleitlinien

Im Unternehmensleitbild von RIGIPS steht zum Umweltschutz:

- Unser Geschäft ist der Gips. Aus diesem Rohstoff fertigen wir umweltfreundliche und wohngesunde Baustoffe - diese sind Grundlage intelligenter und zukunftsgerichteter Systemlösungen für unsere Kunden.
- Das technische Niveau unserer Produktionsanlagen garantiert die hohe Qualität unserer Produkte - unsere Betriebe sind sicher, sie arbeiten umweltfreundlich, energie- und rohstoffschonend.
- Wir übernehmen Verantwortung für Natur und Umwelt.

2 Organisation des Umweltschutzes

RIGIPS hat seit 1993 in seiner Unternehmenszentrale die Stelle eines Bevollmächtigten für den Umweltschutz geschaffen, der dem Technischen Geschäftsführer unmittelbar berichtet und so direkt der Geschäftsführung zugeordnet ist. Die Aufgaben dieses Bevollmächtigten sind die Umsetzung der gesetzlichen Bestimmungen und die Herausgabe von Empfehlungen zur gesamten, für das Unternehmen relevanten, umwelttechnischen Aufgabenstellung.

In den Betrieben ist jeweils die Stelle eines betrieblichen Umweltschutzbeauftragten geschaffen worden, der disziplinarisch dem Werkleiter und fachlich dem Unternehmensbevollmächtigten zugeordnet ist. Seine Aufgabe ist die Mitwirkung beim Aufbau und der Durchführung eines effektiven betrieblichen Umweltschutzes. Dabei unterstützt er die Werksleitung und die sonstigen Betriebsverantwortlichen bei der Bewältigung ihrer umweltschutzrechtlichen und den damit in Verbindung stehenden organisatorischen Verpflichtungen.

3 Kostensenkende Umweltschutzmaßnahmen

RIGIPS erzielt durch seine Umweltschutzmaßnahmen eine Reduzierung der Kosten um etwa 9,25 Mio. DM pro Jahr.

Reduzierung der Entsorgungskosten

Eine nach mehrjähriger Verfahrensentwicklung errichtete Wiederverwertungsanlage für Gipskartonplatten ermöglicht es, nicht nur die Produktionsabfälle aus der Gipskartonherstellung sondern zusätzlich auch Baustellenreste zu verarbeiten. Die Abfälle werden in eine Vorzerkleinerungsmaschine gegeben und über einen Pufferbehälter einer Feinmühle zugeführt. Die entstehenden Stäube werden im Filter gereinigt und im Gipswerk in den Kreislauf zurückgeführt. Die Verarbeitungskapazität der Anlage zum Recycling von Gipsdihydrat, vermengt mit Kartonfasern, beträgt 180 Tonnen pro Tag. Dadurch müssen 30.000 Tonnen Produktionsabfälle pro Jahr nicht mehr deponiert werden, wodurch Deponiekosten von ca. 9,87 Mio. DM pro Jahr gespart werden. Mit einer Investition von 4,5 Mio DM und jährlichen Betriebskosten von 1,13 Mio. DM ergibt sich durch dieses Recyclingverfahren eine Kosteneinsparung von 8,74 Mio. DM pro Jahr vor Abschreibungen und Zinsen.

Durch Analysen der Abfallmengen und Erstellung von Abfallwirtschaftskonzepten in den jeweiligen Werken sowie durch systematischen Wissens- und Erfahrungsaustausch konnten kostenverbessernde Maßnahmen mit einer Einsparung von etwa 300.000 DM pro Jahr durchgeführt werden.

Reduzierung des Verpackungsmaterials

Durch die Verwendung von wiederverwertbaren Gurten statt Stahlbändern zur Ladungssicherung werden ca. 40 % der Kosten für die Transportsicherung eingespart. Es ergeben sich Kosteneinsparungen von ca. 200.000 DM pro Jahr.

Außerdem bestehen Verträge mit anderen Firmen für die Sammlung und Verwertung von Verpackungsmaterialien.

100 Schott Glaswerke

Firma:	Schott Glaswerke
Anschrift:	Hattenbergstraße 10 55122 Mainz
Ansprechpartner:	Herr Dr. Helmut Tietze
Telefon:	(06131) 66 - 44 33
Telefax:	(06131) 66 - 40 18
E-Mail:	SMZWI02!SMZ1DE01!Hub@ SG111L.attmail.com
Internet:	http://www.schott.de
Branche:	Glasindustrie
Produktpalette:	Spezialgläser und Glaskeramiken
Beschäftigungszahl:	17.100 Mitarbeiter weltweit
Literatur:	B.A.U.M.-Erhebungsbogen

„Schott will im Umweltschutz Vorbild sein.“ Dieses Selbstverständnis des Unternehmens ist nicht nur in den unternehmensstrategischen Umweltleitlinien dokumentiert, die für alle Mitarbeiter der Schott Gruppe weltweit verbindlich sind. Es zeigt sich auch an dem im Aufbau befindlichen „Integrierten Managementsystem Sicherheit und Umweltschutz“ - kurz IMSU genannt. Der Handlungsrahmen verpflichtet alle Führungskräfte der Schott Gruppe zur Ausgestaltung und Umsetzung. Darüber hinaus trägt jeder Mitarbeiter des B.A.U.M.-Mitgliedsunternehmens persönlich Verantwortung und ist aufgefordert, aktiv seinen Beitrag zum Schutz unserer Umwelt zu leisten.

1 Umweltleitlinien

Mit den Schott-Leitsätzen werden die strategischen Ziele zu Sicherheit und Umweltschutz für die Schott-Gruppe formuliert:

1. Gesellschaftliche Verantwortung: Die Schott Gruppe verpflichtet sich zu verantwortungsbewußtem und partnerschaftlichem Handeln gegenüber Gesellschaft und Umwelt. Unsere Arbeit steht auf der Grundlage von Recht und Gesetz der Staaten, in denen wir tätig sind. Für Sicherheit und Umweltschutz bedeutet das: Die Schott Gruppe stellt sich den Aufgaben zum Schutz der Um-

welt und trägt aktiv zu deren Lösung bei. Sie will im Umweltschutz Vorbild sein und betreibt eine offene Informationspolitik gegenüber Mitarbeitern, Marktpartnern, Behörden und der Öffentlichkeit. Der wirtschaftliche Nutzen unserer Betätigung darf nicht zu Lasten der Sicherheit der Menschen und des Schutzes der Umwelt gehen. Die Vorgaben von Gesetzen und Verordnungen werden als Mindestanforderungen verstanden.

2. Gesundheitsvorsorge für Mitarbeiter: Gesundheit und Sicherheit unserer Mitarbeiter haben höchste Priorität. Dem wird bei der Gestaltung von Arbeitsplätzen, durch Bereitstellung von Arbeitsschutzmitteln, durch ausreichende arbeitsmedizinische Vorsorge und durch Schulung der Mitarbeiter Rechnung getragen. Die Schulung soll auch die eigene Verantwortung für Gesundheit, Arbeitssicherheit und Umweltschutz bewußt machen. Wir wollen für stetige Verbesserung der Arbeitsplätze und -bedingungen sorgen.
3. Reduzierung von Umweltbelastung: Wir wollen Luft, Wasser und Boden so wenig wie möglich belasten. Auswahl und Einsatz von Stoffen, Technologien und Produktionsverfahren richten sich maßgeblich auch nach ihrer Umweltverträglichkeit. Rohstoffe mit Gefährdungspotential werden, wo immer möglich, durch mindergefährliche substituiert. Wir leisten Beiträge zur Weiterentwicklung des Standes der Technik im Umweltschutz, indem wir dazu neue Technologien erproben und wissenschaftliche Erkenntnisse frühzeitig anwenden. Emissionen in Luft und Wasser sind zu minimieren, Abfälle möglichst zu vermeiden oder zu verwerten, zumindest aber sachgerecht zu entsorgen.
4. Schonung der Ressourcen: Geschäftsprozesse sind ökonomisch zu optimieren und dabei so zu gestalten, daß immer weniger Rohstoffe und Energie benötigt werden. Der gesamte Stoff- und Energieeinsatz ist ständig auf niedrigen Verbrauch zu überprüfen. Wiederverwertbarkeit ist wichtiges Kriterium schon bei der Materialauswahl. Bei allen eingesetzten Ressourcen versuchen wir, Kreisläufe zu schließen.
5. Umweltgerechte Produkte: Die von der Schott Gruppe hergestellten Produkte sollen sicher, für den Anwender unbedenklich und recycelbar sein oder mit geringer Belastung für die Umwelt entsorgt werden können.
6. Sicherheit der Anlagen: Planung, Bau, Betrieb und Instandhaltung unserer Anlagen müssen allen Erfordernissen nach Sicherheit und Umweltschutz genügen. Darüber hinaus strebt Schott eine führende Stellung in der Glasindustrie auf dem Gebiet von Sicherheit und Umweltschutz an durch ständige Verbesserung von Abläufen und durch die Suche nach optimierten Lösungen.
7. Sichere und umweltschonende Logistik: Handhabung, Lagerung und Transport von Materialien und Produkten müssen allen sicherheitstechnischen Anforderungen genügen. Verpackungen und Verpackungshilfsmittel werden auf das notwendige Mindestmaß beschränkt und sollen mehrfach verwendbar sein. Transportgeräte werden nach umweltschonenden Gesichtspunkten eingesetzt.
8. Sicherheit und Umweltschutz als Führungsaufgaben: Jede Führungskraft ist verantwortlich für Sicherheit und Umweltschutz in ihrem Zuständigkeitsbereich. Zu den wesentlichen Führungsaufgaben gehören die eindeutige Festlegung von Zuständigkeiten, die Auswahl geeigneter Mitarbeiter, deren Schulung und Qualifizierung sowie die Überwachung der Maßnahmen auch bezüglich Betrieb und Wartung von Anlagen. Die Führungskräfte wirken ständig und aktiv an der Verbesserung des Umweltschutzes und der Arbeitsbedingungen mit und sind ihren Mitarbeitern damit Vorbild. Der Erfolg des Umweltmanagementsystems wird laufend überprüft. Abweichungen von den Zielvorgaben werden korrigiert.

2 Organisation des Umweltschutzes

Der Verantwortliche für den Umweltschutz ist bei Schott ein Mitglied des Vorstands. Er koordiniert die Tätigkeit der Betriebsbeauftragten und wirkt direkt in alle Unternehmens-, Geschäftsbereiche und die nachgeordneten Organisationseinheiten (siehe Abb. 67).

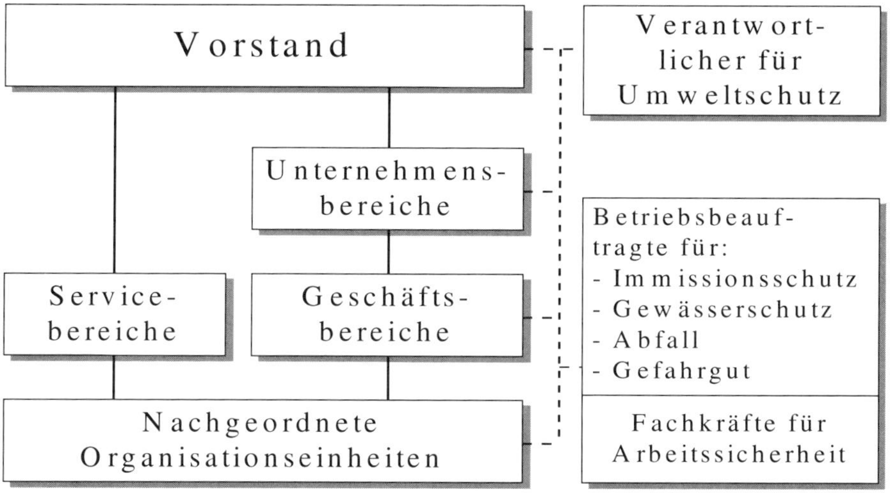

Abb. 67: Die Umweltschutzorganisation bei Schott

3 Kostensenkende Umweltschutzmaßnahmen

Durch die umfangreiche Einrichtung von Kreisläufen in den Bereichen Abwärme und Wasser erzielt Schott Kosteneinsparungen von etwa 4,5 Mio. DM pro Jahr.

Reduzierung der Wasser- und Abwasserkosten

Im Jahr 1989 verbrauchte Schott in seinem Mainzer Stammwerk rund 1 Mio. m^3 Stadtwasser und 2 Mio. m^3 Wasser aus eigenen Brunnen. In den letzten Jahren wurde mit einem Netzwerk von kleinen und großen Wasserkreisläufen der Frischwasserverbrauch im Werk Mainz um 70 % gesenkt. Das Investitionsvolumen zum Ausbau der vorhandenen Abwasserbehandlungsanlage betrug 5,5 Mio. DM. Damit konnte Schott die Einleitung behandelter Abwässer in den Rhein um 80 % senken. Heute liegt der jährliche Gesamtverbrauch an Wasser unter 1 Mio. m^3. Die Einsparung bei den Wasserkosten beträgt 2,5 Mio. DM pro Jahr.

Reduzierung der Energiekosten

Glas wird in einem Hochtemperaturprozeß erschmolzen, für den zur Beheizung der Schmelzwannen ein entsprechender Primär-Energieeinsatz erforderlich ist. Um den Energieverbrauch zu optimieren, hat Schott in den vergangenen 10 Jahren mehr als 12 Mio. DM in Systeme zur Abwärmenutzung investiert. Im Stammwerk mit seinen rund 5.000 Mitarbeitern werden heute sämtliche Warmwasserkreisläufe und Heizsysteme darüber versorgt. Auch im Sommer wird die entstehende Abwärme inzwischen optimal genutzt. Durch den Einsatz von Absorptionskältemaschinen wird aus der Abwärmenutzung der komplette Kaltwasserbedarf für Kühlungsprozesse und die Raumklimatisierung gewonnen. Allein die Einsparung an Primärenergie beträgt jährlich mehr als 50 Mio. kWh. Zusätzlich entfallen Wartungsaufwand und Stromkosten bei der Kaltwassererzeugung. Die Einsparungen liegen bei mehr als 2 Mio. DM pro Jahr.

Reduzierung der Entsorgungskosten

Seit 1989 wurden die bei der Glasherstellung anfallenden Abfallmengen gezielt reduziert. Die gesamte Abfallmenge wurde von 130 auf knapp 50 kg pro Tonne erzeugten Glases, feste, staubförmige und flüssige Sonderabfälle von 2.300 auf 850 Tonnen pro Jahr gesenkt. Im selben Zeitraum wurde der recycelte bzw. einer Verwertung zugeführte Abfallanteil auf 70 % des gesamten Abfallaufkommens angehoben, so daß die nicht recycelte/verwertbare Abfallmenge auf 16 kg pro Tonne erzeugten Glases vermindert werden konnte. Diese Erfolge wurden ermöglicht durch sorgfältige Trennung der Abfallkomponenten sowie durch umfangreiche Versuche zur direkten Wiederverwendung erzeugten Abfalls in der Glasproduktion. Trotz dieser Reduzierung des gesamten Abfallaufkommens sind die Entsorgungskosten für das Unternehmen im genannten Zeitraum um 50 % angestiegen. Dies ist auf die erheblich angestiegenen Entsorgungspreise zurückzuführen.

4 Gewünschte politische Maßnahmen

Die wichtigsten politischen Maßnahmen und Ziele, die das Unternehmen für die weitere Verbesserung des Umweltschutzes für notwendig hält, sind:

- Die Harmonisierung der Wettbewerbsbedingungen anstreben. D.h., Umweltauflagen und ihre Umsetzung innerhalb der Europäischen Union auf ein vergleichbares Niveau bringen. Gleiches gilt für die zum Teil gravierend unterschiedlichen Energiekosten. Wobei es nicht vordergründig um einen Abbau im Umweltschutz geht, vielmehr sollte man eine Angleichung möglichst auf deutschem Niveau anstreben.
- Deregulierung der Auflagen- und Kontrollpolitik im Rahmen von Genehmigungsverfahren. Mehr auf Eigenverantwortung und Kreativität der Unternehmen setzen. Vorbild-Betriebe herausstellen und fördern. Immer mehr Kontrollen und Auflagen steigern die Bürokratie und führen nicht unmittelbar zu mehr Umweltschutz. Hier sollte der Staat den Unternehmen mehr Freiraum lassen und Eigeninitiativen unterstützen. Der Staat sollte verstärkt Anreize geben, d.h. auch materielle Förderung durch Vergünstigungen bei vorbildlichen Unternehmen.
- Anreize schaffen zur Verbesserung der Infrastruktur. Zum Beispiel: Gütertransport. Der Anteil des Schienenverkehrs am Ferntransport sollte gesteigert werden. Schott hat heute beim Gütertransport ein Verhältnis von 60 % LKW und 40 % Schiene. Bei größerer Attraktivität der Schiene wäre das Verhältnis umkehrbar. Hier ist die Politik gefordert, neue Wege zu suchen oder unkonventionelle Lösungen zu finden.

Anhang

Bundesdeutscher Arbeitskreis für Umweltbewußtes Management (B.A.U.M. e.V.)

B.A.U.M.

Name:	Bundesdeutscher Arbeitskreis für Umweltbewußtes Management (B.A.U.M. e.V.)
Anschrift:	Tinsdaler Kirchenweg 211 22559 Hamburg
Ansprechpartner:	Dr. Maximilian Gege
Telefon:	(040) 81 95 33 - 0
Telefax:	(040) 81 01 26
E-Mail:	BAUMeV@AOL.COM
Internet:	http://www.BAUMeV.de

Der Bundesdeutsche Arbeitskreis für Umweltbewußtes Management e.V. (B.A.U.M.) wurde 1984 maßgeblich von Dr. Georg Winter, Dr. Maximilian Gege und Dr. Peter C. Mohr in Hamburg initiiert, 1985 als überparteiliche Unternehmerinitiative gegründet und ist seit 1987 als gemeinnütziger Verein für seine Mitglieder und in der Öffentlichkeit aktiv. 1989 übernahm Dr. Maximilian Gege die Funktion des geschäftsführenden Vorstandsmitgliedes. Unter seiner Leitung entwickelte sich B.A.U.M. zur größten Umweltinitiative der Wirtschaft in Europa.

Die Aufgaben des B.A.U.M. e.V. sind vor allem, die Unternehmen in ihren Bemühungen um umweltbewußtes Handeln zu unterstützen, den Informationsaustausch zwischen den Mitgliedern zu fördern und Ansprechpartner in allen umweltrelevanten Fragen zu sein.

Zahlreiche Unternehmen aus fast allen Branchen, darunter viele international bekannte Großunternehmen aber auch renommierte Mittelständler, sind mittlerweile Mitglied bei B.A.U.M. und nutzen die vielfältigen Angebote, die der Verband für die ökologisch wirksame und ökonomisch sinnvolle Umsetzung des integrierten Umweltmanagements bietet.

Bereits 1991 wurde B.A.U.M. für seine „herausragenden praktischen Leistungen" von den Vereinten Nationen im Rahmen des United Nations Environment Program als erste Umweltorganisation der Wirtschaft mit der Aufnahme in die Global 500 Roll of Honour ausgezeichnet. Im Oktober 1995 wurde der Deutsche Umweltpreis 1995 der Deutschen Bundesstiftung Umwelt an den B.A.U.M.-Vorsitzenden Dr. Georg Winter vergeben. Damit wurde explizit auch die Arbeit von B.A.U.M. gewürdigt.

Alle B.A.U.M.-Mitgliedsunternehmen verpflichten sich, den B.A.U.M.-Ehrenkodex in die Praxis umzusetzen. Angestrebt wird eine ökologisch ausgerichtete Unternehmensführung und eine kontinuierliche Verbesserung der tatsächlichen Situation des Umweltschutzes in den Unternehmen. Dazu wollen die B.A.U.M.-Mitglieder mit marktwirtschaftlichen Instrumenten und in enger Zusammenarbeit zwischen Wirtschaft, Politik, Wissenschaft und Verbänden auf eine umweltorientierte, frei verfaßte und vom Markt gesteuerte Wirtschaftsordnung hinarbeiten, in der sie große unternehmerische Chancen sehen, nachhaltigen Wohlstand auch für zukünftige Generationen zu sichern und „die Konflikte zwischen Ökonomie und Ökologie zu lösen." Grundlage ist die Erkenntnis, daß Natur, Gesellschaft, Wirtschaft und jedes einzelne Unternehmen Teile eines globalen ökologischen Systems sind, und daß die Wirtschaftsunternehmen eine besondere Verantwortung für die Bewahrung der natürlichen Lebensgrundlagen haben.

Die monatlich erscheinende Mitgliederzeitschrift B.A.U.M. *aktuell*, in der die aktuellen B.A.U.M.-Aktivitäten, wichtige Themen aus der Umweltpolitik, Berichte über B.A.U.M.-Mitgliedsunternehmen, Veranstaltungen und Erfahrungsaustausch- sowie Politikertreffen vorgestellt und Informationen zu allen umweltorientierten Themen gegeben werden, dient der Kommunikation im weitesten Sinne. Weitere Schwerpunkte der Arbeit von B.A.U.M. sind die Organisation und Durchführung von Veranstaltungen, der Erfahrungsaustausch zwischen den B.A.U.M.-Mitgliedsunternehmen, der B.A.U.M. Umwelt-Informationsservice in Form einer ständig aktualisierten Fachartikelübersicht und die Unterstützung seiner Mitgliedsunternehmen bei allen umweltrelevanten Anfragen und Problemstellungen. Darüber hinaus vermittelt B.A.U.M. Kontakte unter den Mitgliedern, vertritt die Interessen seiner Mitglieder gegenüber Verbänden und der Politik und verleiht jährlich den B.A.U.M.-Umweltpreis. Insbesondere die beratende Mitwirkung in folgenden Gremien, Begleitkreisen und Beiräten verleiht der Arbeit von B.A.U.M. ein hohes Gewicht:

- Mitglied im Umweltbeirat der Deutschen Bahn AG
- Mitglied Deutsche Gesellschaft Club of Rome
- Projektbeirat „Zukunftsfähiges Deutschland", der den Wissenschaftlichen Beirat der Enquete-Kommission des Deutschen Bundestages „Schutz des Menschen und der Umwelt" berät

- Mitglied des Deutschen Nationalkomitees für das Europäische Naturschutzjahr 1995/96
- Erstunterzeichner und Mitglied im Beirat „Ökologischer Marshallplan"
- Mitglied im Begleitkreis zur Novellierung der EG-Öko-Audit-Verordnung des Bundesumweltministeriums
- Mitglied im Begleitkreis des Arbeitsprogramms zu Indikatoren für eine nachhaltige Entwicklung beim Bundesumweltministerium
- Mitglied im Fachbegleitkreis „Umweltcontrolling im Bereich der öffentlichen Hand" beim Bundesumweltministerium
- Mitglied im Projektbeirat beim Wettbewerb „Die umweltfreundlichen Haushalte 1997" von B.A.U.M./A.U.G.E.
- Mitglied im Projektbeirat „Konzepte für nachhaltiges Wirtschaften in Regionen: Umweltmanagement für kleine und mittelgroße Kommunen"
- u.a.

Darüber hinaus ist das geschäftsführende Vorstandsmitglied Dr. Maximilian Gege ehrenamtlich in folgenden Jurys vertreten:

- WWF/CAPITAL „Ökomanager"
- COMMERZBANK/IMPULSE „Umweltschutzpreis für mittelständische Unternehmen" (Jury-Vorsitzender)
- BAYER AG „Umweltpreisausschreiben für Kliniken"
- AEG Hausgeräte GmbH Nürnberg, Vorsitzender der Jury des Schulwettbewerbs „Umweltschutz als Unterrichtsthema"
- Innovationspreis der Haltermann AG, Hamburg
- B.A.U.M.-Umweltpreis (Jury-Vorsitzender)
- u.a.

Aktuelle Forschungsprojekte

B.A.U.M. führt zur Zeit im Auftrag und mit Unterstützung des Bundesforschungsministeriums (BMBF) zwei Forschungsprojekte durch. Dabei handelt es sich zum einen um die

> „Erforschung von Akzeptanzwiderständen zur Implementierung eines zukunftsorientierten Umweltmanagement in kleinen und mittleren Unternehmen (KMU)".

Ziel des Projektes ist die Erstellung praxisorientierter, multimedialer Hilfsmittel, mit denen KMU-spezifische Hindernisse bei der Einführung eines Umweltmanagementsystems überwunden werden können.

Außerdem fördert das BMBF das Projekt

> „Konzepte für nachhaltiges Wirtschaften in Regionen: Umweltmanagement für kleine und mittelgroße Kommunen",

dessen handlungsorientiertes Ziel die Zusammenfassung der Ergebnisse vorausgegangener Forschungen und die Ableitung von Leitlinien und Werkzeugen für den unmittelbaren Einsatz in Gemeinden ist.

B.A.U.M. und A.U.G.E. realisieren mit Unterstützung der Deutschen Bundesstiftung Umwelt und unter der Schirmherrschaft von Bundesumweltministerin Merkel und aller Landesumweltministerinnen und -minister sowie Kooperationspartnern aus der Wirtschaft wie AEG, ALNO, Deutsche Bahn und Quelle Deutschlands größten Haushaltswettbewerb „Umwelt gewinnt". Hiermit werden Privathaushalte für den Umweltschutz sensibilisiert und motiviert, durch umweltgerechte Haushaltsführung einen Beitrag zum Umweltschutz zu leisten.

Erstmalig wurde von B.A.U.M. eine CD-ROM „Umwelt-Check für den Haushalt - Gesund leben und Geld sparen" entwickelt, die neben zahlreichen Umwelttips dem Nutzer eine private Energie-, Wasser- und CO_2-Bilanz erstellt.

Das B.A.U.M.-A.U.G.E. Netzwerk

B.A.U.M. bildet zusammen mit A.U.G.E., der „Aktionsgemeinschaft Umwelt, Gesundheit, Ernährung" das „B.A.U.M.-A.U.G.E. Umwelt- und Gesundheitsnetzwerk für Unternehmen, Privathaushalte und Kommunen". In diesem Netzwerk sind mehrere Organisationen und Gesellschaften zusammengefaßt, die sich mit unterschiedlicher Zielrichtung der Umsetzung umweltbewußten Handelns widmen (siehe Abb. 68).

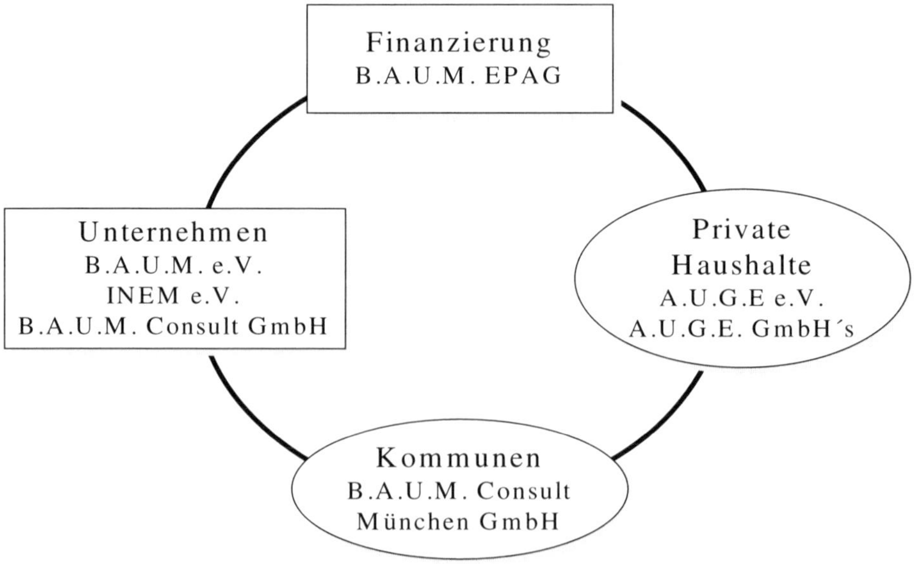

Abb. 68: Das B.A.U.M.-A.U.G.E. Umwelt- und Gesundheits-Netzwerk für Unternehmen, Privathaushalte und Kommunen

International Network for Environmental Management e.V. (INEM)

Name:	International Network for Environmental Management e.V. (INEM)
Anschrift:	INEM Osterstraße 58 20259 Hamburg
Ansprechpartner:	Dr. Georg Winter
Telefon:	(040) 49 07 - 223
Telefax:	(040) 49 07 - 208
E-Mail:	INEM@on-line.de
Internet:	http://www.INEM.org

Das International Network for Environmental Management e.V. (INEM), gegründet 1991, ist der internationale Dachverband von Wirtschaftsverbänden für umweltbewußtes Management und „Cleaner Production Centres".

INEM hat mehr als 30 Mitglieder: nationale Verbände für umweltbewußte Unternehmensführung, Cleaner Production Centres und Organisationskomitees auf allen fünf Kontinenten. INEM erreicht dadurch ca. 5.000 Unternehmen.

Hauptaufgabe des Netzwerkes ist die Förderung, Entwicklung, Verbreitung und Anwendung von Prinzipien und Methoden des umweltbewußten Managements.

Die Mitglieder und Partnerorganisationen haben sich zum Ziel gesetzt, die Umweltverschmutzung, die durch die Wirtschaft verursacht wird, zu verringern. Es wird über mögliche wirtschaftliche Erfolge durch aktiven Umweltschutz informiert. Dabei liegt der Schwerpunkt auf der Vermeidung von Umweltauswirkungen anstelle von „end-of-the-pipe" Maßnahmen. INEM wendet sich besonders auch an kleine und mittlere Unternehmen, denen INEM bei der Umsetzung von Umweltleitlinien in den Betriebsablauf hilft. Ein weiterer Schwerpunkt sind Unternehmen in Osteuropa und in Entwicklungsländern.

INEM basiert auf dem Prinzip von Kooperation und Partnerschaften. INEM arbeitet mit der United Nations Commission on Sustainable Development (CSD) und mit verschiedenen UN Organisationen zusammen (UNEP, UNIDO, UNDP, UNCTAD, UNICEF). INEM arbeitet zudem mit anderen internationalen Organisationen zusammen, wie der International Organization for Standardization

(ISO), der OECD, der EBRD, der International Finance Corporation (IFC), und Nichtregierungsorganisationen wie dem Baltic Chamber of Commerce Association (BCCA), dem Global 500 Forum und dem International Council of Local Environmental Initiatives (ICLEI).

Seit dem Erdgipfel hat INEM spezifische Programme auf Basis der United Nations Agenda 21 entwickelt, die in den Rahmen der INEM-Initiative INDUSTRY 21 fallen.

Das Hauptsekretariat von INEM und die Mitgliedsverbände richten seitdem in jedem Jahr eine Internationale Industriekonferenz für Nachhaltige Entwicklung aus. 1997 wird die „2nd ECO-BALTIC Conference, Partnerships for Sustainable Development in the Baltic Sea Region" in Riga stattfinden.

B.A.U.M.-Consult GmbH

Bundesdeutscher Arbeitskreis für Umweltbewußtes Management

B.A.U.M.
Consult GmbH

Name:	B.A.U.M.-Consult GmbH
Anschrift:	Osterstraße 58 20259 Hamburg
Ansprechpartner:	Dr. Hans-Peter Wruk
Telefon:	(040) 49 07 - 500
Telefax:	(040) 49 07 - 525
E-Mail:	BAUMconsHH@AOL.com
Internet:	http://www.BAUMeV.de

Profil

Die B.A.U.M.-Consult GmbH berät Unternehmen bei der Umsetzung umweltorientierten Managements. Das Beratungsteam setzt sich interdisziplinär zusammen aus Ingenieuren, Biologen, Chemikern, Umwelt- und Wirtschaftsingenieuren, Umweltgutachtern und Kaufleuten. Ziel ist es, individuelle Problemlösungen zu erarbeiten, um den ökologischen Anforderungen unter ökonomischen Bedingungen gerecht zu werden. Die B.A.U.M.-Consult GmbH besteht seit 1991, Dr. Wruk als Geschäftsführer ist einer der ersten zugelassenen Umweltprüfer und im NAGUS tätig.

Philosophie

In ihrem unternehmerischen Verhalten verpflichtet sich die B.A.U.M.-Consult auf den Ehrenkodex des B.A.U.M. e.V. zu umweltorientiertem Verhalten. Ihre Beratung vereint ökologisch Wünschenswertes mit ökonomisch Notwendigem. Sowohl bei ihrer beratenden als auch bei ihrer gutachterlichen Tätigkeit steht der reibungslose Betriebsablauf unter Berücksichtigung aller Aspekte des Umweltschutzes im Vordergrund. Die B.A.U.M.-Consult sieht umweltorientierte Unternehmensführung auch als Marketing-Tool und als Chance, sich am Markt - auch international - neu zu positionieren. Mit umweltorientierter Unternehmensführung lassen sich Umweltrisiken minimieren, Marktpotentiale und mögliche Kostensenkungspotentiale erschließen und eine Deregulierungspolitik seitens der Behörden voranbringen.

Environment-Protection AG (B.A.U.M. EPAG)

B.A.U.M. EPAG

Environment Protection AG

Name:	Environment-Protection AG (B.A.U.M. EPAG)
Anschrift:	Tinsdaler Kirchenweg 211 22559 Hamburg
Ansprechpartner:	Dr. Maximilian Gege
Telefon:	(040) 81 95 33 - 0
Telefax:	(040) 81 01 26

Ende April 1994 wurde die B.A.U.M. Environment-Protection-AG von rund 40 Gesellschaftern mit einem Stammkapital von 771.000 DM und einem Aktienausgabekurs von 5 DM gegründet. Die neue Gesellschaft wird die Aktivitäten des B.A.U.M. Netzwerkes auf wirksame Weise bündeln und unterstützen. Dabei soll diesem bereits bestehenden und seit einigen Jahren erfolgreich agierenden ökologieorientierten Netzwerk u.a. die notwendige finanzielle Basis für ein weitaus breiteres Engagement zur Verfügung gestellt werden. Eine erste Kapitalerhöhung wurde 1995/96 mit einem Ausgabekurs von 12,50 DM durchgeführt, der aktuelle Kurs beträgt 14 DM. Neben der Realisierung eigener Projekte im Rahmen des Netzwerkes wird sich die Aktiengesellschaft auch an aussichtsreichen Unternehmen im ökologischen Bereich beteiligen. Eine Beteiligung im Bereich der regenerativen Energien (Solar, Windkraft) sowie Naturkost u.a. wurde bereits erfolgreich realisiert. Weitere Beteiligungen befinden sich in der Prüfungsphase. Eines der zuletzt durchgeführten Projekte war die im Jahr 1996 auf der CeBIT in Hannover erschienene CD-ROM „Umwelt-Check für den Haushalt", die von B.A.U.M. zusammen mit den Unternehmen AEG Hausgeräte GmbH, IBM und der Firma Bau-Fritz entwickelt wurde und mit der Millionen von Haushalten die Chance bekommen sollen, einen verstärkten Umwelt- und Gesundheitsschutz zu praktizieren.

Dem Aufsichtsrat der EPAG gehören u.a. an: Prof. Hartmut Schweer, Dr. Klaus Bröker.

Ein hochkarätiger Beirat unterstützt die Arbeit der EPAG. Regelmäßige Aktionärs-Rundbriefe informieren die Aktionäre über Stand und Entwicklung der Gesellschaft.

B.A.U.M. Consult München GmbH

Name:	B.A.U.M. Consult München GmbH
Anschrift:	Thalkirchner Straße 180 81371 München
Ansprechpartner:	Ludwig Karg
Telefon:	(089) 721 32 66
Telefax:	(089) 725 08 07
E-Mail:	baum.muenchen@t-online.de

Die B.A.U.M. Consult München GmbH wurde 1991 von Dr. Maximilian Gege gegründet und berät Städte und Gemeinden auf dem Weg der nachhaltigen Kommunalentwicklung im Sinne der Agenda 21. Der Schwerpunkt der Beratungstätigkeit liegt im Bereich des kommunalen Umweltschutzes.

Ökologische Gesamtkonzepte stellen einen wesentlichen Bestandteil der umwelt- und sozialverträglichen Kommunalentwicklung dar. Ganzheitlicher Umweltschutz schafft nicht nur in Unternehmen sondern auch in Kommunen erhebliche finanzielle Vorteile. B.A.U.M. hilft den Städten und Gemeinden dabei, diese Vorteile zu nutzen. Experten vieler Fachrichtungen entwickeln in Zusammenarbeit mit den Städten und Gemeinden Konzepte, die den Erfordernissen von ökologischer, ökonomischer und gesellschaftlich-sozialer Entwicklung gleichermaßen Rechnung tragen.

Neben der konkreten Arbeit vor Ort führt B.A.U.M. Modellprojekte und wissenschaftliche Untersuchungen durch, entwickelt Seminare und Unterrichtsmaterialien und organisiert Veranstaltungen. Im Vordergrund der Beratungstätigkeit steht, wissenschaftliche Erkenntnisse praxisnah aufzubereiten sowie Erfahrungen aus anderen Kommunen zu sammeln und zur Verfügung zu stellen. Für Beratung und Schulung setzt B.A.U.M. modernste Kommunikationsmedien ein. Die Mitarbeiter der Software-Abteilung gewährleisten den Einsatz von Datennetzen, Multimedia, CD-ROM etc. auch für die Öffentlichkeitsarbeit der Kunden.

Zu den herausragenden Modellprojekten und wissenschaftlichen Untersuchungen im Bereich des kommunalen Umweltschutzes gehören

- die Entwicklung des Leitfadens „Die umweltbewußte Gemeinde", den ein interdisziplinäres Team im Auftrag des Bayerischen Staatsministeriums für Landesentwicklung und Umweltfragen erarbeitete. Im Rahmen dieses Projekts implementierte B.A.U.M. erstmals in vier Städten und Gemeinden wesentliche Bestandteile eines kommunalen Öko-Audits.
- das Projekt „Konzepte für nachhaltiges Wirtschaften in Regionen: Umweltmanagement für kleine und mittelgroße Kommunen" im Auftrag des Bundesforschungsministeriums. 1997 hat B.A.U.M. mit der Erarbeitung eines praxisnahen, PC-basierten Systems mit Bausteinen für ein kommunales Umweltmanagement begonnen.

Auswahl weiterer Projekte

- Betreuung von Lokal-Agenda-Prozessen in Städten und Gemeinden
- Aktion „Die umweltbewußte Gemeinde" - Computerprogramm für eine Grobanalyse der Umweltsituation in Kommunen
- „Die umweltgerechte Stadt" - ein ganzheitliches Projekt in Güstrow, Mecklenburg-Vorpommern
- „Kommune mit Zukunft - Modell für unsere (Um-)Welt", ein Kooperationsprojekt mit der EXPO 2000 GmbH
- CD-ROM „Umweltcheck für den Haushalt - Gesund leben und Geld sparen"
- Bewertungssystem für den Bundesdeutschen Haushaltswettbewerb „Umwelt gewinnt"
- Aktion „21 Testhaushalte in München leben nach der Agenda 21"
- BRUCKER LAND Solidargemeinschaft - neue Ansätze für die Regionalvermarktung
- Studienbrief „Umweltmanagement" für den Fernlehrgang „Kommunaler Umweltschutz" der Universität Lüneburg
- Ökologisches Fremdenverkehrskonzept für einen Tourismusverband im Bayerischen Wald

Aktionsgemeinschaft Gesundheit, Umwelt, Ernährung e.V. (A.U.G.E.)

A.U.G.E.

Name:	Aktionsgemeinschaft Gesundheit, Umwelt, Ernährung e.V. (A.U.G.E.)
Anschrift:	Osterstraße 58 20259 Hamburg
Ansprechpartner:	Dr. Ulrich Kypke
Telefon:	(040) 49 07 - 310
Telefax:	(040) 49 07 - 311

Im „Umweltnetz“ wirkt die Schwesterorganisation des B.A.U.M. e.V., die „Aktionsgemeinschaft Umwelt, Gesundheit, Ernährung“ A.U.G.E. e.V. seit 1985 ideenreich für ein ganzheitliches Verständnis von Umwelt- und Gesundheitsbelangen beim Verbraucher. A.U.G.E. wirbt mit ihrem Konzept des modernen „kommunikativen Auftritts“ für das überlebenswichtige Ziel der Umwelt- und Gesundheitsaufklärung. Besonderer Schwerpunkt sind die Kinder der Altersgruppe zwischen 5 und 12 Jahren sowie private Haushalte.

A.U.G.E. klärt durch Aktionen auf, die den unmittelbaren Kontakt zum Verbraucher herstellen. Sie motiviert zu gesundheits- und umweltbewußtem Verhalten durch verständliche und praxisnahe Aktivitäten und kooperiert mit Unternehmen, die sich durch ernstzunehmende, glaubwürdige Initiativen für gesunde und umweltschonende Produkte engagieren.

Die Aktionsgemeinschaft ist Träger des „Emil Grünbär Kinder Umweltklubs“ und steht im ständigen Kontakt mit seinen Mitgliedern. Symbolfigur für A.U.G.E. ist der von Europas bekanntestem Kinderbuchautor Janosch exklusiv geschaffene „Emil Grünbär“.

Im Kuratorium engagieren sich u.a. Persönlichkeiten wie Dagmar Berghoff, Marie-Luise Marjan, Barbara Rütting, Loki Schmidt, Heinz Sielmann, Prof. Dr. Kurt Oeser. Vorsitzender des Kuratoriums ist der Gründer und langjährige ehrenamtliche Vorstandsvorsitzende Dr. Maximilian Gege.

Alphabetisches Firmenverzeichnis

Neben der Branchensortierung der Unternehmensbeispiele, die sich aus der Gliederung ergibt, sind in der folgenden Tabelle alle Firmenbeiträge alphabetisch unter Angabe der Seitenzahl sortiert. Die Firmen haben in den mit „X" bezeichneten Rubriken kostensenkende Umweltschutzmaßnahmen vorgestellt.

Firma	Seite	RHB-Stoffe	Wasser	Energie	Entsorgung	Verkehr	Verpackung
Adlerbrauerei Rettenberg Herbert Zötler GmbH	453	X	X	X	X	X	
AEG Hausgeräte GmbH	271		X	X	X		X
apetito AG	459	X			X		X
ASSMANN BÜROMÖBEL GMBH & CO.	69		X	X	X		
Augsburger Kammgarn-Spinnerei AG	525		X	X	X		
AURO-Pflanzenchemie GmbH	113	X	X	X			X
Axel Springer Verlag AG	117	X	X	X	X		X
Bartl GmbH	555	X		X	X		X
Bayerische Vereinsbank AG	379	X	X	X	X	X	X
Bodet & Horst GmbH & Co. KG	529			X	X		X
Bosch-Siemens Hausgeräte GmbH	275	X	X	X	X	X	
CEKA-Büromöbelwerke C. Krause & Sohn GmbH & Co. KG	73	X	X	X	X	X	
CREDIT SUISSE	387	X	X	X	X	X	X
Unternehmensgruppe Damp	213	X	X	X	X	X	
Deutsche Bahn AG	347	X	X	X	X	X	
Deutsche Lufthansa AG	353	X	X	X	X	X	
Deutsche Telekom AG	219	X	X	X	X	X	
dy-pack Verpackungen Gustav Dyckerhoff GmbH	123	X	X	X	X	X	X
ECKES AG	463	X	X	X	X	X	X
ELAC Phonosysteme GmbH	281	X	X	X	X		
Fachhochschule Wedel / Physikalisch-Technische Lehranstalt	227	X		X	X		
Frankfurter Sparkasse	393	X	X	X	X	X	
Gebiets-Winzergenossenschaft Franken e.G.	469		X	X	X		
Grammer AG/Grammer Bürostühle GmbH	77	X		X	X		
Gran Dorado Holding GmbH	231		X	X	X	X	X

Firma	Seite	RHB-Stoffe	Wasser	Energie	Entsorgung	Verkehr	Verpackung
Brauerei Clemens Härle	473		X	X	X		
Hartmann Verpackung GmbH	127			X	X		
Henkel KGaA	131	X	X	X	X	X	X
Herlitz AG (Holding)	83	X		X	X		X
Hipp Werk	477	X	X	X	X	X	X
Hoechst Trevira GmbH & Co KG	137	X	X	X			
Holborn Europa Raffinerie GmbH	141		X				
Holsten-Brauerei AG	481	X	X	X	X		
Holzapfel Metallveredelung GmbH	403	X	X	X	X		
HOYER GmbH Internationale Fachspedition	357	X	X		X	X	X
IBM Deutschland Informationssysteme GmbH	287	X	X	X	X		X
Juno Großküchen GmbH	293	X	X	X	X		X
Karstadt AG	361	X	X	X	X	X	X
Klinikum der Albert-Ludwigs-Universität, Freiburg im Breisgau	237	X	X	X	X		
Krauss-Maffei AG	409	X	X	X	X	X	
Kunert AG	533	X	X	X	X	X	X
Landesgirokasse	397	X	X		X	X	
Landis & Gyr / Landis & Staefa	297	X	X	X	X		X
Louis Leitz International GmbH & Co.	89	X	X	X	X	X	X
LEUWICO GmbH	93	X	X	X	X		X
Dipl. Ing. (FH) Joachim Lippold VDI Energie und Ökologie Consultants	241			X	X		X
Verlagsgesellschaft Madsack GmbH & Co.	145	X		X	X		X
Märkisches Landbrot GmbH	483	X	X	X	X		X
MD Rebuilt Parts Detzen GmbH	415	X	X		X	X	X
Mehler Technische Textilien GmbH	539	X	X	X	X		
Melitta Beratungs- und Verwaltungs-GmbH & Co. KG	487	X	X	X	X	X	X
Miele & Cie. GmbH & Co.	303	X	X	X	X		X
Mitsubishi Semiconductor Europe GmbH	309		X	X	X		
Mohndruck Graphische Betriebe GmbH	149	X	X	X	X		X
Neumarkter Lammsbräu	491	X	X	X	X	X	
Novartis AG	155	X	X	X	X		X
NRG Office System GmbH	97	X		X			
Nycomed Arzneimittel GmbH Ismaning bei München	161	X	X		X		X
Dr. Oetker Nahrungsmittel KG	497	X	X	X	X		X
Papier- und Kartonfabrik Varel GmbH & Co. KG	167	X	X	X	X		

Firma	Seite	RHB-Stoffe	Wasser	Energie	Entsorgung	Verkehr	Verpackung
Peguform-Werke GmbH	171	X		X	X	X	X
Autozubehör Plesse	419	X			X		
Quelle Schickedanz AG & Co.	367	X	X		X		X
Rahning GmbH & Co. KG	177		X	X			
REBAG Regenerative Energieversorgungs- und Betriebs-Aktiengesellschaft	243			X			
Renaissance Hotels International	247	X	X	X	X		X
Rheinisch-Bergische Brauerei GmbH & Co. KG	503	X	X	X	X		
RIEDENBURGER BRAUHAUS Michael Krieger KG	507	X	X	X	X		X
Werner Rietschle Maschinen- und Apparatebau GmbH	421	X			X		X
RIGIPS GmbH	559				X		X
SABO Maschinenfabrik GmbH	423	X	X	X	X	X	X
Salus-Haus GmbH & Co. KG	179	X	X	X	X	X	X
Carl Schenck AG	427	X	X	X	X		
Felix Schoeller Holding GmbH & Co. KG	185	X	X	X	X	X	
Schoeller Plast Industries GmbH	189	X					X
Schott Glaswerke	561		X	X	X		
Schülke & Mayr GmbH	193	X		X	X	X	X
Schwarz Pharma AG	197						X
Sedus Stoll AG	99	X	X	X	X	X	X
Siegsdorfer Petrusquelle GmbH	511	X	X	X	X	X	X
Siemens AG	315	X	X	X	X		X
Siemens Nixdorf Informationssysteme AG	323	X	X	X	X		X
Sony Deutschland GmbH	329	X			X		
Stadtwerke Hannover AG	253	X		X			
Stadtwerke München	257					X	
Stadtwerke Saarbrücken AG	261	X	X	X		X	
Klaus Steilmann GmbH & Co. KG	541			X	X		
Toshiba Europe GmbH	335	X		X	X		X
Viessmann Werke GmbH & Co.	433	X	X	X	X	X	X
J. M. Voith GmbH	439		X	X	X		
Vorwerk & Co. Teppichwerke GmbH & Co. KG	547	X	X	X	X		
Webasto AG Fahrzeugtechnik	443			X			
Weidmüller Interface GmbH & Co	339	X		X	X	X	
Wella AG	201	X	X		X	X	X
Wieland Edelmetalle GmbH & Co. Gold- und Silberscheideanstalt	447	X	X		X		

Firma	Seite	RHB-Stoffe	Wasser	Energie	Entsorgung	Verkehr	Verpackung
Dr. Wiertz - Dipl. Chem. Eggert - Dr. Jörissen GmbH	267	X			X		
Wilkhahn, Wilkening + Hahne GmbH+Co	105	X	X		X		X
Wöhrl GmbH & Co. KG	371	X	X	X	X	X	X
Zipperling Kessler & Co / Ormecon Chemie	207	X	X	X	X		
Zucker-AG Uelzen-Braunschweig	517	X	X	X	X	X	X

Literaturverzeichnis

Apitz K. und M. Gege, Was Manager von der Blattlaus lernen können: Erfolgsrezepte der Natur im Unternehmen anwenden, Gabler Verlag, Wiesbaden, 1994

B.A.U.M. Firmenhandbuch 1995, Bundesdeutscher Arbeitskreis für Umweltbewußtes Management, ADAPT Kommunikationsmarketingverlagsgesellschaft mbH, Hamburg, 1995

Bundesumweltministerium und Umweltbundesamt, Hrsg., Handbuch Umweltcontrolling, Verlag Franz Vahlen, München, 1995

Bundesumweltministerium und Umweltbundesamt, Hrsg., Handbuch Umweltkostenrechnung, Verlag Franz Vahlen, München, 1996

Damke A., Ökologisches Management - Kosten- oder Ertragsfaktor, B.A.U.M.-Schriftensammlung Nr. 21, Hamburg, 1994

Döttinger K., Roth K. und U. Lutz, Betriebliches Umweltmanagement, Springer-Verlag Berlin, 1995

Europäische Gemeinschaften, Amtsblatt der Europäischen Gemeinschaften, Nr. L 168, 10. Juli 1993

Fischer H., Wucherer C., Wagner B. und C. Burschel, Umweltkostenmanagement - Kostensenkung durch praxiserprobtes Umweltcontrolling, Carl Hanser Verlag, München, 1997

Gege M., Chancen einer umweltbewußten Unternehmensführung, B.A.U.M.-Schriftensammlung Nr. 2, Hamburg, 1990

Gege M., Chancen und Voraussetzungen einer umweltbewußten Unternehmensführung, B.A.U.M.-Schriftensammlung Nr. 7, Hamburg, 1992

Gege M., Neue Strategien für ein erfolgreiches betriebliches Umweltmanagement, B.A.U.M.-Schriftensammlung Nr. 13, Hamburg, 1993

Gege M. und A. Damke, Ab wann lohnt sich Umweltschutz? Ein Beispiel aus der Textilindustrie, B.A.U.M.-Schriftensammlung Nr. 18, Hamburg, 1994

Gege M. und P. Krabbe, Umwelt rechnet sich - Sustainibility als unternehmerische Herausforderung, Club Forum 1/97, S. 10, Deutsche Gesellschaft Club of Rome, Hamburg, 1997

Kunert AG, Kienbaum Unternehmensberatung GmbH, Institut für Management und Umwelt, Modellprojekt Umweltkosten-Management (Abschlußbericht), Immenstadt, 1995

Ludewig R., Nigemeier H. A., Wruk H.-P. und E.-G. Zeschmann, Praxishandbuch Umweltmanagement-System, Deutscher Wirtschaftsdienst, Köln, 1996

Schreiner M., Aufbau und Nutzen einer umweltbezogenen Kostenrechnung, Vortrag auf der Tagung „Kostensenkung durch Umweltschutz" im Rahmen des BMU- und UBA-Forschungsprojekts „Betriebswirtschaftliche Rentabilität von Umweltschutzmaßnahmen" bei der Gerling Consulting Gruppe in Köln, 28. Februar 1996

Schulz E. und W. Schulz, Ökomanagement - So nutzen Sie den Umweltschutz im Betrieb, Verlag C. H. Beck, München, 1994

Schuster B., Begrüßung und Projektidee, Vortrag auf der Tagung „Kostensenkung durch Umweltschutz“ im Rahmen des BMU- und UBA-Forschungsprojekts „Betriebswirtschaftliche Rentabilität von Umweltschutzmaßnahmen“ bei der Gerling Consulting Gruppe in Köln, 28. Februar 1996

Umweltbundesamt, Umweltorientierte Unternehmensführung - Möglichkeiten zur Kostensenkung und Erlössteigerung, Berichte 11/91, Erich Schmidt Verlag, Berlin, 1991

Winter G., Das umweltbewußte Unternehmen: Handbuch für Betriebsökologie mit 22 Checklisten für die Praxis, 5. Aufl., Beck, München, 1993

Sachverzeichnis

L

M

N

O